FORSCHUNGSBERICHTE DES LANDES NORDRHEIN-WESTFALEN

Nr. 3226 / Fachgruppe Wirtschafts- und Sozialwissenschaften

Herausgegeben vom Minister für Wissenschaft und Forschung

Dipl.-Ökonomin Hannelore Neumann
Forschungsinstitut der Friedrich-Ebert-Stiftung
Bonn - Bad Godesberg

Frauen in der öffentlichen Arbeitsmarkt- und Strukturpolitik

Springer Fachmedien Wiesbaden GmbH 1988

EDV: Frank Weimer
Textverarbeitung: Barbara Becker

CIP-Titelaufnahme der Deutschen Bibliothek

Neumann, Hannelore:
Frauen in der öffentlichen Arbeitsmarkt- und Strukturpolitik / Hannelore Neumann. - Opladen: Westdt. Verl., 1988
(Forschungsberichte des Landes Nordrhein-Westfalen ; Nr. 3226 : Fachgruppe Wirtschafts- und Sozialwissenschaften)
ISBN 978-3-531-03226-9 ISBN 978-3-322-87590-7 (eBook)
DOI 10.1007/978-3-322-87590-7

NE: Nordrhein-Westfalen: Forschungsberichte des Landes

Herstellung: Westdeutscher Verlag

I N H A L T

VERZEICHNIS DER ÜBERSICHTEN

VERZEICHNIS DER ABBILDUNGEN

VERZEICHNIS DER TABELLEN

1. Untersuchungsgegenstand

Nach fast 4o Jahren grundgesetzlich garantierter Gleichberechtigung ist die schwierige Situation von Frauen in der Berufswelt kaum leichter geworden. Frauen haben nach wie vor gegen offene und versteckte Benachteiligung auf dem Arbeitsmarkt, in Gesellschaft und Politik zu kämpfen. Frauen sind von der Unterbeschäftigung, so wie sie sich in den amtlichen Arbeitslosenzahlen darstellt, in weit überdurchschnittlichem Maße betroffen, sie stellen den überwiegenden Anteil der nicht registrierten Arbeitslosigkeit, sie nehmen auf den meisten Ebenen beruflicher Tätigkeit die weniger qualifizierten Positionen ein, sie sehen sich immer noch einer mehr oder weniger verhüllten Einkommens- und Aufstiegsdiskriminierung ausgesetzt. Derzeit erreichen die Diskriminierungen berufstätiger Frauen einen neuen Höhepunkt. Angesichts der seit 1974 chronisch andauernden Beschäftigungskrise nehmen die politischen Versuche zu, Frauen systematisch vom Arbeitsmarkt zu drängen.

Im Mittelpunkt dieser Untersuchung steht die Frage, ob die öffentliche Arbeitsmarkt- und regionale Strukturpolitik diesem Status der Frauen als einer ohne Zweifel besonders förderungsbedürftigen Gruppe am Arbeitsmarkt von ihren Zielsetzungen, ihren Förderungsregelungen, ihrer Maßnahmekonzeption und ihren Umsetzungsstrategien her gerecht wird. Wir gehen dabei von der These aus, daß die berufliche Benachteiligung der Frauen durch die Anwendung der hier untersuchten arbeitsmarkt- und strukturpolitischen Maßnahmen, durch offizielle Politik also, nicht korrigiert, sondern im Gegenteil noch verfestigt wird. Trifft diese Behauptung zu, so erschiene es dringend geboten, Konzeptionen für bildungs- und arbeitsmarktpolitische Initiativen des Staates zu erarbeiten, die geeignet sind, dieser nicht akzeptablen Förderpraxis entgegen zu wirken. Hierzu entsprechende Anstöße und Entscheidungshilfen zu geben ist das Hauptanliegen der Untersuchung.

Schwerpunktmäßig wird die Beteiligung von Frauen an ausgewählten beruflichen Qualifizierungs- und Integrationsmaßnahmen der Bundesanstalt für Arbeit untersucht, so wie sie auf der Grundlage des Arbeitsförderungsgesetzes (AFG) von 1969 gefördert werden.

Zu diesen hier betrachteten Förderbereichen zählen zum einen die beruflichen Qualifizierungsmaßnahmen in Form von **Fortbildung** und **Umschulung**, die als Kernstück der sogenannten "aktiven" Arbeitsmarktpolitik gelten. Einbezogen werden ferner die **betrieblichen Einarbeitungsmaßnahmen**, die gemäß der Systematik des AFG ebenfalls als individuelle Förderung der beruflichen Bildung verstanden werden. In Wirklichkeit sind sie allerdings eher eine spezielle - an Qualifizierungsauflagen gebundene - Form der Lohnkostensubvention.

Ein weiteres Untersuchungsfeld stellen die **Allgemeinen Maßnahmen zur Arbeitsbeschaffung** (ABM) dar. Vor dem Hintergrund der nunmehr fast eineinhalb Jahrzehnte andauernden Beschäftigungskatastrophe erhalten sie im Maßnahmenbündel der Bundesanstalt für Arbeit ein zunehmendes Gewicht. Im Gegensatz zu Fortbildung und Umschulung, deren Erfolgswirksamkeit letztlich von den Rekrutierungsstrategien der Unternehmer abhängt, handelt es sich um ein arbeitsmarktpolitisches Instrument des Staates, das - wenn auch zeitlich begrenzt - zu **unmittelbaren** Beschäftigungswirkungen führt.

Außer auf die reguläre berufliche Förderung nach dem Arbeitsförderungsgesetz wird auf die Fördermaßnahmen des **Arbeitsmarktpolitischen Sonderprogramms** der Bundesregierung für Regionen mit besonderen Beschäftigungsproblemen aus dem Jahre 1979 und ihre geschlechtsspezifischen Wirkungen eingegangen. Die Begleitforschung zu diesem Programmpaket hat wertvolle zusätzliche Erkenntnisse über die Bedingungen und Chancen von Frauen in der offiziellen Arbeitsmarktpolitik geliefert.

Ein bisher in bezug auf die Beteiligung von Frauen noch kaum durchleuchtetes Feld öffentlicher Förderpolitik ist die **regionale Strukturpolitik,** ein Politikbereich, der im allgemeinen nicht in den Aktionsbereich der Bundesanstalt für Arbeit fällt, sondern dessen Akteure in erster Linie der Bundeswirtschaftsminister und die Wirtschaftsminister und -senatoren der Bundesländer sowie die Gemeinden sind. Die wichtigsten Instrumente der Regionalpolitik setzen nicht unmittelbar bei den Arbeitskräften an, sondern bei der Förderung des Faktors Kapital. Vorrangiges Ziel der regionalen Strukturpolitik ist es, mit Hilfe von Investitionsverbilligungen und wirtschaftsnahen infrastrukturellen Maßnahmen die Unternehmer dazu anzureizen, Kapital in wirtschaftsschwache und strukturell anfällige Regionen zu lenken oder es dort zu binden, um auf diese Weise räumlich gezielt Arbeitsplätze zu schaffen oder zu erhalten. Am Beispiel der Gemeinschaftsaufgabe "Verbesserung der regionalen Wirtschaftsstruktur", ihrem zentralen Instrument, wird in dieser Arbeit überprüft werden, ob und inwieweit diese Politik dazu beigetragen hat, auch dem weiblichen Erwerbspersonenpotential bessere Arbeits- und Einkommenschancen zu bieten.

Aussagen über die Partizipation von Frauen an den genannten Fördermaßnahmen stützen sich meist auf lückenhafte Informationen. Als Indiz für die Unterrepräsentanz von Frauen an beruflichen Förderprogrammen oder aber auch als "Beweis" für den Abbau der Benachteiligung im Zeitablauf wird meist nur die weibliche Beteiligungsquote im Vergleich zur Teilnahmequote der Männer herangezogen. Die Qualität der Maßnahmen und die damit gekoppelte potentielle Erfolgswirksamkeit bleiben weitgehend außer Betracht. Eine laut Förderstatistik zunehmende Beteiligung von Frauen ist jedoch nicht uneingeschränkt positiv zu werten, wenn diese vorwiegend durch Substitution längerfristiger, breit qualifizierender zu Lasten kurzfristiger, wenig inhaltsträchtiger Maßnahmen zustande kommt. Insofern erscheint es notwendig, die Situations- und Defizitanalyse durch den Einbezug von Qualitätsaspekten auf eine breiter fundierte

Basis zu stellen. Ferner werden wir uns mit den Methoden der Erfolgskontrolle arbeitsmarktwirksamer Politikbereiche auseinandersetzen, mit einem Bereich wissenschaftlicher Analyse, der bislang eher stiefmütterlich behandelt wurde.

Das Aufzeigen von Verbesserungsmöglichkeiten, welches das Hauptziel dieser Untersuchung ist, setzt nicht nur eine genauere Kenntnis der "Behandlung" von Frauen in den untersuchten Politikfeldern voraus, sondern auch eine Analyse der Ursachen für die konstatierten geschlechtsspezifisch unterschiedlichen Verhältnisse. Die Ursachenanalyse kann sich dabei jedoch nicht nur auf die hier untersuchten Maßnahmekomplexe, z.B. auf eine Überprüfung der Konsequenzen aus den Förderregelungen auf die Teilnahmeintensität von Frauen, beschränken. Die besondere Problemlage von Frauen im Bereich der Arbeitsmarktpolitik und der arbeitsmarktorientierten Strukturpolitik läßt sich nur erklären, wenn man die gesellschaftliche und berufliche Situation von Frauen insgesamt und die Ursachen dieser Bedingungen mit in die Betrachtung einbezieht. Erst vor diesem Hintergrund kann die Bedeutung und Problemlösungsfähigkeit der untersuchten beschäftigungspolitischen Aktivitäten beurteilt werden.

Daher wird im folgenden ein Überblick vorgeschaltet, der auf wesentliche Aspekte der Frauen(aus)bildung und Frauenerwerbstätigkeit eingeht, und in dem die eigentlichen Ursachen der noch immer nicht verwirklichten sozialen Chancengleichheit von Mädchen und Frauen im Berufsleben offengelegt werden.

2. Die Notwendigkeit arbeitsmarkt- und strukturpolitischer Maßnahmen für Frauen vor dem Hintergrund ihrer Situation in der Arbeitswelt

2.1 Offene und versteckte Arbeitslosigkeit von Frauen und ihre Bewertung. Sind Frauen "gar nicht richtig arbeitslos"?

Auffälligstes Merkmal der besonders schwierigen Situation von Frauen am Arbeitsmarkt ist ihre bereits seit 10 Jahren im Vergleich zu Männern **weit überproportional hohe Arbeitslosigkeit.** Schon dieses offiziell registrierte Merkmal müßte ausreichen, um Frauen bei arbeitsmarktpolitischen Maßnahmen Vorrang einzuräumen. Dieses Erfordernis ergibt sich erst recht, wenn man bedenkt, daß die Arbeitslosenstatistik das wahre Ausmaß der Frauenerwerbslosigkeit nur höchst unzureichend widerspiegelt und durch das Kriterium der Arbeitslosigkeit nur ein Bruchteil der Diskriminierungen zum Ausdruck kommt, denen sich Frauen im Erwerbsleben in offener oder versteckter Form ausgesetzt sehen.

Wie ein Blick auf die folgende Tabelle 1 zeigt, erreichte der geschlechtsspezifische Abstand zwischen der Arbeitslosenquote der Frauen und der der Männer im Jahre 1979 seinen bisherigen Höhepunkt. Damals war die Arbeitslosenquote der Frauen mehr als doppelt so hoch wie die der Männer. In den folgenden Krisenjahren nahm das Gefälle in der Arbeitslosigkeit zwischen Männern und Frauen nahezu sukzessive ab, jedoch zeigt sich von 1984 auf 1985 wiederum eine ansteigende Tendenz. Im September 1985 lag die Arbeitslosenquote der Frauen in Nordrhein-Westfalen, einem Bundesland mit besonders hoher Arbeitslosigkeit, rund 44 % über dem männerspezifischen Wert (Bundesgebiet 39 %), also immer noch auf einem weit überproportionalen Niveau.

Die unter 20jährigen Frauen und die 50- bis 54jährigen Frauen sowie Frauen im Alter von 25 bis 35 Jahren, also in der Al-

Tabelle 1 Geschlechtsspezifische Entwicklung der registrierten Arbeitslosigkeit

September	Nordrhein-Westfalen Arbeitslosenquote Frauen	Nordrhein-Westfalen Arbeitslosenquote Männer = 1oo %	Bundesgebiet Arbeitslosenquote Frauen	Bundesgebiet Arbeitslosenquote Männer = 1oo %
1975	6,1	156	5,5	145
1976	6,2	182	5,4	18o
1977	6,6	184	5,7	19o
1978	6,6	189	5,5	2o4
1979	6,2	214	4,8	218
198o	6,4	2oo	5,1	196
1981	8,8	166	7,1	165
1982	1o,7	139	8,8	133
1983	12,5	136	1o,2	134
1984	12,7	138	1o,1	131
1985	13,2	144	1o,4	139

Quelle: Amtliche Nachrichten der Bundesanstalt für Arbeit, verschiedene Jahrgänge, sowie eigene Berechnungen

Tabelle 2 Altersspezifische Arbeitslosenquoten[1)] von Frauen und Männern im Jahre 1985 - Nordrhein-Westfalen -

Altersgruppe	Arbeitslosenquote Frauen	Arbeitslosenquote Männer = 1oo %
unter 2o Jahre	15,7	162
2o - unter 25 Jahre	14,4	112
25 - unter 3o Jahre	17,2	155
3o - unter 35 Jahre	15,7	159
35 - unter 4o Jahre	12,6	14o
4o - unter 45 Jahre	1o,2	14o
45 - unter 5o Jahre	1o,4	144
5o - unter 55 Jahre	13,2	161
55 Jahre und älter	17,o	99

1) Arbeitslose der jeweiligen Altersgruppe in v.H. der sozialversicherungspflichtig Beschäftigten und Arbeitslosen der jeweiligen Altersgruppe

Quelle: Eigene Berechnungen nach Daten aus: Amtliche Nachrichten der Bundesanstalt für Arbeit, Heft 3/1986, S. 389 und S. 391, und Statistische Berichte des Landesamts für Datenverarbeitung und Statistik Nordrhein-Westfalen "Sozialversicherungspflichtig beschäftigte Arbeitnehmer in Nordrhein-Westfalen am 3o. Juni 1985", S. 21

tersgruppe, in der die zusätzliche Belastung durch die ihnen von der Gesellschaft zugewiesenen familiaren Aufgaben normalerweise besonders groß ist (bedeutend größer als die der Männer ist sie in der Regel in allen Altersgruppen), haben dabei im Vergleich zu Männern dieses Alters ein besonders hohes Arbeitslosigkeitsrisiko (vgl. Tabelle 2). Jedoch sind, mit Ausnahme der über 55jährigen, Frauen **aller Altersgruppen** weitaus stärker von Arbeitslosigkeit betroffen als gleichaltrige Männer.[1]

Die Schere zwischen Frauen- und Männerarbeitslosigkeit öffnet sich jedoch noch bedeutend weiter, wenn man die versteckte Arbeitslosigkeit, **die stille Reserve,** einbezieht, jene Dimension der heutigen Massenarbeitslosigkeit also, die in den amtlichen Arbeitslosenzahlen nicht erfaßt wird.

Nicht arbeitslos registriert, aber arbeitslos sind

- Schulabgängerinnen, die ausschließlich einen Ausbildungsplatz suchen. Der Anteil von Mädchen an den unversorgten Bewerbern um einen Ausbildungsplatz lag bundesweit im Jahre 1984 bei 64 % (1982: 62 %; 1974: 49 %).

Nicht arbeitslos gemeldet, aber arbeitslos sind

- Hausfrauen, die erstmals oder nach einer Unterbrechungsphase wieder berufstätig sein möchten, sich jedoch angesichts der schlechten Arbeitsmarktlage sowie fehlender Ansprüche auf Lohnersatzleistungen nicht arbeitslos melden, also - anders als zu Zeiten einer Hochkonjunktur - keine Chancen haben, ihren Plan zum (Wieder-)Eintritt ins Erwerbsleben zu realisieren

---

[1] Frauen sind "dann nicht stärker durch Arbeitslosigkeit betroffen ... als Männer, wenn keine Belastung durch familiäre Aufgaben vorliegt". So lautet die - irreführende - Antwort der Bundesregierung auf eine Anfrage von Bundestagsabgeordneten zum Thema Frauenarbeitslosigkeit. Bundestagsdrucksache 1o/871 vom 11.1.1984, S. 6

Nicht arbeitslos gemeldet, aber arbeitslos sind

- erwerbslose Frauen, die gezwungen sind, solche Teilzeit-Arbeitsplätze zu suchen, die nicht gegen Arbeitslosigkeit abgesichert sind (derzeit bei unter 19 Stunden pro Woche). Derart ungeschützte Arbeitsplätze sowie auch Beschäftigungsverhältnisse, die keinen eigenständigen Renten- oder Krankengeldbezug begründen, sind eine eindeutige Domäne der Frauen.

Nicht arbeitslos gemeldet, aber arbeitslos sind

- zuvor beschäftigte Ehefrauen, die nach dem Bezug von Arbeitslosengeld keine Arbeitslosenhilfe erhalten, weil die Ehegattensubsidarität greift, und die - ihre schlechten Aussichten auf dem Arbeitsmarkt antizipierend - von einer weiteren Meldung beim Arbeitsamt absehen.

Tabelle 3: Stille Reserve nach Alter und Geschlecht 1982 - in Tsd. Personen -

Alter	Deutsche + Ausländer			Deutsche				
	Männer + Frauen	Männer	Frauen	Männer + Frauen	Männer	Frauen		
						insgesamt	nicht verheiratet	verheiratet
15 bis unter 20	150	82	68	124	65	59	54	5
20 bis unter 25	161	58	103	146	51	95	62	33
25 bis unter 30	89	50	39	77	42	35	19	16
30 bis unter 35	67	31	36	54	25	29	5	24
35 bis unter 40	57	19	38	46	15	31	4	27
40 bis unter 45	68	17	51	58	14	44	13	31
45 bis unter 50	62	10	52	54	8	46	12	34
50 bis unter 55	61	21	40	55	18	37	6	31
55 bis unter 60	52	28	24	49	26	23	4	19
60 bis unter 65	183	112	71	170	104	66	46	20
Summe	950	428	522	833	368	465	225	240

Quelle: Manfred Thon: Neuberechnung des Erwerbspersonenpotentials für den Zeitraum 197o-1982, in: Mitteilungen aus der Arbeitsmarkt- und Berufsforschung 4/1984, S. 453

Die Schätzung der stillen Reserve, die notwendig ist, um die tatsächliche Höhe der Frauenarbeitslosigkeit und ihren Unterschied zur Männerarbeitslosigkeit zu bestimmen, ist mit erheblichen methodischen Schwierigkeiten verbunden. Nur die ungefähre Größenordnung dieser verborgenen, gesellschaftlich erzwungenen Arbeitslosigkeit läßt sich abstecken. Dabei spricht vieles dafür, daß Frauen das Hauptkontingent dieser stillen Arbeitsmarktreserve bilden, weil es nämlich die bei den obigen vier Frauengruppen wirksamen Bedingungen bei Männern in dieser Weise nicht gibt. Nach einer Schätzung des Instituts für Arbeitsmarkt- und Berufsforschung (IAB)[2] für das Jahr 1982, auf deren Annahmen hier nicht eingegangen werden kann (Schätzergebnisse sind immer auch Konsequenz der zugrunde gelegten Annahmen), betrug der Anteil der Frauen an der stillen Reserve erstaunlicherweise nur 55 %, und verheiratete deutsche Frauen mittlerer Altersjahrgänge, die immer als die "klassische" stille Reserve galten, stellten lediglich 25 % dieses Potentials, während Männer über 55 Jahre rund 15 % der gesamten stillen Reserve ausmachten (vgl. Tabelle 3). Selbst wenn man jedoch nur diese optimistische Schätzung zugrunde legt, die u.E. den Anteil der Frauen an der stillen Reserve aus den genannten Gründen bei weitem unterschätzt,[3] und wenn man das geschlechtsspezifische Verhältnis auf die stille Reserve des Jahres 1985[4] überträgt, kommt man auf eine Zahl von 675.000 "versteckt" arbeitslosen Frauen.

----

[2] Vgl. Manfred Thon: Neuberechnung des Erwerbspersonenpotentials für den Zeitraum 197o-1982, a.a.O., S. 441-452

[3] Nach der bei Brinkmann/Reyher zitierten IAB-Verlaufsuntersuchung suchten 35 % der ehemals arbeitslosen Frauen, die im Haushalt verblieben waren, zum Zeitpunkt der Befragung unabhängig vom Arbeitsamt eine Arbeit, weitere 22 % waren zur Arbeitsaufnahme bereit, wenn sie in der Nähe ein günstiges Arbeitsangebot erhielten. Vgl. Christian Brinkmann, Lutz Reyher: Erwerbspersonenpotential und stille Reserve, in: Mitteilungen aus der Arbeitsmarkt- und Berufsforschung 1/1985, S. 1o

[4] Diese betrug nach IAB-Schätzungen mindestens insgesamt 1.23o.ooo Personen. Vgl. Autorengemeinschaft: Der Arbeitsmarkt in der Bundesrepublik Deutschland in den Jahren 1985 und 1986, in: Mitteilungen aus der Arbeitsmarkt- und Berufsforschung 4/1985, S. 411

Unter Einschluß der stillen Reserve beziffert sich somit die Arbeitslosenquote von Frauen im Jahre 1985 auf mindestens 16,2 %, die der Männer auf 1o,o %.

Darüber hinaus ist zu berücksichtigen, daß bereits die offizielle Arbeitslosenstatistik das Ausmaß der registrierten Frauenarbeitslosigkeit im Vergleich zur registrierten Männerarbeitslosigkeit systematisch unterschätzt. Die Bestandsstatistik führt nämlich zu einer Übererfassung der Langfristarbeitslosigkeit, da sich die Wahrscheinlichkeit, von einer solchen Querschnittserhebung erfaßt zu werden, proportional zur Dauer der Arbeitslosigkeit verhält.[5] Aufgrund der dargestellten Verdrängungsmechanismen ist jedoch die ausgewiesene Langzeitarbeitslosigkeit von Frauen - im Schnitt - kürzer als die der Männer, worauf weiter unten noch einzugehen sein wird.

Im Zusammenhang mit dem Rückzug verheirateter Frauen in die stille Reserve wurde bereits ein weiteres Charakteristikum der Frauenarbeitslosigkeit angesprochen:
Frauen sind nicht nur weitaus häufiger als Männer von Arbeitslosigkeit betroffen, sie sind auch im Falle der Arbeitslosigkeit im Vergleich zu Männern in weitaus geringerem Umfang finanziell abgesichert (soweit man angesichts der geringen Leistungssätze von "Sicherung" überhaupt sprechen kann). Dies gilt in besonderem Maße für verheiratete Frauen, die im September 1985 53 % aller arbeitslosen Frauen stellten (Anteil der verheirateten Männer an den männlichen Arbeitslosen: 43 %).

Infolge der Vorschrift, daß Arbeitslosenhilfe nur dann gewährt wird, wenn - neben den übrigen Anspruchsvoraussetzungen - Bedürftigkeit gegeben ist, wobei das Einkommen des Ehepartners

---

5 Vgl. hierzu z.B. Hannelore Neumann, Achim Weimer/Frank Weimer (EDV): Strukturelle regionale Arbeitslosigkeit unter besonderer Berücksichtigung der Ruhrgebietsregionen, Bochum 1985, S. 23

angerechnet wird, hatten nur 6,3 % der arbeitslosen verheirateten Frauen, aber 34,2 % der verheirateten Männer Anspruch auf Arbeitslosenhilfe. Die Bezieher von Arbeitslosenhilfe waren somit zu 73 % Männer.

Tabelle 4: Arbeitslose Frauen und Männer nach dem Leistungsbezug in v.H. (September 1985) - Bundesgebiet -

Leistungen nach dem AFG	Arbeitslose Frauen	davon		Arbeitslose Männer	davon	
	insges.	verheiratet	nicht verheiratet	insges.	verheiratet	nicht verheiratet
Arbeitslosengeld	33,8	39,7	27,3	29,5	35,6	25,o
Arbeitslosenhilfe	15,3	6,3	25,3	36,4	34,1	38,2
Leistungen beantragt	9,7	8,6	11,o	11,o	9,4	12,2
keine Leistungen	41,2	45,4	36,4	23,o	2o,9	24,7
	1oo,o	1oo,o	1oo,o	1oo,o	1oo,o	1oo,o

Quelle: Amtliche Nachrichten der Bundesanstalt für Arbeit, Heft 3/1986, S. 347, sowie eigene Berechnungen

Aber auch die diesbezügliche Empfängerquote bei den nicht verheirateten Frauen liegt mit 25,3 % erheblich unter derjenigen der männlichen Vergleichsgruppe (38,2 %).[6] Die bei Frauen und Männern unterschiedlichen finanziellen Auswirkungen der Arbeitslosigkeit schlagen sich daher insbesondere bei den länger als 1 Jahr Arbeitslosen nieder (nach einem Jahr endet - ausgenommen ältere Arbeitnehmer - die maximale Bezugsdauer von Arbeitslosigkeit): 65 % der länger als 1 Jahr arbeitslosen Frauen gegenüber 28 % der länger als 1 Jahr arbeitslosen Männer hatten weder Anspruch auf Arbeitslosengeld noch auf Arbeitslosenhilfe.

---

6 Der bei Frauen höhere Anteil von Arbeitslosengeld-Bezieherinnen erklärt sich dabei durch die statistisch, jedoch nicht tatsächlich niedrigere Arbeitslosendauer von Frauen. Vgl. dazu weiter unten S. 12 f

Darüber hinaus zeigt sich der Einfluß des Geschlechts (und des Familienstands) auch in der Höhe der Leistungen.
Im Oktober 1984 betrugen die Durchschnittsbeträge von Arbeitslosengeld und Arbeitslosenhilfe bei[7]

- verheirateten Frauen	688,- DM	(Arbeitslosengeld)
	615,- DM	(Arbeitslosenhilfe)
- verheirateten Männern	1.286,- DM	(Arbeitslosengeld)
	9o1,- DM	(Arbeitslosenhilfe)
- nicht verheirateten Frauen	719,- DM	(Arbeitslosengeld)
	615,- DM	(Arbeitslosenhilfe)
- nicht verheirateten Männern	875,- DM	(Arbeitslosengeld)
	615,- DM	(Arbeitslosenhilfe)

Die geschlechtsspezifischen Unterschiede ziehen sich dabei - wie eine hier nicht wiedergegebene Aufschlüsselung der Beträge nach dem Alter zeigt[8] - durch alle Altersklassen.

Ein weiteres Merkmal, das eine zusätzliche Beurteilung des quantitativen Arbeitsmarktungleichgewichts von Frauen und Männern ermöglicht, ist die Zeitdauer der Erwerbslosigkeit. Nahezu alle negativen Auswirkungen der Arbeitslosigkeit nehmen mit steigender Dauer zu.

Folgt man den statistischen Angaben, so liegt das Dauerarbeitslosigkeitsrisiko (gemessen am Anteil der Arbeitslosen, die länger als 1 Jahr arbeitslos sind, an allen Arbeitslosen) der Männer im Schnitt etwas (um 2,4 Prozentpunkte) höher als das der Frauen (vgl. Tabelle 5). Angesichts der Tatsache, daß

----

[7] Vgl. Empfänger von Arbeitslosengeld und Arbeitslosenhilfe nach der Höhe der monatlichen Leistungsbeträge Ende Oktober 1984, in: Amtliche Nachrichten der Bundesanstalt für Arbeit, Heft 3/1983, S. 197

[8] Vgl. ebenda, S. 198

Frauen wegen mangelnder Lohnersatzansprüche häufig frühzeitig aus der Arbeitslosenstatistik "ausgesteuert" werden, ist jedoch Dauerarbeitslosigkeit von Frauen weitaus verbreiteter, als dies in den amtlichen Zahlen zum Ausdruck kommt.

Darüber hinaus zeigt sich, daß jüngere Frauen bis zum Alter von 35 Jahren, selbst wenn man nur die registrierte Arbeitslosigkeit berücksichtigt, ein höheres Verbleibrisiko in Arbeitslosigkeit aufweisen als die männliche Vergleichsgruppe. Die geschlechtsspezifische Diskriminierung wirkt sich also besonders zu Lasten der jungen Frauen, die erstmals auf dem Arbeitsmarkt Fuß fassen wollen, und zu Lasten der jüngeren Frauen in der aktiven Familienphase aus. Geringere Wiedereingliederungschancen als Männer haben darüber hinaus die älteren Frauen über 55 Jahre, die jedoch nur einen vergleichsweise geringen Anteil des weiblichen Arbeitslosenbestandes ausmachen.

Tabelle 5: Anteil der Dauerarbeitslosen an den Arbeitslosen nach Geschlecht und Alter im September 1985
- Bundesgebiet -

Altersgruppe	Länger als 1 Jahr Arbeitslose in v.H. der Arbeitslosen	
	Frauen	Männer
unter 2o Jahre	7,5	6,1
2o - unter 25 Jahre	16,2	14,o
25 - unter 3o Jahre	25,1	24,6
3o - unter 35 Jahre	32,o	3o,4
35 - unter 4o Jahre	32,6	33,5
4o - unter 45 Jahre	34,6	37,9
45 - unter 5o Jahre	39,2	42,4
5o - unter 55 Jahre	47,5	48,2
55 - unter 6o Jahre	56,4	52,5
6o - unter 65 Jahre	57,6	46,o
insgesamt	29,7	32,1

Quelle: Amtliche Nachrichten der Bundesanstalt für Arbeit, Heft 3/1986, S. 335 f, sowie eigene Berechnungen

Festzuhalten bleibt also, daß Frauenarbeitslosigkeit - selbst wenn man sich nur an den offiziellen Daten orientiert - ein in quantitativer und qualitativer Hinsicht äußerst gravierendes Problem darstellt. Allem Anschein nach wird dieses Problem jedoch von den verantwortlichen Politikern nicht ernstgenommen: Würden Frauen de facto das gleiche Recht auf Arbeit genießen wie Männer, so hätten sich die Akteure der Arbeitsmarktpolitik sicherlich längst dazu veranlaßt gesehen, hektische Aktivitäten zum Abbau dieses besonders hohen Arbeitslosigkeitsrisikos zu entfalten. **Die Aufgabe der Arbeitsmarktpolitik, sich vor allem jenen Gruppen zuzuwenden, die sich selbst am Arbeitsmarkt am wenigsten zu behaupten vermögen, hat jedoch anscheinend dort ihre Grenzen, wo es sich um Frauen handelt.** Frauen sind das geeignete Objekt, um von den eigentlichen Ursachen der Arbeitsmarktkrise abzulenken. Bei ihnen gelingt es besonders leicht, Arbeitslosigkeit als individuelles Problem erscheinen zu lassen. Weil nämlich Frauen im allgemeinen noch immer die alleinige Verantwortung für Kinder und Haushalt aufgebürdet wird und sie somit - anders als Männer - gezwungen sind, berufliche und häusliche Aufgaben miteinander zu vereinbaren, ist es relativ einfach, Zweifel an der Ernsthaftigkeit und/oder auch an der Notwendigkeit ihrer Bemühungen um Arbeit zu entfachen. Arbeitslosigkeit von Frauen gilt gemeinhin als "nicht so tragisch", liegt doch die Lösung ihres Beschäftigungsproblems zum Greifen nahe, nämlich die arbeitsmarktexterne Alternative als Ehefrau, Nur-Hausfrau und Mutter. Diese Ausgrenzungsstrategie gilt auch heute noch als durchaus "normal" und wird also gesellschaftlich weitgehend akzeptiert, so daß ihr wenig Widerstand von Seiten der Betroffenen entgegengesetzt wird.

Üblicherweise unterstellt man bei Frauen geringere psycho-soziale Belastungen durch Arbeitslosigkeit als bei Männern, vor allem bei verheirateten Frauen mit und ohne Kindern. Dabei wird oftmals mit Meßmethoden gearbeitet, die ein völlig verzerrtes Bild der subjektiven Verarbeitung der Arbeitslosigkeit zeichnen. So ergibt sich das höhere Belastungsprofil der Männer durch Arbeitslosigkeit vor allem dadurch, weil bei ihnen die freie Zeit zum größten Problem wird,[9] während Frauen aufgrund ihrer Mehrfachrolle selbstverständlich auch bei Arbeitslosigkeit nicht über Nichtstun und Unausgelastetsein klagen können.

Ferner wird in der Öffentlichkeit vornehmlich ein Bild der Frauenarbeitslosigkeit und ihrer Ursachen gezeichnet, bei dem rationale, scheinbar "vernünftige" und einsichtige Erklärungsgründe vorgeschoben werden,[10] die von den eigentlichen Diskriminierungen ablenken bzw. bei dem unterschlagen wird, daß diese typisch weiblichen Bedingungen und Verhaltensweisen selbst wieder Resultat vorausgegangener gesellschaftlicher Benachteiligungen sind. Ein Beispiel hierfür bietet das Erklärungsmuster des IAB für das im Vergleich zu Männern weitaus höhere Arbeitslosigkeitsrisiko der Frauen:

> "Hier wirken sich - abgesehen von möglicher Diskriminierung - eine Reihe von Faktoren aus, insbesondere vergleichsweise niedriger Qualifikationsstand, Wunsch nach Teilzeitarbeit, Unterbrechung der Erwerbstätigkeit, aber auch ein größerer 'Angebotsdruck' im Zusammenhang mit der zunehmenden Erwerbsbeteiligung von verheirateten Frauen".[11]

----

9 Vgl. z.B. Christian Brinkmann: Finanzielle und psycho-soziale Belastungen während der Arbeitslosigkeit, in: Mitteilungen aus der Arbeitsmarkt- und Berufsforschung 4/1984, S. 46o

10 "In der Regel erfahren Diskriminierungen bei denen, die sie praktizieren, eine Art Rationalisierung und Institutionalisierung, wodurch die allgemeinen Regeln der Gerechtigkeit, die Diskriminierungen verurteilen müßten, nicht gelten". Mit diesem aus Meyers Enzyklopädischen Lexikon entnommenen Satz charakterisiert die Bundestagsabgeordnete Ursula Männle (CSU) in treffender Weise die Art, mit der die Probleme der Frauen im allgemeinen angegangen werden. Vgl. Probleme der Frau in unserer Gesellschaft, hrsg. vom Deutschen Bundestag, Bonn 1984, S. 125

11 Autorengemeinschaft: Der Arbeitsmarkt in der Bundesrepublik Deutschland in den Jahren 1983 und 1984 - insgesamt und regional, in: Mitteilungen aus der Arbeitsmarkt- und Berufsforschung 4/1983, S. 342

In der Tat sind mit den hier aufgeführten Faktoren charakteristische Bedingungen der Frauenarbeit angesprochen, auf die im folgenden näher eingegangen wird. Dabei wird sich zeigen, ob sie, wie üblicherweise unterstellt, als wichtigste Ursachen der hohen Frauenarbeitslosigkeit gelten können.

2.2 Erklärungsmuster für das überdurchschnittliche Arbeitslosigkeitsrisiko von Frauen

2.2.1 Wunsch nach Teilzeitarbeit oder Zwang zur Teilzeitarbeit?

Teilzeitarbeit ist faktisch eine Domäne von erwerbstätigen Frauen und ein spezifisches, negatives Charakteristikum weiblicher Erwerbstätigkeit. Denn ein großer Teil dieser Arbeitsplätze zeichnet sich durch schlechtere Arbeitsbedingungen als auf Vollzeiterwerbsarbeitsplätzen aus. Teilzeitarbeitsplätze sind bislang kaum als qualifizierte Tätigkeiten ausgestaltet und sie bieten nur minimale Chancen zum beruflichen Aufstieg. Vielen Frauen stellt sich jedoch keine andere Wahl, als diese Arbeitsplätze zu akzeptieren, da ihnen, falls sie berufstätig sein wollen, nichts anderes übrig bleibt, als die vielbeklagte Mehrfachbelastung durch berufliche Einschränkung zu erkaufen.

Teilzeitarbeitsplätze bleiben also so lange problematische Arbeitsplätze, so lange nicht auch Männer mit Familienpflichten zu dieser bislang rein frauentypischen Arbeitszeitform übergehen - und in der dann zur Verfügung stehenden Freizeit auch wirklich Hausarbeiten übernehmen. Teilzeitarbeitsplätze sind so lange problematische Arbeitsplätze, so lange nicht auch - die von Männern dominierten - qualifizierten Positionen "geteilt" werden, zumal sich langsam auch in Unternehmenskreisen und bei den betroffenen Männern selbst die Einsicht durchsetzt, daß der Preis der Berufskarriere allzu oft in ständiger (tatsächlicher oder eingebildeter) zeitlicher Überforderung und frühzeitigem Verschleiß besteht.

Es liegt nahe, für Frauen, die teilzeitbeschäftigt sind, ein besonders hohes Arbeitslosigkeitsrisiko zu erwarten, bieten sich diese Arbeitsplätze den Unternehmen doch in idealer Weise zur Anpassung an den jeweiligen Arbeitsanfall an, insbesondere jene, die in Form der kapazitätsorientierten Arbeitszeit praktiziert werden. Das weibliche Flexibilitätspotential ist somit eine wichtige Stütze unseres Beschäftigungssystems.

Die amtlichen Daten belegen das vermutete höhere Arbeitslosigkeitsrisiko in eindeutiger Weise - bis zum Jahre 1982. Bis zu diesem Zeitpunkt liegt die Teilzeitarbeitslosigkeitsquote in Nordrhein-Westfalen über der Vollzeitarbeitslosenquote, und zwar zeitweilig bis zu loo %. Ab 1984 hingegen unterschreitet die Teilzeitarbeitslosenquote die Quote der arbeitslosen Frauen mit dem Wunsch nach einer Ganztagsbeschäftigung. Dieses Ergebnis bedeutet zunächst einmal, **daß die Teilzeitbeschäftigung von Frauen - heutzutage - kein Erklärungsfaktor für das im Vergleich zu Männern überdurchschnittliche weibliche Arbeitslosigkeitsrisiko sein kann.**

Es zeigt sich anhand der Daten für das Bundesgebiet in Tabelle 6 fernerhin, daß der wieder zunehmende Trend im geschlechtsspezifischen Arbeitslosigkeitsgefälle - gemessen an der Vollzeitarbeitslosenquote - nicht erst 1985, sondern bereits im Jahre 1983 einsetzte.

Tabelle 6: Teilzeitarbeitslosenquote von Frauen und Vollzeitarbeitslosenquote von Frauen und Männern

September	Nordrhein-Westfalen		Bundesgebiet	
	Teilzeitarbeitslosenquote Frauen	Arbeitslosenquote Frauen insg.= 1oo %	Vollzeitarbeitslosenquote Frauen	Vollzeitarbeitslosenquote Männer = 1oo %
1975	...	...	4,8	126
1976	13,4	216	4,8	155
1977	14,3	217	5,2	173
1978	14,3	217	5,o	178
1979	13,7	221	4,4	2oo
198o	13,9	217	4,8	185
1981	12,1	138	7,o	163
1982	12,2	114	9,2	137
1983	12,5	1oo	11,2	145
1984	12,4	98	11,3	147
1985	12,o	91	11,6	153

... = keine Angaben vorhanden

Quelle: Amtliche Nachrichten der Bundesanstalt für Arbeit, verschiedene Jahrgänge, sowie eigene Berechnungen

Teilzeitarbeitslose stellen somit - rein statistisch gesehen - derzeit **innerhalb** der Gruppe der arbeitslosen Frauen keine besondere Problemgruppe dar. Tatsächlich ist ihr Anteil an den Arbeitslosen stark rückläufig: 198o waren es in Nordrhein-Westfalen noch 35,8 % (Bundesgebiet 35,o %), fünf Jähre später nurmehr 21,4 (Bundesgebiet 22,6 %) der arbeitslosen Frauen, die ausschließlich eine Teilzeitbeschäftigung suchten.[12]

Für die Verschiebung zur Vollzeitarbeit werden von der Bundesanstalt drei mögliche Gründe hervorgehoben:[13]

---

12 Dieser Rückgang beruht zum einen auf einem sinkenden Anteil der **zuvor in Teilzeit beschäftigten** Frauen an allen arbeitslosen Frauen (Bundesgebiet 198o: 17,1 %, 1984: 12,7 %). Zum anderen ist der Wunsch nach Teilzeitarbeit nicht nur bei den zuvor in Teilzeit beschäftigten Frauen stark zurückgegangen (Bundesgebiet 198o: 88,o %, 1984: 66,1 %), sondern auch die Frauen, die zuvor eine Ganztagsbeschäftigung ausübten, Frauen, die ihre Erwerbstätigkeit unterbrochen hatten sowie Frauen ohne bisherige Erwerbstätigkeit äußerten sehr viel weniger häufig als in früheren Jahren den Wunsch nach einer Teilzeitarbeit.

13 Vgl. Amtliche Nachrichten der Bundesanstalt für Arbeit 3/1986, S. 2o1

- die verschlechterte Einkommenssituation vieler Familien, die - im Sinne der added-worker-Hypothese - eine "volle" Berufstätigkeit der Frauen erzwingt
- das ungenügende Angebot an Teilzeitarbeitsplätzen
- die durch das Arbeitsförderungskonsolidierungsgesetz von 1981 eingeschränkten Möglichkeiten, das Arbeitsgesuch ausschließlich auf Teilzeitarbeit zu beschränken.[14]

Die beiden letzten Erklärungsfaktoren lassen ebenso gut den Schluß zu, daß Frauen, die wegen ihrer familiaren Belastungen nicht in der Lage sind, als Alternative auf Vollzeitarbeit umzusteigen, in zunehmendem Maße nicht mehr als arbeitslos registriert werden. Insofern ist anzunehmen, daß die unterdurchschnittliche Entwicklung der Teilzeitarbeitslosenquote auch mit einer zunehmenden stillen Reserve gerade dieser Gruppe unter den Frauen zusammenhängt.

Die im Vergleich zur weiblichen Vollzeit-Arbeitslosenquote günstigere Entwicklung der weiblichen Teilzeit-Arbeitslosenquote hängt auch mit der starken Ausweitung des Teilzeitarbeitsplatzangebots für Frauen in den letzten Jahren zusammen (also mit der Zunahme des Nenners der Teilzeit-Arbeitslosenquote, die - ceteris paribus - zu einer Abnahme der Quote führt).[15] So nahm die Zahl der abhängigen Erwerbspersonen,[16]

---

[14] Nach § 7 der Zumutbarkeits-Anordnung vom 16. März 1982 ist dies nur noch möglich, wenn im Haushalt der Arbeitslosen mindestens ein aufsichtsbedürftiges Kind unter 16 Jahren oder eine pflegebedürftige Person zu betreuen ist.

[15] Wobei nicht auszuschließen ist, daß es sich gar nicht immer um ein neugeschaffenes Arbeitsplatzangebot handelt, sondern der - statistische - Zuwachs an Teilzeitarbeitsplätzen (auch) auf ein Hineinwachsen in die Sozialversicherungspflicht und/oder auf eine Aufteilung bisheriger Vollzeitarbeitsplätze zurückzuführen ist.

[16] Zur Berechnung der Arbeitslosenquoten werden die Teilzeitarbeit suchenden Arbeitslosen auf die nach dem Mikrozensus erfaßten abhängigen Erwerbstätigen, die 2o bis 36 Stunden wöchentlich arbeiten, und die Teilzeitarbeit suchenden Arbeitslosen bezogen. In der Statistik der sozialversicherungspflichtig Beschäftigten zählen hingegen Personen, die regelmäßig 15

auf die die Teilzeitarbeitslosen zur Berechnung der Arbeitslosenquote bezogen werden, von September 1979 bis September 1984 im Bundesgebiet um rund 64 % ! (von 1,4 Millionen auf 2,3 Millionen weibliche abhängige Erwerbspersonen) zu.

2.2.2 Zunehmende Erwerbsbeteiligung der Frauen. Sind Frauen die eigentlichen "Gewinner" des Beschäftigungssystems?

Das dargestellte Beschäftigungsplus bei teilzeitarbeitenden Frauen ist im Zusammenhang mit einem weiteren vielgenannten "Ursachenfaktor" der überdurchschnittlich hohen Frauenarbeitslosigkeit zu sehen, nämlich mit der in den letzten Jahren erheblich gestiegenen weiblichen Erwerbsbeteiligung. Das im Vergleich zu Männern weitaus höhere Arbeitslosigkeitsrisiko von Frauen wird als zwangsläufiges Resultat des größeren "Angebotsdrucks" gewertet. **Zugleich wird, in der offensichtlichen Absicht, das Arbeitslosenproblem von Frauen herunterzuspielen, darauf verwiesen, Frauen seien, soweit es die Entwicklung der beschäftigten Arbeitnehmer angeht, die eigentlichen "Gewinner" am Arbeitsmarkt.**

Die Zunahme des weiblichen Erwerbspersonenpotentials ist zum einen wie bei den Männern auf den Eintritt der geburtenstarken Jahrgänge ins Erwerbsleben zurückzuführen, zum anderen auf die zunehmende Erwerbs"neigung" der Frauen. Von 197o bis 1984 nahm die Zahl der weiblichen Erwerbspersonen (Erwerbstätige plus Arbeitslose) im Alter von 15 bis 65 Jahren um 1,8 Millionen zu, während der Zuwachs bei den Männern "nur" 1,2 Millionen betrug (vgl. Tabelle 7). Dabei stieg die Erwerbsquote der Frauen gerade in jenen Altersgruppen beträchtlich an, in denen Frauen sich früher in erheblichem Umfang zur Erfüllung der ihnen gesellschaftlich zugewiesenen familialen Aufgaben aus dem Arbeitsleben zurückzogen. Für den größten Teil der jungen

----

oder mehr Wochenstunden arbeiten oder mindestens 41o DM monatlich verdienen, zu den Teilzeitbeschäftigten.

Tabelle 7 Erwerbsquoten[1] von Frauen nach dem Alter

Alter von ... bis unter ... Jahren	197o	- Nordrhein-Westfalen - 1982	1984	1984 in v.H. 197o
15 - 2o	53,2	32,5	35,o	66
2o - 25	66,2	68,6	68,1	1o3
25 - 3o	43,5	6o,2	61,5	142
3o - 35	35,8	51,1	54,8	153
35 - 4o	35,6	49,2	5o,4	141
4o - 45	37,7	46,3	52,1	138
45 - 5o	37,1	44,3	47,8	129
5o - 55	34,7	39,4	39,5	144
55 - 6o	27,2	32,2	31,6	116
6o - 65	15,9	1o,3	9,4	6o
15 - 65	38,o	44,o	45,6	12o
weibl. Erwerbspersonen in Tsd. (15 - u. 65 J.)	2.166	2.594	2.722	126
Erwerbsquote Männer (15-u.65 J)	87,5	81,3	79,8	91
männl. Erwerbspersonen in Tsd. (15 - u. 65 J.)	4.615	4.699	4.7o9	1o2

	197o	- Bundesgebiet - 1977	1984	1984 in v.H. 197o
15 - 2o	53,6	45,2	41,o	77
2o - 25	69,8	69,9	71,3	1o3
25 - 3o	51,1	59,3	65,6	129
3o - 35	45,4	53,3	59,8	132
35 - 4o	46,2	52,2	59,8	13o
4o - 45	48,4	53,1	6o,3	125
45 - 5o	48,9	5o,6	56,4	116
5o - 55	44,8	47,7	49,7	111
55 - 6o	37,2	39,5	4o,2	1o8
6o - 65	22,5	13,6	11,8	52
15 - 65	46,2	48,9	51,7	112
weibl. Erwerbspersonen in Tsd. (15 - u. 65 J.)	9.333	9.9oo	11.121	119
Erwerbsquote Männer(15-u.65 J)	88,2	84,5	81,4	92
männl. Erwerbspersonen in Tsd. (15 - u. 65 J.)	16.149	16.419	17.361	1o8

1) Erwerbspersonen (= Erwerbstätige plus Arbeitslose) in Prozent der Bevölkerung entsprechenden Alters und Geschlechts

Quelle: Ergebnisse des Mikrozensus und der EG-Arbeitskräftestichprobe sowie eigene Berechnungen

Frauen stellen somit Familie und Beruf gleichrangige Optionen im Rahmen ihrer Lebensgestaltung dar.[17]

Im Jahre 1984 gingen bundesweit mehr als die Hälfte aller Ehefrauen im Alter von 2o bis 5o Jahren einer außerhäuslichen Erwerbstätigkeit nach. Bei den 20- bis unter 25jährigen waren es sogar nahezu zwei Drittel aller Frauen, die berufstätig waren. 197o lagen die entsprechenden Quoten noch weit niedriger (vgl. Tabelle 8).

Dabei zeigt die altersspezifische Erwerbsquotenkurve der verheirateten Frauen zwar nach wie vor einen diskontinuierlichen Verlauf. Der nach dem 25. Lebensjahr - also in etwa der Zeit von Geburt und Erziehung von Kindern - einsetzende "Abwärtsknick" in der Erwerbsbeteiligung, der etwa bis zum 35. Lebensjahr reicht, hat sich aber wegen der überproportional gestiegenen Erwerbsneigung der 25- bis 35jährigen Frauen abgeflacht (vgl. Abbildung 1 und Tabelle 8).

Verheiratete Mütter mit Kindern unter 18 Jahren nahmen 1982 - im Schnitt - zu 42 % am Erwerbsleben teil. Geschiedene Mütter waren zu 68 % berufstätig.[18] Noch höher sind die Erwerbstätigenquoten der Mütter im Alter von 35 bis 45 Jahren[19] (vgl. Tabelle 9 und 1o).

---

17 Vgl. auch Franz-Xaver Kaufmann, Klaus Peter Strohmeier u.a.: Familienentwicklung in Nordrhein-Westfalen. Generatives Verhalten im sozialen und regionalen Kontext, Heft 47 der Schriftenreihe des Ministerpräsidenten von Nordrhein-Westfalen, Düsseldorf 1985, S. 32

18 Wobei die Zahl der Ehescheidungen in den letzten 15 Jahren - in Relation zu den Eheschließungen gesehen - ganz erheblich zunahm: 197o kam auf 6,3 Eheschließungen eine Ehescheidung, 1984 auf 2,6 Eheschließungen eine Ehescheidung (1o2.o35 Eheschließungen, 39.56o Ehescheidungen).

19 Bei den hier genannten Quoten handelt es sich um Erwerbs**tätigen**quoten. Die mit Hilfe von Erwerbspersonen (Erwerbstätige und Arbeitslose) errechneten Erwerbsquoten sind also höher.

Tabelle 8 Erwerbsquoten[1] verheirateter Frauen nach dem Alter

Alter von ... bis unter ... Jahren	197o	- Nordrhein-Westfalen - 1982	1984	1984 in v.H. 197o
15 - 2o	56,6	5o,3	44,2	78
2o - 25	47,9	61,1	58,o	121
25 - 3o	35,8	52,3	53,8	15o
3o - 35	3o,o	44,9	47,5	158
35 - 4o	29,9	44,7	45,o	15o
4o - 45	3o,9	42,o	46,8	151
45 - 5o	29,3	39,4	42,o	143
5o - 55	26,2	33,7	34,2	131
55 - 6o	21,o	25,o	26,8	128
6o - 65	11,9	7,6	7,1	6o
15 - 65	29,o	37,2	38,6	133
weibl. Erwerbspersonen in Tsd. (15 - 65 Jahre)	1.12o	1.511	1.533	137
	197o	- Bundesgebiet - 1977	1984	1984 in v.H. 197o
15 - 2o	57,7	55,8	56,3	98
2o - 25	55,1	63,4	62,8	114
25 - 3o	43,5	52,9	58,1	134
3o - 35	39,8	48,4	53,4	135
35 - 4o	41,o	48,o	54,6	133
4o - 45	42,3	48,8	55,6	132
45 - 5o	41,7	45,2	51,5	124
5o - 55	37,5	4o,8	44,7	12o
55 - 6o	31,1	33,o	34,6	111
6o - 65	18,9	11,4	1o,1	54
15 - 65	39,1	44,7	47,5	122
weibl. Erwerbspersonen in Tsd. (15 - 65 Jahre)	5.272	6.o49	6.393	121

1) Erwerbspersonen (= Erwerbstätige plus Arbeitslose) in Prozent der Bevölkerung entsprechenden Alters, Geschlechts und Familienstands

Quelle: Mikrozensusergebnisse bzw. Ergebnisse der EG-Arbeitskräftestichprobe aus: Arbeits- und Sozialstatistik, Hauptergebnisse 1984, hrsg. vom Bundesminister für Arbeit und Sozialordnung, S. 22 (Quelle dort: Statistisches Bundesamt, Fachserie 1-4.11); Statistisches Jahrbuch 1985 für die Bundesrepublik Deutschland, hrsg. vom Statistischen Bundesamt, S. 98; Statistischer Bericht des Landesamtes für Datenverarbeitung und Statistik Nordrhein-Westfalen j/82, S. 8; Statistische Jahrbücher Nordrhein-Westfalen, verschiedene Jahrgänge, sowie eigene Berechnungen

Abbildung 1: Erwerbsquoten verheirateter Frauen nach Alter 197o und 1984 - Bundesgebiet -

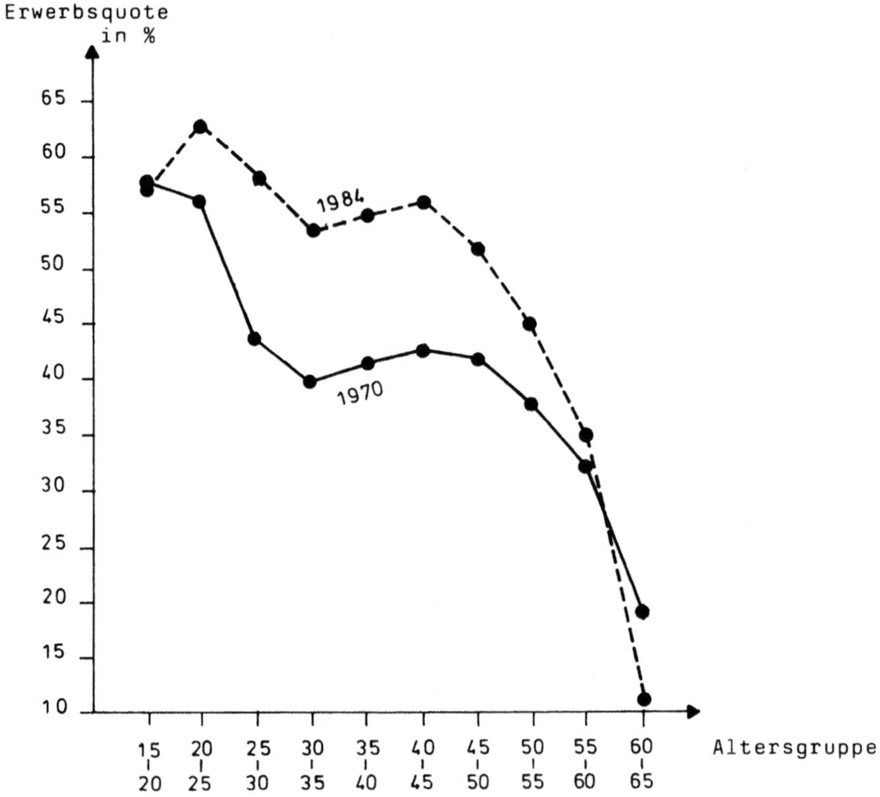

Quelle: Ergebnisse des Mikrozensus und der EG-Arbeitskräftestichprobe, vgl. Tabelle 8

Heirat ist also für viele Frauen längst kein Grund mehr, die Berufstätigkeit aufzugeben, und nach der Geburt von Kindern scheiden Frauen seltener als früher für immer oder für längere Zeit aus dem Erwerbsleben aus. Die "Drei-Phasen-Theorie", wonach Frauen erst zwischen dem 4o. und 45. Lebensjahr, also in der sogenannten Dritten Lebensphase ins Erwerbsleben zurück-

Tabelle 9 Erwerbstätigenquoten von Müttern mit Kindern unter 18 Jahren - Bundesgebiet -

	1977	1982
alle Mütter	41,7	44,1
darunter:		
verheiratet (1982: zusammenlebend)	4o,2	42,4
ledig	75,2	64,5
geschieden	67,5	68,o
Mütter mit einem Kind	46,7	49,1
darunter:		
verheiratet	44,4	47,1
geschieden	77,o	77,o

Quelle: Ergebnisse des Mikrozensus aus: Arbeits- und Sozialstatistik, Hauptergebnisse 1984, hrsg. vom Bundesminister für Arbeit und Sozialordnung, S. 37, und Statistisches Jahrbuch der Bundesrepublik Deutschland 1978, S. 98

Tabelle 1o Erwerbstätigenquoten von Müttern mit Kindern nach dem Alter im Jahre 1982 - Bundesgebiet -

	von ... bis unter ... Jahre		
	25 - 35	35 - 45	45 - 55
alle Mütter	43,5	49,6	44,4
darunter:			
ledig	64,7	85,7	81,3
verheiratet	41,7	47,4	42,3
geschieden	64,1	75,8	72,8

Quelle: Ergebnisse des Mikrozensus aus: Arbeits- und Sozialstatistik, Hauptergebnisse 1984, a.a.O., S. 37

kehren, entspricht also längst nicht mehr dem Mehrheitsverhalten verheirateter Frauen.[20]

Immer mehr Frauen wollen also Familie und Beruf miteinander vereinbaren und gleichen daher ihr Erwebsverhalten dem der Männer tendenziell an. Trotzdem ändert sich an der Rollenzuweisung der Geschlechter nichts, Frauen erhalten trotz steigender Erwerbsbeteiligung keine Entlastung der ihnen zugewiesenen familialen Pflichten. Berufsarbeit von Frauen wird immer noch wesentlich geringer geschätzt als die der Männer.

In Nordrhein-Westfalen ist die weibliche Erwerbsbeteiligung in den meisten Altersklassen zwischen 197o und 1984 schneller gestiegen als im übergeordneten Gesamtraum. Nach wie vor liegt jedoch die Erwerbsquote der Frauen jeder Altersgruppe unter den bundesdurchschnittlichen Werten, wobei sich jedoch insbesondere bei den 25- bis 45jährigen Frauen allmählich eine Angleichung an bundesdurchschnittliche Verhältnisse abzeichnet. Der Abstand zum Bundesgebiet verweist auf die in Nordrhein-Westfalen überdurchschnittlich hohe "stille" Reserve erwerbswilliger Frauen. Insbesondere im Ruhrgebiet, dem industriellen Schwerpunkt Nordrhein-Westfalens, haben Frauen aufgrund der vorherrschenden Produktionsformen und der sozialen Schichtung der Arbeitnehmerschaft sowie nicht zuletzt bedingt durch die "frauenfeindliche Tradition" der Montanindustrie[21] weitaus weniger Möglichkeiten, ihre beruflichen Ziele zu verwirklichen, als in anderen Teilen des Bundesgebietes.

---

[20] Vgl. dazu z.B. Jochem Langkau, Monika Langkau-Herrmann: Bundesrepublik Deutschland, in: Alice M. Yohalem (Hrsg.): Die Rückkehr von Frauen in den Beruf. Maßnahmen und Entwicklung in fünf Ländern, Reihe "Struktur- und Entwicklungspolitik" des Forschungsinstituts der Friedrich-Ebert-Stiftung, Band 6, Bonn 1982, S. 24-63, bes. S. 49 f

[21] Vgl. Hannelore Neumann, Karl-Hans Weimer: Innerbetriebliche Weiterbildung für Frauen als arbeitsmarktpolitisches Instrument. Ergebnisse einer Untersuchung von Industriebetrieben des Ruhrgebiets, Bonn-Bad Godesberg 1984

Sind Frauen nun tatsächlich, wie häufig behauptet, die großen "Gewinner" des Beschäftigungssystems? Schaut man auf die Entwicklung der sozialversicherungspflichtig beschäftigten Arbeitnehmer im Zeitraum 198o bis 1985, so schneiden Frauen oberflächlich betrachtet ohne Zweifel günstiger als Männer ab. Parallel zur Arbeitslosigkeit erhöhte sich der Frauenanteil an den Beschäftigten im betrachteten Zeitraum bundesweit um einen Prozentpunkt von 38,7 auf 39,7 %, in Nordrhein-Westfalen sogar um 1,3 Prozentpunkte von 35,5 auf 36,8 % (vgl. Tabelle 11).

Frauen profitieren dabei vor allem von den die Konjunktur überlagernden strukturellen Einflüssen, nämlich von ihrer Konzentration auf den Tertiären Sektor, der (bisher) nicht in dem Umfang von Beschäftigungseinbrüchen heimgesucht wurde wie der von Männern dominierte Produzierende Sektor.

> Die Erhöhung des Anteils der Frauenbeschäftigung "ist jedoch nicht dadurch eingetreten, daß Frauen Männerarbeitsplätze eingenommen hätten oder daß Frauen von Entlassungen verschont oder zusätzlich eingestellt worden wären, sondern hängt ausschließlich mit der überdurchschnittlich günstigen Entwicklung in den Wirtschaftszweigen zusammen, in denen die Mehrzahl aller Frauen beschäftigt sind und in denen sie die Mehrheit haben, also den typischen weiblichen Beschäftigungsdomänen".[22]

Insofern trifft die weitverbreitete These, Frauen seien überwiegend in Branchen und Berufen beschäftigt, die sich durch eine überdurchschnittliche Krisen- und Konjunkturanfälligkeit auszeichnen - undifferenziert betrachtet - nicht zu. Es ist vielmehr so, daß Frauen **innerhalb** der besonders krisenanfälligen Branchen des Produzierenden Gewerbes die eindeutigen Verlierer sind: Wie aus Tabelle 11 hervorgeht, gingen hier in Nordrhein-Westfalen zwischen 1979 und 1985 11,6 % der weiblichen gegenüber 9,3 % der männlichen Arbeitsplätze verloren.

---

[22] Eva Klippenstein (verantwortl.)/Landesarbeitsamt Nordrhein-Westfalen (Hrsg.): Wirtschaftszweige in den Arbeitsämtern 1984, Düsseldorf 1986, S. 93

Tabelle 11 Frauenanteil an den sozialversicherungspflichtig beschäftigten Arbeitnehmern

Sozialversicherungspflichtig beschäftigte Arbeitnehmer / innen	Frauenanteil 3o.6.198o	Frauenanteil 3o.6.1985	Veränderung 3o.6.8o zu 3o.6.85 Frauen	Veränderung 3o.6.8o zu 3o.6.85 Männer
- Bundesgebiet -				
insgesamt	38,7	39,7	- 6.132 (= - o,8 %)	- 569.325 (= - 4,4 %)
insgesamt minus Beschäftigte in beruflicher Ausbildg. 1)	38,2	39,2	- 94.632	- 6o4.6o9
Vollzeitbeschäftigte	34,o	34,3	- 2o5.o87	- 586.528
Vollzeitbeschäftigte minus Beschäftigte in beruflicher Ausbildung	33,o	33,1	- 293.587 (= - 5,1 %)	- 621.812 (= - 5,3 %)
Teilzeitbeschäftigte 2)	93,2	93,o	+ 198.955	+ 17.193
Beschäftigte im Verarbeitenden Gewerbe	29,o	27,8	- 289.261 (= - 11,6 %)	- 385.o47 (= - 6,3 %)
- Nordrhein-Westfalen -				
insgesamt	35,5	36,8	- 23.289 (= - 1,2 %)	- 231.899 (= - 6,4 %)
insgesamt minus Beschäftigte in beruflicher Ausbildg.	34,9	36,o	- 48.881	- 249.647
Vollzeitbeschäftigte	31,o	31,7	- 56.117	- 229.113
Vollzeitbeschäftigte minus Beschäftigte in beruflicher Ausbildung 1)	29,9	3o,3	- 81.7o9 (= - 5,7 %)	- 246.861 (= - 7,3 %)
Teilzeitbeschäftigte 2)	92,5	93,7	+ 32.828	- 2.786
Beschäftigte im Verarbeitenden Gew.	24,1	23,3	- 71.3o3 (= - 12,6 %)	- 157.837 (= - 8,8 %)
	3o.6.1979	3o.6.1985	Veränderung 3o.6.1979 zu 3o.6.1985	
Beschäftigte im Verarbeitenden Gew.	23,8	23,3	- 64.744 (= - 11,6 %)	- 167.o94 (= - 9,3 %)
darunter: vollzeitbeschäftigte Facharbeiter/innen	7,o	6,6	- 6.8o6 (= - 13,7 %)	- 55.238 (= - 8,3 %)

1) Zu den Beschäftigten zählen auch ABM-Teilnehmer, zu den Beschäftigten in beruflicher Ausbildung auch Teilnehmer an Fort- und Umschulungsmaßnahmen.

2) Zur statistischen Erfassung der Teilzeitbeschäftigten vgl. Fußnote 16, Seite 19

Quelle: Berechnungen nach Daten aus: Amtliche Nachrichten der Bundesanstalt für Arbeit 3/1981, S. 36o, 361, 366, 367; 4/1981, S. 552, 553; 3/1986, S. 444, 445, 452, 453; 4/1986, S. 678, 679, 684, 685; sowie LSD, NRW, Statistische Berichte

Üblicherweise wird die überdurchschnittliche Betroffenheit der Frauen in diesem Sektor darauf zurückgeführt, daß die Unternehmen in Krisenzeiten die Strategie verfolgen, in erster Linie Facharbeiter - unter denen Frauen bekanntlich weit unterproportional vertreten sind - "durchzuhalten".[23] Das geringere Beschäftigungsrisiko der fachlich Qualifizierten gilt jedoch nur mit Einschränkungen, nämlich nur für Männer. Bei (vollzeit-)beschäftigten Facharbeiterinnen in Nordrhein-Westfalen hingegen liegt der Arbeitsplatzverlust im Produzierenden Gewerbe (- 13,7 % zwischen dem 3o.6.1979 und dem 3o.6.1985) nicht nur weit über dem ihrer männlichen Kollegen mit Facharbeiterstatus (- 8,3 %), sondern noch über dem durchschnittlichen Arbeitsplatzrückgang aller weiblichen Beschäftigten in diesem Wirtschaftsbereich (- 11,6 %).

Ferner geht das relativ gute Gesamtergebnis für Frauen zu einem beträchtlichen Teil auf das Konto neu geschaffener traditioneller Teilzeitarbeitsplätze, auf das Konto problematischer Arbeitsplätze also, die sich, wie dargestellt, durch im Vergleich zu Vollzeitarbeitsplätzen schlechtere Arbeitsbedingungen auszeichnen, Frauen in der Regel keine ökonomische Unabhängigkeit gewähren, und die folglich den strukturellen Mangel von Frauenerwerbstätigkeit perpetuieren.

Darüber hinaus sind Frauen - nicht zuletzt bedingt durch die im Rahmen des Beschäftigungsförderungsgesetzes vom 26.4.1985 geschaffenen Möglichkeiten - **in zunehmendem Maße und erheblich stärker als Männer gezwungen, Arbeitsverhältnisse zu akzeptieren, die von vorneherein befristet sind und bei denen folglich die zukünftige Arbeitslosigkeit bereits vorprogrammiert ist.** Nach der Zugangsstichprobe der Arbeitslosen vom Mai/Juni 1985 kamen 29,3 % der Frauen, die sich neu arbeitslos meldeten, aus einem befristeten Arbeits- oder Ausbildungsverhältnis. Bei den Männern waren es 19,8 %.[24] Nur etwa drei Jahre zuvor, im

---

23 Vgl. Technik und Frauenarbeitsplätze, Ifo-Schnelldienst 8/83, S. 19

Mai/Juni 1982, war dies "nur" bei 14,4 % der arbeitslosen Frauen und bei 9,3 % der arbeitslosen Männer der Fall.[25]

Unter Berücksichtigung des beschriebenen Sektoreffekts sowie der Zunahme von weiblichen Arbeitsplätzen minderer Qualität (der Anteil der Teilzeitarbeitsplätze an den weiblichen Arbeitsplätzen stieg in Nordrhein-Westfalen von 198o bis 1985 von 19,1 % auf 21,1 %, bundesweit von 19,1 % auf 21,6 %) **stellt sich die Position der Frauen im Beschäftigungssystem also wesentlich ungünstiger dar, als dies durch einen undifferenzierten Vergleich der Gesamtbeschäftigtenzahlen vermittelt wird. Für die Zukunft kommt hinzu, daß mit einer ausgleichenden Wirkung des Tertiären Sektors wohl nicht mehr zu rechnen ist, zumindest nicht mehr im Umfang früherer Jahre.**

Darüber hinaus ist es nicht zulässig, die Dimension der Frauenarbeitslosigkeit unter Bezug auf das - teilweise nur vordergründig - relativ gute Abschneiden von Frauen bei der Beschäftigtenentwicklung (also bei den Nicht-Arbeitslosen) verniedlichen zu wollen.

Die Arbeitslosenquote ist ein Maß für die gegenwärtig nicht befriedigte Nachfrage nach - bezahlten - Arbeitsplätzen. Bei ihrer politischen Bewertung ist es völlig unerheblich, ob in der Vergangenheit ein Teil der zusätzlichen Nachfrage vom Beschäftigungsmarkt absorbiert wurde oder nicht.

Ob sich der seit Ende der 60er Jahre bestehende ansteigende Trend in der Frauenerwerbsbeteiligung in Zukunft weiter fortsetzt, ist ungewiß. Die an amtlichen Daten gemessene Frauenerwerbsbeteiligung entspricht nicht der tatsächlichen **Neigung** der Frauen,[26] erwerbstätig zu sein. Wenn sich zukünftig nega-

---

[24] Vgl. Amtliche Nachrichten der Bundesanstalt für Arbeit, 1986 (3), S. 214 f

[25] Vgl. Amtliche Nachrichten der Bundesanstalt für Arbeit, 1983 (3), S. 175

tive Veränderungen in der Erwerbsbeteiligung der Frauen abzeichnen sollten, so sind diese keinesfalls freiwillig verursacht. Angesichts der vorherrschenden konservativen Politik und ihrer mehr oder weniger unverhüllten Absicht, die Arbeitslosenstatistik zu "verschönern", indem sie Frauen zurück in ihre althergebrachten Rollen drängt, wäre ein Trendbruch vielmehr in erster Linie krisen- und politikbedingt. **Bei besseren Bedingungen für Frauenarbeit hingegen dürfte die Erwerbsbeteiligung von Frauen noch zunehmen und somit eine noch stärkere Herausforderung für offizielle Arbeitsmarktpolitik sein:**

"Für eine bessere Politik dagegen läge es nahe, umgekehrt den noch vorhandenen starken Drang nach Frauenerwerbstätigkeit positiv aufzugreifen, konzeptionell und politisch zu stärken und damit nicht als vordergründige Belastung für den Arbeitsmarkt anzusehen, sondern als gesellschaftspolitische Chance".[27]

2.2.3 Unzureichende Qualifikation von Frauen oder Unter-der-Qualifikation-Beschäftigung von Frauen?

Gering qualifizierte Frauen und Männer weisen bekanntlich eine deutlich höhere Arbeitslosenquote als qualifizierte Arbeitnehmer/innen auf. Und oftmals münden sie, falls sie eine Arbeit finden, in instabile Beschäftigungsverhältnisse und werden bald danach erneut arbeitslos.

Weibliche **Erwerbspersonen** (Erwerbstätige plus Arbeitslose) sind - **im Schnitt** - weniger qualifiziert als Männer. 38,8 % der weiblichen Erwerbspersonen gegenüber 24,2 % der männlichen Erwerbspersonen besaßen im Jahre 1982 keinen beruflichen Abschluß. Mangelnde Qualifikation - im Vergleich zu Männern -

---

26 Zur konzeptionellen Schwäche des Begriffs "Frauenerwerbsbeteiligung" und zur überaus berechtigten Kritik gegenüber der von IAB und Prognos gemachten Qualifizierung und Bewertung der zu erwartenden Frauenerwerbsneigung vgl. Claus Schäfer: Auch bei Wachstum bleibt die Bekämpfung der Arbeitslosigkeit bis zum Jahr 2ooo eine politische Aufgabe. Szenarien zur Entwicklung des Arbeitsmarktes bis 2ooo, in: WSI-Mitteilungen 3/1986, S. 151 f

27 Ebenda, S. 152

ist dabei vornehmlich ein Problem älterer Frauen. Hingegen ist das berufliche Qualifikationsniveau junger weiblicher Erwerbspersonen nicht schlechter als das der Männer. Der Anteil der Frauen im Alter von 2o-25 Jahren an den weiblichen Erwerbspersonen, der im Jahre 1982 einen beruflichen Abschluß aufwies - also entweder eine Lehr-, Anlernausbildung, einschließlich eines gleichwertigen Berufsfachschulabschlusses, oder einen Fachschul-, Fachhochschul-/Hochschulabschluß (einschließlich Lehrerausbildung) -, lag mit 73 % sogar geringfügig über dem der Männer in derselben Altersklasse (72 %). Mehr Frauen als Männer dieser Altersklasse besaßen einen Fachhochschul- oder Hochschulabschluß (Frauen 12,4 %, Männer 1o,8 %). In der folgenden Altersklasse der 25- bis unter 30jährigen Frauen hatten rund 79 % einen beruflichen Abschluß gegenüber 83 % bei den männlichen Erwerbspersonen. Mit zunehmendem Alter steigt der Anteil der unqualifizierten Frauen sowie der Qualifikationsabstand zu den Männern kontinuierlich an.

Im Unterschied zu den weiblichen Erwerbspersonen weisen die weiblichen Arbeitslosen selbst bei einer Durchschnittsbetrachtung - von den formalen Eingangsbedingungen her gesehen - keine ungünstigeren qualifikatorischen Voraussetzungen auf als Männer. Der Anteil der Personen mit abgeschlossener Berufsausbildung an den Arbeitslosen ist mit etwa 5o % bei Frauen und Männern etwa gleich hoch, obwohl gemessen an der Verteilung unter den abhängigen Erwerbspersonen ein niedriger weiblicher Anteil zu erwarten gewesen wäre. 2o- bis 40jährige arbeitslose Frauen weisen sogar ein beachtlich höheres Qualifikationsniveau als Männer auf - und haben also trotzdem geringere Arbeitsmarktchancen als diese. So verfügen beispielsweise 69 % der 25- bis 30jährigen arbeitslosen Frauen, aber nur 48 % der gleichaltrigen Männer über eine abgeschlossene Berufsausbildung (vgl. Tabelle 12 sowie die altersspezifischen Arbeitslosenquoten in Tabelle 2, Seite 6).

Tabelle 12 Qualifikationsspezifische Merkmale[1] von arbeitslosen Frauen und Männern - Bundesgebiet -

Qualifikationsmerkmal	Frauen	Männer	Arbeitslosenquote Frauen in v.H. Arbeitslosenquote Männer
	- Arbeitslosenquoten -		
1) Ausbildungsabschluß (Sept. 1983) - ohne Ausbildungsabschluß (einschl. Anlernling)	16,9	17,8	95
- mit Ausbildungsabschluß insgesamt	6,9	4,9	141
davon:			
o Lehre, Berufsfachschule	6,7	5,4	124
o Fach-, Meister-, Technikerschule	11,4	2,2	519
o Fachhochschule	8,7	4,o	218
o wiss. Hochschule	5,7	3,8	15o
Insgesamt	1o,o	7,6	132
2) Angestelltenberufe (Sept. 1984)	8,5	3,8	224
Ubrige Berufe (Sept. 1984)	13,o	1o,5	124
3) Facharbeiter (Sept. 1984)	15,8	7,2	219
Nichtfacharbeiter (Sept. 1984)	13,6	13,6	1oo
Angestellte insgesamt (Sept. 1984)	9,4	5,3	177
4) Ohne abgeschlossene Berufsausbildung (1983)	18,9	18,8	1o1
(NRW: 1984)	(26,o)	(22,o)	(119)
5) Arbeitslose nach vorheriger betrieblicher Berufsausbildung in v.H. der Teilnehmer/innen mit bestandener Abschlußprufung (1983)	1o,6	7,6	139

	Anteil an allen Arbeitslosen Frauen	Manner
6) Angestellte (Sept. 1984) mit einfacher Tatigkeit	76,6	23,4
mit gehobener Tatigkeit	65,2	34,8

7) Arbeitnehmer mit abgeschlossener Berufsausbildung im Alter von ... bis unter ... Jahren	in v.H. der Arbeitslosen September 1985 Frauen	Manner	in v.H. der Erwerbspersonen 1982 Frauen	Manner
2o - 25	59	5o	73	72
25 - 3o	69	52	79	83
3o - 4o	59	55	72	84
4o - 5o	42	51	58	8o
5o - 6o	28	52	49	77
6o - 65	3o	59	48	78

	Frauen	Männer
8) langer als 1 Jahr Arbeitslose in v.H. der Arbeitslosen ohne abgeschlossene Berufsausbildung (ohne Arbeitslose, die zusatzlich gesundheitlich eingeschränkt und/ oder uber 55 Jahre alt sind)Sept.1985	27,4	28,4

1) und 2) bezogen auf die abhängigen Erwerbspersonen (ohne Soldaten) nach dem Mikrozensus; 3) bezogen auf die sozialversicherungspflichtig Beschaftigten zum 3o.6.1983 plus Arbeitslose September 1984; 4) bezogen auf die sozialversicherungspflichtig Beschaftigten zum 3o.6.1983 plus Arbeitslose September 1983 minus Beschaftigte in beruflicher Ausbildung 3o.6.1983 (NRW: 3o.6.1984 und September 1984)

Quelle: Amtliche Nachrichten der Bundesanstalt fur Arbeit 3/1986, S. 332, 343; 3/1983, S. 353, 355; 5/1984, S. 798; Statistische Mitteilungen des LAA NRW, Sonderheft April 1985; IAB-Kurzberichte vom 17.4.1984, S. 19; vom 27.11.1984 und vom 18.4.1986; Grund- und Strukturdaten 1984/85, hrsg. vom Bundesminister fur Bildung und Wissenschaft, S. 249, sowie eigene Berechnungen

Sämtliche Kennziffern in Tabelle 12 machen deutlich:
Es gilt zwar nach wie vor: **Schlecht qualifizierte Arbeitnehmer/innen sind häufiger arbeitslos als gut qualifizierte Arbeitnehmer/innen. Aber es sind nicht die wenig qualifizierten Frauen, deren Zugangsrisiko in Arbeitslosigkeit weit über dem ihrer männlichen Kollegen liegt, sondern es sind die qualifizierteren, jüngeren Frauen, die im Vergleich zu Männern überproportional von Arbeitslosigkeit betroffen sind.**

Mangelnde Qualifikation als Ursache der hohen Frauenarbeitslosigkeit ist somit ein vorgeschobenes Argument. Die gängige Interpretation, wonach ein qualitativ relativ hochstehender Bildungsabschluß auch ein verhältnismäßig geringes Arbeitslosigkeitsrisiko begründet, gilt vornehmlich für Männer, nicht jedoch in derselben Weise für Frauen.

Damit zeigt sich auch, daß die Aktivierung des Bildungswillens von Mädchen und Frauen dort an seine Schranken stößt, wo sich erworbene Bildung und Ausbildung realisiert - am Beschäftigungsmarkt. Dabei haben Mädchen im Bereich der allgemeinen Schulbildung im Laufe der letzten 15 Jahre erheblich aufgeholt:
1983 war jeder zweite Schulabgänger mit Hochschulreife bzw. jeder zweite Gymnasialbesucher ein Mädchen (197o: 39,7 % bzw. 44,7 %).
Auch qualitativ, vom Schulerfolg her, schneiden Mädchen im Durchschnitt besser ab als Jungen.

Die erreichte Parität in der schulischen Qualifikation von Mädchen und Jungen stellt ein bedeutendes geschichtliches Novum dar. Dieser große Sprung nach vorn, den Mädchen in der Schulbildung gemacht haben, zahlt sich jedoch bereits am Ausbildungsmarkt nicht in gebührender Weise aus:

Im dualen Ausbildungssystem, also außerhalb der Schutzzone Schule, sind Mädchen nach wie vor deutlich unterrepräsentiert.

Ihr Anteil an den Auszubildenden lag im Jahre 1983 bei nur 39,3 % (197o: 35,o %). 63 % aller Jungen im Alter von 16 bis unter 19 Jahren, aber nur 44 % der gleichaltrigen Mädchen hatten 1983 einen Ausbildungsplatz, wobei sich Mädchen überproportional in Kurzausbildungen wiederfinden. Im Handwerk betrug der Anteil der Mädchen an den Auszubildenden 1983 sogar nur 23,8 %.

Daß diese Unterrepräsentanz der Mädchen Ausdruck einer gezielten Diskriminierung von Mädchen im Ausbildungsbereich ist, wird durch einschlägige Untersuchungen belegt:[28] Bei Ausbildungsstellenknappheit müssen Mädchen, die sich um einen betrieblichen Ausbildungsplatz bewerben, weit stärker mit Ablehnung ihrer Bewerbung rechnen als Jungen - obwohl sie häufig bessere schulische Voraussetzungen als diese aufweisen und auch bei den Eignungstests nicht selten besser abschneiden als Jungen, und obwohl sie bei der Berufsberatung durch das Arbeitsamt und bei Vorstellungsgesprächen durchaus ein ausgeprägtes Qualifizierungsinteresse an den Tag legen.
"So ist die Chance von Mädchen <u>mit</u> Hauptschulabschluß kaum größer als die von Jungen <u>ohne</u> Hauptschulabschluß".[29]

Die gegenwärtige Ausbildungsplatzmisere wendet sich somit insbesondere gegen Mädchen: Ihr Anteil an den Bewerbern ohne Ausbildungsvertrag liegt bei über 6o %. Und Mädchen, die erfolgreich eine betriebliche Berufsausbildung absolviert haben, sind im Anschluß daran in stärkerem Maße arbeitslos als Jungen (vgl. Tabelle 12, unter 5.). Mädchen werden also gerade in jener wichtigen Lebensphase gegenüber Jungen massiv benachtei-

---

28 Vgl. z.B. "Frauen werden benachteiligt", Presse-Information des Landesarbeitsamtes Nordbayern 2/86 vom 28.2.1986, sowie Gerhard Engelbrech, Hermine Kraft: Besonderheiten bei der Ausbildungs- und Berufswahl weiblicher Jugendlicher, in: Mitteilungen aus der Arbeitsmarkt- und Berufsforschung 1/1983, S. 39-51

29 Minister für Arbeit, Gesundheit und Soziales des Landes Nordrhein-Westfalen (Hrsg.): Frauenbericht, Bericht der Landesregierung, Düsseldorf 1982, S. 13

ligt, in der die Weichen für ihre künftige Lebensperspektive gestellt werden.

Auch die bekanntlich immer noch **gravierenden Positions- und Einkommensunterschiede zwischen Männern und Frauen, die in einem Beschäftigungsverhältnis stehen, sind keineswegs nur die Folge unterschiedlicher qualifikatorischer Voraussetzungen: Frauen werden weitaus häufiger als Männern Tätigkeiten zugewiesen, die nicht ihrer Bildung, Ausbildung und Berufserfahrung entsprechen.** Da sie ihre vorhandenen Fähigkeiten im konkreten Arbeitsvollzug oftmals nicht unter Beweis stellen können, nehmen sie überwiegend untergeordnete, bestenfalls mittlere Positionen ein. Frauen in Führungspositionen sind nach wie vor exotische Ausnahmen. Entsprechend groß sind die geschlechtsspezifischen Lohn- und Gehaltsdifferenzen. 1984 lag der Durchschnittsverdienst der weiblichen Angestellten in Industrie und Handel trotz des oben beschriebenen gestiegenen Qualifikationsniveaus von Frauen (mit 2.447 DM) unverändert gegenüber 1975 bei nur knapp zwei Dritteln des männlichen Durchschnittsverdienstes (3.777 DM).

Die nachstehende Verteilung der weiblichen und männlichen Arbeiter und Angestellten auf Leistungsgruppen legt Eingruppierungsunterschiede offen, deren gravierendes Ausmaß sich keinesfalls durch sogenannte "objektive" Ursachen,[30] also z.B. durch ein abweichendes Qualifikationsprofil von Frauen und Männern erklären läßt.

---

[30] Zu ihren Ursachen im Sinne neoklassischer Auffassungen vgl. Abschnitt 2.2.4, S. 47

Tabelle 13: Verteilung von weiblichen und männlichen Arbeitern und Angestellten auf Leistungsgruppen im Januar 1986 - Nordrhein-Westfalen -

Leistungsgruppe[1)]	Arbeiter/innen in der Industrie Frauen	Männer
höchste	5,9	57,3
mittlere	35,5	31,7
niedrigste	58,6	11,o
	1oo,o	1oo,o
	Angestellte in Industrie, Handel, Kreditinstitute und Versicherungsgewerbe Frauen	Männer
zweithöchste	1o,o	44,6
dritthöchste	39,o	4o,9
zweitniedrigste	46,6	13,1
niedrigste	4,3	1,3
	1oo,o	1oo,o

1) Bei den Angestellten wurde die höchste Leistungsgruppe (außertariflich bezahlte Angestellte in leitender Stellung mit Aufsichts- und Dispositionsbefugnis) nicht in die statistische Erhebung einbezogen

Quelle: Statistischer Bericht des LDS NRW, eigene Berechnungen

Nur etwa 6 % aller Arbeiterinnen sind statistisch als Facharbeiterinnen (höchste Leistungsgruppe) klassifiziert bzw. werden als solche bezahlt. Demgegenüber sind 57 % aller männlichen Arbeiter als Facharbeiter eingestuft.

Nur etwa lo % aller weiblichen, aber fast 45 % aller männlichen Angestellten in Industrie, Handel, Kreditinstituten und im Versicherungsgewerbe befanden sich in der zweithöchsten Leistungsgruppe (die höchste Leistungsgruppe wurde in der statistischen Erhebung nicht erfaßt).

Somit erweist sich die statistische Lohn- und Gehaltsdiskriminierung in erster Linie als Arbeitsplatz- und Aufstiegsdiskriminierung durch die Arbeitgeber.[31] Hinzu treten Einkommensdiskriminierungen in verdeckter Form und mit Hilfe subtiler Mechanismen, sei es über ein raffiniertes System außertariflicher Zulagen, sei es über die Mißachtung "frauenspezifischer" Fähigkeiten (z.B. manuelle Geschicklichkeit) bzw. über die Höherbewertung "männerspezifischer" Fähigkeiten bei den Entlohnungsgrundsätzen.

Die Benachteiligung auf dieser Stufe pflanzt sich fort: Die im Regelfall niedrige Stellung von Frauen in der betrieblichen Hierarchie wird sodann als "objektives Hindernis" für ihre beruflichen Aufstiegschancen interpretiert, wobei davon ausgegangen wird, daß - allgemein gesehen - Arbeitnehmer in minderqualifizierten Positionen eine unterdurchschnittliche Fortbildungs"bereitschaft" und Aufstiegsmotivation aufweisen. **In Wirklichkeit dürfte die vielzitierte Bildungsunwilligkeit und Karrierefeindlichkeit von Frauen, sollte sie überhaupt zutreffen, eher in den Frustrationserlebnissen aufgrund der unter-der-Qualifikation-Beschäftigung und den daraus abgeleiteten Abwägungen über das Kosten-Nutzen-Verhältnis eigener Qualifikationsbemühungen begründet sein. Hinzu kommt, daß es an den meisten Arbeitsplätzen mit niedrigen qualifikatorischen Voraussetzungen überhaupt kein attraktives Angebot für Fortbildung gibt**, weil nämlich die Qualifizierung von Arbeitnehmer/innen, die eine niedrige Stellung in der betrieblichen Hierarchie einnehmen, nicht im Interesse der Betriebe liegt.[32]

---

31 Vgl. Jochem Langkau: Lohn- und Gehaltsdiskriminierung von Arbeitnehmerinnen in der Bundesrepublik Deutschland. Bestimmung und Analyse des geschlechtsspezifischen Einkommensabstands 196o-1976, Bonn 1979, insbes. S. 97

32 Vgl. z.B. Mechthild Bayer: Formen der innerbetrieblichen beruflichen Weiterbildung - ihre Auswirkungen und Konsequenzen für die Betroffenen sowie ihr Verhältnis zur öffentlichen beruflichen Weiterbildung, in: Zeitschrift für Berufs- und Wirtschaftspädagogik 76 (198o) 7, S. 5oo-513, sowie Hannelore Neumann, Karl-Hans Weimer: Innerbetriebliche Weiterbildung für Frauen als arbeitsmarktpolitisches Instrument, a.a.O., S. 2o, Fußnote 2

Vor diesem Hintergrund erscheint der folgende übliche Appell der Unternehmen an die Weiterbildungsbereitschaft der Frauen eher wie blanker Hohn:

"Die Initiative zur eigenen Aus- und Weiterbildung muß grundsätzlich von der Frau selbst ausgehen. Sie sollte erkennen lernen, daß für ihr berufliches Fortkommen und für die Sicherung ihrer Beschäftigung in erster Linie ihre berufliche Qualifikation ausschlaggebend ist".[33]

Selbst Männer sehen zunehmend die Brüchigkeit solcher gängigen Argumentationslinien, die Frauen selbst als die Verursacherinnen ihrer Misere identifizieren wollen: Nach einer im Jahre 1983 durchgeführten Befragung sahen nur 12 % der Frauen und 18 % der Männer gleiche Chancen für Frauen im Berufsleben. 64 % der Befragten - über beide Geschlechter verteilt - erkannten hingegen eine klare Bevorzugung von Männern im Arbeitsleben.[34]

2.2.4 Die Diskontinuität weiblicher Erwerbsverläufe - ein wichtiger Pfeiler unseres Beschäftigungssystems

Während Männer problemlos Beruf und Familie miteinander "vereinbaren" können, werden Frauen vor die **unerträgliche** Alternative gestellt, zwischen beiden Zielen wählen zu müssen, bei der Verwirklichung eines oder beider Ziele Abstriche zu machen und/oder eine extrem hohe Mehrfachbelastung in Kauf zu nehmen. So lange Kindererziehung und Hausarbeit als "Sache der Frauen" angesehen wird, und dies ist immer noch die Regel, bleibt Frauen keine andere Wahl, als Prioritäten zugunsten des Familienwohls zu setzen und ihre beruflichen Ziele zu reduzieren,

---

33 Bundesvereinigung der Deutschen Arbeitgeberverbände (Hrsg.): Unternehmerische Prsonalpolitik. Analyse der Arbeitsbedingungen und personalpolitischen Schwerpunktaufgaben, Köln 1978, S. 273. Bezeichnenderweise werden Frauen in dieser Veröffentlichung (neben älteren Arbeitnehmern und Behinderten!) unter dem Kapitel "Besondere Mitarbeitergruppen" abgehandelt!

34 Vgl. Gerhard Schmidtchen: Die Situation der Frau. Trendbeobachtungen über Rollen- und Bewußtseinsveränderungen der Frauen in der Bundesrepublik Deutschland, Berlin 1984

wobei sie oftmals gezwungen sind, ihre Berufstätigkeit - zumindest zeitweise - ganz aufzugeben. Diese Entscheidung ist keineswegs von vorübergehender Bedeutung, sondern ein definitiver Schritt. Sie macht es ihnen vielfach unmöglich, wieder auf ihrem früheren beruflichen Niveau einzusteigen, insbesondere bei Berufen mit guter Grundausbildung.

Somit ist die Erwerbsbiographie vieler, jedoch längst nicht aller Frauen auch heute noch - wenn auch in gegenüber früheren Zeiten modifizierter Form (vgl. Abschnitt 2.2.2) - durch einen diskontinuierlichen Verlauf gekennzeichnet.

Sind nun Frauen mit ausgeprägtem diskontinuierlichem Erwerbsverhalten unter den arbeitslosen Frauen überproportional vertreten? Zu dieser Frage, obwohl ja die fehlende Kontinuität weiblicher Berufsverläufe als Ursachenfaktor der überdimensionalen weiblichen Arbeitslosigkeit betont wird, bietet die offizielle Arbeitslosenstatistik keine hinreichenden Informationen, wohl aber einige Anhaltspunkte (vgl. auch Abschnitt 8.8.1.2).

Zunächst läßt sich feststellen, daß arbeitslose Frauen zum weit überwiegenden Teil und nur zu einem geringfügig niedrigeren Prozentsatz als Männer vor der Arbeitslosigkeitsmeldung in einem abhängigen Beschäftigungsverhältnis gestanden haben. Das traf (im September 1985) für 65,3 % der Frauen (verheiratete Frauen: 72,6 %) gegenüber 68,2 % der Männer (verheiratete Männer: 77,2 %) zu (vgl. Tabelle 14).

Insgesamt 16,1 % der Frauen (verheiratete Frauen 17,7 %, nicht verheiratete Frauen 14,3 %) hatten ihre Erwerbstätigkeit, bevor sie sich arbeitslos meldeten, unterbrochen. Bei den Männern war dieser Anteil mit 15,4 % (verheiratete Männer: 14,2 %, nicht verheiratete Männer: 16,4 %) kaum niedriger.

Tabelle 14: Arbeitslose Frauen und Männer nach ihrem erwerbswirtschaftlichen Status vor der Arbeitslosmeldung im September 1985 (in v.H.) - Bundesgebiet -

Erwerbswirtschaftlicher Status vor Eintritt der Arbeitslosigkeit	Frauen insgesamt	davon: verh.	davon: nicht verh.	Männer insgesamt	davon: verh.	davon: nicht verh.
mit bisheriger Erwerbstätigkeit	86,5	92,6	79,7	89,9	94,6	86,5
davon:						
- abh. Arbeitsverhältnis	65,3	72,6	57,1	68,2	77,2	61,5
- betriebl./sonstiges Ausbildungsverhältnis	3,7	1,2	6,7	3,1	o,8	4,8
- sonstige Erwerbstätigkeit (Selbständige, Mithelfende Familienangehörige, Soldaten)	1,4	1,1	1,7	3,2	2,4	3,8
- Erwerbstätigkeit unterbrochen[1)]	16,1	17,7	14,3	15,4	14,2	16,4
ohne bisherige Erwerbstätigkeit	13,5	7,4	2o,3	1o,1	5,4	13,6
davon:						
- schulische Ausbildung bis vor 6 Monaten abgeschlossen	7,3	2,4	12,9	5,9	2,6	8,4
- sonstige Gründe [2)]	6,2	5,o	7,4	4,2	2,8	5,2

1) z.B. wegen Teilnahme an einer beruflichen Bildungsmaßnahme

2) z.B. schulische Ausbildung vor langer als 6 Monaten abgeschlossen

Quelle: Amtliche Nachrichten der Bundesanstalt fur Arbeit 3/1986, S. 34o, sowie eigene Berechnungen

Da in der Statistik nicht näher nach dem Grund der Berufsunterbrechung differenziert wird (es zählen z.B. auch Personen, die zuvor eine berufliche Bildungsmaßnahme absolvierten, zu den Unterbrecher/innen), läßt sich der Anteil der Frauen, die ihre Berufstätigkeit aus familialen Gründen unterbrochen haben, nicht exakt ermitteln. Frauen mit langen Unterbrechungszeiten (aus familialen Gründen oder wegen der Teilnahme an Bildungslehrgängen) jedenfalls sind unter diesem Personenkreis nur relativ wenig vertreten. Im September 1984 (1985 wurden entsprechende Daten nicht veröffentlicht) hatten rund drei Viertel dieser Frauen ihre Berufstätigkeit um 6 Monate bis höchstens 3 Jahre unterbrochen, das restliche Viertel (bei Männern: rund 17 % der männlichen Berufsunterbrecher) war länger als 3 Jahre nicht berufstätig gewesen. Mit rund 35.3o8 Personen (3,6 % aller weiblichen Arbeitslosen) fallen diese Berufsunterbrecherinnen am Gesamtbestand aller arbeitslosen Frauen (rund 1 Million) kaum ins Gewicht.

Etwas höher als bei Männern ist ferner der Anteil der Frauen ohne bisherige Erwerbstätigkeit, also von Frauen, die erstmals berufstätig sein wollen (Frauen insgesamt: 13,5 %, verheiratete Frauen: 7,4 %; Männer insgesamt: 1o,1 %, verheiratete Männer: 5,4 %). Zieht man davon jene Personen ab, die - in den letzten 6 Monaten - vor der Arbeitslosmeldung eine schulische Ausbildung abgeschlossen haben, so reduzieren sich diese Anteile auf 6,2 % bei Frauen (verheiratete Frauen 5,o %) und 4,2 % bei Männern (verheiratete Männer 2,8 %), also auf eine quantitativ nicht sehr bedeutende Dimension, wobei in diesen Zahlen (Rubrik "Sonstige Gründe" in Tabelle 14) auch jene vorwiegend wohl jungen Frauen und Männer enthalten sind, die nach Abschluß einer schulischen Ausbildung länger als 6 Monate arbeitslos waren.

Als Fazit bleibt festzuhalten, daß sich **aus der Arbeitslosenstatistik keine Anhaltspunkte ergeben, die auf ein im Vergleich zu Männern ausgeprägt diskontinuierliches Erwerbsverhalten arbeitslos gemeldeter Frauen schließen lassen. Das Gros der arbeitslosen Frauen kommt aus einem vorherigen Beschäftigungs- oder Ausbildungsverhältnis oder hat zuvor eine schulische Ausbildung absolviert.** Der Anteil der männlichen Berufsunterbrecher unter den männlichen Arbeitslosen ist nur geringfügig niedriger als unter den weiblichen Arbeitslosen.

Die Diskontinuität weiblicher Erwerbsverläufe ist daher kein ausreichender Erklärungsansatz für die überdimensionale Frauenarbeitslosigkeit. Die Arbeitsmarktchancen von Frauen sind vielmehr wohl eher auch deshalb so viel geringer als die von Männern, weil diejenigen, die über die Verwertung der menschlichen Arbeitskraft entscheiden, die Unternehmer, oftmals nicht die individuellen Voraussetzungen von Frauen zur Grundlage ihrer Selektionsmechanismen machen, sondern sich an gängigen Stereotypen orientieren, also von vorneherein unterstellen, daß Frauen ihre Berufstätigkeit nach kurzer Zeit ganz aufgeben oder unterbrechen wollen. Durch diese "Sippenhaft" entsteht also für jede Frau ein systematischer Nachteil.

Die Verbreitung entsprechender Ideologien erfolgt dabei bereits bei der Berufswahl. Bode[35] bringt als Beispiel die Äußerung des Personalchef eines führenden Unternehmens, der der Bundessiegerin, die im Wettbewerb "Jugend forscht" den Preis für Chemie gewann, bei der Preisverleihung mit dem Hinweis vom Chemiestudium abriet, das bekannte Großunternehmen würde sie - da sie ja wahrscheinlich wenige Jahre nach Abschluß ihres Studiums heirate und ein Kind bekomme - doch nicht einstellen.

Mit Diskriminierungen dieser Art haben Frauen während ihres gesamten Berufslebens zu kämpfen. So dient derselbe Ursachenkomplex, der für die hohe Arbeitslosigkeit von Frauen herhalten muß, ihr instabiles Beschäftigungsverhalten, üblicherweise auch zur Begründung für die mangelnden beruflichen Aufstiegschancen von Frauen bzw. für die geringen unternehmerischen Investitionen in Förderung und Weiterbildung von Frauen, obwohl sich vielfach nachweisen läßt, daß auch die Kontinuität des Berufslebens bzw. eine langjährige Berufserfahrung im selben Betrieb keine Gewähr dafür bietet, daß Frauen im selben Maße wie Männer qualifiziertere Aufgaben zugewiesen bekommen.[36]

Und dabei sind es gerade die Frauen mit überdurchschnittlicher Qualifikation, die am ehesten eine lebenslange oder nur kurzfristig unterbrochene Berufstätigkeit planen,[37] Frauen also,

---

[35] Vgl. Elfriede Bode: Lebensperspektiven junger Frauen - Gedanken zum 6. Jugendbericht der Bundesregierung "Verbesserung der Chancengleichheit der Mädchen in der Bundesrepublik Deutschland", in: WSI-Mitteilungen 1/1984, S. 56

[36] Vgl. Hannelore Neumann, Karl-Hans Weimer: Innerbetriebliche Weiterbildung von Frauen als arbeitsmarktpolitisches Instrument, a.a.O., S. 16 f

[37] Nach der Untersuchung von Hille hängt die Einstellung zur Berufstätigkeit bei Mädchen signifikant vom Niveau der Schulbildung ab, wobei Hauptschülerinnen weitaus eher als Gymnasiastinnen konservativ-traditionellen Vorstellungen anhängen.

die auch von ihren günstigen qualifikatorischen Bedingungen her den Selektionskriterien entsprechen würden, die Unternehmen üblicherweise bei der Auswahl der - meist männlichen - Teilnehmer an betrieblichen Qualifizierungsmaßnahmen anwenden.[38]

Zweifel an der vermeintlich geringeren Amortisation von Qualifizierungsinvestitionen der Betriebe "in" Frauen sind auch deshalb angebracht, weil Frauen erwiesenermaßen länger als Männer im Ausbildungsbetrieb bleiben und weniger häufig den Arbeitgeber wechseln.[39] Die Weiterqualifikation junger Männer erweist sich hingegen für die Unternehmen oftmals als Fehlinvestition, weil diese die durch Förderung erreichte Position lediglich als Sprungbrett für eine noch aussichtsreichere Karriere bei einem anderen Arbeitgeber betrachten. Frauen sind dem weiblichen Sozialverhalten entsprechend in dieser Hinsicht weniger "skrupellos" und zudem in ihren realen Wahlmöglichkeiten eingeschränkt.

Unzulässige Verallgemeinerungen dieser Art sind eine charakteristische Reaktionsweise auf frauenspezifische Belange und der Verdacht liegt nahe, daß sie letztlich nur die Funktion haben, die privilegierte Position von Männern im Berufsleben zu erhalten:

Ebenso gern und häufig wird auf hinderliche gesetzliche Arbeitsschutzvorschriften für Frauen verwiesen, obwohl diese nur für einen geringen Teil der Belegschaft relevant sind.

Vgl. B. Hille: Berufs- und Lebenspläne sechzehnjähriger Schülerinnen in der Bundesrepublik Deutschland; Bonn, Frankfurt a.M. und München 1976, S. 125

38 Bekannterweise liegt die Fortbildung minderqualifizierter Arbeitnehmer nicht im Interesse der Unternehmen. Vgl. dazu Hannelore Neumann, Karl-Hans Weimer: Innerbetriebliche Weiterbildung von Frauen als arbeitsmarktpolitisches Instrument, a.a.O., S. 2o, bes. Fußnote 2, sowie S. 317 dieser Arbeit

39 Vgl. Hans Hofbauer: Die Untersuchung des IAB über Berufsverläufe bei Frauen, in: Mitteilungen aus der Arbeitsmarkt- und Berufsforschung 2/1978, S. 136 f

Und ebenso typisch wie die Frauenarbeitslosigkeit vorwiegend durch spezielle Probleme verheirateter Frauen zu "erklären" versucht wird, zielen die von Unternehmern angeführten Gründe für die mangelnden Aufstiegsmöglichkeiten von Frauen in der deutschen Wirtschaft ausschließlich auf verheiratete Frauen:

"Die zweite, fast noch wichtigere Frage ist, warum die Befragten immer nur auf Probleme der verheirateten Frauen Bezug genommen haben. Kann es wirklich behauptet werden, daß Frauen auf ihrem Wege zu einer Führungsposition nur Hindernisgründe im Wege stehen, die durch ihren Familienstand verursacht wurden? Wollten vielleicht die Befragten nur Aspekte ansprechen, über die sie sachlich und objektiv berichten konnten und alle jene ausklammern, die möglicherweise latent vorhandene Vorurteile gegenüber weiblichen Führungskräften aufgedeckt hätten?"[40]

Aber auch aus der Mehrfachrolle der Frau werden oftmals unzulässige, verallgemeinernde Schlüsse gezogen. Die Verantwortung für den Reproduktionsbereich begrenzt zwar die beruflichen Möglichkeiten von Frauen, insbesondere von Müttern, in massiver Weise. Aber aus der Mehrfachrolle folgt nicht, wie häufig unterstellt, daß Frauen im weiten Bereich **der "normalen" Positionen** die an sie gestellten konkreten beruflichen Anforderungen weniger gut als Männer erfüllen. **"Zugleich darf aber auch nicht übersehen werden, daß diese Doppelbelastung gerade deshalb so schwerwiegend ist, weil die Frauen auch den Beruf voll ausfüllen".**[41]

Im Sinne des **Segmentationsansatzes,**[42] einem vieldiskutierten arbeitsmarkttheoretischen Modell, bei dem die personelle Ver-

---

40 Helga Stödter: Frauen als Führungskräfte in der Wirtschaft. Ergebnisse einer Meinungsumfrage der FIDA (Gesellschaft zur Förderung der wissenschaftlichen Erforschung der Lage der Frau in internationaler Zusammenarbeit), Hamburg 1982, S. 22

41 Elisabeth Beck-Gernsheim: Der geschlechtsspezifische Arbeitsmarkt. Zur Ideologie und Realität von Frauenberufen, Frankfurt/Main 1981, S. 5 (Unterstrichenes im Original kursiv). Vgl. ebenda auch S. 23

42 Vgl. dazu z.B. Werner Sengenberger: Die gegenwärtige Arbeitslosigkeit - auch ein Strukturproblem des Arbeitsmarkts, Frankfurt/Main 1978, insbes. S. 34

teilung der Arbeitslosigkeit vor allem auf die Existenz abgeschotteter, betriebsinterner Teilarbeitsmärkte zurückgeführt wird, löst das tatsächlich oder vermeintlich instabile Erwerbsverhalten von Frauen ihre Zugehörigkeit zum sogenannten sekundären Arbeitsmarktsegment, zur Randbelegschaft, aus, die gegenüber der Stammbelegschaft ein wesentlich höheres Arbeitslosigkeitsrisiko aufweist und die kaum über Aufstiegschancen im Betrieb verfügt.

Der wichtigste Begründungszusammenhang für ihre minderen Erwerbschancen wurde bereits weiter oben genannt: Vermeintlicher oder tatsächlicher Mangel an Kontinuität und Dauerhaftigkeit im Erwerbsverhalten dieser Gruppen hält die Unternehmer davon ab, diese Gruppen, zu denen auch Frauen gehören, betriebsspezifisch zu qualifizieren. **Entscheidend ist, daß die Unternehmer durchaus daran interessiert sind, das sekundäre Arbeitsmarktsegment aufrechtzuerhalten.** Die Randbelegschaft bietet ein willkommenes Flexibilitätspotential zur Anpassung an variable Produktionsauslastungen und kommt daher dem einzelwirtschaftlichen Rentabilitätsdenken entgegen. Daher liegt auch die, von Arbeitgeberseite vielbeklagte, Diskontinuität weiblicher Erwerbsverläufe und ihr Fortbestand durchaus im Sinne der Unternehmen. Gerade diese disponible Arbeitskraftreserve stellt einen wichtigen Pfeiler unseres Beschäftigungssystems dar. Aus dieser Interessenlage folgt auch, daß selbst mehr öffentliche Investitionen in die Qualifizierung dieser Problemgruppen ihre Erwerbschancen nicht nachhaltig zu verbessern vermögen.[43]

Schließlich dient der für die Gesamtheit der Frauen unterstellte instabile Erwerbsverlauf auch dazu, die gravierenden Lohnunterschiede zwischen Männern und Frauen zu rechtfertigen: Er führt dazu,

---

[43] Vgl. ebenda, S. 45 ff

"daß die Frauen nur zu einem geringeren Lohn als die Männer eingestellt werden oder bei gleichem Lohn ein höheres Bildungsniveau aufweisen müssen".[44]
Für Anhänger dieser Auffassung liegt dann auch gleich im Sinne der **neoklassischen** Theorie die Ursache für die überproportional hohe Arbeitslosigkeit der Frauen und die folgerichtige Therapie auf der Hand:

"Das Zusammentreffen der Bestrebungen, die Differenz zwischen der Entlohnung von Männern und Frauen zu beseitigen oder zumindest zu verringern, mit dem in nahezu allen Ländern zunehmenden weiblichen Arbeitskräfteangebot, erhöht die Gefahr der Arbeitslosigkeit von Frauen".[45]

Daraus folgt für die Autoren ganz simpel:

"Eine Verringerung der Lohndifferenz zwischen Männern und Frauen verschlechtert ceteris paribus die Wettbewerbspositionen der Frauen, ein Ansteigen dieser Differenz erhöht sie".[46]

2.2.5 Die geschlechtsspezifische Segregation des Arbeitsmarktes und ihre Hintergründe

Als ursächlich für die im Vergleich zu Männern weit höhere Arbeitslosigkeit von Frauen wird darüber hinaus ihre Konzentration auf nur wenige Berufe und Wirtschaftszweige angesehen. Im Unterschied dazu ist das Angebot an Berufen für Männer weitaus diversifizierter.

Wie aus Tabelle 15 ersichtlich, sind rund drei Viertel aller berufstätigen Frauen in nur 25 Berufen beschäftigt, wobei Verwaltungs-, Organisations- und Büro- und Verkaufsberufe sowie Berufe überwiegen, die mit den gängigen Vorstellungen von der sozialen Rolle der Frau übereinstimmen (Krankenschwester, Kindergärtnerin, Köchin, Hauswirtschaftsbetreuerin, Raumpflege-

---

[44] Rüdiger Soltwedel, Dean Spinanger: Zur Erklärung der Beschäftigungsprobleme in ausgewählten Industriestaaten. Bericht über ein Forschungsprojekt, in: Mitteilungen aus der Arbeitsmarkt- und Berufsforschung 2/1976, S. 13o

[45] Ebenda, S. 13o f

[46] Ebenda, S. 13o

rin, Sprechstundenhelferin, Friseuse, Oberbekleidungsnäherin). 65,3 % (NRW: 68,6 %) aller Frauen arbeiten in nur 16 Berufen (vgl. Tabelle 15 und 16).

Eine deutlich breitere Berufspalette ergibt sich bei den Männern: Hier stellen die am stärksten besetzten 16 Berufe auf Bundesebene nur 27,9 % aller männlichen Beschäftigten, wobei technische Berufe überwiegen.

Die geschlechtsspezifische Segregation, die sich mit den tatsächlich bestehenden konstitutionellen Unterschieden zwischen Männern und Frauen keineswegs erklären läßt, äußert sich dabei in zweifacher Weise: Nicht nur im dargestellten schmalen fachlichen Spektrum der Frauen und im weiteren beruflichen Spektrum der Männer, sondern in jenen Berufen, die von Frauen "bevorzugt gewählt" werden, stellen Frauen sehr häufig auch die Mehrzahl der Beschäftigten, während in den von Männern am stärksten besetzten Berufen nahezu ausschließlich Männer arbeiten. Insofern hat das Schlagwort vom **"geschlechtsspezifisch geteilten Arbeitsmarkt"** durchaus seine Berechtigung. Darüber hinaus gibt es jedoch auch einige Berufe, die sowohl von Frauen als auch von Männern präferiert werden, und in denen folglich ein "Wettbewerb" zwischen den Geschlechtern möglich ist. So zählen Bürofachkräfte, Bankfachleute, Verkäufer und Handelskaufleute bei beiden Geschlechtern zu den 16 jeweils am stärksten besetzten Berufsgruppen. Die beschriebene Konzentration der Frauenbeschäftigung auf bestimmte Sektoren und Branchen hat dabei - bedingt durch den oben beschriebenen überproportionalen Beschäftigungsrückgang im Produzierenden Gewerbe - in den letzten Jahren noch zugenommen.[47]

---

[47] Vgl. auch Eva Klippenstein, Ursula Müller, Marianne Weg: Die geteilte Berufswelt: Erwerbssituation und Ausbildungsmarktsituation von Frauen in Nordrhein-Westfalen, in: Werner Fricke, Kurt Johannson, Karl Krahn, Wilfried Kruse und Gerd Peter (Hrsg.): Jahrbuch Arbeit und Technik in Nordrhein-Westfalen 1985, Bonn 1985, S. 187

Tabelle 15 Sozialversicherungspflichtig beschäftigte Frauen und arbeitslose Frauen nach ihrer Verteilung auf Berufsordnungen sowie Frauenanteil an den Beschäftigten und Arbeitslosen 1985 - Bundesgebiet -

	Berufsordnung	Anteil an allen weibl. Beschaftigten 3o.6.1985		Anteil an allen weibl. Arbeitslosen Sept. 1985		Frauenanteil an den Arbeitslosen		Frauenanteil an den Beschaftigten
1	Burofachkrafte	19,3		1o,6		77,1		68,5
2	Verkauferinnen	1o,4		11,6		85,2		8o,1
3	Raumpflegerinnen	5,6		4,8		88,8		95,3
4	Stenotypistinnen	5,1		2,9		98,3		97,4
5	Krankenschwestern	3,8		1,4		9o,4		86,2
6	Sprechstundenhelferin	3,5		3,o		98,9		99,6
7	Bankfachleute	2,8		o,9		78,5		51,4
8	Kochin	2,o		2,8		68,8		62,7
9	Friseuse	1,8		1,8		92,o		91,9
1o	Kindergartnerin	1,8		2,8		93,9		96,7
11	Hauswirtschaftl. Betreuerin	1,7		2,7		98,1		98,1
12	Buchhalterin	1,6		1,5		79,8		67,4
13	Warenaufmacherin	1,5		3,7		7o,8		53,1
14	Handelskaufleute	1,5		1,7		48,o		37,7
15	Oberbekleidungsnaherin	1,5		1,7		97,1		95,8
16	Elektrogeratemontiererin	1,4		1,3		85,2		77,5
	Σ 1-16	65,3	Σ 1-16	55,2				
17	Helferin in der Krankenpflege	1,2		o,9		79,1		79,o
18	Burohilfskräfte	1,1		3,5		78,8		67,7
19	Kellnerinnen	1,o		1,5		63,8		71,5
2o	Sozialarbeiterinnen/Sozialpflegerinnen	1,o		o,9		78,3		76,3
21	Technische Zeichnerinnen	o,8		o,7		58,1		46,1
22	Sonstige Gästebetreuerinnen	o,8		o,8		6o,o		69,8
23	Kassiererinnen	o,8		1,o		95,4		84,2
24	Postverteilerinnen	o,7		o,2		58,7		6o,2
25	Transportarbeiterinnen	o,7		o,9		11,o		2o,7
	Σ 1-25	73,4	Σ 1-25	65,6	insg. Ø	47,4	insg. Ø	39,7

Quelle: Eigene Berechnungen nach Daten der Bundesanstalt fur Arbeit aus: Amtliche Nachrichten der Bundesanstalt fur Arbeit 3/1986, S. 378-384

Tabelle 16 Sozialversicherungspflichtig beschäftigte Frauen am 3o.6.1984 nach ihrer Verteilung auf Berufsordnungen - Nordrhein-Westfalen -

	Berufsordnung	in v.H. aller besch. Frauen 3o.6.1984		Frauenanteil an den Beschäftigten
1	Bürofachkräfte	19.7		64,7
2	Verkäuferin	11,5		78,9
3	Raumpflegerin	6,1		96,3
4	Stenotypistin	5,8		96,9
5	Krankenschwester	4,1		85,5
6	Sprechstundenhelferin	3,8		99,6
7	Bankfachleute	2,8		51,4
8	Friseuse	1,9		91,7
9	Kindergärtnerin	1,9		97,6
1o	Köchin	1,9		66,1
11	Warenaufmacher	1,7		5o,7
12	Buchhalterin	1,6		63,7
13	Handelskaufleute	1,6		35,9
14	Hauswirtschaftsbetreuerin	1,4		98,o
15	Oberbekleidungsnäherin	1,3		95,6
16	Elektrogerätemontiererin	1,2		78,1
	Σ 1-16	68,3	insgs. Ø	36,5

Quelle: Eigene Berechnungen nach Daten des Landearbeitsamtes Nordrhein-Westfalen aus: Statistische Mitteilungen, Sonderheft April 1985

Seine besondere Problematik zeigt der geschlechtsspezifisch geteilte Arbeitsmarkt in regionaler Perspektive: In Regionen, in denen typisch männliche Wirtschaftszweige und Berufe dominieren, wie zum Beispiel im Ruhrgebiet und im Saarland, ist die Chance von Frauen, **überhaupt** am Erwerbsleben zu partizipieren, weitaus geringer als in Regionen mit einer geschlechtsspezifisch diversifizierten Wirtschaftsstruktur.

Die Einmündung von Frauen in hausarbeitsnahe Berufsfelder bzw. in Berufe mit Assistenzfunktion, die der zuarbeitenden Rolle der Frau in der Familie entsprechen, wird vornehmlich als Folge der **geschlechtsspezifischen Sozialisation**[48] angesehen, die im Kindesalter im Elternhaus einsetzt, in der Schule als wichtigster Institution sekundärer Sozialisation ihre Fortsetzung erfährt, und durch sämtliche Medien und häufig auch durch die Berufsberatung der Arbeitsverwaltung noch verstärkt wird. Somit wird sie also vorgelagerten Einflußsphären und nicht dem Angebotsverhalten der Wirtschaft angelastet.

Ferner wird vielfach unterstellt, daß sich die im Sozialisationsprozeß erworbenen Eigenschaften und Fähigkeiten der Mädchen, das sogenannte weibliche Arbeitsvermögen, in idealer Weise mit den Anforderungen der Frauenberufe decken und die Optionen der Mädchen für diese Berufe somit auf einer durchaus rationalen, bewußt getroffenen "Entscheidung" beruhen.

Die ideologische Behauptung geschlechtsspezifischer Berufseignung gründet sich jedoch oftmals lediglich auf eine Beschreibung der vorgefundenen Arbeitsplatzsituation und hat nur die

---

[48] Traditionelle, von Männerinteressen geleitete Vorstellungen hingegen, die die Rolle der Frau bzw. weibliche und männliche Verhaltensweisen unmittelbar und direkt aus der biologischen Konstitution erklären möchten, sind durch kulturanthropologische Untersuchungen, welche eindeutig die vorwiegend soziale Bedingtheit weiblichen Verhaltens nachweisen, längst widerlegt, verständlicherweise (weil interessengeleitet) jedoch bis heute nicht auszurotten. Vgl. hierzu z.B. Barbara Hegelheimer: Berufsqualifikation und Berufschancen von Frauen in der Bundesrepublik Deutschland, Berlin 1977, insbes. S. 11-35

Funktion, die bevorzugte Position der Männer im Beruf zu erhalten: Denn **in Wirklichkeit herrscht keineswegs Kongruenz zwischen den Berufswünschen und Berufsmöglichkeiten gerade der Mädchen, weil Mädchen mitnichten alle Berufe offenstehen:** "Junge Frauen, die einen Ausbildungsplatz in einem anderen Bereich suchen, müssen wahre Odysseen hinter sich bringen und scheitern oft an den Zumutungen, die sich für sie ergeben, wenn sie einen untypischen Ausbildungsplatz anstreben".[49]

Es sind also nicht allein die überalterten, vom stattgefundenen Wandel der wirtschaftlichen und gesellschaftlichen Verhältnisse völlig überholten Sozialisationsziele, die die Berufswahl der Mädchen bzw. die Rolle der Frau determinieren, sondern es ist das Angebotsverhalten der Unternehmer, das ihre Berufsmöglichkeiten entscheidend einengt. **Darüber hinaus sind es die realen Zwänge aus der Mehrfachrolle der Frauen, die sie veranlassen, typische Frauenberufe zu ergreifen,** weil sie von der - oftmals trügerischen - Hoffnung ausgehen, daß sich in den "weiblichen" Berufen die an sie gestellten Anforderungen aus beiden Lebensbereichen am ehesten bewältigen und vereinbaren lassen. Denn während Männer bei der Arbeitsplatzsuche niemals gefragt werden, wie sie Beruf und Familie vereinbaren können, werden Mädchen infolge der herrschenden sozialen Normen bereits bei der Ausbildungsentscheidung, also in sehr frühen Jahren, mit diesem Entscheidungszwang konfrontiert. Unsicherheit, Schwankungen und Verdrängungsmechanismen sind die Folge dieses Entscheidungszwangs, und von "freier Berufswahl" der Mädchen kann auch aus diesem Grunde keine Rede sein.

Wohlgemeinte Versuche, Frauen in "Männerberufe" zu integrieren, haben folglich erst dann nachhaltigen Erfolg, wenn auch Männer in gleicher Weise wie Frauen an der gesellschaftlich notwendigen Reproduktionsarbeit, d.h. an allen erzieherischen,

---

49 Barbara Stiegler: Frauen in Männerberufen: Anpassung oder Innovation, in: Marianne Weg, Angela Jurinek-Stinner (Hrsg.): Frauenemanzipation und berufliche Bildung. Programme - Bildungskonzepte - Erfahrungsberichte, München 1982, S. 82

hauswirtschaftlichen und fürsorgespendenden Leistungen, beteiligt werden. Widerstände gegen eine Öffnung des geteilten Arbeitsmarktes erklären sich somit nicht nur aus der Furcht der Männer vor einer größeren Konkurrenz um "männliche" Arbeitsplätze, **sondern mit dem Eindringen der Frauen in die männliche Arbeitswelt wird auch die grundsätzliche Frage nach der geschlechtsspezifischen Arbeitsteilung virulent.**[50] Denn die Bedingungen der männlichen Erwerbsarbeit, das reibungslose Funktionieren unseres Wirtschaftssystems, setzen die Entlastung der Männer von "Störfaktoren" aus dem Reproduktionsbereich, die Entlastung durch "die Frau im Hintergrund" also, voraus:

"Mädchen müssen auf Hausarbeit und Familienarbeit festgelegt werden, damit die Wirtschaft über die Arbeitskraft des Mannes lebenslang, zeitlich ohne Einschränkungen, jederzeit abrufbar, verfügen kann".[51]

Eine Ausweitung des schmalen Berufsspektrums ist zur Verwirklichung der Chancengleichheit von Männern und Frauen dringend geboten. Diese Aufgabe stellt sich insbesondere in Regionen mit "frauenfeindlicher" Wirtschaftsstruktur, damit Frauen in diesen Gebieten mit einer im regionalen Vergleich weit unterdurchschnittlichen Erwerbsquote die Chance erhalten, überhaupt auf dem Arbeitsmarkt Fuß zu fassen. Eine "Diversifizierung" des Arbeitsplatzangebots in geschlechtsspezifischer Hinsicht kann ferner dazu beitragen, das Beschäftigungsrisiko von Frauen und Männern im Falle konjunktureller Schwankungen bzw. struktureller Einbrüche in einzelnen Branchen gleichmäßiger auf beide Geschlechter zu verteilen.

Die gegebene geschlechtsspezifische Segregation des Arbeitsmarktes ist allerdings kein ausreichender Erklärungsansatz für

---

50 Vgl. Barbara Stiegler: Frauen in Männerberufen: Anpassung oder Innovation, a.a.O., S. 83 f

51 Elfriede Bode: Lebensperspektiven junger Frauen: Gedanken zum 6. Jugendbericht der Bundesregierung "Verbesserung der Chancengleichheit der Mädchen in der Bundesrepublik Deutschland", in: WSI-Mitteilungen 1/1984, S. 55 (im Original stellenweise kursiv)

die im Vergleich zu Männern überproportional hohe Arbeitslosigkeit der Frauen. Und völlig fehl gehen - angesichts der dargestellten eigentlichen Ursachen des geteilten Arbeitsmarktes und der Widerstände gegen seine Aufbrechung - Folgerungen wie die nachstehende, in der die eigentlichen Diskriminierungsfaktoren elegant wegdefiniert werden bzw. eine Form der Diskriminierung durch eine andere erklärt wird:

"Frauen sind Männern gegenüber nur sehr wenig benachteiligt: Ohne Berücksichtigung der Wirtschaftszweigzugehörigkeit beträgt der rein geschlechtsspezifische Einfluß 1,7 Prozentpunkte. Dieser Einfluß verschwindet zudem ganz, wenn man die unterschiedliche Wirtschaftszugehörigkeit von Männern und Frauen einbezieht. Frauen werden also nicht deswegen benachteiligt, weil sie Frauen sind, sondern weil sie - vermutlich wegen ihres anderen Berufsspektrums - in Branchen mit tendenziell unsicheren Arbeitsplätzen beschäftigt sind".[52]

Das Bild, das die vorhandenen Statistiken über den Zusammenhang zwischen Segregation und Arbeitslosigkeitsrisiko vermitteln, ist vielmehr uneinheitlich (vgl. Tabelle 15):
In einigen der typischen Frauenberufe mit Frauenanteilen über 85 % (Verkäuferinnen, Kindergärtnerinnen, Hauswirtschaftsbetreuerinnen) liegt das Arbeitslosigkeitsrisiko zwar erheblich über dem - für Frauen - maßgeblichen Durchschnitt (der Anteil an den weiblichen Arbeitslosen ist größer als der Anteil an den weiblichen Beschäftigten), in anderen von Frauen dominierten Berufen (Stenotypistinnen, Raumpflegerinnen, Krankenschwestern) hingegen besteht ein - gemessen am weiblichen Durchschnitt - unterdurchschnittlich ausgeprägtes Arbeitslosigkeitsrisiko. Charakteristisch ist aber, daß Frauen mit wenigen Ausnahmen (z.B. Transportarbeiterin, Postverteilerin, Sonstige Gästebetreuerin) in allen, und zwar auch und gerade in gemischt-geschlechtlichen Berufen, in denen der Frauenanteil an den Beschäftigten nicht extrem hoch ist (kleiner als 7o %), stärker von Arbeitslosigkeit bedroht sind als Männer (der Frauenanteil an allen Arbeitslosen ist höher als der Frauenanteil an allen Beschäftigten). Dies gilt z.B. für Bürofachkräf-

---

[52] Ulrich Cramer: Multivariate Analyse von Arbeitslosenquoten, in: Mitteilungen aus der Arbeitsmarkt- und Berufsforschung 3/1984, S. 335

te, Bankfachleute, Buchhalterinnen, Warenaufmacherinnen, Handelskaufleute oder technische Zeichnerinnen. Insofern bietet die Öffnung des geteilten Arbeitsmarktes, d.h. die gleichmäßigere Konkurrenz von Frauen und Männern um dieselben Arbeitsplätze, im Falle einer Arbeitsmarktkrise keineswegs die Gewähr für ein gleichmäßigeres Arbeitsplatzrisiko beider Geschlechter.

Bezogen auf die Absolventen/innen einer betrieblichen Ausbildung und deren Arbeitsmarktchancen stellt sich der Einfluß der geschlechtsspezifischen Segregation ebenfalls sehr differenziert dar (vgl. Tabelle 17):

Unter den lo am stärksten besetzten weiblichen betrieblichen Ausbildungsberufen (diese stellen 81,5 % aller erfolgreichen weiblichen Absolventinnen) gibt es einige Berufe, in denen die "Arbeitslosenquote"[53] sowohl unter dem Durchschnitt für Frauen als auch geringfügig unter dem niedrigeren Durchschnitt für Männer liegt (Beispiel: Bürofachkraft). In anderen Ausbildungsgängen haben Mädchen sogar bessere Chancen als Jungen, nach erfolgreicher Ausbildung übernommen zu werden (Groß- und Einzelhandelskaufleute, Bank-/Sparkassenkaufmann, Oberbekleidungsnäher/innen, Fachgehilfe/in in steuer- und wirtschaftsberatenden Berufen). Auf der anderen Seite schneiden Mädchen, die den Beruf der

Verkäuferin
Friseuse
technischen Zeichnerin

erlernt haben, weitaus schlechter als ihre männlichen Konkurrenten ab. Sehr schlechte Aussichten auf eine Übernahme in ein festes Arbeitsverhältnis haben ferner Sprechstundenhelferinnen, ein Beruf, der zu 99,9 % mit Mädchen besetzt ist.

---

[53] Zum eingeschränkten Aussagegehalt dieser "Arbeitslosenquote" vgl. Tabelle 17, Fußnote 1

Tabelle 17 Arbeitslosigkeit von Frauen und Männern, die unmittelbar vor Eintritt der Arbeitslosigkeit erfolgreich eine berufliche Ausbildung abgeschlossen haben, in den 1o am häufigsten absolvierten weiblichen Ausbildungsberufen

		Frauen	Männer	Frauenanteil an den Absolventen	in v.H. aller weibl. Absolventen
		Arbeitslosenquote 1)			
1	Burofachkräfte	7,2	7,o	76,4	22,4
2	Verkaufer/in	11,1	6,3	8o,7	17,6
3	Sprechstundenhelfer/in	13,1	-	99,9	1o,5
4	Groß- und Einzelhandelskaufleute	6,9	7,5	55,o	8,8
5	Friseure/Friseuse	21,6	16,5	95,9	6,7
6	Bank-/Sparkassenkaufmann	1,o	1,7	55,8	4,3
7	Hauswirtschafter/in	7,o	-	99,9	3,3
8	Oberbekleidungsnäher/in	4,o	6,3	97,4	3,2
9	Fachgehilfe/in in steuer- und wirtschaftsberatenden Berufen	3,7	5,7	81,4	2,4
1o	Technische Zeichner/in	8,5	5,7	54,8	2,1
Ø 1 - 1o (Männer ohne 3 und 7)		Ø 9,5	Ø 6,3	76,9	≂ 81,3
Ø alle Berufe		Ø 1o,6	Ø 7,6	Ø 41,9	

1) Zahl der im September 1983 arbeitslos gemeldeten Absolventen einer betrieblichen Berufsausbildung in v.H. der Zahl der Teilnehmer mit bestandener Abschlußprüfung 1983. Es handelt sich lediglich um eine näherungsweise Bestimmung der Arbeitslosenquote, vgl. zu den statistischen Problemen unter der folgenden Quelle, S. 176

Quelle: IAB-Kurzbericht vom 27.11.1984: Arbeitslosigkeit nach Abschluß der betrieblichen Berufsausbildung, S. 176 und 18o, sowie eigene Berechnungen

Tabelle 18 Arbeitslosigkeit von Frauen, die erfolgreich eine berufliche Ausbildung in einem "Männerberuf" abgeschlossen haben (1983) - Bundesgebiet -

	Arbeitslosenquote 1) Frauen	Männer	Frauenanteil an allen Absolventen
Kraftfahrzeugmechaniker/in	36,8	21,9	o,7
Betriebsschlosser/in	23,7	6,9	o,7
Werkzeugmacher/in	15,7	2,4	1,5
Tischler/in	19,9	8,6	5,7
Maler/Lackierer/in	15,8	7,2	8,7
Tankwart/in	21,o	19,4	14,9
Bäcker/in	19,2	12,6	9,1
Uhrmacher/in	15,8	5,7	26,7
Spinner/ Spinnvorbereiter/in	14,9	7,2	28,9

1) Vgl. Fußnote 1, Tabelle 17

Quelle: IAB-Kurzbericht vom 27.11.1984, a.a.O., S. 179-18o, sowie eigene Berechnungen

Einige der von Frauen dominierten Ausbildungsgänge, wie Friseuse, Sprechstundenhilfe, entfallen auf Berufsbereiche, die nicht nur gemessen an Kriterien der Ausbildungsqualität sehr fragwürdig sind, sondern in denen darüber hinaus eine fortschreitende Substitution von ausgelernten Arbeitskräften durch - kostengünstigere - Auszubildende festzustellen ist.[54] Es sollte auch Aufgabe der Arbeitsverwaltung und Berufsberatung sein, die Jugendlichen auf diese Verdrängungsmechanismen und die von vorneherein feststehenden geringen Übernahmechancen nach abgeschlossener Berufsausbildung hinzuweisen.

Die durchschnittliche "Arbeitslosenquote" der Absolventinnen in den lo "präferierten" Ausbildungsberufen liegt noch unter der Arbeitslosenquote, die auf den Durchschnitt aller Absolventinnen zutrifft. **Noch weitaus größere Schwierigkeiten beim Übergang von der Ausbildung in den Beruf haben nämlich Mädchen, die versucht haben, in Berufe mit "unweiblichem" Image und starker männlicher Konkurrenz vorzudringen** (vgl. Tabelle 18).

Der Förderung von Frauen in "Männerberufen" kommt sicherlich eine wichtige Signalfunktion zu, die Hoffnung aber, hierdurch ihr Arbeitslosigkeitsrisiko mindern zu können, hat sich also bisher nicht erfüllt.

Die geschlechtsspezifische Segregation des Arbeitsmarktes kann also die überproportional hohe Arbeitslosigkeit der Frauen nicht ausreichend erklären. Im Gegenteil erwies sie sich angesichts der relativ günstigen Beschäftigungsentwicklung im Dienstleistungssektor **in der Vergangenheit** für Frauen eher als vorteilhaft:

"Der geteilte Arbeitsmarkt für Männer und Frauen ist der wesentliche Grund dafür, daß die Frauenarbeitslosigkeit trotz

---

[54] Vgl. Else Fricke, Kurt Johannson: Aktuelle Tendenzen in der Berufsausbildung und betrieblichen Weiterbildung, in: Jahrbuch Arbeit und Technik in Nordrhein-Westfalen 1985, a.a.O., S. 3o

ständig steigender Frauenerwerbstätigkeit nicht noch gravierender angestiegen ist".[55]

Angesichts der bevorstehenden Rationalisierungsschübe im Dienstleistungssektor ist mit einem solchen "Bremseffekt" jedoch in Zukunft nicht mehr zu rechnen. Hinzu kommt, daß die von der Faszination der Technik angelockten Männer zunehmend auch Büroberufe attraktiv finden, die bislang den Frauen vorbehalten waren.

2.2.6 Die Funktion der Frau im Rahmen der geschlechtsspezifischen Arbeitsteilung

Festzuhalten bleibt, daß die üblicherweise angeführten Ursachenfaktoren die Benachteiligung von Frauen in der Arbeitswelt entweder nicht oder nur vordergründig und vorurteilsbeladen "erklären" können. **Vor allem geht es fehl, die inferiore Stellung von Frauen primär als Problem defizitärer Ausbildung zu begreifen, das somit durch eine entsprechende "Qualifizierungsoffensive" zugunsten von Frauen weitestgehend auflösbar wäre.** Die gängigen Diagnose- und Therapieansätze greifen vielmehr zu kurz, weil sie die entscheidende Problematik, die massiven gesellschaftlichen Zündstoff in sich birgt, unverändert lassen:

Eine grundlegende Verbesserung der Situation von Frauen ist erst dann zu erwarten, wenn die geschlechtsspezifische Arbeitsteilung, die ein "notwendiges" Korrelat unseres Wirtschaftssystems darstellt und die Effizienz der beruflichen Arbeit auf dem Rücken der Frauen garantiert, selbst thematisiert wird. Erst wenn die **männlichen** Sozialisationsdefizite bezüglich ihrer Verpflichtung für die Familie abgebaut und in der Arbeitswelt Bedingungen geschaffen werden, die dazu führen,

---

55 Petra Reichert und Anne Wenzel: Alternativrolle Hausfrau? Eine Analyse von Ursachen und Auswirkungen der Frauenarbeitslosigkeit vor dem Hintergrund veränderter Lebensverhältnisse, in: WSI-Mitteilungen 1/1984, S. 7

daß Männer voll für ihre eigene Reproduktion und - zusammen mit den Frauen - für die Aufzucht ihrer Kinder verantwortlich zeichnen, erhalten Frauen die Möglichkeit, chancengleich mit Männern um Arbeitsplätze zu konkurrieren und sich ohne den Preis der Mehrfachbelastung eine eigenständige, vom Mann unabhängige ökonomische Existenz zu schaffen.

"D.h.: nicht die Frauen an die Bedingungen des Erwerbslebens anzupassen, die entworfen sind für Männer, die sozial nicht Väter sind und politisch nicht citoyens, sondern die Bedingungen, unter denen Arbeit erbracht wird, den Frauen anzupassen - dies sicherlich in einem sich wechselseitig vollziehenden Prozeß".[56]

Bislang erhielten Frauen auf diesem einzig logischen Weg durch die offizielle Familien-, Arbeitsmarkt- und Wirtschaftspolitik kaum, und wenn dann nur indirekt, von anderen Motiven geleitete Unterstützung: Ihre Funktion auf dem Arbeitsmarkt entspricht seit jeher der von Gastarbeitern, von flexiblen Reserven also, die man je nach Wirtschaftslage versuchte, in den Arbeitsprozeß einzugliedern oder wieder herauszudrängen. Diese Funktion läßt sich unter historischen, strukturellen und konjunkturellen Gesichtspunkten unschwer nachzeichnen.[57]

Wichtige steuerliche und sozialgesetzliche Rahmenbedingungen bremsen das Arbeitsangebot von Frauen selbst in Zeiten günstiger Beschäftigungslage und halten es somit in Grenzen. Insbesondere die Aufrechterhaltung des Versorgungs- und Unterhaltsprinzips statt des Autonomieprinzips trägt dazu bei, den wirtschaftlich abhängigen Status der Frauen zu verfestigen und das Ausmaß ihrer Berufstätigkeit einzuschränken. So "belohnt" das geltende Einkommensteuersplitting, das angeblich dem Familienausgleich dient, in Wirklichkeit jedoch unabhängig davon

---

[56] Heide Pfarr in: Gleichberechtigung der Frau: Aufgaben und Schwierigkeiten. Eine Erörterung der Überlegungen über ein "Antidiskriminierungsgesetz". Sitzungsbericht zum 54. Deutschen Juristentag Nürnberg 1982, München 1982, S. 029

[57] Vgl. z.B. Gisela Steppke: Geschlechtszugehörigkeit und Interessenlage, Dissertation Berlin 198o, insbes. S. 171-2o5

wirkt, ob Kinder vorhanden sind oder nicht,[58] diejenigen Ehen am meisten, in denen ein Partner viel, der andere Partner (das ist in der Regel die Ehefrau) nichts oder wenig verdient. Berufstätige Frauen werden also tendenziell um so mehr benachteiligt, je mehr sie eine gutbezahlte Erwerbstätigkeit ausüben. Für gutverdienende Ehemänner hingegen, und dabei handelt es sich meist um Männer, deren berufliche Karriere erst durch die vollkommene Entlastung von der Alltagsarbeit möglich wurde, wird die nichtberufstätige Frau zum einträglichen, von der Gesamtheit der Berufstätigen bezahlten Steuersparobjekt.[59] Und auch weitere steuerliche Regelungen spiegeln die Funktion der Frau im Rahmen der geschlechtsspezifischen Arbeitsteilung: So läßt sich der Koch- oder Nähkurs der nichtberufstätigen Ehefrau voll als Sonderaufgabe geltend machen, nicht jedoch bzw. nur beschränkt die Kosten, die berufstätigen Eltern für die Betreuung ihrer Kinder entstehen.

Derzeit erreichen die Diskriminierungen berufstätiger Frauen einen neuen Höhepunkt: Angesichts der schlechten Wirtschafts- und Arbeitsmarktlage wird wieder einmal das Klima gegen berufstätige Frauen verschärft, wobei diese Ausgrenzungsstrategien nicht nur bei den politischen Anhängern der "geistig-moralischen Wende" auf fruchtbaren Boden fallen. Unerträglich dabei sind die von einflußreichen politischen und gesellschaftlichen Kräften angewandten psychologischen Mechanismen:

---

58 Dringend notwendig ist daher die Umwandlung des Ehegattensplitting in ein "Kindersplitting", mit dem zum Wohle der Kinder auch gleichzeitig die steuerliche Diskriminierung von erwerbstätigen ledigen und geschiedenen Frauen und Männern mit Kindern abgeschafft wird.

59 "Daß das einkommensteuerliche Splitting genau diese Wirkungen hat und dennoch seit mehr als zwanzig Jahren fast unangefochten gilt, läßt sich vielleicht, primitiv und boshaft gesagt, damit erklären, daß 'die da unten' nichts davon verstehen und 'die da oben' zu viel davon profitieren". Annemarie Mennel: Diskriminierung im Steuerrecht. Die Bevorzugung der Hausfrauenehe und die Mehrfachbelastungen erwerbstätiger Mütter und Ehefrauen, in: Marielouise Janssen-Jurreit (Hrsg.): Frauenprogramm - gegen Diskriminierung. Gesetzgebung - Aktionspläne - Selbsthilfe. Ein Handbuch, Hamburg 1979, S. 176

Nunmehr wird die Berufstätigkeit der Frau wieder als familien- und gesellschaftsfeindlich bezeichnet und die Priorität der familialen Rolle der Frau betont. Erwerbstätige Ehefrauen werden als Doppelverdienerinnen diffamiert, die Familienvätern die Arbeit wegnehmen.

Nicht, wie erforderlich, eine "neue Väterlichkeit", sondern die "neue Mütterlichkeit" ist das wieder propagierte Leitbild. **Und nicht mehr die Benachteiligung von Frauen gegenüber Männern wird herausgestellt, sondern Frauen untereinander werden ausgespielt.** Jetzt wird eine andere Vergleichsebene aufgebaut und die Benachteiligung der "Familienfrau" (sind berufstätige Frauen keine "Familienfrauen"?) gegenüber der "Berufsfrau" in das Zentrum gestellt.[60] Nicht mehr auch die positiven Einflüsse mütterlicher Erwerbstätigkeit auf die Entwicklung der Kinder werden hervorgehoben, wie noch Anfang der 70er Jahre, als Frauen am Arbeitsmarkt erwünscht waren, sondern von angeblich verheerenden Folgen mütterlicher Erwerbstätigkeit für die Entwicklung der Kinder ist nunmehr wieder die Rede.

Maßnahmen, die eine bessere Vereinbarung von Beruf und Familie erlauben (Ausbau von Kinder-Betreuungseinrichtungen, Ganztagsschulen usw.) stehen kaum mehr zur Diskussion.[61] Ganz zu schweigen von Maßnahmen, die in die einzig logische Richtung, nämlich auf gleichrangige Beteiligung von Vätern an der Familienarbeit, zielen.

---

60 Vgl. Elisabeth Beck-Gernsheim: Frauen zurück in die Familie? Eine Diskussion der Leitlinien aktueller Familienpolitik in der Bundesrepublik Deutschland, in: WSI-Mitteilungen 1/1984, S. 24

61 Wobei diesen Maßnahmen nur eine ergänzende Funktion zukommen sollte, denn politisches Ziel sollte es sein, das Arbeitssystem so flexibel zu gestalten und die finanzielle Unterstützung so weit auszubauen, daß Väter und Mütter in die Lage versetzt werden, sich in beiden gesellschaftlichen Arbeitsfeldern gleichermaßen beteiligen zu können.

In den letzten Jahren neu eingeführte Maßnahmen, die als familien- oder frauenfreundlich gepriesen wurden, wirken sich - relativ gesehen - durchgängig nachteilig für berufstätige Frauen aus und zielen darauf, die Erwerbsverläufe von Frauen zu destabilisieren und den Arbeitsmarkt zu entlasten, um von der Beschäftigungskrise abzulenken:

- die Abschaffung des Mutterschaftsgeldes, das für berufstätige Frauen eine Lohnersatzfunktion hatte, zugunsten des Erziehungsgeldes
- die Senkung der Wartezeiten für die Altersrente
- die Anrechnung von Erziehungszeiten in der Altersrente (Babyjahr) nur bei nichtberufstätigen Frauen
- die Nivellierung der Hinterbliebenenrente zu Lasten kontinuierlich berufstätiger bzw. zu Lasten gut verdienender Frauen.

Es bleibt nur zu hoffen, daß Frauen diesem Versuch, sie aus dem Arbeitsleben herauszudrängen und dabei gleichzeitig unter dem Etikett familienfreundlicher Maßnahmen ihre alleinige Zuständigkeit für Hausarbeit und Kindererziehung festzuschreiben, nicht auf den Leim gehen.

3. Die Bedeutung beruflicher Qualifizierungsmaßnahmen für Frauen - keine zentrale, aber eine notwendige Bedingung

Wenn die grundlegende Ursache für die generelle Benachteiligung von Frauen im Berufsleben nicht in subjektiven Faktoren auf seiten der Frauen zu suchen ist, wenn ihr tatsächliches oder vermeintliches Qualifikationsdefizit und ihre angeblich distanzierte Einstellung zu Weiterbildungsmaßnahmen nicht direkte Folge ihres Bildungs-, Ausbildungs- und Erwerbsverhaltens ist, sondern wenn ihre berufliche Unterprivilegierung Folge der geschlechtsspezifischen Arbeitsteilung im Produktions- und Reproduktionsbereich ist (und zugleich notwendige Bedingung, um unser herkömmliches Wirtschaftssystem stabil zu halten), dann stellt sich die Frage, ob eine "Qualifizierungsoffensive" zugunsten der Frauen überhaupt ein geeignetes Mittel zur Überwindung der weiblichen Beschäftigungsbarrieren sein kann.

Wie verträgt sich diese punktuell ansetzende Strategie mit der aus der Ursachenanalyse logischerweise ableitbaren Forderung, daß sich nicht die Frauen, sondern die Männer-Berufswelt ändern müsse, in der Weise nämlich, daß auch Männer - über bewußtseinsändernde Maßnahmen **und** über eine entsprechende familienfreundliche Umgestaltung der männlichen Arbeitsplatzanforderungen - "in die Lage versetzt werden", sich zu gleichen Teilen an der Alltagsarbeit zu beteiligen? Denn könnten Frauen ebenso selbstverständlich wie Männer die gesellschaftlich notwendige und für den Fortbestand des Wirtschaftssystems unerläßliche Reproduktionsarbeit delegieren **und** würden gleichzeitig die Bedingungen des Berufslebens an die Anforderungen des Familienlebens angepaßt, so wären Frauen wohl in Zukunft kaum mehr eine arbeitsmarktpolitische Problemgruppe, und eine bevorzugte berufliche Förderung von Frauen entbehrte somit ihrer wichtigsten Begründung.

Mit dieser Frage ist ein Dilemma angesprochen, das sich durch die gesamte Maßnahmendiskussion zur Gleichstellung der Frau im Beruf zieht:

"Nach dieser vorherrschenden Betrachtungsweise wird unterstellt, daß durch punktuell ansetzende Maßnahmen gegen Formen der Diskriminierung von Frauen in Teilbereichen auch insgesamt die gleichen gesellschaftlichen Chancen für Frauen herzustellen seien, wie sie für Männer gegeben sind. Mit diesem Ansatz verbindet sich die verkürzte Sicht, daß Frauen als Individuen Defizite aufweisen - an Weiterbildung, an Motivation, an breiter Lebensplanung -, und daß diese Defizite von den Frauen als einzelnen und für jeweils einzelne Aspekte ihrer Beschäftigungssituation aufzuheben seien. ... Demgegenüber stellt die Kommission fest, daß ein solches Verständnis von Chancengleichheit analytisch und konzeptionell zu kurz greift. Es suggeriert die Möglichkeit der Gleichstellung von Frauen und Männern in den bisher Männern vorbehaltenen Bereichen der Gesellschaft, klammert aber den Reproduktionsbereich (Familie, Freizeit, die Gestaltung persönlicher Beziehungen) aus und ignoriert, daß die Zuschreibung der Reproduktionsarbeit an die Mädchen und Frauen Entfaltungsmöglichkeiten in anderen gesellschaftlichen Bereichen nur als Restgrößen zuläßt. ... Ein wirksames Konzept von Chancengleichheit und Entfaltung/Emanzipation ist also nach Überzeugung der Kommission nicht für ein Geschlecht und nicht für einzelne Lebensbereiche getrennt auszuweisen, sondern hat den Gesamtzusammenhang und die wechselseitige Beeinflussung der Bereiche zu berücksichtigen".[1]

Eine bessere Qualifizierung von Frauen, eine stärkere und bevorzugte Berücksichtigung bei den berufsfördernden Maßnahmen nach dem Arbeitsförderungsgesetz ist also keine zentrale Bedingung, um die Arbeitsmarktchancen von Frauen denjenigen von Männern anzugleichen. Sie ändern zunächst nichts an der Mehrfachbelastung der Frauen, verstärken diese möglicherweise sogar, denn eine qualifiziertere Position führt unter Umständen zu noch mehr beruflichen Belastungen (Streß, längere Arbeitszeiten usw.), nicht jedoch automatisch zu mehr Entlastung im familialen Bereich.

---

[1] Bericht der Sachverständigenkommission zum Sechsten Jugendbericht "Verbesserung der Chancengleichheit von Mädchen in der Bundesrepublik Deutschland", Bundestagsdrucksache 1o/1oo7 vom 15.2.1984, S. 15 (unterstrichene Stellen im Original kursiv gedruckt)

Zudem "rentieren" sich Qualifizierungsmaßnahmen aus der Sicht der einzelnen Frauen nicht in dem Maße, wie sie sich für Männer auszahlen, weil nämlich Frauen - wie dargestellt - nach einer Weiterbildungsanstrengung sehr viel häufiger als Männer die erhoffte Berufsperspektive doch nicht vorfinden. In bezug auf Frauen sind also Zweifel am Wahrheitsgehalt des Problemzusammenhangs von Qualifikation und Arbeitsmarktchance durchaus am Platze. Der in der Realität vorhandene Widerspruch zeigt sich derzeit im Ausbildungssektor in nur allzu deutlicher Weise.

Festzuhalten bleibt also, daß berufliche Qualifizierung von Frauen keineswegs ein Allheilmittel zur Verbesserung ihrer nachteiligen Situation darstellt, ihre Bedeutung wird allzu häufig eher überschätzt. Wichtiger und ursachengerechter sind "Männerförderungspläne", mit denen die Integration der Männer in die Familienarbeit erreicht werden kann.

Berufliche Qualifizierung von Frauen ist aber dennoch eine notwendige Bedingung auf dem Wege zu einer nicht nur formalrechtlich gewährten, sondern realiter auch eingelösten Gleichbehandlung von Frauen und Männern in der Arbeitswelt. Für massive Qualifizierungsanstrengungen der zuständigen Akteure zugunsten von Frauen sprechen - gerade in der heutigen Arbeitsmarktsituation - unter anderem folgende Gründe:

Die bei realistischer Einschätzung nur bedingte Problemlösungsfähigkeit beruflicher Förderungsmaßnahmen für Frauen ist noch lange keine Rechtfertigung dafür, Frauen in der offiziellen Arbeitsmarktpolitik faktisch auch noch zusätzlich zu benachteiligen, eine diskriminierende Praxis in anderen gesellschaftlichen Bereichen auch noch fortzuschreiben.

Diese faktische Diskriminierung ist jedoch, wie in einem gesonderen Abschnitt noch ausführich dargelegt werden soll, gängige Praxis offizieller Politik auf der Grundlage des Arbeitsförderungsgesetzes. Das geltende Leistungs- und Förderrecht des Arbeitsförderungsgesetzes ist zwar formal gegenüber Männern und Frauen neutral ausgestaltet, richtet sich aber vorwiegend an der beruflichen "Normalbiographie" des Mannes aus. Frauen, die sich vor einem geplanten (Wieder-)Eintritt in den Arbeitsmarkt der Erfüllung der gesellschaftlichen Reproduktionsarbeit gewidmet haben, genießen oftmals keinen Anspruch auf die gängigen Leistungen, geschweige denn Anspruch auf eine "bevorzugte" Förderung zur Kompensation ihrer Nachteile.[2] Die vereinzelt vorhandenen Modellprojekte, die sich der beruflichen Wiedereingliederung von Frauen widmen, können nicht über den weitgehenden Ausschluß vieler Berufsrückkehrerinnen aus der regulären Förderung hinwegtäuschen. Modellprojekte haben häufig mehr oder weniger nur Alibicharakter.[3]

---

[2] Die Forderung nach Rückkehrhilfe für Berufsunterbrecherinnen wird jedoch dann unglaubwürdig und problematisch, wenn sie nur als Alibi dient, um Frauen zunächst einmal aus dem Arbeitsleben zurückzudrängen. "Wenn wir von der Berufstätigkeit von Frauen sprechen, so müssen wir auch die berufliche Weiterbildung berücksichtigen. ... Wir können den Frauen nur dann mit gutem Gewissen sagen: zieht euch um der Kinder willen einige Jahre ganz oder teilweise aus dem Beruf zurück, wenn wir ihnen nachher auch Hilfen zur Rückkehr in den Beruf bieten können. Insoweit kommt der Anpassungsfortbildung eine besondere Bedeutung zu ...". Frau Dr. Willms, Bundesministerin für Bildung und Wissenschaft, in: Probleme der Frauen in unserer Gesellschaft, a.a.O., S. 183 f. Wäre es nicht ehrlicher, offen zu bekennen, daß Frauen derzeit am Arbeitsmarkt - ebenso wie z.B. Gastarbeiter/innen - unerwünscht sind, aber ihnen, sofern sich die Arbeitsmarktlage bessert (optimistischen Prognosen zufolge Ende dieses Jahrhunderts) und sich somit die beruflichen Interessen der Frauen mit den Interessen des Wirtschaftssystems treffen, großzügige Wiedereingliederungschancen zuteil werden? Mit anderen Worten: Wäre es nicht ehrlicher, Frauen gerade jetzt vor einem Rückzug aus dem Erwerbsleben zu warnen und darüber hinaus endlich Schluß zu machen mit dem in obiger Äußerung implizit enthaltenen Vorurteil, Frauen hätten die alleinige Verantwortung für die Kinder und seien allein fähig, Kinder liebevoll und verläßlich zu versorgen? Letztlich wirkt ein Konzept der bevorzugten Förderung von Berufsrückkehrerinnen also systemstabilisierend und erweist sich als Bumerang. Es kann daher keinesfalls richtungsweisend für alle Zukunft sein.

[3] Vgl. zu ausgewählten Modellprojekten Gabi Kolwe-Jung, Ekkehard Nuissi, Peter Schenk, Hannelore Sutter: Modellversuche in der Weiterbildung, Heidelberg 198o

Alle berufstätigen bzw. erwerbsfähigen Frauen und Mädchen haben aber das Recht auf eine "bevorzugte" arbeitsmarktpolitische Förderung, "bevorzugt" nicht im Sinne von privilegierend, von Sonderrechten, sondern als Korrektiv der geschilderten vorgängigen Benachteiligungen, die für die Gesamtheit der Frauen wirksam sind.

Wenn schon berechtigterweise die Forderung nach Quotierungsregelungen bzw. Frauenförderungsplänen auf der betrieblichen Ebene erhoben wird, dann muß öffentlicher Arbeitsmarktpolitik, der vorrangig eine sozialpolitische Funktion zukommt, in diesem Zusammenhang erst recht eine Vorbildfunktion abverlangt werden. Wie betont, geht diese Forderung nicht von selbst verschuldeten Qualifikationsdefiziten der Frauen aus, stützt sie sich nicht auf einen caritativen Standpunkt, wendet sie sich bewußt dagegen, die Stigmatisierung der Frauen als generelle "Problemgruppe" des Arbeitsmarktes aufrecht zu erhalten. "Problemgruppen" haben immer den Geruch des Selbstverschuldeten.

Gerade angesichts der derzeitigen geistig-moralischen "Wende" in der Familienpolitik, die ja nichts anderes ist und immer war als "maskierte Wirtschaftspolitik"[4] und die nunmehr mehr oder minder unverhohlen darauf zielt, Frauen vom Arbeitsmarkt und aus der Arbeitslosenstatistik zu "entfernen", und sie wieder in ihre alten Pflichten zu nehmen, ist eine Gegensteuerung im Rahmen der Arbeitsmarktpolitik, auch wenn sie nur bescheidene Erfolge erzielen kann, unerläßlich (wenn auch sicherlich von maßgeblichen politischen Kreisen derzeit alles andere als erwünscht).

Auch im Hinblick auf die sich vollziehenden technologisch-organisatorischen Änderungen in der Arbeitswelt, bedingt z.B. durch den Einsatz neuer Informations- und Kommunikationstech-

---

4 Vgl. Ingrid Langer: Die neu entdeckten Frauen - zwischen Arbeitslosigkeit und Wendepolitik, in: WSI-Mitteilungen 2/1986, S. 1o5

niken, ist ein verstärkter Einbezug von Frauen in geeignete (nicht in irgendwelche!) Qualifizierungsmaßnahmen unerläßlich.

"Schon heute zeichnet sich deutlich ab, daß die Frauen in naher Zukunft die bedeutsamste Problemgruppe der Weiterbildung sein werden, denn gerade viele der Tätigkeiten, die derzeit Frauenarbeitsplätzen vorbehalten sind, werden schon bald durch die EDV übernommen".[5]

"Verpassen" Frauen den Anschluß an den technologischen Wandel, und viele Anzeichen deuten darauf hin, daß sie zu den zukünftigen "Verlierern" gehören werden,[6] so geraten sie noch mehr als bisher in die Funktion der Lückenbüßerin, der duldsamen kapazitätsorientierten Reservearmee.

Dabei hat öffentliche Qualifizierungspolitik auch kompensatorische Funktionen gegenüber den Weiterbildungsmaßnahmen der Unternehmen zu erfüllen. Wie vielfach belegt ist, haben Frauen seit jeher von den innerbetrieblichen Qualifizierungsinvestitionen der Unternehmer weit weniger profitiert als Männer - und zwar weitgehend unabhängig davon, auf welcher Stufe der betrieblichen Hierarchie sie sich befanden.[7]

Den staatlich geförderten beruflichen Qualifizierungsmaßnahmen kommt ferner die Aufgabe zu, die geschlechtsspezifische Segregation des Arbeitsmarktes aufzubrechen. Insbesondere Umschulungsmaßnahmen sind ein geeignetes Instrument, Frauen auch auf bislang typisch männliche Berufe im gewerblich-technischen Bereich vorzubereiten. Wie betont, ist das geringe Ausbildungs-

----

5 Else Fricke, Kurt Johannson: Aktuelle Tendenzen in der Berufsausbildung und betrieblichen Weiterbildung, a.a.O., S. 41

6 Vgl. auch Camilla Krebsbach-Gnath u.a.: Technik und Frauenarbeitsplätze - Vorstudie. Forschungsauftrag des Bundesministers für Forschung und Technologie, Manuskript, o.O., 1982, oder Petra Frerichs, Monika Goldmann, Gudrun Richter: Zum Problem der Frauenarbeitstätigkeit und neuen Technologien, in: Jahrbuch Arbeit und Technik in Nordrhein-Westfalen 1985, a.a.O., S. 97-115

7 Vgl. z.B. Hannelore Neumann, Karl-Hans Weimer: Innerbetriebliche Weiterbildung für Frauen als arbeitsmarktpolitisches Instrument, a.a.O.

und Berufsspektrum der Mädchen und Frauen nicht ausschließlich Folge einer im Sozialisationsprozeß vermittelten geschlechtsspezifischen Fähigkeitsdifferenzierung bzw. Folge des spezifischen weiblichen Arbeitsvermögens. Frauen ergreifen Berufe auch deshalb, weil ihnen von den Verfügungsberechtigten über Ausbildungsplätze, von den Unternehmern also, mit oft mehr als fadenscheinigen Argumenten[8] der Zugang zu anderen, für Frauen "untypischen" Berufen verweigert wird.[9]

Wenngleich es auch weitgehend gängige Praxis ist, Frauen die ihrer Qualifikation entsprechenden Arbeitsplätze im "Konkurrenzfall" zugunsten von Männern vorzuenthalten, so steht dennoch fest, daß beruflich qualifizierte Frauen im allgemeinen mehr Arbeitsmarktchancen als unqualifizierte Frauen aufweisen, daß ihre Chancen, aus dem sekundären in das primäre Arbeitsmarktsequent aufzusteigen, also mit steigender Qualifikation tendenziell zunehmen. Mit beruflicher Qualifizierungspolitik für Frauen verbindet sich also die Hoffnung, daß die mit der Qualifizierung erzielte bessere Ausgangsbasis wenigstens partiell auch auf die betrieblichen Rekrutierungsstrategien zurückwirkt.

Mit einer generellen Höherqualifizierung von Frauen wächst zugleich auch die Chance, den weitverbreiteten Vorurteilen mangelnder beruflicher Motivation weiblicher Arbeitskräfte entgegenzuwirken und eine mangelnde Qualifikation von Frauen als vorgeschobenen Hinderungsgrund für berufliches Vorwärtskommen eindeutiger als bisher zu entlarven. Eine Frau mit qualifi-

---

8 Zum Beispiel mit dem verbreiteten Hinweis auf fehlende sanitäre Einrichtungen und der schon an Infamie grenzenden Behauptung, Mädchen wiesen im Vergleich zu den Jungen eine schlechtere Schulbildung auf. Vgl. dazu auch Hannelore Neumann, Karl-Hans Weimer: Innerbetriebliche Weiterbildung für Frauen als arbeitsmarktpolitisches Instrument, a.a.O., S. 9-11, S. 121

9 Zu den diesbezüglichen Erfahrungen der Arbeitsämter vgl. "Frauen werden benachteiligt", Presse- Information Nr. 2/86 des Landesarbeitsamtes Nordbayern vom 28.2.1986

zierter Ausbildung kann ihre Berufstätigkeit letztlich auch mit Hinweis auf die "Kostspieligkeit" ihrer Ausbildung gegenüber diskriminierenden Anfeindungen ihrer Umwelt eher "legitimieren".[10] Unser stark an ökonomischen Kriterien ausgerichtetes gesellschaftliches Wertesystem ist geneigt, das "Kostenargument" in besonderer Weise zu akzeptieren.

Schließlich kann die Anhebung des Qualifikationsniveaus von Frauen, sofern sie sich tatsächlich auch in einer besseren Entlohnung "auszahlt" und somit den geschlechtsspezifischen Einkommensabstand abbaut, auch dazu beitragen, den für eine durchgreifende Verbesserung der Lebenssituation von Frauen unerläßlichen Einbezug der Männer in die Familienarbeit voranzutreiben, insoweit als das (oftmals vorgeschobene) ökonomische Argument, das einer Teilzeitarbeit von Männern entgegensteht, eine Entkräftung erfährt.

Beruflicher Weiterbildung kommt generell auch eine emanzipatorische Funktion zu,[11] die es vor allem im Rahmen staatlich betriebener Qualifikationspolitik zu unterstützen gilt. Schon deshalb, weil diese sich, wie dargestellt, als Korrektiv zur Qualifizierungspolitik der Unternehmen verstehen muß, und weil letztere wohl kaum darauf angelegt ist, ein kritisches Potential unter den Arbeitnehmer/innen zu erzeugen. Seit jeher haben die Gewerkschaften gefordert, Weiterbildung nicht einseitig auf die Vermittlung fachlicher Kenntnisse und Fertigkeiten zu beschränken, sondern die Arbeitnehmer/innen auch darin zu befähigen, gesellschaftliche Zusammenhänge zu erkennen. Nimmt man diese Forderung beim Wort, so bedeutet dies auch, daß

---

10 Dieser ständige Zwang, die eigene Berufstätigkeit gegenüber der Gesellschaft verteidigen zu müssen, ist ein charakteristisches Verhaltensmerkmal, das die Gesellschaft berufstätigen Frauen, insbesondere berufstätigen verheirateten Frauen mit Kindern, abverlangt.

11 Vgl. Friedrich Weltz, Gerd Schmidt, Inge Krings: Facharbeiter und berufliche Weiterbildung. Überlegungen zu einer explorativen Studie, Schriften zur Berufsbildungsforschung, Band lo, Hannover 1973, S. 7

staatliche Arbeitsmarktpolitik die Pflicht hat, in ihren Qualifizierungsveranstaltungen das gesellschaftliche Interesse an der beruflichen Diskriminierung von Frauen offenzulegen und zu thematisieren, und zwar nicht nur in speziellen Kursen für Frauen. Bewußtseinsbildende Maßnahmen dieser Art, in denen eine gründliche Aufarbeitung der Geschlechterstereotypen erfolgt, sind in den von Männern dominierten Weiterbildungskursen mindestens ebenso wichtig, gerade bei männlichen Teilnehmern an aufstiegsbezogener Fortbildung, da diese häufig im Erwerbsleben eine Position mit Multiplikatorfunktion einnehmen.

Eine verstärkte berufliche Förderung von Frauen und eine Abkehr von der Politik des Rückzugs in die Familienrolle ist letztlich auch unter gesamtwirtschaftlichen Gesichtspunkten geboten. Denn die Propagandisten/innen einer rückschrittlichen Frauenpolitik, die Kämpfer/innen gegen das sogenannte Doppelverdienertum (gemeint sind dabei nur die Doppelverdiener**innen**) verkennen in oftmals naiver Weise die mit einer solchen Strategie verbundenen volkswirtschaftlichen und verteilungspolitischen Auswirkungen. So entbehrt z.B. die in der Öffentlichkeit häufig vertretene Auffassung, bei einem "Arbeitsverzicht" der Frauen könnten Männern höhere Löhne gezahlt werden, jedweder ökonomischen Grundlage, insbesondere wenn man berücksichtigt, daß weibliche Arbeitsplätze in der Regel die schlecht bezahlten Arbeitsplätze sind.

Die beschriebene Einstellung wird vor allem geprägt durch die in der Tat materielle Besserstellung der "Doppelverdiener"-haushalte, ohne jedoch in gebührender Weise zu berücksichtigen, daß diese auf einer zusätzlichen Leistung beruht, und zwar auf einer Leistung, die in der Regel ausschließlich von Frauen erbracht wird, denn berufstätige Frauen erbringen ihre Arbeitsleistung im Berufsleben zusätzlich zur normalen Familienarbeit von Hausfrauen.

Die Gegner der Frauenarbeit verkennen ferner, daß das gegenwärtige soziale Ausgleichssystem völlig zusammenbräche, würde die Mehrheit der Frauen - neben hauswirtschaftlichen, erzieherischen und fürsorgespendenden Leistungen - nicht auch noch (zumindest teilweise) den "eigenen Lebensunterhalt" durch zusätzliche Lohnarbeit bestreiten. Wäre dies nicht der Fall, so müßten die derzeitigen Transferzahlungen, so z.B. an Haushalte mit nur einem Verdiener, in massiver Weise eingeschränkt werden, werden sie doch letztlich (auch) durch die Arbeitsleistung der berufstätigen Frauen finanziert. Der Rückzug einer berufstätigen verheirateten Frau vom Arbeitsmarkt führt zu folgenden Mindereinnahmen bzw. Mehrausgaben des staatlichen Umverteilungssystems:

o Senkung der Steuereinnahmen
  - durch den Fortfall der von Frauen gezahlten Einkommensteuer
  - durch die geringere Besteuerung von Haushalten mit einem Verdiener

o Senkung des Beitragsaufkommens
  - in der Krankenversicherung
  - in der Rentenversicherung
  - in der Arbeitslosenversicherung

  durch den Fortfall der von Frauen geleisteten Beiträge

o zusätzliche Ausgaben für an Einkommensgrenzen gebundene Transferleistungen (Wohngeld, Bausparprämien, Vermögenswirksame Leistungen) infolge des niedrigeren Haushaltseinkommens.

Angesichts dieser gesamtwirtschaftlichen Wirkungen und ihrer finanziellen Größenordnung[12] wird klar, daß das gegenwärtige

---

[12] Wenn eine qualifizierte verheiratete Frau mit einem Brutto-Monatseinkommen von 4.5oo,- DM ihren Beruf aufgibt, so führt dies (angenommen, der Ehemann verdient ebenfalls 4.5oo,- DM) per Saldo zu Mindereinnahmen bzw. Mehrausgaben des Staates und des Parafisci von jährlich rund 4o.ooo,- DM (ohne Berücksichtigung der ebenfalls als Einnahme wegfallenden Arbeitgeberbeiträge zur Sozialversicherung).

soziale Verteilungssystem wohl kaum in der bestehenden Form aufrechterhalten werden könnte, es sei denn, die Steuerlast- und die Sozialabgabenquote (dann die der Männer) würde drastisch erhöht. Insbesondere sind die mit "Arbeitsplatzentfernungsmaßnahmen" "für" Frauen auch verbundenen Hoffnungen auf eine Sanierung der Rentenfinanzen via höherer Geburtsraten unrealistisch. Zum einen ist der Zusammenhang zwischen zunehmender Erwerbsneigung der Frauen und abnehmender Geburtenhäufigkeit per se zweifelhaft,[13] zum anderen finanzieren Frauen, wenn sie berufstätig sind, ihre Altersversorgung selbst, während diese bei "Nur-Hausfrauen" aus dem Beitragsaufkommen aller Arbeitnehmer/innen gezahlt werden.

Bezieht man ferner die durch die berufliche Leistung von Frauen ermöglichte Steigerung der gesamtwirtschaftlichen Nachfrage nach Gütern und Dienstleistungen in die Betrachtung ein, so wird vollends deutlich, daß das Wohlfahrtsniveau unseres Staates radikal absinken würde, wenn Frauen sich vollends vom Arbeitsmarkt zurückdrängen ließen. Auch vom unternehmerischen Standpunkt aus gesehen hätte die Nicht-Berufstätigkeit von Frauen daher einschneidende Folgen. Ganz abgesehen davon, daß die Nicht-Verwertung der beruflichen Qualifikation von Frauen, also der erfolgten finanziellen Investitionen in das Humankapital, eine volkswirtschaftliche Vergeudung und Fehlinvestition ersten Ranges darstellt.

----

[13] Vgl. z.B. Elisabeth Beck-Gernsheim: Frauen zurück in die Familie, a.a.O., S. 27

4. Anspruch und Möglichkeiten aktiver Arbeitsmarktpolitik in Form beruflicher Qualifizierung nach dem Arbeitsförderungsgesetz

Unabhängig von den aufgezeigten Sonderbedingungen, denen Frauen in der Arbeitswelt unterliegen, und die auch der Effektivität arbeitsmarktpolitischer Maßnahmen zum Abbau ihrer Benachteiligungen Grenzen setzen, stellt sich die Frage nach den generellen Zielsetzungen und Ansprüchen öffentlicher Arbeitsmarktpolitik und den Möglichkeiten ihrer Realisierung in der derzeitigen Arbeitsmarktsituation.

Im Vordergrund der Betrachtungen sollen dabei zunächst die beruflichen Qualifizierungsmaßnahmen nach dem Arbeitsförderungsgesetz stehen, auf das Instrument der Arbeitsbeschaffungsmaßnahmen wird in einem gesonderten Kapitel eingegangen (vgl. Abschnitt 11).

4.1 Leitideen "aktiver" Arbeitsmarktpolitik nach dem AFG und der zeitliche Entstehungszusammenhang des Gesetzes

Mit der Verabschiedung des Arbeitsförderungsgesetzes im Jahre 1969, das das seit 1927 geltende Gesetz über Arbeitsvermittlung und Arbeitslosenversicherung (AVAVG) ablöste, sollte der Übergang von einer Poltik des Schadensausgleichs zu einer Politik der Schadensverhütung markiert werden. Die **"aktive Arbeitsmarktpolitik"** - so der offizielle Name für die neue Arbeitsmarktpolitik - sollte sich qualitativ von der auf dem Gesetz über Arbeitsvermittlung und Arbeitslosenversicherung (AVAVG) basierenden Arbeitsmarktpolitik abheben, die als vorwiegend reaktiv, nachträglich korrigierend galt. Die neue Qualität aktiver Arbeitsmarktpolitik hingegen ging von dem Anspruch aus, durch vorausschauende, vorbeugend einsetzende Interventionen ungünstige Entwicklungen möglichst gar nicht erst aufkommen zu lassen, sondern selbst gestaltend in die Entwicklungen einzugreifen.[1] Kompensatorische Maßnahmen sollten nur noch eine untergeordnete Rolle spielen. Arbeitsmarktpolitik wurde dabei als integraler Bestandteil aller staatlichen Aktivitäten, insbesondere in Verbindung mit der Wirtschafts- und Sozialpolitik gesehen.

Mit dem AFG rückte die individuelle Förderung der beruflichen Bildung in das Zentrum der Arbeitsmarktpolitik. Sie wurde ergänzt durch die institutionelle Förderung der beruflichen Bildung, die die Träger in die Lage versetzen sollte, ein ausreichendes und zeitgemäßes Bildungsangebot bereitzustellen. Die berufliche Bildung wurde einhellig als das Kernstück der als "aktiv" apostrophierten öffentlichen Arbeitsmarktpolitik[2] nach dem Arbeitsförderungsgesetz angesehen. Im Unterschied zur bisherigen Rechtslage[3] - und dies war das grundlegend Neue - ermöglichte das AFG unter bestimmten Voraussetzungen (persönliche Voraussetzungen, anerkannte Bildungsmaßnahme, arbeitsmarktpolitische Zweckmäßigkeit u.a.) einen **Rechtsanspruch** auf

----

[1] Vgl. Josef Stingl: Vom Gesetz über Arbeitsvermittlung und Arbeitslosenversicherung (AVAVG) zum Arbeitsförderungsgesetz (AFG), in: Reinhart Bartholomäi, Wolfgang Bodenbender, Hardo Henkel, Renate Hüttel (Hrsg.): Sozialpolitik nach 1945. Geschichte und Analysen, Bonn-Bad Godesberg 1977, S. 355

[2] Neben den hier (mit Ausnahme der Förderung der beruflichen Ausbildung) untersuchten Maßnahmen zur beruflichen Bildung und den Arbeitsbeschaffungsmaßnahmen werden zum Instrumentarium der "aktiven" beschäftigungsfördernden oder beschäftigungserhaltenden Maßnahmen gezählt: Kurzarbeitergeld, Winterbauförderung, Schlechtwettergeld, Rehabilitationsleistungen, Eingliederungshilfen für schwervermittelbare Arbeitslose. Vgl. Fritz W. Scharpf: Chancen einer aktiven Arbeitsmarktpolitik in der Bundesrepublik Deutschland: Hinweise aus einem Sonderprogramm, discussion paper IIM/LMP 81-5, Berlin 1981, S. 2

[3] Berufliche Weiterbildung wurde vor Inkrafttreten des AFG nicht nur nach dem AVAVG, sondern auch z.B. im Rahmen des "Programms der unselbständigen Mittelschichten" bzw. nach dem "Leistungsförderungs-Programm" nach den "Richtlinien der Bundesanstalt zur Förderung beruflicher Bildungsmaßnahmen (Umschulungen)" gefördert, jedoch waren die hierfür aufgewendeten Mittel recht bescheiden. Vgl. Ulrich Barnofski: Arbeitsförderungsgesetz, Weiterbildung heute, in: Bundesarbeitsblatt 1/1985, S. 12

Leistungen zur individuellen Förderung der beruflichen Bildung. Ihre exponierte Stellung betont § 5 AFG: Maßnahmen zur Förderung der beruflichen Bildung (sowie die Vermittlung in berufliche Ausbildungsstellen und Arbeit) gehen den kompensierenden Leistungen bei Arbeitslosigkeit sowie den Maßnahmen zur Arbeitsbeschaffung vor. Das Primat der "prophylaktischen" gegenüber den "therapeutischen" Maßnahmen wird außerdem durch die Rangfolge der in § 3 AFG aufgelisteten Aufgaben der Bundesanstalt für Arbeit unterstrichen: Unter den der Bundesanstalt obliegenden Aufgaben rangiert die Förderung der beruflichen Bildung (hinter der Berufsberatung und Arbeitsvermittlung) an dritter Stelle, während die Gewährung von Arbeitslosengeld und Konkursausfallgeld auf den letzten Plätzen genannt werden.

Die mit der Förderung der beruflichen Bildung und den übrigen im AFG vorgesehenen Instrumenten anvisierten Ziele[4] gehen aus der Generalklausel im § 1 des AFG und den in § 2 AFG präzisierten besonderen arbeitsmarktpolitischen Zielsetzungen hervor:[5]

"§ 1
Ziel des Gesetzes

Die Maßnahmen nach diesem Gesetz sind im Rahmen der Sozial- und Wirtschaftspolitik der Bundesregierung darauf auszurichten, daß ein hoher Beschäftigungsstand erzielt und aufrechterhalten, die Beschäftigungsstruktur ständig verbessert und damit das Wachstum der Wirtschaft gefördert wird.

§ 2
Arbeitsmarktpolitische Zielsetzung

Die Maßnahmen nach diesem Gesetz haben insbesondere dazu beizutragen, daß
1. weder Arbeitslosigkeit und unterwertige Beschäftigung, noch ein Mangel an Arbeitskräften eintreten oder fortdauern,

---

[4] Wobei das AFG nicht klar nach Zielen und Mitteln unterscheidet. Die Förderung der beruflichen Bildung hat sowohl Ziel- als auch Maßnahmecharakter.

[5] Zitiert nach dem Arbeitsförderungsgesetz vom 25. Juni 1969, zuletzt geändert durch Siebtes Gesetz zur Änderung des Arbeitsförderungsgesetzes vom 2o. Dezember 1985

2. die berufliche Beweglichkeit der Erwerbstätigen gesichert und verbessert wird,
3. nachteilige Folgen, die sich für die Erwerbstätigen aus der technischen Entwicklung oder aus wirtschaftlichen Strukturwandlungen ergeben können, vermieden, ausgeglichen oder beseitigt werden,
4. die berufliche Eingliederung körperlich, geistig oder seelisch Behinderter gefördert wird,
5. Frauen, deren Unterbringung unter den üblichen Bedingungen des Arbeitsmarktes erschwert ist, weil sie verheiratet oder aus anderen Gründen durch häusliche Pflichten gebunden sind oder waren, beruflich eingegliedert werden,
6. ältere und andere Erwerbstätige, deren Unterbringung unter den üblichen Bedingungen des Arbeitsmarktes erschwert ist, beruflich eingegliedert werden,
7. die Struktur der Beschäftigung nach Gebieten und Wirtschaftszweigen verbessert wird,
8. illegale Beschäftigung bekämpft und damit die Ordnung auf dem Arbeitsmarkt aufrechterhalten wird."

Diese in der derzeit gültigen Fassung des AFG genannten Zielsetzungen entsprechen bis auf § 2, Satz 1 Nr. 8, der mit Wirkung vom 15.12.1981 angefügt wurde, den Zielsetzungen in der ersten Fassung des Gesetzes vom 25. Juni 1969.

Die Ziele der individuellen Förderung der beruflichen Fortbildung, Umschulung und Einarbeitung sind in § 1 der Anordnung Fortbildung und Umschulung (AFuU) noch näher umrissen:

"**§ 1 Ziel der Förderung.** Ziel der individuellen Förderung der beruflichen Fortbildung, Umschulung und Einarbeitung ist es, entsprechend § 2 AFG die Teilnahme an beruflichen Bildungsmaßnahmen zu ermöglichen, die insbesondere dazu dienen,
1. Arbeitslosigkeit sowie qualitative und quantitative Unterbeschäftigung zu verhüten oder zu beenden,
2. Mangel an qualifizierten Fachkräften zu vermeiden oder zu beheben,
3. die berufliche Beweglichkeit zu sichern oder zu verbessern und
4. einen beruflichen Aufstieg zu ermöglichen."[6]

Berufliche Bildung nach dem Arbeitsförderungsgesetz hat also gemäß § 1 AFG die Funktion, das wirtschaftliche Wachstum durch

----
[6] 662. Anordnung des Verwaltungsrats der Bundesanstalt für Arbeit über die individuelle Förderung der beruflichen Fortbildung und Umschulung (A Fortbildung und Umschulung) vom 23. März 1976 in der Fassung der 13. Änderungsanordnung vom 28. Januar 1986

die Hebung bzw. Anpassung der Qualifikation der Arbeitnehmer - und einem auf diesem Wege für möglich gehaltenen hohen Beschäftigungsstand sowie einer geeigneten Beschäftigtenstruktur - zu fördern. Die Förderung steht damit im Dienste marktkonformer angebotsorientierter Politik,[7] die eine Anpassung der Arbeitskräftestruktur an die Bedürfnisse der Arbeitskräftenachfrager fordert.

Den einzelnen Arbeitnehmer soll berufliche Qualifizierung in die Lage versetzen, den durch technischen Wandel und Fortschritt gesteigerten Anforderungen gerecht zu werden und damit gleichzeitig seine Dispositionschancen auf dem Arbeitsmarkt zu vergrößern.

"Der Einzelne muß sich, will er in der modernen Arbeits- und Berufswelt bestehen und weiterkommen, diesen Veränderungen anpassen, und zwar am ehesten nicht passiv abwartend, sondern vorausschauend aktiv".[8]

Der ehemalige Arbeitsminister Hans Katzer unterlegt der Arbeitsmarktpolitik nach dem AFG vor allem drei Ziele:

"Sie ergänzt notwendig und sinnvoll eine aktive antizyklische Konjunkturpolitik, sie trägt maßgeblich zur Lösung strukturpolitischer Aufgaben bei, und sie ist im Kern auf Förderung des beruflichen Bildungsweges angelegt".[9]

Berufliche Bildung wird von Katzer als Voraussetzung jeglicher Mobilität und diese wiederum als Bedingung für die Weiterentwicklung unserer Wirtschaft angesehen.[10]

----

7 "'Aktiv' ist diese Politik deshalb nur insoweit, als sie vorausschauend sein will. Ansonsten ist sie 'reaktiv', als sie auch weiterhin das Angebot an die Änderungen der Nachfrage anzupassen versucht". Karl-Jürgen Biebach: Arbeitslosigkeit und Arbeitsvermittlung. Zur Kritik der Arbeitsmarktpolitik nach dem AFG, in: Jahrbuch für Sozialökonomie und Gesellschaftstheorie, Arbeitsmarktpolitik, Opladen 1978, S. 85

8 Josef Stingl: Einführung zum 1. Arbeitsförderungsgesetz vom 25. Juni 1969, München 1969, S. 8

9 Hans Katzer: Das Arbeitsförderungsgesetz - die Grundlagen einer zukunftsweisenden Arbeitsmarkt- und Beschäftigungspolitik, in: Bundesarbeitsblatt 6/1969, S. 326

10 Ebenda, S. 327

Spezielle, auf dem Arbeitsmarkt üblicherweise benachteiligte Personengruppen sollen, wie aus § 2, Satz 1 Nr. 4, 5 und 6 AFG hervorgeht, bei den arbeitsmarktpolitischen Bemühungen eine **bevorzugte** Förderung erhalten. Zu den explizit genannten Gruppen zählen (neben Behinderten und älteren Arbeitnehmern) auch erwerbswillige Frauen, die wegen häuslicher Pflichten bislang gebunden waren. Somit wurde die Förderung der beruflichen Bildung auch als Mittel für mehr Chancengleichheit in der Arbeits- und Berufswelt betrachtet, wobei dieser Aspekt eher von Bildungspolitikern in den Vordergrund gestellt wurde; bei Arbeitsmarktpolitikern dominierte hingegen wie dargestellt vorwiegend die wirtschaftspolitische Zielsetzung.

Den Zielsetzungen der beruflichen Weiterbildungsförderungsmaßnahmen nach dem AFG liegt also die Philosophie zugrunde,

- daß die Förderung der individuellen Bildung Arbeitslosigkeit vorbeugen und abbauen kann,
- zwischen einem durch berufliche Förderungsmaßnahmen induzierten hohen Beschäftigungsstand und einer Verbesserung der Beschäftigtenstruktur und dem wirtschaftlichen Wachstum eine enge positive Beziehung besteht,
- der technische Wandel höhere Anforderungen an die Qualifikationen der Arbeitnehmer stellt[11] und somit die berufliche Qualifikation der Arbeitnehmer eine Engpaßvariable in der wirtschaftlichen Entwicklung darstellt. Arbeitslosigkeit ist somit (auch) in Qualifikationsmängeln der Arbeitnehmer, in Mängeln des **Humankapitals**, begründet.

Ferner setzt die postulierte aktive, d.h. prophylaktische Ausrichtung der Arbeitsmarktpolitik die Möglichkeit voraus, den

---

11 So wurde die bevorzugte Förderung älterer Arbeitnehmer nach § 2, Satz 1 Nr. 6 AFG denn auch damit begründet, sie seien infolge der technischen Entwicklung und des Strukturwandels in der Wirtschaft aufgrund ihrer veralteten Qualifikationen eher Schwierigkeiten auf dem Arbeitsmarkt ausgesetzt, als jüngere. Vgl. Georg Sandmann: Arbeitsvermittlung, Arbeitsberatung und berufliche Anpassung nach dem Arbeitsförderungsgesetz, in: Bundesarbeitsblatt 6/1969, S. 329

wirtschaftlichen Strukturwandel und die zukünftigen Qualifikationsanforderungen einigermaßen zuverlässig prognostizieren zu können. Nicht zuletzt impliziert die Konzeption, daß auch von der Finanzierungsseite die Bedingungen für einen antizyklischen Einsatz der arbeitsmarktpolitischen Instrumente bzw. für die Einhaltung des Primats aktiver Maßnahmen vor kompensatorischen Leistungen gegeben sind.

Die dem Arbeitsförderungsgesetz zugrunde liegenden Leitideen erklären sich nicht zuletzt aus dem zeitlichen Entstehungszusammenhang des Gesetzes.[12] Im Zeitraum seines (etwa fünfjährigen) Entstehungsprozesses herrschte die Annahme vor, daß ein ununterbrochenes Wirtschaftswachstum bei steigendem Arbeitskräftebedarf[13] möglich sei. Bereits 196o waren die gewaltigen Arbeitskräftezuströme der 50er Jahre vom Arbeitsmarkt aufgesogen, hatte sich Arbeitskräfteknappheit abgezeichnet. Mit Ausnahme der Rezessionsjahre 1967/68 lag die Zahl der Arbeitslosen in den 60er Jahren jeweils bei unter 2oo.ooo Personen, begleitet von einem Stellenangebot, das die Arbeitslosenzahl meist um ein Vielfaches überschritt (1969: 179.ooo Arbeitslose, 747.ooo offene Stellen). Die in § 2 explizit geforderte bevorzugte Förderung bestimmter Personengruppen (Behinderte, Frauen, ältere Arbeitnehmer) ist daher weniger eine soziale Tat, sondern erklärt sich vielmehr in erster Linie aus dem Arbeitskräftemangel dieser Jahre. **Eine wesentliche Funktion aktiver Arbeitsmarktpolitik zum damaligen Zeitpunkt bestand darin, aus dem latenten Arbeitskräftepotential mobilisierungsfähige zusätzliche Arbeitskräfte zu gewinnen,** und sie bei der

---

12 Vgl. dazu Hartmut Seifert: Öffentliche Arbeitsmarktpolitik in der Bundesrepublik Deutschland, Köln 1984, S. 7 ff, sowie Jürgen Kühl: Das Arbeitsförderungsgesetz (AFG) von 1969. Grundzüge seiner arbeitsmarkt- und beschäftigungspolitischen Konzeption, in: Mitteilungen aus der Arbeitsmarkt- und Berufsforschung 3/1982, S. 251-26o

13 "Schon heute gehört das Stempeln auf dem Arbeitsmarkt fast überall der Vergangenheit an". Hans Katzer: Das Arbeitsförderungsgesetz - die Grundlagen einer zukunftsweisenden Arbeitsmarkt- und Beschäftigungspolitik, a.a.O., S. 327

Reaktivierung ihrer beruflichen Fähigkeiten und beim Wiedereinstieg in das Erwerbsleben zu unterstützen. **Frauen kam also wieder einmal die Funktion der Reservearmee zu.**

Die Arbeitskräfteknappheit veranlaßte die Unternehmen, auf kapitalintensive Produktionen überzugehen, die qualifikatorische Anpassungsprobleme wahrscheinlich erscheinen ließen. Der nach wie vor bestehende Bedarf an Arbeitskräften für unqualifizierte Tätigkeiten war Anstoß für die Anwerbung ausländischer Mitarbeiter. Es wurde befürchtet, daß die von Unternehmerseite durchgeführten Weiterbildungsaktivitäten zur Bewältigung der Anpassungsprobleme nicht ausreichen würden, da die Unternehmer wegen der in der Zeit der Vollbeschäftigung drohenden Abwanderung qualifizierter Arbeitskräfte vor verstärkten eigenen Qualifizierungsinvestitionen zurückschreckten.

Es war dies auch die Zeit der heraufbeschwörten Bildungskatastrophe und der damals einsetzenden Bildungseuphorie. Der notwendige Ausbau beruflicher Weiterbildung wurde dabei unter anderem durch ihre bislang unzulängliche Berücksichtigung im Gesamtbildungswesen bzw. durch die Undurchlässigkeit des allgemeinen Bildungswesens legitimiert.

Hingegen spielten die Rezession der Jahre 1967/68 bzw. die damaligen Strukturprobleme einzelner Branchen (Bergbau, Textilindustrie) nicht die herausragende Rolle, die ihnen bei der Konzeption des AFG häufig beigemessen wird, sondern diese Ereignisse untermauerten lediglich den bereits zuvor abgesteckten Reformkurs.[14] Die schnelle Bewältigung[15] der Arbeitsmarktkrise 1967/68 stärkte vielmehr den Glauben an die Steuerbarkeit der wirtschaftlichen Entwicklung. Das Arbeitsförderungs-

---

14 Vgl. Hartmut Seifert: Öffentliche Arbeitsmarktpolitik in der Bundesrepublik Deutschland, a.a.O., S. 8

15 Von 1967 auf 1968 sank die Zahl der Arbeitslosen von 459.ooo auf 323.48o und auf 179.ooo Personen in 1969, die Zahl der offenen Stellen stieg von 3o2.ooo in 1967 auf 488.ooo in 1968 und auf 747.ooo in 1969.

gesetz wurde dabei als arbeitsmarktpolitisches Pendant bzw. flankierende Maßnahme zum 1967 verabschiedeten Gesetz zur Förderung des Wachstums und zur Stabilität der Wirtschaft gesehen. Die Expansion der beruflichen Weiterbildung durch das Arbeitsförderungsgesetz ist also auf der Grundlage sehr optimistischer individueller Berufsperspektiven zustande gekommen.

4.2 Gesamtwirtschaftliche und individuelle Wirkungen "aktiver" Arbeitsmarktpolitik in Form beruflicher Weiterbildung vor dem Hintergrund der derzeitigen Beschäftigungskrise

Daß sich die Arbeitsmarktlage seit dem drastischen Konjunktureinbruch in 1974 weit von den Ausgangsbedingungen im Zeitraum der Entstehung des AFG entfernt hat, bedarf angesichts einer Zahl von 2,2 Millionen registrierten! Arbeitslosen (im März 1986) und der mehr als 10jährigen Dauer der Beschäftigungskrise keiner ausführlichen Beschreibung. Somit wurde der "aktiven" Arbeitsmarktpolitik weitgehend der Boden unter den Füßen entzogen, denn

"der angestrebte Zusammenhang von Weiterbildungsmaßnahmen und arbeitsmarktpolitischen Zielen kann nur unter der Voraussetzung hergestellt werden, daß für höher qualifizierte und umgeschulte Arbeitnehmer in ausreichendem Umfang geeignete Arbeitsplätze angeboten werden.".[16]

Damit stellt sich die Frage, welche gesamtwirtschaftlichen und individuellen Wirkungen "aktive" Arbeitsmarktpolitik in Form von Förderung beruflicher Bildung vor dem Hintergrund der derzeitigen Beschäftigungskrise noch entfalten kann. Haben die der aktiven Arbeitsmarktpolitik zugrunde liegenden Leitideen und unterstellten Wirkungszusammenhänge noch Gültigkeit, hatten sie überhaupt jemals Gültigkeit?

---

16 A. Günter Brandenburg: Weiterbildung und Arbeitsmarktpolitik, Göttingen 1975, S. 15

4.2.1 Reaktiver statt prophylaktischer und prozyklischer statt antizyklischer Einsatz beruflicher Qualifizierungsmaßnahmen

Zunächst läßt sich zweifelsfrei feststellen, daß die intendierte aktive, d.h. vorbeugend einsetzende Orientierung der Arbeitsmarktpolitik nicht (mehr) eingelöst werden konnte: Berufliche Weiterbildungsmaßnahmen nach dem AFG werden heutzutage vorwiegend für Personen eingesetzt, die bereits von Arbeitslosigkeit betroffen (und als solche registriert) sind. Von 1975 auf 1985 ist der Anteil der zuvor arbeitslosen Personen an den Geförderten kontinuierlich gestiegen, und zwar in Nordrhein-Westfalen bei den Frauen von 43 % auf 8o %, bei den Männern von 27 % auf 67 %. Berufliche Qualifizierungsmaßnahmen stellen somit nur mehr ein kuratives Instrument dar.

Auch der proklamierte Anspruch einer antizyklischen, d.h. dem Problemdruck folgenden Politik wurde, anders als z.B. in Schweden, nicht eingehalten. Wie Tabelle 19 offenlegt, ist der Einsatz der finanziellen Aufwendungen für Maßnahmen der beruflichen Fortbildung, Umschulung und Einarbeitung vielmehr durch ein weitgehend prozyklisches Entwicklungsmuster charakterisiert.[17]

Die Teilnehmerzahlen (vgl. Spalte 3 in Tabelle 19) bringen dabei diese Divergenz nur unzureichend zum Ausdruck. So verbindet sich beispielsweise ihre beachtliche Steigerung (um 33 % von 265.5oo auf 353.1oo Personen) zwischen 1982 und 1984 mit einem abnehmenden Ausgabenvolumen und somit auch mit einer Verringerung der durchschnittlichen Aufwendungen pro Teilneh-

---

17 Vgl. dazu und zu den Hintergründen dieser Entwicklung z.B. Douglas Webber: Zwischen programmatischem Anspruch und politischer Praxis: Die Entwicklung der Arbeitsmarktpolitik in der Bundesrepublik Deutschland von 1974 bis 1982, in: Mitteilungen aus der Arbeitsmarkt- und Berufsforschung 3/1982, S. 261-275. Vgl. auch Fritz W. Scharpf: Chancen einer aktiven Arbeitsmarktpolitik in der Bundesrepublik Deutschland, a.a.O., insbes. S. 3-1o

Tabelle 19 Die finanziellen Aufwendungen der Bundesanstalt für Arbeit für Maßnahmen der beruflichen Fortbildung, Umschulung und betrieblichen Einarbeitung 197o - 1985

Jahr	Ausgaben[1] insgesamt, Mio DM	davon: Unterhaltgeld, Mio DM	Neu eingetretene Teilnehmer in Tsd.	Ausgaben[1] pro neu eingetretene Teilnehmer/in DM	Ausgaben[2] in % der Gesamtausgaben der BA	Zahl der Arbeitslosen in Tsd. Jahres-Ø	Ausgaben[1] pro Arbeitslosen DM
0	1	2	3	4	5	6	7
197o	572,4	37o,9	17o,2	3.364	15,1	148,8	3.846
1971	1.215,2	769,2	288,4	4.21o	25,3	185,1	6.566
1972	1.489,5	1.11o,4	26o,3	5.723	26,4	246,4	6.o44
1973	1.533,9	1.233,2	226,9	6.759	23,2	273,5	5.6o8
1974	1.846,5	1.494,2	232,6	7.939	18,5	582,5	3.17o
1975	2.524,1	1.991,4	27o,9	9.319	14,5	1.o74,2	2.35o
1976	1.874,5	1.426,7	151,5	12.371	12,o	1.o6o,3	1.768
1977	1.156,9	771,o	136,o	8.511	7,9	1.o3o,o	1.123
1978	1.269,5	743,9	175,2	7.245	7,4	992,9	1.279
1979	1.875,1	1.179,8	2o9,4	8.953	9,6	876,1	2.14o
198o	2.436,1	1.497,8	247,o	9.864	11,5	888,9	2.741
1981	3.27o,3	2.12o,5	279,5	11.7oo	11,7	1.271,6	2.572
1982	3.324,3	2.186,4	265,5	12.519	1o,o	1.833,2	1.813
1983	3.o34,7	1.815,4	3o6,2	9.911	9,4	2.258,2	1.344
1984	3.157,6	1.784,2	353,1	8.941	1o,8	2.266,6	1.393
1985	3.431,4	1.85o,1	4o9,3	8.383	11,6	2.3o4,o	1.489

1) Unterhaltsgeld für Teilnehmer an Maßnahmen zur beruflichen Fortbildung und Umschulung, Einarbeitungszuschüsse sowie weitere Ausgaben für berufliche Fortbildung und Umschulung (Lehrgangsgebühren, Kosten für Lernmittel, Fahrtkosten, Kosten für Arbeitskleidung, Unterkunft und Verpflegung, Kranken- und Unfallversicherung, sonstige Kosten); ohne Ausgaben für die institutionelle Förderung der beruflichen Bildung (1984: 29,7 Mio DM).

2) Einschließlich der Ausgaben für die institutionelle Förderung der beruflichen Bildung

Quelle: Förderung der beruflichen Bildung. Ergebnisse der Teilnehmerstatistik über berufliche Fortbildung, Umschulung und Einarbeitung, hrsgg. von der Bundesanstalt für Arbeit, verschiedene Jahrgänge, Amtliche Nachrichten der Bundesanstalt für Arbeit, verschiedene Jahrgänge, sowie eigene Berechnungen mer (um 29 % von 12.519 DM in 1982 auf 8.941 DM in 1984). 1985 ist der durchschnittliche Förderaufwand bereits auf 8.383 DM gesunken. **Sehr deutlich tritt also an dieser Stelle die Devise zu Tage, mit einem geringeren oder weitgehend konstanten Mitteleinsatz eine größere Zahl von Teilnehmern zu qualifizieren.** Es ist zwar nicht zwingend, liegt jedoch nahe, daß diese Finanzierungsstrategie auch mit einer Minderung der Qualität der Maßnahmen einhergeht.

Besonders deutlich wird die geringe Reaktionsfähigkeit der öffentlichen Arbeitsmarktpolitik, wenn man die Veränderungen in der Zahl der Arbeitslosen als einen Hilfsindikator für zunehmenden oder abnehmenden Handlungsbedarf ansieht, und die Ausgaben für berufliche Qualifizierung auf die Zahl der Arbeitslosen bezieht (Spalte 7 der Tabelle 19): Während die Zahl der Arbeitslosen von 198o auf 1984 um 155 % zunahm, nahmen die durchschnittlichen Aufwendungen pro Arbeitslosen um etwa die Hälfte ab (von 2.741 DM in 198o auf 1.393 DM in 1984).

Auch hinsichtlich einer weiteren Voraussetzung effizienter vorbeugender Arbeitsmarktpolitik, nämlich der Möglichkeit, die zukünftige Entwicklung der Qualifikationsanforderungen verläßlich prognostizieren zu können, erscheint eher Ernüchterung am Platz. Der Zuverlässigkeit solcher Berufsprognosen sind wegen der jeder Prognose eigenen Ungewißheit enge Grenzen gesetzt, wobei die potentiellen Schätzfehler um so größer sind, je stärker die Prognose disaggregiert ist. So stellt allein schon die Frage, in welchen Tätigkeitsfeldern eine berufliche Weiterbildung sinnvoll und zukunftsträchtig ist, oder in welche Berufe umgeschult werden soll, die Arbeitsmarktverwaltung vor nicht zu unterschätzende Probleme.

4.2.2 Die gegenwärtige Beschäftigungskrise - eine direkte Folge qualifikatorischer Mängel der Arbeitnehmer?

Ungeachtet der völlig geänderten Rahmenbedingungen wird der beruflichen Weiterbildung aus den unterschiedlichsten Perspektiven und von den verschiedensten Meinungsträgern eine erhebliche und in Zukunft noch stark zunehmende Bedeutung attestiert. Berufliche Weiterbildung gehört heutzutage sogar zu den zentralen Themen der bildungspolitischen Diskussion. Amtliche Verlautbarungen der Bundesregierung erwecken dabei auch heute noch oftmals den Eindruck, als sei die gegenwärtige Beschäftigungskrise - im Sinne der **Humankapitaltheorie** - eine direkte Folge qualifikatorischer Mängel der Arbeitnehmer und daher auch durch eine entsprechende "Qualifizierungsoffensive" behebbar:

"Die berufliche Bildung hat sich in den vergangenen Jahren als ein höchst wirksames Instrument zur Sicherung und Schaffung von Arbeitsplätzen erwiesen und immer mehr an Bedeutung gewonnen".[18]

"Die Arbeitsmarktlage, der anhaltende Strukturwandel und der zunehmende Bedarf an qualifizierten Arbeitskräften macht die berufliche Bildung immer wichtiger".[19]

"Der beruflichen Bildung kommt in Zeiten anhaltenden Strukturwandels und ungünstiger Beschäftigtenentwicklung zur Vermeidung von Arbeitsmarktungleichgewichten und zur Beseitigung persönlicher Bildungsdefizite besondere Bedeutung zu".[20]

Als Begründung dient den Anhängern dieser Argumentation dabei regelmäßig die überdurchschnittliche Betroffenheit der unqualifizierten Arbeitnehmer durch Arbeitslosigkeit:

---

18 Sozialpolitische Umschau vom 2o. Dezember 1985, S. 1, hrsg. vom Presse- und Informationsamt der Bundesregierung

19 Sozialpolitische Umschau vom 13. Dezember 1985, S. 1, hrsg. vom Presse- und Informationsamt der Bundesregierung

20 Förderung der beruflichen Bildung. Ergebnisse der Teilnehmerstatistik über berufliche Fortbildung, Umschulung und Einarbeitung im Jahr 1984, hrsg. von der Bundesanstalt für Arbeit, Nürnberg 1985, S. 3

"Welches Gewicht einer guten beruflichen Qualifikation zukommt, zeigen schon die unterschiedlichen Arbeitslosenquoten für Facharbeiter und Nichtfacharbeiter. Während die Quote bei den Facharbeitern 6 % beträgt, liegt sie bei den Nichtfacharbeitern bei ca. 18 %".[21]

Die Tatsache, daß un- und angelernte Arbeitskräfte einem besonders großen Arbeitsmarktrisiko ausgesetzt sind, soll also offensichtlich einen direkten Zusammenhang zwischen dem Qualifikationsniveau der Arbeitnehmer und den Ursachen der Massenarbeitslosigkeit suggerieren.

"Aus der Vermengung von Ursachen der Arbeitslosigkeit und ihrer konkreten Ausprägung auf dem Arbeitsmarkt resultiert dann auch die Relevanz qualifizierender Maßnahmen im Rahmen einer auf Vollbeschäftigung ausgerichteten Politik: Qualifikation sei der 'beste Schutz' vor Arbeitslosigkeit".[22]

Die Funktion dieser konstruierten Zusammenhänge liegt auf der Hand, wird hierdurch doch von den eigentlichen Ursachen der Arbeitsmarktkrise abgelenkt:

"Zugleich wird mit dem Eintritt in eine Weiterbildungsorganisation das kollektive Schicksal der Freigesetzten für die einzelnen in der ideologischen Form eines individuell lösbaren Qualifikationsproblems übersetzt, d.h. entpolitisiert und der kollektiven und organisierten Aufmerksamkeit und Interpretation entzogen, deren Resultat der Gedanke und die faktische Möglichkeit von sozialen Veränderungen zur Verbesserung der Lage der Arbeiter sein könnte".[23]

An dieser Stelle offenbart sich also eine wichtige politische Funktion staatlicher Qualifizierungspolitik zum derzeitigen Zeitpunkt, nämlich mit Hilfe arbeitsmarktpolitischer Maßnahmen die Brisanz der Beschäftigungskrise (durch eine optische Redu-

---

21 Sozialpolitische Umschau vom 13. Dezember 1985, S. 1, hrsg. vom Presse- und Informationsamt der Bundesregierung

22 Ruth Brandherm: Individuelle Förderung der beruflichen Fortbildung und Umschulung nach dem Arbeitsförderungsgesetz als Strategie gegen Arbeitslosigkeit, Diplomarbeit, Bielefeld 1979, S. II

23 Gero Lenhardt: Berufliche Weiterbildung und Arbeitsteilung in der Industrieproduktion, Frankfurt am Main 1974, S. 179

zierung der Arbeitslosenzahlen) weniger spektakulär in Erscheinung treten zu lassen.[24]

In Wirklichkeit besteht zwischen der gegenwärtigen Arbeitsmarktkrise und qualifikatorischen Aspekten des Arbeitskräfteangebots kaum ein stark ausgeprägter Zusammenhang im kausalen Sinne. Vom Humankapital ausgehende Engpaßfaktoren, so wie in der **Humankapitaltheorie** unterstellt,[25] spielen nicht die zentrale Rolle bei der Verursachung der Massenarbeitslosigkeit.Ferner entspricht auch der in den Leitlinien des AFG unterstellte Zusammenhang zwischen Beschäftigungsausweitung und wirtschaftlichem Wachstum derzeit nicht den Realitäten. Kennzeichnend für die augenblickliche wirtschaftliche Lage ist vielmehr - anders als in den 60er Jahren - eine Abkoppelung des Beschäftigungswachstums vom Produktionswachstum und eine Abkoppelung des Produktionswachstums von der Produktivitätsentwicklung.[26] Es besteht weitgehende Einigkeit darüber, daß

---

24 Problematisch ist ferner die Kontrollfunktion, die dem Instrument der beruflichen Bildungsförderung in der Praxis zukommt. Nach § 119 Satz 1 Nr. 3 und 4 kann die Verweigerung der Teilnahme an einer Maßnahme oder deren Abbruch mit einer Sperrung der Arbeitslosenunterstützung "bestraft" werden.

25 In den verschiedenen Arbeitsmarkttheorien werden meist einzelne Ursachenfaktoren in den Mittelpunkt gestellt, obwohl sich das Krisenphänomen sicherlich nicht monokausal erklären läßt. Zu den wichtigsten Ursachenfaktoren zählen: Eine Verzerrung des Systems der relativen Preise, vor allem durch zu hohe Löhne (neoklassische Theorie), eine zu geringe Güternachfrage, die Sättigung auf verschiedenen Konsumgütermärkten, die "dritte industrielle Revolution" durch die Einführung der Mikroelektronik und die hierdurch verursachte Arbeitsplatzvernichtung, die Dominanz von Rationalisierungsinvestitionen, die Verlagerung von Produktionskapazitäten ins Ausland, die zu geringe Investitionstätigkeit der Unternehmen aufgrund profitablerer Anlagen am Kapitalmarkt, fehlgeleitete (Subventions-)Milliarden in ökonomisch unrentable bzw. menschheitsvernichtende Projekte (Kernenergie, Rüstung), die Zunahme des Erwerbspersonenpotentials durch die demographische Entwicklung.

26 Im Zeitraum 198o bis 1984 nahm die Beschäftigung im Verarbeitenden Gewerbe um 2,o % ab, die Nettoproduktion stieg um o,2 %, die Arbeitsproduktivität hingegen um 2,2 % an. Vgl. Leo Pusse, Wolfgang Ruppert: Mittelfristige Entwicklung von Be-

selbst ein stetiges Wirtschaftswachstum in den kommenden Jahren den hohen Sockel der Arbeitslosigkeit nicht beseitigen kann.

Größere globale Beschäftigungsausweitungen durch staatlich geförderte Qualifizierungsmaßnahmen sind also nicht zu erwarten, wie auch im Berufsbildungsbericht eingeräumt wird:

"Die Chancen, Arbeitslosigkeit durch berufliche Weiterbildung abzubauen, werden allerdings dadurch begrenzt, daß nur ein Teil der Arbeitslosigkeit auf Qualifikationsmängel zurückzuführen ist; außerdem handelt es sich in der derzeitigen Arbeitsmarktlage um ein strukturelles Arbeitsplatzdefizit und nicht nur um eine kurzfristig zu schließende Angebotslücke".[27]

Auch von Arbeitsmarkttheoretikern, die die Segmentation, d.h. die Aufspaltung der Arbeitsmärkte in institutionell mehr oder weniger verfestigte Teilmärkte bei der Entstehung und personellen Verteilung von Arbeitslosigkeit in den Vordergrund der Betrachtung stellen (vgl. S. 45 f), wird die Wirksamkeit von Qualifizierungsmaßnahmen für die Lösung des gesamtwirtschaftlichen Arbeitsmarktungleichgewichts bezweifelt:

"Auf keinen Fall sind die Spaltung und ihre Folgen allein über bessere oder vermehrte schulische und berufliche Bildung, Ausbildung und Weiterbildung zu überwinden, wie dies häufig geglaubt wird. ... Allerdings führen der individuelle Erwerb bzw. auch der Verlust einer fachlichen Ausbildung zunächst lediglich zur personellen Umschichtung der Erwerbstätigen zwischen dem primären und sekundären Segment und noch keineswegs zur Aufhebung dieser Segmentation"[28] ... "Dies heißt konkret, daß Bildungspolitik allenfalls auf längere Sicht geeignet ist, Arbeitsmarktstrukturen zu beeinflussen, kurzfristig aber zur Behebung von Arbeitslosigkeit und anderer Segmentationsfolgen nur begrenzt wirksam sein kann".[29]

----

schäftigung und Arbeitsproduktivität im Verarbeitenden Gewerbe: Tendenzen und betriebliche Maßnahmen, in: Mitteilungen aus der Arbeitsmarkt- und Berufsforschung 3/1985, S. 333

27 Berufsbildungsbericht 1985, hrsg. vom Bundesminister für Bildung und Wissenschaft, Bad Honnef 1985, S. 91

28 Werner Sengenberger: Die gegenwärtige Arbeitslosigkeit - auch ein Strukturproblem des Arbeitsmarktes, a.a.O., S. 45

29 Ebenda, S. 46

Dennoch wird im Berufsbildungsbericht der Abbau von Arbeitslosigkeit an erster Stelle der Funktionen beruflicher Weiterbildung genannt, wobei darauf verwiesen wird, daß auch in Zeiten hoher Arbeitslosigkeit in einzelnen Betrieben, Branchen oder Regionen Qualifikationsengpässe auftreten, die durch Weiterbildung geschlossen werden können. Solche Diskrepanzen, die auch als strukturelle Arbeitslosigkeit im engeren Sinne[30] bezeichnet werden, dürften aber u.E. eher Ausnahmecharakter haben. Die Arbeitsmarktlage ist durch ein fundamentales Ungleichgewicht und nur zu einem geringen Teil durch ein partielles Ungleichgewicht gekennzeichnet. Zur Beseitigung genereller Gleichgewichtsstörungen auf dem Arbeitsmarkt jedoch ist berufliche Fortbildung kaum geeignet. Für die untergeordnete Bedeutung qualifikatorischer Disparitäten spricht unter anderem der hohe Anteil von qualifizierten Arbeitnehmern, d.h. von Facharbeitern und Angestellten in gehobenen Tätigkeiten, an den Arbeitslosen. Ihr prozentualer Anteil an den Arbeitslosen stieg von 198o auf 1985 von 36,8 % auf 4o,1 % bei den Frauen und von 29,8 % auf 41,9 % bei den Männern. Rund die Hälfte aller arbeitslosen Frauen wie Männer (insgesamt rund 1,1 Millionen Personen) verfügten im September 1985 über eine abgeschlossene Berufsausbildung (198o: Frauen 43,7 %, Männer

---

[30] Nach dem aus dem Institut für Arbeitsmarkt- und Berufsforschung stammenden Angebots-Nachfrage-Ansatz liegt strukturelle Arbeitslosigkeit im engeren Sinne per definitione dann und insoweit vor, als **angebotene** Arbeitsplätze aufgrund von Profildiskrepanzen zwischen dem Angebot an Arbeitsleistungen bestimmter Art (nach dem Geschlecht, dem Beruf, der Qualifikation, in einer Region) und der Nachfrage nach eben diesen Arbeitsqualitäten nachhaltig und trotz üblicher Anpassungshilfen nicht überwunden werden können. Strukturell arbeitslos ist nach diesem Erklärungsmodell also, wer nicht die Qualifikation für einen angebotenen Arbeitsplatz (eine offene Stelle) besitzt oder nicht genügend mobil ist, diese einzunehmen. Vgl. Autorengemeinschaft: Zum Problem der strukturellen Arbeitslosigkeit, in: Mitteilungen aus der Arbeitsmarkt- und Berufsforschung 1/1976, S. 7o-83, sowie die kritische Auseinandersetzung mit diesem Konzept bei Hannelore Neumann: Strukturelle regionale Arbeitslosigkeit unter besonderer Berücksichtigung der Ruhrgebietsregionen, Ruhr-Forschungsinstitut für Innovations- und Strukturpolitik e.V. (RUFIS), Nr. 4/1985, insbes. S. 6 f sowie S. 15

48,9 %). Die These vom Facharbeitermangel ist also zumindest in ihrer pauschalen Form korrekturbedürftig.

Auch regionale Nachfragedisparitäten und Ausgleichsprobleme werden in der Öffentlichkeit häufig überzeichnet. Selbst in Baden-Württemberg, dem Bundesland mit der vergleichsweise günstigsten Arbeitsmarktsituation, entfielen im September 1985 auf eine registrierte offene Stelle für **qualifizierte** Arbeitskräfte rund 5 registrierte **qualifizierte** Arbeitslose (in Nordrhein-Westfalen betrug das entsprechende Verhältnis 1 : 16).

Als weiterer Aspekt, unter dem berufliche Weiterbildung von Arbeitslosen betrieben werden soll, wird im Berufsbildungsbericht die **Bildung auf Vorrat** herausgestellt, mit Hilfe derer Arbeitslose für die nächste wirtschaftliche Aufschwungphase qualifiziert werden sollen. Die Erfolgsaussichten auch dieses Zielaspekts müssen jedoch ebenfalls eher skeptisch beurteilt werden, hängen sie doch u.a., wie an gleicher Stelle des Berufsbildungsberichts betont wird, "entscheidend davon ab, inwieweit dem künftig geforderten Arbeitskräftebedarf entsprochen werden kann.[31] Es ist weder sicher, ob und wann ein **Beschäftigungs**aufschwung erfolgen wird, noch ob die vermittelten Qualifikationen den zukünftigen Qualifikationsanforderungen genügen.

4.2.3 Technologischer Wandel und Qualifikationsentwicklung

Wie aus den zitierten regierungsamtlichen Stellungnahmen zur Rolle der beruflichen Qualifizierung hervorgeht, wird die zunehmende Bedeutung beruflicher Weiterbildung heute vor allem - wie auch schon zur Zeit der Entstehung des AFG - mit der Beschleunigung des Strukturwandels bzw. damit begründet, daß der technische Fortschritt den Beschäftigten (in Zukunft) höhere Qualifikationen abverlangt und spezifische Qualifikationen

---
[31] Berufsbildungsbericht 1985, a.a.O., S. 91

schneller veralten. Auch die Unternehmerverbände behaupten, der zunehmende technische Fortschritt führe zu einem konjunkturunabhängigen autonomen Arbeitskräfte- und Qualifizierungsbedarf, der nur über eine Qualifizierungsoffensive der Arbeitslosen zu decken sei.[32]

Selbstverständlich ist eine ständige Anpassung der Arbeitnehmerqualifikationen in einer sich ständig wandelnden Wirtschaft unter den Bedingungen privatwirtschaftlicher Produktion unabdingbar. Dieses Anpassungserfordernis ist kein Novum und wird nicht erst mit der aktuellen Entwicklung der Produktionstechnologie zum Problem, sondern die Arbeitnehmer hatten diesen Anforderungen seit Anbeginn der kapitalistischen Produktionsweise mit jeweils unterschiedlichem Tempo zu genügen. In diesem Sinne sind Veränderungen in der Qualifikationsstruktur der Arbeitnehmer seit jeher sowohl Folge als auch Voraussetzung des wirtschaftlichen Strukturwandels.

Ob jedoch die Qualifikation der Arbeitnehmer das Tempo des technischen Wandels bzw. des wirtschaftlichen Wachstums derzeit wesentlich behindert,[33] ist ebenso zweifelhaft, wie die Hoffnung falsch ist, "die technische Entwicklung würde quasi 'von sich aus' durchgängig zu höheren Qualifikationsanforde-

---

[32] Vgl. Fritz Heinrich Himmelreich: Die Qualifizierungsoffensive ist notwendig, in: Wirtschaftsdienst 1986, VII, S. 327-33o, sowie die kritische Auseinandersetzung mit den Thesen Himmelreichs bei Siegfried Bleicher: Eine notwendige, aber keine hinreichende Maßnahme, ebenda, S. 33o-332

[33] "Solange auf dem Arbeitsmarkt selbst qualifikationssparende Rationalisierungsprozesse wirksam sind, kann die Verteilung von technisch-instrumentellem Verfügungswissen nicht den Charakter einer bestandskritischen Engpaßvariablen des Wirtschaftswachstums annehmen - der 'Bildungsnotstand' zöge keine wirtschaftliche Versorgungskrise nach sich. Zugleich wäre der bildungspolitische und pädagogische Optimismus über eine ökonomisch induzierte Weiterbildungsexpansion zu dämpfen". Enno Schmitz: Leistung und Loyalität. Berufliche Weiterbildung und Personalpolitik, in: Industrieunternehmen, Stuttgart 1978, S. 36 f

rungen führen".[34] Unstrittig lösen die neuen Techniken gegenwärtig in einigen Bereichen umfangreiche Qualifizierungsprozesse aus, wobei insbesondere die Einführung der Mikroprozessoren, die auch als die dritte technische Revolution bezeichnet wird, zu einem regelrechten Qualifizierungsschub geführt hat. Dabei zeigt sich jedoch,

"daß die Unternehmen die erforderlichen technischen und wirtschaftlichen Anpassungsmaßnahmen offensichtlich - entgegen den Aussagen ihrer Verbände - ohne tiefgreifende Probleme zu bewältigen vermochten"[35]

und die Mehrheit der Beschäftigten ohne größere Weiterbildungsinvestitionen an technisch-organisatorische Neuerungen angepaßt werden kann.[36] Darüber hinaus bleibt zweifelhaft, ob die von der Bundesanstalt geförderten externen Weiterbildungsveranstaltungen immer in der Lage sind, die neuen Technologien ausreichend zu berücksichtigen.[37] So entfällt hier die Möglichkeit der praktischen Erprobung des theoretischen Wissens an den zum Teil äußerst kostspieligen Apparaturen in den Betrieben.

Eine neuere Projektion des Qualifikationsbedarfs (bis zum Jahre 2ooo), die im Auftrag der Bundesanstalt für Arbeit von der Prognos AG in enger Zusammenarbeit mit dem IAB erstellt wurde,[38] signalisiert ebenfalls einen fortdauernden Trend zur

----

[34] Wilma Mohr: Überlegungen zur gegenwärtigen Qualifikationsdebatte, ihrer gewerkschaftlichen Relevanz, ihrer theoretischen und empirischen Begründung, in: Produktion und Qualifikation - Materialien, Hrsg. IG Chemie-Papier-Keramik, Hannover 1978, S. 88

[35] Siegfried Bleicher: Eine notwendige, aber keine hinreichende Maßnahme, a.a.O., S. 33o

[36] Vgl. A. Günter Brandenburg: Weiterbildung und Arbeitsmarktpolitik, a.a.O., S. 168

[37] Vgl. Uwe Grünewald: Neue Techniken und berufliche Bildung. Thesen zum gegenwärtigen Erkenntnisstand sowie Anregungen für staatliches Handeln, in: Berufliche Bildung in Wissenschaft und Praxis 5/1984, S. 155

[38] Vgl. Die Zukunft der Arbeitslandschaft, Teil 4: Der Arbeitskräftebedarf bis zum Jahre 2ooo nach Qualifikationsebe-

Höherqualifizierung, wobei die ungelernten Arbeitskräfte auch in Zukunft zu den eindeutigen Verlierern auf dem Arbeitsmarkt gehören werden.[39] Das auch zukünftig besonders hohe Arbeitsmarktrisiko der unqualifizierten Arbeitskräfte erscheint angesichts der fortdauernden Beschäftigungskrise durchaus plausibel, es jedoch auf einen durch die technologische Entwicklung und den sektoralen Wandel ausgelösten Bedarf an einer kontinuierlichen Höherqualifizierung der Arbeitnehmer zurückzuführen, erscheint problematisch und allzu sehr verkürzt.

Die Frage nach den aktuellen und zukünftigen Tendenzen der Qualifizierungsanforderungen, die vor allem in bezug auf ihre gruppenspezifische Relevanz, aber auch zur generellen Legitimation staatlicher Qualifizierungspolitik von Bedeutung ist, wird vielmehr in der Literatur äußerst unterschiedlich beantwortet, und die Qualifikationsdebatte ist durch eine Fülle sich widersprechender Zustands- und Entwicklungsbeschreibungen und eine begriffliche und theoretische Konfusion empirischer Ergebnisse gekennzeichnet. Status-quo-Thesen, Annäherungsthesen, Höherqualifizierungsthesen, Dequalifizierungsthesen und Polarisierungsthesen in den verschiedensten Variationen stehen sich konkurrierend gegenüber, wobei "jede Höherqualifikations-, Dequalifikations- oder Polarisierungs-These immer auch einen empirischen Beleg zu ihrer Rechtfertigung ins Feld führen (kann), je nachdem, welchen Ausschnitt der komplexen Realität sie zur Begründung heranzieht".[40]

----

nen, IAB-Kurzbericht (intern) vom 24.3.1986

39 Danach wird der Bedarf an ungelernten Arbeitskräften vom Prognosebasisjahr 1982 bis zum Prognosejahr 2000 um rund 3,1 Millionen bzw. anteilmäßig um 12 % zurückgehen. Diese Abnahme wird in etwa durch den zunehmenden Bedarf an Arbeitskräften mit betrieblicher Ausbildung oder Berufsfachschulabschluß sowie an Hochschulabsolventen kompensiert. Der Bedarf an Arbeitskräften mit Fachschulabschluß wird als weitgehend konstant angenommen.

40 Jürgen H. Mendner: Produktivkraftentwicklung und Qualifikation - Thesen, in: IG Chemie-Papier-Keramik (Hrsg.): Produktion und Qualifikation - Materialien, Hannover 1978, S. 51

Die meisten Ansätze in der Qualifikationsforschung, die hier nicht im einzelnen nachgezeichnet werden können, tendieren - in den verschiedensten Variationen - zur These einer Polarisierung des Bedarfs an Arbeitsqualifikationen, im Sinne einer zunehmenden Konzentration der fachlich qualifizierten Tätigkeiten auf eine Minderheit und des Verlustes fachlich qualifizierter Arbeitsmöglichkeiten zugunsten einfacher und komplexer Anlerntätigkeit, im Resultat also einer Dequalifizierung großer Teile der Arbeitnehmerschaft.[41]

Mißverständnisse und Widersprüche bei der Qualifikationsdebatte entstehen nicht zuletzt deshalb,

- weil in den verschiedenen Konzepten nicht hinreichend zwischen der allgemeinen Qualifikationsentwicklung und der betrieblichen Verwertung der Qualifikationen unterschieden wird,
- weil nicht präzise zwischen wünschbaren und realiter ablaufenden Qualifikationstendenzen differenziert wird,
- weil die Qualifikationsstruktur und ihre Entwicklung häufig lediglich an den höheren formalen (Aus-)Bildungsabschlüssen der Bevölkerung festgemacht wird, statt an einer Analyse der Qualifikationsanforderungen anzusetzen, die sich aus der Entwicklung der technisch-organisatorischen Struktur der Produktionsprozesse ergibt,[42] und

---

[41] Mendner kritisiert daher, daß der Begriff der von Kern/-Schumann eingeführten "Polarisierung" unpräzise ist. "Insofern würde es zur sprachlichen Klarheit beitragen, würde man statt 'Polarisierung' von 'Taylorisierung' sprechen und das Resultat als 'Dequalifizierung' kennzeichnen". Ebenda, S. 51. Vgl. dort auch die weitere kritische Auseinandersetzung mit der Kern-Schumann-These, insbesondere die Kritik an der Gleichsetzung des betrieblichen Qualifikationsabbaus und der allgemeinen Qualifikationsentwicklung des Arbeitsvermögens.

[42] Zu den Bestimmungsgrößen der Entwicklung von Qualifikationsanforderungen unter den Bedingungen kapitalistischer Produktion vgl. Wilma Mohr: Überlegungen zur gegenwärtigen Qualifikationsdebatte, ihrer gewerkschaftlichen Relevanz, ihrer theoretischen und empirischen Begründung, a.a.O., S. 73 ff

- weil die angesichts der Massenarbeitslosigkeit deutlich verbesserten Selektionschancen der Betriebe[43] nicht berücksichtigt werden.

So ist das prognostizierte weiterhin überdurchschnittlich hohe Arbeitslosigkeitsrisiko der unqualifizierten Arbeitskräfte zwar durchaus plausibel; ihre derzeitige wie ihre zukünftige Verliererposition ist jedoch nicht ausschließlich ein Resultat eines unmittelbar durch die technologische Entwicklung ausgelösten Trends zu anspruchsvolleren Tätigkeiten und Arbeitsplätzen. Sie ist vielmehr auch Folge einer generellen Höherqualifizierung der Erwerbspersonen infolge einer expansiveren Bildungspolitik und der in der Beschäftigungskrise zunehmenden Selektionsmöglichkeiten der Unternehmen, die in der Lage sind, jenen Arbeitskräften den Vorrang zu geben, die die qualifiziertere Ausbildung besitzen. In diesem Selektionsmechanismus ist ferner eine Tendenz zur Dequalifizierung, d.h. zur nicht ausbildungsadäquaten Beschäftigung der "Verdrängungsgewinner" angelegt.

Festzuhalten bleibt, daß die staatliche Weiterbildungspolitik in erster Linie aus diesen Selektionsmechanismen ihre Legitimation erfährt und sich nicht ausschließlich auf ein quasi deterministisches Verhältnis zwischen technischem Fortschritt und Qualifikationsniveau der Arbeitnehmer berufen kann, nach dem der technologische Wandel allen Beschäftigten unabdingbar höhere Qualifikationen abverlangt.[44]

---

43 Vgl. Klaus Dill: Gesellschaftliche Modernisierungspolitik durch neue "Produktionskonzepte", in: WSI-Mitteilungen 3/1985, S. 144

44 Vgl. A. Günter Brandenburg: Weiterbildung und Arbeitsmarktpolitik, a.a.O., S. 18

4.2.4 Hauptfunktion staatlicher Qualifizierungspolitik: Gleichmäßigere Verteilung beruflicher Chancen und Risiken der Arbeitnehmer

Es bleibt ferner festzuhalten, daß eine "Qualifizierungsoffensive" keinen entscheidenden Beitrag zur Überwindung der gesamtwirtschaftlichen Arbeitslosigkeit zu leisten vermag. "Sie ist eine notwendige, aber keine hinreichende Voraussetzung".[45]

"Das Arbeitslosigkeitsrisiko wird lediglich partiell umverteilt für den Fall, daß Erwerbstätige mit besonders geringer Berufsqualifikation durch Teilnahme an BWB (= berufliche Weiterbildung, die Verfasserin) aus der besonderen Gefahrenzone der Hilfsarbeitertätigkeiten entkommen. Dennoch werden die (bildungsmäßig) Letzten weiterhin die Hunde beißen".[46]

Das bedeutet, daß staatlich geförderte berufliche Weiterbildung heute zwar kaum entscheidende gesamtwirtschaftliche Effekte entfalten, aber dazu beitragen kann, die individuellen Chancen der Arbeitnehmer tendenziell zu verbessern. Die wichtigste Aufgabe staatlicher Weiterbildungspolitik sollte daher darin bestehen, die vorhandenen beruflichen Chancen und Risiken der Arbeitnehmer/innen gleichmäßiger zu verteilen. Das soziale Grundrecht auf Bildung für jeden Bürger schließt das Recht auf Weiterbildung ein. Diejenigen sozialen Gruppen, die im Bildungssystem wie in der Gesellschaft benachteiligt sind, müssen dabei einen vorrangigen Anspruch auf Teilhabe an Weiterbildung haben. Die Frage, ob Qualifizierungspolitik nach dem AFG diesem Anspruch gerecht wird, insbesondere, ob sie zur Verbesserung der Chancengleichheit von Frauen und Männern beiträgt, zählt zum Gegenstand dieser Untersuchung.

Staatlicher Weiterbildungspolitik kommt dabei auch eine Korrektivfunktion gegenüber den Selektionsmechanismen zu, die der

---

[45] Siegfried Bleicher: Eine notwendige, aber keine hinreichende Maßnahme, a.a.O., S. 322

[46] A. Günter Brandenburg: Weiterbildung und Arbeitsmarktpolitik, a.a.O., S. 167

privatwirtschaftlichen Qualifizierungspolitik zugrunde liegen. Diese ist mehrheitlich durch eine hierarchische Polarisierung zugunsten der bereits relativ gut qualifizierten Belegschaftsteile gekennzeichnet, wobei insbesondere die Führungskräfte überdurchschnittlich von den Qualifizierungsinvestitionen der Unternehmer profitieren. Unqualifizierte Arbeitnehmer/innen, die einer Weiterbildung am dringendsten bedürfen, zählen hingegen nicht zu den Zielgruppen innerbetrieblicher Qualifizierungspolitik. Weitgehend unabhängig von ihrem erreichten Qualifizierungsniveau fallen darüber hinaus wie dargestellt Frauen sowie auch ältere Arbeitnehmer aus dem von privatwirtschaftlichen Interessen geleiteten betrieblichen Weiterbildungssystem heraus. Polarisierungstendenzen sind ferner hinsichtlich von Branchen bzw. Regionen und der Betriebsgröße feststellbar.[47] Arbeitnehmer/innen in kleinen Betrieben und/oder strukturschwachen Branchen/Regionen steht tendenziell ein unterdurchschnittliches Angebot betriebseigener Qualifizierungsmaßnahmen zur Verfügung.

4.2.5 Weitere Funktionen staatlicher Qualifizierungspolitik

4.2.5.1 Erhalt von Qualifikationen und sozio-kulturellen Fähigkeiten

Angesichts der primär kurativen Funktion gegenwärtiger Arbeitsmarktpolitik und angesichts der heterogenen Struktur der Arbeitslosen stellt sich für die staatliche Arbeitsmarktpolitik allerdings das Problem, an welchen Auswahlmaßstäben sie ihre Ausgleichspolitik orientieren soll. Die gering qualifizierten Arbeitnehmer und Frauen jeglicher Qualifikation bedürfen aufgrund ihrer überproportional hohen Arbeitslosigkeit zweifelsohne einer bevorzugten Förderung, andererseits haben auch "falsch qualifizierte" Arbeitnehmer ein hohes Arbeitslo-

---

47 Vgl. Else Fricke, Kurt Johannson: Aktuelle Tendenzen in der Berufsausbildung und betrieblichen Weiterbildung, a.a.O., S. 41

sigkeitsrisiko bzw. sind auch Arbeitslose mit guter Qualifikation infolge langer Arbeitslosendauer von einem Zerfall dieser Qualifikationen bedroht, denn Qualifikationen sind nicht unbegrenzt "lagerfähig". **Berufliche Weiterbildung hat daher auch die Aufgabe, diese Qualifikationen zu erhalten.**[48] Sinnvoll ist ein solcher Erhalt jedoch nur, wenn begründete Aussicht darauf besteht, daß die vorhandenen fachspezifischen Fähigkeiten in absehbarer Zeit noch nachgefragt werden, also marktgängig sind. Ebenso wesentlich dürfte der Beitrag beruflicher Weiterbildung zum **Erhalt bzw. zum Erwerb normativer Orientierungen und sozio-kultureller Fähigkeiten** (wie z.B. Fleiß, Disziplin) sein, denen die Unternehmer neben spezifisch fachlichen Qualifikationen bei Personalentscheidungen ein ebenfalls großes Gewicht beimessen.

4.2.5.2 Minderung psycho-sozialer Belastungen durch Arbeitslosigkeit

Darüber hinaus kann berufliche Weiterbildung, und dies ist eine weitere wichtige Funktion, die ihr derzeit zukommt, auch die psychosozialen Belastungen durch (Langzeit-)Arbeitslosigkeit mindern, Belastungen also, von denen Unqualifizierte wie Qualifizierte, Frauen wie Männer weitgehend gleichermaßen betroffen sein dürften.

4.2.5.3 Auslösung erhöhter Weiterbildungsmotivation

Letztlich zielt die Förderung der beruflichen Bildung auch auf den hierdurch zu erwartenden Selbstverstärkungseffekt, denn

---

[48] Der "Erhalt von Qualifikationen" sowie der folgende Aspekt "Bewältigung der psychosozialen Belastungen durch Weiterbildung" sind neben der "Entlastung des Arbeitsmarktes" durch staatliche Weiterbildungsförderung die weiteren Funktionen, die beruflicher Weiterbildung von Arbeitslosen im Berufsbildungsbericht zugewiesen werden. Vgl. Berufsbildungsbericht 1985, a.a.O., S. 91

bekanntlich hängt die Motivation zur Weiterbildung auch von der Bildungserfahrung ab. Die Teilnahme an einer beruflichen Qualifizierungsmaßnahme soll die Arbeitslosen auch befähigen, sich auch in Zukunft den sich ändernden Anforderungen und Erwartungen an ihre Qualifikationen leichter anzupassen. Diesem Zielaspekt kommt vor allem mit Blick auf bildungsungewohnte Personenkreise eine Bedeutung zu.

4.2.5.4 Korrektiv zum System beruflicher Erstausbildung

Der Bedeutungszuwachs staatlicher und unternehmerischer Weiterbildungspolitik wird ferner aus immer offensichtlicher werdenden Mängeln des Systems beruflicher Erstausbildung bzw. dessen Schwerfälligkeit abgeleitet. Ob aus dieser Entwicklung allein allerdings tatsächlich ein Bedeutungs**zuwachs** der Weiterbildung abgeleitet werden kann, muß dahingestellt bleiben. Denn andererseits werden im Vergleich zur Anfangsphase des AFG heute Positionen, die früher nur über Weiterbildung in Verbindung mit langjähriger Berufserfahrung zu erreichen waren, von vornherein mit Absolventen der tertiären Bildungsinstitutionen besetzt.[49] Verschiedentlich wird der genannten Korrekturfunktion sogar die größte Bedeutung zugemessen.[50] Die Defizite im Ausbildungsbereich beruhen nach dieser Auffassung zum einen auf veralteten Berufsbildern und Ausbildungsordnungen, zum anderen reproduziere das duale Berufsbildungssystem lediglich das vorhandene Ausbildungsspektrum und behindere somit gerade in strukturell gefährdeten Regionen den notwendigen Wandel der Wirtschaftsstruktur. Da viele Betriebe über ihren aktuellen Bedarf an Fachkräften hinaus ausbilden, müsse Weiterbildung die notwendigen Zusatzqualifikationen zur Verbesserung der Arbeitsmarktchancen vom Übergang von der Ausbildung in die Beschäftigung vermitteln.

---

49 Vgl. Enno Schmitz: Leistung und Loyalität, a.a.O., S. 172

50 Vgl. Else Fricke, Kurt Johannson: Aktuelle Tendenzen in der Berufsausbildung und betriebliche Weiterbildung, a.a.O., S. 37

4.2.6 Akzeptanz staatlicher Qualifizierungspolitik durch die Unternehmen

Selbst wenn staatliche Qualifizierungspolitik die ihr zukommende Ausgleichsfunktion erfüllt, hängt die Effizienz dieser Förderpolitik letztlich von der Akzeptanz durch die Unternehmen ab. Denn auf die adäquate Verwendung der erworbenen Qualifikationen hat die Arbeitsverwaltung keinen Einfluß. Das Verhalten der Unternehmen gegenüber formalisierter beruflicher Weiterbildung in öffentlichen Ausbildungseinrichtungen ist jedoch gespalten, wobei die zurückhaltende Einstellung überwiegt. Staatliche Förderung der beruflichen Bildung entlastet die Betriebe zwar von eigenen Aufwendungen, die Betriebe fürchten jedoch höhere Status- und damit auch Gehaltserwartungen der Weiterbildungsabsolventen. Darüber hinaus sind die Unternehmen aufgrund ihres privatwirtschaftlichen Rentabilitätsdenkens an fachlichen Qualifikationen, die über die betrieblichen Anforderungsdefinitionen hinausgehen, kaum interessiert, geschweige denn an einer breit gestreuten Weiterbildungspolitik, die auch sozial-kritische Einsichten vermittelt. Zudem fürchten sie einen Verlust ihrer personalpolitischen Autonomie, zumal innerbetriebliche Weiterbildungspolitik auch auf Ziele abzielt, die nicht primär der Behebung bestehender Qualifikationsdefizite dienen.[51]

4.2.7 Inhaltliche Struktur der Qualifizierungsmaßnahmen

Als letztes sei kurz ein Problemkomplex angesprochen, der sich auf die Ansprüche an die inhaltliche Struktur (staatlicher)

---

[51] So kann sie z.B. auch indirekt insofern der Rechtfertigung betrieblicher Personalauswahlentscheidungen dienen, als auf diese Weise der Eindruck des Willkürlichen und Subjektiven bei Personalpositionen vermieden wird. Dieser Aspekt wird herausgestellt bei Christoph Köhler, Mira Maase, Hans Gerhard Mendius, Christoph Nuber, Werner Sengenberger: Weiterbildungsstrategien bei öffentlicher Qualifizierungsförderung, in: Das Mitbestimmungsgespräch, Heft 11/1981, S. 382

Weiterbildungspolitik und ihre praktischen Realisierungsmöglichkeiten bezieht.

Vergleicht man die im Rahmen der aktuellen Diskussion über Veränderung von Qualifikationsanforderungen vertretenen Positionen, so kristallisiert sich mehrheitlich die Auffasung heraus, Weiterbildungspolitik solle sich - entsprechend den feststellbaren Qualifikationsanforderungsprofilen im Zuge des organisatorisch-technischen Wandels - möglichst auf arbeitsplatz- und bereichsübergreifende Inhalte beziehen, die ein breites betriebliches Einsatzfeld und alternative Beschäftigungsmöglichkeiten eröffnen. Gefordert wird die Vermittlung sogenannter funktionsneutraler Verhaltensweisen (technische Sensibilität, Disponibilität, Systemdenken, Kreativität) bzw. prozeßunspezifischer Qualifikationen mit dem Charakter von Schlüsselqualifikationen.

In dieselbe Richtung solle auch die berufliche Erstausbildung reformiert werden. Da berufliche Erstausbildung und Weiterbildung in einer Wechselbeziehung zueinander stehen, käme längerfristig gesehen beruflicher Weiterbildung sodann in erster Linie die Aufgabe zu, auf dieser breiten Basis die Arbeitnehmer wiederum den Anforderungen der beruflichen Praxis und ihrer Veränderungen entsprechend (immer wieder neu) zu spezialisieren.

Stimmt der diagnostizierte Trend in den Qualifikationsanforderungsprofilen, so erscheinen diese Reformansprüche durchaus plausibel. Es ist jedoch zumindest in bezug auf Teile dieser "neuen" Qualifikationselemente zu bezweifeln, ob sie überhaupt in formalisierten Lernprozessen erworben werden können,[52] oder ob sie nicht eher als Nebenprodukt im Rahmen einer fachspezifischen Ausbildung und praktischen Berufsausbildung anfallen:

---

[52] "Es ist also zu bezweifeln, daß aus diesen Anforderungen Folgerungen für die Konstruktion von Aus- und Weiterbildungscurricula abgeleitet werden können". A. Günter Brandenburg: Weiterbildung und Arbeitsmarktpolitik, a.a.O., S. 22

"Selbst spezifische Verfahrens- und Handlungsmuster sind unlösbar verknüpft mit fachlichen Qualifikationen" ... "In der Existenz prozeß-unspezifischer fach- bzw. funktionsneutraler Qualifikationselemente die Voraussetzung für Qualifikationstransfer und Flexibilität zu sehen, ist also - weil es solche neutralen Elemente gar nicht geben kann - falsch".[53]

Weiterbildung setzt daher eine fachspezifische Ausbildung und Berufserfahrung voraus, die mit Hilfe von neuem theoretischen Wissen und neuer Fertigkeiten verallgemeinert wird und durch diese Verzahnung von Praxis und Theorie die Voraussetzung für Qualifikationstransfer und Flexibilität bietet.[54]

---

53 Michael Kielbassa: Zur aktuellen Situation von Aus- und Weiterbildung in der Bundesrepublik Deutschland, in: Zeitschrift für Berufs- und Wirtschaftspädagogik, 1982, S. 752

54 Vgl. Ebenda, S. 753

5. Fragestellungen einer Wirkungsanalyse arbeitsmarktpolitischer Maßnahmen und ihre Behandlung im Rahmen dieser Untersuchung

Eine systematische Wirkungsanalyse der beruflichen Förderungsmaßnahmen ist ein unabdingbares Element einer rationalen Arbeitsmarktpolitik. Ziel dieser Wirkungskontrolle ist es, zu einem Rückkoppelungs- und Lernprozeß bei den Trägern der Arbeitsmarktpolitik beizutragen, d.h. sie in die Lage zu versetzen, durch gegebenenfalls notwendige Änderungen der Ziele, der Instrumente und deren Anwendung den Maßnahmeeinsatz effizienter und den Zielsetzungen entsprechend wirksamer zu organisieren. Wirkungsforschung ist dabei nicht nur Ergebnis-Analyse, sondern sie muß sich auch auf den eigentlichen Ablauf der Maßnahmen beziehen.

Mertens, Reyher und Kühl[1] ordnen die bisherigen Ansätze der Wirkungsforschung, die sich auf die derzeit von der Bundesanstalt praktizierte "aktive" Arbeitsmarktpolitik beziehen, nach den folgenden 6 Hauptfragen:

1. Akzeptanz von Maßnahmen und Programmen durch Teilnehmer/innen und Träger
2. Zielgruppenerreichung und Teilnehmerstrukturen
3. Gruppenspezifische Maßnahmeeffekte (z.B. Abbau individueller Arbeitslosigkeit, Weiterbildungsadäquanz der Beschäftigung)
4. Beschäftigungs- und Arbeitsmarktwirkungen
5. Maßnahmekosten, Kostenvergleiche
6. Probleme bei der Durchführung (Implementation)

Im Rahmen dieser Untersuchung, deren spezielles Erkenntnisinteresse auf die Position von Frauen in der öffentlichen Ar-

---

[1] Vgl. Dieter Mertens, Lutz Reyher, Jürgen Kühl: Ziele und Möglichkeiten von Wirkungs-Analysen (Einschließlich Überblick über bisherige Arbeiten des IAB), in: Mitteilungen aus der Arbeitsmarkt- und Berufsforschung 3/1983, S. 2o9-223

beitsmarktpolitik gerichtet ist, werden insbesondere die ersten drei Hauptfragen, die primär auf individuelle Maßnahmewirkungen zielen, empirisch untersucht.

Der sechsten Hauptfrage, dem Einfluß des Maßnahmevollzugs (angefangen bei der Information über das Weiterbildungsangebot und der Werbung für eine Teilnahme bis hin zur konkreten teilnehmergerechten Lernsituation der Maßnahme) kommt im Hinblick auf die Beteiligung von Frauen an beruflichen Fördermaßnahmen und den Erfolg dieser Maßnahmen eine nicht zu unterschätzende Bedeutung zu,[2] [3] insbesondere mit Blick auf bildungsungewohnte Frauen und berufsentfremdete Frauen (Rückkehrerinnen). Dieses Problemfeld kann in dieser Arbeit jedoch nicht mit dem ihm gebührenden Gewicht empirisch analysiert werden, da es andersartige, aufwendige Untersuchungsansätze erfordert. Bislang muß der Maßnahmevollzug noch weitgehend als "schwarzer Kasten" im Rahmen der Wirkungsforschung angesehen werden, soweit es die reguläre AFG-Förderung betrifft. Vorliegende Ergebnisse beziehen sich meist nur auf einzelne Sonderprogramme. Die Erkenntnisse aus vorhandenen Studien, z.B. aus der Begleitforschung zum arbeitsmarktpolitischen Sonderprogramm von 1979 (vgl. z.B. Abschnitt 1o und 11.6) sind soweit wie möglich in diese Arbeit eingebracht worden.

---

[2] Trotz der großen Bedeutung von Implementationsuntersuchungen und obwohl es sicherlich im Vergleich zu anderen Forschungsinstitutionen über hervorragende Informations- und datenmäßige "Zugriffs"möglichkeiten verfügt, hat sich das IAB - bedauerlicherweise - "aufgrund seiner anders ... gelagerten Disziplinenstruktur und aus organisatorischen Gründen ... bislang dieser Aufgabe nicht angenommen". Dieter Mertens, Lutz Reyher, Jürgen Kühl: Ziele und Möglichkeiten von Wirkungs-Analysen, a.a.O., S. 216

[3] Von Einfluß sind dabei auch Umfang, Art und Vielfalt des lokalen Weiterbildungsangebots, das Frauen offensteht. Auch die politisch-administrative Struktur der Träger von beruflichen Bildungmaßnahmen ist von Belang. Vgl. auch Fritz W. Scharpf, Günther Schmid: Forschungsprogramm "Arbeitsmarktpolitik" am Wissenschaftszentrum Berlin: Ansätze zur vergleichenden Wirkungsanalyse, in: Mitteilungen aus der Arbeitsmarkt- und Berufsforschung 3/1981, S. 131

Diese Untersuchungsschritte sind vor dem Hintergrund der gesetzlich vorgegebenen Maßnahmen und Förderbedingungen und ihrer konzeptionellen Veränderungen im Zeitablauf zu analysieren. Die Wirkungen, die von diesbezüglichen Änderungen auf den Teilnehmerumfang und die Teilnehmerstruktur ausgehen, ließen sich durchaus als eigenständiges Problemfeld der Wirkungsforschung betrachten. Bezogen auf das Beteiligungsverhalten von Frauen kommt ihnen eine große Erklärungskraft zu, worauf in den empirischen Teilen der Untersuchung eingegangen wird.

Bei der von Mertens, Reyher und Kühl vorgenommenen Kategorisierung handelt es sich um eine analytische Trennung der Problemfelder, die den in der Realität vorhandenen Verflechtungen und gegenseitigen Abhängigkeiten nicht entspricht. So lassen sich beispielsweise Erklärungen für eine - wie auch immer gemessene - zu geringe Inanspruchnahme oder eine zu geringe Zielgruppenadäquanz der Maßnahmen nicht ohne Rückgriffe auch auf die Ergebnisse einer Implementationsanalyse ableiten. Ziel der Wirkungsanalyse muß es daher auch sein, die auf verschiedenen Untersuchungsebenen für unterschiedliche Bewertungskriterien gewonnenen Erkenntnisse untereinander zu verknüpfen.

Eine Wirkungsanalyse setzt ein eindeutiges Zielsystem voraus. Diese Bedingung ist, wie in Abschnitt 7 noch eingehender dargestellt werden wird, nicht gegeben und erschwert somit die Möglichkeiten, Erfolge und Mißerfolge arbeitsmarktpolitischer Aktivitäten nachzuweisen und zu bewerten, beträchtlich.

So läßt sich zwar durch Vergleich der Anteile der Zielgruppen, die sie einerseits an den Teilnehmern und andererseits an den Arbeitslosen oder Arbeitnehmern einnehmen, feststellen, ob eine Zielgruppe unter- oder überrepräsentiert ist; mangels entsprechender politischer Vorgaben ist jedoch keine Aussage darüber möglich, bei welcher Höhe der Anteile das anvisierte Ziel als erreicht gelten kann. Ferner fehlt ein Konsens darüber, welches Verhältnis konkurrierende Einzelziele zueinander einnehmen sollen.

Nicht zu unterschätzen sind auch die Probleme bei der statistischen Abgrenzung der - derzeitigen und in naher Zukunft zu erwartenden - "Risikogruppen" des Arbeitsmarktes. So kann ein positiver gruppenspezifischer Maßnahmeeffekt auch mit der Wahl breiter Gruppenmerkmale (z.B. "ungelernt" oder "längerfristig arbeitslos"), also mit einer unzureichenden Abgrenzung der Risikogruppen zusammenhängen bzw. damit, daß innerhalb der nach statistischen Kategorien abgegrenzten Risikogruppe eine positive Selektion zugunsten der "unproblematischsten" Fälle stattgefunden hat.

Außerdem läßt sich die Inanspruchnahme und Zielgruppenerreichung nicht allein an quantitativen Größen (Beständen oder Eintritten) messen. Hinzu kommen müssen Indikatoren, die geeignet sind, die unterschiedliche Qualität und somit auch die potentiellen Unterschiede in der Wirksamkeit der Maßnahmen abzubilden. In dieser Untersuchung wird eine Reihe von "Qualitätsaspekten" (z.B. Dauer der Maßnahmen, Maßnahmekategorie, Schulungsziele, Art des Abschlusses, Träger der Maßnahmen) auf ihre geschlechts- bzw. zielgruppenspezifische Verteilung hin untersucht (vgl. die entsprechenden Kapitel in Abschnitt 8).

Erst aus der Gesamtbetrachtung der Ergebnisse mit quantitativer und qualitativer Dimension heraus läßt sich einigermaßen befriedigend beurteilen, ob und inwieweit das sozialpolitisch motivierte Ausgleichsziel (die Zielgruppen-Orientierung) der arbeitsmarktpolitischen Aktivitäten erreicht wurde.

Besondere methodische und datenmäßige Schwierigkeiten treten beim Kern der individuellen Wirkungs-Analyse, bei der Identifizierung der gruppenspezifischen Maßnahme-Effekte auf. Diese richtet sich auf das übergreifende Ziel aller beruflichen Fördermaßnahmen, auf die Verwertbarkeit der erworbenen Qualifikationen am Arbeitsmarkt, wobei heutzutage ihr Beitrag zum Abbau individueller Arbeitslosigkeit im Vordergrund steht, während in Zeiten günstiger Arbeitsmarktnachfrage das Interesse primär auf ihren Beitrag zur Verbesserung der beruflichen Aufstiegschancen zielte. Darüber hinaus sind vorgelagerte, "sekundäre" Erfolgskriterien, wie die Quote der Abbrecher bzw. der Grad der erfolgreichen Beendigung der Lehrgänge, zu überprüfen.

Das Hauptproblem bei dieser Erfolgskontrolle im eigentlichen Sinne besteht darin, einen eindeutigen Ursache-Wirkungszusammenhang zwischen festgestellten Veränderungen der Zielgrößen und dem Maßnahmeeinsatz abzuleiten. Wenn sich z.B. für ehemalige Teilnehmerinnen an Fortbildungsmaßnahmen (zu einem bestimmten Zeitpunkt nach Abschluß der Maßnahme) eine Wiedereingliederungsquote von 5o % ergibt, so läßt sich diese Quote erst dann als Erfolg oder Mißerfolg interpretieren, wenn festgestellt werden könnte, welche Wiedereingliederungschance diese Frauen ohne Teilnahme an der Weiterbildungsveranstaltung gehabt hätten. Alle "with and without"-Vergleiche, von denen der Kontrollgruppen-Ansatz der gebräuchlichste ist (vgl. auch weiter unten), können letztlich nur zu annähernden Lösungen führen, weil die ceteris-paribus-Bedingung in der Regel nicht herstellbar ist, sich Kontrollgruppen also nur unzulänglich abgrenzen lassen, und weil sich die anderen Kontextbedingungen (z.B. die Arbeitsmarktsituation) ständig ändern.

Abgesehen von diesem zentralen Zurechnungs-Problem ergeben sich bereits Schwierigkeiten bei der Identifizierung der Zielgrößen. Durch den Aufbau der verschiedenen Statistiken der Bundesanstalt und der Möglichkeit, die verschiedenen Daten zusammenzuspielen, hat sich zwar die datenmäßige Informationsbasis in den letzten Jahren wesentlich verbessert, nicht einmal die Wiedereingliederungs- bzw. Arbeitslosenquote nach Abschluß der Maßnahme läßt sich jedoch exakt bestimmen, da ein Teil der ehemaligen Teilnehmer an Fördermaßnahmen weder arbeitslos registriert noch beschäftigt ist. Verschiedene Erfolgsaspekte mehr qualitativer Art sind außerdem nach wie vor nur durch aufwendige mündliche oder schriftliche Befragungen der Maßnahmeteilnehmer, Träger und administrativen Instanzen zu erfassen.

Die mit Hilfe verschiedener Methoden gewonnenen Ergebnisse lassen sich dabei jedoch nur mit Einschränkungen zu einem Gesamtbild zusammenfügen. Nicht nur, weil sie sich in der Regel auf unterschiedliche Zeiträume beziehen und somit durch autonome Entwicklungen beeinflußt werden, sondern weil jede Methode spezifische Vorzüge oder Nachteile, z.B. hinsichtlich der Repräsentativität, der Validität (Meßgenauigkeit) oder der Reliabilität (Wiederholbarkeit des Meßvorgangs) aufweist.

Ferner gilt es, den Informationsgehalt gebräuchlicher Erfolgsindikatoren daraufhin zu überprüfen, inwieweit sie die analytisch angesprochenen Dimensionen tatsächlich repräsentieren. So kann z.B. eine hohe Abbruchquote - nach gängigem Verständnis ein Indiz für einen Mißerfolg - unter den derzeitigen Arbeitsmarktkonstellationen auch Zeichen besonders guter Vermittlungschancen einer bestimmten Teilnehmergruppe sein.

Darüber hinaus stellt sich die Frage, in welcher Frist die Erfolge, z.B. ein beruflicher Aufstieg, nachgewiesen werden sollen bzw. nachweisbar sind. So muß zwischen kurz-, mittel- und langfristigen "Erfolgen" der Förderpolitik unterschieden werden, um ihre Wirksamkeit angemessen beurteilen zu können. Die längerfristigen Folgen, die womöglich das wichtigste Kriterium sind, entziehen sich jedoch wegen des zunehmenden Gewichts nicht maßnahmeinduzierter Einflüsse in besonderem Maße einer genaueren Analyse.

Auf das vierte Problemfeld "Beschäftigungs- und Arbeitsmarktwirkungen aktiver Arbeitsmarktpolitik" wurde in Abschnitt 4.2 ausführlich in theoretischer Form eingegangen. Empirische Untersuchungen zu diesem Untersuchungsfeld beschränken sich allzu häufig auf sogenannte Arbeitsmarkt-Entlastungsrechnungen durch den Einsatz der arbeitsmarktpolitischen Instrumente. Solche Entlastungskennziffern finden sich - getrennt nach Geschlechtern und Raumeinheiten - auch in dieser Arbeit (vgl. Abschnitt 8.4.2 und 11.5.1). Sie kennzeichnen jedoch lediglich die momentane Reduzierung der registrierten Arbeitslosigkeit durch den Maßnahmeeinsatz, nicht des Beschäftigungsproblems an sich.

Der Einfluß der untersuchten arbeitsmarktpolitischen Maßnahmen auf das allgemeine Beschäftigungsniveau läßt sich allenfalls mit Hilfe von Modellrechnungen abschätzen, wobei lediglich Art und Größenordnung der Effekte, nicht jedoch exakte Werte bestimmbar sind.Die methodischen Probleme bei der Erfolgskontrolle stellen sich dabei in ähnlicher Weise wie bei der Erfolgskontrolle aus individueller bzw. gruppenspezifischer Perspektive. Der Beitrag der Arbeitsmarktpolitik in Form beruflicher Weiterqualifizierung zur Lösung des gesamtwirtschaftlichen Gleichgewichtsproblems muß u.E. wie dargelegt recht gering eingeschätzt werden. Das seit Jahren hohe Niveau der Arbeitslosigkeit und die Tatsache, daß zunehmend auch qualifizierte Arbeitnehmer von Arbeitslosigkeit betroffen werden, spricht, wie bereits weiter oben ausgeführt, dafür, daß die Beschäftigungskrise nicht (primär) durch ein Qualifikationsdefizit der Arbeitnehmer verursacht ist. **Infolgedessen führen berufliche Qualifizierungsmaßnahmen heutzutage in erster Linie zu einem Austausch der sogenannten Grenzarbeitnehmer, indem die Weiterbildungsteilnehmer aufgrund ihrer (unterstellten) verbesserten Wettbewerbsfähigkeit andere Arbeitskräfte von ihren Arbeitsplätzen verdrängen.**

Eine Ausweitung der aus öffentlichen Mitteln finanzierten Qualifikationsaktivitäten kann jedoch dann - vom gesamtwirtschaftlichen Standpunkt aus - möglicherweise zu indirekten positiven Wirkungen auf das Beschäftigungsniveau führen, wenn diese staatlichen Maßnahmen die Unternehmen zur Substitution, d.h. Einschränkung ihrer eigenen Qualifikationsbemühungen veranlassen, somit die Grenzkosten der Arbeit senken, und wenn das ersparte Kapital für Investitionen in Sachkapital bereitgestellt wird. Allgemein geht man davon aus, daß positive Wachstumseffekte durch Investitionen in das human capital dann eintreten, wenn durch sie eine Lenkung der Weiterbildungsteilnehmer in Richtung auf produktivere Tätigkeiten bewirkt wird.[4] (Vgl. auch die Ausführungen zu den Substitutionswirkungen von Arbeitsbeschaffungsmaßnahmen in Abschnitt 11.2).

Letzterer Effekt spricht bereits den Einfluß der sogenannten "Mitnahmeeffekte" an, denen insbesondere bei Arbeitsbeschaffungsmaßnahmen, bei betrieblichen Einarbeitungsmaßnahmen oder bei öffentlich geförderten innerbetrieblichen Qualifizierungsmaßnahmen (z.B. im Rahmen von Sonderprogrammen) erhöhte Bedeutung zukommt. Diese gemeinhin nur in globaler Sicht untersuchten Mitnehmereffekte können für einzelne geförderte Personengruppen eine durchaus unterschiedliche Relevanz haben. So kann z.B. eine überdurchschnittliche Zunahme von qualifizierten Frauen an Arbeitsbeschaffungsmaßnahmen oder eine hohe Übernahmequote dieser Frauen in Dauerarbeitsverhältnisse Ausdruck einer überdurchschnittlichen "Vernichtung" von Planstellen für Frauen bzw. Ausdruck einer ausgeprägten temporären Vorenthaltung solcher Planstellen für Frauen sein (vgl. Abschnitt 11.2 und 11.5.5).

Peters und Schmid[5] vom Wissenschaftszentrum Berlin haben den

---

[4] Vgl. hierzu Dietmar Obal: Förderung der interberuflichen Mobilität der Arbeitskräfte durch staatliche Umschulungsmaßnahmen, Dissertation Berlin 1975, S. 273. Angesichts der Tatsache, daß das wirtschaftliche Wachstum heutzutage vom Beschäftigungswachstum weitgehend abgekoppelt ist, erscheint diese Argumentation allerdings zu vereinfachend.

[5] Vgl. Aribert B. Peters, Günther Schmid: Aggregierte Wirkungsanalyse des Arbeitsmarktpolitischen Programms der Bundesregierung für Regionen mit besonderen Beschäftigungsproblemen, Zwischenbericht, Januar 1982, IIM/LMP 82-1, und dieselben: Aggregierte Wirkungsanalyse des Arbeitsmarktpolitischen Programms der Bundesregierung für Regionen mit besonderen Be-

Versuch unternommen, die Beschäftigungseffekte zu erfassen, die durch das Arbeitsmarktpolitische Sonderprogramm von 1979 für Regionen mit besonderen Beschäftigungsproblemen ausgelöst wurden, wobei das Ergebnis auch geschlechtsspezifisch aufgeschlüsselt wurde (vgl. Abschnitt 1o und 11.6). Ähnlich wie bei der Messung individueller Maßnahmeeffekte (Abbau individueller Arbeitslosigkeit usw.) bestand das grundsätzliche Problem auch hierbei in der kausalanalytischen Aufgabe, die festgestellten Veränderungen im Hinblick auf jene Veränderungen, die dem Maßnahmeeinsatz zuzurechnen sind, und im Hinblick auf autonome oder anders verursachte Veränderungen zu unterscheiden.

Ein Vergleich der Entwicklung in Programmregionen und Kontrollregionen **nach** dem Maßnahmeeinsatz, also ein Schätzverfahren, das dem bei der individuellen Maßnahmeanalyse meist angewandten Kontrastgruppenverfahren ähnelt, ließ eine solche Unterscheidung nur unvollkommen zu. Ein verbessertes Verfahren sahen die Autoren darin, die Entwicklung der Arbeitslosigkeit **vor** Beginn des Programms (mit Hilfe zeitreihenanalytischer Verfahren und einer Ergänzung durch eine multivariate Analyse) zu prognostizieren und mit der tatsächlich eingetretenen Arbeitslosigkeit zu vergleichen. Auch diese Methode weist jedoch wegen der mit jeder Prognose verbundenen Unsicherheit bzw. wegen der Probleme bei der Abschätzung der Größenordnung des Schätzfehlers erhebliche Probleme auf. Zudem ist dieses Verfahren nur für kurzfristige Prognosen einigermaßen verläßlich. Ob sich dieses Verfahren auch auf die Ermittlung individueller bzw. gruppenspezifischer Maßnahmeeffekte übertragen läßt, ist fraglich, da es dann einer äußerst disaggregierten Betrachtungsweise (z.B. einer Prognose nach Berufen, Geschlechtern usw.) bedarf. Der Grad an Unsicherheit wird jedoch von der Tendenz her wachsen, je differenzierter die Prognosen sind.

----

schäftigungsproblemen: Analyse der Beschäftigungswirkungen, Dezember 1982, IIM/LMP 82-32

Neben den beschriebenen impliziten Verfahren wurden von Peters/Schmid auch explizite Strukturgleichungsmodelle verwendet, bei denen die Politikintervention (gemessen z.B. durch die Zahl der Teilnehmer) als eine der Variablen in der rechten Seite der Strukturgleichung erscheint, also die Veränderung der Zielgröße (Arbeitslosigkeit, Beschäftigung) direkt auf die Programmintervention zurückgeführt wird. Diese expliziten Modelle stellen besonders hohe theoretische und datenmäßige Anforderungen und sind wegen strittiger Modellspezifikationen und/oder mangelhafter Validität und Zuverlässigkeit der Daten nicht minder anfechtbar als die weniger voraussetzungsvolleren impliziten Verfahren.

Aufgrund der mit allen Methoden verbundenen Unsicherheiten kommen die Autoren des Wissenschaftszentrums daher zu einer Schlußfolgerung, deren Aussage sich auch auf die im Rahmen dieser Untersuchung überprüften individuellen Maßnahmewirkungen übertragen läßt:

"Deshalb kommt es darauf an, Indizien aus unterschiedlichen Evaluierungsverfahren, qualitativen wie quantitativen, aus theoretischen Zusammenhängen und einem Schuß gesunden Menschenverstand zusammenzuführen. Nur so läßt sich am Ende eines Evaluierungsverfahrens ein begründetes Urteil über Erfolg oder Mißerfolg eines Beschäftigungsprogramms ziehen. Fügen sich alle Indizien zu einem widerspruchsfreien Bild zusammen, dann ist für eine rationale Fundierung von Politik viel gewonnen. Wo nicht, sollten Politik und Öffentlichkeit die klare Darlegung der bestehenden Zweifel und widersprüchlicher Ergebnisse als ebenfalls wertvolle Information akzeptieren".[6]

Das fünfte Problemfeld "Kosten und Kostenvergleiche" wird in dieser Arbeit nur am Rande gestreift (vgl. Abschnitt 11.2). Man kann davon ausgehen, daß Qualifizierungs- und Arbeitsbeschaffungsmaßnahmen, sofern sich keine Alternative zur Arbeitslosigkeit bietet bzw. solange bildungspolitisch wirksamere Alternativen politisch nicht durchsetzbar sind, in der Regel "billiger" und für die Persönlichkeitsentwicklung der Ar-

---

[6] o.V.: Beschäftigungswirkungen von Förderprogrammen, in: WZB-Mitteilungen, Juli 1983, S. 2o

beitslosen "sinnvoller" sind als ihr Verbleib in Arbeitslosigkeit. Diese Einschätzung gilt auch mit Blick auf die möglichen indirekten Folgekosten von Arbeitslosigkeit (Dequalifizierung, psycho-soziale und gesundheitliche Belastungen usw.), also mit Blick auf die durch den Einsatz der Arbeitsmarktpolitik vermiedenen Kosten. Voraussetzung für eine positive Gesamteinschätzung ist jedoch, daß die den Kosten gegenüberstehenden anvisierten "Erträge", also die durch den Maßnahmeeinsatz intendierten Wirkungen (Zielgruppenerreichung, Abbau individueller Arbeitslosigkeit usw.), so wie sie mit Hilfe der Wirksamkeits-Analyse erfaßt werden sollen, auch eintreten.

6. Die untersuchten Maßnahmekategorien der beruflichen Weiterbildung

Die drei hier untersuchten Maßnahmekategorien - Fortbildung, Umschulung, Einarbeitung -, die sich zusammenfassend als Maßnahmen der beruflichen Weiterbildung bezeichnen lassen, weisen hinsichtlich verschiedener Aspekte (Zielsetzung, Grad der vermittelten Qualifikation, soziale Flankierung, qualifikatorische Voraussetzungen und somit Adressatenkreis usw.) erhebliche Unterschiede auf. Vielfältige Differenzierungen ähnlicher Art lassen sich zudem im Bereich der beruflichen Fortbildung, dem Kernstück der staatlich geförderten beruflichen Weiterbildung, feststellen. Diese Unterschiede in horizontaler und vertikaler Sicht seien im folgenden dargestellt (vgl. auch Übersicht 1).

6.1 Fortbildung

Gemäß § 41 Abs. 1 AFG sollen die förderfähigen Maßnahmen der beruflichen Fortbildung es ermöglichen,

"berufliche Kenntnisse und Fertigkeiten festzustellen, zu erhalten, zu erweitern oder der technischen Entwicklung anzupassen oder einen beruflichen Aufstieg zu ermöglichen ...".

Der zuerst genannte Zielkomplex (Feststellung, Erhaltung, Erweiterung, Anpassung) wird üblicherweise als **Anpassungsfortbildung** bezeichnet, ihm steht als zweite Kategorie die **Aufstiegsfortbildung** gegenüber.

Zusätzlich zu dieser groben Strukturierung bringt § 43 Abs. 1 AFG eine tiefere Auffächerung der mit Fortbildung beabsichtigten Zielsetzungen, in der sich Kriterien des Schulungsziels mit personenbezogenen Zielsetzungen mischen:

Übersicht 1

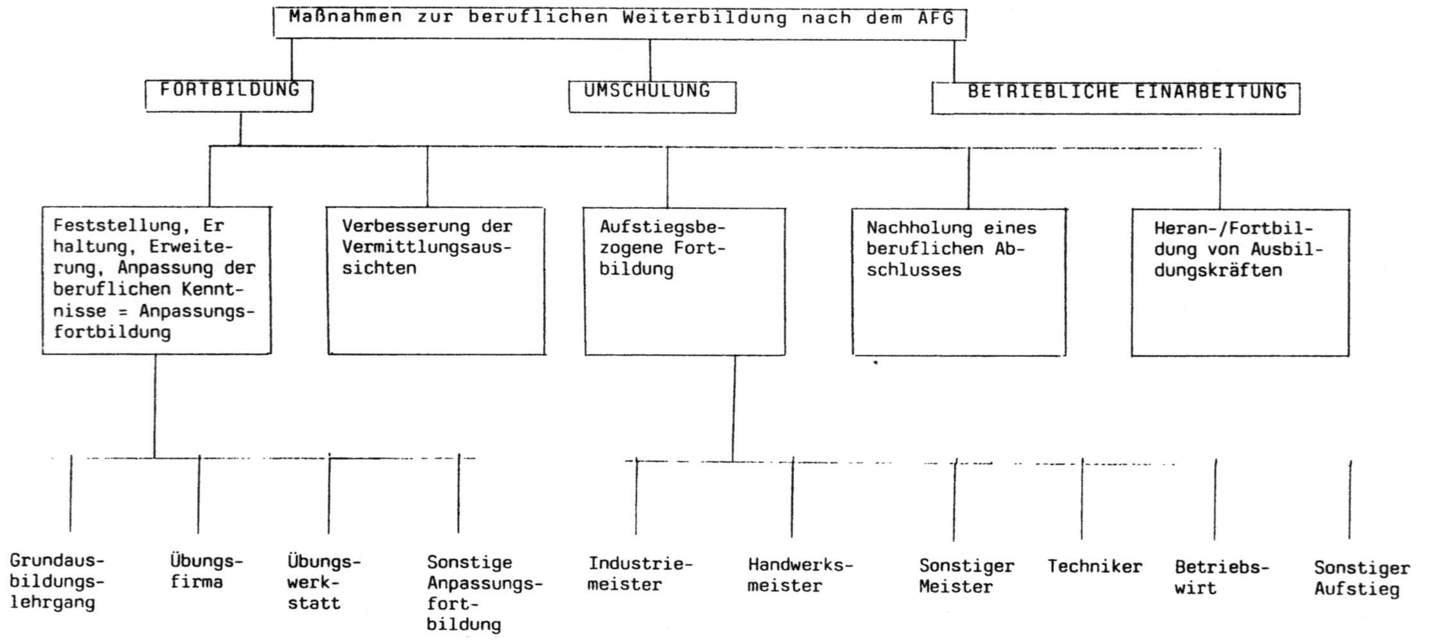
Maßnahmen zur beruflichen Weiterbildung nach dem AFG
FORTBILDUNG
UMSCHULUNG
BETRIEBLICHE EINARBEITUNG
Feststellung, Erhaltung, Erweiterung, Anpassung der beruflichen Kenntnisse = Anpassungsfortbildung
Verbesserung der Vermittlungsaussichten
Aufstiegsbezogene Fortbildung
Nachholung eines beruflichen Abschlusses
Heran-/Fortbildung von Ausbildungskräften
Grundausbildungslehrgang
Übungsfirma
Übungswerkstatt
Sonstige Anpassungsfortbildung
Industriemeister
Handwerksmeister
Sonstiger Meister
Techniker
Betriebswirt
Sonstiger Aufstieg

"Gefördert wird die Teilnahme an Fortbildungsmaßnahmen, die gerichtet sind insbesondere auf
1. einen beruflichen Aufstieg,
2. die Anpassung der Kenntnisse und Fähigkeiten an die beruflichen Anforderungen
3. den Eintritt oder Wiedereintritt weiblicher Arbeitsuchender in das Berufsleben
4. eine bisher fehlende berufliche Abschlußprüfung
5. die Heranbildung und Fortbildung von Ausbildungskräften
6. die Wiedereingliederung älterer Arbeitnehmer in das Berufsleben".

Neben der Anpassungs- und Aufstiegsförderung werden also als zwei weitere Maßnahmetypen genannt: Maßnahmen, die dazu dienen, einen nachträglichen beruflichen Abschluß zu erlangen, und Maßnahmen zur Weiterbildung von Ausbildungskräften.

Die Vorbereitung auf eine bisher fehlende Abschlußprüfung impliziert zugleich eine bevorzugte Förderung ungelernter Arbeitskräfte. **Darüber hinaus werden zwei weitere Zielgruppen ausdrücklich hervorgehoben: Frauen, die (wieder) ins Arbeitsleben eintreten wollen, und ältere Arbeitnehmer, die wieder in das Berufsleben einzugliedern sind.**

Den vier genannten Maßnahmetypen der Fortbildung wurde mit dem Fünften Gesetz zur Änderung des AFG vom 1.8.1978 ein zusätzliches Instrument hinzugefügt: Die in § 41a geregelten **"Maßnahmen zur Verbesserung der Vermittlungsaussichten"**, kurz: **"§ 41a-Maßnahmen"** genannt, die in jüngster Zeit zunehmende Bedeutung erhalten haben.

Die Übergänge zwischen dem großen Block der Anpassungsmaßnahmen und den Aufstiegsmaßnahmen sind fließend:[1] Je nach dem bisherigen Werdegang der Geförderten kann derselbe Lehrgang sowohl einen beruflichen Aufstieg ermöglichen als auch lediglich dazu dienen, Kenntnisse und Fertigkeiten festzustellen,

----
[1] Die Zuordnung kann dabei entscheidend sein für die Frage, ob es sich um eine arbeitsmarktpolitisch **notwendige** oder nur **zweckmäßige** Fördermaßnahme handelt. Von dieser Zuordnung wiederum hängt ab, ob und in welcher Form Unterhaltsgeld gezahlt wird. Vgl. dazu den folgenden Abschnitt 7

zu erhalten, zu erweitern oder anzupassen. Tendenziell lassen sich Anpassungs- und Aufstiegsfortbildungsmaßnahmen nach dem vermittelten Abschluß voneinander abgrenzen: Aufstiegsmaßnahmen enden in der Regel mit einem anerkannten Abschluß, während dies bei Anpassungsmaßnahmen sehr viel seltener der Fall ist.

Die in der Statistik übliche Aufgliederung der **Aufstiegsfortbildung** in einzelne Fortbildungszweige geht aus Übersicht 1 hervor. Die "traditionelle" Fortbildung zum Meister, Techniker oder Betriebswirt dürfte dabei nach gängigem Verständnis eindeutig zum Bereich der Aufstiegsmaßnahmen gehören. Hingegen wird im Bereich der Maßnahmen, die einem "sonstigen beruflichen Aufstieg" dienen, die Abgrenzung zu den Anpassungsmaßnahmen (wie auch umgekehrt) nicht immer einfach sein.

Innerhalb des großen Blocks der **Anpassungsmaßnahmen** wurde in den letzten Jahren ein Maßnahmekomplex ausgebaut, der Kurse und Einrichtungen mit sozialpädagogischer Flankierung umfaßt, nämlich:[2]

- Grundausbildungslehrgänge
- Übungswerkstätten und
- Übungsfirmen.

In **Grundausbildungslehrgängen** werden grundlegende berufspraktische Teilqualifikationen sowie formale Arbeitstugenden vermittelt. Mit Hilfe von **Übungswerkstätten** im gewerblich-technischen Bereich und **Übungsfirmen** im kaufmännischen Bereich wird versucht, ein möglichst wirklichkeitsnahes Praxistraining und eine arbeitsgängige Grundqualifizierung zu vermitteln.

Übungswerkstätten werden seit 1979 vor allem in Nordrhein-Westfalen eingerichtet. Die Ausbildung dauert im Durchschnitt 6 bis 9 Monate. Nach einer mehrwöchigen Orientierungsphase erfolgt die Spezialisierung auf einen Berufsbereich. Übungswerk-

---

[2] Daten für die drei folgenden Maßnahmearten lagen uns nur für Nordrhein-Westfalen vor (in unveröffentlichter Form und für einen begrenzten Zeitraum).

stätten stehen oftmals im Verbund mit berufspraktischen Bildungszentren, um auf diese Weise einen Übergang in eine weiterqualifizierende Bildungsmaßnahme zu ermöglichen.[3]

Die 1979 in das AFG eingefügten **"§ 41a-Maßnahmen"**, die nur Arbeitslosen vorbehalten sind, haben das Ziel,

"über Fragen der Wahl von Arbeitsplätzen und die Möglichkeit der beruflichen Bildung zu unterrichten" oder

"zur Erhaltung oder Verbesserung von Fähigkeiten beizutragen, Arbeit aufzunehmen oder an beruflichen Bildungsmaßnahmen teilzunehmen".

Diesen (vorgeschalteten) Informations- und Motivationskursen, bei denen es sich um Kurzmaßnahmen von maximal 6 Wochen Dauer handelt, wird eher eine soziale als eine beschäftigungspolitische Bedeutung zugemessen. Sie haben vor allem das Ziel, die soziale Isolierung der Arbeitslosen aufzubrechen. Nicht zu verkennen ist jedoch auch ihre Disziplinierungs- und Kontrollfunktion im Hinblick auf die Arbeitswilligkeit der Arbeitslosen.[4]

Da die Arbeitslosen in diesen Kursen auch die Möglichkeit erhalten sollen, sich über weiterführende Bildungsmaßnahmen zu informieren, war es Ziel, diese Kurse möglichst von Trägern durchführen zu lassen, die auch andere Weiterbildungskurse anbieten. Diese an sich sinnvolle Verbindung bringt jedoch die Gefahr mit sich, daß die Träger zugunsten der leistungsfähigsten Teilnehmer selektieren, um gegenüber dem Auftraggeber, der Bundesanstalt für Arbeit, die Wirksamkeit ihrer Maßnahmen

---

[3] Vgl. Dietrich Garlichs: Berufliche Qualifizierung als Instrument gezielter Arbeitsmarkt- und Beschäftigungspolitik, IIM/LMP 82-22, Berlin 1982, S. 25 f

[4] Seit dem 1.1.1985 müssen Arbeitslose an diesen Maßnahmen teilnehmen, wollen sie nicht das Risiko einer Sperrzeit der Lohnersatzleistungen eingehen. Vgl. Uwe Grau, Klaus-Dieter Hahn, Hans-Joachim Scheller: Ziele, Methoden und Ergebnisse von Maßnahmen nach § 41a AFG, in: Berufsbildung in Wissenschaft und Praxis 4/1985, S. 126

(dokumentiert z.B. an geringen Abbrecherquoten) unter Beweis stellen zu können.[5]

Aus einer zusammenfassenden Perspektive gesehen läßt sich im Bereich der Fortbildung eine Hierarchisierung der Maßnahmen feststellen, die zwischen den beiden Polen einer vorwiegend sozialen und einer ausschließlich berufsfachlichen Zielsetzung der Maßnahmen angesiedelt ist.[6] Diese Hierarchisierung findet ihre Entsprechung in der Struktur der Teilnehmerkreise:

"Problemfälle werden in den sozialen, übenden/informierenden Maßnahmen versucht aufzufangen, die stabileren und/oder fachlich motivierten unter den Arbeitslosen werden in die marktgängigen, weiterbildenden Kurse vermittelt".[7]

Die in der (unveröffentlichten) Statistik gesondert ausgewiesenen Grundausbildungslehrgänge, Maßnahmen in Übungsfirmen/-werkstätten sowie die (statistisch veröffentlichten) § 41a-Maßnahmen sind Beispiele für Maßnahmen mit erprobendem, orientierendem und sozialem Charakter im Vorförderfeld und grenzen sich gegenüber den klassischen Fortbildungsmaßnahmen mit überwiegend berufsfachlicher Zielsetzung ab. Das tatsächliche Ausmaß der Polarisierung in Fortbildungsmaßnahmen mit starker sozialer Komponente und solche mit vorwiegend fachlicher Orientierung läßt sich jedoch aus der amtlichen Statistik nicht ermitteln. So werden insbesondere die zur Anpassungsfortbildung zählenden **Trainingsmaßnahmen** in Betrieben, denen ebenfalls in erster Linie eine sozialpädagogische Aufgabe zugeschrieben wird, statistisch nicht ausgewiesen, obwohl sie zahlenmäßig inzwischen nicht mehr unbedeutend sein sollen.[8]

---

5 Vgl. Rolf Dobischat: Zum aktuellen Diskussionsstand der Weiterbildung von Arbeitslosen durch Maßnahmen nach § 41a AFG, in: Berufsbildung in Wissenschaft und Praxis 4/1985, S. 123

6 Vgl. Renate Weitzel unter Mitarbeit von Peter Kasperek und Holger Riemer: Auftragsmaßnahmen der Arbeitsverwaltung. Von der Ausnahme zur Regel, IIM/LMP 84-14, Berlin 1984, S. 52 ff

7 Ebenda, S. 55

8 Vgl. Ulrich Barnofski: Arbeitsförderungsgesetz, Weiterbildung heute, a.a.O., S. 15

Während einer Trainingsmaßnahme - sie soll vor allem für Arbeitslose, insbesondere für Arbeitnehmer ohne Berufspraxis und Arbeitnehmer, deren Berufspraxis lange zurückliegt, eingesetzt werden - arbeitet der Arbeitslose bis zu 6 Monaten in einem Betrieb, ohne daß ein Arbeitsverhältnis mit dem Arbeitgeber begründet wird. Der Arbeitslose erhält ein (in der Regel unter dem Lohnniveau liegendes) Unterhaltsgeld vom Arbeitsamt. Die häufig geäußerte Befürchtung, daß die Betriebe diese "Fortbildungs"teilnehmer lediglich als billige Arbeitskräfte einsetzen, ist dabei mehr als berechtigt.[9]

Kennzeichnend für den gesamten Bereich der beruflichen Fortbildung nach § 41 Abs. 1 AFG ist der Ausschluß von Bildungsmaßnahmen, die zum Bereich der Allgemeinbildung (oder der beruflichen Umschulung) gehören (§ 1a AFuU). Damit ist allerdings kein vollständiger Ausschluß von allgemeinbildenden Maßnahmen ausgesprochen, vielmehr nur jener Maßnahmen, in denen "überwiegend Wissen vermittelt wird, das dem von allgemeinbildenden Schulen angestrebten Bildungsziel entspricht" (§ 1a Abs. 2 AFuU vom 28.1.1986).

Voraussetzung für den Zugang zu Bildungsgängen der beruflichen Fortbildung ist in der Regel der Abschluß einer ersten Ausbildungsphase und/oder der Nachweis einer angemessenen beruflichen Praxis (vgl. Abschnitt 7). **Von daher determiniert berufliche Fortbildung bereits von der Konzeption her eine Bevorzugung relativ qualifizierter Arbeitskräfte und insofern sind dem anvisierten Abbau der Bildungsdisparität bereits Grenzen gesetzt.**

----

9 Barnofski fordert daher, nur solche Betriebe zu berücksichtigen, die keinen zusätzlichen Arbeitskräftebedarf haben. Wegen des geringen Bildungsgehalts der Maßnahme hält er zudem einen Einarbeitungszuschuß in Höhe des vollen Lohns für angemessen. Vgl. ebenda, S. 15

6.2 Umschulung

Die Umschulung wird im Bereich der beruflichen Weiterbildung als die "ultima ratio" angesehen. Sie hat gemäß § 47 Abs. 1 AFG das Ziel, Arbeitsuchenden

"den Übergang in eine andere geeignete berufliche Tätigkeit zu ermöglichen, insbesondere um die berufliche Beweglichkeit zu sichern oder zu verbessern ...".

§ 47 Abs. 3 Satz 1 fordert dabei ausdrücklich einen möglichst **vorbeugenden** Einsatz dieses Instruments:

"Kann Arbeitslosigkeit beschäftigter Arbeitsuchender durch Umschulung vermieden werden, so ist diese so früh wie möglich durchzuführen".

Eine besondere Bedeutung kommt der Umschulung in Zeiten eines partiellen Ungleichgewichts am Arbeitsmarkt d.h. in der Situation struktureller Arbeitslosigkeit im engeren Sinne (vgl. Seite 89) zu.

Umschulungsmaßnahmen sollen in der Regel nicht länger als 2 Jahre dauern, also kürzer sein, als entsprechende Ausbildungslehrgänge für Jugendliche, und sie sollen mit einem qualifizierten Abschluß enden.

Aufgrund der besonderen psychischen, sozialen und ökonomischen Situation der Erwachsenen erfordern Umschulungsmaßnahmen für diesen Personenkreis andere, "erwachsenengerechte" Formen der Berufsausbildung als die berufliche Erstausbildung Jugendlicher.[10]

---

[10] Der wichtigen Frage nach der Eignung der verschiedenen Formen der Organisation von Umschulung für die Erfüllung der individuellen Ausbildungsinteressen der Umschüler wird u.a. in der Untersuchung von Gerhard Hochgürtel und Gisela Meuter: Berufsausbildung Erwachsener in Nordrhein-Westfalen, Forschungsbericht im Auftrag des Ministers für Arbeit, Gesundheit und Soziales des Landes Nordrhein-Westfalen, Düsseldorf 1975, nachgegangen.

Mitunter wird die Umschulung von der Fortbildung dadurch abzugrenzen versucht, daß sie nicht wie diese auf einer bisherigen beruflichen Tätigkeit aufbaut. Rein formal gesehen ist Umschulung von den bisher erworbenen und ausgeübten Kenntnissen unabhängig. In der Praxis ist sie jedoch nicht immer gleichbedeutend mit einem totalen Berufswechsel, sondern vielfach wird es sich lediglich um einen partiellen Berufswechsel handeln.

Umschulung kann sich sowohl mit einer beruflichen Höherqualifizierung (ungelernte Arbeiterin wird Facharbeiterin) als auch mit einer beruflichen Dequalifizierung (arbeitslose Akademikerin wird Programmiererin) verbinden. Die Möglichkeit eines beruflichen Aufstiegs durch Umschulung ist jedoch nur dann und insoweit gegeben, wie der umschulungswillige Arbeitnehmer die für den Zielberuf erforderlichen schulischen Qualifikationen nachweist.

Zu den Interessenten an Umschulungsmaßnahmen zählen insbesondere drei Personengruppen:

- Personen, die von Arbeitslosigkeit bedroht oder bereits betroffen sind
- Personen, die aus individuellen Gründen "freiwillig" in einen anderen Beruf wechseln möchten
- Personen, die ihren Beruf aus gesundheitlichen Gründen aufgeben mußten.

Wie im folgenden Abschnitt noch dargestellt wird, liegt der Förderung der Umschulung heutzutage nahezu ausnahmslos ein erzwungener Berufswechsel zugrunde.

6.3 Betriebliche Einarbeitung

Die Förderung der betrieblichen Einarbeitung wird ebenfalls dem Bereich der individuellen Förderung der beruflichen Bil-

dung zugerechnet, obwohl es sich, wie bereits eingangs herausgestellt, um eine Lohnkostensubvention handelt.
Ob der an die Arbeitgeber gezahlte Einarbeitungszuschuß[11] gleichzeitig einen Bildungszuschuß darstellt oder nicht, ist strittig: Nach § 49 Abs. 1 AFG soll der Einarbeitungszuschuß den Unterschied zwischen dem vorhandenen Leistungsvermögen des einzuarbeitenden Arbeitnehmers und den Anforderungen des vorgesehenen Arbeitsplatzes ausgleichen:

"Die Bundesanstalt kann Arbeitgebern Zuschüsse für Arbeitnehmer gewähren, die eine volle Leistung am Arbeitsplatz erst nach einer Einarbeitungszeit erreichen können ...".

In der Anordnung Fortbildung und Umschulung (AFuU)[12] wird hingegen in § 19 Abs. 1 die Bindung des Einarbeitungszuschusses an die Vermittlung qualifizierender Kenntnisse und Fertigkeiten herausgestellt:

"Ein Einarbeitungszuschuß kann gewährt werden, wenn der Arbeitgeber durch eine über die übliche - in der Regel kurzfristige - Einweisung hinausgehende Maßnahme dem Arbeitnehmer im Rahmen eines Einarbeitungsplanes qualifizierende berufliche Kenntnisse in einem Arbeitsverhältnis vermittelt, die zu einer Verbesserung der beruflichen Mobilität des einzuarbeitenden Arbeitnehmers führen. Die Dauer der Einarbeitung muß dem Zeitraum entsprechen, der notwendig ist, um dieses Ziel zu erreichen ...".

Aus § 19 Abs. 3 der AFuU geht hingegen wiederum hervor, daß der Einarbeitungszuschuß die Minderleistung des Arbeitnehmers ausgleichen soll:

---

[11] Vom Einarbeitungszuschuß zu unterscheiden ist die **Eingliederungshilfe** nach § 54 AFG, die nicht dem Bereich der beruflichen Bildung zugeordnet wird, sondern im AFG unter dem Unterabschnitt "Förderung der Arbeitsaufnahme" plaziert ist. Bei der Eingliederungshilfe handelt es sich um eine Lohnsubvention (Darlehen oder Zuschüsse von 5o bis 7o % des Arbeitsentgelts) "zur beruflichen Eingliederung von arbeitslosen und von Arbeitslosigkeit unmittelbar bedrohten Arbeitsuchenden, deren Unterbringung unter den üblichen Bedingungen des Arbeitsmarktes erschwert ist". Von erschwerten Bedingungen wird auch ausgegangen, wenn ein Mädchen einen "Männerberuf" anstrebt.

[12] Vgl. 662. Anordnung des Verwaltungsrats der Bundesanstalt für Arbeit über die individuelle Förderung der beruflichen Fortbildung und Umschulung vom 23. März 1976 in der Fassung der 13. Änderungsanordnung vom 28. Januar 1986

"Die Höhe und Dauer des Einarbeitungszuschusses richtet sich grundsätzlich nach dem Unterschied zwischen dem vorhandenen Leistungsvermögen des einzuarbeitenden Arbeitnehmers und den Anforderungen am vorgesehenen Arbeitsplatz".

In der derzeitigen Arbeitsmarktsituation wird dem Instrument der betrieblichen Einarbeitung wohl kaum eine ausgeprägte bildungspolitische Relevanz zugemessen werden können, da die Arbeitgeber unter einem großen Reservoir von Arbeitslosen mit einem breiten Qualifikationspotential selektieren können.

Die vorgesehene Einarbeitung muß mindestens 4 Wochen dauern, wobei der Zuschuß längstens für ein Jahr gezahlt wird. Der Einarbeitungszuschuß ist auf Arbeitslose und unmittelbar von Arbeitslosigkeit bedrohte Arbeitnehmer beschränkt. In der Zeit vom 1. Januar 1986 bis zum 31. Dezember 1989 wird er auch gewährt, wenn mit dem Arbeitnehmer ein befristetes Arbeitsverhältnis abgeschlossen wird. Ein Einarbeitungszuschuß kann auch im Anschluß an eine Fortbildungs- oder Umschulungsmaßnahme gezahlt werden.

6.4 Auftragsmaßnahmen und freie Maßnahmen

Fortbildungs- und Umschulungsmaßnahmen lassen sich auch danach unterscheiden, ob sie in Form **freier oder offener Maßnahmen** durchgeführt werden oder in Form von **Auftragsmaßnahmen.**[13] Diese Unterscheidung stellt sowohl auf den Gestaltungsspielraum der Arbeitsverwaltung als auch auf die Wahlfreiheit der geförderten Arbeitnehmer ab.

Bei den **freien Maßnahmen** handelt es sich um das von Bildungsträgern initiierte Angebot, das die Arbeitsverwaltung nutzen kann, und das im Prinzip allen nach AFG förderungsfähigen Teilnehmern sowie auch anderen Personenkreisen offensteht. Die

---

13 Vgl. dazu vor allem: Renate Weitzel unter Mitarbeit von Peter Kasparek und Holger Riemer: Auftragsmaßnahmen der Arbeitsverwaltung, a.a.O.

nach dem AFG geförderten Personen können dabei - allerdings unter Beachtung des Wirtschaftlichkeitsprinzips[14] - unter dem bestehenden Angebot verschiedener Träger frei wählen. Um als "anerkannt" zu gelten, müssen diese Maßnahmen zwar bestimmte Anforderungen (z.B. erwachsenengerechte Gestaltung, Mindestdauer der Maßnahmen) erfüllen, auf die eigentliche Konzeption der Maßnahme hat die Arbeitsverwaltung jedoch keinen unmittelbaren Einfluß.

Bei **Auftragsmaßnahmen** liegt hingegen die Initiative, Gestaltung und Finanzierung bei den Arbeitsämtern. **Sie stellen das wichtigste Instrument[15] der Bundesanstalt dar, um das Weiterbildungsangebot selbst gestalterisch zu beeinflussen.** Die Arbeitsverwaltung kauft hierbei dem Träger der Maßnahme einen kompletten Kurs (zu einem Festpreis) ab und trägt zugleich das Risiko mangelnder Nachfrage. Träger von Auftragsmaßnahmen können dabei auch Betriebe sein.

Die Teilnehmergruppen werden von der Arbeitsverwaltung selbst zusammengestellt, für den Arbeitnehmer entfällt somit entsprechend die, in gewissen Grenzen, freie Wahl eines Kursangebots.

Mit der Form der Auftragsvergabe hat die Arbeitsverwaltung also ein Instrument zur Hand, das ihr vom Prinzip her den notwendigen Spielraum gewährt, um ein für einzelne Zielgruppen adäquates Bildungsangebot bereitzustellen. Somit bietet dieses Instrument der Arbeitsverwaltung auch die Möglichkeit, das Kursangebot für Frauen bzw. bestimmte Gruppen unter den Frauen verantwortlich mitzubestimmen und zu gestalten.

---

14 Das bedeutet u.a., daß nur jene Kurse gefördert werden, deren Kosten nicht über den (von den Landesarbeitsämtern ermittelten) **durchschnittlichen** Kosten für Maßnahmen mit gleichem oder ähnlichem Bildungsziel liegen.

15 Ein weiteres Instrument ist die institutionelle Förderung der beruflichen Bildung nach § 5o AFG, die jedoch (derzeit) von den aufgewendeten Mitteln her von untergeordneter Bedeutung ist.

Auftragsmaßnahmen wurden in den letzten Jahren immer expansiver eingesetzt, insbesondere, um ein adressatengerechtes Angebot für Arbeitslose und unmittelbar von Arbeitslosigkeit Bedrohte zu entwickeln, denn das bisherige Kursangebot der Träger war auf diesen "neuen" Adressatenkreis kaum eingestellt.

Maßnahmekategorien, die in Form von Auftragsmaßnahmen abgewickelt werden, sind vor allem die in den letzten Jahren in das Weiterbildungsangebot aufgenommenen Kurse mit sozialer Flankierung bzw. die Maßnahmen im Vorförderbereich (§ 41a-Maßnahmen, Übungsfirmen usw.). Die weiter oben dargestellte Zweiteilung der Maßnahmearten nach ihrer sozialen und berufsfachlichen Zielsetzung kennzeichnet somit auch weitgehend die qualitativ andere Gestaltung von Auftragsmaßnahmen und freien Maßnahmen. Obwohl die Unterscheidung in freie Maßnahmen und Auftragsmaßnahmen wichtige Aufschlüsse über das "Qualitätsgefälle" der Maßnahmen bietet und zugleich den Einfluß- und Verantwortungsbereich der Arbeitsverwaltung absteckt, bieten die veröffentlichten amtlichen Daten keinen genauen Aufschluß über ihre relative Bedeutung. Weitzel et al. schätzen ihren Anteil (im Jahre 1984) auf bis zu 3o %, in einigen Arbeitsämtern auf bis zu 8o %.[16] Nach einer Untersuchung von Sauter et al. für das Jahr 1982 wurde bundesweit nahezu jeder zweite nach dem AFG geförderte Teilnehmer an einer Vollzeitmaßnahme in Auftragsmaßnahmen weitergebildet.[17]

---

16 Vgl. Renate Weitzel unter Mitarbeit von Peter Kasparek und Holger Riemer: Auftragsmaßnahmen der Arbeitsverwaltung, a.a.O., S. 14

17 Vgl. Edgar Sauter, Günter Walden, Richard von Bardeleben, Heinrich Krüger, Helena Podeszfa, Andrea von Simons und Brigitte Sowade: Berufliche Weiterbildung und Arbeitslosigkeit. Bildungsmaßnahmen im Auftrag der Arbeitsämter, Materialien und statistische Analysen zur beruflichen Bildung, Bundesinstitut für Berufsbildung (Hrsg.), Heft 47, Berlin 1984, S. 35

7. Das Leistungsrecht für die berufliche Bildungsförderung nach dem Arbeitsförderungsgesetz und seine Entwicklung unter besonderer Berücksichtigung seiner frauenspezifischen Wirkungen

7.1 Frauen als Zielgruppe im Arbeitsförderungsgesetz

Wie bereits an anderer Stelle dargestellt, werden Frauen bzw. bestimmte Gruppen von Frauen an zwei Stellen des Arbeitsförderungsgesetzes explizit als Zielgruppen beruflicher Bildungsmaßnahmen genannt, also als Gruppen, die bei den Fördermaßnahmen öffentlicher Arbeitsmarktpolitik **vorrangig** zu berücksichtigen sind:
In § 2 Punkt 5 AFG wird als eine der (derzeit insgesamt acht) in § 2 enumerativ aufgeführten arbeitsmarktpolitischen Zielsetzungen des AFG bestimmt, daß die Maßnahmen dazu beitragen sollen,

"Frauen, deren Unterbringung unter den üblichen Bedingungen des Arbeitsmarktes erschwert ist, weil sie verheiratet oder aus anderen Gründen durch häusliche Pflichten gebunden sind oder waren, beruflich eingegliedert werden".

Ferner wird in § 43 Abs. 1 Punkt 3 AFG hervorgehoben, die Förderung von **Fortbildungsmaßnahmen** solle - unter anderem - insbesondere auf den **"Eintritt oder Wiedereintritt weiblicher Arbeitsuchender in das Erwerbsleben"** gerichtet sein.

Neben Berufsrückkehrerinnen wird also dem Gesetz nach auch Frauen, die bislang nur als Hausfrauen tätig waren und erstmalig in das Erwerbsleben eintreten wollen, der Status von arbeitsmarktpolitischen Problemgruppen zuerkannt. Ob zu den besonders unterstützungsbedürftigen **neu** in den Arbeitsmarkt eintretenden Frauen auch junge Berufsanfängerinnen fallen, also z.B. solche, die sich in Schul- oder Hochschulausbildung befanden, bleibt nach der Formulierung des § 43 Abs. 1 Punkt 3 AFG offen, in § 2 Punkt 5 AFG hingegen ist klargestellt, daß die bisherige berufliche Abstinenz durch "häusliche Pflichten" verursacht sein muß.

In der folgenden Darstellung des Leistungsrechts wird sich zeigen, inwieweit die "privilegierte" Stellung der neu oder wieder in das Berufsleben eintretenden Frauen in den §§ 2 und 43 des AFG auch bei der Gestaltung der Förderkonditionen ihre Entsprechung findet bzw. inwieweit das geltende Leistungs- und Förderrecht des AFG im Bereich der beruflichen Bildung den besonderen Lebensbedingungen von Frauen gerecht wird.

7.2 Das Förderrecht und seine Flexibilität

Das Niveau der Teilnahme an beruflichen Weiterbildungsmaßnahmen **und** die Zusammensetzung der Teilnehmer hängt ganz entscheidend vom jeweils geltenden Leistungsrecht, d.h. vor allem von den individuellen Zugangsvoraussetzungen, der Bestimmung der förderfähigen Maßnahmen und vom Grad der finanziellen Absicherung des Lebensunterhalts während der Teilnahme an dem Bildungslehrgang ab. Veränderungen des Leistungsrechts stehen dabei in engem Zusammenhang mit der wirtschaftlichen Entwicklung und der Finanzkraft der Bundesanstalt für Arbeit. Die globale Arbeitsmarktentwicklung wiederum korrespondiert mit der arbeitsmarktlichen Funktion, die Frauen zugemessen wird. Werden sie wegen Arbeitskräfteknappheit auf dem Arbeitsmarkt benötigt, so wird auch das Leistungsrecht für sie entsprechend großzügig gestaltet und umgekehrt. **Somit stellt das Leistungsrecht ein wesentliches Instrument dar, um die Teilnahme von Frauen bzw. bestimmter Gruppen unter den Frauen zu steuern.** Wenn daher in den gängigen Publikationen der Bundesanstalt für Arbeit von einer zunehmenden oder abnehmenden "Bereitschaft" der Frauen zur Weiterbildungsteilnahme die Rede ist, so ist diese veränderte "Bereitschaft" immer auch vor dem Hintergrund der Entwicklung des Leistungsrechts zu interpretieren und zu werten.

Veränderungen der Fördermodalitäten schlagen sich dabei nicht nur in einer Änderung des Arbeitsförderungsgesetzes selbst nieder, vielmehr erlaubt das AFG auch ohne formale Anpassungen eine "flexible" Anpassung an sich verändernde wirtschaftliche Bedingungen. Das Gesetz selbst beschränkt sich auf die wichtigsten Regelungen.[1]

Neben dem Gesetz bzw. den Veränderungen der gesetzlich festgelegten Regelungen sind für die Förderpraxis die **Anordnungen zur Fortbildung und Umschulung (AFuU)** relevant, die vom Verwaltungsrat der Bundesanstalt in Form autonomer Rechtsetzung beschlossen werden. Gemäß § 39 AFG (Anordnungsermächtigung) bestimmen sie "das Nähere über Voraussetzungen, Art und Umfang der beruflichen Bildung...". Diese Anordnungen sind nicht nur im Falle von Gesetzesänderungen anzupassen, sondern können darüber hinaus auch außerhalb dieser Fristen durch "Änderungsanordnungen" geändert werden.

Eine weitere Möglichkeit der flexiblen Anpassung an wechselnde Lagen und Probleme des Arbeitsmarktes ist durch die **Rechtsordnungskompetenz des Bundesministers für Arbeit und Sozialordnung** gegeben. Gemäß § 42 Abs. 4 AFG kann er "bei ungünstiger Beschäftigungslage" jeweils für ein Jahr bestimmen, daß auch Antragsteller, die die Voraussetzungen hinsichtlich der im Gesetz geforderten notwendigen Praxiszeiten (vgl. Abschnitt 7.3.1.2) nicht erfüllen, in die Förderung gelangen. Oftmals werden dabei Ausnahmeregelungen, die zunächst nur auf dem Rechtsverordnungswege erfolgten, später als Dauerregelung in das Gesetz übernommen. Darüber hinaus sind für die Anwendung des Förderrechts **Verwaltungsvorschriften**, z.B. Durchführungsanweisungen und Runderlasse, von Belang.

----

[1] Vgl. zu den folgenden Ausführungen auch Ruth Brandherm: Individuelle Förderung der beruflichen Fortbildung und Umschulung nach dem Arbeitsförderungsgesetz als Strategie gegen Arbeitslosigkeit, a.a.O., S. 85 ff, sowie W. Hoppe: Seit zehn Jahren Unterhaltsgeld für Bildungsentwicklung, in: Zentralblatt für Sozialversicherung, Sonderhilfe und Versorgung 1978, Heft 1/2, S. 7 ff

Eine flexible Handhabung des Förderrechts im Bereich der beruflichen Bildung wird darüber hinaus durch die Einführung von **Generalklauseln** bzw. **unbestimmten Rechtsbegriffen** wie Beachtung der "Lage und Entwicklung des Arbeitsmarktes", der "Grundsätze der Wirtschaftlichkeit und Sparsamkeit" oder der "arbeitsmarktpolitischen Zweckmäßigkeit oder Notwendigkeit" erreicht.

Das Gewicht, das derartigen unbestimmten Begriffen im Förderrecht zukommt, korrespondiert dabei häufig auf indirekte Weise sehr deutlich mit dem Gewicht, das man der beruflichen Bildung von Frauen im Leistungsrecht zumißt. Wird eine stärkere Orientierung der Fördermaßnahmen an "Lage und Entwicklung des Arbeitsmarktes" gefordert, so tritt die gleichberechtigte oder "bevorzugte" Förderung von Frauen vor diesem Erfordernis in den Hintergrund.

Im folgenden soll zunächst das Förderrecht, so wie es sich seit dem 1.1.1986 darstellt, ausführlich beschrieben und auf seine frauenspezifischen Wirkungen hin untersucht werden. Im Anschluß daran wird seine Entwicklung skizziert, die eine Grundlage für die im empirischen Teil der Arbeit vorzunehmende Interpretation der Teilnahme"bereitschaft" von Frauen im zeitlichen Verlauf abgibt.

7.3 Das geltende Förderrecht im Bereich der beruflichen Fortbildung und Umschulung

7.3.1 Die wesentlichen Förderregelungen

Die Förderung der beruflichen Bildung ist im 4. Unterabschnitt des AFG in den Paragraphen 33 bis 52 geregelt.
Die wesentlichen Leistungsvoraussetzungen[2] und Förderkriterien

---

[2] Weitere Anspruchsvoraussetzungen für den Bereich der Fortbildung und Umschulung ergeben sich aus den §§ 34, 39, 41, 41a, 43 und 47

für die Förderung der beruflichen Fortbildung und Umschulung[3] gehen aus den folgenden Paragraphen hervor.

1. <u>§ 36 (LEISTUNGSVORAUSSETZUNGEN)</u>
   ist eine Kernbestimmung für die gesamte individuelle Förderung. Ist eine in diesem Paragraphen geforderte Bedingung nicht erfüllt, so ist ein Rechtsanspruch auf eine Förderung nicht gegeben.

2. <u>§ 42 (FÖRDERFÄHIGER PERSONENKREIS)</u>
   regelt die Eingangsvoraussetzungen, die sich auf die notwendigen beruflichen Praxiszeiten bzw. auf den beruflichen Ausbildungsstatus vor Beginn der Maßnahmen beziehen. Die sich hieraus ergebenden Voraussetzungen gelten nicht für die Teilnahme an Maßnahmen zur Verbesserung der Vermittlungsaussichten.

3. <u>§ 44 (UNTERHALTSGELD)</u>
   bestimmt Höhe, Form (Zuschuß oder Darlehen), Bemessungsgrundlage des Unterhaltsgeldes und den Kreis der Anspruchsberechtigten, der dieses Unterhaltsgeld - wenn auch alle übrigen Voraussetzungen erfüllt sind - beziehen kann.

4. <u>§ 45 (UMFANG DER FÖRDERUNG)</u>
   beschreibt, welche unmittelbaren Maßnahmekosten bei einer Fortbildungs- oder Umschulungsmaßnahme - ausschließlich oder neben Unterhaltsgeld - von der Bundesanstalt getragen werden.

5. <u>§ 46 (WEITERE LEISTUNGSVORAUSSETZUNGEN, RÜCKZAHLUNG)</u>
   bestimmt die Abhängigkeit der Leistung von der vorherigen Beitragsleistung und ist somit die wichtigste Fördervoraussetzung überhaupt. Nur wenn die hier angeführten entschei-

---

[3] Die folgenden Paragraphen gelten mit Ausnahme von § 36 nicht (bzw. nur eingeschränkt) für die Förderung der betrieblichen Einarbeitung. Auf die diesbezüglichen Regelungen wird weiter unten eingegangen.

denden "weiteren Leistungsvoraussetzungen" erfüllt sind (neben allen übrigen Voraussetzungen), wird einem Teilnehmer an beruflichen Fortbildungs- oder Umschulungsmaßnahmen Unterhaltsgeld nach § 44 gezahlt und/oder werden die unmittelbaren Maßnahmekosten nach § 45 von der Bundesanstalt getragen.

Auf diese Förderkonditionen wird im folgenden näher eingegangen.

7.3.1.1 Grundlegende Fördervoraussetzungen nach § 36 (ANSPRUCHSVORAUSSETZUNGEN)

Nach § 36 müssen folgende Voraussetzungen grundsätzlich gegeben sein, damit ein Antragsteller Leistungen zur Förderung der beruflichen Bildung beziehen kann:

- Die/der Antragsteller/in muß beabsichtigen, eine beitragspflichtige Beschäftigung aufzunehmen oder fortzusetzen. Personen, die ein Beamtenverhältnis bzw. dessen Fortsetzung anstreben oder eine selbständige Tätigkeit sind somit von der Förderung ausgeschlossen. Nach § 7 der AFuU vom 28.1.1986 muß dabei innerhalb von 4 Jahren nach Abschluß der Maßnahme mindestens 3 Jahre lang eine beitragspflichtige Beschäftigung ausgeübt werden.

Bereits diese Regelung wird für viele Frauen, die sich noch in der "Familienbildungsphase" befinden, eine Überforderung darstellen. Der lange Planungshorizont, der sich bei Hinzurechnung der Maßnahmedauer und der weiter unten noch zu beschreibenden Zeit einer vorhergehenden beitragspflichtigen Beschäftigung ergibt, wird sich in vielen Fällen kaum mit den ihnen zugewiesenen Aufgaben im familialen Bereich in Einklang bringen lassen.[4]

---

[4] Vgl. dazu auch Renate Weitzel: Berufliche Bildung nach dem Arbeitsförderungsgesetz, a.a.O., S. 36

- Der/die Teilnehmer/in muß für die angestrebte berufliche Tätigkeit geeignet sein und die Maßnahme voraussichtlich mit Erfolg abschließen

- Die Maßnahme muß im Hinblick auf die besonderen Zielsetzungen des AFG in seinem § 2 (vgl. Seite 75 f) **und** unter besonderer Berücksichtigung von Lage und Entwicklung des Arbeitsmarktes zweckmäßig sein.

Die Förderung der (Wieder-)Eingliederung von Frauen in das Erwerbsleben müßte demnach letztere Voraussetzung erfüllen, da sie in § 2 AFG ausdrücklich als eine der besonderen Zielsetzungen des AFG hervorgehoben wird. In der Praxis gestattet dieser unbestimmte Rechtsbegriff der arbeitsmarktpolitischen Zweckmäßigkeit der Arbeitsverwaltung jedoch einen weiten Auslegungsspielraum. So ist denn auch seine Definition nach § 6 AFuU vom 28.1.1986 entsprechend unbestimmt: Eine zweckmäßige Maßnahme liegt vor, wenn durch sie die berufliche Situation für den Antragsteller in Übereinstimmung mit den Bedürfnissen des Arbeitsmarktes gesichert oder verbessert wird.

§ 36 bestimmt in diesem Zusammenhang näher,

- daß eine Fortbildungs- oder Umschulungsmaßnahme nur zu fördern ist, wenn der Antragsteller durch die Teilnahme an der Maßnahme in absehbarer Zeit eine Beschäftigung in der angestrebten beruflichen Tätigkeit finden kann. Weist das Arbeitsamt dem Antragsteller also nach, daß auf dem Arbeitsmarkt voraussichtlich in absehbarer Zeit kein durch die Weiterbildungsmaßnahme angestrebter Arbeitsplatz zur Verfügung steht, so ist eine Förderung ausgeschlossen

- daß eine Umschulung von einem Mangelberuf in einen anderen nur bei schwerwiegenden persönlichen Gründen gefördert wird. Ob dabei z.B. die notwendige Betreuung von Kindern, durch die die Ausübung eines bisherigen Mangelberufs unmöglich gemacht wird (z.B. wegen Nachtarbeit) als "schwerwiegender Grund" anerkannt wird, ist natürlich in das Ermessen der Arbeitsverwaltung gestellt.

7.3.1.2 Notwendige berufliche Praxiszeiten nach § 42 (FÖRDERUNGSFÄHIGER PERSONENKREIS)

Aus § 42 AFG, der die Berufsbezogenheit beruflicher Bildungsförderung betont, gehen die von einem Antragsteller auf Fortbildungs- oder Umschulungsförderung verlangten Berufszeiten hervor. **Eine berufliche Tätigkeit im Sinne des § 42 AFG liegt gemäß Durchführungsanweisungen zur Anordnung Fortbildung und Umschulung in der Fassung von 1986 nur vor, wenn diese mindestens 19 Stunden in der Woche umfaßt, eine Regelung also, die Frauen, weil sie wegen ihrer Mehrfachbelastung häufig auf Teilzeitarbeitsverhältnisse mit geringerer Stundenzahl angewiesen sind, benachteiligt.**

In erster Linie richten sich die in § 42 AFG geforderten beruflichen Praxiszeiten danach, ob der Antragsteller eine abgeschlossene Berufsausbildung aufweist oder nicht (vgl. hierzu und zum folgenden die Übersicht 2). Von Antragstellern ohne abgeschlossene Berufsausbildung wird dabei im Falle einer erstmaligen Förderung eine um 3 Jahre längere Berufserfahrung als von Teilnehmern erwartet, die bereits einen beruflichen Abschluß aufweisen. Rechnet man allerdings beim letzteren Personenkreis auch die Zeit der Berufsausbildung zur Praxiszeit dazu, so ergeben sich (im Falle einer dreijährigen Ausbildungszeit) für beide Personenkreise identische Zeiten erforderlicher Berufserfahrung.

Die in § 42 AFG geforderten Zeiten sind dabei nicht nur als Erfahrungszeiten im Sinne einer einschlägigen beruflichen Praxis zu werten, sondern darüber hinaus auch als reine Wartezeiten.[5] **Daher wird gemäß § 7** AFuU (neben Zeiten einer nicht abgeschlossenen Berufsausbildung und der Teilnahme an einer berufsvorbereitenden Maßnahme) **auch die Hausfrauentätigkeit als berufliche Tätigkeit im Sinne des § 42 AFG gewertet.** Die

---

[5] Vgl. Ulrich Barnofski: Arbeitsförderungsgesetz, Weiterbildung heute, a.a.O., S. 15

Übersicht 2 Erforderliche berufliche Praxiszeiten[1) 2)] für die Förderung der beruflichen Fortbildung und Umschulung nach § 42 AFG

I. Erstförderung

A. Die Maßnahme ist nicht notwendig im Sinne des § 44 Abs. 2 Satz 1 Nr. 1-3 oder Abs. 2b

Maßnahmedauer	notwendige berufliche Praxiszeiten: bei abgeschlossener Berufsausbildung	notwendige berufliche Praxiszeiten: ohne abgeschlossene Berufsausbildung
Vollzeitunterricht über 6 Monate oder Teilzeitunterricht oder berufsbegleitender Unterricht über 2 Jahre	mindestens 3 Jahre nach Abschluß der Berufsausbildung	mindestens 6 Jahre
Vollzeitunterricht bis 6 Monate oder Teilzeitunterricht oder berufsbegleitender Unterricht bis zu 2 Jahren	mindestens 1 Jahr nach Abschluß der Berufsausbildung	mindestens 4 Jahre

B. Die Maßnahme ist notwendig im Sinne des § 44 Abs. 2 Satz 1 Nr. 1-3 oder Abs. 2b

	Arbeitslose, unmittelbar von Arbeitslosigkeit Bedrohte mit abgeschlossener Berufsausbildung	ohne abgeschlossene Berufsausbildung
Keine Differenzierung	keine Praxiszeiten nach Abschluß der Berufsausbildung	mindestens 3 Jahre

II. Erneute Förderung

A. Die Maßnahme ist nicht notwendig im Sinne des § 44 Abs. 2 Satz 1 Nr. 1-3 oder Abs. 2b

tatsächliche Dauer der neuen Maßnahme/Förderungsdauer (Leistungsbezug) bei der vorhergehenden Maßnahme: neue Maßnahme	vorhergehende Maßnahme	notwendige berufliche Zwischenpraxiszeiten: bei abgeschlossener Berufsausbildung / ohne abgeschlossene Berufsausbildung
Vollzeitunterricht über 6 Monate oder Teilzeit- oder berufsbegleitender Unterricht über 2 Jahre	Vollzeitunterricht über 3 Monate, Teilzeit- oder berufsbegleitender Unterricht über 12 Monate	mindestens 3 weitere Jahre
	Vollzeitunterricht bis zu 3 Monaten, Teilzeit- oder berufsbegleitender Unterricht bis zu 12 Monaten	keine Zwischenpraxiszeiten
Vollzeitunterricht von mehr als 3 und bis zu 6 Monaten oder Teilzeit- oder berufsbegleitender Unterricht von mehr als 1 Jahr und bis zu 2 Jahren	Vollzeitunterricht über 3 Monate, Teilzeit- oder begleitender Unterricht über 12 Monate	mindestens 2 weitere Jahre
	Vollzeitunterricht bis zu 3 Monaten, Teilzeit- oder berufsbegleitender Unterricht bis zu 12 Monaten	keine Zwischenpraxiszeiten
Vollzeitunterricht bis zu 3 Monaten oder Teilzeit- oder berufsbegleitender Unterricht bis zu 1 Jahr	keine Differenzierung	keine Zwischenpraxiszeiten

B. Die Maßnahme ist notwendig im Sinne des § 44 Abs. 2 Satz 1 Nr. 1-3 oder Abs. 2b

	Arbeitslose, unmittelbar von Arbeitslosigkeit Bedrohte mit abgeschlossener Berufsausbildung / ohne abgeschlossene Berufsausbildung
keine Differenzierung	keine Zwischenpraxiszeiten

1) Auf die erforderliche Dauer der beruflichen Tätigkeiten werden Zeiten, in denen der Antragsteller beim Arbeitsamt arbeitslos gemeldet ist, angerechnet. Bei der Erstförderung verkürzt sich die Dauer der erforderlichen beruflichen Tätigkeit jedoch höchstens um die Hälfte.

2) Bei ungünstiger Beschäftigungslage kann der Bundesminister für Arbeit und Sozialordnung durch Rechtsverordnung jeweils für 1 Jahr bestimmen, daß auch Antragsteller, die obige Praxiszeiten nicht erfüllen, gefordert werden.

Quelle: Eigene Zusammenstellung nach § 42 AFG, Stand 1.1.1986 für Personen ohne abgeschlossene Berufsausbildung geforderten relativ langen Anwartschaftszeiten dürften sich jedoch auf die Weiterbildungsbereitschaft der Hausfrauen infolge der entsprechend langen Arbeitsmarktferne kaum förderlich auswirken. **Darüber hinaus ist die Anerkennung der Hausfrauentätigkeit als gleichwertig mit Berufserfahrung nur allzu häufig praktisch hinfällig, weil gerade jener Personenkreis die weiter unten dargestellte entscheidende Voraussetzung einer vorherigen beitragspflichtigen Beschäftigung innerhalb einer bestimmten Frist vor Maßnahmebeginn nicht erfüllen kann.** Außerdem wird die faktische Auswirkung dieser Regelung auch deshalb beeinträchtigt, weil der Antragsteller bei einer beruflichen Fortbildungsmaßnahme unabhängig von den in § 42 AFG verlangten Berufszeiten nachzuweisen hat, daß er die für die berufliche Fortbildung erforderlichen Vorkenntnisse besitzt. Das Angebot beruflicher Fortbildungsmaßnahmen für Hausfrauen, die noch nicht oder die vor langer Zeit am Berufsleben teilgenommen haben, bzw. generell für die weniger qualifizierten Arbeitnehmer ist also von vorneherein beschränkt.

Unterschiedliche Praxisanforderungen ergeben sich darüber hinaus in Abhängigkeit von der Dauer der Fördermaßnahme. Längere Maßnahmen, die in der Regel stärker qualifizieren, erfordern dabei längere Praxiszeiten. Frauen sind, wie sich im empirischen Teil der Arbeit zeigen wird, im Durchschnitt häufiger in kurzfristigen Maßnahmen vertreten als Männer, und dieser Befund wird häufig mit ihren im Vergleich zu Männern im Schnitt geringeren beruflichen Erfahrungen und mit dieser für sie diskriminierenden Differenzierung der Praxiszeiten nach der Maßnahmedauer in Verbindung gebracht. Tendenziell ist ein solcher Zusammenhang gegeben, er verdeckt jedoch, daß auch Frauen mit gleich langer Praxiszeit eher als Männer in kurzzeitigere und damit vermutlich weniger qualifizierende Kurse zugewiesen werden (vgl. Abschnitt 8.5).

Ferner richten sich die Zeiten notwendiger Praxis danach, ob der Teilnehmer **erstmals** an einer Fortbildungs- oder Umschulungsmaßnahme teilnehmen will oder ob es sich um eine **erneute** Teilnahmeförderung handelt. Auch hierbei wird bei der notwendigen beruflichen Tätigkeit wieder nach der Dauer der Maßnahme sowie zusätzlich auch nach der Förderungsdauer der vorhergehenden Maßnahme differenziert. Bei sehr kurzfristigen Maßnahmen und/oder bei einer vorhergehenden Maßnahme, während der der Antragsteller nur für kurze Zeit Leistungen bezogen hat, wird dabei völlig auf Zwischenpraxiszeiten verzichtet. Diese Regelung soll vor allem die Förderung von sich ergänzenden kurz- und längerfristigen Maßnahmen ermöglichen.

Im Hinblick auf die gängige Förderpraxis bzw. die derzeitige Struktur der Weiterbildungsteilnehmer **ist jedoch vor allem die Differenzierung der erforderlichen Praxiszeit danach von Belang, ob die Maßnahme notwendig im Sinne des § 44 Abs. 2 Satz 2 Nr. 1-3 oder Abs. 2b ist oder nicht.** Nur im Falle einer **notwendigen** Maßnahme nämlich haben Antragsteller - sofern alle übrigen Voraussetzungen erfüllt sind - Anspruch auf Gewährung eines Unterhaltsgeldes in Form eines Zuschusses.

Bei einer arbeitsmarktpolitisch lediglich **zweckmäßigen Maßnahme** (in der Regel handelt es sich hierbei um Aufstiegsmaßnahmen) wird hingegen nur ein (geringeres) Unterhaltsgeld in Form eines **Darlehens** gezahlt. Das Gros der Weiterbildungsteilnehmer wird sich daher heutzutage in einer notwendigen Maßnahme befinden, weil natürlich das Gros der potentiellen Weiterbildungsinteressenten allenfalls dann in der Lage ist, in eine Weiterbildungsmaßnahme einzutreten, wenn diese als notwendig anerkannt wird, weil nur in diesem Fall ein (nicht rückzahlbares) Unterhaltsgeld zur Sicherung des Lebensunterhalts gezahlt wird.

Der Kreis der Teilnehmer an notwendigen Maßnahmen ist beschränkt auf Arbeitslose, unmittelbar von Arbeitslosigkeit be-

drohte Personen, Personen ohne Berufsabschluß sowie ihnen gleichgestellte Personen, die zwar einen beruflichen Abschluß haben, jedoch über einen längeren Zeitraum hin eine ungelernte Tätigkeit ausübten, die an einer **Vollzeitmaßnahme** teilnehmen (§ 44 Abs. 2 Nr. 1-3) oder die - **sofern sie durch die Betreuung aufsichts- oder pflegebedürftiger Kinder dazu gezwungen sind - an einer Teilzeitmaßnahme teilnehmen** (§ 44 Abs. 1b Nr. 2). Ferner gehören unter 25jährige, die teilzeitbeschäftigt sind und deren Teilnahme an einer Teilzeitbeschäftigung zur Aufnahme einer Vollzeitbeschäftigung notwendig ist, dazu (§ 44 Abs. 2b Nr. 1). Als notwendig wird darüber hinaus die Umschulung/Fortbildung in einem Mangelberuf angesehen (§ 44 Abs. 2 Nr. 4). Die Zugehörigkeit zu einer dieser Gruppen begründet jedoch nicht in jedem Fall ohne weiteres einen Anspruch auf ein Unterhaltsgeld (in Form eines Zuschusses), weil an den Begriff der "Notwendigkeit" noch weitere Voraussetzungen geknüpft sind. Hierauf wird weiter unten noch ausführlich eingegangen.

Für die Mehrheit der Weiterbildungsteilnehmer gilt daher die folgende Regelung über vorherige berufliche Praxiszeiten: Bei einer notwendigen Maßnahme[6] sind bei einer Erstförderung bei Antragstellern mit abgeschlossener Berufsausbildung keine weiteren beruflichen Praxiszeiten erforderlich. Antragsteller ohne abgeschlossene Berufsausbildung müssen mindestens 3 Jahre vor Beginn der Maßnahme beruflich tätig gewesen sein. Bei einer erneuten Förderung werden weder von Personen mit abgeschlossener Berufsausbildung noch von ungelernten Personen Zwischenpraxiszeiten verlangt, wenn die Teilnahme an der Maßnahme als notwendig eingestuft ist.

Eine weitere Verkürzung der Anwartschaftszeiten ergibt sich dadurch, daß Zeiten, in denen der Antragsteller arbeitslos gemeldet war, auf die Dauer der Berufszeiten angerechnet werden.

---

[6] Die reduzierten Praxiszeiten gelten nicht für Teilnehmer, deren Teilnahme als notwendig angesehen wird, weil sie einen Mangelberuf ergreifen wollen (§ 44 Abs. 2 Nr. 4).

Hierbei verkürzt sich diese Dauer jedoch höchstens auf die Hälfte.

Nach § 42 Abs. 4 sind darüber hinaus bei ungünstiger Beschäftigungslage durch auf ein Jahr beschränkte Rechtsverordnungen weitere Ausnahmen von dem Erfordernis der nachzuweisenden beruflichen Tätigkeitsdauer zugunsten derjenigen Personen möglich, die die im Gesetz geregelten Voraussetzungen nicht erfüllen.

7.3.1.3 Gewährte Leistungen und Beitragsäquivalenz der Leistungen nach § 44 (UNTERHALTSGELD), § 45 (UMFANG DER FÖRDERUNG) und § 46 (WEITERE LEISTUNGSVORAUSSETZUNGEN, RÜCKZAHLUNG)

7.3.1.3.1 Leistungen und versicherungsrechtliche Voraussetzungen im Überblick

Teilnehmern an Maßnahmen zur Fortbildung und Umschulung können je nach den gegebenen Voraussetzungen folgende Leistungen gewährt werden (seit dem 1.1.1986):

1. Ein (sogenanntes "großes") Unterhaltsgeld von 73 % (bei Teilnehmern mit Unterhaltsverpflichtungen) oder von 65 % (bei Teilnehmern ohne Unterhaltsverpflichtungen), das sich
   a) bei Vollzeitmaßnahmen an der Höhe des maßgeblichen Nettoentgelts bemißt (in der Regel am pauschalierten vorherigen Nettoentgelt, in Ausnahmefällen auch am künftig erzielbaren Nettoentgelt),
   b) bei Teilzeitmaßnahmen, die auf einen bestimmten Personenkreis beschränkt sind, an der Hälfte des maßgeblichen Nettoentgelts bemißt (Teil-Unterhaltsgeld)

2. Ein (sogenanntes "kleines") Unterhaltsgeld von 58 % in Form eines **Darlehens**, das sich an der Höhe des maßgeblichen Nettoentgelts bemißt und nur bei Vollzeitmaßnahmen gewährt wird

3. Ein Unterhaltsgeld in Höhe des vorher bezogenen Arbeitslosengeldes bzw. der vorher bezogenen Arbeitslosenhilfe

4. Die Übernahme der unmittelbar durch die Maßnahme entstehenden Kosten sowie Kosten für die Betreuung von Kindern bis zu 6o DM monatlich
   a) diese werden bei Beziehern von Unterhaltsgeld ganz oder teilweise zusätzlich gewährt
   b) anderen Personenkreisen können sie auch ausschließlich gewährt werden.

Ein Unterhaltsgeld nach Ziffer 1a, 1b oder 2 sowie die völlige oder teilweise Übernahme der Maßnahmekosten wird Teilnehmern gewährt, wenn sie neben den weiteren Voraussetzungen (evtl. Praxiszeiten, Eignung des Antragstellers, Aufnahme einer beitragspflichtigen Beschäftigung nach Abschluß der Maßnahme usw.) die folgenden entscheidenden Bedingungen erfüllen:

- **sie müssen innerhalb einer Rahmenfrist von 3 Jahren vor Beginn der Maßnahme mindestens eine zweijährige beitragspflichtige Beschäftigung erbracht haben, oder**
- **sie müssen als Ersatztatbestand Arbeitslosengeld aufgrund eines Anspruchs von mindestens 156 Tagen oder im Anschluß daran Arbeitslosenhilfe bezogen haben.**[7] [8]

Bei Antragstellern, die "zur Sicherung des Lebensunterhalts zur Aufnahme einer Beschäftigung gezwungen sind und die überwiegend wegen der Betreuung und Erziehung eines Kindes keine Erwerbstätigkeit ausgeübt haben" entfällt die Rahmenfrist völlig (nicht aber die notwendige zweijährige Beitragszahlung).

Diese für Frauen wichtige Regelung wurde 1986 neu in das Gesetz eingefügt. Sie stellt zwar eine Verbesserung im Vergleich zur vorhergehenden Rechtslage dar, hält andererseits jedoch an der ökonomischen Abhängigkeit der verheirateten Frauen im Re-

----

[7] Entscheidend ist dabei der **Anspruch** von 156 Tagen. Arbeitslosengeld oder Arbeitslosenhilfe müssen dabei tatsächlich - wenn auch nur für einen Tag - bezogen worden sein. Der Bezug, nicht jedoch der Anspruch, muß in die dreijährige Rahmenfrist fallen.

[8] Für einen Bezug von 156 Tagen Arbeitslosengeld ist eine vorherige beitragspflichtige Beschäftigung von 54o Kalendertagen (innerhalb einer vierjährigen erweiterten Rahmenfrist) notwendig.

gelfall fest: **Nur Frauen, die nicht mehr (überwiegend) durch den Ehemann "unterhalten" werden, kommen in den Genuß dieser Ausnahmeregelung.** Darüber hinaus setzt die Anwendung dieser Vorschrift ein Eindringen in die persönlichen Verhältnisse der Antragsteller voraus (wann ist ein Zwang zur Sicherung des Lebensunterhalts gegeben, wann wurde die Berufstätigkeit überwiegend wegen der Betreuung der Kinder unterbrochen?).

In allen anderen Fällen, in denen Frauen zu einer "Familienpause" gezwungen waren, ergibt sich ein erleichterter Anspruch auf Unterhaltsgeld lediglich über eine Verlängerung der Rahmenfrist:
Die dreijährige Rahmenfrist, in der die zweijährige Beitragsleistung erbracht werden muß, verlängert sich um höchstens 5 Jahre für jedes Kind, soweit wegen der Betreuung und Erziehung keine Erwerbstätigkeit ausgeübt wurde. Die Betreuungszeit ist dabei also (anders als bei der vor 1986 geltenden Regelung, wo sie sich unmittelbar an die Geburt des Kindes anschließen mußte) unabhängig vom Lebensalter der Kinder. Voraussetzung dabei ist jedoch, daß diese Zeit von 5 Jahren je Kind in die dreijährige Rahmenfrist oder - bei mehreren Kindern - in die jeweils verlängerte Frist hineinreicht. Die verlängerte Rahmenfrist kann von Frauen und Männern in Anspruch genommen werden. Eine Verlängerung der Rahmenfrist (um höchstens 2 Jahre) wird ferner Arbeitnehmern gewährt, die eine Tätigkeit im Ausland ausgeübt haben.

Im Laufe der letzten Jahre wurde die verlängerte Rahmenfrist von zunächst 3 auf jetzt 5 Jahre ausgedehnt. Ob dabei nur eine Verbesserung der Lage für Berufsrückkehrerinnen das leitende Motiv war, oder ob dabei auch die Absicht impliziert war, rückkehrwillige Frauen in Zukunft "länger" vom Arbeitsmarkt fernzuhalten, muß dabei dahingestellt bleiben. **Für den Kreis derjenigen Frauen, der heutzutage ins Erwerbsleben zurückkehren will, und dessen Berufstätigkeit schon sehr lange zurückliegt - für Frauen also, die einer beruflichen Förderung be-**

sonders dringend bedürfen -, ist hingegen die verlängerte Rahmenfrist nach wie vor zu kurz.

Festzuhalten bleibt, daß die Gewährung eines "großen" oder "kleinen" Unterhaltsgeldes unabdingbar an eine vorherige mindestens zweijährige Beitragszahlung geknüpft ist - neben weiteren Voraussetzungen. Frauen, die die Voraussetzungen nicht erfüllen, können allenfalls - unter wieder anderen Voraussetzungen - Unterhaltsgeld in Höhe des Arbeitslosengeldes oder der Arbeitslosenhilfe erhalten oder ihnen kann die Übernahme der Maßnahmekosten gewährt werden.

Sind die versicherungsrechtlichen Bedingungen gegeben, dann richtet sich die Art des Unterhaltsgeldes (nach Ziffer 1a, 1b oder 2, vgl. Seite 14o)) nach den folgenden weiteren Voraussetzungen:

7.3.1.3.2 "Großes" Unterhaltsgeld bei notwendigen Vollzeitmaßnahmen

Ein Unterhaltsgeld (nach Ziffer 1a, vgl. Seite 14o)

- von 73 % des maßgeblichen Nettoentgelts erhalten Teilnehmer, die mindestens ein Kind oder einen pflegebedürftigen, nicht erwerbsfähigen Ehegatten haben. In diesem Fall liegt das Unterhaltsgeld 5 % über dem Arbeitslosengeld und 15 % über der Arbeitslosenhilfe

- von 65 % des maßgeblichen Nettoentgelts erhalten alle übrigen Teilnehmer (2 % mehr als beim Arbeitslosengeld, 7 % mehr als bei der Arbeitslosenhilfe)

wenn es sich um eine Fortbildungs- oder Umschulungsmaßnahme mit **ganztägigem Unterricht** handelt und **wenn** der Antragsteller

- arbeitslos ist
- unmittelbar von Arbeitslosigkeit bedroht ist (z.B. infolge eines befristeten Arbeitsvertrages oder einer bereits ausgesprochenen Kündigung)
- keinen beruflichen Abschluß hat
- zwar einen beruflichen Abschluß hat, aber länger als die doppelte Ausbildungszeit des erlernten Berufes nicht mehr als Facharbeiter, Geselle oder Gehilfe tätig war

- einen Mangelberuf ergreifen will,[9] sofern er nicht zuvor einen Mangelberuf ausgeübt hat

sofern die Maßnahme arbeitsmarktpolitisch **notwendig** ist, d.h. an ihr ein besonderes arbeitsmarktpolitisches Interesse, also ein Allgemeininteresse, besteht.

Bei Arbeitslosen und unmittelbar von Arbeitslosigkeit Bedrohten mit abgeschlossener Berufsausbildung sowie bei Personen, die zwar einen Berufsabschluß haben, aber längere Zeit als Ungelernte gearbeitet haben, ist die arbeitsmarktrechtliche Notwendigkeit im allgemeinen gegeben, wenn - ohne Teilnahme an einer beruflichen Fördermaßnahme - auf absehbare Zeit die Vermittlung auf einen Arbeitsplatz nicht zu erwarten ist, der mindestens einen Berufsabschluß als Facharbeiter, Geselle, Gehilfe oder eine vergleichbare Qualifikation verlangt (§ 10 der AFuU vom 28.1.1986). **Voraussetzung ist also, daß die Arbeitslosigkeit oder die Bedrohung durch Arbeitslosigkeit allein durch die Teilnahme an der Bildungsmaßnahme beendet oder abgewendet werden kann.** Arbeitslosigkeit oder drohende Arbeitslosigkeit allein begründet also noch keine Anerkennung als notwendige Maßnahme bzw. einen Anspruch auf das große Unterhaltsgeld. "Vorrangiges Ziel dieser Notwendigkeitsregelung ist im Hinblick auf § 2 (siehe auch § 36) nicht die Weiterbildung, sondern die Beendigung der Arbeitslosigkeit bzw. die Wiedereingliederung in das Erwerbsleben".[10]

Dies bedeutet auch, daß die Zeit der Arbeitslosigkeit bei Personen mit abgeschlossener Berufsausbildung meist nicht für eine Aufstiegsförderung genutzt werden kann: Beabsichtigt z.B. eine arbeitslose Facharbeiterin, an einer Aufstiegsförderung zur Meisterin teilzunehmen, so wird diese Maßnahme wahrscheinlich nicht als notwendig, sondern lediglich als arbeitsmarkt-

---

[9] Auf diese Vorschrift wird im folgenden nicht näher eingegangen. Sie hat angesichts der derzeitigen Arbeitsmarktlage kaum eine praktische Bedeutung und ist, wie Barnofski ausführt, "fast überflüssig". Vgl. Ulrich Barnofski: Arbeitsförderungsgesetz. Weiterbildung heute, a.a.O., S. 16

[10] Ebenda

politisch zweckmäßig eingestuft werden, weil heutzutage Facharbeiterinnen in der Regel leichter als Meisterinnen zu vermitteln sind.

Die Arbeitsverwaltung hat also in jedem Einzelfall abzuwägen, ob die Maßnahme als arbeitsmarktpolitisch notwendig oder nur zweckmäßig anzusehen ist. Die entstehenden Konflikte sind dabei vorprogrammiert: Bei einer notwendigen Maßnahme erhält der Teilnehmer zwar das "große" Unterhaltsgeld, er wird jedoch in der Regel in eine weniger qualifizierende "Anpassungsmaßnahme" oder aber in eine Umschulung verwiesen. Eine nur zweckmäßige Förderung wird hingegen in der Regel eine Aufstiegsmaßnahme sein und die beruflichen Chancen des Teilnehmers längerfristig gesehen möglicherweise durchgreifender verbessern. Hier wird jedoch - im Falle einer Vollzeitmaßnahme - nur das "kleine" Unterhaltsgeld in Form eines Darlehens gewährt (vgl. auch Tabelle 2o, aus der der Bezug des "großen" und "kleinen" Unterhaltsgelds nach Maßnahmearten (für das Jahr 1983) hervorgeht).

Lediglich eine Maßnahme für (arbeitslose oder berufstätige) Personen ohne Berufsabschluß wird im allgemeinen ohne weitere Bedingungen den Tatbestand einer notwendigen Maßnahme erfüllen, es sei denn, daß sie zu einer Tätigkeit hinführt, die noch unter dem bisherigen Qualifikationsniveau der ungelernten Person liegt.

Bei Anspruchsberechtigten des "großen" Unterhaltsgelds trägt die Bundesanstalt darüber hinaus die Lehrgangsgebühren. Kosten für Lernmittel und Arbeitskleidung, die Krankenversicherung und die Fahrtkosten sowie sonstige Kosten in voller Höhe. Bei erforderlicher auswärtiger Unterkunft werden die Kosten für Unterkunft und Verpflegung in Form einer Pauschale gewährt bzw. werden die eine bestimmte Höhe überschreitenden Kosten getragen. Geringfügige Kosten (bis monatlich 4o,- DM und insgesamt 2oo,- DM) werden nicht erstattet. **Kinderbetreuungskosten werden bis zu 6o,- DM monatlich getragen** - bis zu einem

Tabelle 2o In Fortbildungs- und Umschulungsmaßnahmen eingetretene Frauen nach dem Unterhaltsgeldbezug und der Maßnahmeart im Jahre 1983 1) 2) - Nordrhein-Westfalen -

Maßnahmeart	Von den neu eingetretenen Frauen bezogen ein "großes" Uhg (§ 44 Abs. 2) v.H.	"kleines" Uhg (§ 44 Abs. 2a) v.H.	Die Lehrgangskosten 3) wurden voll übernommen (in v.H. aller neu eingetr. Frauen)	pauschal übernommen
Anpassungsmaßnahmen	86,2 (9o,7)	1,o	86,4	1o,o
Aufstiegsmaßnahmen zur Meisterin, Technikerin, Betriebswirtin	3,6 (15,2)	55,8	3,2	95,3
Sonstige Aufstiegsmaßnahmen	25,1 (32,8)	12,1	29,9	68,6
Beruflicher Abschluß	6o,5 (62,6)	1,2	73,6	25,1
Heran-/Fortbildung von Ausbildungskräften	18,1 (23,2)	3,9	16,8	82,6
Fortbildung insgesamt (ohne § 41a-Maßnahmen)	7o,9 (76,o)	4,9	72,5	24,5
Umschulung	86,o (83,4)	o,8	94,5	2,8
insgesamt	73,3 (77,3)	4,3	76,o	2o,9

1) Das "große" Unterhaltsgeld betrug 1983 75 % bzw. 68 % des maßgeblichen Nettoentgelts, das "kleine" Unterhaltsgeld (58 %) wurde als Darlehen gewährt. Vgl. Übersicht 3

2) Die in Klammern gesetzten Zahlen geben den Anteil der zuvor arbeitslosen Frauen an allen neu eingetretenen Frauen an.

3) Lehrgangskosten nach § 12 AFuU, die bei <u>notwendigen</u> Maßnahmen voll, bei "nur" zweckmäßigen Maßnahmen nur bis zu einer bestimmten <u>Pauschale übernommen</u> werden können.

Quelle: Veröffentlichte und unveröffentlichte Daten des Landesarbeitsamtes Nordrhein-Westfalen sowie eigene Berechnungen

Betrag also, der angesichts der möglicherweise tatsächlich anfallenden Kosten nachgerade lächerlich ist.

7.3.1.3.3 Teil-Unterhaltsgeld bei notwendigen Teilzeitmaßnahmen

Ein Unterhaltsgeld (nach Ziffer 1b, vgl. Seite 14o) in Höhe von 73 % oder 65 %, das sich jedoch an der Hälfte des maßgeblichen Arbeitsentgelts bemißt, erhalten in der Zeit vom 1. Januar 1986 bis zum 31. Dezember 1989 bei der Teilnahme an einer Teilzeit-Maßnahme

- Teilnehmer unter 25 Jahren, die eine Teilzeitbeschäftigung von mindestens 12 und höchstens 24 Stunden wöchentlich ausüben und deren Teilnahme an der Bildungsmaßnahme für die Aufnahme einer Vollzeitbeschäftigung als notwendig angesehen wird,
- Personen, die nach der Betreuung eines Kindes in das Erwerbsleben zurückkehren oder nach ihrer Rückkehr nicht länger als ein Jahr erwerbstätig waren, **wenn** sie
  - arbeitslos sind
  - unmittelbar von Arbeitslosigkeit bedroht sind
  - keinen beruflichen Abschluß haben
  - einen beruflichen Abschluß haben, aber länger als die doppelte Ausbildungszeit des erlernten Berufs nicht mehr als Facharbeiter, Geselle oder Gehilfe tätig waren

  und wenn die Maßnahme im oben beschriebenen Sinne **notwendig** ist

  und wenn die Teilnahme an einer Maßnahme mit ganztägigem Unterricht wegen der Betreuung aufsichtsbedürftiger Kinder oder pflegebedürftiger Personen nicht erwartet werden kann. Der Unterricht muß dabei mindestens 12 Wochenstunden umfassen.

Mit dieser neuen Regelung wurde also der Ausschluß jener Frauen vom Unterhaltsgeldbezug, die wegen ihrer familialen Verpflichtungen nur eine Teilzeitbeschäftigung ausüben bzw. nur an einer Teilzeit-Maßnahme teilnehmen können, zumindest partiell beseitigt. Es erhalten jedoch nur jene Frauen Unterhaltsgeld, die alle weiteren Voraussetzungen (insbesondere vorherige beitragspflichtige Beschäftigung, Notwendigkeit der Maßnahme) erfüllen.

Für die Anspruchsberechtigten eines Teil-Unterhaltsgeldes werden darüber hinaus die unmittelbaren Maßnahmekosten in gleicher Weise übernommen wie für die Anspruchsberechtigten eines großen Unterhaltsgeldes nach Ziffer la (vgl. Seite 14o) bei einer Vollzeitmaßnahme.

7.3.1.3.4 "Kleines" Unterhaltsgeld bei zweckmäßigen Vollzeitmaßnahmen

Ein Unterhaltsgeld (nach Ziffer 2, vgl. Seite 14o) in Höhe von 58 % des maßgeblichen Nettoentgelts als (zinsloses) **Darlehen** (seit 1986 wieder mit Rechtsanspruch) erhalten bei Teilnahme an einer **Vollzeitmaßnahme**

- Antragsteller, deren Teilnahme an der beruflichen Bildungsmaßnahme arbeitsmarktpolitisch zweckmäßig, aber nicht notwendig ist. Die Gewährung des Unterhaltsgeldes als Darlehen ist ausgeschlossen, wenn ein gleichwertiges Bildungsangebot im berufsbegleitenden Unterricht vorhanden ist und die Teilnahme des Antragstellers daran erwartet werden kann.

Bei Teilnahme an einer Teilzeitmaßnahme werden nur die Maßnahmekosten getragen. Den Teilnehmern wird zugemutet, einen eventuellen Verdienstausfall selbst zu tragen bzw. die Fördermaßnahmen neben ihrer Berufsausübung, also in der Regel abends, zu absolvieren.

Auf die Problematik bei der Definition der arbeitsmarktpolitischen Zweckmäßigkeit und bei ihrer Abgrenzung gegenüber den arbeitsmarktpolitisch notwendigen Maßnahmen wurde bereits an anderer Stelle eingegangen (vgl. Seite 117 und Seite 131).

Die Rückzahlbarkeit dieses (kleinen) Unterhaltsgeldes wurde damit begründet, daß es sich hierbei vor allem um Maßnahmeteilnehmer handelt, die einen beruflichen Aufstieg anstreben und somit nach Abschluß der Maßnahme ein höheres Arbeitseinkommen erzielen. Bei der gegenwärtigen Arbeitslage sind jedoch die Chancen, einen weiterbildungsadäquaten Arbeitsplatz zu erhalten, sehr viel geringer als in früheren Jahren. Bei Frauen sind die Risiken bei der Qualifikationsverwertung zudem wie beschrieben noch sehr viel größer als bei Männern. Ferner werden es sich nur jene Arbeitnehmer leisten können, auf ein Darlehen von 58 % ihres (in der Regel: vorherigen) Nettoentgelts zurückzugreifen bzw. sich auf eine Verschuldung einzulassen, die über finanzielle Reserven, über eine zusätzliche finanzielle Unterstützung (z.B. durch den (früheren) Arbeitgeber[11]) sowie über günstige zukünftige Arbeitsmarktchancen (z.B. durch Aussicht auf Wiedereinstellung beim früheren Arbeitgeber) verfügen. Auch diese Bedingungen sind jedoch bei Männern in der Regel eher gegeben als bei Frauen.

Auch der Vorrang von berufsbegleitenden Teilzeitmaßnahmen mit folglich längerer Lehrgangsdauer im Rahmen der Aufstiegsbildung[12] wirkt sich tendenziell bei Frauen noch negativer aus als bei Männern, denn sie führen zu langfristigen Doppelbelastungen, verstärken also die ohnehin vorhandene Mehrfachbelastung berufstätiger Frauen.

Anders als bei Beziehern des großen Unterhaltsgeldes nach Ziffer 1a und 1b werden darüber hinaus die unmittelbaren Maßnahmekosten nur in pauschalierter Form bzw. in begrenzter Höhe von der Bundesanstalt getragen. Die mögliche Übernahme von Kinderbetreuungskosten entfällt in diesem Fall völlig.

---

11 Vgl. S. 219

12 Vgl. hierzu Edgar Sauter: Wird die Teilnahme an der beruflichen Weiterbildung ausreichend gefördert? Entwicklung der individuellen Förderung nach dem AFG, Auswirkungen auf das Weiterbildungsverhalten und Forderungen für die künftige Gestaltung, in: Berufsbildung in Wissenschaft und Praxis 4/1985, S. 119. Sauter weist hierbei auch auf die Gefahr höherer Abbruchrisiken hin.

7.3.1.3.5 Exkurs: Bemessungsentgelt des "großen" und "kleinen" Unterhaltsgeldes

Das Unterhaltsgeld von 73 %, 65 % oder 58 % bemißt sich wie das Arbeitslosengeld in der Regel nach dem vorherigen Arbeitsentgelt ohne Mehrarbeitszuschläge, Weihnachtsgeld, Urlaubsgeld usw. Maßgeblich sind die letzten sechzig Tage mit Anspruch auf Arbeitsentgelt. Zur Errechnung des Nettoentgelts werden "die gesetzlichen Abzüge, die bei Arbeitnehmern gewöhnlich anfallen", in pauschalierter Form abgezogen. Bei Teilnehmern, die unmittelbar vor Eintritt in die Bildungsmaßnahme Arbeitslosengeld oder Arbeitslosenhilfe bezogen haben, ist mindestens das Arbeitsentgelt maßgeblich, nach dem zuletzt das Arbeitslosengeld oder die Arbeitslosenhilfe bemessen wurde.

Eine für Frauen wichtige Regelung, die jedoch vermutlich einem großen Teil der Frauen nicht bekannt sein dürfte, ergibt sich dabei aus der sogenannten "Härteregelung" in § 112 Abs. 7 AFG: Wenn die Bemessung am vorherigen Arbeitsentgelt "unbillig hart" wäre oder wenn der letzte Tag des Bemessungszeitraumes bei Entstehung des Anspruchs länger als 3 Jahre zurückliegt, so ist vom künftig erzielbaren Arbeitsentgelt auszugehen, d.h. vom Arbeitsentgelt derjenigen Beschäftigung, für die der Teilnehmer zu Beginn der Maßnahme in Betracht kommt. Ein Fall unbilliger Härte kann bei Frauen vorliegen, die wegen der Betreuung von Kindern zuvor auf eine Teilzeitbeschäftigung angewiesen waren, und nunmehr - nach Wegfall dieses Grundes - eine Vollzeittätigkeit anstreben bzw. an einer Vollzeitmaßnahme teilnehmen wollen. Vom fiktiv erzielbaren statt vom vorhergehenden Arbeitsentgelt ist ferner bei jenen Frauen auszugehen, deren beitragspflichtige Beschäftigung länger als 3 Jahre zurückliegt.

Die "Härteklausel" gilt auch für Teilnehmer, die im Bemessungszeitraum zur Berufsausbildung beschäftigt waren und die

die Abschlußprüfung bestanden haben. Hier sind 75 % (beim Arbeitslosengeld: 5o %) des erzielbaren Nettoentgelts, mindestens das Arbeitsentgelt der Beschäftigung zur Berufsausbildung zugrunde zu legen. Anspruch auf Unterhaltsgeld haben dabei seit 1986 auch junge Arbeitnehmer mit einer außerbetrieblichen Ausbildung, die der betrieblichen gleichgestellt ist. Diese Neuregelung wirkt sich für Frauen tendenziell günstig aus, da sie wegen ihrer schlechten Chancen auf dem betrieblichen Arbeitsmarkt häufiger als Männer auf außerbetriebliche Ausbildungsgänge angewiesen sind.

Auf das Unterhaltsgeld werden Einkommen, die die Bezieher neben der Teilnahme an der Maßnahme erzielen, angerechnet, soweit sie 3o,- DM übersteigen. (Dies gilt nicht für das Einkommen aus einer Teilzeitbeschäftigung der unter 25jährigen nach Ziffer 1b, Seite 14o und Seite 147).

Sofern jedoch der Bezieher von Unterhaltsgeld von seinem früheren Arbeitgeber zusätzliche Leistungen erhält, bleibt dies anrechnungsfrei, soweit nicht zusammen mit dem Unterhaltsgeld das maßgebliche Nettoarbeitsentgelt überschritten wird. Dieser Umstand dürfte vor allem bei Aufstiegsmaßnahmen im Rahmen der zweckmäßigen Förderung relevant sein und, wie oben ausgeführt, bei Frauen weniger in Frage kommen als bei Männern.

7.3.1.3.6 Unterhaltsgeld in Höhe des Arbeitslosengeldes/der Arbeitslosenhilfe

Ein Unterhaltsgeld (nach Ziffer 3, vgl. Seite 14o) in Höhe des zuvor bezogenen Arbeitslosengeldes (68 % vom maßgeblichen Nettoarbeitsentgelt bei Arbeitslosen mit mindestens einem Kind oder einem pflegebedürftigen, nicht erwerbsfähigen Ehegatten und 63 % bei den übrigen Arbeitslosen) oder in Höhe der zuvor bezogenen Arbeitslosenhilfe (58 % bei Arbeitslosen mit Unterhaltsverpflichtungen im obigen Sinne, 56 % bei den übrigen Arbeitslosen) erhalten seit 1986

- Personen, die die innerhalb der Rahmenfristen vorgeschriebene Beitragszeit von 2 Jahren nicht erfüllen und die auch keinen Anspruch auf Arbeitslosengeld aufgrund einer Dauer von 156 Tagen haben oder im Anschluß daran Arbeitslosenhilfe bezogen haben,
  aber bis zum Beginn der Bildungsmaßnahme Arbeitslosengeld oder Arbeitslosenhilfe (aufgrund eines Anspruchs von einer kürzeren Dauer) erhalten haben,
  und deren Teilnahme an der Maßnahme zur beruflichen Wiedereingliederung im beschriebenen Sinne als **notwendig** gilt. Darüber hinaus werden ihnen die Maßnahmekosten nach § 45 gewährt (wie Teilnehmern des "großen" Unterhaltsgeldes).

Mit dieser seit 1986 geltenden Regelung wird also die Abhängigkeit der Unterhaltsgeldzahlung von der vorherigen mindestens zweijährigen Beitragspflicht durchbrochen. Sie wirkt sich für Frauen mit geringeren Beitragszeiten, soweit diese noch in die Anwartschaftszeiten für Arbeitslosengeld bzw. Arbeitslosenhilfe fallen, positiv aus. Ein zusätzlicher finanzieller Anreiz für die Teilnahme an einer Bildungsmaßnahme im Vergleich zum Arbeitslosenstatus ist jedoch nicht gegeben. Ausgeschlossen von der Förderung sind ferner nach wie vor langfristig Arbeitslose, die keine Leistungen mehr beziehen und auch nicht die Voraussetzungen für ein "großes" oder "kleines" Unterhaltsgeld erfüllen. Gerade für jenen Personenkreis jedoch wären Qualifizierungsmaßnahmen besonders dringlich.

7.3.1.3.7 Ausschließliche Übernahme der Maßnahmekosten

Kein Unterhaltsgeld, aber die Übernahme der Maßnahmekosten (nach Ziffer 4b, vgl. Seite 141) wird - wie Teilnehmern des "großen" Unterhaltsgeldes - ferner Teilnehmern gewährt,

- die die vorgeschriebenen Beitragszeiten (innerhalb der Rahmenfristen) nicht erfüllen oder keinen Anspruch auf Arbeitslosengeld oder Arbeitslosenhilfe haben, **aber**
  - o arbeitslos sind
  - o unmittelbar von Arbeitslosigkeit bedroht sind

- o keinen beruflichen Abschluß haben
- o einen beruflichen Abschluß haben, aber längere Zeit als Ungelernte gearbeitet haben
- o einen Mangelberuf ergreifen wollen (aber derzeit keinen Mangelberuf ausüben)

sofern die Maßnahme im beschriebenen Sinne **notwendig** ist.

Voraussetzung ist ferner, daß sich die Teilnehmer verpflichten, im Anschluß an die Maßnahme innerhalb einer 4jährigen Rahmenfrist mindestens drei Jahre lang eine beitragspflichtige Beschäftigung, also eine Beschäftigung von mindestens 19 Stunden pro Woche, auszuüben. Ist dies ohne wichtigen Grund (z.B. bei Arbeitslosigkeit) nicht der Fall, so sind die Leistungen zurückzuzahlen.

7.3.1.3.8 Zusammenfassung der frauenspezifischen Wirkungen der Förderkonditionen

Obwohl also die familiar gebundenen Frauen in § 2 AFG explizit als Zielgruppe der Arbeitsmarktpolitik genannt sind und obwohl der "Eintritt oder Wiedereintritt weiblicher Arbeitsuchender in das Berufsleben" in § 43 AFG noch einmal als besondere Zielsetzung von Fortbildungsmaßnahmen herausgestellt wird, erfahren diese Frauen von den Förderkonditionen her keine ausreichenden Prioritäten. **Ein großer Teil dieser arbeitsmarktpolitischen Zielgruppe ist vielmehr faktisch von der Förderung ausgeschlossen.** Hausfrauen, die nie erwerbstätig waren, Frauen, die eine zu kurze bzw. zu weit zurückliegende beitragspflichtige Beschäftigung aufweisen und somit keinerlei Anspruch auf Arbeitslosengeld oder Arbeitslosenhilfe haben, Frauen, die zwar eine mindestens zweijährige Beitragspflicht aufweisen, welche jedoch zu weit zurückliegt, und die auch nicht zur "Sicherung ihres Lebensunterhalts" zur Arbeitsaufnahme gezwungen sind, werden allenfalls (sofern die Maßnahme als "notwendig" eingestuft wird) die unmittelbaren Lehrgangskosten, nicht aber Leistungen zum Lebensunterhalt gewährt. Stillschweigend vorausgesetzt wird also, daß sie weiterhin von ihrem Ehemann unterhalten werden. Wenn Frauen sich den ihnen gesellschaftlich zugewiesenen Familienpflichten widmen und aus diesem Grunde ihre Berufstätigkeit unterbrechen, laufen sie also Gefahr, auch dann vom Unterhaltsgeld ausgeschlossen zu werden, wenn sie gleich lange beitragspflichtige Beschäftigungszeiten wie Männer aufweisen, diese Zeiten jedoch nicht in die (verlängerte) Rahmenfrist hineinreichen. Sind sie darüber hinaus nicht in der Lage, eine beitragspflichtige Beschäftigung im Anschluß an die Maßnahme auszuüben, sondern nur eine Teilzeitbeschäftigung von weniger als 19 Wochenstunden, so werden ihnen nicht einmal die Maßnahmekosten gewährt. Eine Verlängerung der anschließenden Rahmenfrist wegen der Betreuung und Erziehung der Kinder sieht das Gesetz nicht vor. Somit ist jene Gruppe unter den Frauen, die einer beruflichen Förderung am dringendsten bedarf, von den Leistungen also weitgehend ausgeschlossen.

Selbst wenn Frauen Anspruch auf ein Unterhaltsgeld in Form eines Zuschusses haben, liegen bei ihnen jedoch in der Regel im Schnitt schlechtere finanzielle Voraussetzungen und damit größere Weiterbildungshemmnisse als bei Männern vor. Denn der geringe Unterhaltsgeldsatz von 73 bzw. 65 % des Nettoentgelts wirkt sich bei Geringverdienern - und dazu gehören Frauen eher als Männer - besonders gravierend aus, und wird damit ihr Entscheidungsverhalten gegenüber Weiterbildung negativ beeinflussen (vgl. Tabelle 21, 22 und Übersicht 3). Bei der Teilnahme an (ganztägigen) Weiterbildungsmaßnahmen entfällt ferner eher als bei Arbeitslosigkeit die Möglichkeit, das Arbeitslosengeld/die Arbeitslosenhilfe durch eine Nebentätigkeit aufzustocken bzw. die Ausgaben für den Lebensunterhalt durch eine sparsame Haushaltsführung zu reduzieren.[13] Wenig Anreiz und wenig Unterstützung bietet das Weiterbildungsangebot und das

---

[13] Vgl. Helga Foster: Wiedereingliederung von Frauen in den Arbeitsmarkt durch neue Formen der Weiterbildung? Merkmale und Notwendigkeit von Veränderungen der Weiterbildung von Frauen, in: Berufsbildung in Wissenschaft und Praxis 4/1985, S. 13o-132, insbes. S. 131

Tabelle 21 Höhe des Unterhaltsgeldes und Differenz zum Nettoarbeitsentgelt, zum Arbeitslosengeld und zur Arbeitslosenhilfe

Arbeitsentgelt brutto 1) (4 Wochen) DM	Arbeitsentgelt netto 2) (gerundet) DM	Unterhaltsgeld DM	Differenz des Unterhaltsgeldes (gerundet) zum Arbeitsentgelt netto 3) DM	zum Arbeitslosengeld DM	zur Arbeitslosenhilfe DM
		I. Bei arbeitsmarktpolitisch notwendigen Maßnahmen			
		A. Für Arbeitnehmer ohne Unterhaltsverpflichtungen in Steuerklasse I und IV			
		1 9 8 4 (63 % des Nettoentgelts)			
1.ooo	731	461	- 27o	-	+ 52
2.ooo	1.336	842	- 494	-	+ 93
3.ooo	1.8o9	1.14o	- 669	-	+ 127
4.ooo	2 19o	1.38o	- 81o	-	+ 154
4.8oo	2.48o	1.562	- 918	-	+ 173
		1 9 8 6 (65 % des Nettoentgelts)			
1.ooo	738	48o	- 258	+ 14	+ 67
2.ooo	1.345	874	- 471	+ 27	+ 12o
3.ooo	1.828	1.188	- 64o	+ 36	+ 163
4.ooo	2.212	1.438	- 774	+ 44	+ 2oo
4.8oo	2.518	1.637	- 881	+ 51	+ 226
5.ooo	2.592	1.685	- 9o7	+ 53	+ 233
5.2oo	2.662	1.73o	- 932	+ 53	+ 24o
		B. Für Arbeitnehmer mit Unterhaltsverpflichtungen in Steuerklasse III			
		1 9 8 4 (7o % des Nettoentgelts)			
2.ooo	1.446	1.o13	- 433	+ 29	+ 173
4.ooo	2.675	1.872	- 8o3	+ 55	+ 322
4.8oo	3.13o	2.191	- 939	+ 62	+ 377
		1 9 8 6 (73 % des Nettoentgelts)			
2.ooo	1.46o	1.o66	- 394	+ 75	+ 221
4.ooo	2.67o	1.949	- 721	+ 135	+ 4o1
4.8oo	3.133	2.287	- 846	+ 158	+ 47o
5.2oo	3.447	2.443	- 1.oo4	+ 168	+ 5o2
		II. Bei arbeitsmarktpolitisch zweckmäßigen Maßnahmen 1 9 8 6			
		A. Für Arbeitnehmer ohne Unterhaltsverpflichtungen in Steuerklasse I und IV			
		(58 % des Nettoentgelts (Darlehen))			
2.ooo	1.345	78o	- 565	- 67	+ 26
4.ooo	2.212	1.284	- 928	- 11o	+ 46
5.2oo	2.662	1.546	- 1.116	- 132	+ 56
		B. Für Arbeitnehmer mit Unterhaltsverpflichtungen in Steuerklasse III			
		(58 % des Nettoentgelts (Darlehen))			
2.ooo	1.46o	845	- 615	- 146	-
4.ooo	2.67o	1.548	- 1.122	- 266	-
5.2oo	3.347	1.942	- 1.4o5	- 333	-

1) In der AFG-Leistungsverordnung ausgewiesenes wöchentliches Arbeitsentgelt (für 6 Arbeitstage) multipliziert mit 4 (entspricht nicht dem Monatsgehalt)

2) Errechnet aus Arbeitsentgelt brutto und Prozentsatz des Unterhaltsgeldes

3) Der Unterschiedsbetrag zum Nettoarbeitsentgelt erhöht sich um Weihnachtsgeld, Urlaubsgeld, einmalige Zulagen usw.

Quelle: AFG Leistungsverordnung 1984 und 1986 sowie eigene Berechnungen

Förderrecht vor allem arbeitslosen Müttern: Solange bei den Weiterbildungsveranstaltungen keine Betreuungsmöglichkeiten für Kinder geschaffen werden bzw. solange die entstehenden Kinder-Betreuungskosten nicht in angemessener Weise erstattet werden, ist es nur zu verständlich, wenn arbeitslose Mütter den Verbleib in Arbeitslosigkeit einer Teilnahme an Weiterbildungsveranstaltungen vorziehen.

Tabelle 22 Durchschnittlicher Unterhaltsgeldbetrag (DM) von Frauen und Männern nach Alter und Familienstand im Oktober 1985 - Bundesgebiet -

Alter	verheiratet		nicht verheiratet	
	Frauen	Männer	Frauen	Männer
bis 24 Jahre	682	992	65o	844
25 - 34 Jahre	856	1.116	914	964
35 - 44 Jahre	892	1.26o	1.o47	1.o55
45 - 54 Jahre	89o	1.3o1	1.o21	1.o49
55 Jahre u.älter	878	1.225	92o	1.o47
Durchschnitt	843	1.165	797	927

Quelle: Amtliche Nachrichten der Bundesanstalt für Arbeit, 2/1986, S. 144-145

7.4 Das geltende Förderrecht im Bereich der betrieblichen Einarbeitung

Der Einarbeitungszuschuß[14] nach § 49 AFG wird Arbeitgebern auf Antrag gewährt, die Arbeitnehmer einstellen, die vor Beginn der Einarbeitung

- arbeitslos waren oder
- von Arbeitslosigkeit bedroht sind

und "die eine volle Leistung am Arbeitsplatz erst nach einer Einarbeitungszeit erreichen können" (§ 49 Abs. 1 Satz 1). Er

---

14 Zur umstrittenen Zuordnung der Einarbeitungsmaßnahmen zum Bereich der beruflichen Bildung vgl. Abschnitt 6, S. 123 f

soll also Arbeitgeber zur Beschäftigung von Arbeitnehmern bewegen, die den betrieblichen Anforderungen nicht voll entsprechen.

In der Zeit vom 1.1.1986 bis 31.12.1989 wird er auch gewährt, wenn mit dem Arbeitnehmer ein befristetes Arbeitsverhältnis abgeschlossen wird. Eine Förderung ist ausgeschlossen, wenn die Einarbeitung beim bisherigen Arbeitgeber erfolgt oder wenn der Arbeitgeber gleichartige Leistungen (Einarbeitungsmaßnahmen) selbst erbringt.

Der Arbeitnehmer muß mindestens 6 Monate beruflich tätig gewesen sein. Die vorgesehene Einarbeitung muß mindestens 4 Wochen dauern, sie kann auch im Anschluß an eine Fortbildungs- oder Umschulungsmaßnahme gewährt werden.

Die Höhe des Einarbeitungszuschusses ist auf maximal 7o % des tariflichen oder ortsüblichen Arbeitsentgelts zu Beginn der Einarbeitung beschränkt. Die maximale Förderungsdauer beträgt 1 Jahr. Höhe und Dauer des Einarbeitungszuschusses richten sich im Einzelfall "grundsätzlich nach dem Unterschied zwischen dem vorhandenen Leistungsvermögen des einzuarbeitenden Arbeitnehmers und den Anforderungen am Arbeitsplatz" (AFuU vom 28.1.1986, § 19 Abs. 3). Darüber hinaus wird das Ausmaß der "Qualifizierung" honoriert: Der Zuschuß kann um 2o % des maßgeblichen Arbeitsentgelts, aber höchstens bis auf 7o % des Arbeitsentgelts, erhöht werden, wenn durch die Einarbeitung die berufliche Mobilität des Arbeitnehmers erheblich erhöht wird. Es handelt sich also um Förderkriterien, die einer objektiven Überprüfung kaum zugänglich sind.

Von seinen Möglichkeiten her ist der Einarbeitungszuschuß nicht nur dazu bestimmt, betriebliche Einstellungsbarrieren gegenüber Arbeitslosen mit (angeblich) mangelnden qualifikatorischen Voraussetzungen abzubauen. Er kann vielmehr auch als Instrument eingesetzt werden, um - mit Hilfe des finanziellen

Anreizes - gezielt Personen zu vermitteln, deren geringe Vermittlungschancen (auch) auf anderen Vorbehalten der Arbeitgeber beruhen. Insofern stellt er in der Hand der Arbeitsverwaltung auch ein Mittel dar, um gezielt die Wiedereingliederung von Frauen zu steuern.

7.5 Zur Entwicklung des Förderrechts seit der Verabschiedung des Arbeitsförderungsgesetzes im Jahre 1969

Die ausführlich dargestellten Förderkonditionen des Jahres 1986 stellen zwar in einigen Punkten eine Verbesserung gegenüber den unmittelbar zuvor geltenden Vorschriften dar (vgl. Seite 175 ff), vergleicht man jedoch die Regelungen des Jahres 1986 mit denjenigen, die in den ersten Jahren nach Verabschiedung des AFG galten, so wird eine nahezu kontinuierliche Verschlechterung offensichtlich, die sich insbesondere zu Lasten von Frauen bzw. zu Lasten der im AFG ausdrücklich als besonders förderungsbedürftig herausgestellten Gruppen der neu oder wieder in das Berufsleben eintretenden Frauen auswirkt.

Die Entwicklung der Förderkonditionen ist durch folgende Trends charakterisiert:

- durch die Einführung bzw. Verstärkung des Prinzips der Beitragsäquivalenz bei den Leistungen und somit durch den Ausschluß eines Teils der besonders bildungsbedürftigen Gruppen (Hausfrauen bzw. langjährige Berufsunterbrecherinnen) aus der Förderung

- durch die Senkung der Leistungen für den Lebensunterhalt (Unterhaltsgeld), die insbesondere Personengruppen mit geringem Verdienst trifft, und wodurch kaum mehr ein positiver finanzieller Anreiz zur Weiterbildungsteilnahme ausgeübt wird, der aber besonders bei bildungsungewohnten Gruppen notwendig ist (vgl. Tabelle 21 und 22)

- durch die Konzentration der Förderung auf Arbeitslose und die damit einhergehende Verlagerung von der einst beabsichtigten präventiven, vorausschauenden Förderung hin zur "Schadensbekämpfung", von der Aufstiegsförderung hin zur Anpassungsfortbildung.

Die Entwicklung des Leistungsrechts nachzuzeichnen ist ein äußerst aufwendiges Unterfangen, denn seit der Verabschiedung des AFG wurden die gesetzlichen Regelungen und die oben angeführten weiteren Grundlagen des Förderrechts viele Male geändert. So weist allein der § 44 AFG, der den Unterhaltsgeldbezug regelt, von 1969 bis zur 7. AFG-Novelle vom 2o.12.1985 rund 3o einzelne Änderungen auf. Darüber hinaus wurde die ursprünglich erkennbare Systematik des AFG durch die dauernde Stop-and-go-Politik stark beeinträchtigt, so daß, wie Barnowski[15] feststellt, mittlerweile selbst ein Fachmann Schwierigkeiten hat, das System der Förderung zu durchschauen.

Die größten negativen Einschnitte in das Förderungsrecht erfolgten durch das Gesetz zur Verbesserung der Haushaltsstruktur im Geltungsbereich des Arbeitsförderungsgesetzes und des Bundesversorgungsgesetzes (Haushaltsstrukturgesetz - HStruktG-AFG) vom 18. Dezember 1975, durch das Gesetz zur Konsolidierung der Arbeitsförderung (Arbeitsförderungs-Konsolidierungsgesetz - AFKG) vom 22. Dezember 1981 sowie durch das Haushaltsbegleitgesetz 1984 vom 22. Dezember 1983. Im folgenden sollen zunächst die bis zum Haushaltsstrukturgesetz 1975 geltenden Voraussetzungen skizziert werden.

Das Förderrecht bis zum Haushaltsstrukturgesetz von Ende 1975

In den ersten Jahren nach Inkrafttreten des Arbeitsförderungsgesetzes am 1. Juli 1969 waren die Förderkonditionen durchaus attraktiv und boten auch Frauen, die ihre Berufstätigkeit un-

---

15 Vgl. Ulrich Barnofski: Arbeitsförderungsgesetz. Weiterbildung heute, a.a.O., S. 18

terbrochen hatten, die Möglichkeit, Unterhaltsgeld zu beziehen.

In der ersten Fassung des Gesetzes bestanden die unabdingbaren Anforderungen gemäß § 36 darin, daß der Antragsteller geeignet war und die Förderung unter Berücksichtigung nicht nur der Lage und Entwicklung des Arbeitsmarktes, sondern auch unter Berücksichtigung der beruflichen **Neigung** des Antragstellers zweckmäßig war. Nach § 8 AFuU vom 9. September 1971 sollten bei der Förderung nicht nur arbeitsmarktpolitische, sondern auch sozialpolitische Bedürfnisse berücksichtigt werden.

Nach § 42 AFG konnten prinzipiell nicht nur Personen, die eine die Beitragspflicht begründende Beschäftigung ausgeübt hatten, sondern auch Personen, die eine solche Beschäftigung in Zukunft ausüben wollten, also auch bisherige Nicht-Beitragszahler, bei entsprechender Eignung und voraussichtlicher Erfolgsaussicht der Teilnahme gefördert werden.

Faktische Zugangsbarrieren für Frauen ohne jegliche Berufserfahrung oder mit total veralteten Berufskenntnissen ergaben sich jedoch durch die in den Anordnungen (AFuU) geforderten beruflichen Praxiszeiten. Während diese Voraussetzungen in der Anordnung vom 18.12.1969 noch nicht zeitlich festgelegt waren, brachten die nachfolgenden Anordnungen eine diesbezügliche Präzisierung: Der Konzeption der Fortbildung entsprechend, die auf vorhandene Erfahrungen und Kenntnisse aufbaut, wurde in der ersten Änderungsanordnung vom 19. Dezember 1973 zur Anordnung vom 9. September 1971 (Wirkung 1.1.1972) eine für das Erreichen des Fortbildungsziels notwendige abgeschlossene Berufsausbildung oder eine in dem Berufsfeld übliche Berufserfahrung gefordert. Bei Vollzeitmaßnahmen war eine abgeschlossene Berufsausbildung und eine mindestens einjährige Berufspraxis oder eine in dem Berufsfeld übliche Berufserfahrung notwendig. Personen, die einen beruflichen Aufstieg anstrebten, mußten zuvor in der Regel mindestens zunächst ein Jahr in ihrem Beruf tätig gewesen sein. Bei Umschulungen war in der Regel eine mindestens dreijährige Berufstätigkeit erforderlich.

Insofern profitierten von der Öffnung der Förderung für vorherige Nicht-Beitragszahler eher Personen, die zuvor berufstätig, aber nicht beitragspflichtig waren, also vor allem Selbständige oder Beamte. Immerhin lag jedoch der Anteil der Frauen, die nach der Teilnahme an einer beruflichen Bildungsmaßnahme "neu oder wieder" in das Erwerbsleben eintreten wollten, 197o bei 2o,3 % aller weiblichen Teilnehmer, 1971 bei 11,6 %, und nahm damit ein relatives Gewicht ein, das in den Folgejahren nie mehr erreicht werden sollte (vgl. Abschnitt 8.8.1 im empirischen Teil der Arbeit).

In den Anordnungen von 1971 und 1973 wurde auch die vorhergehende **oder** anschließende beitragspflichtige Beschäftigungszeit präzisiert, wobei die obige Änderungsanordnung von 1973 gegenüber der vorhergehenden Anordnung von September 1971 bereits eine Verschärfung durch eine Rahmenfrist vorsah: Erforderlich war eine mindestens zweijährige beitragspflichtige Beschäftigung **oder** eine nachfolgende mindestens zweijährige Beschäftigung innerhalb von 4 Jahren nach Abschluß der Fortbildungsmaßnahme. Ferner kam es - vor allem auf Druck der Arbeitgeber hin - bereits in der Anordnung von 1971 zu einer stärkeren Betonung der arbeitsmarktpolitischen Zweckmäßigkeit der Fördermaßnahmen.

Diese Verschärfungen stellten bereits Vorläufer der einschneidenden Reform des Förderungsrechts durch das Haushaltsstruktur-Gesetz von Ende 1975 dar. Auch im sogenannten "Arbeitsförderungsbericht"[16] von 1973 fanden sich Empfehlungen, die auf eine restriktivere Handhabung des Leistungsrechts hinausliefen: Empfohlen wurde der völlige Ausschluß von Personen, die

---

[16] Vgl. Bericht der Bundesregierung nach § 239 des Arbeitsförderungsgesetzes (Arbeitsförderungsbericht), Bundestagsdrucksache 7/4o3 vom 23.3.1973

zuvor **nicht** Beitragszahler waren, aus der Fortbildungsförderung. Personen, die erst nach der Maßnahme eine beitragspflichtige Beschäftigung ausüben wollten, sollten zunächst ein zinsloses Darlehen erhalten, das nach einer angemessenen Dauer der nachfolgenden beitragspflichtigen Beschäftigung in einen Zuschuß umgewandelt werden sollte. Diese Empfehlungen waren durch die in dieser Zeit in der Öffentlichkeit einsetzende Mißbrauchsdiskussion diktiert, wobei der - sicherlich niemals auszuschließende - Mißbrauch völlig überbewertet wurde. Denn nach den im selben Bericht angeführten Daten hatten von den 1971 erstmals geförderten Teilnehmern 97,1 % vorher Beträge zur Bundesanstalt für Arbeit entrichtet, 2,6 % der Teilnehmer erhielten Leistungen, weil sie im Anschluß an die Maßnahme eine beitragspflichtige Beschäftigung aufnehmen wollten. Beim letzteren Personenkreis handelte es sich in erster Linie um Umschüler und Teilnehmer an betrieblichen Einarbeitungsmaßnahmen.[17]

Für Frauen tendenziell positiv wirkte sich aus, daß nicht nur bei Maßnahmen mit ganztägigen, sondern auch bei berufsbegleitenden Maßnahmen Unterhalt gewährt wurde, wenn durch die Teilnahme an der Maßnahme mindestens ein Drittel der betrieblichen Wochenarbeitszeit entfiel.

Das Unterhaltsgeld lag zu Anfang bei 12o % des Arbeitslosengeldes und bei 143 % der Arbeitslosenhilfe (beim Hauptbetrag, zu dem evtl. noch Familienzuschläge hinzukamen). Es erreichte damit bei Ledigen 75 % des Nettoarbeitsentgelts,[18] bei Verheirateten bzw. Unterhaltsverpflichteten lag es wegen der Familienzuschläge noch näher am Nettogehalt (vgl. zur Entwicklung des Unterhaltsgeldes die Übersicht 3).

---

17 Vgl. Ebenda, S. 21

18 Vgl. Werner Hoppe: Seit zehn Jahren Unterhaltsgeld für Bildungswillige. Rechtsentwicklung und BSG-Rechtsprechung im vergangenen Jahrzehnt, in: Zentralblatt für Sozialversicherung, Sozialhilfe und Versorgung, 32 (1978) 1/2, S. 4

Übersicht 3 Höhe und Entwicklung des Unterhaltsgeldes von 1969 bis 1986

Zeitpunkt/ Quelle	Höhe des Unterhaltsgeldes (Uhg)	Höhe des Arbeitslosengeldes (Alg)	Höhe der Arbeitslosenhilfe (Ahi)	das Unterhaltsgeld betrug in % des Alg	das Unterhaltsgeld betrug in % der Ahi	sonstige Regelungen
1) AFG 1969 vom 25.6.1969 Wirkung 1.7.69	richtete sich nach dem Arbeitsentgelt nach Maßgabe der im Gesetz beigefügten Tabellen variabler, degressiv mit der Höhe des Einkommens abnehmender Prozentsatz vom Bruttoeinkommen: Hauptbetrag + Familienzulagen = Höchstbetrag Hauptbetrag: zwischen 72 und 51 % des Bruttoarbeitsentgelts Hochstbetrag: zwischen 92 und 7o % des Bruttoarbeitsentgelts bei einem Verheirateten mit 3 Kindern, 1.3oo DM brutto Einkommen betrug Uhg 9o % des Nettoeinkommens 1) bei einem Ledigen betrug der Hauptbetrag 75 % des Nettoeinkommens 1)	wie Uhg, aber niedrigerer Prozentsatz vom Bruttoeinkommen als beim Uhg Hauptbetrag: zw. 6o und 43 % des Brutto-Arbeitsentg. 62,5 % des Nettoeinkommens bei Ledigen 1) Hochstbetrag: zw. 8o und 62 % des Brutto-Arbeitsentg.	wie Uhg, aber niedrigerer Prozentsatz vom Bruttoeinkommen als beim Uhg und (beim Hauptbetrag) beim Alg Hauptbetrag: zw. 54 und 36 % des Brutto-Arbeitsentg. Höchstbetrag: zw. 8o und 62 % des Brutto-Arbeitsentg.	in % des Hauptbetrags des Alg: 12o % in % des Hochstbetrags des Alg: 112 %	in % des Hauptbetrags der Ahi: 143 % in % des Hochstbetrags der Ahi: 113 %	- Nunmehr Rechtsanspruch, keine Bedürftigkeitsprufung mehr wie im AVAG, aber gleiche Bemessungsprinzipien wie im AVAG - Freibetrag: 5o.- DM pro Woche - Gewährung von Anschluß-Uhg: um 15 % gekürztes Uhg, wenn innerhalb von 6 Monaten nach Abschluß der Bildungsmaßnahme arbeitslos - Gewahrung von Uhg auch bei berufsbegleitenden Maßnahmen, wenn diese mindestens 1/3 der wochentlichen Arbeitszeit umfaßten - Gewahrung von Darlehen, wenn Fördervoraussetzungen nicht erfullt (z.B. bei Selbständigen)
2) 1.And Gz AFG vom 22.12. 1969, Rückwirkung zum 1.1o.1969	wie unter 1., aber Erhöhung und zeitliche Staffelung des Hauptbetrags Hauptbetrag: im ersten halben Jahr: zwischen 84 und 55 % des Brutto-Arbeitsentgelts danach: zwischen 88 und 59 % des Brutto-Arbeitsentgelts Hochstbetrag: zwischen 96 und 73 % des Brutto-Arbeitsentgelts Dynamisierung nach 1 Jahr, danach jedes 1/2 Jahr (um 4 % erhohtes Arbeitsentgelt) bei Ledigen betrug der Hauptbetrag in den ersten 26 Wochen 81 % des Nettoeinkommens, danach 87,5 % 1) bei Verheirateten mit Kindern entsprach Uhg nach einem Jahr dem vorherigen Nettoeinkommen 1)	wie unter 1.	wie unter 1.	in % des Hauptbetrags: im ersten halben Jahr: 13o % danach: 14o % (zusätzl. Dynamisierung d.Uhg) in % des Hochstbetrags 119 %	in % des Hauptbetrags: im ersten halben Jahr: 154 % danach: 166 % (zusatzl. Dynamisierung d.Uhg) in % des Hochstbetrags 119 %	

noch: Übersicht 3

Zeitpunkt/ Quelle	Höhe des Unterhaltsgeldes (Uhg)	Höhe des Arbeitslosengeldes (Alg)	Höhe der Arbeitslosenhilfe (Ahi)	das Unterhaltsgeld betrug in % des Alg	das Unterhaltsgeld betrug in % der Ahi	sonstige Regelungen
3) Reha Angl.G. vom 7.4.74, in Kraft 1.10.74	wie unter 2. mit der Höhe des Einkommens abnehmender Prozentsatz vom Brutto-einkommen (netto 62,5 %)	wie unter 2.	wie unter 2.	wie unter 2.	wie unter 2.	-Anpassung der Dynamisierung an die Dynamisierung des Arbeitslosengeldes (um den Steigerungssatz der Renten)
4) EG-EStRG vom 21.12.1974, mit Wirkung 1.1.1975	90 % des um die gesetzlichen Abzüge verminderten Arbeitsentgelts im Sinne des § 112 AFG (Nettoeinkommen)	68 %	58 %	132 %	155 %	-Fortfall der Kinderzuschläge (aufgrund des Kindergeldgesetzes)
5) HStrukG AFG vom 18.12. 1975	80 % bei arbeitsmarktpolitisch notwendigen Maßnahmen (für Arbeitslose, von Arbeitslosigkeit Bedrohte, Ungelernte und Umschüler in Mangelberufe)	68 % vom Nettoeinkommen (gemäß § 112 AFG)	58 %	118 %	138 %	-Reduzierung des Freibetrages von 50 auf 15 DM -Gewährung von Uhg nur noch bei ganztägigem Unterricht -statt Anschluß-Uhg wie unter 1.: Gewährung von Alg nach dem Arbeitsentgelt, nach dem zuletzt Uhg bemessen wurde
	58 % bei arbeitsmarktpolitisch zweckmäßigen Maßnahmen			85 %	100 %	
6) 5. AFG ÄndG vom 23.7.1979, mit Wirkung vom 1.8.1979	wie unter 5. zu notwendigen Maßnahmen (80 % Uhg) gehört jetzt auch Weiterbildung in Mangelberufe	wie unter 5.	wie unter 5.	wie unter 5.	wie unter 5.	-Aufstockung des Uhg durch die Betriebe möglich, sofern damit Nettoarbeitsentgelt nicht überstiegen wird -bei Abbruch keine Rückzahlungsverpflichtung, wenn in dauerhafte Beschäftigung vermittelt
7) AFKG vom 22.12.1981, mit Wirkung vom 1.1.1982	bei notwendigen Maßnahmen: 75 %, wenn Unterhaltsverpflichtungen[1] (Kinder oder pflegebedürftige Ehegatten) 68 %, wenn keine Unterhaltsverpflichtungen	68 %	58 %	110 % 100 %	129 % 117 %	-Streichung des Uhg für Nichtbeitragszahler nach § 46 Abs. 2 (für Antragsteller, die "wegen einer Veränderung ihrer persönlichen Verhaltnisse oder aus anderen Gründen gezwungen sind, eine Beschäftigung aufzunehmen")
	bei zweckmäßigen Maßnahmen: 58 % als Darlehen (Pflichtleistung)			85 % (Darlehen)	100 % (Darlehen)	

noch: Übersicht 3

Zeitpunkt/ Quelle	H ö h e des Unterhaltsgeldes (Uhg)	des Arbeitslosengeldes (Alg)	der Arbeitslosenhilfe (Ahi)	das Unterhaltsgeld betrug in % des Alg	der Ahi	sonstige Regelungen
8) Haushaltsbegleitgesetz vom 22.12. 1983 mit Wirkung vom 1.1.1984	vom Nettoeinkommen (gemäß § 112 AFG) bei notwendigen Maßnahmen: 7o % wenn Unterhaltsverpflichtungen 63 % wenn keine Unterhaltsverpflichtungen	 68 % wenn Kinder 63 % wenn keine Kinder	 58 % wenn Kinder 56 % wenn keine Kinder	 1o3 % 1oo %	 121 % 113 %	
	bei zweckmäßigen Maßnahmen: 58 % als Darlehen (jetzt Kannleistung)			85 % wenn Kinder 92 % wenn keine Kinder	1oo % wenn Kinder 1o4 % wenn keine Kinder	
9) 7. AFG-Novelle vom 2o.12. 1985	vom Nettoeinkommen (gemäß § 112 AFG) bei notwendigen Maßnahmen: (in bestimmten Fällen auch bei Teilzeit-Unterricht, siehe letzte Spalte) 73 % wenn Unterhaltsverpflichtungen 65 % wenn keine Unterhaltsverpflichtungen	 wie unter 8.	 wie unter 8.	 1o7 % 1o3 %	 126 % 116 %	-vom 1.1.86 bis 31.12.89 Gewährung eines Teil-Uhg bei Maßnahmen zur beruflichen Fortbildung mit Teilzeitunterricht, wenn Maßn. notwendig a) für unter 25jährige mit gleichzeitiger Teilzeitbeschäftig. b) für Teilnehmer, die wegen der Betreuung von Kindern zeitweilig aus dem Erwerbsleben ausgeschieden sind und an ganztägiger Maßnahme nicht teilnehmen können -Bemessung des Uhg für Berufsanfänger nach 75 statt bisher 5o % des erzielbaren Tariflohns -auch Anspruch auf Uhg für Arbeitnehmer, die eine der betriebl. Ausbildung gleichgestellte Ausbildung abgeschl. haben -auch Uhg (in Höhe des Alg oder der Ahi) für Antragsteller, die sonstige Voraussetzungen für Uhg nicht erfüllen, aber Alg oder Ahi vor Beginn der Maßnahme bezogen haben -Freibetrag: 3o,- DM pro Woche
	bei zweckmäßigen Maßnahmen: 58 % als Darlehen (wieder Pflichtleistung)			85 % wenn Kinder 92 % wenn keine Kinder	1oo % wenn Kinder 1o4 % wenn keine Kinder	

1) Werner Hoppe: Seit zehn Jahren Unterhaltsgeld für Bildungswillige, a.a.O.

Quelle: Eigene Zusammenstellung nach den zitierten Quellen

Bereits am 22.12.1969, mit Rückwirung zum 1.1o.1969, wurde eine Anhebung der Leistungssätze vorgenommen sowie auch eine zeitliche Differenzierung dieser Leistungssätze. Im ersten halben Jahr waren nunmehr durch das Unterhaltsgeld bei einem Ledigen (ohne evtl. Kinderzuschläge) 81 % des Nettoeinkommens, danach 87,5 % gedeckt. Bei verheirateten Teilnehmern mit Kindern wurde bereits im ersten Jahr das vorherige Nettoeinkommen erreicht.[19] Bei längeren Maßnahmen konnte das Unterhaltsgeld im Einzelfall über das vorherige Nettoentgelt hinausgehen.

Die nach bestimmten Zeitabschnitten höheren Zahlungen sollten einerseits zur Anpassung an die Lohnentwicklung dienen (Dynamisierungsfunktion) und andererseits eine Honorierung für die Teilnahme an längerfristigen Maßnahmen darstellen. Andererseits kam es mit der AFuU von 1971 zur Einführung von Höchstgrenzen und zu Pauschalierungen bei Lehrgangskosten.

Mit dem Einführungsgesetz zum Einkommensteuerreform-Gesetz (EG-ESt-RG) vom 22.12.1974 wurde die nach Familienstand und Dauer differenzierte Regelung durch einen einheitlichen Leistungssatz abgelöst. **Das Unterhaltsgeld betrug nunmehr 9o % des um die gewöhnlich anfallenden Abzüge verminderten Arbeitsentgelts.**

Diese Unterhaltsgeldsätze erhielten seit 1969 bis zum Haushaltsstrukturgesetz von Ende 1975 ohne Unterschied sowohl Teilnehmer an sogenannten Anpassungsmaßnahmen als auch Teilnehmer, deren Maßnahme auf einen beruflichen Aufstieg zielte. Hinzu kam die volle oder teilweise Übernahme der Maßnahmekosten.

Die notwendigen individuellen Anreize zur Weiterbildungsteilnahme waren also, insbesondere im Vergleich zum Bezug von Arbeitslosengeld, das um 32 %, und zur Arbeitslosenhilfe, die um 55 % überschritten wurde, durchaus gegeben. Auch die anrech-

---

[19] Vgl. ebenda, S. 4

nungsfreien Nebeneinkünfte (wöchentlich DM 5o,-) waren relativ großzügig bemessen.

Von Bedeutung für die Weiterbildungsmöglichkeiten insbesondere der Frauen war darüber hinaus, daß seit dem Frühjahr 1974 auch der Besuch von Fachschulen gefördert wurde.

Zur selben Zeit wurde das Aktionsprogramm "Berufliche Bildung und Beschäftigung" verabschiedet, das eine stärkere gruppenspezifische Ausrichtung der Bildungsförderung vorsah. Frauen stellten dabei eine von mehreren Zielgruppen des Programms dar. Unter anderem sah diese Qualifizierungsoffensive eine Ausweitung des Bildungsangebots für Teilzeitkräfte vor. Ferner war es darauf ausgerichtet, Frauen für die Teilnahme an Bildungsmaßnahmen zu gewinnen, die in Berufe führten, die bislang überwiegend von Männern ausgeübt werden.

Haushaltsstrukturgesetz vom 18.12.1975

Das Haushaltsstrukturgesetz vom 18.12.1975, das am 1.1.1976 in Kraft trat, sah einschneidende Änderungen des Rechts im Bereich der beruflichen Bildungsförderung vor. Angesichts der angespannten Finanzlage der Bundesanstalt und angesichts der ungünstigen Entwicklung auf dem Arbeitsmarkt sollte durch die Änderung des Leistungsrechts eine wesentliche Mitteleinsparung und eine Konzentration der Mittel auf "arbeitsmarktpolitisch notwendige Maßnahmen" bzw. auf die "Problemgruppen" des Arbeitsmarktes bewirkt werden.

"Objektive" arbeitsmarktpolitische Merkmale erhielten daher ein stärkeres Gewicht. Der Begriff der beruflichen Neigung des Antragstellers, der, wie dargestellt, zuvor ein eigenständiges Förderungsmerkmal war, entfiel völlig.

Mit diesem Gesetz wurde daher die noch heute gültige Unterscheidung nach arbeitsmarktpolitisch **notwendigen** und arbeitsmarktpolitisch "nur" **zweckmäßigen** Maßnahmen institutionalisiert. Zum Personenkreis, für den eine notwendige Maßnahme evtl. in Frage kam (vgl. Seite 138 f und Seite 144), gehörten Arbeitslose, unmittelbar von Arbeitslosigkeit Bedrohte, Personen ohne beruflichen Abschluß sowie Personen, die seit mindestens 8 Jahren als an- oder ungelernte Arbeitnehmer tätig waren, obwohl sie einen beruflichen Abschluß hatten. **Das Unterhaltsgeld für diesen Personenkreis wurde von 9o auf 8o % heruntergesetzt.**

Für die Teilnehmer an zweckmäßigen Maßnahmen, also in der Regel an Aufstiegsmaßnahmen, erfolgte eine Absenkung des Unterhaltsgeldes von 9o auf 58 %. Unterhaltsgeld wurde nur noch bei Teilnahme an Maßnahmen mit **ganztägigem** Unterricht bewilligt. Bei berufsbegleitenden Maßnahmen erstattete die Bundesanstalt lediglich die durch die Maßnahme entstehenden Kosten nach § 45 AFG.
Die Förderdauer für Fortbildungsmaßnahmen wurde auf 2 Jahre beschränkt (vorher Sollvorschrift). Nebeneinkommen waren nur noch bis zu einem Freibetrag von 15,- DM in der Woche (vorher 5o,- DM) anrechnungsfrei.

Zugleich wurde das Unterhaltsgeld in seinem Leistungscharakter stärker nach dem Versicherungsprinzip hin orientiert: Die noch heute gültigen versicherungsrechtlichen Voraussetzungen (2 Jahre Beitragspflicht innerhalb der letzten 3 Jahre vor Beginn der Maßnahme oder Arbeitslosengeld aufgrund eines Anspruchs von 156 Tagen oder der Bezug von Arbeitslosenhilfe im Anschluß daran) wurden zur Regel erhoben.

Eine insbesondere für Frauen relevante Ausnahme von der vorherigen Beitragsleistung wurde nur noch gewährt, wenn es sich um Personen handelte, die wegen einer Veränderung ihrer persönlichen Verhältnisse oder aus anderen Gründen (also z.B. wegen Scheidung, Tod des Ehemanns, Aufgabe einer Tätigkeit als mithelfende Familienangehörige) gezwungen waren, eine unselbständige Beschäftigung aufzunehmen, sofern sie arbeitslos, von Arbeitslosigkeit bedroht waren oder keinen beruflichen Abschluß besaßen und einen solchen erwerben wollten und ihre Förderung im beschriebenen Sinne als notwendig galt. Voraussetzung war weiterhin, daß sie sich verpflichteten, im Anschluß an die Maßnahme mindestens 3 Jahre eine beitragspflichtige Beschäftigung auszuüben. In diesem Fall erhielten sie ein 8o %iges Unterhaltsgeld sowie die Kostenübernahme nach § 45.

Für alle anderen Frauen, die die versicherungsrechtlichen Bedingungen nicht erfüllten und deren Berufstätigkeit auch nicht als zwingend notwendig angesehen wurde, entfiel die Möglichkeit, Unterhaltsgeld zu beziehen. Sie konnten, "da ihr Unterhalt wie bisher gesichert ist",[20] nunmehr allenfalls Leistungen nach § 45 (unmittelbare Maßnahmekosten) beziehen, wenn sie sich verpflichteten, innerhalb von 4 Jahren nach Abschluß der Maßnahme eine mindestens dreijährige beitragspflichtige Beschäftigung auszuüben.

Somit war auch die Einschätzung gegenüber dieser frauenspezifischen Neuregelung gespalten.

"Zwar berücksichtigen die neuen Vorschriften ausdrücklich die Lebenssituation geschiedener und verwitweter Frauen, die bei Antritt der Maßnahme nicht erwerbstätig gewesen waren und aus zwingenden Gründen wieder erwerbstätig sein müssen. Damit verbunden wird jedoch tendenziell wieder die mindere Bewertung der übrigen Frauen eingeführt, die auf Grund ihrer familiaren Situation ihre Erwerbstätigkeit unterbrochen hatten und jetzt - getreu dem so propagierten Drei-Phasen-Modell - wieder ins Erwerbsleben zurück 'wollen'.Wurden sie bisher vom Ehemann unterhalten, so wird dies auch jetzt vorausgesetzt, sofern der Ehemann nicht selbst ohne Verdienst ist".[21]

Völlig neu gefaßt wurde auch der § 42 des AFG (Förderungsfähiger Personenkreis), wobei nunmehr die Anwartschaftszeiten - nach der Dauer der Maßnahme differenziert - genau festgelegt

---

20 Werner Hoppe: Die Auswirkungen des Haushaltsstrukturgesetzes auf Arbeitslosenversicherung und berufliche Bildungsförderung, in: Der Betrieb 1o/1976, S. 487

21 Herta Däubler-Gmelin: Frauenarbeitslosigkeit oder Reserve zurück an den Herd!, Hamburg 1977, S. 116

wurden,[22] und wobei bis heute unverändert an für Qualifizierte und Unqualifizierte unterschiedliche Bedingungen angeknüpft wurde.

Fünftes Gesetz zur Änderung des Arbeitsförderungsgesetzes (5. AFG-ÄndG) vom 23. Juli 1979, Wirkung 1.8.1979

Die 5. Novelle zum AFG brachte einige Verbesserungen der Anspruchsvoraussetzungen. Damit sollte die durch das Haushaltsstrukturgesetz eingetretene massive Bremswirkung im Bereich der beruflichen Bildung abgemildert werden.

Erstmals wurde eine Verlängerung der dreijährigen Rahmenfrist, innerhalb der in der Regel die zweijährige beitragspflichtige Beschäftigung zu erbringen war und es bis heute ist, eingeführt. Für Frauen (oder Männer), die ihre Berufstätigkeit wegen der "Geburt und Betreuung" von Kindern unterbrochen hatten, wurde die Rahmenfrist längstens bis zu 3 Jahren je Kind verlängert. Wie aus der Verknüpfung von "Geburt und Betreuung" im Gesetzestext folgt, lösten dabei - anders als heute - nur die Betreuungszeiten nach der Geburt eines Kindes die Vergünstigung aus. War das Kind beispielsweise etwa 1 1/2 Jahre vor Beginn der Maßnahme zur Welt gekommen, so verlängerte sich die Rahmenfrist um 1 1/2 Jahre.

Bei Teilnehmern an notwendigen Maßnahmen wurde auf Vor- und Zwischenpraxiszeiten nach § 42 AFG verzichtet (bei Arbeitslosen oder von Arbeitslosigkeit unmittelbar Bedrohten) bzw. die Anwartschaftszeit herabgesetzt (auf mindestens drei Jahre bei Personen ohne Berufsabschluß). Damit wurde eine bereits in den Jahren 1976 bzw. 1978 in ähnlicher Weise durch Rechtsverord-

---

[22] Die Anwartschaftzeiten, die zum damaligen Zeitpunkt gefordert wurden, entsprachen in den Grundzügen den heute geltenden Vorschriften (vgl. Übersicht 2). Sie wurden jedoch in der Folgezeit noch mehrmals weiter differenziert. Ferner wurde von der Bestimmung nach § 42 Abs. 4 Gebrauch gemacht, wonach durch Rechtsverordnung bei ungünstiger Beschäftigungslage auch Antragsteller, die diese Voraussetzungen nicht erfüllten, gefördert werden konnten (vgl. S. 14o).

nung des BMA nach § 42 Abs. 4 praktizierte Ausnahmeregelung nunmehr als Dauerregelung in das Gesetz übernommen. Gleichzeitig wurden die Zeiten der Arbeitslosigkeit zu einem gewissen Grad auf die erforderlichen Praxiszeiten angerechnet.

Darüber hinaus kam es u.a. zu folgenden Neuerungen:
Um Belegschaftsangehörige auf gefährdeten Arbeitsplätzen für Fortbildungs- oder Umschulungsmaßnahmen zu gewinnen bzw. um die Durchführung beruflicher Bildungsmaßnahmen in Betrieben zu erleichtern, konnte nunmehr das Unterhaltsgeld von den Betrieben bis zur Höhe des Netto-Arbeitsentgelts aufgestockt werden. Bei Abbruch der Bildungsmaßnahme mußte Unterhaltsgeld nicht mehr zurückgezahlt werden, wenn die aufgenommene Tätigkeit voraussichtlich zu einer dauerhaften beruflichen Eingliederung führte. Unterhaltsgeld in Höhe von 8o % des zuletzt erzielten pauschalierten Nettoarbeitsentgelts erhielten nunmehr auch Arbeitnehmer, die sich für einen Mangelberuf qualifizieren wollten, und nicht zum Kreis der Arbeitslosen, unmittelbar von Arbeitslosigkeit Bedrohten oder Ungelernten gehörten.

Zugleich wurden die Arbeitsämter verpflichtet, arbeitslos gemeldete Arbeitnehmer in Abständen von höchstens 3 Monaten zu einer Arbeitsberatung einzuladen und den Arbeitslosen zur Teilnahme an einer beruflichen Bildungsmaßnahme aufzufordern, falls die berufliche Eingliederung nach dem Urteil der Arbeitsverwaltung durch die Teilnahme gefördert werden konnte. Kommt dieser der Aufforderung nicht nach, kann eine Sperrfrist für die Zahlung von Lohnersatzleistungen verhängt werden.

Der Einarbeitungszuschuß wurde von maximal 6o % auf maximal 8o % des Arbeitsentgelts angehoben.

Im Zuge der 5. Novellierung des AFG wurde das arbeitsmarktpolitische Instrumentarium ferner durch die **Einführung der Maßnahmen zur Verbesserung der Vermittlungsaussichten (§ 41a)** weiterentwickelt, deren Einsatz ausschließlich auf Arbeitslose beschränkt ist. Diese kurzzeitigen Maßnahmen von bis zu 6 Wochen, die im übrigen vor allem auf Drängen der Gewerkschaften institutionalisiert wurden,[23] deren Wirksamkeit und (Kontroll-)Funktion jedoch sehr umstritten ist, sollten in der Folgezeit eine besondere Bedeutung für Frauen erhalten.

Gleichzeitig mit der 5. AFG-Novelle wurde das "Arbeitsmarktpolitische Programm der Bundesregierung für Regionen mit besonderen Beschäftigungsproblemen" gestartet, auf dessen Förderkonditionen und auf dessen geschlechtsspezifische Wirkungsweise in gesonderten Kapiteln (vgl. unter lo. und 11.6.) eingegangen wird.

<u>Gesetz zur Konsolidierung der Arbeitsförderung (Arbeitsförderungs-Konsolidierungsgesetz - AFGK) vom 22.12.1981, Wirkung 1.1.1982</u>

Die Verabschiedung des AFGK, das dazu beitragen sollte, den Bundeshaushalt zu entlasten und den Grundsätzen der "Wirtschaftlichkeit und Sparsamkeit" stärker Rechnung zu tragen, führte zu weiteren gravierenden Einschränkungen im Bereich des Förderrechts:

Nichtbeitragszahler wurden nunmehr völlig vom Bezug eines Unterhaltsgeldes ausgeschlossen. Die insbesondere für Hausfrauen ohne Beitragszeiten bedeutsame Ausnahmeregelung, dann Unterhaltsgeld zu erhalten, wenn sie wegen einer Veränderung ihrer persönlichen Verhältnisse oder aus anderen Gründen zur Aufnahme einer Erwerbstätigkeit gezwungen waren (z.B. bei Trennung vom Ehepartner, Scheidung, Tod des Ehepartners) fiel also weg. Diesem Personenkreis werden nunmehr lediglich die Maßnahmekosten nach § 45 gewährt, wenn sie sich verpflichten, im Anschluß an die Maßnahme innerhalb einer Rahmenfrist von 4 Jahren mindestens 3 Jahre beitragspflichtig tätig zu sein **und** wenn die Maßnahme als notwendig erachtet wird. Damit fiel für

---

[23] Vgl. Bernhard Pollmeyer, Bernhard-Georg Spies: Zum Problem der Wiedereingliederung von Arbeitslosen. Integration oder Marginalisierung, in: WSI-Mitteilungen 2/1982, S. 96

diesen Personenkreis zugleich die Chance weg, nach der Teilnahme an der Bildungsmaßnahme bei eventuell nachfolgender Arbeitslosigkeit kompensatorische Leistungen in Form von Arbeitslosengeld oder Arbeitslosenhilfe zu beziehen.

Zusätzlich zur Einengung des förderungsfähigen Personenkreises kam es gleichzeitig zu einer weiteren Reduzierung der Leistungen:

Das Unterhaltsgeld für Teilnehmer an notwendigen Maßnahmen, das bis dahin 8o % des Nettoentgelts betrug, wurde gesenkt und danach differenziert, ob der Teilnehmer Unterhaltsverpflichtungen hatte oder nicht. Es betrug nunmehr 75 % bei Teilnehmern, die mindestens ein Kind hatten oder deren Ehegatte pflegebedürftig und nicht erwerbsfähig war (11o % des Arbeitslosengeldes und 129 % der Arbeitslosenhilfe). Die übrigen Teilnehmer erhielten statt bisher 8o % nunmehr nur noch 68 % des Nettoarbeitsentgelts (1oo % des Arbeitslosengeldes bzw. 117 % der Arbeitslosenhilfe).

Das "Unterhaltsgeld" bei der Teilnahme an nicht notwendigen Maßnahmen betrug unverändert 58 %, wurde ab jetzt aber nur noch als **zinsloses Darlehen** (mit Rechtsanspruch) gewährt und dies auch nur dann, wenn eine Teilnahme an berufsbegleitendem Teilzeit-Unterricht nicht zumutbar war. Die Umwandlung des Unterhaltsgeldes in lediglich einen Darlehensanspruch sollte eine Konzentration der Mittel auf Teilnehmer an "notwendigen" Maßnahmen, also auf Arbeitslose, unmittelbar von Arbeitslosigkeit Bedrohte und Ungelernte bewirken, und somit einen Spareffekt durch einen internen Budgetausgleich (Zahlung von Unterhaltsgeld statt kompensatorischer Leistungen bei Arbeitslosigkeit) erzielen. Als Folge dieser einschneidenden Restriktionen verschoben sich die Gewichte bei der Weiterbildungsförderung weg von der Auftragsfortbildung zur Anpassungsfortbildung.

Der Einarbeitungszuschuß wurde nur noch für Arbeitnehmer gewährt, die arbeitslos oder unmittelbar von Arbeitslosigkeit bedroht sind.

Gleichzeitig brachte das AFGK zwei Neuerungen, die der Vereinbarung von Familie und Beruf für Frauen Rechnung tragen sollen, die die zuvor genannten Leistungskürzungen jedoch keineswegs ausgleichen, sondern eher "wie Zynismus anmuten":[24]

- Für die Betreuung der Kinder eines Teilnehmers wurden ab jetzt unter bestimmten Voraussetzungen bis zu DM 6o,- monatlich von der Bundesanstalt ersetzt.
- Nicht mehr (höchstens) 3, sondern (höchstens) 4 Jahre, wegen der die Berufstätigkeit wegen der Geburt und Betreuung eines Kindes unterbrochen wurde, wurden nunmehr auf die Rahmenfrist angerechnet.

Haushaltsbegleitgesetz 1984 vom 22.12.1983, Wirkung 1.1.1984

Während das Haushaltsbegleitgesetz von 1983 die Leistungen im Bereich der beruflichen Förderung bei den realisierten Sparmaßnahmen noch weitgehend aussparte, brachte die "Operation 84", die zur weiteren Konsolidierung des Bundeshaushalts[25] beitragen sollte, noch tiefere Einschnitte in das Leistungsrecht des AFG im Weiterbildungsbereich, als sie bereits durch das AFGK vom 1.1.1982 realisiert waren.

Das ohnehin unzureichende Unterhaltsgeld bei notwendigen Maßnahmen wurde bei Teilnehmern mit Unterhaltsverpflichtungen von 75 auf 7o % des maßgeblichen Nettoentgelts gemindert, bei den

---

[24] Ute Gerhard, Rainer Metz: Gleichberechtigung und ökonomische Krise. Über den kontinuierlichen Abbau von Frauenrechten im Arbeitsförderungsrecht, in: Vorgänge 69 (1984) 3, S. 78

[25] In den Haushaltsoperationen 1982-1984 entfielen von den Entlastungen des Bundeshaushalts (insgesamt 47,1 Mrd. DM) 44,8 % ! auf die Arbeitsmarktpolitik, die somit das Hauptopfer der "Konsolidierungspolitik" wurde. Vgl. dazu Gerhard Bosch: Arbeitsmarktpolitik ohne Arbeitslose: Zur Entwicklung der Überschüsse bei der Bundesanstalt für Arbeit, in: WSI-Mitteilungen lo/1984, S. 568 f

übrigen Teilnehmern von 68 auf 63 %. Es lag nunmehr bei Teilnehmern mit Unterhaltsverpflichtungen nurmehr 3 Prozent über dem Arbeitslosengeld und 21 Prozent über der Arbeitslosenhilfe. Bei den übrigen Teilnehmern entsprach es der Höhe des um ebenfalls 5 Prozentpunkte abgesenkten Arbeitslosengeldes und 113 % der (um 2 Prozentpunkte abgesenkten) Arbeitslosenhilfe.

Der Rechtsanspruch auf das sogenannte "kleine" Unterhaltsgeld, das bei lediglich arbeitsmarktpolitisch zweckmäßigen Maßnahmen als Darlehen gezahlt wird (58 %) wurde aufgehoben und **die Darlehensgewährung in eine Kann-Leistung umgewandelt,** also in das Ermessen der Arbeitsämter gestellt.

Die Ausgaben für Einarbeitungszuschüsse wurden durch Absenkung des Förderhöchstsatzes von bisher 8o auf 7o % gekürzt. Ferner wurden nunmehr keine Zuschüsse mehr für Arbeitnehmer gewährt, die bereits dem Betrieb angehörten.

Beschäftigungsförderungsgesetz vom 26.4.1985, Wirkung 1.5.1985

Das Beschäftigungsförderungsgesetz 1985, das nach regierungsamtlicher Darstellung dazu dienen sollte, zusätzliche Beschäftigungschancen zu eröffnen, dabei jedoch in massiver Weise in Arbeitnehmerschutzrechte eingriff, brachte im Bereich der beruflichen Bildung eine geringfügige Erleichterung der Anspruchsvoraussetzungen für Berufsrückkehrerinnen: Die Rahmenfrist, innerhalb der die mindestens zweijährige beitragspflichtige Beschäftigung zu erbringen ist, wurde nunmehr um maximal 5 Jahre (statt bisher 4 Jahre) für jedes Kind verlängert, wenn die berufliche Unterbrechung wegen der Geburt und Betreuung eines Kindes erfolgt war.

7. Novelle zum Arbeitsförderungsgesetz vom 2o.12.1985, Wirkung 1.1.1986

Nachdem die Bundesanstalt im Jahre 1985 trotz steigender Massenarbeitslosigkeit einen Überschuß von rund 5 Milliarden DM "erwirtschaftet" hatte, nicht zuletzt deswegen, weil der Anteil der Langzeitarbeitslosen rapide zunahm und somit ein großer Teil der Arbeitslosen aus dem Leistungsbezug "ausgesteuert" wurde, und es daher zu einer "automatischen" Sanierung der Finanzlage der Bundesanstalt kam, standen nunmehr unter anderem Mittel (75o Millionen DM) für eine von regierungsamtlicher Seite breit angekündigte **"Qualifizierungsoffensive"** zur Verfügung. Dadurch konnten einige der Leistungsverschlechterungen im vorangegangenen Jahrzehnt zurückgenommen werden bzw. einige auch speziell für Frauen vorteilhafte Regelungen neu eingeführt werden. Diese Leistungsverbesserungen, die in der 7. Novelle zum AFG verankert sind, wurden bereits bei der Darstellung des derzeit geltenden Förderrechts in Abschnitt 7.3 erwähnt und sollen hier noch einmal aufgelistet werden:

- Das "große" Unterhaltsgeld für Teilnehmer mit Familienpflichten wurde von 7o auf 73 % des Bemessungsgeldes angehoben und liegt nunmehr 7 % (5 Prozentpunkte) höher als das Arbeitslosengeld und 26 % (15 Prozentpunkte) über der Arbeitslosenhilfe. Für die übrigen Teilnehmer fand eine Erhöhung von 63 auf 65 % des Nettoarbeitsentgelts statt (1o3 % des Arbeitslosengeldes von 63 % und 116 % der Arbeitslosenhilfe von 56 %).

- Auf Förderung durch Unterhalts**darlehen** bei "nur" zweckmäßigen Bildungsmaßnahmen besteht **wieder ein Rechtsanspruch.**

- Arbeitnehmern, die zwar keinen Anspruch auf Unterhaltsgeld, jedoch Anspruch auf Arbeitslosengeld oder Arbeitslosenhilfe haben, wird die Teilnahme an einer Bildungsmaßnahme dadurch ermöglicht, daß nunmehr Unterhaltsgeld in Höhe des vorherigen Arbeitslosengeldes oder der bisherigen Arbeitslosenhilfe gezahlt wird.

- Arbeitnehmer bis zum 25. Lebensjahr können (befristet bis zum 31.12.1989) bei Teilnahme an einer Teilzeitbildungsmaßnahme und gleichzeitiger Teilzeitbeschäftigung ein Teil-Unterhaltsgeld erhalten, wenn die Bildungsmaßnahme für die Aufnahme einer Vollzeittätigkeit notwendig ist.

- Das Unterhaltsgeld für Berufsanfänger mit abgeschlossener Berufsausbildung bemißt sich nach 75 statt bisher 5o % des künftig erzielbaren Tariflohns.

- Anspruch auf Unterhaltsgeld haben nunmehr auch junge Teilnehmer, die eine der betrieblichen Ausbildung gleichgestellte schulische Ausbildung absolviert haben.

Während die beiden letzteren Neuerungen junge Arbeitnehmer priorisieren, **stellen die folgenden Änderungen eine Verbesserung der Teilnahmebedingungen für Frauen dar, da sie den besonderen Lebensumständen zumindest eines Teils der Frauen mit Familienpflichten Rechnung tragen:**

- Frauen (oder Männer), die wegen der Betreuung von Kindern zeitweilig aus dem Erwerbsleben ausgeschieden waren, und die wegen fortdauernder häuslicher Verpflichtungen nicht an einer ganztägigen Bildungsmaßnahme teilnehmen können, erhalten nunmehr (ebenso wie unter 25jährige) bei Teilnahme an einer Teilzeitbildungsmaßnahme ein **Teil-Unterhaltsgeld** in Höhe der Hälfte des maßgeblichen Arbeitsentgelts. Diese Regelung ist bis zum 31.12.1989 befristet.

- Frauen (oder Männer), die zur Sicherung des Lebensunterhalts zur Aufnahme einer Beschäftigung gezwungen sind, erhalten auch dann Unterhaltsgeld, wenn die zweijährige Beitragszeit außerhalb der (u.U. um Kinderbetreuungszeiten verlängerten) Rahmenfrist erbracht wird.

- Die unschädliche Unterbrechungsfrist für Unterhaltsgeldleistungen wegen der Betreuung von Kindern muß sich, anders als zuvor, nicht mehr unmittelbar an die Geburt des Kindes anschließen.

Während diese neuen Vorschriften im Vergleich zur restriktiven Politik der unmittelbar vorausgegangenen Jahre (nicht jedoch im Vergleich zu den Anfangsjahren des AFG) durchaus als fortschrittlich bezeichnet werden können, ist eine weitere gesetzliche Änderung, nämlich die Möglichkeit, auch bei befristeten Arbeitsverhältnissen einen Einarbeitungszuschuß zu gewähren, eher negativ zu bewerten, werden die Unternehmer doch dadurch in ihren ohnehin vorhandenen Bestrebungen, Zeitarbeitsverträge abzuschließen und somit den betroffenen Arbeitnehmern den Zugang zu stabileren Beschäftigungsverhältnissen zu erschweren, auch noch zusätzlich unterstützt.

8. Die Beteiligung von Frauen an Maßnahmen der beruflichen Weiterbildung

8.1 Berufliche Bildungsmaßnahmen insgesamt

8.1.1 Situation im Jahre 1985

1985 traten im Bundesgebiet 272.392 Männer und 136.932 Frauen und in Nordrhein-Westfalen 81.962 Männer und 37.969 Frauen neu in Maßnahmen der beruflichen Fortbildung (einschließlich Maßnahmen zur Verbesserung der Vermittlungsaussichten), Umschulung oder betrieblichen Einarbeitung ein. Damit erreichte sowohl die Zahl der männlichen als auch die Zahl der weiblichen Bildungsteilnehmer ihren quantitativen **Höchststand** seit Inkrafttreten des Arbeitsförderungsgesetzes in 1969.

Auch die Teilnehmer**quoten**,[1] die sich ergeben, wenn man die Weiterbildungsteilnehmer auf die Erwerbspersonen (Beschäftigte plus Arbeitslose) bezieht, weisen 1985 Maximalwerte bei Männern und bei Frauen auf. Diese Ergebnisse gelten für Nordrhein-Westfalen und das Bundesgebiet gleichermaßen (vgl. die Tabellen 23 N **(N für NRW)** und 23 B **(B für Bundesgebiet)**.[2]

----

[1] Die Teilnehmerquoten sind insofern überhöht, als in den Beschäftigtenzahlen auch die Teilnehmer an beruflichen Bildungsmaßnahmen (im Vollzeitunterricht) enthalten sind, wobei sie in der Statistik als Beschäftigte in beruflicher Ausbildung geführt werden. Die derzeit häufig von regierungsamtlicher Seite herausgestellte günstige Entwicklung der Beschäftigtenzahlen ist also nicht zuletzt auch Resultat dieser zweifelhaften statistischen Kategorisierung.

[2] Die in diesen und den weiteren Tabellen des Kapitels 8 enthaltenen Daten über berufliche Bildungsmaßnahmen sind folgenden Quellen entnommen: Bundesanstalt für Arbeit (Hrsg.): Förderung der beruflichen Bildung, Ergebnisse der Teilnehmerstatistik über berufliche Fortbildung, Umschulung und Einarbeitung, Nürnberg, verschiedene Jahrgänge, und Amtliche Nachrichten der Bundesanstalt für Arbeit, verschiedene Jahrgänge, sowie Landesarbeitsamt Nordrhein-Westfalen (Hrsg.): Statistische Mitteilungen, Düsseldorf, verschiedene Jahrgänge. Ferner enthalten eine Reihe von Tabellen für Nordrhein-Westfalen unveröffentlichte Daten, die im Landesarbeitsamt NRW erhoben

Tabelle 23 N Die in berufliche Bildungsmaßnahmen 1) neu eingetretenen Männer und Frauen 197o - 1985 - Nordrhein-Westfalen -

Im Laufe des Jahres	Eintritte insgesamt: Männer	Eintritte insgesamt: Frauen	Anteil Frauen	Eintritte in % der abh.Erwerbspers. 2): Männer	Eintritte in % der abh.Erwerbspers. 2): Frauen	Frauenquote in % der Männerquote 3)	Frauenanteil an abhaengigen Erwerbspersonen	Frauenanteil an abh. Erwerbspers. minus Frauenanteil an Teilnehmern
1970	32534	8671	21.0	0.8	0.5	59.4	31.0	10.0
1971	52959	11845	18.3	1.3	0.6	49.6	31.4	13.1
1972	47943	11762	19.7	1.1	0.6	51.2	32.4	12.7
1973	44281	12620	22.2	1.0	0.6	58.6	32.7	10.5
1974	43071	14771	25.5	1.0	0.7	69.3	33.1	7.6
1975	53231	16865	24.1	1.4	0.8	59.6	34.7	10.6
1976	30079	9235	23.5	0.8	0.4	56.9	35.0	11.5
1977	26917	9543	26.2	0.7	0.5	65.6	35.1	8.9
1978	35923	15028	29.5	1.0	0.7	76.1	35.5	6.0
1979	41029	17441	29.8	1.1	0.8	76.5	35.7	5.9
1980	47373	21500	31.2	1.3	1.0	79.8	36.2	5.0
1981	57853	26729	31.6	1.5	1.2	80.1	36.6	5.0
1982	60939	27675	31.2	1.6	1.2	77.5	37.0	5.8
1983	68238	30975	31.2	1.8	1.4	77.4	37.0	5.8
1984	72679	32253	30.7	1.9	1.4	74.6	37.3	6.6
1985	81962	37969	31.7	2.1	1.6	76.2	37.6	5.9

Veränderung gegenüber dem Vorjahr 4)

	%	%	Prozentpunkte			
1971	62.8	36.6	-2.8	0.5	0.2	-9.8
1972	-9.5	-.7	1.4	-.1	-.1	1.7
1973	-7.6	7.3	2.5	-.1	0.0	7.3
1974	-2.7	17.0	3.4	0.0	0.1	10.7
1975	23.6	14.2	-1.5	0.3	0.1	-6.9
1976	-43.5	-45.2	-.6	-.6	-.4	-2.7
1977	-10.5	3.3	2.7	-.1	0.0	8.7
1978	33.5	57.5	3.3	0.2	0.3	10.5
1979	14.2	16.1	0.3	0.1	0.1	0.4
1980	15.5	23.3	1.4	0.2	0.2	3.3
1981	22.1	24.3	0.4	0.3	0.2	0.3
1982	5.3	3.5	-.4	0.1	0.0	-2.6
1983	12.0	11.9	0.0	0.2	0.1	0.0
1984	6.5	4.1	-0.5	0.1	0.0	-2.8
1985	12.8	17.7	1.0	0.2	0.2	1.6

1) berufliche Fortbildung einschließlich Maßnahmen zur Verbesserung der Vermittlungsaussichten nach § 41a , Umschulung und betriebliche Einarbeitung
2) 1970 bis 1974 in v.H. der Erwerbstätigen abzüglich Selbstständige und mithelfende Familienangehörige nach dem Mikrozensus (dabei ab 1972 einschließlich Soldaten)plus Arbeitslose ;
ab 1975 in v.H. der sozialversicherungspflichtig Beschäftigten plus Arbeitslose
3) Spalte 6 in v.H. Spalte 5, berechnet mit ungerundeten Werten
4) berechnet mit ungerundeten Werten

Quelle: Daten der Bundesanstalt für Arbeit und Mikrozensusdaten, eigene Berechnungen

Tabelle 23 B Die in berufliche Bildungsmaßnahmen 1) neu eingetretenen Männer und Frauen 197o - 1985 - Bundesgebiet -

Im Laufe des Jahres	Eintritte insgesamt		Anteil Frauen	Eintritte in % der abh.Erwerbspers. 2)		Frauenquote in % der Männerquote 3)	Frauenanteil an abhaengigen Erwerbspersonen	Frauenanteil an abh. Erwerbspers. minus Frauenanteil an Teilnehmern
	Männer	Frauen		Männer	Frauen			
1970	129546	40620	23.9	0.9	0.5	60.9	34.0	10.1
1971	225877	62513	21.7	1.5	0.8	53.1	34.2	12.5
1972	206447	53838	20.7	1.4	0.7	49.6	34.5	13.8
1973	176925	50017	22.0	1.2	0.6	52.5	35.0	13.0
1974	172032	60565	26.0	1.2	0.8	64.1	35.5	9.5
1975	201007	69846	25.8	1.5	0.9	57.3	37.8	12.0
1976	111634	39893	26.3	0.9	0.5	57.8	38.2	11.9
1977	97539	38387	28.2	0.8	0.5	63.5	38.3	10.1
1978	122354	52873	30.2	0.9	0.7	68.9	38.5	8.3
1979	143563	65866	31.5	1.1	0.8	72.5	39.8	8.3
1980	166711	80264	32.5	1.3	0.9	74.7	39.2	6.7
1981	188504	91003	32.6	1.4	1.0	74.1	39.4	6.8
1982	180722	84805	31.9	1.3	1.0	71.5	39.6	7.7
1983	208574	97627	31.9	1.5	1.1	71.2	39.7	7.8
1984	238096	115044	32.6	1.8	1.3	72.5	40.0	7.4
1985	272392	136932	33.5	2.0	1.5	74.9	40.2	6.7

Veränderung gegenüber dem Vorjahr 4)

	%	%	Prozentpunkte			
1971	74.4	53.9	-2.2	0.6	0.3	-7.8
1972	-8.6	-13.9	-1.0	-.1	-.1	-3.6
1973	-14.3	-7.1	1.4	-.2	-.1	3.0
1974	-2.8	21.1	4.0	0.0	0.1	11.6
1975	16.8	15.3	-.3	0.2	0.1	-2.1
1976	-44.5	-42.9	0.5	-.7	-.4	0.6
1977	-12.6	-3.8	1.9	-.1	0.0	5.7
1978	25.4	37.7	1.9	0.2	0.2	5.4
1979	17.3	24.6	1.3	0.1	0.1	3.5
1980	16.1	21.9	1.0	0.2	0.1	2.2
1981	13.1	13.4	0.1	0.2	0.1	-.6
1982	-4.1	-6.8	-.6	-.1	-.1	-2.7
1983	15.4	15.1	-.1	0.2	0.1	-.3
1984	14.2	17.8	0.7	0.3	0.2	1.3
1985	14.4	19.0	0.9	0.2	0.2	2.5

1) berufliche Fortbildung einschließlich Maßnahmen zur Verbesserung der Vermittlungsaussichten nach § 41a , Umschulung und betriebliche Einarbeitung
2) 1970 bis 1974 in v.H. der Erwerbstätigen abzüglich Selbstständige und mithelfende Familienangehörige nach dem Mikrozensus (dabei ab 1972 einschließlich Soldaten)plus Arbeitslose ;
ab 1975 in v.H. der sozialversicherungspflichtig Beschäftigten plus Arbeitslose
3) Spalte 6 in v.H. Spalte 5, berechnet mit ungerundeten Werten
4) berechnet mit ungerundeten Werten

Quelle: Daten der Bundesanstalt für Arbeit und Mikrozensusdaten, eigene Berechnungen

Trägt nun die öffentliche Arbeitsmarktpolitik dazu bei, die eklatante Benachteiligung der Frauen durch das Beschäftigungs- und Gesellschaftssystem zu korrigieren? Liegen also, so wie es zur Erreichung dieses Ziels notwendig wäre, die Teilnahmequoten der Frauen über denjenigen der Männer?

Weit gefehlt, denn wie aus den genannten Tabellen hervorgeht, erreicht die Teilnahmequote der Frauen im Jahre 1985 in Nordrhein-Westfalen nur 76,2 % und im Bundesgebiet nur 74,9 % des männerspezifischen Wertes.

Diesem Befund entsprechend liegt auch der Frauenanteil an den im Laufe eines Jahres neu eingetretenen Teilnehmern noch weit unter der Marke, die durch den Anteil der Frauen an den abhängigen Erwerbspersonen eigentlich zu erwarten wäre.

Diese Abweichung beträgt 1985 in Nordrhein-Westfalen 5,9 Prozentpunkte. Im Bundesgebiet fällt die Disparität mit 6,7 Prozentpunkten noch etwas höher aus. Anschaulicher ausgedrückt: Wären Frauen wenigstens im selben Maße wie Männer in berufliche Bildungsmaßnahmen integriert worden, so hätte ihre Zahl im Jahre 1985 im Land Nordrhein-Westfalen nicht, wie in Tabelle 23 N ausgewiesen, 37.969 betragen, sondern bei 45.o94 Personen gelegen, und bundesweit hätte sich ihre Zahl von 136.932 auf 164.548 Teilnehmerinnen erhöht.

Da Frauen, wie noch darzustellen sein wird, im Schnitt kürzere Lehrgänge als Männer absolvieren, ergeben sich noch ausgeprägtere geschlechtsspezifische Diskrepanzen, wenn man statt der Statistik der im Laufe eines Jahres neu eingetretenen Personen die Stichtagsstatistik (Teilnehmerbestand jeweils Ende Dezember eines Jahres) zur Beurteilung heranzieht (vgl. Tabellen

----

wurden. Die meisten Bezugs- und Vergleichsdaten (Arbeitslose, Beschäftigte) sind ebenfalls den Amtlichen Nachrichten der Bundesanstalt sowie den Statistischen Mitteilungen des Landesarbeitsamtes NRW entnommen. In den nachfolgenden Tabellen und Abbildungen sind diese Quellen als "Daten der Bundesanstalt für Arbeit" zitiert.

23 NT und 23 BT, **T für Teilnehmerbestände).** Denn die Wahrscheinlichkeit, von einer solchen stichtagsbezogenen Erhebung erfaßt zu werden, nimmt mit der Dauer der Weiterbildungskurse zu. In Orientierung an diesen Bestandsdaten liegt die weibliche Teilnahmequote im Jahre 1985 in beiden Vergleichsräumen bei lediglich rund zwei Dritteln der männlichen Teilnahmequote, und der Frauenanteil an den Teilnehmern ist rund 1o Prozentpunkte bzw. gut 3o % niedriger als der Frauenanteil an den abhängigen Erwerbspersonen.

Die bisherigen, noch sehr globalen Daten belegen also bereits eindeutig, daß öffentliche Qualifizierungsförderung keine kompensatorische Funktion zugunsten der am Arbeitsmarkt benachteiligten Frauen ausübt, sondern vielmehr ihre beschäftigungsmäßigen und beruflichen Nachteile noch verstärkt.

8.1.2 Entwicklung

Wie hat sich nun das Teilnahmeniveau der Frauen und wie vor allem haben sich die Relationen zwischen weiblichen und männlichen Teilnehmerquoten im Laufe der letzten 15 Jahre entwickelt?

Stellt man den Entwicklungsvergleich zunächst nur auf das Basisjahr 197o und das aktuellste Berichtsjahr 1985 ab, so zeigt sich eine erfreuliche Tendenz: Die Beteiligung von Frauen an den Fördermaßnahmen der Bundesanstalt für Arbeit ist zwischen den beiden Eckjahren 197o und 1985 schneller gewachsen als die der Männer. Die Differenz zwischen dem Frauenanteil an den Neueintritten und dem Frauenanteil an den abhängigen Erwerbspersonen hat sich auf Bundesebene von 1o,1 auf 6,7 Prozentpunkte (NRW: von 1o,o auf 5,9 Prozentpunkte) verringert (vgl. Tabelle 23 B und 23 N), der Abstand zwischen den Teilnahmequoten von Männern und Frauen ist wesentlich kleiner geworden. Im betrachteten Zeitraum ist also die geschlechtsspe-

Tabelle 23 NT Teilnehmer an beruflichen Bildungsmaßnahmen 1)
1969 - 1985 - Nordrhein-Westfalen -

Ende Dez.	Teilnehmer insgesamt Männer	Teilnehmer insgesamt Frauen	Anteil Frauen	Teilnehmer in % der abh.Erwerbspers. 2) Männer	Teilnehmer in % der abh.Erwerbspers. 2) Frauen	Frauenquote in % der Männerquote 3)	Frauenanteil an abhaengigen Erwerbspersonen	Frauenanteil an abh. Erwerbspers. minus Frauenanteil an Teilnehmern
1969	13333	2329	14.9	0.3	0.1	39.6		
1970	23454	4116	14.9	0.6	0.2	39.1	31.0	16.1
1971	36950	6539	15.0	0.9	0.3	39.2	31.4	16.4
1972	39030	7694	16.5	0.9	0.4	41.2	32.4	15.9
1973	40421	9211	18.6	0.9	0.4	46.8	32.7	14.1
1974	41486	11495	21.7	1.0	0.5	56.0	33,1	11,4
1975	43493	12457	22.3	1.1	0.6	53.9	34.7	12.4
1976	28822	8035	21.8	0.8	0.4	51.7	35.0	13.2
1977	24234	7319	23.2	0.6	0.4	55.9	35.1	11.9
1978	27945	9484	25.3	0.7	0.5	61.7	35.5	10.2
1979	32174	10769	25.1	0.9	0.5	60.2	35.7	10.6
1980	37204	13232	26.2	1.0	0.6	62.6	36.2	10.0
1981	42463	15203	26.4	1.1	0.7	62.1	36.6	10.2
1982	45451	15915	25.9	1.2	0.7	59.7	37.0	11.1
1983	47366	17025	26.4	1.2	0.8	61.3	37.0	10.6
1984	47020	17100	26.7	1.2	0.8	61.3	37.3	10.6
1985	50715	20137	28.4	1.3	0.9	65.9	37.6	9,2

Veränderung gegenüber dem Vorjahr 4)

	%	%	Prozentpunkte			
1970	75.9	76.7	0.1	0.2	0.1	-.5
1971	57.5	58.9	0.1	0.3	0.1	0.1
1972	5.6	17.7	1.4	0.0	0.0	2.0
1973	3.6	19.7	2.1	0.0	0.1	5.7
1974	2.6	24.8	3.1	0.0	0.1	9.2
1975	4.8	8.4	0.6	0.1	0.0	0.4
1976	-33.7	-35.5	-.5	-.4	-.2	-2.2
1977	-15.9	-8.9	1.4	-.1	0.0	4.2
1978	15.3	29.6	2.1	0.1	0.1	5.8
1979	15.1	13.5	-.3	0.1	0.1	-1.5
1980	15.6	22.9	1.2	0.1	0.1	2.3
1981	14.1	14.9	0.1	0.1	0.1	-.5
1982	7.0	4.7	-.4	0.1	0.0	-2.3
1983	4.2	7.0	0.5	0.0	0.0	1.6
1984	-0.7	0.4	0.3	0.0	0.0	-0.1
1985	7.7	17.5	1.7	0.1	0.1	4.6

1) berufliche Fortbildung einschließlich Maßnahmen zur Verbesserung der Vermittlungsaussichten nach § 41a , Umschulung und betriebliche Einarbeitung
2) 1970 bis 1974 in v.H. der Erwerbstätigen abzüglich Selbstständige und mithelfende Familienangehörige nach dem Mikrozensus (dabei ab 1972 einschließlich Soldaten)plus Arbeitslose ;
ab 1975 in v.H. der sozialversicherungspflichtig Beschäftigten plus Arbeitslose
3) Spalte 6 in v.H. Spalte 5, berechnet mit ungerundeten Werten
4) berechnet mit ungerundeten Werten

Quelle: Daten der Bundesanstalt für Arbeit und Mikrozensusdaten, eigene Berechnungen

Tabelle 23 BT Teilnehmer an beruflichen Bildungsmaßnahmen 1) 1969 - 1985 - Bundesgebiet -

Ende Dez.	Teilnehmer insgesamt: Männer	Teilnehmer insgesamt: Frauen	Anteil Frauen	Teilnehmer in % der abh.Erwerbspers. 2): Männer	Teilnehmer in % der abh.Erwerbspers. 2): Frauen	Frauenquote in % der Männerquote	Frauenanteil an abhaengigen Erwerbspersonen	Frauenanteil an abh. Erwerbspers. minus Frauenanteil an Teilnehmern
1969	40450	9682	19.3	0.3	0.1	46.8		
1970	82231	16901	17.0	0.6	0.2	39.9	34,0	17,0
1971	134372	27961	17.2	0.9	0.4	39.9	34.2	17.0
1972	148021	29022	16.4	1.0	0.4	37.3	34.5	18.1
1973	148925	32647	18.0	1.0	0.4	40.7	35.0	17.0
1974	147436	41620	22.0	1.0	0.5	51.4	35.5	13.5
1975	145768	45731	23.9	1.1	0.6	51.7	37.8	13.9
1976	96213	29237	23.3	0.7	0.4	49.2	38.2	14.9
1977	82077	27299	25.0	0.6	0.3	53.7	38.3	13.3
1978	94057	34043	26.6	0.7	0.4	57.7	38.5	11.9
1979	110178	42125	27.7	0.8	0.5	60.4	39.8	12.1
1980	126773	50335	28.4	1.0	0.6	61.6	39.2	10.8
1981	140915	57824	29.1	1.1	0.7	63.0	39.4	10.3
1982	144034	57471	28.5	1.1	0.7	60.8	39.6	11.1
1983	148856	60287	28.8	1.1	0.7	61.6	39.7	10.9
1984	156240	65382	29.5	1.2	0.7	62.8	40.0	10.5
1985	169892	75868	30.9	1.3	0.8	66.6	40.2	9.3

Veränderung gegenüber dem Vorjahr 4)

	%	%	Prozentpunkte			
1970	103.3	74.6	-2.3	0.3	0.1	-6.8
1971	63.4	65.4	0.2	0.3	0.1	0.0
1972	10.2	3.8	-.8	0.1	0.0	-2.7
1973	0.6	12.5	1.6	0.0	0.0	3.5
1974	-1.0	27.5	4.0	0.0	0.1	10.6
1975	-1.1	9.9	1.9	0.0	0.1	4.6
1976	-34.0	-36.1	-.6	-.4	-.2	-2.5
1977	-14.7	-6.6	1.7	-.1	0.0	4.5
1978	14.6	24.7	1.6	0.1	0.1	4.1
1979	17.1	23.7	1.1	0.1	0.1	2.6
1980	15.1	19.5	0.8	0.1	0.1	1.2
1981	11.2	14.9	0.7	0.1	0.1	1.4
1982	2.2	-.6	-.6	0.0	0.0	-2.2
1983	3.3	4.9	0.3	0.0	0.0	0.8
1984	5.0	9.2	0.7	0.1	0.0	1.2
1985	8.7	15.9	1.4	0.1	0.1	3.8

1) berufliche Fortbildung einschließlich Maßnahmen zur Verbesserung der Vermittlungsaussichten nach § 41a , Umschulung und betriebliche Einarbeitung

2) 1970 bis 1974 in v.H. der Erwerbstätigen abzüglich Selbstständige und mithelfende Familienangehörige nach dem Mikrozensus (dabei ab 1972 einschließlich Soldaten)plus Arbeitslose ;
ab 1975 in v.H. der sozialversicherungspflichtig Beschäftigten plus Arbeitslose

3) Spalte 6 in v.H. Spalte 5, berechnet mit ungerundeten Werten

4) berechnet mit ungerundeten Werten

Quelle: Daten der Bundesanstalt für Arbeit und Mikrozensusdaten, eigene Berechnungen

zifische Ungleichheit von beruflichen Bildungschancen zu einem Teil abgebaut worden.

Allerdings, und dieses Zwischenergebnis sei hervorgehoben, verlief diese Entwicklung keineswegs kontinuierlich von Jahr zu Jahr positiv, sondern sie ist durch häufige Auf- und Abwärtsbewegungen gekennzeichnet:
Die Relation der weiblichen zur männlichen Teilnahmequote zeigt in Nordrhein-Westfalen im Jahre 1985 mit 76,2 % einen größeren Abstand von einer Gleichverteilung zwischen Männern und Frauen als in den Jahren 1979, 198o, 1981, 1982 und 1983. In den Jahren 198o bis 1983 klafft auch der Anteil der Frauen an den Teilnehmern einerseits und an den abhängigen Erwerbspersonen andererseits weniger stark auseinander als 1985. Aber zu keiner Zeit entsprach die Förderquote der Frauen ihrem Anteil an der Erwerbstätigkeit. Zu jedem Zeitpunkt also standen Frauen im Schatten der staatlichen Weiterbildungspolitik. Im Bundesgebiet ist der Abstand von der geschlechtsspezifischen Gleichverteilung im Jahre 1985 etwa so groß wie in den Jahren 198o und 1981. Das Jahr 1985, in dem mehr Frauen als je zuvor die Bildungsförderung nach dem AFG in Anspruch nahmen, ist also nicht zugleich auch das Jahr, in dem die Frauen am stärksten gegenüber Männern aufschließen konnten (vgl. auch Abbildung 2).

Man kann davon ausgehen, daß die aus den genannten Tabellen hervorgehenden Schwankungen in den Teilnehmerzahlen von Frauen und Männern in engem Zusammenhang zu geänderten Förderungsregelungen bzw. zum von der Bundesanstalt "geplanten" Ausgabevolumen für berufliche Bildungsmaßnahmen stehen, das trotz des individuellen Rechtsanspruchs auf Förderung in gewissem Maße steuerbar ist.

Abbildung 2: Teilnahmequoten der Frauen an beruflichen Bildungsmaßnahmen in v.H. Teilnahmequoten der Männer 197o bis 1985

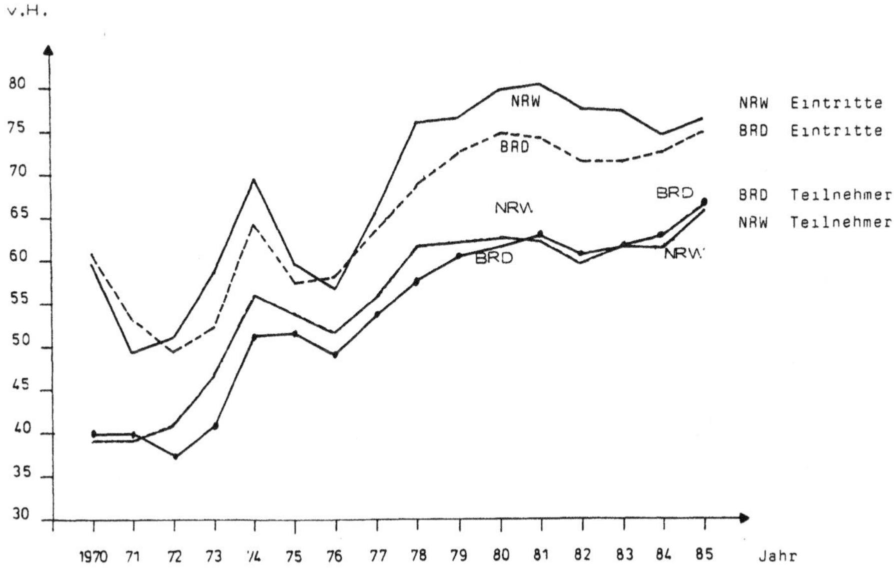

Quelle: Eigene Berechnungen nach Daten der Bundesanstalt für Arbeit

Eine exakte Zuordnung ist allerdings nicht möglich, denn erschwerend bei einer Wirkungsanalyse wirkt sich aus, daß die geänderten Fördervorschriften erst mit zeitlicher Verzögerung greifen, daß oftmals Übergangsregelungen getroffen werden und daß natürlich auch andere Einflußfaktoren wirksam sind. Vor allem jedoch sind die globalen Teilnehmerzahlen deshalb kein hinreichender Indikator für die positive, negative oder neutrale Wirkungsweise der Fördermodalitäten, weil die unterschiedliche Qualität und Kostenträchtigkeit der Maßnahmen die Möglichkeit bietet, die "Quantität" der Förderung auf Kosten der "Qualität" zu erhöhen. Eine Zunahme der Teilnehmerzahlen kann somit nicht nur Folge großzügiger Förderungsvoraussetzungen, sondern im Gegenteil auch Konsequenz rigider Kürzungen des durchschnittlichen Förderaufwands je Teilnehmer sein, sei es mittels einer allgemeinen Absenkung des Unterhaltsgeldes, sei es über eine verstärkte Ausrichtung der Förderung auf Personen mit geringem Unterhaltsgeldanspruch (z.B. Jugendlichen), sei es über eine Verringerung der Förderungsdauer.

Die Chance, die Teilnehmerzahlen trotz verschlechterter Förderbedingungen zu erhöhen, ergibt sich für die Arbeitsverwaltung vor allem deshalb, weil die Freiwilligkeit der Teilnahme und die Freiheit bei der Wahl des Kurses, wie weiter oben dargestellt, in zunehmendem Maße eingeschränkt wurde.

Eine exakte saldenmäßige Aussage ist auch deshalb unmöglich, weil zu jedem Untersuchungszeitpunkt verschiedene Änderungen der Fördermodalitäten mit teils kontraktiven, teils expansiven Wirkungen zu verzeichnen sind bzw. ein und dieselbe Änderung sowohl in die eine wie auch in die andere Richtung wirken kann.

Wenn daher im folgenden die Entwicklung der weiblichen Bildungsbeteiligung im Zeitverlauf differenzierter untersucht wird und dabei Rückschlüsse auf den Einfluß der Fördermodalitäten gezogen werden, so müssen diese Rückschlüsse mit Blick auf die dargelegten Vorbehalte mit der gebührenden Vorsicht gewertet werden.

Bereits 197o, also ein Jahr nach Inkrafttreten des Arbeitsförderungsgesetzes, hatten die Teilnehmerzahlen ein beachtliches Niveau erreicht, das bis 1971 bei Frauen und Männern noch sprunghaft anstieg (vgl. neben den genannten Tabellen auch Abbildung 3 und 4). 1971 und 1972 machten die finanziellen Aufwendungen der Bundesanstalt für Arbeit für Maßnahmen der beruflichen Qualifizierung rund ein Viertel ihrer Gesamtausgaben aus (vgl. Tabelle 19, Seite 83). Dieser Bedeutungsanteil wurde in der Folgezeit nie mehr erreicht.

Abbildung 3 Eintritte von Frauen und Männern in berufliche Bildungsmaßnahmen 197o - 1985 und Teilnehmerbestand jeweils Ende Dezember eines Jahres - Bundesgebiet -

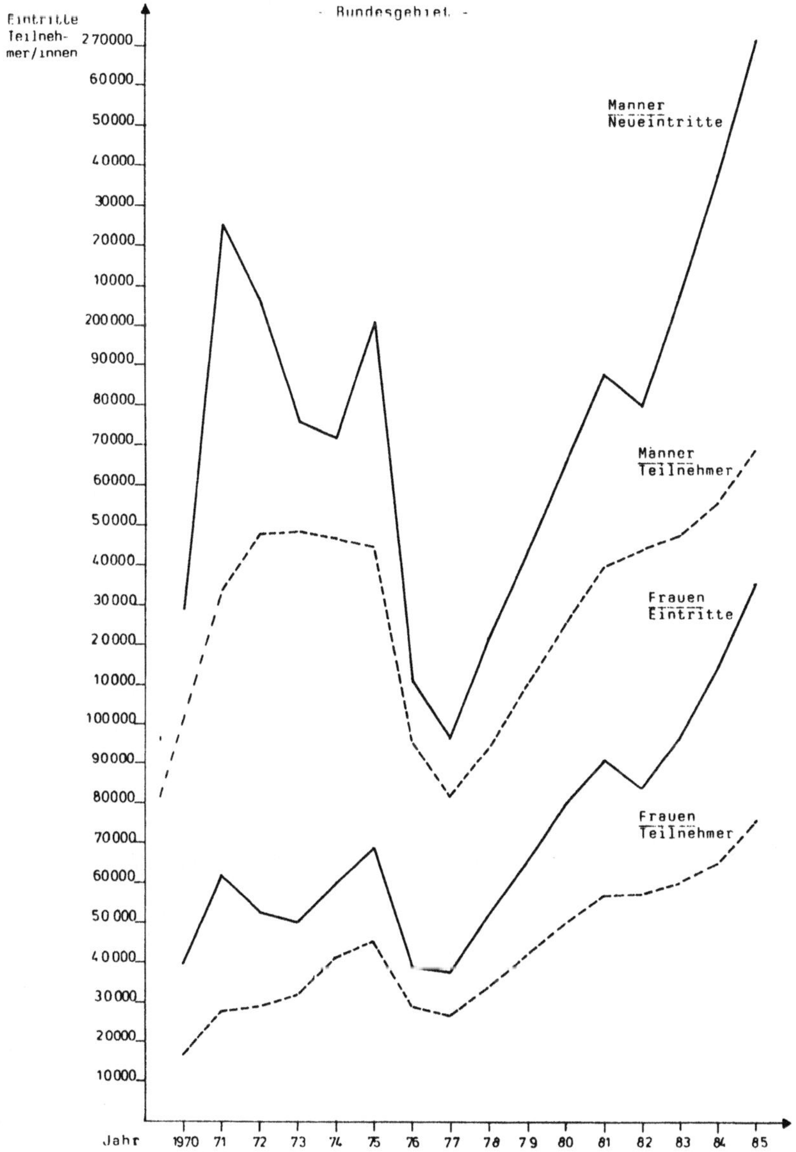

Quelle: gezeichnet nach Daten der Bundesanstalt für Arbeit

Bei den Männern brachte das Jahr 1971 eine Rekordhöhe von bundesweit 225.877 Personen (NRW: 52.959 Personen), ein Ergebnis, das erst 1984 ! (NRW: 1975) übertroffen wurde. Danach flachte die Beteiligung von Männern bis 1974 kontinuierlich ab, um von 1974 auf 1975 noch einmal kräftig anzuziehen.

Abbildung 4 Eintritte von Frauen und Männern in berufliche Bildungsmaßnahmen 197o - 1985 und Teilnehmerbestand jeweils Ende Dezember eines Jahres - Nordrhein-Westfalen

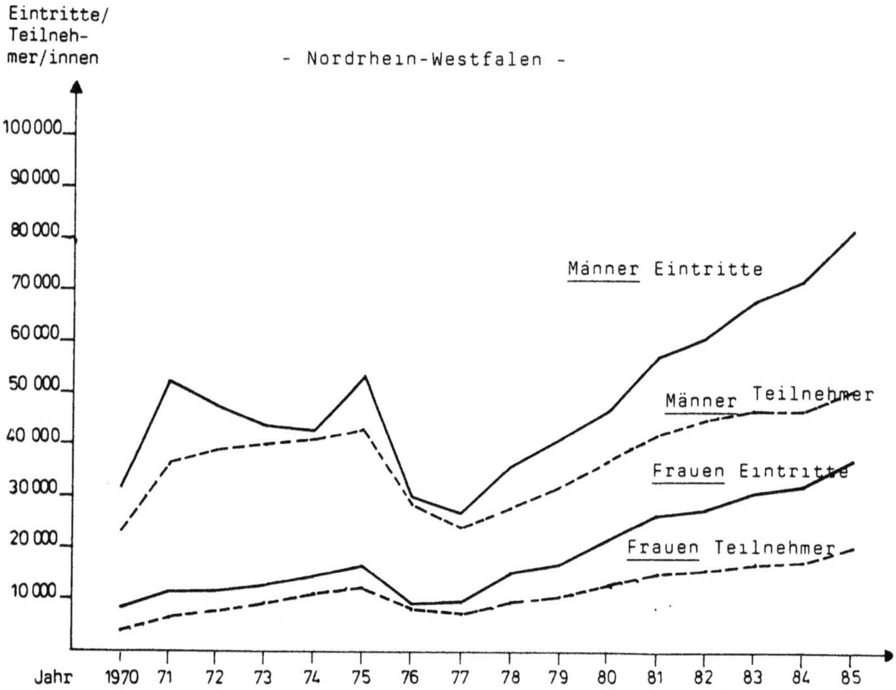

Quelle: gezeichnet nach Daten der Bundesanstalt für Arbeit

Bei den Frauen kam es im Bundesgebiet von 1971 auf 1972 und von 1972 auf 1973 ebenfalls zu einem deutlichen Abwärtsknick, jedoch setzte bereits seit 1973, also ein Jahr früher als bei Männern, wiederum eine deutliche Zunahme der Teilnehmerzahlen ein, die sich bis 1975 fortsetzte. Noch günstiger verlief die

Entwicklung in Nordrhein-Westfalen, wo die Zahl der teilnehmenden Frauen nur zwischen 1971 und 1972 geringfügig zurückging, sonst von Jahr zu Jahr zunahm und 1975 auf nahezu das Doppelte (194 %) des Ausgangswertes von 197o (Bundesgebiet: auf 172 %) gestiegen war. Das Teilnahmeniveau von Frauen wuchs damit in diesem 5-Jahreszeitraum schneller als das der Männer. Letzteres lag 1975 im Bundesgebiet bei 155 %, in Nordrhein-Westfalen bei 163 % des Wertes im Vergleichsjahr 197o.

Da parallel auch die Erwerbsbeteiligung der Frauen stetig zunahm, führte die überdurchschnittliche Zunahme der weiblichen Teilnehmer jedoch nicht gleichzeitig auch zu einem ebenso großen Abbau des geschlechtsspezifischen Gefälles. Im Bundesgebiet erreichte die Beteiligungsquote der Frauen 1975 nur 57,3 % der männlichen Beteiligungsquote und somit einen niedrigeren Wert als 197o (6o,9 %). In Nordrhein-Westfalen waren beide Werte (197o: 59,4 %, 1975: 59,6 %) in etwa identisch. Noch ungünstigere Relationen zeigen die Werte für 1971, 1972 und 1973, während hingegen das Jahr 1974 in beiden Vergleichsräumen die für Frauen günstigsten Voraussetzungen zu bieten schien, denn der Abstand zur männlichen Beteiligungequote betrug in diesem Jahr "nur" rund 3o % in Nordrhein-Westfalen und "nur" 36 % im Bundesgebiet.

Für die stürmische Entwicklung der Weiterbildungsbeteiligung bis 1971 sind sicherlich die großzügigen Förderungsmöglichkeiten des damals neuen Gesetzes von entscheidender Bedeutung gewesen. Die Weiterbildungsbereitschaft der Frauen dürfte dabei nicht nur durch das relativ großzügig bemessene Unterhaltsgeld (vgl. Übersicht 3) angereizt worden sein. Anders als bei Männern war für sie wegen ihrer typischen Erwerbsbeteiligung sicherlich ebenso bedeutsam, daß das Leistungsrecht zu diesem Zeitpunkt noch so gut wie keine sie benachteiligenden Einschränkungen vorsah, insbesondere noch keine Bindung des Unterhaltsgeldanspruchs an eine vorherige beitragspflichtige Beschäftigung vorgeschrieben war. Darüber hinaus mag für die sprunghafte Entwicklung des weiblichen und männlichen Teilnahmeniveaus von 197o auf 1971 ein gewisser Nachholbedarf, also aufgestaute frühere Bildungsversäumnisse, maßgebend gewesen sein.

Dementsprechend wirkte der teilweise abgebaute Nachholbedarf in den darauffolgenden Jahren dämpfend auf das Teilnahmeniveau. Hinzu kamen die beschriebenen, bereits mit der AFuU von 1971 und 1973 entstehenden Verschärfungen des Förderrechts: die Stärkung des Prinzips der Beitragsäquivalenz und die stärkere Bindung der Förderung an vorausgehende Berufspraxiszeiten. Anzunehmen ist, daß diese Regelungen in erster Linie die Teilnahmeentwicklung der Frauen negativ tangiert haben. Hingegen sind die zurückgehenden Teilnehmerzahlen der Männer auch maßgeblich durch den bremsenden Einfluß der Arbeitgeber zu erklären. Die Arbeitgeber, die - vornehmlich bei Männern - sehr häufig den Anstoß zur Weiterbildungsteilnahme ihrer Beschäftigten gaben, sahen zunehmend davon ab, ihre Arbeitnehmer zu Weiterbildungsmaßnahmen anzuregen,[3] nicht nur wegen sich abzeichnender konjunktureller Abschwächungstendenzen, sondern auch, weil sie höhere Status- und Gehaltserwartungen der Weiterbildungsabsolventen oder auch deren Abwanderung in andere Betriebe befürchteten (vgl. Seite 8o). Darüber hinaus ist die Teilnehmerentwicklung - bei Männern und Frauen - vermutlich durch die 1971 eingeführten Höchstsätze bei Lehrgangsgebühren begrenzt worden.

Für die - im Vergleich zu Männern - sehr günstige Entwicklung der weiblichen Teilnehmerzahl im Jahre 1974 kommen ebenfalls geänderte Förderungsregelungen als Erklärungsgrund in Betracht: Aus der Sicht der Bundesanstalt hängt sie unter anderem damit zusammen, daß seit Frühjahr 1974 unter bestimmten Bedingungen auch der Besuch von Fachschulen von der Bundesanstalt gefördert wurde.[4] Eine nach Einschätzung der Bundesan-

---

[3] Vgl. Hartmut Seifert: Öffentliche Arbeitsmarktpolitik in der Bundesrepublik Deutschland, a.a.O., S. 115

stalt eindeutig expansive Wirkung hatte darüber hinaus das ebenfalls im Frühjahr 1974 verabschiedete Aktionsprogramm "Berufliche Bildungsmaßnahmen und Beschäftigungslage".[5] Dieses Programm war nur für Arbeitslose und unmittelbar von Arbeitslosigkeit Bedrohte vorgesehen, deren Anteil unter den weiblichen Teilnehmern, wie noch zu zeigen sein wird, stets höher war als unter den männlichen Teilnehmern. Von daher konnten Frauen von diesem Programm auch überdurchschnittlich "profitieren". Zudem stellten Frauen eine der Zielgruppen dieses Aktionsprogramms.

Für die positive Entwicklung zwischen 1974 und 1975 ist darüber hinaus wahrscheinlich auch die mit Wirkung zum 1.1.1975 durchgeführte Festsetzung des Unterhaltsgeldes auf nunmehr einheitlich 9o % des Nettoeinkommens ausschlaggebend, die zwar nicht in allen, jedoch in vielen Fällen eine Verbesserung gegenüber den bisherigen Regelungen darstellte.

Ab 1976 ging "das Interesse" an beruflicher Weiterbildung bei Frauen und Männern drastisch zurück. Die Zahl der teilnehmenden Männer halbierte sich von 1975 auf 1977, die Zahl der weiblichen Bildungsabsolventen sank bis 1977 auf etwa 55 % der Zahl von 1975.

Ohne jeden Zweifel hängt dieser drastische Einbruch in erster Linie mit den ausführlich beschriebenen Reduktionen durch das ab 1.1.1976 wirksame **Haushaltsstrukturgesetz** (HStruktG) zusammen. Wie mit der "Reform" des AFG im Zuge des HStrukG beabsichtigt, reduzierten sich die Ausgaben der Bundesanstalt für Arbeit für berufliche Bildung in ebenso einschneidender Weise wie die Teilnehmerzahlen: Der Anteil an den Gesamtausgaben sank von 14,5 % in 1975 in nur 2 Jahren auf 7,9 % in 1977 und

---

4 Vgl. Förderung der beruflichen Bildung. Ergebnisse der Teilnehmerstatistik über berufliche Fortbildung, Umschulung und Einarbeitung im Jahre 1974, hrsg. von der Bundesanstalt für Arbeit, Nürnberg 1975, S. 11

5 Vgl. ebenda, S. 13

auf den bisherigen Tiefstand von 7,4 % im Jahre 1978 (vgl. Tabelle 19).

Ab 1978 nahm die Zahl der männlichen und weiblichen Weiterbildungsteilnehmer bis einschließlich 1981 von Jahr zu Jahr kräftig zu. Bei den weiblichen Teilnehmern in Nordrhein-Westfalen setzte die expansive Entwicklung bereits 1977 ein.

Die Aufwendungen der Bundesanstalt für Maßnahmen der beruflichen Weiterbildung stiegen von 7,4 % in 1978 auf 11,7 % des Gesamtetats in 1981. Auch die Ausgaben pro neu eingetretenen Teilnehmer nahmen von 1979 bis 1981 wieder zu, ohne allerdings den Durchschnittswert von 1976 zu erreichen (vgl. Tabelle 19, Spalte 4).

Die geschlechtsspezifischen Diskrepanzen, gemessen durch das Verhältnis der weiblichen zur männlichen Beteiligungsquote, konnten in diesem Zeitraum in nahezu kontinuierlicher Weise abgebaut werden. In Nordrhein-Westfalen wurde im Jahr 1981 das in dieser Hinsicht günstigste Ergebnis im gesamten 16jährigen Untersuchungszeitraum erreicht, auf Bundesebene fiel auf das Jahr 198o (nach 1985) das zweitgünstigste Ergebnis: Der Abstand zwischen der Beteiligungsquote von Männern und Frauen war auf 2o %, auf Bundesebene auf rund 25 % zusammengeschmolzen.

Ob und inwieweit diese - im Vergleich zu Männern - überdurchschnittliche Entwicklung des Teilnahmeniveaus von Frauen mit den erweiterten Förderungsmöglichkeiten durch die im August 1979 in Kraft getretene 5. Novelle zum Arbeitsförderungsgesetz sowie mit dem Arbeitsmarktpolitischen Sonderprogramm von 1979 zusammenhängt, läßt sich kaum nachweisen. **Mit Sicherheit wird die - rein quantitativ gesehen - relativ günstige Entwicklung bei den Frauen jedoch durch die Einführung der Maßnahmen zur Verbesserung der Vermittlungsaussichten mitbestimmt.** Auf diesen qualitativen Aspekt wird im folgenden Kapitel noch näher eingegangen.

Von 1981 auf 1982 nahm die Zahl der Frauen und Männer, die eine Bildungsmaßnahme begannen, auf Bundesebene erstmals seit 1977 wieder ab. Der Rückgang beschränkte sich auf den Personenkreis der Teilnehmer, die vor Beginn der Maßnahme nicht arbeitslos waren. Hingegen stieg die Zahl der Teilnehmer, die zuvor arbeitslos waren, weiter an. In Nordrhein-Westfalen kam es ebenfalls zu einer gegenläufigen Entwicklung bei den beiden Personenkreisen, jedoch resultierte hieraus per Saldo noch eine leichte Zunahme der Teilnehmerzahlen. Der Rückgang des zuvor nicht-arbeitslosen Personenkreises kann als direkte Folge der Beschneidungen des Förderrechts durch das am 1.1.1982 in Kraft getretene AFGK gesehen werden, da in erster Linie dieser Personenkreis von der Umwandlung des Zuschusses bei der Aufstiegsfortbildung in ein Darlehen betroffen war. Hingegen konnte die Weiterbildungs"bereitschaft" der zuvor Arbeitslosen allem Anschein nach trotz der reduzierten Leistungen beim Unterhaltsgeld (vgl. Übersicht 3) gesteigert werden. Frauen schnitten dabei - anders als in den vorausgegangenen Jahren - wieder ungünstiger ab als Männer. Der Rückgang der zuvor nicht-arbeitslosen Personen war bei ihnen weit ausgeprägter, und die Zunahme der Zahl der zuvor arbeitslosen Personen weitaus schwächer als bei Männern. Letzterer Befund hängt vermutlich auch mit dem Wegfall der für Hausfrauen ohne Beitragszeiten bedeutsamen Ausnahmeregelung zusammen (vgl. Abschnitt 7, Seite 172).

Nach dem förderrechtlich bedingten Einbruch durch das AFGK in 1982 stieg die Zahl der Weiterbildungsteilnehmer ab 1983 weiter an - trotz der bereits starken Demontage des Förderrechts und obwohl in der Sparoperation von 1984 noch einmal gekürzt wurde und obwohl der Rechtsanspruch auf das sogenannte kleine Unterhaltsgeld aufgehoben wurde. In diesem Zeitraum besteht also ein inverser Zusammenhang zwischen Teilnahmevolumen und

Anreizwirkung der Fördervoraussetzungen, denn von den verschlechterten Fördermodalitäten kann wohl kaum eine stimulierende Wirkung abgeleitet werden.

Lediglich die Verlängerung der Rahmenfrist um maximal 5 Jahre bei Berufsunterbrecherinnen mit Wirkung zum 1.5.1985 kann tendenziell positiv auf die Weiterbildungsbereitschaft der Frauen wirken, dürfte jedoch die Steigerung der Teilnehmerzahl von 1984 auf 1985 allenfalls zu einem kleinen Teil erklären.

Ausschlaggebend für das gestiegene Weiterbildungs"interesse" dürften daher vermehrte "Aktivitäten" der Arbeitsverwaltung gewesen sein, Arbeitslose zur Teilnahme an einer Bildungsmaßnahme zu "motivieren" - nötigenfalls mittels Androhung einer Sperrfrist beim Leistungsbezug. Wie weiter oben beschrieben und wie sich anhand der Daten in Tabelle 19 belegen läßt, wurde dabei die Devise verfolgt, ohne Mehraufwand oder gar mit geringeren Mitteln als zuvor eine größere Zahl von Arbeitnehmern zu qualifizieren, wobei ein leitendes Motiv sicherlich darin bestanden hat, die Brisanz der Arbeitsmarktkrise durch die somit mögliche optische "Verbesserung" der Arbeitslosenstatistik weniger spektakulär in Erscheinung treten zu lassen. Infolgedessen ging diese Strategie auch mit einer Umschichtung zwischen den geförderten Maßnahmearten einher, worauf im nächsten Abschnitt noch einzugehen sein wird.

8.2 Verteilung der Teilnehmer/innen auf einzelne Maßnahmearten

8.2.1 Verteilung auf Fortbildung, Maßnahmen zur Verbesserung der Vermittlungsaussichten, Umschulung und betriebliche Einarbeitung

8.2.1.1 Situation im Jahre 1985

Die Aufschlüsselung der weiblichen und männlichen Bildungsabsolventen auf die untersuchten klassischen Aktionsbereiche[6] öffentlicher Arbeitsmarktpolitik, auf berufliche Fortbildung (darunter auf Maßnahmen zur Verbesserung der Vermittlungsaussichten nach § 41a AFG), Umschulung und betriebliche Einarbeitung zeigt im Jahre 1985 folgendes Bild:

Bei Eliminierung der Maßnahmen nach § 41a AFG aus der Betrachtung, die zwar dem Gesetz nach unter Fortbildung fallen, jedoch lediglich im Vorförderfeld anzusiedeln sind und sich mit den Fortbildungsmaßnahmen mit starker berufsfachlicher Ausrichtung qualitativ nicht vergleichen lassen, wird im Jahre 1985 eine für Männer und Frauen annähernd gleiche Verteilung der geförderten Personen auf die drei Maßnahmekategorien Fortbildung, Umschulung, Einarbeitung deutlich (vgl. die Grundzahlen in den Tabellen 24 N und 24 B sowie die ab 1979 in Klammern gesetzten Zahlen in den Tabellen 25 B und 25 N):

- Von den 121.671 Frauen, die 1985 im Bundesgebiet eine Bildungsmaßnahme begannen, entfielen 79,6 % auf Fortbildungsmaßnahmen, 13,4 % auf Umschulungs- und 6,9 % auf Einarbeitungsmaßnahmen (NRW: 79,2 %, 13,8 % und 7,1 %)

- Von den 249.355 Männern, die 1985 im Bundesgebiet in eine Bildungsmaßnahme eintraten, nahmen 8o,7 % an Fortbildungs-

---

[6] Vgl. dazu die ausführliche Beschreibung der Maßnahmebereiche in Abschnitt 6 dieser Arbeit.

Tabelle 24 N Die in berufliche Bildungsmaßnahmen neu eingetretenen Frauen nach der Art der Maßnahme 197o - 1985 - Nordrhein-Westfalen

Im Laufe des Jahres	Eintritte Insgesamt	davon[1] Fortbildung ohne Maßn. nach § 41a	Maßnahmen nach § 41a	Umschulung	betriebliche Einarbeitung
1970	8671	.	-	.	.
1971	11845	6531	-	4178	1136
1972	11762	7387	-	3731	644
1973	12620	8238	-	4014	368
1974	14771	9722	-	4666	383
1975	16865	11574	-	4455	836
1976	9235	6603	-	2111	521
1977	9543	7024	-	1817	702
1978	15028	11438	-	2613	977
1979	17441	12889	107	2887	1558
1980	21500	13866	1149	3865	2620
1981	26729	16836	3727	4758	1408
1982	27675	17703	4754	4077	1141
1983	30975	20335	4615	3938	2087
1984	32253	22306	4634	4064	1249
1985	37969	25504	5747	4438	2280

Veränderung gegenüber dem Vorjahr

	%	%	%	%	%
1971	36.6	.	-	.	.
1972	-.7	13.1	-	-10.7	-43.3
1973	7.3	11.5	-	7.6	-42.9
1974	17.0	18.0	-	16.2	4.1
1975	14.2	19.0	-	-4.5	118.3
1976	-45.2	-42.9	-	-52.6	-37.7
1977	3.3	6.4	-	-13.9	34.7
1978	57.5	62.8	-	43.8	39.2
1979	16.1	12.7	-	10.5	59.5
1980	23.3	7.6	973.8	33.9	68.2
1981	24.3	21.4	224.4	23.1	-46.3
1982	3.5	5.1	27.6	-14.3	-19.0
1983	11.9	14.9	-2.9	-3.4	82.9
1984	4.1	9.7	0.0	3.2	-40.2
1985	17.7	14.3	24.0	9.2	82.5

1) '-' = Keine Daten verfügbar

Quelle: Daten der Bundesanstalt für Arbeit, eigene Berechnungen

Tabelle 24 B Die in berufliche Bildungsmaßnahmen neu eingetretenen Frauen nach der Art der Maßnahme 197o - 1985 - Bundesgebiet -

Im Laufe des Jahres	Eintritte Insgesamt	davon[1] Fortbildung ohne Maßn. nach § 41a	Maßnahmen nach § 41a	Umschulung	betriebliche Einarbeitung
1970	40620	19245	-	8912	12463
1971	62513	36800	-	13346	12367
1972	53838	35188	-	12090	6560
1973	50017	32877	-	12809	4331
1974	60565	41856	-	15182	3527
1975	69846	49905	-	14617	5324
1976	39893	27789	-	7144	4960
1977	38387	26358	-	7163	4866
1978	52873	37521	-	9102	6250
1979	65866	44215	230	11886	9535
1980	80264	47540	5255	15561	11908
1981	91003	55239	10069	19464	6231
1982	84805	55564	9731	15855	3655
1983	97627	67421	9620	14622	5964
1984	115044	81763	11785	15478	6018
1985	136932	96890	15261	16326	8455

Veränderung gegenüber dem Vorjahr

	%	%	%	%	%
1971	53.9	91.2	-	49.8	-.8
1972	-13.9	-4.4	-	-9.4	-47.0
1973	-7.1	-6.6	-	5.9	-34.0
1974	21.1	27.3	-	18.5	-18.6
1975	15.3	19.2	-	-3.7	50.9
1976	-42.9	-44.3	-	-51.1	-6.8
1977	-3.8	-5.1	-	0.3	-1.9
1978	37.7	42.4	-	27.1	28.4
1979	24.6	17.8	-	30.6	52.6
1980	21.9	7.5	2184.8	30.9	24.9
1981	13.4	16.2	91.6	25.1	-47.7
1982	-6.8	0.6	-3.4	-18.5	-41.3
1983	15.1	21.3	-1.1	-7.8	63.2
1984	17.8	21.3	22.6	5.9	0.9
1705	17.0	18.5	29.5	5.5	40.5

1) '-' = Keine Daten verfügbar

Quelle: Daten der Bundesanstalt für Arbeit, eigene Berechnungen

Tabelle 25 N Eintritte von Männern und Frauen in berufliche Bildungsmaßnahmen nach ihrer prozentualen Verteilung auf einzelne Maßnahmearten 197o - 1985 - Nordrhein-Westfalen -

Männer

Im Laufe des Jahres	Berufliche Bildungsmaßnahmen insgesamt = 100 Prozent davon entfallen auf :						
	Fortbildung ohne Maßn. nach § 41a		Maßnahmen nach § 41a	Umschulung		betriebliche Einarbeitung	
1970	.		-	.		.	
1971	84.2		-	10.9		4.9	
1972	86.2		-	10.9		2.9	
1973	86.0		-	11.8		2.1	
1974	81.4		-	15.7		2.9	
1975	80.1		-	15.4		4.6	
1976	77.8		-	16.2		6.1	
1977	73.2		-	18.7		8.1	
1978	74.4		-	17.8		7.8	
1979	73.8	(74.0)	0.2	15.9	(16.0)	10.1	(10.1)
1980	69.0	(72.4)	4.7	15.3	(16.1)	11.0	(11.5)
1981	68.7	(75.9)	9.4	16.6	(18.4)	5.2	(5.8)
1982	68.8	(76.9)	10.5	16.0	(17.9)	4.6	(5.2)
1983	67.3	(74.8)	10.1	14.6	(16.2)	8.1	(9.0)
1984	72.0	(80.2)	10.2	13.3	(14.9)	4.5	(5.0)
1985	70.3	(77.9)	9.7	12.6	(14.0)	7.4	(8.2)

Frauen

1970	.		-	.		.	
1971	55.1		-	35.3		9.6	
1972	62.8		-	31.7		5.5	
1973	65.3		-	31.8		2.9	
1974	65.8		-	31.6		2.6	
1975	68.6		-	26.4		5.0	
1976	71.5		-	22.9		5.6	
1977	73.6		-	19.0		7.4	
1978	76.1		-	17.4		6.5	
1979	73.9	(74.4)	0.6	16.6	(16.7)	8.9	(9.0)
1980	64.5	(68.1)	5.3	18.0	(19.0)	12.2	(12.9)
1981	63.0	(73.2)	13.9	17.8	(20.7)	5.3	(6.1)
1982	64.0	(77.2)	17.2	14.7	(17.8)	4.1	(5.0)
1983	65.6	(77.1)	14.9	12.7	(14.9)	6.7	(7.9)
1984	69.2	(80.8)	14.3	12.6	(14.7)	3.9	(4.5)
1985	67.2	(79.2)	15.1	11.7	(13.8)	6.0	(7.1)

1) Die in Klammern gesetzten Prozentzahlen wurden unter Eliminierung der Maßnahmen zur Verbesserung der Vermittlungsaussichten nach § 41 a AFG errechnet

Quelle: Daten der Bundesanstalt für Arbeit, eigene Berechnungen

Tabelle 25 B Eintritte von Männern und Frauen in berufliche Bildungsmaßnahmen nach ihrer prozentualen Verteilung auf einzelne Maßnahmearten 197o - 1985 - Bundesgebiet -

Männer

Im Laufe des Jahres	Berufliche Bildungsmaßnahmen insgesamt = 100 Prozent davon entfallen auf :			
	Fortbildung ohne Maßn. nach § 41a	Maßnahmen nach § 41a	Umschulung	betriebliche Einarbeitung
1970	75.6	-	11.2	13.2
1971	83.3	-	9.2	7.5
1972	86.0	-	9.6	4.4
1973	86.1	-	10.5	3.4
1974	83.7	-	12.4	3.9
1975	82.8	-	10.9	6.2
1976	80.2	-	10.7	9.1
1977	76.0	-	13.2	10.8
1978	74.6	-	13.7	11.7
1979	73.1 (73.3)	0.3	13.2 (13.3)	13.4 (13.5)
1980	68.9 (72.7)	5.3	13.4 (14.2)	12.4 (13.1)
1981	71.6 (77.5)	7.7	14.9 (16.1)	5.9 (6.4)
1982	73.6 (79.6)	7.5	14.5 (15.7)	4.3 (4.7)
1983	73.1 (78.5)	6.8	13.3 (14.3)	6.8 (7.3)
1984	75.0 (81.4)	7.8	11.6 (12.6)	5.6 (16.1)
1985	73.9 (80.7)	8.5	10.6 (11.5)	7.1 (7.7)

Frauen

1970	47.4	-	21.9	30.7
1971	58.9	-	21.3	19.8
1972	65.4	-	22.5	12.2
1973	65.7	-	25.6	8.7
1974	69.1	-	25.1	5.8
1975	71.5	-	20.9	7.6
1976	69.7	-	17.9	12.4
1977	68.7	-	18.7	12.7
1978	71.0	-	17.2	11.8
1979	67.1 (67.4)	0.3	18.0 (18.1)	14.5 (14.5)
1980	59.2 (63.4)	6.5	19.4 (20.7)	14.8 (15.9)
1981	60.7 (68.2)	11.1	21.4 (24.0)	6.8 (7.7)
1982	65.5 (74.0)	11.5	18.7 (21.1)	4.3 (4.9)
1983	69.1 (76.6)	9.9	15.0 (16.6)	6.1 (6.8)
1984	71.1 (79.2)	10.2	13.5 (15.0)	5.2 (5.8)
1985	70.8 (79.6)	11.1	11.9 (13.4)	6.2 (6.9)

1) Die in Klammern gesetzten Prozentzahlen wurden unter Eliminierung der Maßnahmen zur Verbesserung der Vermittlungsaussichten nach § 41 a AFG errechnet

Quelle: Daten der Bundesanstalt für Arbeit, eigene Berechnungen

Tabelle 25 NT Teilnehmer an beruflichen Bildungsmaßnahmen und ihre prozentuale Verteilung auf einzelne Maßnahmearten 1971 - 1985 - Nordrhein-Westfalen -

Männer

Ende Dez.	Berufliche Bildungsmaßnahmen insgesamt = 100 Prozent davon entfallen auf :			
	Fortbildung ohne Maßn. nach § 41a	Maßnahmen nach § 41a	Umschulung	betriebliche Einarbeitung
1971	84.9	-	14.0	1.1
1972	85.6	-	13.6	0.7
1973	86.4	-	13.0	0.5
1974	83.7	-	15.6	0.7
1975	81.8	-	16.8	1.4
1976	80.5	-	17.9	1.5
1977	77.0	-	20.1	3.0
1978	76.6	-	19.8	3.6
1979	75.2	0.2	18.8	5.8
1980	74.6	1.2	18.8	5.5
1981	75.3	1.6	21.5	1.6
1982	73.3	1.9	22.4	2.4
1983	72.6	1.7	21.4	4.4
1984	75.7	1.7	20.6	2.0
1985	73.1	1.9	20.4	4.6

Frauen

1971	55.4	-	41.5	3.0
1972	57.8	-	40.9	1.4
1973	59.7	-	39.5	0.8
1974	63.3	-	36.1	0.6
1975	65.5	-	33.1	1.4
1976	65.0	-	32.5	2.5
1977	70.3	-	26.7	3.0
1978	74.4	-	22.1	3.5
1979	71.0	0.1	22.4	6.5
1980	64.6	2.2	24.9	8.3
1981	66.3	3.3	28.6	1.8
1982	66.9	3.4	26.9	2.7
1983	68.6	3.0	24.1	4.3
1984	70.3	2.8	25.0	1.9
1985	68.7	3.3	23.8	4.3

Quelle: Daten der Bundesanstalt für Arbeit, eigene Berechnungen

Tabelle 25 BT Teilnehmer an beruflichen Bildungsmaßnahmen und ihre prozentuale Verteilung auf einzelne Maßnahmearten 1971 - 1985 - Bundesgebiet -

Männer

Ende Dez.	Berufliche Bildungsmaßnahmen insgesamt = 100 Prozent davon entfallen auf :			
	Fortbildung ohne Maßn. nach § 41a	Maßnahmen nach § 41a	Umschulung	betriebliche Einarbeitung
1971	83.2	-	15.2	1.6
1972	83.1	-	16.0	1.0
1973	83.8	-	15.5	0.7
1974	82.9	-	16.1	1.0
1975	82.0	-	16.1	1.9
1976	80.6	-	16.9	2.5
1977	78.2	-	17.8	4.0
1978	76.6	-	18.4	5.0
1979	75.7	-	18.2	6.1
1980	74.5	1.0	19.3	5.2
1981	75.6	1.0	21.9	1.5
1982	74.8	1.2	22.1	1.9
1983	74.0	1.1	21.5	3.4
1984	75.1	1.2	21.0	2.6
1985	74.4	1.5	20.0	4.0

Frauen

1971	64.3	-	30.4	5.3
1972	65.2	-	32.6	2.1
1973	63.8	-	34.7	1.5
1974	65.4	-	33.2	1.4
1975	67.0	-	31.2	1.9
1976	65.8	-	31.1	3.1
1977	66.8	-	28.7	4.5
1978	69.3	-	25.1	5.6
1979	65.5	-	26.9	7.6
1980	60.0	1.6	30.9	7.5
1981	60.5	2.0	35.8	1.7
1982	62.0	2.0	33.9	2.0
1983	65.4	2.0	29.4	3.2
1984	67.3	2.0	28.2	2.5
1985	67.5	2.4	26.4	3.7

Quelle: Daten der Bundesanstalt für Arbeit, eigene Berechnungen

maßnahmen, 11,5 % an Umschulungs- und 7,7 % an Einarbeitungsmaßnahmen teil (NRW: 77,9 %, 14,o % und 8,2 %).

Unter Einschluß der kurzzeitigen (und weniger kostenträchtigen) Motivierungs- und Informationslehrgänge nach § 41a AFG zeigt die Aufschlüsselung, daß Frauen in erheblich höherem Maße als Männer auf diese Maßnahmen mit erprobendem, orientierendem und sozialem Charakter verwiesen werden. Es wird ferner deutlich, daß diese Kurse in Nordrhein-Westfalen (bei Männern und Frauen) relativ häufiger eingesetzt werden als im bundesweiten Vergleichsraum. 1985 waren es in Nordrhein-Westfalen 15,1 % aller im Laufe des Jahres in Fördermaßnahmen eingetretenen Frauen, deren Qualifizierung sich auf die Teilhabe an § 41a-Kursen beschränkte. Die im vorangegangenen Abschnitt beschriebene expansive Entwicklung des Teilnahmevolumens in den letzten Jahren geht also wesentlich auf das Konto dieses neuen Instruments.

Unter den 4 Maßnahmekategorien dominiert also in beiden Untersuchungsräumen bei Männern und Frauen die berufliche Fortbildung (ohne § 41a AFG-Maßnahmen) in eindeutiger Weise. Je nach Geschlecht und Untersuchungsraum nehmen 7o bis 75 % aller Personen, wenn sie eine Bildungsmöglichkeit nach dem Arbeitsförderungsgesetz in Anspruch nehmen, an Fortbildungsmaßnahmen teil.

An zweiter Stelle steht im Bundesgebiet mit großem Abstand (Bedeutungsanteil: Männer: 1o,6, Frauen: 11,9 %) die berufliche Umschulung, dicht gefolgt von den Maßnahmen zur Verbesserung der Vermittlungsaussichten nach § 41a AFG. Diese Reihenfolge dreht sich im Falle der Frauen in Nordrhein-Westfalen um: **Mit den genannten 15,1 % haben hier Maßnahmen nach § 41a AFG mittlerweile ein größeres Gewicht als die besonders umfassend qualifizierenden Umschulungsmaßnahmen!**

Die bei Männern und Frauen an letzter Stelle rangierenden betrieblichen Einarbeitungsmaßnahmen spielten 1985 mit prozentualen Anteilen zwischen 6,o % (Frauen in NRW) und 7,4 % (Männer in NRW) im Aktionsfeld der Fördermöglichkeiten eine relativ unbedeutende Rolle.

Wie dargestellt haben die verschiedenen, bislang noch recht grob abgegrenzten Maßnahmenkomplexe mit Ausnahme der § 41a-Kurse für Männer und Frauen eine annähernd gleiche Bedeutung. Infolgedessen verteilt sich auch das Ausmaß der frauenspezifischen Benachteiligung, wie die nachfolgenden Tabellen 26 bis 27 verdeutlichen, mit nicht allzu großen Unterschieden auf die drei übrigen Förderungsmöglichkeiten. Am geringsten ist dabei im Jahre 1985 der Frauenanteil an den Neueintritten in betriebliche Einarbeitungsmaßnahmen, und dementsprechend die Differenz zum Anteil an den abhängigen Erwerbspersonen hier am größten (BRD: - 9,7 %, NRW: - 1o,2 %) (vgl. Tabelle 26 sowie die Tabellen 27 N und 27 B).

Tabelle 26 Differenz zwischen dem Anteil der Frauen an den abhängigen Erwerbspersonen und ihrem Anteil an den Neueintritten in berufliche Bildungsmaßnahmen im Jahre 1985 in Prozentpunkten

Maßnahmeart	NRW	Bundesgebiet
Fortbildung	6,9	7,7
Maßnahmen zur Verbesserung der Vermittlungsaussichten (§ 41 a AFG)	- 4,3	o,4
Umschulung	7,5	4,o
betriebliche Einarbeitung	1o,2	9,7
berufliche Bildungsmaßnahmen insges.	5,9	6,7
darunter: ohne § 41 a AFG-Maßnahmen	7,3	7,4

Quelle: Eigene Berechnungen nach Daten der Bundesanstalt für Arbeit

Wie ersichtlich sind hingegen - in Nordrhein-Westfalen - Frauen sogar stärker in § 41a-Maßnahmen vertreten, als es ihrem Anteil an den abhängigen Erwerbspersonen (sozialversicherungspflichtig Beschäftigte plus Arbeitslose) entspricht. Ein "positives" Ergebnis, das wohl schwerlich auch inhaltlich als solches interpretiert werden kann, denn diese Kurzzeitmaßnahmen steigern die Beschäftigungschancen von Frauen - ohne weiterführende Maßnahme - wohl kaum.

Legt man, so wie dies in Publikationen häufig der Fall ist, bei der Analyse der Verteilung auf Maßnahmearten die Teilnehmerbestände zugrunde, so erfolgt im Vergleich zur Statistik der Neueintritte eine Überzeichnung des Bedeutungsanteils längerfristiger Maßnahmen, vor allem der Umschulungsmaßnahme, und eine Unterschätzung der kurzzeitigen Maßnahmen (vgl. die folgende Tabelle 26 T sowie die Tabellen 27 NT und 27 BT).

Tabelle 26 T Differenz zwischen dem Anteil der Frauen an den abhängigen Erwerbspersonen und ihrem Anteil an den Teilnehmern (**Bestände**) im Jahre 1985 in Prozentpunkten

Maßnahmeart	NRW	Bundesgebiet
Fortbildung	1o,4	11,4
Maßnahmen zur Verbesserung der Vermittlungsaussichten (§ 41 a AFG)	- 2,3	- 1,o
Umschulung	5,9	3,1
betriebliche Einarbeitung	1o,6	11,o
berufliche Bildungsmaßnahmen insges.	9,2	9,3
darunter: ohne § 41 a AFG-Maßnahmen	9,5	9,5

Quelle: Eigene Berechnungen nach Daten der Bundesanstalt für Arbeit

Insbesondere wird für Frauen, die nicht nur in überproportionalem Maße in den kurzzeitigen Maßnahmen nach § 41a vertreten

Tabelle 27 N Frauenanteil an den einzelnen beruflichen Bildungsmaßnahmen. Eintritte von Frauen in % der Eintritte von Männern und Frauen insgesamt 197o - 1985 - Nordrhein-Westfalen -

Im Laufe des Jahres	Eintritte von Frauen in % der Eintritte insgesamt 1) berufliche Bildungsmaßnahmen insgesamt	davon Fortbildung ohne Maßn. nach § 41a	Maßnahmen nach § 41a	Umschulung	betriebliche Einarbeitung	Frauenanteil an abhaengigen Erwerbspersonen 2)
1970	21.0	.	-	.	.	31.0
1971	18.3	12.8	-	42.1	30.4	31.4
1972	19.7	15.2	-	41.7	31.6	32.4
1973	22.2	17.8	-	43.4	28.0	32.7
1974	25.5	21.7	-	40.8	23.7	33.1
1975	24.1	21.4	-	35.3	25.5	34.7
1976	23.5	22.0	-	30.3	22.2	35.0
1977	26.2	26.3	-	26.5	24.3	35.1
1978	29.5	30.0	-	29.0	25.9	35.5
1979	29.8	29.9	55.7	30.7	27.4	35.7
1980	31.2	29.8	34.1	34.7	33.5	36.2
1981	31.6	29.8	40.6	33.1	31.7	36.6
1982	31.2	29.7	42.6	29.5	28.8	37.0
1983	31.2	30.7	40.2	28.4	27.4	37.0
1984	30.7	29.9	38.5	29.5	27.8	37.3
1985	31.7	30.7	41.9	30.1	27.4	37.6

Veränderung gegenüber dem Vorjahr in Prozentpunkten

1971	-2.8	.	-	.	.
1972	1.4	2.4	-	-.4	1.2
1973	2.5	2.6	-	1.7	-3.6
1974	3.4	3.9	-	-2.6	-4.3
1975	-1.5	-.4	-	-5.5	1.9
1976	-.6	0.7	-	-5.0	-3.4
1977	2.7	4.3	-	-3.8	2.2
1978	3.3	3.7	-	2.5	1.6
1979	0.3	-.1	-	1.6	1.5
1980	1.4	-.1	-21.6	4.1	6.1
1981	0.4	0.0	6.4	-1.6	-1.8
1702	-.4	-.1	2.0	-3.6	-2.9
1983	0.0	1.0	-2.4	-1.1	-1.3
1984	-0.5	-0.8	-1.7	1.1	0.4
1985	1.0	0.8	3.4	0.6	-0.4

1) - = keine Daten verfügbar

2) Zur Berechnung der abhängigen Erwerbspersonen vgl. Tab. 23 N, Fußnote 2

Quelle: Daten der Bundesanstalt für Arbeit, Mikrozensusdaten, eigene Berechnungen

Tabelle 27 B Frauenanteil an den einzelnen beruflichen Bildungsmaßnahmen. Eintritte von Frauen in % der Eintritte von Männern und Frauen insgesamt 197o - 1985 - Bundesgebiet -

Im Laufe des Jahres	Eintritte von Frauen in % der Eintritte insgesamt: berufliche Bildungsmaßnahmen insgesamt	davon: Fortbildung ohne Maßn. nach § 41a	davon: Maßnahmen nach § 41a	davon: Umschulung	davon: betriebliche Einarbeitung	Frauenanteil an abhaengigen Erwerbspersonen 1)
1970	23.9	16.4	-	38.1	42.1	34,0
1971	21.7	16.4	-	39.1	42.0	34.2
1972	20.7	16.5	-	37.9	42.0	34.5
1973	22.0	17.8	-	40.8	42.0	35.0
1974	26.0	22.5	-	41.5	34.7	35.5
1975	25.8	23.1	-	40.0	29.8	37.8
1976	26.3	23.7	-	37.5	32.8	38.2
1977	28.2	26.2	-	35.7	31.7	38.3
1978	30.2	29.1	-	35.2	30.4	38.5
1979	31.5	29.7	35.3	38.5	33.1	38.8
1980	32.5	29.3	37.3	41.0	36.5	39.2
1981	32.6	29.0	41.1	41.0	36.0	39.4
1982	31.9	29.5	41.7	37.7	31.8	39.6
1983	31.9	30.7	40.3	34.5	29.6	39.7
1984	32.6	31.4	38.7	35.9	31.1	40.0
1985	33.5	32.5	39.8	36.2	30.5	40.2

Veränderung gegenüber dem Vorjahr in Prozentpunkten

1971	-2.2	-.1	-	1.1	-.1
1972	-1.0	0.2	-	-1.2	0.0
1973	1.4	1.2	-	2.9	-.1
1974	4.0	4.8	-	0.8	-7.3
1975	-.3	0.5	-	-1.6	-4.9
1976	0.5	0.6	-	-2.5	3.0
1977	1.9	2.5	-	-1.8	-1.2
1978	1.9	2.9	-	-.5	-1.2
1979	1.3	0.5	-	3.3	2.7
1980	1.0	-.4	1.9	2.5	3.4
1981	0.1	-.2	3.8	-.1	-.5
1982	-.6	0.4	0.6	-3.3	-4.2
1983	-.1	1.2	-1.4	-3.1	-2.2
1984	0.7	0.7	-1.6	0.4	1.5
1985	0.9	1.1	1,1	0.3	-0.6

1) Zur Berechnung der abhängigen Erwerbspersonen vgl. Tab. 23 B, Fußnote 2

Quelle: Daten der Bundesanstalt für Arbeit, Mikrozensusdaten, eigene Berechnungen

Tabelle 27 NT Frauenanteil an den einzelnen beruflichen Bildungsmaßnahmen. Weibliche Teilnehmer in Prozent aller Teilnehmer 1969 - 1985 - Nordrhein-Westfalen -

Ende Dez.	berufliche Bildungsmaßnahmen insgesamt	Weibliche Teilnehmer in % der Teilnehmer insgesamt davon: Fortbildung ohne Maßn. nach § 41a	Maßnahmen nach § 41a	Umschulung	betriebliche Einarbeitung
1969	14.9	.	-	.	.
1970	14.9	.	-	.	.
1971	15.0	10.4	-	34.4	32.6
1972	16.5	11.7	-	37.1	27.3
1973	18.6	13.6	-	40.8	26.2
1974	21.7	17.3	-	39.0	18.9
1975	22.3	18.7	-	36.0	22.0
1976	21.8	18.4	-	33.6	31.0
1977	23.2	21.6	-	28.7	23.3
1978	25.3	24.8	-	27.5	24.7
1979	25.1	24.0	23.1	28.4	27.2
1980	26.2	23.5	40.4	32.1	35.0
1981	26.4	24.0	42.0	32.3	29.1
1982	25.9	24.2	38.2	29.6	28.8
1983	26.4	25.4	39.6	28.9	26.0
1984	26.7	25,2	37.5	30.6	26.3
1985	26.4	27.2	39.9	31.7	27.0

Veränderung gegenüber dem Vorjahr in Prozentpunkten

1970	0.1	.	-	.	.
1971	0.1	.	-	.	.
1972	1.4	1.4	-	2.8	-5.3
1973	2.1	1.9	-	3.7	-1.1
1974	3.1	3.7	-	-1.8	-7.3
1975	0.6	1.3	-	-3.0	3.1
1976	-.5	-.3	-	-2.4	9.0
1977	1.4	3.2	-	-4.9	-7.7
1978	2.1	3.2	-	-1.2	1.4
1979	-.3	-.8	-	0.9	2.4
1980	1.2	-.5	17.3	3.7	7.9
1981	0.1	0.4	1.6	0.2	-5.9
1982	-.4	0.3	-3.8	-2.6	-.4
1983	0.5	1.1	1.4	-.8	-2.8
1984	0.3	- 0.2	-2.1	1.7	0.3
1985	1.7	2,0	2.4	1.1	0.7

1) '.' = Keine Daten verfügbar

Quelle: Daten der Bundesanstalt für Arbeit, eigene Berechnungen

Tabelle 27 BT Frauenanteil an den einzelnen beruflichen Bildungsmaßnahmen. Weibliche Teilnehmer in Prozent aller Teilnehmer 1969 - 1985 - Bundesgebiet -

Ende Dez.	berufliche Bildungsmaßnahmen insgesamt	Weibliche Teilnehmer in % der Teilnehmer insgesamt davon: Fortbildung ohne Maßn. nach § 41a	Maßnahmen nach § 41a	Umschulung	betriebliche Einarbeitung
1969	19.3	.	-	.	.
1970	17.0	.	-	.	.
1971	17.2	13.9	-	29.4	40.7
1972	16.4	13.3	-	28.6	30.3
1973	18.0	14.3	-	32.9	31.6
1974	22.0	18.2	-	36.8	27.9
1975	23.9	20.4	-	37.7	23.4
1976	23.3	19.9	-	35.9	27.2
1977	25.0	22.1	-	34.9	27.3
1978	26.6	24.7	-	33.0	28.6
1979	27.7	24.9	-	36.0	32.4
1980	28.4	24.2	39.8	38.9	36.3
1981	29.1	24.7	44.5	40.1	32.5
1982	28.5	24.9	40.3	38.0	30.0
1983	28.8	26.4	41.7	35.7	27.5
1984	29.5	27,3	41.6	35.9	28.6
1985	30.9	28.8	41.2	37.1	29.2

Veränderung gegenüber dem Vorjahr in Prozentpunkten

1970	-2.3	.	-	.	.
1971	0.2	.	-	.	.
1972	-.8	-.5	-	-.8	-10.3
1973	1.6	1.0	-	4.2	1.3
1974	4.0	3.9	-	4.0	-3.7
1975	1.9	2.2	-	0.9	-4.5
1976	-.6	-.5	-	-1.8	3.8
1977	1.7	2.3	-	-1.0	0.1
1978	1.6	2.6	-	-1.9	1.3
1979	1.1	0.2	-	3.0	3.8
1980	0.8	-.6	-	2.9	3.9
1981	0.7	0.5	4.7	1.2	-3.8
1982	-.6	0.1	-4.3	-2.1	-2.5
1983	0.3	1.5	1.5	-2.3	-2.4
1984	0.7	0,9	-0.1	0.2	1.1
1985	1.4	1,5	-0.4	1.2	0.6

1) '.' = Keine Daten verfügbar

Quelle: Daten der Bundesanstalt für Arbeit, eigene Berechnungen

sind, sondern, wie noch zu zeigen sein wird, auch bei den übrigen Fortbildungsmaßnahmen im Schnitt kürzere Lehrgänge als Männer absolvieren, ein vergleichsweise zu günstiges Beteiligungsverhältnis an Umschulungsmaßnahmen ausgewiesen.

Demzufolge fällt die Differenz des Frauenanteils im Umschulungssektor zum Anteil an den Erwerbspersonen 1985 auch geringfügig niedriger als auf der Grundlage der Statistik der Neueintritte aus, während sie sich in den übrigen Bereichen (Ausnahme: § 41a-Maßnahmen auf Bundesebene) erhöht.

8.2.1.2 Entwicklung

Die für das Jahr 1985 beschriebene Aufschlüsselung der weiblichen und männlichen Teilnahme an Bildungsmaßnahmen auf die verschiedenen Bildungsbereiche unterscheidet sich erheblich von dem Verteilungsbild früherer Jahre.

Besonders auffällig ist hierbei die drastische relative Bedeutungsabnahme von **Umschulungsmaßnahmen** für Frauen in Nordrhein-Westfalen (vgl. Tabelle 25 N und 27 N). Waren Frauen von 1971 bis 1975 sogar bedeutend stärker in Umschulungsmaßnahmen vertreten, als es ihrem Anteil an den abhängigen Erwerbspersonen entsprach, so hat sich diese Relation in den letzten Jahren immer mehr ins Gegenteil verkehrt. 1985 steht einem Anteil der Frauen an den abhängigen Erwerbspersonen von 37,6 % ein Anteil an den Umschülerinnen von nur 3o,1 % gegenüber (vgl. Tabelle 27 N), und machten die Umschülerinnen im Jahre 1971 noch 35,3 % aller geförderten Frauen aus, so ist dieser Anteil im Jahre 1985 auf 13,8 % zusammengeschrumpft. Nur drei Jahre zuvor, also 1981, hatte er noch bei 2o,7 % gelegen (vgl. Tabelle 25 N). Mit diesem massiven relativen Gewichtsverlust verbindet sich sogar ein absoluter Rückgang der Zahl der Umschülerinnen nach 1981 (vgl. Tabelle 24 N). Demgegenüber hat der Kreis der männlichen Teilnehmer, die eine Umschulungsmaßnahme anstrebten, im längerfristigen Vergleich absolut und relativ zugenommen. Infolgedessen haben diese Maßnahmen zur beruflichen Umorientierung nunmehr bei Männern in Nordrhein-Westfalen ein geringfügig stärkeres Gewicht an allen Bildungsmöglichkeiten (1985: 14,o %) als bei Frauen (13,8 %) (vgl. Tabelle 25 N).

Im Bundesgebiet, in dem Umschulungen auffälligerweise zu Anfang der 70er Jahre in weitaus schwächerem Maße für Frauen eingesetzt wurden als in Nordrhein-Westfalen, fiel der Anteil der Umschülerinnen von 21,3 % in 1971 auf 13,4 % in 1985 (NRW: 13,8 %). Der ehemalige nordrhein-westfälische "Vorsprung" auf diesem besonders umfassend qualifizierenden Maßnahmesektor (1971: NRW: 35,3 %, Bundesgebiet: 21,9 %) ist also vollkommen verlorengegangen (vgl. Tabelle 25 B).

Für den Rückgang der Umschulungsmaßnahmen dürfte kaum nur ein nachlassendes Interesse der Arbeitnehmer an einer beruflichen Neuorientierung verantwortlich zeichnen - es sei denn als Reaktion auf die verschlechterte finanzielle Absicherung, die sich bei längerfristigen Maßnahmen sicherlich noch stärker als bei kurzfristigen Kursen als Handicap auswirkt. Da die Neigung der Arbeitnehmer für den Umschulungsberuf als eigenständiges Förderkriterium fortgefallen ist, bietet Umschulung immer weniger die Möglichkeit, individuelle Berufswünsche zu realisieren bzw. eine frühere Berufsentscheidung im Erwachsenenalter zu korrigieren. Es ist davon auszugehen, daß die Verteilung auf Maßnahmearten von der Arbeitsverwaltung unter Kostengesichtspunkten und bei entsprechend restriktiver Auslegung der arbeitsmarktpolitischen Notwendigkeit oder Zweckmäßigkeit einer Maßnahme stärker denn je in Richtung der kurzfristigen, "billigeren" Maßnahmen gesteuert wird. Da, wie dargelegt, Profildiskrepanzen zwischen Angebot an Arbeitskräften und Nachfrage nach Arbeitskräften in der derzeitigen Beschäftigungskrise eine nur untergeordnete Rolle spielen, hat die Umschulung als Instrument zur Deckung des Bedarfs an Arbeitskräften in sogenannten Mangelberufen auch von den faktischen Gegebenheiten auf dem Arbeitsmarkt her an Bedeutung verloren. Diese Entwicklung richtet sich vor allem gegen die Zielgruppe der ungelernten Arbeitnehmer, für die eine Umschulung eine der wenigen Möglichkeiten darstellte, im Erwachsenenalter erstmals einen beruflichen Abschluß zu erlangen.

Auch bei den in der Anfangsphase des Arbeitsförderungsgesetzes bei Frauen weitaus stärker als bei Männern eingesetzten **Einarbeitungsmaßnahmen**, die eine Qualifizierung im Rahmen eines Beschäftigungsverhältnisses ermöglichen sollen, ist es zu einer starken Angleichung zwischen Männern und Frauen gekommen. Ihr relatives Gewicht an den gesamten Fördermaßnahmen (ohne § 41a-Maßnahmen) ist nunmehr bei Frauen (1985: NRW: 7,1 %, Bundesgebiet: 6,9 % aller Eintritte) sogar geringfügig niedriger als bei Männern (1985: NRW: 8,2 %, Bundesgebiet: 7,7 %). 197o waren es bundesweit 3o,7 % der Frauen, die eine betriebliche Einarbeitungsmaßnahme begannen (vgl. Tabelle 25 N und 25 B).

Spiegelbildlich zum Bedeutungsverlust von Umschulungs- und betrieblichen Einarbeitungsmaßnahmen kam es bei Frauen zu einem steilen Anstieg der **Fortbildungsmaßnahmen** an der Gesamtheit der Förderfälle, während dieser Maßnahmenkomplex bei den Männern im Zeitablauf eine leicht rückläufige Entwicklung verzeichnete. Der Bedeutungsanteil der Fortbildungsmaßnahmen an den Förderfällen stieg bei Frauen in Nordrhein-Westfalen von 55,1 % in 1971 auf 79,2 % in 1985 (unter Einschluß von § 41a-Maßnahmen: auf 82,3 %). Bei den Männern sank er hingegen im selben Zeitraum von 84,2 % auf 77,9 % bzw. 8o,o % (vgl. Tabelle 25 N). Die oben erwähnte, im Vergleich zu den Männern überdurchschnittliche Zunahme von Frauen an beruflichen Bildungsmaßnahmen ging also mit ausgewählten Substitutionsprozessen zwischen den einzelnen Maßnahmekategorien einher, wobei insbesondere die in Nordrhein-Westfalen überproportional rückläufige Integration von Frauen in Umschulungen und das zunehmende

Gewicht der § 41a-Maßnahmen zur Verbesserung der Vermittlungsaussichten unter qualitativen Aspekten negativ ins Auge fällt.

8.2.2. Die Beteiligung von Frauen an den verschiedenen Maßnahmen der Fortbildung

8.2.2.1 Situation im Jahre 1985

Bereits die recht grobe Kategorisierung nach den vier bisher dargestellten Maßnahmearten beinhaltet eine quantitative und qualitative Abstufung hinsichtlich des vermittelten Bildungsinhaltes. Hierbei können die Maßnahmen zur Verbesserung der Vermittlungsaussichten sicherlich den geringsten Qualifizierungseffekt beanspruchen, dienen sie doch lediglich dazu, einen Überblick über die Situation auf dem Arbeitsmarkt zu vermitteln bzw. über **Möglichkeiten** der beruflichen Weiterbildung zu informieren. Aber auch der übrige Fortbildungskomplex, der mit Anteilen um die 7o % an der Gesamtheit aller beruflichen Qualifizierungsmaßnahmen das Kernstück der Förderungspolitik des AFG darstellt, enthält, wie in Abschnitt 6 beschrieben, unter Qualitätsgesichtspunkten äußerst heterogene Maßnahmenbereiche (vgl. Übersicht 1, Seite 116). Die in der Förderstatistik vorgenommene Differenzierung in bezug auf die mit der Teilnahme angestrebten Ziele (vgl. Tabelle 28 N und 28 B) vermittelt folgendes Bild:

Besuchen Frauen Fortbildungseinrichtungen, so sind dies heutzutage in gut drei Viertel aller Fälle solche **Maßnahmen, die auf Feststellung, Erhaltung, Erweiterung und Anpassung beruflicher Kenntnisse zielen.** Bei Männern hingegen haben diese Maßnahmen eine sehr viel geringere Bedeutung (1985: rund 6o %) (vgl. Tabelle 28 B).

Für Männer stand berufliche Fortbildung seit jeher stärker im Zeichen der Höherqualifizierung: In Nordrhein-Westfalen war

Tabelle 28 N Die in berufliche Fortbildungsmaßnahmen eingetretenen Männer und Frauen nach dem Ziel der Maßnahme (in Prozent) 1) 1978 - 1985 - Nordrhein-Westfalen -

Männer

Im Laufe des Jahres	Ziel der Maßnahme: Grundausbildung Übungsfirma, Übungswerkstatt 2)	Feststellung, Erhaltung, Erweiterung und Anpassung beruflicher Kenntnisse	beruflicher Aufstieg: Meisterprüfung, Techniker, Betriebswirt 3)	beruflicher Aufstieg: sonstiger beruflicher Aufstieg	berufliche Abschlußprüfung	Heran- u. Fortbildung von Ausbildungsfachkräften
1978	.	42.1	31.6	13.9	10.6	1.8
1979	.	45.5	30.1	13.0	9.4	2.0
1980	.	42.5	33.3	14.4	8.0	1.8
1981	.	43.6	30.0	16.3	7.9	2.3
1982	19.0	30.6	25.4	17.0	6.4	1.5
1983	18.8	34.5	22.7	17.5	5.2	1.2
1984	18.7	39.6	19.9	15.9	4.7	1.2
1985	17.2	42.1	19.2	16.4	3.9	1.2

Frauen

Im Laufe des Jahres	Grundausbildung Übungsfirma, Übungswerkstatt 2)	Feststellung, Erhaltung, Erweiterung und Anpassung beruflicher Kenntnisse	Meisterprüfung, Techniker, Betriebswirt 3)	sonstiger beruflicher Aufstieg	berufliche Abschlußprüfung	Heran- u. Fortbildung von Ausbildungsfachkräften
1978	.	67.8	6.0	20.6	4.7	0.9
1979	.	70.9	5.9	18.2	4.1	1.0
1980	.	66.6	6.5	20.7	5.2	1.0
1981	.	67.3	5.7	19.6	5.4	2.0
1982	14.6	58.4	4.3	17.3	4.2	1.1
1983	13.5	59.9	3.6	17.4	4.9	0.8
1984	12,8	63.1	3.3	15.9	3.9	1.0
1985	12,3	64.6	3.5	15.6	3.0	0.9

1) ohne Maßnahmen zur Verbesserung der Vermittlungsaussichten nach § 41 a AFG

2) keine Daten verfügbar bzw. nicht durchgeführt, bei Daten für das Bundesgebiet (Tab. 28 B) in der nächsten Rubrik "Feststellung, Erhaltung ..." enthalten

3) Industriemeister, sonstige Meister, Techniker, Betriebswirte

Quelle: Daten der Bundesanstalt für Arbeit, eigene Berechnungen

Tabelle 28 B Die in berufliche Fortbildungsmaßnahmen eingetretenen Männer und Frauen nach dem Ziel der Maßnahme (in Prozent) 1) 1973 - 1985 - Bundesgebiet -

Männer

Im Laufe des Jahres	Ziel der Maßnahme: Grundausbildung übungsfirma, übungswerkstatt 2)	Feststellung, Erhaltung, Erweiterung und Anpassung beruflicher Kentnisse	beruflicher Aufstieg: Meisterprüfung, Techniker, Betriebswirt 3)	beruflicher Aufstieg: sonstiger beruflicher Aufstieg	berufliche Abschlußprüfung	Heran- u. Fortbildung von Ausbildungsfachkräften
1973	.	37.4	42.1	17.7	1.8	1.1
1974	.	41.2	38.1	16.6	2.8	1.3
1975	.	51.1	29.6	12.3	5.6	1.5
1976	.	44.1	33.0	12.0	8.8	2.1
1977	.	35.9	39.4	12.6	10.2	1.8
1978	.	40.1	37.4	11.8	8.9	1.8
1979	.	40.5	38.5	11.6	7.6	1.9
1980	.	37.5	39.4	13.7	7.6	1.8
1981	.	38.8	36.6	14.9	7.5	2.1
1982	.	43.8	32.4	15.7	6.2	2.0
1983	.	51.7	26.9	14.1	5.4	1.9
1984	.	58.0	24.1	11,9	4.2	1.8
1985	.	59.5	23.9	11.5	3.6	1.6

Frauen

1973	.	54.0	9.4	31.1	2.8	2.7
1974	.	59.0	6.9	28.1	3.4	2.5
1975	.	67.4	6.1	18.8	5.1	2.5
1976	.	62.9	6.9	19.9	8.0	2.3
1977	.	61.0	8.7	20.4	8.5	1.5
1978	.	65.2	7.2	19.3	7.1	1.2
1979	.	65.9	7.4	18.8	6.6	1.4
1980	.	62.5	8.0	20.8	7.3	1.4
1981	.	62.5	7.3	20.5	7.8	2.0
1982	.	66.3	5.8	19.7	6.3	1.8
1983	.	71.0	4.6	17.3	5.5	1.6
1984	.	75.6	4.4	14.0	4.3	1.7
1985	.	77.2	4.4	13.4	3.6	1.4

1) ohne Maßnahmen zur Verbesserung der Vermittlungsaussichten gemäß § 41 a AFG

2) keine Daten vorhanden bzw. nicht durchgeführt, sofern durchgeführt in der nächsten Rubrik "Feststellung, Erhaltung ..." enthalten

3) 1977 bis 1985: Industriemeister, Handwerksmeister, sonstige Meister, Techniker, Betriebswirte, vor 1977 ohne sonstige Meister, ohne Betriebswirte

Quelle: Daten der Bundesanstalt für Arbeit, eigene Berechnungen

1985 jede 5. Teilnahme auf eine Fortbildung mit dem Ziel der Meisterprüfung, zum Techniker oder zum Betriebswirt gerichtet, auf Maßnahmeziele also, an deren Ende beruflicher Aufstieg steht bzw. auf Berufsfelder, die von Männern dominiert werden. Im Bundesgebiet zählte sogar jeder 4. männliche Teilnehmer zu den Absolventen dieser **traditionellen Art der Aufstiegsförderung.**

Frauen hingegen sind in dieser Maßnahmeart nur mit völlig unbedeutenden Anteilen vertreten (3,5 % aller weiblichen Fortbildungsteilnehmer in Nordrhein-Westfalen, 4,4 % im Bundesgebiet). Diese geschlechtsspezifischen Unterschiede unterstreichen, daß die öffentliche Arbeitsmarktpolitik bereits von ihrer Konzeption her eine Bevorzugung von Männern bzw. von Personen, die bereits relativ günstige berufliche Voraussetzungen aufweisen, determiniert. Darüber hinaus sind es nahezu ausschließlich typische Männerberufe (Industriemeister, Techniker usw.), in denen ein beruflicher Aufstieg über formalisierte und von der Bundesanstalt geförderte Bildungsgänge überhaupt möglich ist. Von daher erscheint es notwendig, auch für Berufsbereiche, in denen Männer mit Frauen konkurrieren oder Frauen dominieren, z.B. im Bürobereich, betriebliche "Laufbahnen" zu entwickeln, aus denen die horizontale und vertikale Gliederung von Qualifikationen hervorgeht.

Daneben weist die amtliche Statistik eine statistische Kategorie aus, in der Maßnahmen mit dem Förderziel **"sonstiger beruflicher Aufstieg"** subsumiert sind. Diese Daten weisen in Nordrhein-Westfalen in jüngster Zeit auf eine für Männer und Frauen annähernd gleiche Bedeutung hin, im Bundesgebiet partizipieren Frauen (13,4 %) sogar relativ häufiger als Männer (11,5 %) an Maßnahmen mit diesem Förderziel, jedoch haben sich die geschlechtsspezifischen Relationen stark zuungunsten der Frauen verschoben.

Allerdings ist, wie in Abschnitt 6 betont, bei Vergleichen dieser statistischen Kategorie "sonstiger beruflicher Aufstieg" - seien es Vergleiche zwischen den Geschlechtern oder zeitliche Vergleiche - eine gewisse Vorsicht angebracht. Denn während die zuerst erwähnten gesondert ausgewiesenen traditionellen Fortbildungen zum Meister, Techniker, Betriebswirt usw. nach allgemeinem Verständnis eindeutig in den aufstiegsbezogenen Bereich gehören, lassen sich andere Schulungsziele mitunter nur sehr schwer entweder dem Bereich der Aufstiegsförderung oder dem Bereich mit dem Ziel der Anpassung und Erweiterung beruflicher Kenntnisse zuordnen. So kann z.B. die Teilnahme an einem Stenographiekurs lediglich zur Erweiterung beruflicher Fertigkeiten dienen, zum anderen auch eine notwendige Bedingung sein, um eine höhere Stellung einzunehmen.

Nimmt man beide Kategorien der Aufstiegsförderung zusammen, so zeigt sich, daß 1985 bundesweit rund 35,4 % der Männer gegenüber nur 17,8 % der Frauen eine berufliche Fortbildung mit dem Ziel antraten, eine höhere berufliche Position als zuvor zu erlangen.

Die unterschiedlichen Relationen der Anpassungs- und Aufstiegsfortbildung bei Frauen und Männern haben gängigen Vorstellungen zufolge, und auch nach Ansicht der Bundesanstalt, folgende Ursachen:

- Der geringe Anteil der Frauen an Aufstiegsfortbildung spiegelt angeblich die insgesamt gesehen geringere berufliche Qualifikation der Frauen wider und ist ferner ein Indiz für die auch heute noch wenig auf Aufstieg bezogene Berufsplanung der Frauen

- Der umgekehrt hohe Anteil der Frauen an Anpassungsfortbildung drückt angeblich zudem auch den größeren Nachholbedarf der Frauen an beruflichen Basisqualifikationen aus, der durch erstmaliges Eintreten in das Arbeitsleben oder durch längere Unterbrechung entstanden ist.

In diesen üblichen Erklärungsmustern offenbart sich wieder einmal die Strategie, die inferiore Stellung der Frauen, hier im Bereich öffentlicher Weiterbildungspolitik, auf scheinbar rationale und für die Allgemeinheit einsichtige Erklärungsgründe zurückzuführen und von den eigentlichen Benachteiligungsfaktoren abzulenken. Wie in Kapitel 2 dargelegt, weisen arbeitslose Frauen sowie beschäftigte Frauen der jüngeren und mittleren Jahrgänge, also das Potential, aus dem sich das Gros der Weiterbildungsteilnehmerinnen rekrutiert, von ihren formalen Eingangsbedingungen her keine ungünstigeren qualifikatorischen Voraussetzungen auf als Männer. Und wieder einmal wird der Versuch unternommen, die Ursache für die Weiterbildungsabstinenz von Frauen im Bereich der Aufstiegsfortbildung in subjektiven Faktoren auf seiten der Frauen zu suchen, ohne die eigentlichen, in den Eingangskapiteln 2 und 3 eingehend beschriebenen Ursachen für die tatsächlich oder vermeintlich geringere Aufstiegsorientiertheit von Frauen offenzulegen, z.B. nämlich die geringeren betrieblichen Verwertungschancen vorhandener Qualifikationen oder die Mehrfachbelastung von Frauen. Unterschlagen wird bei diesem simplen Erklärungsmuster ferner, daß der Anstoß zur Teilnahme an öffentlich finanzierten Fortbildungen sehr häufig vom Arbeitgeber ausgeht[7] - Frauen jedoch nicht zur Zielgruppe des betrieblichen Qualifizierungsinteresses gehören. Als vorgeschoben erweist sich ferner der Hinweis auf die Diskontinuität weiblicher Erwerbsverläufe. Die große Mehrheit der arbeitslosen Frauen kommt, wie in Abschnitt 2 dargestellt, wie bei den Männern aus einem vorherigen Beschäftigungs- oder Ausbildungsverhältnis oder hat zuvor eine schulische Ausbildung absolviert. Und wie sich in einem späteren Untersuchungsabschnitt (vgl. Abschnitt 8.8.1) noch zeigen wird, ist die arbeitsmarktpolitische Zielgruppe der neu oder wieder ins Erwerbsleben eintretenden Frauen unter den weiblichen Teilnehmern an beruflichen Förderungsmaßnahmen nicht in nennenswertem Umfang vertreten, und somit kann sie

---

[7] Vgl. dazu Hartmut Seifert: Offentliche Arbeitsmarktpolitik in der Bundesrepublik Deutschland, a.a.O., S. 115

die Struktur der Maßnahmen also auch nicht entscheidend prägen.

Auffällig ist die - bei Männern und Frauen - geringe Priorität von Fortbildungsmaßnahmen, die eine **nachträgliche berufliche Abschlußprüfung** ermöglichen sollen. Auf dieses Fortbildungsziel entfallen 1985 nicht einmal 4 % aller Personen, die sich fortbilden. Die geringe Besetzung dieser Zielkategorie läßt sich mit dem - proklamierten - besonderen arbeitsmarkt- und bildungspolitischen Interesse, Ungelernte oder Personen, die eine Ausbildung abgebrochen haben, vorrangig für die Teilnahme an beruflichen Bildungsmaßnahmen zu gewinnen, sicherlich nicht vereinbaren.[8] Auf diese Kluft zwischen Anspruch und Wirklichkeit öffentlicher Arbeitsmarktpolitik wird in Abschnitt 8.8 noch näher einzugehen sein.

8.2.2.2 Entwicklung

Innerhalb des Fortbildungssektors ist es im Zeitablauf zu deutlichen Umschichtungen zwischen den geförderten Schulungszielen gekommen.

In den Anfangsjahren nach Verabschiedung des AFG stellten die Fortbildungsmaßnahmen, die einen beruflichen Aufstieg zu ermöglichen versprachen, bei den Männern den eindeutigen Förderschwerpunkt dar: 1973 nahmen im Bundesgebiet rund 6o %, 1974 rund 53 % aller männlichen Fortbildungsabsolventen an Auf-

---

[8] Hierbei ist zu berücksichtigen, daß diese Fortbildungsmöglichkeit nicht nur Personen ohne jeglichen beruflichen Abschluß offensteht. So hatten in Nordrhein-Westfalen im Jahre 1983 nur rund jeweils zwei Drittel der männlichen und weiblichen Teilnehmer, die dieses Fortbildungsziel verfolgten, keine abgeschlossene Berufsausbildung. Bei Berufen, die eine Art Stufenausbildung ermöglichen, kann es sich auch quasi um eine Fortsetzung der Ausbildung bzw. um eine berufliche Aufstiegsmaßnahme handeln, sofern die Fördervoraussetzungen hinsichtlich der erforderlichen Berufspraxis erfüllt sind. Vgl. hierzu auch Ulrich Barnofski: Arbeitsförderungsgesetz: Weiterbildung heute, a.a.O., S. 14

stiegsmaßnahmen teil. Bei Frauen war die "Nachfrage" nach dieser Maßnahmeart zwar weitaus geringer, aber immerhin traten 1973 rund 4o % und 1974 rund 35 % der weiblichen Fortbildungsteilnehmer in diese Kurse ein, wobei das Schwergewicht anders als bei Männern nicht bei der traditionellen Aufstiegsfortbildung, sondern bei den Aufstiegsveranstaltungen lag, die statistisch unter der Kategorie "sonstige berufliche Aufstiegsmaßnahmen" einzuordnen sind. Es profitierten also bei den Männern überwiegend und bei den Frauen zu einem großen Teil jene potentiellen Weiterbildungsinteressenten von der staatlichen Förderung, die bereits eine gute Ausgangsqualifikation und vermutlich auch einen relativ gut dotierten und zudem stabilen Arbeitsplatz hatten.

Von 1974 auf 1975 nahm die Aufstiegsförderung bei Frauen und Männern deutlich an Gewicht ab. Mögliche Einflußfaktoren hierfür dürften die abgeschwächte Arbeitsmarktlage sowie die verstärkte Ausrichtung der Förderung an der arbeitsmarktpolitischen Zweckmäßigkeit gewesen sein. Vermutlich hing diese Gewichtsverlagerung auch mit dem im Frühjahr 1974 verabschiedeten und nunmehr durchschlagenden Aktionsprogramm zur Förderung der beruflichen Bildung zusammen, das sich an Arbeitslose und unmittelbar von Arbeitslosigkeit Bedrohte richtete.

Hingegen schlagen sich die Einschränkungen bei der Aufstiegsförderung durch das ab 1.1.1976 wirksame Haushaltsstrukturgesetz, das eine Absenkung des Unterhaltsgeldes von 9o auf 58 % des Nettoentgelts bei "nur" arbeitsmarktpolitisch zweckmäßigen Maßnahmen mit sich brachte und zudem die Unterhaltsgeldzahlung auf die Teilnahme an einer Vollzeitmaßnahme beschränkte, nicht in der erwarteten Richtung in der Statistik nieder. Wie aus Tabelle 28 B ersichtlich, ging der beschriebene massive Einbruch bei den Teilnehmerzahlen nicht, wie mit den Gesetzesänderungen intendiert, mit einer anteilmäßigen Reduzierung von aufstiegsbezogenen Maßnahmen einher. Zwar wurden nach 1975 die hohen Anteilswerte der Jahre 1973 und 1974 nie mehr erreicht, aber im Vergleich zur Situation des Jahres 1975 kam es - beide Aufstiegskategorien zusammengenommen - in der Folgezeit bis zum Jahre 1982 noch zu einer Bedeutungszunahme dieses Zielkomplexes. Möglicherweise hängt die unerwartet günstige Entwicklung der Aufstiegsfortbildung auch mit den beschriebenen Abgrenzungsproblemen zwischen Anpassungs- und Aufstiegsfortbildung bzw. mit den somit gegebenen "Steuerungsmöglichkeiten" der Arbeitsverwaltung zusammen (vgl. Abschnitt 6). Da die Zuordnung entscheidend sein kann für die Frage, ob es sich um eine arbeitsmarktpolitisch notwendige oder eine "nur" zweckmäßige Fördermaßnahme (mit weit geringeren Leistungen) handelt, ergeben sich für die Arbeitsverwaltung bei entsprechend restriktiver Auslegung auch entsprechende Einsparungsmöglichkeiten. Darüber hinaus dürfte die mit der 5. AFG-Novelle (Wirkung 1.8.1979) eingeführte Neuerung von Bedeutung gewesen sein, wonach das Unterhaltsgeld von Belegschaftsangehörigen auf gefährdeten Arbeitsplätzen von den Betrieben bis zur Höhe des Netto-Arbeitslosenentgelts aufgestockt werden durfte. Die finanzielle Absicherung konnte somit im Einzelfall bei einer Aufstiegsfortbildung, die in der Regel nur als arbeitsmarktpolitisch zweckmäßig gilt, faktisch besser sein als bei einer arbeitsmarktpolitisch als notwendig eingestuften Anpassungsmaßnahme. Ferner scheiterte die beabsichtigte Gewichtsverlagerung in kurzfristiger Sicht auch am mangelnden Angebot an Weiterbildungskursen für den Personenkreis, dessen Förderung als arbeitsmarktpolitisch notwendig und somit vorrangig galt, war doch das Veranstaltungsangebot der Träger bislang überwiegend auf Aufstiegsfortbildung ausgerichtet.

Erst durch die gravierenden Einschränkungen durch das AFGK (Wirkung 1.1.1982) verschoben sich die Gewichte bei der Fortbildung eindeutig weg von der Aufstiegsfortbildung und hin zur Anpassungsfortbildung, wurde doch nunmehr das Unterhaltsgeld bei der Teilnahme an nicht notwendigen Maßnahmen nurmehr als zinsloses Darlehen gewährt. Seit 1981 hat die relative Bedeutung der aufstiegsbezogenen Maßnahmen bei Frauen und Männern in beiden Untersuchungsräumen kontinuierlich abgenommen. Die Aufhebung des Rechtsanspruchs auf das Darlehen im Zuge der Sparoperation 1984 (Wirkung 1.1.1984) dürfte diese rückläufige Entwicklung verstärkt haben.

Indirekt und unbeabsichtigt trugen die Beschneidungen der Leistungen bei der Aufstiegsfortbildung sicherlich auch zur beschriebenen gewissen Nivellierung der geschlechtsspezifischen Diskrepanzen in der Weiterbildungsteilnahme zugunsten der Frauen bei, da sie sich rein quantitativ gesehen automatisch stärker bei Männern als bei Frauen auswirkten, eben weil diese seit jeher bei dieser Form der Weiterqualifizierung überrepräsentiert waren.

Die dargestellte Strukturverschiebung innerhalb des Fortbildungssektors wird oftmals als Beleg für die proklamierte Entwicklung der Fortbildungspolitik von der Aufstiegsorientierung hin zur Zielgruppenorientierung zitiert. Unter Zielgruppenaspekten muß denn aber die Entwicklung der Fortbildungskategorie "Nachholung einer beruflichen Abschlußprüfung" sehr kritisch bewertet werden, diese Fortbildungsart, die für die nachträgliche Korrektur schichtenspezifischer Benachteiligungen von ganz besonderer Bedeutung ist, nahm im Bundesgebiet seit Beginn der 80er Jahre nahezu permanent ab auf einen bei Frauen und Männern gleich unbedeutenden Anteilswert von nurmehr 3,6 %.

8.3 Die Weiterbildung von Frauen nach Berufen

Die Bedingungen von Frauen im beruflichen Leben werden, wie in Abschnitt 2.2.5 ausführlich beschrieben, in starkem Maße durch die Existenz des traditionell geschlechtsspezifischen Arbeitsmarktes in der Bundesrepublik Deutschland geprägt. Charakteristisch für diese geschlechtstypische Segmentierung ist unter anderem die Konzentration von Frauen auf ein sehr enges Spektrum von Berufen, und zwar vornehmlich auf solche Tätigkeitsfelder, die mit den gängigen Vorstellungen von der sozialen Rolle der Frau und den ihr zugeschriebenen Eigenschaften und Fähigkeiten übereinstimmen. Es sei noch einmal betont, daß dieses enge Berufsspektrum keineswegs (ausschließlich) Resultat spezifisch weiblicher Berufswünsche bzw. Folge der geschlechtsspezifischen Sozialisation ist, sondern vielmehr eine Konsequenz der Abschottung vieler Berufsbereiche gegen Frauen. Der geteilte Arbeitsmarkt bewirkt, daß Frauen und Männer nicht in gleicher Weise um die gleichen Arbeitsplätze konkurrieren können, und ist mitverantwortlich für konjunkturelle und strukturelle Instabilitäten im Arbeitsangebot für Frauen, für nach wie vor bestehende Einkommensdifferenzen und für eingeengte Aufstiegsmöglichkeiten zwischen Männern und Frauen.

Die folgende Aufschlüsselung der Bildungsteilnehmer nach den angestrebten Schulungszielen (Berufen) gibt Aufschluß darüber, ob und inwieweit staatliche Arbeitsmarktpolitik in Form von Weiterbildung und Umschulung dazu beiträgt, die bestehenden beruflichen und sektoralen Segregationen abzubauen.

Ferner sollen die Schulungsziele in geschlechtsspezifischer Betrachtungsweise dahingehend überprüft werden, ob sie sich auf perspektivreiche oder eher perspektivlose bzw. auf weit oder eng qualifizierende Berufe beziehen.

Aus den folgenden vier Tabellen 29 N, 29 B, 3o N und 3o B gehen - auf der Basis relativ grober berufssystematischer Einheiten (Berufsgruppen) - die acht am häufigsten besetzten Schulungsziele von Männern und Frauen im Jahre 1983 (NRW) bzw. im Jahre 1984 (Bundesgebiet) hervor:

- Auffällig ist die im Vergleich zu den Männern wesentlich geringere Palette von Schulungszielen bei Frauen, die bei allen drei Maßnahmekategorien anzutreffen ist. So konzentrieren sich 82 % der weiblichen (zuvor arbeitslosen) Fort-

Tabelle 29 N Die acht am stärksten besetzten Schulungsziele (<u>Berufsgruppen</u>) von <u>Frauen</u> im Jahre 1983 - Nordrhein-Westfalen -

Zahl der Berufs-gruppen	Fortbildung insgesamt	%	davon vorher arbeitslos	%	Umschulung	%	betriebliche Einarbeitung	%
1.	Bürofach-, Bürohilfskräfte	46,3	Bürofach-, Bürohilfskräfte	51,o	Bürofach-, Bürohilfskräfte	41,8	Bürofach-, Bürohilfskräfte	25,9
2.	Warenkaufleute	12,5	Warenkaufleute	15,7	Gesundheitsdienstberufe (außer Arztinnen, Apothekerinnen)	14,5	Warenkaufleute	15,5
3.	Rechnungskaufleute, Datenverarbeitungsfachleute	1o,3	Rechnungskaufleute, Datenverarbeitungskaufleute	8,2	Sozialpflegerische Berufe	1o,8	Rechnungskaufleute, Datenverarbeitungsfachleute	7,9
4.	Gesundheitsdienstberufe (außer Ärztinnen, Apothekerinnen)	6,1	Gesundheitsdienstberufe (außer Ärztinnen, Apothekerinnen)	3,6	Rechnungskaufleute, Datenverarbeitungsfachleute	4,4	Textilberarbeiterinnen	7,8
5.	Körperpflegerinnen	4,2	Körperpflegerinnen	3,5	Gartenbäuerinnen	4,3	Körperpflegerinnen	5,8
1 - 5		79,4		82,o		75,8		62,9
6.	Sozialpflegerische Berufe	2,7	Sozialpflegerische Berufe	1,8	Textilverarbeiterinnen	3,9	Gesundheitsdienstberufe (außer Ärztinnen, Apothekerinnen)	3,6
7.	Technikerinnen	2,1	Reinigungsberufe	1,3	Warenkaufleute	2,2	Technische Sonderfachleute	3,2
8,	Untenehmerinnen, Organisatorinnen, Wirtschaftsprüferinnen, Steuergehilfinnen	1,2	Technikerinnen	1,o	Unternehmerinnen, Organisatorinnen, Wirtschaftsprüferinnen, Steuergehilfinnen	2,1	Unternehmerinnen, Organisatorinnen, Wirtschaftsprüferinnen, Steuergehilfinnen	2,4
1 - 8		85,4		86,1		84,o		72,1

Quelle: Eigene Berechnungen nach Daten der Bundesanstalt für Arbeit

Tabelle 3o N Die acht am stärksten besetzten Schulungsziele (<u>Berufsgruppen</u>) von <u>Männern</u> im Jahre 1983 - Nordrhein-Westfalen -

Zahl der Berufs-gruppen	Fortbildung insgesamt	%	davon vorher arbeitslos	%	Umschulung	%	betriebliche Einarbeitung	%
1.	Techniker	16,6	Montierer und Metallberufe	1o,1	Metallverbinder	19,9	Warenkaufleute	7,5
2.	Elektriker	7,6	Bürofach-, Bürohilfskräfte	9,o	Schlosser	17,7	Schlosser	6,9
3.	Rechnungskaufleute, Datenverarbeitungsfachleute	6,8	Metallverbinder	9,o	Elektriker	7,6	Elektriker	6,o
4.	Bürofach-, Bürohilfskräfte	6,6	Schlosser	5,9	Tischler, Modellbauer	7,3	Techniker	5,5
5.	Metallverbinder	6,3	Elektriker	5,8	Rechnungskaufleute, Datenverarbeitungsfachleute	4,8	Mechaniker	5,o
1 - 5		43,9		39,8		57,3		3o,9
6.	Montierer, Metall-	5,9	Rechnungskaufleute, Datenverarbeitungsfachleute	5,6	Berufe des Landverkehrs	4,4	Bürofach-, Bürohilfskräfte	4,5
7.	Schlosser	4,5	Techniker	5,5	Montierer und Metallberufe	3,8	Feinblechner, Installateure	4,3
8.	Berufe des Landverkehrs	4,7	Maschinisten und zugehörige Berufe	5,5	Metallverformer (spanend)	2,7	Drucker	3,7
1 - 8		59,o		56,4		68,2		43,4

Quelle: Eigene Berechnungen nach Daten der Bundesanstalt für Arbeit

Tabelle 29 B Die acht am stärksten besetzten Schulungsziele (Berufsgruppen) von Frauen im Jahre 1984 - Bundesgebiet -

Zahl der Berufsgruppen	Fortbildung	%	Umschulung	%	betriebliche Einarbeitung	%
1.	Bürofach-, Bürohilfskräfte	41,9	Bürofach-, Bürohilfskräfte	37,6	Bürofach-, Bürohilfskräfte	19,9
2.	Rechnungskaufleute, Datenverarbeitungsfachleute	13,8	Gesundheitsdienstberufe (außer Ärztinnen, Apothekerinnen)	14,2	Textilverarbeiterinnen	14,6
3.	Warenkaufleute	9,2	Sozialpflegerische Berufe	12,5	Warenkaufleute	11,5
4.	Gesundheitsdienstberufe (außer Ärztinnen, Apothekerinnen)	7,1	Rechnungskaufleute, Datenverarbeitungsfachleute	4,6	Rechnungskaufleute, Datenverarbeitungsfachleute	6,1
5.	Körperpflegerinnen	4,o	Gartenbäuerinnen	4,1	Montierer und Metallberufe	4,5
1 - 5		76,o		73,o		56,6
6.	Sozialpflegerische Berufe	2,6	Unternehmerinnen, Organisatorinnen, Wirtschaftsprüferinnen, Steuergehilfinnen	3,4	Körperpflegerinnen	4,1
7.	Technikerinnen	2,3	Warenkaufleute	3,3	Gesundheitsdienstberufe (außer Ärztinnen, Apothekerinnen)	3,7
8.	Gästebetreuerinnen	2,1	Textilverarbeiterinnen	3,3	Technische Sonderfachleute	3,1
1 - 8		83,o		83,o		67,5

Quelle: Eigene Berechnungen nach Daten der Bundesanstalt für Arbeit

Tabelle 3o B Die acht am stärksten besetzten Schulungsziele (Berufsgruppen) von Männern im Jahre 1984 - Bundesgebiet -

Zahl der Berufsgruppen	Fortbildung	%	Umschulung	%	betriebliche Einarbeitung	%
1.	Techniker	15,6	Schlosser	14,o	Warenkaufleute	8,1
2.	Elektriker	9,7	Elektriker	8,4	Schlosser	6,5
3.	Rechnungskaufleute, Datenverarbeitungsfachleute	7,6	Metallverbinder	8,2	Elektriker	6,2
4.	Mechaniker	6,2	Tischler, Modellbauer	7,8	Mechaniker	5,8
5.	Bürofach-, Bürohilfskräfte	5,6	Berufe des Landverkehrs	5,6	Techniker	5,4
1 - 5		44,7		44,o		32,o
6.	Metallverbinder	5,5	Bürofach-, Bürohilfskräfte	5,2	Bürofach-, Bürohilfskräfte	4,7
7.	Schlosser	4,9	Rechnungskaufleute, Datenverarbeitungsfachleute	4,9	Drucker	3,9
8.	Berufe des Landverkehrs	3,6	Maurer, Betonbauer, Zimmerer, Dachdecker	3,6	Feinblechner, Installateure	3,9
1 - 8		58,7		57,7		44,5

Quelle: Eigene Berechnungen nach Daten der Bundesanstalt für Arbeit

bildungsteilnehmer in Nordrhein-Westfalen auf nur 5 Berufsgruppen, ein mehr als doppelt so hoher Prozentsatz wie bei den Männern (39,8 %).

- Rund 5o % dieser Frauen bilden sich in lediglich einem Berufsbereich (Bürofach-, Bürohilfskräfte) weiter. Bei der männlichen Vergleichsgruppe entfallen auf das am stärksten nachgefragte Schulungsziel (Montierer und Metallberufe) lediglich rund 1o % aller zuvor arbeitslosen Weiterbildungsteilnehmer.

Tabelle 31 N Die acht am stärksten besetzten Berufsgruppen bei den sozialversicherungspflichtig beschäftigten Frauen zum 3o.6.1984 - Nordrhein-Westfalen -

Berufsgruppe	in v.H. aller sozialversicherungspflichtig beschäftigten Frauen
1. Bürofach-, Bürohilfskräfte	27,1
2. Warenkaufleute	14,o
3. Gesundheitsdienstberufe (außer Ärztinnen, Apothekerinnen)	1o,5
4. Reinigungsberufe	6,8
5. Sozialpflegerische Berufe	3,5
6. Bank-, Versicherungskaufleute	3,5
7. Rechnungskaufleute, Datenverarbeitungsfachleute	3,o
8. Montiererinnen und Metallberufe	2,6
1 - 8	71,o

Quelle: Eigene Berechnungen nach Daten der Bundesanstalt für Arbeit

Vergleicht man die Verteilung der Frauen auf die 8 bevorzugt geförderten Schulungsziele mit der Verteilung der **beschäftigten** Frauen auf die 8 am stärksten besetzten Berufsgruppen (vgl. Tabelle 31 N), so wird deutlich:

- Die Verteilung der Teilnehmerinnen auf Berufsgruppen reflektiert lediglich die aus der Erwerbstätigkeit bekannte Segregation, denn die "bevorzugten" Schulungsziele decken sich weitgehend mit den "bevorzugt" ausgeübten weiblichen Berufen.

- Noch bedenklicher ist, daß öffentliche Weiterbildungspolitik dazu beiträgt, die Konzentration der Frauen auf wenige Berufe noch weiter voranzutreiben. Denn während die 8 am stärksten besetzten Berufsgruppen unter den sozialversicherungspflichtig beschäftigten Frauen "nur" 71,o % aller weiblichen Beschäftigten stellen, nehmen sie bei Fortbildungsteilnehmerinnen und Umschülerinnen um die 85 % aller Absolventinnen ein (vgl. Tabelle 29 N).

Jene Berufsfelder, die ohnehin bedeutende Anteile der berufstätigen Frauen auf sich vereinigen, wie Bürofach- und Bürohilfskräfte, Warenkaufleute oder wie Gesundheitsdienst- und sozialpflegerische Berufe, sind unter den Schulungszielen der Teilnehmerinnen an einer Fortbildung oder an einer Umschulung zum Teil weit überrepräsentiert. Wie erwähnt stellen zum Beispiel die Bürofach- und Bürohilfskräfte 51,o % aller zuvor arbeitslosen Frauen, die eine Fortbildung absolvierten. Unter den beschäftigten Frauen dominiert diese Berufsgruppe ebenfalls, aber ihr Anteil liegt "lediglich" bei 27,1 % aller weiblichen Beschäftigten (vgl. Tabelle 31 N und 32 N).

Auch im Vergleich zur Struktur der Arbeitslosen sind weibliche Bürofach- und Bürohilfskräfte weit überproportional vertreten: 1984 stellten sie bundesweit im Fortbildungssektor 41,9 %, im Umschulungssektor 37,6 % und bei der betrieblichen Einarbeitung 19,9 % aller Fälle. Hingegen lag ihr Anteil an den weiblichen Arbeitslosen bei lediglich 17,8 % (vgl. Tabelle 29 B mit Tabelle 33 B).

Tabelle 32 N Überrepräsentierte und unterrepräsentierte Schulungsziele bei Frauen
- Nordrhein-Westfalen -

Berufsgruppen/ Schulungsziele	beschäftigte Frauen in v.H. aller Frauen 3o.6.1984	Überrepräsentierte/Unterrepräsentierte Schulungsziele 1) 2) Teilnehmerinnen in v.H. aller Teilnehmerinnen 1983	
Bürofach-, Bürohilfskräfte	27,1	F: 46,3 aF: 51,o U: 41,8	E: 25,9
Warenkaufleute	14,o	aF: 15,7 E: 15,5	F: 12,5 U: 2,2
Rechnungskaufleute, Datenverarbeitungsfachleute	3,o	F: 1o,3 aF: 8,2 U: 4,4 E: 7,9	-
Gesundheitsdienstberufe (außer Ärzte/innen, Apotheker/innen)	1o,5	U: 14,5	F: 6,1 aF: 3,6 E: 3,6
Körperpflegerinnen	(2,o)	F: 4,2 aF: 3,5 E: 5,8	(U: o,8)
Sozialpflegerische Berufe	3,5	U: 1o,8	F: 2,7 aF: 1,8 (E: 1,5)
Technikerinnen	(o,5)	F: 2,1 aF: 1,o	(U: o,2) (E: o,7)
Reinigungsberufe	6,8	-	(F: 1,o) aF: 1,3 (E: o,9) (U: o,o)
Gartenbäuerinnen	(o,6)	U: 4,3	(F: o,5) (aF: o,3) (E: o,8)
Textilverarbeiterinnen	(2,3)	U: 3,9 E: 7,8	(F: o,9) (aF: o,8)
Technische Sonderfachleute	(1,2)	E: 3,2	(F: o,3) (aF: o,4) (U: 1,2)
Unternehmer/innen, Organisatoren/innen, Wirtschaftsprüfer/innen	(1,1)	U: 2,1 E: 2,4	(F: 1,2) (aF: o,6)

1) F = Fortbildung, aF = zuvor arbeitslose Fortbildungsteilnehmerinnen, U = Umschulung, E = betriebliche Einarbeitung, vgl. auch Tabelle 29 N

2) Bei in Klammern gesetzten Werten handelt es sich um Schulungsziele, die im jeweiligen Maßnahmenbereich nicht zu den 8 am stärksten besetzten Schulungszielen bzw. um Berufsgruppen, die nicht zu den 8 am stärksten besetzten Berufsgruppen zählen.

Quelle: Eigene Berechnungen nach Daten der Bundesanstalt für Arbeit

Tabelle 33 B Die acht am stärkten besetzten Berufsgruppen bei den arbeitslosen Frauen Ende September 1984 - Bundesgebiet -

Berufsgruppe	in v.H. aller arbeitslosen Frauen
1. Bürofach-, Bürohilfskräfte	17,8
2. Warenkaufleute	13,9
3. Gesundheitsdienstberufe (außer Ärztinnen, Apothekerinnen)	6,2
4. Reinigungsberufe	5,7
5. Montiererinnen, Metallberufe	4,6
6. Warenprüferinnen, Versandfertigmacherinnen	4,5
7. Sozialpflegerische Berufe	4,3
8. Textilverarbeiterinnen	3,5
1 - 8	6o,5

Quelle: Eigene Berechnungen nach Daten der Bundesanstalt für Arbeit

Bezogen auf den Fortbildungssektor war zu erwarten, daß sich hier die für Beschäftigte bzw. Arbeitslose typische Segregation wiederfindet, bauen doch die Maßnahmeinhalte der Fortbildung vorwiegend auf vorhandenen beruflichen Erfahrungen auf. Für die extreme Überrepräsentation einiger Schulungsziele müssen jedoch andere Faktoren ausschlaggebend sein. So kann die weit überproportionale Teilnahmehäufigkeit der Frauen mit dem Schulungsziel "Bürofach-, Bürohilfskräfte" wohl kaum nur mit einem überdurchschnittlich stark ausgeprägten Weiterbildungsinteresse dieser Frauen zusammenhängen, sondern vermutlich dominiert dieses kaufmännische Berufsziel deshalb, weil die Weiterbildungsinstitutionen auf dieses im Vergleich zu anderen Weiterbildungszielen wenig "kapitalintensive" Bildungsangebot in besonderem Maße spezialisiert sind.

Sehr kritisch zu bewerten ist, daß sich auch im Bereich der Umschulung kaum Anzeichen finden lassen, die auf eine Auffächerung des eingeengten Berufsspektrums von Frauen hindeuten, obwohl in diesem Sektor in dieser Hinsicht die prinzipiell größten Steuerungsmöglichkeiten bestehen. Anzunehmen ist, daß auch hier die "Nachfrage" weitgehend durch das vorhandene Angebot der Weiterbildungsträger gesteuert wird.

Die Schulungsziele der Frauen weisen nicht nur ein im Vergleich zu den Männern weitaus geringeres Spektrum auf, sondern es handelt sich darüber hinaus, so wie dies für den nach Geschlechtern geteilten Arbeitsmarkt charakteristisch ist, in den meisten Fällen auch um geschlechtsspezifisch einseitig besetzte Berufe:

Die Bürofach-/Bürohilfskräfte, die in allen drei Maßnahmetypen an erster Stelle stehen, gehören zu einem Berufsbereich, in dem der Frauenanteil bei 7o % liegt.[9] Auch die restlichen, aus den Tabellen 29 N und 29 B erkennbaren vorrangigen Schulungsziele von Frauen weisen meist extrem hohe Frauenanteile bei den sozialversicherungspflichtig Beschäftigten auf.

Dieser beträgt bei den

- Körperpflegerinnen	92,1 %
- Textilverarbeiterinnen	9o,8 %
- Gesundheitsdienstberufen (außer Ärztinnen, Apothekerinnen)	89,6 %
- Sozialpflegerischen Berufen	81,2 %
- Reinigungsberufen	8o,6 %
- Warenkaufleuten	63,2 %
- Rechnungskaufleuten/Datenverarbeitungsfachleuten	51,2 %

Unterdurchschnittliche Frauenanteile finden sich lediglich bei den folgenden, in den Tabellen 29 N und 29 B verzeichneten Schulungszielen (Berufsgruppen):

- Technikerinnen	4,9 %
- Unternehmerinnen, Organisatorinnen, Wirtschaftsprüferinnen, Steuergehilfinnen	18,6 %
- Gartenbauerinnen	27,4 %
- Technische Sonderfachkräfte	33,5 %

---

9 Dieser Wert sowie die im folgenden wiedergegebenen Daten gelten für Nordrhein-Westfalen und beziehen sich auf den 3o.6.1983. Der durchschnittliche Frauenanteil betrug zu diesem Zeitpunkt 36,3 %.

Das Gros der bevorzugten Schulungsziele ist im übrigen gleichzeitig in allen drei Maßnahmenbereichen vertreten, wenn auch mit teils abweichendem Bedeutungsanteil. Nur in jeweils einem Bildungssektor treten in Erscheinung: Technikerinnen (Fortbildungssektor), Gartenbauerinnen (Umschulungssektor) sowie Technische Sonderfachleute (betriebliche Einarbeitung).

Im Vergleich zwischen Nordrhein-Westfalen und dem Bundesgebiet zeigen sich zwar im Fortbildungs- und Umschulungsbereich in einigen Fällen unterschiedliche Bedeutungsanteile einzelner Schulungsziele, das inhaltliche Spektrum der Schulungsziele zeigt jedoch keine auffälligen Abweichungen. Bei der betrieblichen Einarbeitung zeichnet sich im Vergleich zu Nordrhein-Westfalen auf Bundesebene eine Umschichtung zugunsten der Berufsgruppe der Textilverarbeiterinnen sowie zugunsten der in Nordrhein-Westfalen nicht bevorzugt geförderten Einarbeitung im Bereich der Montierer/innen und Metallberufe ab. Entsprechend schwächer vertreten als in Nordrhein-Westfalen sind die kaufmännischen Berufsbereiche.

Die bisherige Untersuchung der Schulungsziele auf der Basis von Berufsgruppen diente dazu, einen Gesamteindruck über Art und Ausmaß der geschlechtsspezifischen Unterschiede und über den Beitrag der Förderpolitik zum Abbau der geschlechtsspezifischen Schranken auf dem Arbeitsmarkt zu gewinnen. Da die Berufsgruppen sehr heterogene Berufsbilder enthalten, besitzen sie jedoch nur einen beschränkten Aussagewert hinsichtlich des qualitativen Niveaus und der Perspektive des Berufsfeldes.

Im folgenden wurde daher für den Umschulungssektor eine weitergehende Aufschlüsselung der Schulungsziele nach Berufsordnungen vorgenommen. Der Umschulungsbereich erschien dabei als Untersuchungseinheit besonders geeignet, da hier - wie erwähnt - am ehesten Einflußmöglichkeiten im Hinblick auf eine Auffächerung des eingeengten Berufsspektrums von Frauen nach Art und Qualität bestehen.

Tabelle 34 N Die zehn am stärksten besetzten Umschulungsziele (Berufsordnungen) für Frauen im Jahre 1983 (neu eingetretene Personen) - Nordrhein-Westfalen -

Schulungsziele nach Berufsordnungen	Teilnehmerinnen in v.H. aller Teilnehmerinnen 1983	Sozialversicherungspflichtig Beschäftigte		
		Frauen in v.H. aller Beschäftigten 3o.6.84	beschäftigte Frauen in v.H. aller beschäftigten Frauen 3o.6.84	Beschäftigtenentwicklung (insgesamt) 3o.6.8o-3o.6.84
1. Stenographinnen, Stenotypistinnen, Maschinenschreiberinnen	25,6	96,9	5,8	- 7,4
2. Bürofachkräfte	15,8	64,7	19,7	- 1,o
3. Sozialarbeiterinnen, Sozialpflegerinnen	1o,5	74,o	1,o	+ 35,3
4. Krankenschwestern, -pflegerinnen, Hebammen	8,2	85,5	4,1	+ 15,7
5. Datenverarbeitungsfachleute	4,3	16,o	o,3	+ 14,7
6. Floristinnen	3,4	92,o	o,3	+ 38,3
7. Helferinnen in der Krankenpflege	2,9	81,4	1,3	+ 1,6
8. Oberbekleidungsnäherinnen	2,8	95,6	1,3	- 21,6
9. Wirtschaftsprüferinnen, Steuerberaterinnen, Gehilfinnen in steuerberatenden Berufen, Buchprüferinnen	1,9	56,6	o,5	+ 3o,2
1o. Tischlerinnen	1,8	2,4	o,1	- 6,3
insgesamt (1-1o) bzw. Ø NRW	(1-1o) 77,2	Ø 36,5	(1-1o) 34,4	Ø - 5,3

Quelle: Eigene Berechnungen nach veröffentlichten und unveröffentlichten Daten der Bundesanstalt für Arbeit

Tabelle 35 N Die am stärksten besetzten Umschulungsziele (Berufsordnungen) für Männer im Jahre 1983 (neu eingetretene Personen) - Nordrhein-Westfalen -

Schulungsziele nach Berufsordnungen	Teilnehmer in v.H. aller Teilnehmer 1983		Beschäftigtenentwicklung (insgesamt) 3o.6.8o - 3o.6.84
1. Schweißer	19,9		- 11,8
2. Maschinenschlosser	7,9		- 4,5
3. Tischler	7,3		- 6,3
4. Betriebsschlosser	7,1		- 3,9
5. Datenverarbeitungsfachleute	4,7		+ 14,7
6. KFZ-Führer	4,3		- 7,7
7. Metallarbeiter	3,8		- 28,3
8. Elektroinstallateur	3,6		- 3,3
9. Elektro-Geräte-Bauer	3,3		+ 7,5
1o. Dreher	2,5		- 9,3
1 - 1o	64,4		
11. Bürofachkräfte	2,4		- 1,o
12. Maurer	2,2		- 12,o
13. Krankenpfleger	1,7		+ 15,7
14. Rohrinstallateure	1,7		- 3,2
15. Werkzeugmacher	1,5		- o,4
16. Maler	1,4		- 4,7
17. Gärtner	1,4		+ 9,8
18. Köche	1,2		+ 6,o
insgesamt 1 - 1o	77,9	Ø NRW	- 5,3

Quelle: Eigene Berechnungen nach Daten der Bundesanstalt für Arbeit

Die Daten in Tabelle 34 N lassen erkennen, wie sehr das Umschulungsangebot für Frauen auf traditionell weibliche Berufsinhalte zugeschnitten ist. 6 der 1o bevorzugten Umschulungsberufe sind solche mit extrem hohem Frauenanteil (größer 7o %). Lediglich die Umschulung zur Tischlerin und zur Datenverarbeitungsfachfrau wirkt der beruflichen Segregation des Erwerbsarbeitsmarktes in geringfügigem Maße entgegen.

Ein Viertel aller Umschülerinnen wird zur Stenographin, Stenotypistin oder Maschinenschreiberin ausgebildet, in einem Berufsbereich also mit niedrigem und engem Qualifikationsniveau und sehr begrenzten Aufstiegs- und Einkommenserzielungsmöglichkeiten.Zudem handelt es sich bei dieser dominierenden Ausbildungsfachrichtung um einen Berufsbereich, der im Zeitraum 198o-1984 von überdurchschnittlichen Beschäftigungsverlusten betroffen war (- 7,4 %, NRW-Durchschnitt: - 5,3 %). In Orientierung am Trend der Beschäftigungsentwicklung in der jüngeren Vergangenheit scheint ferner die Umschulung zur Oberbekleidungsnäherin (Beschäftigungsverlust von 21,6 % innerhalb von 4 Jahren) sowie zur Tischlerin wenig aussichtsreich.

Bei einem anderen Teil der Frauen mündet die Umschulung in Berufe ein, die im Zeitraum 198o-1984 äußerst starke Beschäftigungsgewinne[10] verbuchen konnten. Im Falle der sozialpflegerischen und gesundheitsdienstlichen Berufe erscheint es jedoch fraglich, ob sich die positive Beschäftigungsentwicklung auch in Zukunft fortsetzt, da in diesen Bereichen in besonderem Maße die Einsparungsmaßnahmen der öffentlichen Hand wirksam zu werden drohen.

Im Gegensatz dazu wurden Männer, wie ein Blick auf Tabelle 35 N zeigt, überwiegend in Berufe umgeschult, die in der Vergangenheit starke Beschäftigungsverluste hinnehmen mußten.

---

[10] Wobei zu berücksichtigen ist, daß in diesen "Beschäftigungsgewinnen" auch die Teilnehmerinnen an Fort- und Umschulungsmaßnahmen sowie in ABM-Maßnahmen enthalten sind. Vgl. auch Fußnote 1, Tabelle 11

Eine besonders deutliche Ausnahme bildete hierbei lediglich die Berufsordnung der Datenverarbeitungsfachleute und der Krankenpfleger. Auch an dieser Stelle zeigt sich also, wie eingangs betont, daß sich der geteilte Arbeitsmarkt **in der Vergangenheit** für Frauen eher als vorteilhaft erwiesen und einen noch höheren Anstieg der weiblichen Arbeitslosigkeit verhindert hat.

Ein abschließendes "qualitatives" Urteil erlauben jedoch die nach Berufsordnungen differenzierten Daten nicht. Zur Beurteilung der Zukunftsträchtigkeit einzelner Schulungsziele bedarf es noch weiterer Informationen. So richten sich die Verwertungschancen gerade der bei den Männern als Schulungsziel dominierenden technischen Berufe sowie auch der Bürofachkräfte nicht nur nach der durchschnittlichen Beschäftigtenentwicklung, sondern sie hängen in starkem Maße davon ab, inwieweit die Lehrprogramme moderne Technologien wie EDV allgemein oder speziell CNC-, CAD- oder CAM-Techniken enthalten.

8.4 Das Teilnahmeniveau zuvor arbeitsloser Frauen und Männer und seine Entwicklung und die "Entlastungseffekte" für den Arbeitsmarkt

8.4.1 Situation im Jahre 1985

Im Jahre 1985, einem Jahr mit durchschnittlich 2,3 Millionen registrierten Arbeitslosen, konzentriert sich öffentliche Weiterbildungsförderung vornehmlich auf Personen, die vor Eintritt in die Bildungsmaßnahme arbeitslos gemeldet waren. Diese reaktiv-sozialpolitische Ausrichtung der Förderung kommt bei Frauen noch stärker zum Tragen als bei Männern, denn der Anteil der zuvor arbeitslosen Personen unter den Frauen (NRW: 76,3 %, Bundesgebiet 72,8 %) ist erheblich größer als bei Männern (NRW: 63,2 %, Bundesgebiet: 56,9 %) (vgl. Tabelle 36 N und 36 B). Der Arbeitslosenanteil erhöht sich noch um jeweils

Tabelle 36 N Anteil von zuvor Arbeitslosen an den in berufliche Bildungsmaßnahmen neu eingetretenen Männern und Frauen und zuvor arbeitslose Männer und Frauen in Prozent aller Arbeitslosen 197o - 1985 - Nordrhein-Westfalen -

Im Laufe des Jahres	Arbeitslose in Prozent Eintritte in: Eintritte insgesamt (ohne Maßn. nach § 41a	Fortbildung ohne Maßn. nach § 41a	Umschulung	betriebliche Einarbeitung	1) Vor Eintritt Arbeitslose in Prozent aller Arbeitslosen
Männer					
1975	27.2	.	.	.	8.4
1976	28.1	.	.	.	5.1
1977	35.4	.	.	.	5.9
1978	42.6	.	.	.	9.4
1979	44.0	.	.	.	12.5
1980	41.2	.	.	.	14.3
1981	46.8	40.2	68.1	65.6	14.0
1982	55.7	48.2	78.5	88.4	11.4
1983	63.4	55.3	84.0	93.8	11.2
1984	63.9	58.3	83.7	93.7	11.9
1985	63.2	56.6	82.0	93.6	13.2
Frauen					
1975	43.4	.	.	.	5.7
1976	47.1	.	.	.	3.1
1977	59.7	.	.	.	3.9
1978	67.2	.	.	.	6.8
1979	68.5	.	.	.	8.3
1980	66.6	.	.	.	10.1
1981	67.3	66.5	68.5	72.4	10.2
1982	73.2	71.6	75.4	89.7	8.8
1983	78.5	76.1	83.4	93.1	8.5
1984	78.3	75.8	87.0	95.1	8.6
1985	76.3	73.5	83.7	92.9	9.5
Frauenquote in % der Männerquote					
1975	159.6	.	.	.	68.3
1976	167.7	.	.	.	60.7
1977	168.8	.	.	.	65.6
1978	157.7	.	.	.	71.8
1979	155.9	.	.	.	66.6
1980	161.8	.	.	.	70.3
1981	143.8	165.5	100.6	110.4	72.3
1982	131.3	148.5	96.1	101.4	77.1
1983	123.8	137.6	99.3	99.4	75.6
1984	122.5	130.0	103.9	101.5	72.3
1985	120.7	129.9	102.1	99.3	72.0

1) Eintritte insgesamt einschließlich Maßnahmen nach § 41a
2) '.' = Keine Daten verfügbar

Quelle: Daten der Bundesanstalt für Arbeit, eigene Berechnungen

Tabelle 36 B Anteil von zuvor Arbeitslosen an den in berufliche Bildungsmaßnahmen neu eingetretenen Männern und Frauen und zuvor arbeitslose Männer und Frauen in Prozent aller Arbeitslosen 197o - 1985 - Bundesgebiet -

Im Laufe des Jahres	Arbeitslose in Prozent Eintritte in: Eintritte insgesamt (ohne Maßn. nach § 41a	Fortbildung ohne Maßn. nach § 41a	Umschulung	betriebliche Einarbeitung	1) Vor Eintritt Arbeitslose in Prozent aller Arbeitslosen
Männer					
1970	7.3	.	.	.	10.9
1971	4.4	.	.	.	9.9
1972	4.2	.	.	.	6.2
1973	4.0	.	.	.	4.7
1974	12.5	8.5	34.5	33.0	6.7
1975	27.4	22.1	5o.6	47.1	8.9
1976	27.9	19.5	67.0	56.7	5.5
1977	32.2	20.8	70.9	65.1	6.1
1978	36.0	24.4	73.9	65.9	9.0
1979	34.6	23.7	67.3	61.7	12.0
1980	31.8	22.4	58.2	55.3	13.8
1981	35.2	27.4	62.7	60.1	11.6
1982	44.5	36.0	75.2	86.2	8.6
1983	56.0	47.9	82.9	90.0	9.7
1984	57.7	51.3	81.6	92.8	11.4
1985	56.9	50.2	80.1	93.1	12.8
Frauen					
1970	22.5	.	.	.	16.4
1971	16.0	.	.	.	11.9
1972	14.6	.	.	.	7.4
1973	12.3	.	.	.	5.0
1974	26.5	24.0	31.3	35.4	6.2
1975	41.7	40.1	45.2	47.1	6.4
1976	46.7	42.1	58.2	56.2	3.8
1977	56.5	50.8	71.7	65.2	4.2
1978	60.9	55.9	74.8	71.2	6.4
1979	60.3	55.6	69.9	70.5	8.7
1980	57.0	53.7	62.7	62.8	10.4
1981	56.6	53.7	61.9	65.1	9.0
1982	64.6	61.2	71.1	87.1	7.2
1983	73.0	69.8	80.4	91.4	7.5
1984	73.8	71.0	81.1	93.1	8.9
1985	72.8	70.2	78.2	91.9	10.2
Frauenquote in % der Männerquote					
1970	289.2	.	.	.	150.6
1971	362.3	.	.	.	119.9
1972	345.9	.	.	.	119.9
1973	310.1	.	.	.	106.4
1974	209.7	283.9	90.8	107.3	93.0
1975	152.0	181.6	79.7	100.0	72.8
1976	167.3	216.1	86.9	99.2	68.6
1977	175.5	243.8	101.1	100.2	69.9
1978	169.1	228.6	101.3	108.1	70.9
1979	174.5	234.6	103.8	114.3	72.4
1980	179.5	239.9	107.8	113.6	75.0
1981	160.8	195.9	98.7	108.4	77.7
1982	145.1	170.1	94.5	101.0	83.2
1983	130.5	145.6	97.1	101.6	77.6
1984	127.9	138.4	99.4	100.3	78.1
1985	127.9	139.8	97.6	98.7	79.7

1) Eintritte insgesamt einschließlich Maßnahmen nach § 41a
2) '.' = Keine Daten verfügbar

Quelle: Daten der Bundeanstalt für Arbeit, eigene Berechnungen

Tabelle 36 NT Anteil von zuvor Arbeitslosen an den Teilnehmern an beruflichen Bildungsmaßnahmen und zuvor arbeitslose Teilnehmer in Prozent aller Arbeitslosen 1978 - 1985 - Nordrhein-Westfalen -

Ende Dez.	Arbeitslose in Prozent der Teilnehmer: Eintritte insgesamt (ohne Maßn. nach § 41a)	davon: Fortbildung ohne Maßn. nach § 41a	davon: Umschulung	davon: betriebliche Einarbeitung	1) Vor Eintritt arbeitslose Männer und Frauen in % aller Arbeitslosen	Arbeitslosenquote (Jahresdurchschnitt)

Männer

Ende Dez.	Eintritte insgesamt	Fortbildung	Umschulung	betriebliche Einarbeitung	Vor Eintritt arbeitslose	Arbeitslosenquote
1978	30.5	17.9	71.5	72.7	5.2	4.0
1979	29.5	16.9	67.6	68.9	6.6	3.6
1980	28.7	18.7	58.1	63.2	7.6	3.6
1981	32.9	24.0	61.1	70.3	6.8	5.2
1982	38.8	27.4	70.8	90.1	5.6	7.6
1983	46.8	34.3	79.6	94.6	5.5	9.6
1984	45.8	34.9	81.3	94.1	5.3	9.7
1985	47.0	34.6	81.1	93.3	5.9	9.9

Frauen

Ende Dez.	Eintritte insgesamt	Fortbildung	Umschulung	betriebliche Einarbeitung	Vor Eintritt arbeitslose	Arbeitslosenquote
1978	55.0	48.4	73.3	79.3	3.5	6.8
1979	53.8	46.3	70.7	77.3	4.0	6.6
1980	54.1	48.2	63.7	70.9	5.0	6.5
1981	55.6	52.2	62.0	79.3	4.6	8.4
1982	60.8	57.2	66.6	92.6	4.0	10.3
1983	67.2	62.4	76.3	93.0	3.9	12.2
1984	66.3	59.6	82.8	95.2	3.8	12.6
1985	66.8	59.7	82.6	92.9	4.3	12.9

Frauenquote in % der Männerquote

Ende Dez.	Eintritte insgesamt	Fortbildung	Umschulung	betriebliche Einarbeitung	Vor Eintritt arbeitslose
1978	180.6	271.1	102.5	109.1	66.6
1979	182.2	273.7	104.7	112.1	61.1
1980	188.4	257.0	109.6	112.1	66.0
1981	169.0	216.9	101.3	112.8	67.8
1982	156.6	208.4	94.1	102.8	71.6
1983	143.4	181.8	95.8	98.3	70.2
1984	144.8	170.8	101.8	101.2	71.7
1985	142.1	172.5	101.8	99.6	72.9

1) Eintritte insgesamt einschließlich Maßnahmen nach § 41a
2) '.' = Keine Daten verfügbar

Quelle: Daten der Bundesanstalt für Arbeit, eigene Berechnungen

Tabelle 36 BT Anteil von zuvor Arbeitslosen an den Teilnehmern an beruflichen Bildungsmaßnahmen und zuvor arbeitslose Teilnehmer in Prozent aller Arbeitslosen 1978 - 1985 - Bundesgebiet -

Ende Dez.	Eintritte insgesamt (ohne Maßn. nach § 41a	Arbeitslose in Prozent der Teilnehmer davon: Fortbildung ohne Maßn. nach § 41a	Umschulung	betriebliche Einarbeitung	1) Vor Eintritt arbeitslose Männer und Frauen in % aller Arbeitslosen	Arbeitslosenquote (Jahresdurchschnitt
Männer						
1971	3.1	.	.	.	4.2	0.7
1972	3.1	.	.	.	3.2	1.0
1973	3.0	.	.	.	3.0	1.0
1974	7.7	.	.	.	3.5	2.2
1975	17.1	.	.	.	4.0	4.3
1976	20.3	.	.	.	3.4	3.9
1977	24.7	12.9	66.2	70.1	3.9	3.7
1978	26.7	13.7	69.3	68.6	5.1	3.4
1979	25.3	13.1	63.2	63.6	6.7	2.9
1980	22.9	12.4	53.6	59.5	7.0	3.0
1981	25.6	16.2	54.9	69.5	5.7	4.5
1982	31.7	20.5	64.9	88.1	4.6	6.8
1983	41.3	28.7	77.2	89.0	4.9	8.4
1984	43.2	31.1	80.1	93.0	5.4	8.5
1985	42.9	30.6	78.8	92.2	5.8	8.6
Frauen						
1971	9.7	.	.	.	3.2	1.1
1972	8.5	.	.	.	2.3	1.4
1973	9.1	.	.	.	2.4	1.5
1974	20.2	.	.	.	3.3	3.1
1975	29.5	.	.	.	3.0	5.4
1976	35.3	.	.	.	2.1	5.8
1977	47.9	40.3	61.4	74.5	2.6	6.0
1978	51.7	43.6	68.8	75.3	3.5	5.8
1979	50.6	42.3	64.2	73.5	4.6	5.2
1980	47.8	40.7	57.0	65.9	5.3	5.2
1981	48.1	42.8	55.8	74.3	4.6	6.9
1982	53.2	47.4	61.8	88.9	3.8	8.6
1983	61.7	55.7	72.0	91.4	3.8	10.1
1984	62.9	55.7	77.3	93.2	4.2	10.2
1985	63,0	56.3	76.3	91.1	4.8	10.4
Frauenquote in % der Männerquote						
1971	307.8	.	.	.	76.6	
1972	279.0	.	.	.	72.7	
1973	299.6	.	.	.	79.7	
1974	260.7	.	.	.	92.7	
1975	172.3	.	.	.	74.5	
1976	174.0	.	.	.	60.6	
1977	194.4	313.6	92.8	106.2	65.4	
1978	193.9	319.0	99.3	109.7	68.0	
1979	200.3	324.0	101.7	115.6	69.5	
1980	208.3	327.3	106.3	110.9	75.1	
1981	187.9	263.6	101.6	106.9	80.5	
1982	167.9	231.6	95.2	100.9	83.6	
1983	149.6	194.1	93.3	102.7	78.0	
1984	145.6	179.1	96.5	100.5	77.8	
1985	146,9	184.0	96.8	98.8	82.7	

1) Eintritte insgesamt einschließlich Maßnahmen nach § 41a
2) '.' = Keine Daten verfügbar

Quelle: Daten der Bundesanstalt für Arbeit, eigene Berechnungen

ca. 3 %, wenn man die Teilnehmer an Maßnahmen zur Verbesserung der Vermittlungsaussichten einbezieht, die sich ausnahmslos aus zuvor arbeitslos gemeldeten Personen zusammensetzen.

Dieser höhere Anteil zuvor arbeitsloser Frauen resultiert in erster Linie aus der dargestellten geringeren Repräsentanz der Frauen an beruflicher Fortbildung, die einem beruflichen Aufstieg zum Meister, Techniker, Betriebswirt usw. dient. Jener Teilnehmerkreis setzt sich ganz überwiegend aus Personen zusammen, die (noch) in einem Beschäftigungsverhältnis stehen. Arbeitslose hingegen befinden sich überwiegend in den sogenannten Anpassungsmaßnahmen, in denen Frauen überproportional vertreten sind. Arbeitslosigkeit wird also nur in geringerem Maße für Aufstiegsfortbildung genutzt, wohl weniger deshalb, weil die Teilnahme an einer Aufstiegsmaßnahme den Zielvorstellungen der Antragsteller und deren beruflichen Voraussetzungen nicht entspricht, sondern eher deshalb, weil Aufstiegsmaßnahmen meist nicht als notwendige Maßnahmen anerkannt werden und somit in der Regel die Gewährung eines "großen" Unterhaltsgeldes in Form eines Zuschusses entfällt (vgl. Tabelle 2o, Seite 146). Darüber hinaus ist allerdings auffällig, daß der Anteil von Frauen, die zuvor arbeitslos waren, in nahezu jedem Fortbildungszweig höher als bei den Männern ausfällt (vgl. die nachfolgende Tabelle 37). Eine Ausnahme läßt sich für das Schulungsziel "sonstiger beruflicher Aufstieg" feststellen: Zu diesem - anspruchsvolleren - Fortbildungsziel finden in Nordrhein-Westfalen vorher arbeitslose Frauen relativ weniger häufig Zugang als zuvor arbeitslose Männer; auf Bundesebene finden sich keine geschlechtsspezifischen Unterschiede.

Die Polarisierung zwischen vorher arbeitslosen und vorher nicht arbeitslosen Teilnehmern im Hinblick auf das Schulungsziel der Maßnahme wird noch deutlicher, wenn man berechnet, wieviel Prozent aller zuvor arbeitslosen Bildungsabsolventen an einer Aufstiegsmaßnahme teilnehmen konnten: 1985 waren es im Bundesgebiet gerade 9,2 % aller zuvor arbeitslos registrierten männlichen und gerade 5,6 % ! aller zuvor arbeitslos gemeldeten weiblichen Bildungsteilnehmer, denen sich diese Möglichkeit bot.

Tabelle 37: Anteil zuvor arbeitsloser Männer und Frauen an den neu eingetretenen Teilnehmern/innen im Jahre 1983 in den Maßnahmearten der beruflichen Fortbildung (in %)

	Nordrhein-Westfalen		Bundesgebiet	
	Männer	Frauen	Männer	Frauen
Anpassungsfortbildung[1)]	82,4	9o,7	72,9	85,1
Aufstiegsfortbildung	21,9	29,8	18,1	28,8
dar.: - zum Meister, Techniker, Betriebswirt	1o,5	15,2	1o,6	15,3
- sonst.beruflicher Aufstieg	36,7	32,8	32,4	32,4
nachträglicher Abschluß	44,7	62,6	48,5	5o,8
Heran- und Fortbildung von Ausbildungsfachkräften	13,o	23,9	12,3	16,5
insgesamt	55,3	76,1	47,9	69,9

1) ohne Maßnahmen zur Verbesserung der Vermittlungsaussichten nach § 41 a AFG

Quelle: Eigene Berechnungen nach veröffentlichten und unveröffentlichten Daten der Bundesanstalt für Arbeit und des Landesarbeitsamtes NRW

Obwohl ein weitaus größerer Teil der Frauen als der Männer vor Beginn der Maßnahme arbeitslos gewesen war, werden Frauen nicht ihrem Anteil an der Arbeitslosigkeit entsprechend berücksichtigt. Es ergeben sich vielmehr ähnliche geschlechtsspezifische Diskrepanzen wie beim Vergleich der Anteile von Teilnehmern und Erwerbspersonen (vgl. Abschnitt 8.1).

Wie aus den Tabellen 36 N und 36 B ersichtlich, liegt die "Beteiligungsquote"[11] der arbeitslosen Frauen in Nordrhein-Westfalen (9,5 % der Arbeitslosen bei Einbezug der Teilnehmerinnen an Maßnahmen nach § 41a-AFG) bei 72,o % der Quote der Männer. Für das Bundesgebiet wird mit 79,7 % eine für Frauen etwas günstigere geschlechtsspezifische Relation ausgewiesen, jedoch ist auch hier die Beteiligungsquote der Frauen noch 20 % niedriger als die der Männer. Anders ausgedrückt:
Wäre der Einsatz beruflicher Fördermaßnahmen arbeitslosen Frauen in gleichem Maße zugute gekommen wie arbeitslosen Männern, so hätte ihre Zahl im Jahre 1985 in Nordrhein-Westfalen nicht 3o.339 Personen, sondern 42.155 Personen betragen und bundesweit hätte sich ihre Zahl von 1o3.851 auf 13o.323 Teilnehmerinnen erhöht.

Unter den Arbeitslosen sind Personen, die während ihrer vorangegangenen Arbeitslosigkeit Lohnersatzleistungen bezogen haben, in weit überdurchschnittlichem Maße vertreten: 86,7 % der zuvor arbeitslosen Frauen und 93,4 % der zuvor arbeitslosen Männer erhielten 1985 vor der Bildungsteilnahme Arbeitslosengeld oder Arbeitslosenhilfe, obwohl im September 1985 nur 49,1 % aller arbeitslosen Frauen und 65,9 % aller arbeitslosen Männer zu den Leistungsempfängern gehörten. Dieser Befund verwundert nicht, entspricht er doch dem von öffentlicher Arbeitsmarktpolitik verfolgten Prinzip des internen Budgetausgleichs und den dementsprechend gestalteten Fördervoraussetzungen. Daß diese Selektion zugunsten der Bezieher von Lohnersatzleistungen nicht dazu beiträgt, die Strukturalisierung unter den Arbeitslosen aufzubrechen, sondern diese vielmehr ver-

---

[11] Hierbei handelt es sich nur um eine näherungsweise Berechnung. Das IAB mißt die regionale Inanspruchnahme von Weiterbildungsmaßnahmen durch Arbeitslose mit Hilfe eines verfeinerten Teilnehmer-Index, bei dem ein Teil der nicht leistungsberechtigten bzw. nicht an einer Fördermaßnahme "interessierten" Arbeitslosen bereits eliminiert, d.h. von der Gesamtzahl der Arbeitslosen abgezogen wird. Vgl. Informationen zur Förderung der beruflichen Weiterbildung für Arbeitslose in den einzelnen Arbeitsamtsbezirken, IAB-Kurzbericht (intern) vom 5.6.1986, S. 2

stärkt, versteht sich von selbst. Gerade jener Personenkreis also, dessen Arbeitslosigkeit nicht einmal (mehr) finanziell abgefedert wird, und für dessen berufliche Wiedereingliederung eine Weiterbildung wohl besonders dringend geboten wäre, steht im Schatten der öffentlichen Qualifizierungspolitik.

Somit sind auch die Langzeitarbeitslosen de facto keine Zielgruppe der staatlichen Qualifizierungspolitik, da unter ihnen der Anteil der Leistungsempfänger besonders gering ist und eine Förderung nicht im Interesse der Arbeitsverwaltung liegt, weil eine Weiterbildungsteilnahme den Anspruch auf Lohnersatzleistungen nach Abschluß der Maßnahme unerwünschterweise wieder aufleben lassen könnte.[12] Dabei sind die gravierenden Folgeerscheinungen gerade der Langzeitarbeitslosigkeit allgemein bekannt, und zweifellos müßten die betroffenen Frauen und Männer unter arbeitsmarkt- und sozialpolitischen Gründen bei der beruflichen Förderung Prioritäten genießen. Die empirischen Ergebnisse zeigen, daß Langzeitarbeitslose nicht "bevorzugt" werden, wie es aufgrund ihrer besonderen Konkurrenznachteile am Arbeitsmarkt notwendig wäre, sondern deutlich wird, daß die vorherige durchschnittliche Dauer der Arbeitslosigkeit unter den Kursteilnehmern erheblich niedriger ist als unter den registrierten Arbeitslosen insgesamt. Die "Beteiligungsquote" der Langfristarbeitslosen (hier: länger als 1 Jahr Arbeitslosen) an beruflichen Fördermaßnahmen liegt erheblich unter den entsprechenden Werten für die Gesamtheit der vor Eintritt in die Maßnahme arbeitslosen Personen. Beispielsweise nahmen 1985 in Nordrhein-Westfalen zwar 7,7 % aller arbeitslosen Frauen an einer Förderungsmaßnahme teil, aber nur 5,2 % der Frauen, die mehr als 1 Jahr ohne Arbeit waren. Zu einem gleichermaßen ne-

---

12 "Die Unterschiede beim Anteil der Langzeitarbeitslosen in den einzelnen Arbeitsamtsbezirken deuten darauf hin, daß dieser Personenkreis da und dort noch verstärkt einer Weiterbildung zugeführt werden kann; man muß jedoch damit rechnen, daß dann auch der Anteil der Personen steigt, die nach Abschluß der Maßnahme wieder Leistungen beziehen". Informationen zur Förderung der beruflichen Weiterbildung für Arbeitslose in den einzelnen Arbeitsamtsbezirken, a.a.O., S. 4

Tabelle 38 N Personen, die vor Eintritt in die Maßnahme arbeitslos waren, nach der Dauer der Arbeitslosigkeit 198o - 1985 - Nordrhein-Westfalen -

Männer

Im Laufe des Jahres	Von den zuvor arbeitslosen Teilnehmern waren länger als ein Jahr arbeitslos (in Prozent): Berufl. Bildungsmaßn. insgesamt	Fortbildung	Umschulung	betriebliche Einarbeitung	Länger als 1 Jahr arbeitslose Teilnehmer in % aller länger als 1 Jahr Arbeitslosen	Vor Eintritt arbeitslose Teilnehmer [1] in % aller Arbeitslosen
1980	7.7	.	.	.	5.0	12.8
1981	15.7	18.3	10.4	11.5	9.3	11.4
1982	13.6	14.5	12.3	12.6	5.3	9.4
1983	20.8	21.4	21.4	17.0	6.2	9.5
1984	27.8	28.1	28.6	22.2	7.7	10.1
1985	26.9	28.3	28.2	16.6	8.8	11,3

Frauen

1980	5.9	.	.	.	3.0	9.3
1981	12.3	11.9	12.7	14.9	5.1	8.2
1982	12.4	11.5	14.4	17.6	3.3	6.9
1983	17.0	15.8	21.2	19.3	3.8	6.9
1984	22.0	20.9	27.8	21.0	4.5	7.1
1985	23.1	22.6	26.6	21.1	5.2	7,7

Tabelle 38 B Personen, die vor Eintritt in die Maßnahme arbeitslos waren, nach der Dauer der Arbeitslosigkeit 198o - 1985 - Bundesgebiet -

Männer

Im Laufe des Jahres	Von den zuvor arbeitslosen Teilnehmern waren länger als ein Jahr arbeitslos (in Prozent): Berufl. Bildungsmaßn. insgesamt	Fortbildung	Umschulung	betriebliche Einarbeitung	Länger als 1 Jahr arbeitslose Teilnehmer in % aller länger als 1 Jahr Arbeitslosen	Vor Eintritt arbeitslose Teilnehmer [1] in % aller Arbeitslosen
1982	13.0	13.3	13.3	9.9	4.7	7.3
1983	20.0	19.9	23.3	14.8	6.4	8.5
1984	25.5	25.5	29.6	18.6	8.2	9.9
1985	25.4	26.1	29.6	16.2	9.9	12.5

Frauen

1982	11.7	10.5	14.6	13.5	3.1	6.0
1983	16.8	15.6	21.6	16.8	4.0	6.5
1984	20.5	19.2	27.2	19.0	5.1	7.7
1985	20.4	19.4	26.8	18.5	6.0	8.7

1) Ohne Maßnahmen zur Verbesserung der Vermittlungsaussichten nach § 41 a AFG

gativen Befund gelangt man, wenn man die in den Tabellen 38 N und 38 B ausgedruckten Anteilswerte der Dauerarbeitslosen an den Teilnehmern mit dem weitaus höheren Anteil der Dauerarbeitslosen an den Arbeitslosen vergleicht: Dieser liegt bei den Männern im Jahre 1985 in Nordrhein-Westfalen bei 37,o %, im Bundesgebiet bei 32,1 %, also 1o,1 bzw. 6,7 Prozentpunkte höher als unter den Teilnehmern.

Der geschlechtsspezifische Vergleich zeigt, daß lange Zeit arbeitslose Frauen in noch etwas geringerem Maße als Männer an den arbeitsmarktpolitischen Maßnahmen partizipieren. Der Anteil der dauerarbeitslosen Frauen am Gesamtbestand aller Arbeitslosen betrug in Nordrhein-Westfalen 1985 33,8 %, diesem steht ein Anteil von nur 23,1 % dauerarbeitslosen Teilnehmerinnen gegenüber. Im Bundesgebiet beträgt das entsprechende Verhältnis 29,7 zu 2o,4 % , die Differenz in Prozentpunkten also 9,3. In Wahrheit sind die geschlechtsspezifischen Unterschiede noch weitaus größer, ist doch die versteckte (Dauer-)Arbeitslosigkeit bei Frauen, wie in Abschnitt 2.1 dargelegt, noch erheblicher als bei Männern.

8.4.2 Arbeitsmarktpolitischer Entlastungseffekt

Die aus den Tabellen 36 N, 36 B, 38 N und 38 B ersichtlichen "Beteiligungsquoten" von zuvor arbeitslosen Personen an den beruflichen Bildungsmaßnahmen nach dem Arbeitsförderungsgesetz lassen sich - näherungsweise - als "Entlastungseffekt" der Arbeitslosenstatistik (nicht unbedingt auch des Arbeitsmarktes bzw. des Arbeitsmarktproblems) interpretieren. 1985 machten die zuvor arbeitslosen weiblichen Bildungsteilnehmer wie dargestellt in Nordrhein-Westfalen 9,5 % und im Bundesgebiet 1o,2 % aller arbeitslosen Frauen aus. Noch größer ist wie erwähnt die Entlastungswirkung bei den Männern (NRW: 13,2 %, Bundesgebiet: 12,8 %). Aussagekräftiger ist es allerdings, auf die Teilnehmer-Bestandsstatistik (vgl. die Tabellen 36 NT und

36 BT) abzustellen, da auch die offiziellen Arbeitslosenzahlen anhand von durchschnittlichen Beständen ermittelt werden. Bei dieser angemesseneren Berechnungsweise reduzieren sich die Entlastungseffekte auf jeweils knapp die Hälfte der obigen Werte.

In Nordrhein-Westfalen ist die Entlastungswirkung bei den Frauen geringer als im Bundesgebiet - unabhängig davon, ob man den Indikator zur Beurteilung heranzieht, in den die Teilnehmerbestände eingehen, oder den Indikator, der auf den Neueintritten im Laufe eines Jahres basiert. Wenn man bedenkt, daß die weibliche Arbeitslosenquote in Nordrhein-Westfalen im Durchschnitt des Jahres 1985 2,5 Prozentpunkte oder 24,o % höher als im Bundesgebiet lag (vgl. Tabelle 36 NT und 36 BT), so wird deutlich, wie wenig aktive Arbeitsmarktpolitik dem regionalen Problemdruck folgt.

In der nachfolgenden Tabelle 39 wurde versucht, die Entlastungswirkung (für das Jahr 1985) noch stärker zu quantifizieren und besser zu veranschaulichen, wobei ebenfalls auf die Teilnehmer-Bestandsstatistik Bezug genommen wurde. Wie man sieht, hätte die Arbeitslosenquote beider Geschlechter im Jahre 1985 ohne Einsatz beruflicher Bildungsmaßnahmen in Nordrhein-Westfalen um o,6 Prozentpunkte und im Bundesgebiet um o,5 Prozentpunkte höher gelegen. Fügt man die Beschäftigten in ABM-Maßnahmen hinzu, so erhöht sich die Diskrepanz zwischen registrierter und verdeckter Arbeitslosigkeit auf o,9 bzw. o,8 Prozentpunkte (BRD: Frauen). Prozentual gesehen ist die Entlastung bei den Frauen in Nordrhein-Westfalen am geringsten (7 %) und bei den Männern im Bundesgebiet am höchsten (1o,5 %).

Hätten also Arbeitslose nicht im dargestellten Umfang an beruflichen Bildungsmaßnahmen und Arbeitsbeschaffungsmaßnahmen teilgenommen und somit die Arbeitslosenstatistik "entlastet", so hätte sich die offizielle Arbeitslosenzahl gemäß vorstehen-

Tabelle 39 Höhe der Arbeitslosigkeit[1] unter Berücksichtigung zuvor arbeitsloser Teilnehmer (Bestandsdaten) an beruflichen Bildungsmaßnahmen und Beschäftigter in Arbeitsbeschaffungsmaßnahmen (ABM) im Jahre 1985

	NORDRHEIN-WESTFALEN			BUNDESGEBIET		
	Frauen	Männer	insgesamt	Frauen	Männer	insgesamt
Ia Arbeitslose	319.195	413.912	733.107	1.014.959	1.289.055	2.304.014
Ib Arbeitslosenquote	12,9	9,9	11,0	10,4	8,6	9,3
IIa Arbeitslose und zuvor arbeitslose Teilnehmer an berufl. Bildungsmaßnahmen	332.864	438.256	771.120	1.063.432	1.363.458	2.426.890
IIb Arbeitslosenquote	13,5	10,5	11,6	10,9	9,1	9,8
IIIa Arbeitslose und zuvor arbeitslose Teilnehmer an berufl. Bildungsmaßnahmen und Beschäftigte in ABM	340.476	451.838	792.314	1.092.899	1.421.017	2.513.916
IIIb Arbeitslosenquote	13,8	10,8	11,9	11,2	9,5	10,1

1) Vgl. Fußnote 11, Seite 245

Quelle: Daten der Bundesanstalt für Arbeit und eigene Berechnungen der Näherungsrechnung von 2.3o4.o14 Personen um 2o9.9o2 Personen auf 2.513.916 Personen im Jahresdurchschnitt 1985 erhöht.

8.4.3 Entwicklung

Angesichts der zunehmenden Verschlechterung der Arbeitsmarktlage seit Mitte der 70er Jahre und gesteuert durch die dementsprechend geänderten Zielsetzungen und Teilnahmevoraussetzungen der "aktiven" Arbeitsmarktpolitik hat sich der Anteil der zuvor Arbeitslosen an den neu in berufliche Bildungsmaßnahmen eingetretenen Männer und Frauen in den letzten Jahren beachtlich erhöht. 197o waren auf Bundesebene 22,5 % der Frauen, die eine Bildungsmaßnahme begannen, zuvor arbeitslos gemeldet gewesen, 1975 schon 41,7 %, 198o 57,o % und 1985 waren es 72,8 % (vgl. Tabelle 36 B). Mehr und mehr also hat sich die berufliche Weiterbildung nach dem Arbeitsförderungsgesetz zu einem nur noch kurativen Instrument entwickelt.

Die "Beteiligungsquote" der Arbeitslosen an den Fördermaßnahmen, die zugleich den arbeitsmarktpolitischen "Entlastungseffekt" angibt, zeigt jedoch, daß die betrachteten Instrumente im Zeitverlauf keineswegs problemadäquat eingesetzt wurden, d.h. ihr Umfang hielt keineswegs mit der Entwicklung der Arbeitslosigkeit Schritt:

Die relativ größten Aktivitäten erfolgten - gemessen an den Teilnehmer**beständen** - im Jahre 198o, in einem Jahr, in dem die von 1974 auf 1975 sprunghaft angestiegene Arbeitslosenquote vorübergehend leicht zurückgegangen war bzw. die Arbeitslosenzahl (888.9oo Personen) in etwa dem Niveau des Vorjahres entsprach. Es war dies auch das Jahr, in dem die Ausgaben für berufliche Fördermaßnahmen pro Arbeitslosem höher lagen als in den 5 vorhergehenden wie auch in den 5 nachfolgenden Jahren (vgl. Tabelle 19, Seite 83), mit 2.741 DM waren sie fast doppelt so hoch wie im Jahre 1985.

In den darauffolgenden Jahren, in denen sich das Arbeitslosigkeitsproblem in extremer Weise verschärfte, nahm der relative Entlastungseffekt durch den Einsatz beruflicher Qualifizierungsmaßnahmen in Nordrhein-Westfalen, einem der Bundesländer mit weit überdurchschnittlicher Arbeitslosigkeit, bis 1984 kontinuierlich ab. Erst seit 1985 ist ein leichter Aufwärtstrend erkennbar. Im Bundesgebiet verlief die Entwicklung weniger konträr: Die "Entlastungsquote" der Männer stieg seit 1983, die der Frauen seit 1984 wieder an; sie liegt jedoch auch 1985 (Männer: 5,8 %, Frauen: 4,8 %) noch unter dem Niveau des Jahres 198o (Männer: 7,o %, Frauen: 5,3 %) (vgl. Tabelle 36 NT und 36 BT).

Analog zum Befund, der sich eingangs anhand der Ausgabenentwicklung für "aktive" arbeitsmarktpolitische Maßnahmen zeigte, bestätigt diese Entwicklung also wiederum, daß öffentliche Arbeitsmarktpolitik nicht in der Lage gewesen ist, ihren Umfang dem Handlungsbedarf auf dem Arbeitsmarkt anzupassen. Der Einsatz der Qualifizierungsmaßnahmen, von denen eine vermittlungsfördernde Wirkung erwartet wird, erfolgte in der Regel nicht antizyklisch, sondern prozyklisch.

8.4.4 Exkurs: Regionalvergleich

Das Risiko der arbeitenden Bevölkerung in der Bundesrepublik Deutschland, erwerbslos zu werden, unterliegt bekanntlich extremen räumlichen Schwankungen, so daß es notwendig ist, aktive Arbeitsmarktpolitik regional gezielt einzusetzen. Bereits der regionale Vergleich zwischen dem Land Nordrhein-Westfalen und dem Bundesgebiet hat offengelegt, daß die Instrumente der Arbeitsmarktpolitik auch in regionaler Hinsicht keineswegs problemgerecht eingesetzt werden.

Schlüsselt man weiter nach Landesarbeitsämtern auf (vgl. Tabelle 4o), so erweist sich auch auf dieser Vergleichsbasis,

Tabelle 4o Teilnehmer (Neueintritte im Laufe des Jahres 1984) an beruflichen Bildungsmaßnahmen und Arbeitslose 1984 nach ihrer Verteilung auf Landesarbeitsamtsbezirke(in v.H.) sowie Arbeitslosenquoten nach Landesarbeitsamtsbezirken und Geschlecht

Landesarbeits-amtsbezirk	M Ä N N E R					F R A U E N				
	ALQ	Arbeits-lose	Eintritte (mit § 41a Maßnahme)	Eintritte zuvor Arbeitsloser (mit § 41a)	Eintritte zuvor Arbeitsloser (ohne §41a)	ALQ	Arbeits-lose	Eintritte (mit § 41a Maßnahme)	Eintritte zuvor Arbeitsloser (mit §41a)	Eintritte zuvor Arbeitsloser (ohne §41a)
		Bundesgebiet = 1oo %					Bundesgebiet = 1oo %			
Schleswig-Holstein-Hamburg	11,2	8,9	7,4	8,5	8,5	1o,5	7,7	8,7	8,9	9,o
Niedersachsen-Bremen	11,6	17,1	13,4	14,9	15,3	12,8	15,7	13,6	14,2	14,6
NORDRHEIN-WESTFALEN	9,7	32,2	3o,5	33,8	32,9	12,6	3o,9	28,o	29,9	28,4
Hessen	6,5	7,2	8,o	8,3	8,2	8,7	7,7	8,2	8,1	8,o
Rheinland-Pfalz-Saarland	8,4	7,7	6,8	5,9	5,5	1o,9	7,4	5,9	5,3	5,1
Baden-Württemberg	4,8	8,6	15,6	11,7	12,3	6,7	1o,9	14,8	13,6	14,3
Nordbayern	8,2	7,3	9,2	9,3	9,7	9,9	8,o	1o,o	1o,4	1o,8
Südbayern	6,3	7,3	6,7	4,9	5,3	7,7	8,2	8,4	7,2	7,8
Berlin (West)	1o,6	3,6	2,3	2,7	2,2	9,7	3,5	2,4	2,4	2,o
Bundesgebiet	3,5	1oo,o	1oo,o	1oo,o	1oo,o	1o,2	1oo,o	1oo,o	1oo,o	1oo,o

Quelle: Eigene Berechnungen nach Daten aus Anba, Arbeitsstatistik 1984 - Jahreszahlen, S. 37, 179, 189 und 19o daß arbeitslose Frauen in Nordrhein-Westfalen nicht in dem Maße in berufliche Fördermaßnahmen integriert sind, wie es ihrem Anteil am Gesamtbestand aller arbeitslosen Frauen im Bundesgebiet entspricht - und dies, obwohl Nordrhein-Westfalen mit 12,6 % nach Niedersachsen-Bremen (12,8 %) die höchste Frauenarbeitslosenquote unter allen Landesarbeitsämtern aufweist und somit öffentliche Arbeitsmarktpolitik in besonderem Maße gefordert ist.

Auf der entgegengesetzten Seite fällt die Situation im Landesarbeitsamt Baden-Württemberg, einem Bundesland, das sicherlich keinen regionalen Brennpunkt der gegenwärtigen Beschäftigungskrise darstellt, ins Auge: Sowohl bei den Frauen als auch bei den Männern liegt hier der Anteil der vor Eintritt in die Bildungsmaßnahme arbeitslosen (und der zuvor nicht-arbeitslosen) Teilnehmer beiderlei Geschlechts bedeutend über dem Anteil an der Arbeitslosigkeit - obwohl der arbeitsmarktpolitische Handlungsbedarf in diesem Bundesland mit den niedrigsten Arbeitslosenquoten (1984: Männer 4,8 %, zum Vergleich: NRW 9,7 %; Frauen 6,7 %, zum Vergleich: NRW 12,6 %) weitaus geringer als in anderen Bundesländern ist. **Auch in der regionalen Vergleichsperspektive also scheint eher eine Verstärkung als ein Abbau in den Ungleichgewichten beruflicher Bildungs- bzw. Arbeitsmarktchancen zu erfolgen.**

Für diese regionalpolitisch sehr problematische Wirkung zeichnet unter anderem das Finanzierungssystem der Arbeitsmarktpolitik verantwortlich. Die Finanzierung "aktiver" Arbeitsmarktpolitik aus Beiträgen der sozialversicherungspflichtig Beschäftigten ist nicht dazu angetan, solidarisches Handeln unter den Bundesländern zu fördern. Die Länder mit relativ günstiger Arbeitsmarktlage sind vielmehr bestrebt, über die "aktive" Arbeitsmarktpolitik wenigstens einen Teil der von "ihren" Beschäftigten gezahlten Beiträge zur Arbeitslosenversicherung zurückzuerhalten.

Es wäre sicherlich aufschlußreich, diesen Regionalvergleich mit Blick auf die Struktur der Teilnehmer bzw. mit Blick auf qualitative Elemente des Weiterbildungsangebots noch zu vertiefen. Eine derartige Analyse geht jedoch über das im Rahmen dieser Arbeit Machbare hinaus. Darauf hingewiesen sei nur, daß in Baden-Württemberg der Einsatz der kurzfristigen, wenig qualifizierenden Maßnahmen zur Verbesserung der Vermittlungsaussichten (§ 41a-Maßnahmen) eine weitaus geringere Rolle spielt als in Nordrhein-Westfalen: Nur 6,1 % der Frauen und 3,7 % der Männer in Baden-Württemberg, die sich im Jahre 1984 weiterbildeten, entfielen auf diesen Maßnahmebereich, während die entsprechenden Anteilswerte in Nordrhein-Westfalen bei 14,3 % und lo,2 % lagen (vgl. auch Tabelle 25 N). **Mit dem quantitativen regionalen Gefälle verbindet sich also zugleich auch ein qualitatives regionales Gefälle.**

Abschließend sei ein kurzer Blick auf die innerregionale Verteilung in Nordrhein-Westfalen geworfen, so wie sie sich auf der Vergleichsebene von Arbeitsamtsbezirken darstellt.

Wie aus Tabelle 41 N hervorgeht, weist die Eintrittshäufigkeit von Frauen in Fördermaßnahmen eine außerordentliche regionale Spannweite auf, denn sie streut zwischen 13,9 % im Arbeitsamtsbezirk Bonn und 5,o % im Arbeitsamtsbezirk Aachen![13]

Ist nun, so wie dies unter arbeitsmarkt- und regionalpolitischen Gründen nahe läge und erforderlich wäre, der Einsatz öffentlicher Arbeitsmarktpolitik in jenen Arbeitsamtsbezirken besonders intensiviert worden, in denen Frauen einem überdurchschnittlichen Arbeitslosigkeitsrisiko unterliegen?

---

[13] Das Datenmaterial ließ hierbei keine Differenzierung nach zuvor arbeitslosen Teilnehmerinnen sowie nach Teilnehmerinnen-Beständen zu. Landesweit lag der Anteil der zuvor arbeitslosen Teilnehmerinnen 1983 bei 78,5 % (vgl. Tabelle 36 N).

Tabelle 41 N Arbeitsamtsbezirke in Nordrhein-Westfalen mit den höchsten und niedrigsten **weiblichen** Teilnahmequoten an beruflichen Bildungsmaßnahmen 1) im Jahre 1983

	Arbeitsamtsbezirk	Eintritte insgesamt in v.H. der Arbeitslosen 1983	Arbeitslosenquote 2) Ø 1983	Anteil an allen Eintritten	Anteil an allen Arbeitslosen
1.	Bonn	13,9	6,8	4,2	2,7
2.	Dortmund	12,2	16,6	7,1	5,2
3.	Siegen	11,9	12,9	2,7	2,o
4.	Hamm	11,6	15,2	3,3	2,5
5.	Essen	11,5	12,6	4,7	3,6
6.	Bochum	11,o	15,1	4,5	3,6
.					
.					
.					
.					
28.	Coesfeld	6,8	15,2	2,o	2,6
29.	Brühl	6,8	14,2	2,2	2,8
3o.	Solingen	6,4	11,4	1,2	1,7
31.	Hagen	5,9	15,o	2,5	3,8
32.	Duisburg	5,6	19,4	2,5	4,o
33.	Aachen	5,o	13,9	2,5	4,4
	Nordrhein-Westfalen	8,8	13,3 (12,2)	1oo,o	1oo,o

1) ohne Maßnahmen zur Verbesserung der Vermittlungsaussichten nach § 41 a AFG

2) Die offizielle Arbeitsmarktstatistik weist unterhalb der Ebene von Landesarbeitsämtern mangels geschlechtsspezifischer Daten über die abhängigen Erwerbspersonen keine geschlechtsspezifischen Arbeitslosenquoten aus. Zur annähernden Quantizierung der geschlechtsspezifischen Struktur der Gesamtarbeitslosenquote wurde von der Annahme gleich hoher geschlechtsspezifischer Anteile sowohl bei den sozialversicherungspflichtig Beschäftigten als auch bei den abhängigen Erwerbspersonen ausgegangen (Arbeitslosenquote Frauen = arbeitslose Frauen in v.H. abhängige Erwerbspersonen insgesamt x Frauenanteil an den sozialversicherungspflichtig Beschäftigten). Die in Klammern gesetzte Zahl gibt die offizielle Arbeitslosenquote an.

Die Daten in Tabelle 41 N weisen auf keinen eindeutigen Zusammenhang zwischen Eintrittshäufigkeit und Stärke des regionalen Arbeitslosenproblems hin:

- Eine relativ hohe Beteiligung von Frauen an Qualifizierungsmaßnahmen der Arbeitsverwaltung tritt sowohl in Verbindung mit überproportional hohen weiblichen Arbeitslosenquoten auf (Beispiel Dortmund) als auch mit einer unterdurchschnittlichen Betroffenheit von Arbeitslosigkeit. In der letzteren Kategorie fällt der Arbeitsamtsbezirk Bonn, in dem die für Nordrhein-Westfalen höchste Teilnahmequote mit der niedrigsten Arbeitslosenquote zusammenfällt, in besonders krasser Weise ins Auge.

- Umgekehrt sind besonders niedrige Beteiligungsquoten der Frauen sowohl mit relativ niedrigen Arbeitslosenquoten gekoppelt (Beispiel: Solingen), aber auch - und dies mehrheitlich - mit einer für Frauen überdurchschnittlich schlechten regionalen Arbeitsmarktsituation, wobei hierbei der an zweitschlechtester Stelle stehende Arbeitsamtsbezirk Duisburg, in dem fast jede 5. Frau arbeitslos war, in besonders negativem Licht erscheint.

Welche Ursachen für die regional unterschiedliche Repräsentanz von Frauen in beruflichen Qualifizierungsmaßnahmen ausschlaggebend sind, läßt sich nur mit Hilfe differenzierter Untersuchungsmethoden feststellen. **Die regionalen Unterschiede zeigen jedoch, daß der Spielraum für eine berufliche Aktivierung der Frauen, würden alle Hemmnisse und Barrieren beseitigt, recht groß ist.**

8.5 Weiterbildung von Frauen nach der Dauer der Maßnahme

Die Dauer der Fördermaßnahmen stellt einen weiteren Indikator zur Beurteilung der Qualität des Weiterbildungsangebots dar, denn in der Regel dürfte der mit Hilfe der Bildungsmaßnahme zu erreichende Qualifizierungsgrad bei längerfristigen Maßnahmen deutlich höher sein als bei kurzfristigen Maßnahmen.

Ein Blick auf die Tabellen 42 N, 42 B, 42 NT und 42 BT läßt im **Fortbildungssektor,** dem Sektor, auf den das Gros der weiblichen und männlichen Bildungsabsolventen entfällt, seit Anfang der 80er Jahre eine recht auffällige Zunahme kurzfristiger Maßnahmen bis zu einer Dauer von 12 Monaten erkennen, die nahezu kontinuierlich verläuft. In den Jahren zuvor hatte es jeweils leichtere Schwankungen nach oben und unten gegeben. Diese zeitliche Einschränkung der Förderung und der hiermit verbundene "Qualitätsverlust" dürfte nicht ausschließlich mit dem - besonders bei Männern relevanten - Rückgang der Aufstiegsförderung zusammenhängen, sondern spiegelt auch die für die Arbeitsmarktpolitik seit geraumer Zeit maßgebliche Strategie, ihre - in der Höhe gleichbleibenden oder gar reduzierten - finanziellen Mittel auf mehr Förderfälle zu verteilen.

Die Daten in den angeführten Tabellen sowie in den Tabellen 43 N und 43 B machen dabei erhebliche geschlechtsspezifische Differenzierungen sichtbar: Frauen werden in stärkerem Maße als Männer auf die höchstens 12 Monate dauernden Fortbildungskurse verwiesen und nehmen seltener an Kursen teil, die 2 Jahre und länger dauern. Das "Qualitätsgefälle" zuungunsten der Frauen im Fortbildungssektor tritt dabei noch markanter zutage, wenn man auf die stichtagsbezogene Teilnehmerstatistik (vgl. die Tabellen 42 NT und 42 BT) abstellt. 66,3 % (NRW: 68,4 %) aller Frauen, die 1985 eine Fortbildungsmaßnahme besuchten, nahmen an einer Maßnahme teil, die höchstens 12 Monate dauerte. Bei den Männern hingegen überwiegen die längerfristigen Maßnahmen, auf die maximal 12 Monate dauernden Veranstaltungen entfielen in beiden Untersuchungsräumen hingegen weniger als die Hälfte der männlichen Besucher.

Dieser Befund hängt nicht nur mit der unterdurchschnittlichen Beteiligung von Frauen an aufstiegsorientierten Maßnahmen zusammen. Wie eine hier nicht näher dokumentierte Auswertung von Daten für das Jahr 1982 in Nordrhein-Westfalen belegt, erfahren Frauen vielmehr auch im dominierenden Fortbildungstyp "Sonstige Anpassungsmaßnahmen (ohne Grundausbildung, Übungswerkstätten, Übungsfirmen)" eine kürzere Förderungsdauer als

Tabelle 42 N Die in berufliche Bildungsmaßnahmen neu eingetretenen Frauen nach der Dauer der Maßnahme (in Prozent) 1978 - 1985 - Nordrhein-Westfalen -

Fortbildung (ohne Maßnahmen nach § 41a)

Im Laufe des Jahres	Eintritte insgesamt	davon Dauer der Maßnahme: bis 12 Monate %	12 bis 24 Monate %	über 24 Monate %
1978	11438	84.1	13.8	2.1
1979	12889	84.4	13.7	1.9
1980	13866	84.0	14.0	2.0
1981	16836	84.4	13.9	1.6
1982	17703	85.5	12.8	1.7
1983	20335	87.4	10.9	1.7
1984	22306	88.0	10.5	1.5
1985	25504	87.2	10.7	2.1

Umschulung

1978	2613	75.9	19.4	4.7
1979	2887	71.4	24.5	4.1
1980	3865	69.9	24.7	5.4
1981	4758	60.7	33.5	5.8
1982	4077	61.0	33.7	5.4
1983	3936	52.4	39.4	6.2
1984	4064	49.3	44.9	5.8
1985	4438	46.7	48.1	5.1

Betriebliche Einarbeitung

		bis 6 Monate	6 bis 12 Monate
1978	977	75.4	24.6
1979	1556	56.9	43.1
1980	2620	56.5	43.5
1981	1408	57.1	42.9
1982	1141	63.5	36.5
1983	2087	69.0	31.0
1984	1249	72.5	27.5
1985	2280	70.8	29.2

noch:
Tabelle 42 N Die in berufliche Bildungsmaßnahmen neu eingetretenen Männer nach der Dauer der Maßnahme (in Prozent) 1978 - 1985 - Nordrhein-Westfalen -

Fortbildung (ohne Maßnahmen nach § 41a)

Im Laufe des Jahres	Eintritte insgesamt	davon Dauer der Maßnahme bis 12 Monate %	12 bis 24 Monate %	über 24 Monate %
1978	26734	69.5	19.2	11.3
1979	30287	69.5	18.7	11.7
1980	32688	68.8	18.9	12.3
1981	39739	72.1	18.5	9.4
1982	41946	75.4	14.3	10.3
1983	45901	78.2	12.7	9.1
1984	52325	80.7	11.1	8.2
1985	57616	81.1	10.8	8.1

Umschulung

1978	6392	46.1	51.4	2.6
1979	6531	44.0	53.3	2.7
1980	7262	44.3	52.3	3.4
1981	9617	41.4	55.1	3.5
1982	9754	43.7	54.1	2.3
1983	8849	38.9	58.5	2.6
1984	9692	34.8	63.1	2.1
1985	10325	34.3	64.0	1.7

Betriebliche Einarbeitung

		bis 6 Monate	6 bis 12 Monate
1978	2797	62.2	37.8
1979	4126	50.5	49.5
1980	5207	48.9	51.1
1981	3033	52.2	47.8
1982	2826	56.3	43.7
1983	5523	62.3	37.7
1984	3247	64.6	35.4
1985	6048	63.6	36.4

Quelle: Daten der Bundesanstalt für Arbeit, eigene Berechnungen

Tabelle 42 B Die in berufliche Bildungsmaßnahmen neu eingetretenen Frauen nach der Dauer der Maßnahme (in Prozent) 1971 - 1985 - Bundesgebiet -

Fortbildung (ohne Maßnahmen nach § 41a)

Im Laufe des Jahres	Eintritte insgesamt	davon Dauer der Maßnahme		
		bis 12 Monate %	12 bis 24 Monate %	über 24 Monate %
1971	36800	80.3	16.5	3.2
1972	35188	78.9	18.2	2.9
1973	32877	74.7	22.5	2.7
1974	41856	75.8	22.0	2.2
1975	49905	79.5	17.9	2.6
1976	27789	80.6	16.8	2.6
1977	26358	80.3	17.6	2.1
1978	37521	81.6	16.5	1.9
1979	44215	80.8	17.2	2.0
1990	47540	79.7	18.4	1.9
1981	55239	79.1	19.0	2.0
1982	55564	82.0	15.9	2.1
1983	67421	85.1	13.3	1.6
1984	81763	86.6	11.9	1.6
1985	96890	86.3	11.8	1.8

Umschulung

1971	13346	77.7	16.2	6.0
1972	12090	73.5	19.7	6.8
1973	12809	66.3	25.4	8.3
1974	15182	64.5	27.4	8.1
1975	14617	64.3	26.5	9.1
1976	7144	61.8	31.9	6.3
1977	7163	65.4	28.9	5.6
1978	9102	62.6	30.7	6.7
1979	11886	57.9	35.2	6.8
1980	15561	52.6	39.6	7.9
1981	19464	47.5	43.9	8.6
1982	15855	49.2	42.7	8.1
1983	14622	42.9	47.2	9.9
1984	15478	39.2	52.1	8.7
1985	16326	34.0	55.2	10.0

Betriebliche Einarbeitung

		bis 6 Monate	6 bis 12 Monate
1971	12367	96.1	3.9
1972	6560	95.0	5.0
1973	4331	93.5	6.5
1974	3527	90.2	9.8
1975	5324	90.1	9.9
1976	4960	88.6	11.4
1977	4866	84.7	15.3
1978	6250	76.7	23.3
1979	9535	70.8	29.2
1980	11908	66.4	33.6
1981	6231	68.7	31.3
1982	3655	72.5	27.5
1983	5764	73.5	26.5
1984	6018	76.1	23.9
1985	6455	73.9	26.0

noch:
Tabelle 42 B Die in berufliche Bildungsmaßnahmen neu eingetretenen Männer nach der Dauer der Maßnahme (in Prozent) 1971 - 1985 - Bundesgebiet -

Fortbildung (ohne Maßnahmen nach § 41a)

Im Laufe des Jahres	Eintritte insgesamt	davon Dauer der Maßnahme: bis 12 Monate %	12 bis 24 Monate %	über 24 Monate %
1971	188079	63.1	26.6	10.4
1972	177595	61.2	30.0	8.8
1973	152322	57.5	33.9	8.6
1974	144017	62.8	30.7	6.5
1975	166502	70.1	23.8	6.2
1976	89562	70.0	22.3	7.7
1977	74151	67.0	24.7	8.2
1978	91337	68.1	22.9	9.0
1979	104900	66.3	24.2	9.5
1980	114823	67.1	23.8	9.1
1981	134973	69.4	22.5	8.1
1982	133040	71.8	19.4	8.8
1983	152451	76.5	16.2	7.3
1984	178513	78.9	14.2	7.0
1985	201332	79.2	13.9	6.9

Umschulung

Im Laufe des Jahres	Eintritte insgesamt	bis 12 Monate %	12 bis 24 Monate %	über 24 Monate %
1971	20753	31.4	58.4	10.2
1972	19811	26.1	63.7	10.2
1973	18621	25.2	65.4	9.4
1974	21378	33.7	56.8	9.5
1975	21958	43.0	48.5	8.5
1976	11917	40.2	53.5	6.3
1977	12885	37.4	57.2	5.4
1978	16723	38.4	53.8	7.8
1979	18981	36.2	55.4	8.4
1980	22366	35.6	55.5	8.9
1981	28034	35.2	55.0	9.8
1982	26248	36.1	56.6	7.4
1983	27700	30.5	61.3	8.2
1984	27579	27.4	65.4	7.2
1985	28785	26.9	64.7	8.3

Betriebliche Einarbeitung

		bis 6 Monate	6 bis 12 Monate
1971	17045	89.5	10.5
1972	9041	87.3	12.7
1973	5982	85.0	15.0
1974	6637	82.3	17.7
1975	12547	81.9	18.1
1976	10155	77.9	22.1
1977	10503	70.2	29.8
1978	14294	66.6	33.4
1979	19261	61.4	38.6
1980	20673	57.1	42.9
1981	11062	61.2	38.8
1982	7841	62.5	37.5
1983	14163	65.7	34.3
1984	13319	67.7	32.3
1985	19238	65.3	34.7

Quelle: Daten der Bundesanstalt für Arbeit, eigene Berechnungen

Tabelle 42 NT Weibliche Teilnehmer an beruflichen Bildungsmaßnahmen nach der Dauer der Maßnahme (in Prozent) 198o - 1985 - Nordrhein-Westfalen -

Fortbildung (ohne Maßnahmen nach § 41a)

Ende Dez.	Teilnehmer insgesamt	davon Dauer der Maßnahme bis 12 Monate %	12 bis 24 Monate %	über 24 Monate %
1980	8543	62.6	30.7	6.8
1981	10083	64.2	30.1	5.7
1982	10654	65.2	28.6	6.2
1983	11672	70.1	23.7	6.2
1984	12014	68.3	25.6	6.1
1985	13834	68.4	24.5	7.1

Umschulung

1980	3300	52.8	36.0	11.2
1981	4347	41.7	46.3	12.0
1982	4283	38.6	47.8	13.6
1983	4110	34.8	48.9	16.3
1984	4272	30.8	54.6	14.6
1985	4791	27.5	59.6	13.0

Betriebliche Einarbeitung

		bis 6 Monate	6 bis 12 Monate
1980	1098	36.5	63.5
1981	276	38.4	61.6
1982	432	47.5	52.5
1983	728	48.6	51.4
1984	331	57.1	42.9
1985	856	54.7	45.3

noch:
Tabelle 42 NT Männliche Teilnehmer an beruflichen Bildungsmaßnahmen nach der Dauer der Maßnahme (in Prozent) 198o - 1985 - Nordrhein-Westfalen -

Fortbildung (ohne Maßnahmen nach § 41a)

Ende Dez.	Teilnehmer insgesamt	davon Dauer der Maßnahme: bis 12 Monate %	12 bis 24 Monate %	über 24 Monate %
1980	27752	34.9	33.1	32.0
1981	31987	37.4	33.5	29.1
1982	33331	39.0	30.7	30.4
1983	34370	44.8	25.0	30.2
1984	35594	45.5	23.9	30.7
1985	37079	47.5	22.6	29.9

Umschulung

1980	6985	19.2	74.4	6.4
1981	9118	19.0	74.6	6.4
1982	10167	15.1	76.2	5.7
1983	10135	17.7	77.2	5.2
1984	9693	13.7	81.2	5.1
1985	10331	15.2	80.4	4.4

Betriebliche Einarbeitung

		bis 6 Monate	6 bis 12 Monate
1980	2037	25.6	74.4
1981	671	30.3	69.7
1982	1069	38.2	61.8
1983	2075	43.8	56.2
1984	928	51.4	48.6
1985	2318	44.8	55.2

Quelle: Daten der Bundesanstalt für Arbeit, eigene Berechnungen

Tabelle 42 BT Weibliche Teilnehmer an beruflichen Bildungsmaßnahmen nach der Dauer der Maßnahme (in Prozent) 198o - 1985 - Bundesgebiet -

Fortbildung (ohne Maßnahmen nach § 41a)

Ende Dez.	Teilnehmer insgesamt	davon Dauer der Maßnahme bis 12 Monate %	12 bis 24 Monate %	über 24 Monate %
1980	30187	56.8	37.0	6.2
1981	34961	56.8	37.3	5.9
1982	35638	58.1	34.9	7.0
1983	39439	64.8	28.9	6.3
1984	43989	65.9	28.2	6.0
1985	51187	66.3	27.3	6.4

Umschulung

1980	15550	35.3	50.7	14.0
1981	20690	29.6	55.3	15.0
1982	19510	26.0	56.5	17.4
1983	17730	23.6	56.8	19.7
1984	18432	21.1	61.3	17.6
1985	20060	18.1	64.9	17.1

Betriebliche Einarbeitung

		bis 6 Monate	6 bis 12 Monate
1980	3769	40.4	59.6
1981	996	40.7	59.3
1982	1169	53.5	46.5
1983	1904	52.7	47.3
1984	1656	55.3	44.7
1985	2836	55.0	45.0

noch:
Tabelle 42 BT Männliche Teilnehmer an beruflichen Bildungsmaßnahmen nach der Dauer der Maßnahme (in Prozent) 198o - 1985 - Bundesgebiet -

Fortbildung (ohne Maßnahmen nach § 41a)

Ende Dez.	Teilnehmer insgesamt	davon Dauer der Maßnahme bis 12 Monate %	12 bis 24 Monate %	über 24 Monate %
1980	94489	33.5	42.1	24.4
1981	106479	34.9	41.5	23.6
1982	107744	35.7	36.9	25.3
1983	110198	41.7	33.3	25.0
1984	117408	44.3	30.9	24.8
1985	126510	45.6	29.8	24.7

Umschulung

1980	24424	12.8	72.7	14.5
1981	30901	13.6	71.0	15.4
1982	31844	13.0	72.0	15.0
1983	31949	12.0	73.8	14.2
1984	32866	10.0	77.3	12.7
1985	33963	10.5	76.7	12.9

Betriebliche Einarbeitung

		bis 6 Monate	6 bis 12 Monate
1980	6607	29.5	70.5
1981	2069	34.4	65.6
1982	2734	44.2	55.8
1983	5013	45.2	54.8
1984	4135	49.9	50.1
1985	6870	44.5	55.5

Quelle: Daten der Bundesanstalt für Arbeit, eigene Berechnungen

Tabelle 43 N Die in berufliche Bildungsmaßnahmen neu eingetretenen Männer und Frauen nach Dauer und Art der Maßnahme - Frauenanteil in Prozent des Männeranteils 1) - 1978 - 1985 - Nordrhein-Westfalen -

Fortbildung (ohne Maßnahmen nach § 41a)

Eintritte im Laufe des Jahres	Dauer der Maßnahme bis 12 Monate	12 bis 24 Monate	über 24 Monate
1978	121.1	71.9	18.3
1979	121.4	72.9	16.5
1980	122.0	73.9	16.6
1981	117.1	75.3	17.5
1982	113.4	89.8	16.5
1983	111.7	85.7	19.2
1984	109.1	94.6	18.0
1985	107.5	99.1	25.9

Umschulung

1978	164.6	37.8	185.0
1979	162.4	45.9	150.4
1980	157.9	47.2	158.3
1981	146.4	60.9	167.0
1982	139.6	62.3	235.0
1983	134.9	67.3	313.9
1984	141.0	71.2	276.2
1985	136.2	75.2	300.0

Betriebliche Einarbeitung

	bis 6 Monate	6 bis 12 Monate
1978	121.2	65.1
1979	112.7	87.1
1980	115.6	85.1
1981	109.4	89.7
1982	112.9	83.4
1983	110.8	82.2
1984	112.2	77.7
1985	111.3	80.2

1) Prozentwerte für Frauen in Tabelle 43N in v.H. der Prozentwerte für Männer in Tabelle 42 N

Tabelle 43 B Die in berufliche Bildungsmaßnahmen neu eingetretenen Männer und Frauen nach Dauer und Art der Maßnahme - Frauenanteil in Prozent des Männeranteils 1) - 1971 - 1985 - Bundesgebiet -

Fortbildung (ohne Maßnahmen nach § 41a)

Eintritte im Laufe des Jahres	Dauer der Maßnahme bis 12 Monate	12 bis 24 Monate	über 24 Monate
1971	127.2	62.1	31.2
1972	129.0	60.6	32.9
1973	130.1	66.4	31.9
1974	120.7	71.7	33.8
1975	113.4	75.4	42.3
1976	115.2	75.2	33.8
1977	119.8	71.1	26.0
1978	119.8	72.1	21.4
1979	121.9	71.1	20.7
1980	118.8	77.3	20.9
1981	113.9	84.3	24.2
1982	114.3	81.9	24.0
1983	111.3	81.8	22.5
1984	110.0	83.8	22.9
1985	109.0	84.9	26.1

Umschulung

1971	247.5	27.8	59.3
1972	281.3	31.0	66.4
1973	263.3	38.9	87.6
1974	191.4	48.2	85.3
1975	149.5	54.7	108.0
1976	154.0	59.6	99.3
1977	174.9	50.5	105.0
1978	163.0	57.0	86.4
1979	159.8	63.6	81.9
1980	147.7	71.3	88.0
1981	134.7	79.8	88.5
1982	136.4	75.4	110.3
1983	140.7	77.0	121.0
1984	142.5	79.8	120.8
1985	126.4	86.4	120.5

Betriebliche Einarbeitung

	bis 6 Monate	6 bis 12 Monate
1971	107.3	37.5
1972	108.8	39.3
1973	110.0	43.4
1974	109.6	55.4
1975	110.0	54.8
1976	113.8	51.3
1977	120.6	51.5
1978	115.3	69.6
1979	115.4	75.5
1980	116.2	78.4
1981	112.1	80.9
1982	115.9	73.4
1983	111.9	77.3
1984	112.4	74.0
1985	113.2	74.9

1) Prozentwerte für Frauen in Tabelle 43B in v.H. der Prozentwerte für Männer in Tabelle 42B

Quelle: Daten der Bundesanstalt für Arbeit, eigene Berechnungen

Männer. Der Anteil von Förderungsmaßnahmen bis zu 12 Monaten beträgt dort bei Frauen 93,7 %, bei Männern 88,7 %.

Eine seit Anfang der 80er Jahre zunehmende Verringerung der Förderungsdauer sowie die stärkere Repräsentanz der Frauen in den kurzzeitigen Maßnahmen ist ebenfalls für den Maßnahmetyp **"betriebliche Einarbeitung"** charakteristisch. Erst von 1984 auf 1985 ist ein Rückgang der kurzen (bis zu 6 Monaten) dauernden Einarbeitungsmaßnahmen zu verzeichnen. Bei dieser Maßnahmeart, die sich wie dargestellt wesentlich von Fortbildung und Umschulung unterscheidet, weil bei ihr die Vermittlung theoretischen Wissens und der schulische Charakter der Ausbildung fehlt, ist der Rückschluß von der Dauer der Maßnahme auf den Qualifizierungsgrad allerdings fragwürdig, erleichtert es die schlechte Arbeitsmarktlage den Arbeitgebern doch, eine zeitliche Ausdehnung der Lohnsubventionierung in Form des Einarbeitungszuschusses durchzusetzen. Als eine mögliche Ursache für die Zunahme der längerfristigen Einarbeitungsmaßnahmen im letzten Untersuchungsjahr käme auch eine parallele Zunahme der minderqualifizierten Arbeitnehmer, die eine längere Einarbeitungszeit benötigen, in Betracht. Wie sich in Abschnitt 8.8.4 noch zeigen wird, scheidet dieser Begründungszusammenhang jedoch aus, denn ganz im Gegenteil nahm der Anteil der minderqualifizierten Arbeitnehmer im Einarbeitungssektor von 1984 auf 1985 ab.

Anders als bei Fortbildungsveranstaltungen hat sich im Bereich der **Umschulungen** das Gewicht kurzfristiger Maßnahmen bis zu 12 Monaten seit 1983 sowie auch in längerfristiger Perspektive (Nordrhein-Westfalen: gegenüber 1978, Bundesgebiet: gegenüber 1971) verringert, und zwar im besonderen Maße bei Frauen. Auch bei dieser Maßnahmekategorie finden sich Frauen jedoch häufiger als Männer bei diesen kurzzeitigen Umschulungen. Für knapp die Hälfte (46,7 %) aller Umschülerinnen in Nordrhein-Westfalen beschränkte sich die Umschulung auf eine höchstens einjährige Ausbildung (Männer: 34,3 %). Dabei hebt sich Nordrhein-

Westfalen in auffallend negativer Weise vom Bundesdurchschnitt ab, der bereits seit 1978 bei Frauen und Männern günstigere Werte, d.h. einen weit geringeren Anteil kurzfristiger Maßnahmen aufwies. 1985 nahmen hier, anders als in Nordrhein-Westfalen, "nur" 34,o % der Frauen und 26,9 % der Männer an den höchstens ein Jahr dauernden Umschulungen teil. **Festzuhalten bleibt jedoch das in beiden Vergleichsräumen vorhandene geschlechtsspezifische Qualitätsgefälle zu Lasten von Frauen.** Lediglich bei länger als 2 Jahre dauernden Umschulungen sind Frauen stärker als Männer vertreten, wobei dieser Unterschied von seiner quantitativen Dimension her jedoch kaum ins Gewicht fällt.

8.6 Weiterbildung von Frauen nach dem Träger der Maßnahme

Der Bereich der von der Bundesanstalt geförderten beruflichen Fortbildungs- und Umschulungsmaßnahmen ist durch eine Pluralität der Träger gekennzeichnet. Zu den Trägern zählen Betriebe, überbetriebliche Einrichtungen, Arbeitgeberorganisationen, Industrie- und Handelskammern, Handwerkskammern, Innungen, Arbeitnehmerorganisationen, die Verbände der Sozialhilfe und der Freien Wohlfahrtspflege, Schulen, Hochschulen sowie eine Vielzahl sonstiger Träger (kommerzielle Anbieter, Kirchen, Parteien, gemeinnützige Organisationen usw.).

Die Bundesanstalt für Arbeit tritt als Maßnahmeträger selbst allein bzw. mit anderen Trägern zusammen nur relativ selten auf dem Weiterbildungsmarkt auf. Die von ihr vorgenommene Steuerung des Angebots erfolgt, wie in Abschnitt 6 dargestellt, über die institutionelle Förderung der Träger nach § 5o AFG, in erster Linie jedoch über die Vergabe von Auftragsmaßnahmen, die ein fehlendes lokales/regionales Bildungsangebot der freien Träger abdecken sollen. Wie beschrieben haben die Auftragsmaßnahmen mit zunehmender Beschäftigungskrise immer mehr an Bedeutung gewonnen, über den Bedeutungsanteil und die Teilnehmerstruktur von Auftragsmaßnahmen einerseits und freien Maßnahmen andererseits bietet die amtliche Statistik jedoch keine hinreichenden Informationen.

Die Maßnahmen der diversen in der Weiterbildung tätigen Träger weisen, wie Untersuchungen ergeben haben,[14] erhebliche "Qualitäts"unterschiede auf, zum Beispiel hinsichtlich der Relation von praktischer und theoretischer Unterweisung, der Berücksichtigung erwachsenengerechter Lerntechniken, der curricularen Gliederung, der Weiterbildungsmöglichkeiten für die Ausbilder, nach Prüfungsarten oder der Wiederbeschäftigungs- bzw. Aufstiegschancen im Anschluß an den Kursbesuch.

Aus der Wirkungsanalyse (vgl. Abschnitt 9) ist beispielsweise bekannt, daß Fortbildungs- und Umschulungsmaßnahmen, die in der Trägerschaft von arbeitgebernahen Institutionen oder von den Betrieben selbst durchgeführt werden, die Chancen einer (weiterbildungsadäquaten) beruflichen Reintegration bzw. einer Weiterbeschäftigung nach Abschluß der Maßnahme erhöhen, weil sie stark an der betrieblichen Realität und Interessenlage orientiert sind.

Das AFG schließt die betriebliche Durchführung von Fortbildungs- und Umschulungsmaßnahmen für Beschäftigte des Betriebes im Prinzip aus, da es eine Förderung verbietet, "die überwiegend im Interesse des Betriebes liegt" (§ 43 Abs. 2 AFG). Es läßt jedoch Ausnahmen zu, "wenn dafür ein besonderes arbeitsmarktpolitisches Interesse besteht" (§ 43 Abs. 2 AFG). Diese Voraussetzung ist u.a. gegeben, wenn es sich um Maßnahmen handelt, "die ein Betrieb bei einer besonders ungünstigen Beschäftigungslage für seine Arbeitnehmer, die andernfalls von

----

[14] Vgl. dazu Gerhard Hochgürtel und Gisela Meuter: Berufsausbildung Erwachsener in Nordrhein-Westfalen, a.a.O., sowie Gisela Funk und Edgar Sauter: Stand und aktuelle Probleme der beruflichen Weiterbildung, Sonderveröffentlichung des Bundesinstituts für Berufsbildung, Berlin 198o, S. 48

Arbeitslosigkeit bedroht wären, durchführt ..." (§ 9 Abs. 3 der AFuU in der Fassung vom 28. Januar 1986).

Hingegen können Auftragsmaßnahmen für **externe** Teilnehmer von der Arbeitsverwaltung, sofern die üblichen, von allen Trägern zu erfüllenden Anforderungen erfüllt sind, auch an Betriebe vergeben werden. Betriebe, die sich bereiterklären, externe Teilnehmer weiterzubilden, dürften dabei jedoch wohl auch ein besonderes betriebliches Interesse verfolgen.

Die Arbeitsverwaltung selbst zeigt in den letzten Jahren ein zunehmendes Interesse, Betrieben bei der Vergabe von Maßnahmen Vorrang zu gewähren.[15] Sie folgt damit nicht nur dem erklärten Ziel, verstärkt Wirtschaftlichkeits- und Sparsamkeitsgesichtspunkte zu beachten, sondern kommt dabei bewußt oder unbewußt auch dem seit jeher vorhandenen Verlangen der Unternehmer nach, staatliche Weiterbildungspolitik am betrieblichen Bedarf, an den partikularen Interessen der Betriebe auszurichten, statt an gesellschaftspolitischen Bedürfnissen. Die Betriebe sind insbesondere dann an Maßnahmen für externe Teilnehmer interessiert, wenn ihr Ausbildungspersonal und ihre Ausbildungskapazitäten unterausgelastet sind. Es ist jedoch mitunter höchst zweifelhaft, ob Personal und vorhandene Lernkonzepte den an sie gestellten Ansprüchen genügen, da sich die didaktischen Anforderungen von Jugendlichen- und Erwachsenenausbildung bekanntlich wesentlich unterscheiden.[16] Die Ausrichtung der Förderung auf Betriebe läßt also sehr zwiespältige Bewertungen zu.[17]

---

15 Vgl. z.B. Bundesminister für Arbeit und Sozialordnung (Hrsg.): Qualifizierungsoffensive. Berufliche Position sichern und verbessern, in: Sozialpolitische Informationen vom 29. Juli 1986

16 Vgl. Dietrich Garlichs: Berufliche Qualifizierung als Instrument gezielter Arbeitsmarkt- und Beschäftigungspolitik, a.a.O., insbes. S. 27 f

17 Vgl. auch die Kritik an den Trainingsmaßnahmen in Abschnitt 6 sowie die kritische Beurteilung staatlich geförderter betriebsinterner Qualifizierungsmaßnahmen in Abschnitt 1o

Die Daten in Tabelle 44 N und 44 B machen deutlich, daß die staatlich subventionierte **Fortbildung** in Betrieben eine untergeordnete und zudem in den letzten Jahren rückläufige Rolle spielt. Hingegen ist der "Lernort Betrieb" - sieht man einmal von den "sonstigen Trägern"[18] ab - bei **Umschulungsmaßnahmen** durchaus bedeutsam. Augenscheinlich ist es also für die Betriebe durchaus lohnend, ihre nicht ausgelastete Infrastruktur im Bereich der Erstausbildung für staatlich finanzierte Umschulungsmaßnahmen zur Verfügung zu stellen.

Es zeigen sich jedoch erhebliche Unterschiede bei der Verteilung der Trägergruppen nach dem Geschlecht. Bei den Männern stellen die Betriebe nach den "sonstigen Trägern" die zahlenmäßig bedeutendsten Anbieter dar. Im Bundesgebiet fand die Umschulung 1985 für jeden vierten männlichen Umschüler in Betrieben statt, hingegen wurde nur etwa jede siebte Umschülerin in einem Betrieb umgeschult. In Nordrhein-Westfalen war dies für jeden fünften männlichen Umschüler und für jede zehnte Umschülerin der Fall.

Fügt man zum Angebot der Betriebe die Maßnahmen der Arbeitgeberorganisationen, der Industrie- und Handelskammern, Innungen und Handwerkskammern hinzu und faßt diese Träger als Anbieter der Arbeitgeberseite auf, dann zeigt die geschlechtsspezifische Betrachtung noch deutlichere Unterschiede. Die "Arbeitgeberseite" stellte 1985 für die Männer in Nordrhein-Westfalen im Fortbildungs- und im Umschulungssektor rund ein Drittel des gesamten Kursangebots. In sehr viel geringerem Umfang ist das Angebot dieser Interessengruppe auf Frauen zugeschnitten. In Nordrhein-Westfalen waren es lediglich rund 17 % (Fortbildung)

---

18 Die anteilmäßig bedeutendsten Anbieter finden sich in der Restkategorie "Sonstige Träger", die in den Tabellen 44 N und 44 B mit dem - relativ unbedeutenden - Maßnahmeträger "Bundesanstalt allein oder Bundesanstalt mit anderen zusammen" zusammengefaßt ist. Infolge der ungenügenden Aufschlüsselung der "sonstigen Träger" lassen sich bei der Interpretation der Daten Unschärfen nicht vermeiden. Angesichts der zunehmenden Bedeutung dieser Trägergruppe ist eine weitergehende Differenzierung dringend geboten.

Tabelle 44 N Die in berufliche Bildungsmaßnahmen eingetretenen Männer und Frauen nach dem Träger der Maßnahme 198o - 1985 - Nordrhein-Westfalen -

Im Laufe des Jahres	Eintritte insgesamt	davon Träger in Prozent: Betrieb	Arbeitgeberorg. IHK, HWK, Innung	Arbeitnehmer-organisation	Sozialhilfe, Freie Wohlfahrtspflege	Schule, Hochschule	Sonstige Träger einschließlich Bundesanstalt für Arbeit
Männer							
Berufliche Bildungsmaßnahmen insgesamt 1)							
1980	45157	19.6	22.9	6.9	0.6	12.9	37.1
1981	52389	16.3	22.2	7.8	0.3	11.8	41.6
1982	54526	14.9	23.5	7.9	0.4	8.3	45.1
1983	61373	17.6	22.7	7.9	0.7	7.1	43.9
1984	65264	13.1	23.6	9.4	0.8	5.5	47.5
1985	73989	14.9	22.9	9.0	1.1	5.0	47.1
Fortbildung 1)							
1980	32688	5.7	28.9	8.7	0.7	15.7	40.3
1981	39739	6.9	26.3	9.3	0.4	13.5	43.6
1982	41946	7.0	27.4	9.1	0.5	9.2	46.9
1983	45901	6.2	27.7	9.5	0.9	8.4	47.3
1984	52325	5.8	26.9	10.7	0.9	6.3	49.4
1985	57616	5.1	26.9	10.3	1.3	6.0	50.4
Umschulung							
1980	7262	24.8	12.3	4.1	0.3	9.4	49.1
1981	9617	28.4	12.4	4.2	0.3	8.3	46.4
1982	9754	24.0	13.3	5.0	0.3	7.0	50.3
1983	9949	24.7	12.3	4.9	0.3	5.1	52.7
1984	9692	23.9	13.8	5.3	0.6	3.0	53.4
1985	10325	19.7	14.0	7.4	0.5	2.3	56.1
Frauen							
Berufliche Bildungsmaßnahmen insgesamt 1)							
1980	20351	18.1	8.3	17.9	1.3	19.0	35.3
1981	23002	13.5	8.6	16.4	1.0	17.8	42.7
1982	22921	11.8	9.5	17.3	1.0	13.3	47.1
1983	26360	13.0	9.2	18.8	1.1	13.7	44.2
1984	27619	9.7	11.4	21.7	1.4	12.8	43.0
1985	32222	11.1	11.3	20.5	1.5	10.5	45,0
Fortbildung 1)							
1980	13866	5.2	11.3	22.3	1.0	20.5	39.7
1981	16836	7.0	10.4	18.4	0.7	17.9	45.6
1982	17703	6.9	11.5	19.1	0.7	12.7	49.1
1983	20335	4.8	11.3	21.2	0.9	14.0	47.8
1984	22306	4.7	13.1	24.2	1.0	12.5	44.5
1985	25504	3.3	13.5	23.1	1.2	10.7	48.1
Umschulung							
1980	3865	9.1	3.2	14.2	3.5	26.6	43.4
1981	4758	10.6	5.0	14.3	2.5	22.4	45.2
1982	4077	8.1	3.8	14.4	2.8	19.5	51.3
1983	3938	8.9	2.8	16.8	2.6	19.9	49.0
1984	4064	9.5	5.7	14.5	4.0	18.2	48.0
1985	4438	10.7	4.6	15.9	4.0	15.3	49.6

1) Fortbildung (ohne Maßnahmen zur Verbesserung der Vermittlungsaussichten nach § 41a), Umschulung und betriebliche Einarbeitung

Quelle: Daten der Bundesanstalt für Arbeit, eigene Berechnungen

Tabelle 44 B Die in berufliche Bildungsmaßnahmen eingetretenen Männer und Frauen nach dem Träger der Maßnahme 198o - 1985 - Bundesgebiet -

Im Laufe des Jahres	Eintritte insgesamt	davon Träger in Prozent					
		Betrieb	Arbeitgeberorg. IHK, HWK, Innung	Arbeitnehmer-organisation	Sozialhilfe, Freie Wohlfahrtspflege	Schule, Hochschule	Sonstige Träger einschließlich Bundesanstalt für Arbeit
Männer – Berufliche Bildungsmaßnahmen insgesamt 1)							
1980	157862	19.3	23.7	7.2	0.4	17.1	32.3
1981	174069	13.9	22.9	7.7	0.4	18.7	36.4
1982	167129	11.7	25.0	9.3	0.5	16.3	37.2
1983	194314	14.5	25.1	9.6	0.6	13.8	36.4
1984	219411	13.0	24.1	9.8	0.7	12.6	39.8
1985	249355	13.3	23.7	9.8	0.7	11.6	40.9
Fortbildung 1)							
1980	114823	3.2	29.9	8.0	0.5	21.4	37.1
1981	134973	3.9	27.0	8.1	0.4	21.8	38.8
1982	133040	4.2	28.1	9.6	0.5	18.3	39.3
1983	152451	4.6	29.2	10.2	0.6	16.1	39.3
1984	178513	4.6	27.6	10.3	0.6	14.2	42.7
1985	201332	3.7	27.4	10.5	0.7	13.3	44.5
Umschulung							
1980	22366	26.9	13.8	9.6	0.6	11.2	37.8
1981	28034	27.9	12.4	8.8	1.0	10.9	39.0
1982	26248	23.7	16.7	10.5	0.6	11.1	37.4
1983	27700	25.5	14.8	10.9	0.9	8.5	39.5
1984	27579	25.6	12.8	11.1	1.1	8.3	41.1
1985	28785	23.1	13.2	11.8	1.2	7.7	43.1
Frauen – Berufliche Bildungsmaßnahmen insgesamt 1)							
1980	75009	21.0	7.6	14.8	1.1	23.7	31.7
1981	80934	13.7	7.8	15.0	1.1	26.3	36.1
1982	75074	11.0	8.9	17.6	1.1	25.6	35.9
1983	88007	12.7	8.5	18.1	1.1	22.6	36.9
1984	103259	11.3	8.5	17.3	1.0	22.4	39.4
1985	121671	11.5	8.6	17.0	0.9	19.1	42.9
Fortbildung 1)							
1980	47540	4.4	10.9	18.6	1.1	26.3	38.7
1981	55239	4.3	10.2	17.3	0.9	27.5	39.8
1982	55564	5.0	10.9	20.0	0.8	25.0	38.4
1983	67421	4.8	10.3	20.5	0.8	23.2	40.2
1984	81763	4.3	10.2	19.4	0.5	22.6	42.8
1985	96890	3.3	10.4	19.1	0.7	19.8	46.7
Umschulung							
1980	15561	11.5	3.1	14.6	2.0	34.1	34.6
1981	19464	12.6	3.5	13.5	2.0	31.4	37.0
1982	15855	11.3	3.8	13.2	2.3	33.8	35.5
1983	14622	13.4	3.4	14.6	2.8	29.2	36.6
1984	15478	13.9	2.9	12.9	2.8	30.4	37.0
1985	16326	14.7	2.8	13.3	2.4	24.4	42.4

1) Fortbildung (ohne Maßnahmen zur Verbesserung der Vermittlungsaussichten nach § 41a), Umschulung und betriebliche Einarbeitung

Quelle: Daten der Bundesanstalt für Arbeit, eigene Berechnungen

bzw. 16 % (Umschulung) der Teilnehmerinnen, die in einer arbeitgebernahen Institution weitergebildet werden.

Stark "frauenspezifische" Anbieter sind andererseits die Schulen/Hochschulen sowie die Arbeitnehmerorganisationen. Auffälligerweise spielen hierbei die Arbeitnehmerorganisationen für Frauen in Nordrhein-Westfalen eine größere Rolle als im Bundesgebiet. Korrespondierend zu diesem hohen Stellenwert ist die Bedeutung der Schulen/Hochschulen als Trägergruppe für Frauen in Nordrhein-Westfalen geringer als im Bund.[19]

Diese Unterschiede in der Trägerstruktur lassen sich nicht nur mit der größeren Beteiligung von Männern an aufstiegsorientierten Förderkursen erklären, denn das beschriebene geschlechtsspezifische Gefälle in den Trägergruppen ist - wie dargestellt - auch im Umschulungssektor wirksam. Ferner zeigt es sich innerhalb des bei der Fortbildung dominierenden Maßnahmetyps der "Anpassungsfortbildung".[20] Es reicht auch nicht aus, als Grund für diese geschlechtsspezifische Polarisierung lediglich eine traditionelle Konzentration einzelner Trägergruppen auf verschiedene Maßnahmeinhalte und Schulungsziele zu konstatieren. **Der gegebene geschlechtsspezifische Adressatenkreis der Trägergruppen ist vielmehr auch ein Hinweis dafür, daß es sich die arbeitgebernahen Institutionen und Betriebe nicht hinreichend zur Aufgabe gemacht haben, adäquate Schu-**

---

19 Wobei als "Ursache" eine unterschiedliche Handhabung der Systematik der Trägerstatistik in den einzelnen Landesämtern trotz Bemühungen der Bundesanstalt um eine Vereinheitlichung nicht ausgeschlossen werden kann. Vgl. dazu Renate Weitzel: Berufliche Bildung nach dem Arbeitsförderungsgesetz, a.a.O., S. 64

20 1984 waren im Bundesgebiet 26,3 % der Männer, aber nur 12,8 % der Frauen, die an Anpassungsmaßnahmen teilnahmen, in Kurse integriert, die von Betrieben, Arbeitgeberorganisationen, Industrie- und Handelskammern, Handwerkskammern oder Innungen organisiert wurden. Umgekehrt traten bei 43,3 % der Frauen, aber nur bei 24,o % der Männer, die sich im Rahmen dieser Maßnahmekategorie fortbildeten, die Schulen oder Arbeitnehmerorganisationen als Träger auf.

lungskapazitäten für von Frauen bevorzugte Fortbildungs- und Umschulungsziele aufzubauen und anzubieten.

8.7 Weiterbildung von Frauen nach der Abschlußart der Maßnahme

Ob die staatliche Arbeitsförderungspolitik ihrem Anspruch gerecht wird, die Wiedereingliederungschancen arbeitsloser Bildungsabsolventen/innen bzw. die beruflichen Entwicklungsmöglichkeiten der noch im Beschäftigungsverhältnis stehenden Teilnehmer/innen zu verbessern, läßt sich auch daran ermessen, ob die Fördermaßnahmen auf anerkannte und daher auf dem Arbeitsmarkt gut zu vermarktende Abschlüsse zielen.

Aus den Tabellen 45 N und 45 B geht hervor, zu welchem Grad bei Personen, bei denen das Schulungsziel als erreicht galt, zum Abschluß des Lehrgangs eine Prüfung vorgesehen war.

Die Tabellen 46 N und 46 B geben ferner Auskunft darüber, inwieweit die - erfolgreich oder nicht erfolgreich beendeten - Förderveranstaltungen mit dem Abschluß einer - erfolgreichen - Prüfung endeten (Spalte 3) und welche Art von Zertifikat die Prüflinge erwarben. Betriebliche Einarbeitungsmaßnahmen sind, da sie in aller Regel keinen formalen Bildungsnachweis vorsehen, in diesen Tabellen nicht aufgeführt.

Die Daten in den Tabellen 45 N und 45 B zeigen zunächst, daß keineswegs alle männlichen und weiblichen Teilnehmer, denen im Jahre 1985 eine erfolgreiche Beendigung einer **Fortbildungsmaß**nahme ("Schulungsziel erreicht") bescheinigt wurde, diese Maßnahme mit einer Prüfung abschlossen. Bei den Männern sind es im Bundesgebiet vielmehr nur in etwa drei Viertel (NRW: nur 68,1 % %) und bei den Frauen lediglich knapp zwei Drittel (NRW: nur 54,o % %) aller "erfolgreichen" Weiterbildungsfälle, bei denen der Besuch eines Fortbildungskurses zum Erwerb eines durch eine Abschlußprüfung ausgewiesenen Zertifikats führte. Bezieht man die Prüfungsabsolventen/innen auf alle ausgetretenen Personen (vgl. Tabelle 46 N und 46 B), so ergeben sich Prozentsätze, die noch um einiges niedriger liegen: Bei nur 47,1 % der Frauen und bei 56,8 % der Männer endeten die Fortbildungskurse mit einer erfolgreichen Abschlußprüfung (NRW: Frauen 37,5 %, Männer 48,o %).

Das für Frauen im Vergleich zu Männern noch weit ungünstigere Ergebnis hängt wiederum vornehmlich - aber nicht nur - mit dem für Frauen geringeren Stellenwert aufstiegsorientierter Fortbildungskurse zusammen. Denn auch in der dominierenden "Anpassungsfortbildung" schneiden Frauen schlechter ab, wie die hier nicht näher dokumentierten Daten der Teilnehmerstatistik zeigen: Bei Männern war im Jahre 1985 im Bundesdurchschnitt in 61 % der "erfolgreichen" Fortbildungsfälle dieser Maßnahmekategorie eine Prüfung vorgesehen, bei Frauen lediglich bei 55 %. In den übrigen Fällen (45 % bei Frauen, 39 % bei Männern) setzte also der "erfolgreiche" Abschluß lediglich die (regelmäßige) Teilnahme an der Anpassungsfortbildungsmaßnahme voraus.

Auch die Qualität und daher die arbeitsmarktliche Verwertbarkeit der Prüfung bei Fortbildungsveranstaltungen ist bei Frauen weitaus geringer als bei Männern. Wie aus Tabelle 46 B entnommen werden kann, führte 1985 auf Bundesebene bei Frauen nur etwa jede 5. Prüfung (bei den Männern etwa jede 3. Prüfung) im Fortbildungssektor zu einem staatlich anerkannten Abschluß, sei es in Form einer Meisterprüfung, einer Abschlußprüfung in einem anerkannten Ausbildungsberuf oder in Form einer sonstigen staatlichen Prüfung. Bezieht man die Zahl der Frauen, deren Fortbildungsteilnahme mit einem qualifizierten staatlichen Abschluß endete (2o,6 % aller erfolgreichen weiblichen Prüfungsteilnehmer) auf alle aus einer Fortbildungsteilnahme ausgetretenen Frauen, so reduziert sich der Anteil noch einmal um die Hälfte. **Nur etwa jede lo. Frau, die im Jahre 1985 im Bun-**

desgebiet aus einer Fortbildungsmaßnahme (ohne Maßnahmen zur Verbesserung der Vermittlungsaussichten) austrat, hatte also durch die Teilnahme an der Fortbildung einen staatlichen Abschluß erworben. Bei den Männern lag der entsprechende Anteil bei 2o,2 %. Die bei beiden Geschlechtern dominierenden Anpassungsmaßnahmen endeten dabei (sofern überhaupt eine Abschlußprüfung vorgesehen war) in aller Regel bei Frauen und Männern mit lediglich einer "sonstigen" Prüfung.

Darüber hinaus muß die unübersehbar **stark rückläufige Entwicklung** jener berufsqualifizierenden Bildungslehrgänge im Fortbildungssektor, die mit einer erfolgreich bestandenen Prüfung endeten, negativ verzeichnet werden: Von 1978 bis 1985 ist ihr Anteil an den erfolgreich abgeschlossenen Fortbildungsveranstaltungen bei Frauen von 79,o auf 64,o % (vgl. Tabelle 45 B) und ihr Anteil an allen weiblichen Austritten im Fortbildungssektor von 61,6 auf 47,1 % (vgl. Tabelle 46 B) gesunken. Gleichzeitig verschlechterte sich zusätzlich das Niveau der Prüfung, denn der Anteil der Frauen, deren erfolgreiche Teilnahme an einer Fortbildung mit einer nicht staatlich anerkannten, sondern mit lediglich einer "sonstigen" Prüfung abschloß, nahm von 71,4 auf 79,4 % zu.

Umschulungsmaßnahmen endeten bei Männern und Frauen 1985 im Bundesgebiet in etwa 9o % der "erfolgreichen" Fälle mit einer Abschlußprüfung (vgl. Tabelle 45 B). Bezogen auf alle aus Umschulungsmaßnahmen ausgetretenen Personen verringern sich die Prüfungsquoten beträchtlich (vgl. Spalte 3 der Tabellen 46 N und 46 B), und zwar bei Männern - als Effekt der bei ihnen geringeren Erfolgsquote bei Umschulungen[21] - in stärkerem Maße als bei Frauen: Nur 54,7 % der Männer und nur 64,5 % der Frauen, die 1985 bundesweit an einer Umschulung teilgenommen hatten, beendeten diese (erfolgreich) mit einer Prüfung. Dieser Anteil verringert sich auf 4o,5 % bei den Männern und 47,4 % bei den Frauen, wenn man nur jene Prüflinge einbezieht, die an

---

21 Vgl. Abschnitt 9

einer Abschlußprüfung in einem anerkannten Ausbildungsberuf oder an einer sonstigen staatlichen Prüfung teilnahmen. Denn schaut man auf die "Qualität" der Prüfungen bei Umschulungen, so zeigt sich, daß rund ein Viertel der (mit einer Prüfung abgeschlossenen) Umschulungslehrgänge bei Männern und Frauen lediglich mit einer "sonstigen Prüfung" abschlossen. Positiv ist jedoch das seit 198o nahezu durchgängig von Jahr zu Jahr abnehmende Gewicht dieser Prüfungsart im Umschulungsbereich hervorzuheben.

Bei den beiden übrigen Kategorien zeichnen sich stark vom Geschlecht bestimmte Konstellationen ab: Bei etwa 64,7 % der Männer im Bundesgebiet, aber bei nur 45,2 % der Frauen führten die (erfolgreich beendeten) Umschulungen im Jahre 1985 zu einer Abschlußprüfung in einem anerkannten Ausbildungsberuf (NRW: Männer: 65,8 %, Frauen 46,3 %). Bei Frauen steht am Ende der Umschulung entsprechend häufiger lediglich eine "sonstige staatliche Prüfung".

Zusammenfassend bestätigen die Untersuchungsbefunde also, daß Frauen nicht nur in quantitativer Hinsicht bei der beruflichen Förderung eine Benachteiligung erfahren, sondern daß sich auch die Qualität der Maßnahmen, in welche sie einbezogen werden, negativ von den bei Männern gegebenen Verhältnissen abhebt.

Tabelle 45 N Austritte mit Prüfung in v.H. Austritte, bei denen das Schulungsziel als erreicht galt - Nordrhein-Westfalen -

Austritt im Laufe des Jahres	Austritte mit Prüfung in v.H. alle Maßnahmen 1)	Fortbildung (ohne § 41a Maßnahmen)		Umschulung
	NORDRHEIN - WESTFALEN			
	Männer			
1971	86,1		93,8	
1972	89,2		92,8	
1973	87,7		89,8	
1974	87,2		89,6	
1975	86,6		89,5	
1976	85,7		89,9	
1977	86,3		92,1	
1978	77,6	82,9		92,5
1979	73,1	78,7		92,2
198o	68,2	79,8		89,4
1981	63,4	75,o		9o,6
1982	6o,8	75,2		85,5
1983	6o,1	73,5		9o,2
1984	56,5	7o,o		86,6
1985	55,7	68,1		86,6
	Frauen			
1971	76,2		88,9	
1972	8o,5		87,9	
1973	81,1		84,5	
1974	8o,1		82,5	
1975	8o,5		83,9	
1976	8o,2		83,4	
1977	81,7		87,4	
1978	66,9	69,6		83,8
1979	65,o	67,3		84,4
198o	56,5	63,2		87,2
1981	47,6	57,8		84,o
1982	46,1	58,5		87,2
1983	47,o	58,2		89,2
1984	44,o	54,2		88,4
1985	42,5	54,o		85,6

Tabelle 45 B Austritte mit Prüfung in v.H. Austritte, bei denen das Schulungsziel als erreicht galt - Bundesgebiet -

Austritt im Laufe des Jahres	Austritte mit Prüfung in v.H. alle Maßnahmen 1)	Fortbildung (ohne § 41a-Maßnahmen)		Umschulung
	BUNDESGEBIET			
	Männer			
1971	79,5		9o,2	
1972	85,4		9o,6	
1973	87,2		9o,6	
1974	86,4		89,3	
1975	8o,9		85,2	
1976	82,o		87,6	
1977	82,7		91,6	
1978	78,3	87,8		93,3
1979	74,9	86,4		92,6
198o	7o,4	86,2		9o,9
1981	7o,8	85,1		91,1
1982	71,8	84,2		89,7
1983	71,o	82,o		91,3
1984	69,o	76,6		89,9
1985	67,o	74,7		9o,9
	Frauen			
1971	61,6		84,1	
1972	72,5		85,7	
1973	77,4		86,o	
1974	77,1		82,6	
1975	72,7		78,7	
1976	75,7		82,7	
1977	75,2		87,o	
1978	7o,5	79,o		89,2
1979	65,9	75,6		88,6
198o	57,9	72,4		87,7
1981	56,9	72,2		87,6
1982	6o,o	71,4		91,6
1983	6o,7	69,6		92,8
1984	58,7	64,9		93,8
1985	56,7	64,o		92,o

1) Fortbildung, einschließlich Maßnahmen zur Verbesserung der Vermittlungsaussichten, Umschulung und betriebliche Einarbeitung

Quelle: Eigene Berechnungen nach Daten der Bundesanstalt für Arbeit, vgl. auch Tabellen 68 N, 68 B, 69 N und 69 B

Tabelle 46 N Männer und Frauen, die eine berufliche Fortbildungs- und Umschulungsmaßnahme erfolgreich mit einer Prüfung abgeschlossen haben, nach Art der Prüfung 1971 - 1985 - Nordrhein-Westfalen -

Im Laufe des Jahres	Austritte mit Prüfung insgesamt 1)	in Prozent aller Austritte	davon (in Prozent von Spalte 2) mit einer Meisterprüfung	Abschlußprüfung in einem anerkannten Ausbildungsberuf	sonstigen staatlichen Prüfung 1)	sonstigen Prüfung 1)
1	2	3	4	5	6	7
Frauen						
Fortbildung und Umschulung 2)						
1971	5929	79.3	6.6	0.7	.	92.7
1972	5691	76.8	6.0	1.4	.	92.6
1973	8261	73.7	5.2	2.5	.	92.4
1974	6591	73.1	4.1	3.1	.	92.8
1975	11015	71.2	2.7	1.6	.	95.7
1976	10215	69.1	2.8	0.9	.	96.3
1977	6652	71.2	4.5	7.7	.	87.8
Fortbildung ohne Maßnahmen nach § 41a						
1978	4387	52.7	6.2	3.4	18.2	72.1
1979	5550	51.0	5.6	2.6	13.5	78.3
1980	5028	46.9	5.6	3.4	11.8	79.2
1981	5765	40.8	5.5	7.0	17.9	69.6
1982	7094	42.3	5.1	8.3	15.4	71.1
1983	6419	42.0	5.6	6.2	14.0	74.2
1984	8183	38.1	3.8	9.0	10.0	77.2
1985	8543	37.5	4,3	6,8	9,1	79.8
Maßnahmen nach § 41a 2)						
1982	31	0.6	0,0	0,0	0,0	100.0
1983	9	0.2	0,0	0,0	0,0	100.0
1984	3	0.0	0.0	0.0	0.0	100.0
1985	0	0.0	0.0	0.0	0.0	0.0
Umschulung						
1978	1501	63.6	0.0	25.2	41.6	33.2
1979	1553	64.2	0.0	29.9	27.1	43.0
1980	1573	64.4	0.0	32.7	21.6	45.7
1981	2198	59.8	0.0	36.5	26.4	37.1
1982	2567	62.7	0.0	37.8	27.9	34.2
1983	2674	62.9	0.0	40.6	30.1	29.4
1984	2330	59.6	0.0	43.3	27.6	29.0
1985	2168	58.2	0.0	46.3	27.1	26.6

noch:

Tabelle 46 N Männer und Frauen, die eine berufliche Fortbildungs- und Umschulungsmaßnahme erfolgreich mit einer Prüfung abgeschlossen haben, nach Art der Prüfung 1971 - 1985 - Nordrhein-Westfalen -

Im Laufe des Jahres	Austritte 1) mit Prüfung insgesamt	in Prozent aller Austritte	davon (in Prozent von Spalte 2) mit einer Meisterprüfung	Abschlußprüfung in einem anerkannten Ausbildungsberuf	sonstigen staatlichen Prüfung 1)	sonstigen Prüfung 2)
1	2	3	4	5	6	7
Männer						
Fortbildung und Umschulung 2)						
1971	25790	93.8	18.3	5.5	.	76.2
1972	30575	79.2	19.6	5.6	.	74.8
1973	34342	74.9	17.1	5.2	.	77.7
1974	27215	75.9	16.9	6.6	.	76.5
1975	39074	72.9	12.9	2.6	.	84.5
1976	34095	71.7	11.4	3.3	.	85.3
1977	35876	72.8	14.1	12.5	.	73.4
Fortbildung ohne Maßnahmen nach § 41a						
1978	14651	66.2	21.7	10.0	17.7	50.9
1979	15127	61.8	18.6	10.9	15.4	55.1
1980	14112	61.7	15.6	11.1	15.8	57.5
1981	18241	55.1	17.6	13.5	17.3	51.6
1982	22916	55.4	15.9	10.8	18.8	54.4
1983	24792	54.1	13.1	9.1	15.2	62.6
1984	24524	49.4	14.3	7.8	11.4	66.6
1985	25784	48.0	14.0	7.6	9.6	68.8
Maßnahmen nach § 41a 2)						
1982	41	0.5	2.4	0,0	0,0	97.6
1983	9	0.1	0,0	0,0	0.0	100.0
1984	3	0.0	0.0	0.0	0.0	100.0
1985	0	0.0	0.0	0.0	0.0	0.0
Umschulung						
1978	3014	57.5	0.0	41.7	15.3	43.0
1979	3110	57.6	0.0	48.1	10.2	41.7
1980	2975	56.6	0.0	48.1	6.9	45.1
1981	4064	55.3	0.0	47.5	8.8	43.7
1982	4578	57.4	0.0	49.3	9.4	41.3
1983	5466	55.6	0.0	55.5	9.4	35.1
1984	4942	50.6	0.0	63.0	7.3	29.7
1985	4583	50.3	0.0	65.8	7.3	26.9

1) AUSTRITTE, BEI DENEN DAS SCHULUNGSZIEL ALS ERREICHT GALT

2) Bei Fortbildungs- und Umschulungsmaßnahmen 1971 bis 1977 sowie bei Maßnahmen nach § 41a waren die Daten nicht getrennt nach beiden Kriterien verfügbar. Unter dem Merkmal 'sonstige Prüfung' sind daher auch 'sonstige staatliche Prüfungen' enthalten.

Quelle: Daten der Bundesanstalt für Arbeit, eigene Berechnungen

Tabelle 46 B Männer und Frauen, die eine berufliche Fortbildungs- oder Umschulungsmaßnahme erfolgreich mit einer Prüfung abgeschlossen haben, nach Art der Prüfung 1971 - 1985 - Bundesgebiet -

Im Laufe des Jahres	Austritte[1] mit Prüfung insgesamt	in Prozent aller Austritte	davon (in Prozent von Spalte 2) mit einer Meisterprüfung	Abschlußprüfung in einem anerkannten Ausbildungsberuf	sonstigen staatlichen Prüfung 2)	sonstigen Prüfung 2)
1	2	3	4	5	6	7
Frauen – Fortbildung und Umschulung 2)						
1971	26938	77.2	7.8	0.7	.	91.5
1972	33664	76.5	6.0	1.6	.	92.4
1973	32301	75.2	5.5	3.6	.	90.9
1974	24988	73.3	4.6	4.0	.	91.4
1975	41321	67.8	3.4	3.1	.	93.5
1976	40904	68.7	3.5	3.0	.	93.5
1977	23336	71.1	4.8	9.6	.	85.6
Fortbildung ohne Maßnahmen nach § 41a						
1978	19013	61.6	6.2	3.3	19.1	71.4
1979	21486	58.5	5.6	3.2	17.0	74.2
1980	21446	55.5	6.1	3.3	14.2	76.4
1981	25930	55.5	6.2	9.4	16.1	68.3
1982	30057	54.8	5.6	10.2	15.4	68.9
1983	35041	53.6	4.8	9.9	13.9	71.3
1984	34925	48.2	4.2	8.1	9.5	78.2
1985	40909	47.1	4.6	7.0	9.0	79.4
Maßnahmen nach § 41a 2)						
1982	52	0.4	0.0	1.9	0.0	98.1
1983	12	0.1	0.0	0.0	0.0	100.0
1984	8	0.1	0.0	0.0	0.0	100.0
1985	0	0.0	0.0	0.0	0.0	0.0
Umschulung						
1978	5765	67.8	0.0	22.4	38.7	38.9
1979	5466	64.5	0.0	26.8	31.0	42.3
1980	6370	64.0	0.0	25.9	27.7	46.4
1981	6437	64.2	0.0	31.3	26.8	41.9
1982	11515	67.7	0.0	36.5	27.4	36.1
1983	11737	69.0	0.0	41.4	29.2	29.4
1984	9507	65.9	0.0	40.7	29.7	29.6
1985	9446	64.5	0.0	45.2	28.4	26.5

noch:
Tabelle 46 B Männer und Frauen, die eine berufliche Fortbildungs- oder Umschulungsmaßnahme erfolgreich mit einer Prüfung abgeschlossen haben, nach Art der Prüfung 1971 - 1985 - Bundesgebiet -

Im Laufe des Jahres	Austritte mit Prüfung insgesamt 1)	in Prozent aller Austritte	davon (in Prozent von Spalte 2) mit einer			
			Meisterprüfung	Abschlußprüfung in einem anerkannten Ausbildungsberuf	sonstigen staatlichen Prüfung 2)	sonstigen Prüfung 2)
1	2	3	4	5	6	7
Männer						
Fortbildung und Umschulung 2)						
1971	110757	82.3	24.4	3.7	.	71.9
1972	135897	79.1	21.6	5.6	.	72.8
1973	133537	76.3	19.9	7.5	.	72.6
1974	96405	75.6	19.9	6.9	.	73.2
1975	145059	72.2	15.9	4.5	.	79.6
1976	126439	71.6	15.0	4.3	.	80.7
1977	69620	74.8	17.5	12.1	.	70.4
Fortbildung ohne Maßnahmen nach § 41a						
1978	59750	72.2	23.9	6.4	18.0	51.6
1979	62074	71.2	23.6	6.0	16.8	53.6
1980	61644	70.6	23.5	6.2	13.5	56.8
1981	78614	68.9	24.0	9.7	15.8	50.6
1982	90992	67.6	24.2	8.5	16.2	51.2
1983	100317	65.6	19.4	7.4	16.6	56.6
1984	95385	59.1	18.3	6.6	12.6	62.5
1985	105767	56.8	18.7	6.0	11.1	64.3
Maßnahmen nach § 41a 2)						
1982	63	0.3	3.2	4.8	0.0	92.1
1983	18	0.1	0.0	11.1	0.0	88.9
1984	5	0.0	0.0	0.0	0.0	100.0
1985	0	0.0	0.0	0.0	0.0	0.0
Umschulung						
1978	8226	60.5	0.0	42.4	20.6	37.0
1979	8374	57.6	0.0	46.2	16.2	37.6
1980	9049	58.2	0.0	43.5	14.5	42.0
1981	11689	57.8	0.0	48.8	13.7	37.5
1982	14866	59.7	0.0	53.5	12.3	34.2
1983	16331	59.5	0.0	59.3	11.5	29.2
1984	14016	54.4	0.0	61.7	10.6	27.7
1985	14658	54.7	0.0	64.7	9.5	25.9

1) AUSTRITTE, BEI DENEN DAS SCHULUNGSZIEL ALS ERREICHT GALT

2) Bei Fortbildungs- und Umschulungsmaßnahmen 1971 bis 1977 sowie bei Maßnahmen nach § 41a waren die Daten nicht getrennt nach beiden Kriterien verfügbar. Unter dem Merkmal 'sonstige Prüfung' sind daher auch sonstige staatliche Prüfungen enthalten.

Quelle: Daten der Bundesanstalt für Arbeit, eigene Berechnungen

8.8 Weiterbildung von Frauen nach personenspezifischen Merkmalen

8.8.1 Die Weiterbildungsteilnahme der "neu oder wieder" ins Berufsleben eintretenden Frauen - eine der Zielgruppen des AFG

8.8.1.1 Die besondere Förderbedürftigkeit der "neu oder wieder" ins Berufsleben eintretenden Frauen

Wie aus den Ausführungen in Abschnitt 7.1 hervorgeht, genießen die "neu oder wieder" in das Erwerbsleben eintretenden Frauen von den Zielsetzungen des Gesetzgebers her eine "privilegierte" Stellung: Gemäß § 2 Punkt 5 AFG und § 43 Abs. 1 Punkt 3 gehören sie durchaus problemadäquat zu den arbeitsmarktlichen Gruppen, die bei den Fördermaßnahmen öffentlicher Arbeitsmarktpolitik "vorrangig" zu berücksichtigen sind. Dieser Integrations- bzw. Mobilisierungsfunktion staatlicher Qualifizierungsförderung kommt jedoch - wie noch zu zeigen sein wird - faktisch nur in Zeiten eines Arbeitskräftemangels eine Bedeutung zu.

Die besonders schwierige Arbeitsmarktsituation der Berufsunterbrecherinnen beruht zu einem gewissen Teil darauf, daß sie ohne entsprechende Qualifikations- und Motivierungsmaßnahmen den Anforderungen des Arbeitsmarktes oftmals kaum mehr gerecht werden können,[22]

- sei es, weil die beruflichen Fähigkeiten und Qualifikationen infolge der fachlichen Distanz während der Unterbrechungsphase abgenommen haben und daher dringend einer "Auffrischung" bedürfen,

---

22 Vgl. hierzu Jochem Langkau, Monika Langkau-Herrmann: Bundesrepublik Deutschland, in: Alice M. Yohalem (Hrsg.): Die Rückkehr von Frauen in den Beruf. Maßnahmen und Entwicklung in fünf Ländern, Forschungsinstitut der Friedrich-Ebert-Stiftung, Reihe: Struktur- und Entwicklungspolitik, Band 6, Bonn 1982, S. 47

- sei es, weil die vorhandenen Qualifikationen durch die zwischenzeitlich erfolgte ökonomische und technische Entwicklung nicht mehr mit den aktuellen Berufsanforderungen übereinstimmen und somit (teilweise) "nutzlos" geworden sind,
- sei es, weil durch die berufliche Abstinenz auch die psychische Distanz zum Arbeitsleben zugenommen hat und es somit darauf ankommt, die psychische Unsicherheit der Frauen abzubauen,
- sei es, weil die rückkehrwilligen Frauen bei gegebenen familiären Verpflichtungen und Rolleneinstellungen der übrigen Familienmitglieder - vor allem des Ehemannes - mit erheblichen Belastungen und Widerständen konfrontiert werden, die es zu bewältigen gilt. Eines der größten Probleme stellt dabei die adäquate Unterbringung und Versorgung der Kinder dar, ein Problem, für das Frauen in der Regel die alleinige Verantwortung überlassen wird.

In der Regel gestaltet sich dabei der berufliche Reintegrationsprozeß um so schwieriger, je länger die berufslose Phase ausgedehnt wird. Frauen, die erst nach langer Unterbrechungszeit eine Rückkehr in den Beruf planen (können), müßte folglich innerhalb der im Arbeitsförderungsgesetz genannten Zielgruppen eine noch stärkere Priorität bei der beruflichen Förderung zukommen, da in diesen Fällen die Erweiterung oder Anpassung der beruflichen Kenntnisse für die Wiederaufnahme einer Erwerbsarbeit von besonderer Bedeutung sind. Wichtig und notwendig für diesen Personenkreis sind ferner flankierende Begleitmaßnahmen, bei denen die Motivation und psychische Stabilisierung der berufsentwöhnten Frauen im Vordergrund steht.

Noch größeren Anpassungsschwierigkeiten, insbesondere infolge psychischer Unsicherheit, dürften sich Frauen gegenübersehen, die nach Jahren des Hausfrauendaseins erstmals eine Berufstätigkeit planen, also über keinerlei Erfahrungen im Arbeitsleben verfügen. Für diese Frauen, wollen sie nicht eine Tätigkeit als ungelernte Kraft ausüben, bietet sich in besonderer Weise eine Umschulung an, da dieser Lehrgangstyp ihnen die Möglichkeit bietet, auch im fortgeschrittenen Alter einen erstmaligen Berufsabschluß zu erlangen.

8.8.1.2 Zur Situation im Jahre 1985

Welches Bild vermittelt nun die Statistik der Bundesanstalt für Arbeit über das Teilnahmeniveau der im AFG genannten weiblichen Zielgruppen, inwieweit wurde die offizielle Zielsetzung real eingelöst?

Zunächst ergibt sich die Einschränkung, daß ausgerechnet die Teilnahme dieser arbeitsmarktpolitischen Problemgruppe an den beruflichen Fördermaßnahmen durch die (veröffentlichten) statistischen Daten nicht (mehr) hinreichend genau erfaßt wird. Denn in der Teilnehmerstatistik wird (seit 198o) lediglich nach Personen unterschieden, die in den letzten 6 Jahren nicht erwerbstätig waren. Frauen mit kürzeren Unterbrechungszeiten sind hingegen nicht gesondert ausgewiesen. Ob es sich um "typische" Berufsrückkehrer/innen handelt, d.h. ob die Unterbrechung aus familialen Rücksichten erfolgt ist oder aus anderen Gründen, z.B. wegen der Teilnahme an einer Bildungsmaßnahme oder wegen Krankheit, läßt sich nicht entnehmen. Ferner findet sich eine statistische Kategorie, in der bisher nicht erwerbstätige Personen erfaßt sind. Auch hier mangelt es an einer Differenzierung nach dem Grund der bisherigen beruflichen Abstinenz (Hausfrauentätigkeit, schulische Ausbildung usw.).

Auf dieser eingeschränkten Datenbasis lassen sich nun folgende Aussagen ableiten:

Die Tabellen 47 N und 47 B zeigen zunächst, daß der Anteil der Frauen, die nach einer Unterbrechungsphase von 6 Jahren und länger über die Teilnahme an einer Bildungsmaßnahme einen Wiedereinstieg in das Berufsleben versuchen, sowie der Anteil der bisher nicht berufstätigen Frauen zwar größer als bei den Männern ausfällt, aber im Jahre 1985 recht unbedeutend ist.

1985 waren es in Nordrhein-Westfalen gerade 2,5 % aller in berufliche Maßnahmen eingetretenen Frauen - das sind 793 Personen -, die, aus welchen Gründen auch imnmer, zu den längerfristigen Berufsunterbrecherinnen gehörten, sowie 1,6 % aller weiblichen Neueintritte (529 Frauen), die vor der Bildungsmaßnahme nicht erwerbstätig waren. Auf Bundesebene (vgl. auch die nachfolgende Tabelle 48 B) machen die beiden Personengruppen, in denen die arbeitsmarktpolitische Zielgruppe der Frauen als (nicht eliminierbarer) Teil enthalten ist, ebenfalls lediglich zusammen 4,1 % (knapp 5.ooo Personen) der Gesamtheit aller teilnehmenden Frauen aus.

Schaut man auf einzelne Maßnahmearten (vgl. die Tabellen 47 N und 47 B), so zeigt sich, daß beide Personengruppen in erster Linie an Umschulungs- sowie an betrieblichen Einarbeitungsmaßnahmen teilnehmen, weniger hingegen an Fortbildungsmaßnahmen (ohne Maßnahmen nach § 41a AFG).

Bei den Umschülerinnen stellen die Berufsrückkehrerinnen im Jahre 1985 in beiden Untersuchungsräumen 4,7 % aller Teilnehmerinnen, und die Frauen, die erstmals berufstätig sein wollten, weitere 4,1 % (NRW: 5,3 %) aller Teilnehmerinnen, insgesamt also rund lo % aller Umschülerinnen. Die erwähnte besondere Bedeutung, die den Umschulungsmaßnahmen gerade für diese beiden Gruppen von Frauen zukommt, schlägt sich also in gewissem Umfang auch in den Teilnehmerinnenzahlen nieder.

Tabelle 47 N Die in berufliche Bildungsmaßnahmen eingetretenen Männer und Frauen, die neu oder wieder ins Berufsleben eintreten wollten (in v.H. aller Eintritte)
- NORDRHEIN - WESTFALEN -

Männer

Im Laufe des Jahres	insgesamt 1)		Fortbildung 1)		Umschulung		betr. Einarbeitung	
	In den letzten 6 Jahren nicht erwerbstätig 3)	bisher nicht erwerbstätig	In den letzten 6 Jahren nicht erwerbstätig 3)	bisher nicht erwerbstätig	In den letzten 6 Jahren nicht erwerbstätig 3)	bisher nicht erwerbstätig	In den letzten 6 Jahren nicht erwerbstätig 3)	bisher nicht erwerbstätig
1980	0.2	0.7	0.2	0.4	0.4	1.5	0.2	1.1
1981	0.6	0.7	0.5	0.4	1.0	1.9	0.6	0.7
1982	0.3	0.4	0.2	0.2	0.4	1.2	1.3	0.6
1983	0.4	0.5	0.3	0.4	0.5	1.3	0.9	0.6
1984	0.5	0.8	0.3	0.6	0.9	2.0	1.7	0.8
1985	0.6	1.0	0.5	0.6	1.2	3.0	1.1	1.3

Frauen

Im Laufe des Jahres	insgesamt 1)		Fortbildung 1)		Umschulung		betr. Einarbeitung	
1980	1.4	2.2	0.8	1.5	2.6	4.3	2.7	2.8
1981	3.4	1.1	2.2	0.7	6.9	2.4	5.7	1.8
1982	2.0	0.5	1.3	0.3	4.6	1.3	4.1	1.4
1983	1.7	0.6	1.1	0.4	4.5	1.9	2.6	0.8
1984	1.7	0.9	1.3	0.6	3.4	2.9	3.0	1.7
1985	2.5	1.6	2.0	1.0	4.3	5.3	4.0	1.6

1) ohne Maßnahmen zur Verbesserung der Vermittlungsaussichten nach § 41 a AFG

Quelle: Eigene Berechnungen nach Daten der Bundesanstalt für Arbeit und des Landesarbeitsamtes NRW

Tabelle 47 B Die in berufliche Bildungsmaßnahmen eingetretenen Männer und Frauen, die neu oder wieder ins Berufsleben eintreten wollten (in v.H. aller Eintritte)
- BUNDESGEBIET -

Im Laufe des Jahres	insgesamt 1)		Fortbildung 1)		Umschulung		betr.Einarbeitung	
	In den letzten 6 Jahren nicht erwerbstätig	bisher nicht erwerbstätig	In den letzten 6 Jahren nicht erwerbstätig	bisher nicht erwerbstätig	In den letzten 6 Jahren nicht erwerbstätig	bisher nicht erwerbstätig	In den letzten 6 Jahren nicht erwerbstätig	bisher nicht erwerbstätig
Männer								
1971	+	0.2	+	0.1	+	0.5	+	0.6
1972	+	0.1	+	0.0	+	0.3	+	1.0
1973	+	0.1	+	0.0	+	0.4	+	0.9
1974	+	0.1	+	0.1	+	0.3	+	0.5
1975	+	0.2	+	0.2	+	0.1	+	0.5
1976	+	0.2	+	0.2	+	0.2	+	0.4
1977	+	0.3	+	0.3	+	0.2	+	0.6
1978	+	0.5	+	0.4	+	0.5	+	1.1
1979	+	0.6	+	0.4	+	1.1	+	1.2
1980	0.1	0.6	0.1	0.3	0.4	1.7	0.1	1.0
1981	0.3	0.6	0.2	0.3	0.7	1.8	0.5	0.8
1982	0.2	0.3	0.1	0.2	0.5	1.0	0.6	0.6
1983	0.3	0.5	0.2	0.3	0.4	1.2	0.5	0.6
1984	0.3	0.7	0.2	0.5	0.7	1.7	0.8	0.9
1985	0.5	0.8	0.4	0.6	1.0	2.3	0.8	1.0
Frauen								
1971	+	6.4	+	4.6	+	6.8	+	11.4
1972	+	4.8	+	3.0	+	6.1	+	12.5
1973	+	3.5	+	1.9	+	4.9	+	11.2
1974	+	2.2	+	1.5	+	2.8	+	7.5
1975	+	1.5	+	1.3	+	1.7	+	3.2
1976	+	1.7	+	1.1	+	2.5	+	3.6
1977	+	2.2	+	1.2	+	5.3	+	2.9
1978	+	2.3	+	1.5	+	5.3	+	2.8
1979	+	2.8	+	1.9	+	5.6	+	3.5
1980	1.6	2.3	1.1	1.5	2.4	4.4	2.4	2.6
1981	3.5	1.3	2.5	0.7	5.6	2.8	5.8	1.7
1982	2.3	0.7	1.6	0.4	4.6	1.8	3.8	1.1
1983	1.7	0.7	1.3	0.5	3.4	1.9	2.3	0.8
1984	1.9	1.1	1.6	0.7	3.4	2.6	2.4	1.4
1985	2.7	1.4	2.3	0.9	4.7	4.1	2.9	1.5

+ = erst ab 198o erhoben
1) ohne Maßnahmen zur Verbesserung der Vermittlungsaussichten nach § 41 a AFG
Quelle: Eigene Berechnungen nach Daten der Bundesanstalt für Arbeit

Tabelle 48 B Zahl der Frauen, die neu oder wieder in das Berufsleben eintreten wollten, und ihr Anteil an allen weiblichen Neueintritten 1) - Bundesgebiet -

Jahr	Zahl der Frauen	in v.H. aller weiblichen Neueintritte	von den Frauen (in Sp. 1) waren ohne bisherige Tätigkeit	in den letzten 6 Jahren ohne Erwerbstätigkeit 2)
0	1	2	3	4
197o	8.252	2o,3	3.1o8	
1971	7.254	11,6	4.o25	
1972	4.956	9,2	2.6o6	
1973	4.182	8,4	1.735	
1974	3.736	6,2	1.3o9	
1975	3.1o1	4,4	1.o64	
1976	1.591	4,o	674	
1977	2.779	7,2	834	
1978	3.871	7,3	1.2o3	
1979	5.191	7,9	1.833	
198o	2.887	3,8	1.715	1.172
1981	3.878	4,8	1.o51	2.827
1982	2.259	3,o	529	1.73o
1983	2.172	2,5	636	1.536
1984	3.o62	3,o	1.o99	1.963
1985	4.949	4,1	1.7o8	3.241

1) Bis auf 1979 ohne Maßnahmen zur Verbesserung der Vermittlungsaussichten nach § 41 a AFG. Vgl. dazu Tabelle 49

2) Erst ab 198o erhoben

Quelle: Amtliche Nachrichten der Bundesanstalt für Arbeit sowie eigene Berechnungen

Die Teilnehmerinnen an betrieblichen Einarbeitungsmaßnahmen stammten hingegen nur zu 4,4 % (NRW: 5,6 %) aus diesen beiden Personenkreisen und die Fortbildungsteilnehmerinnen lediglich zu 3,2 % (NRW: 3,o %).

Es wäre zu erwarten gewesen, daß Frauen, die erstmalig oder wieder berufstätig werden wollen, in weit überdurchschnittlichem Maße an Maßnahmen zur Verbesserung der Vermittlungsaussichten beteiligt sind. Denn sicherlich hat diese Maßnahmeart, die mit dem Ziel angeboten wird, einen Überblick über die Situation auf dem Arbeitsmarkt zu vermitteln, über Fragen der Wahl von Arbeitsplätzen und die Möglichkeiten einer beruflichen Weiterbildung zu informieren sowie in Lern- und Arbeitstechniken einzuführen, für jenen Personenkreis eine besondere Relevanz. Die (nur für 198o und 1981) vorhandenen Daten in der folgenden Tabelle legen offen, daß diese Erwartung nicht zutrifft. Beide Personengruppen sind auch hier nur mit unbedeutenden Anteilen vertreten, die zum Teil noch unter den genannten Anteilswerten für den Durchschnitt der Fortbildungs-, Umschulungs- und Einarbeitungsmaßnahmen liegen.

Tabelle 49 Anteil von in den letzten 6 Jahren nicht erwerbstätigen und von bisher nicht erwerbstätigen Frauen an den Teilnehmerinnen an Maßnahmen zur Verbesserung der Vermittlungsaussichten gem. § 41a AFG

Eintritt im Laufe des Jahres	In den letzten 6 Jahren nicht erwerbstätig		bisher nicht erwerbstätig	
	in v.H. aller Eintritte in Maßnahmen gem. § 41 a AFG			
	NRW	Bundesgebiet	NRW	Bundesgebiet
198o	o,6	1,1	2,9	1,9
1981	1,6	1,6	2,3	1,6

Quelle: Eigene Berechnungen nach veröffentlichten und unveröffentlichten Daten der Bundesanstalt für Arbeit und des Landesarbeitsamtes NRW

Leider liefert die offizielle Statistik nur lückenhafte Informationen über die Größenordnung des potentiell angesprochenen Kreises der Frauen, die erneut oder erstmalig die Aufnahme einer außerhäuslichen Erwerbsarbeit planen, so daß es Probleme bereitet, Teilnahmequoten zu berechnen. In der Arbeitslosenstatistik wird ebenso unvollkommen wie in der Teilnahmestatistik nach dem Grund der beruflichen Unterbrechung bzw. der beruflichen Abstinenz differenziert[23] (vgl. Abschnitt 2.2.4).

---

23 Hinzu kommt, daß die Dauer der Unterbrechung in der Arbeitslosenstatistik anders abgegrenzt wird als in der Teilnehmerstatistik. Im September 1984 hatten lol.948 arbeitslose Frauen (darunter 61.592 verheiratete Frauen) ihre Erwerbstätigkeit zwischen 6 Monaten und 3 Jahren unterbrochen. Wei-

Darüber hinaus stellt die Zahl der Arbeitslosen auch insofern keinen geeigneten Beurteilungsmaßstab dar, weil anzunehmen ist, daß rückkehrwillige Frauen mit längeren Berufsausfallzeiten sowie Frauen, die seit jeher "Nur-Hausfrauen" waren, aufgrund fehlender Voraussetzungen für die Gewährung von Lohnersatzleistungen nach dem AFG überwiegend auf eine Meldung beim Arbeitsamt verzichten.

Die Zahl der Frauen, die jährlich nach einer Familienphase auf den Arbeitsmarkt zurückkehren bzw. zurückkehren wollen, wird unterschiedlich beziffert. Gemäß Berechnungen des IAB[24] sind es rund 3oo.ooo Frauen, Brinkmann[25] nennt eine Zahl von rund 35o.ooo Frauen, die pro Jahr nach einer Unterbrechung der Erwerbstätigkeit aus familialen Gründen einen Neuanfang im Berufsleben machen, ohne diese Zahl quellenmäßig zu belegen.

Deutlich festzustellen ist dabei eine Tendenz zu kürzeren Untersuchungszeiten sowie eine Abnahme jener Frauen, die nach der Geburt von Kindern auf Dauer auf Erwerbstätigkeit "ver-

----

tere 35.3o8 arbeitslose Frauen (darunter 19.586 verheiratete Frauen) wiesen eine Unterbrechungszeit von mehr als 3 Jahren auf. Die längerfristigen Berufsunterbrecherinnen fallen also am Gesamtbestand der arbeitslosen Frauen von rund einer Million kaum ins Gewicht. 123.6o2 arbeitslose Frauen (darunter 36.194 verheiratete Frauen) waren ohne bisherige Erwerbstätigkeit, davon hatten 67.4oo Frauen (darunter 12.928 verheiratete Frauen) in den letzten 6 Monaten eine schulische Ausbildung abgeschlossen. Vgl. Amtliche Nachrichten der Bundesanstalt für Arbeit, 3/1985, S. 3o3

24 Vgl. Politik für Familienfrauen. 6-Punkte-Informationspapier zum beruflichen Wiedereinstieg, in: Sozialpolitische Umschau vom 25.8.1986, S. 1

25 Vgl. Christian Brinkmann: Veränderung des Arbeitsvolumenangebots bei Realisierung von Arbeitszeitwünschen: Befragungsergebnisse und Modellrechnungen, in: Probleme der Messung und Vorausschätzung des Frauenerwerbspotentials, hrsgg. von Wolfgang Klauder und Gerhard Kühlewind, Beiträge zur Arbeitsmarktforschung 56, Nürnberg 1981, S. 152

zichten".[26] Bezieht man die 3.241 Frauen, die im Jahre 1985 nach einer mehr als sechsjährigen Unterbrechung an einer staatlich finanzierten beruflichen Weiterbildungsmaßnahme teilnahmen, auf die genannten Zahlen der rund 3oo.ooo (35o.ooo) jährlichen Berufsrückkehrerinnen, so ergibt sich eine Beteiligungsquote von 1,1 % (o,9 %), die also unter der Teilnahmequote für die Gesamtheit der Frauen von 1,5 % der abhängigen Erwerbspersonen liegt (vgl. Tabelle 23 N und 23 B sowie die Tabellen 59 N und 59 B in Abschnitt 8.8.4).

Die 3oo.ooo oder 35o.ooo Frauen, die jährlich einen beruflichen Wiedereinstieg wagen, stellen natürlich nur einen Teil jenes Potentials rückkehrwilliger Frauen dar, das sich bei günstigen Voraussetzungen auf dem Arbeitsmarkt und unterstützenden Maßnahmen - vor allem bei der Betreuung der Kinder - beruflich reaktivieren ließe. Eine auf das Land Baden-Württemberg beschränkte Repräsentativuntersuchung[27] aus dem Jahre 1981 legt zum Beispiel bei nichtberufstätigen Frauen ein großes Interesse am Wiedereinstieg in den Beruf offen: Rund 6o % der 3o- bis 39jährigen nichtberufstätigen Frauen hatten bereits Überlegungen angestellt, wieder berufstätig zu werden. Man kann also davon ausgehen, daß die Teilnahmequote der arbeitsmarktlichen Zielgruppe noch weit geringer wäre, wenn es gelänge, die relevante Vergleichsgröße, die Gesamtzahl der rückkehrwilligen Frauen und der Hausfrauen, die erstmals erwerbstätig sein wollen, statistisch einigermaßen zuverlässig

---

26 Politik für Familienfrauen, a.a.O., S. 1 f

27 Vgl. Ministerium für Arbeit, Gesundheit und Soziales Baden-Württemberg (Hrsg.): Die Situation der Frau in Baden-Württemberg. Eine Repräsentativuntersuchung unter Frauen, ihren Partnern und Kindern über die Situation der Frau im Spannungsfeld von Beruf und Familie, durchgeführt vom Institut für Demoskopie Allensbach, Stuttgart 1983, insbes. S. 1o4 f und S. 113 f. Aus dieser Studie geht ferner hervor, daß von den zum Befragungszeitpunkt berufstätigen Frauen 54 % mindestens einmal die Berufstätigkeit unterbrochen haben. Geht man von auf Bundesebene gleichen Verhältnissen aus, so ergäbe sich eine Zahl von rund 5,1 Millionen Frauen, die zu den Berufsrückkehrerinnen zählen (54 % der 9,5 Millionen erwerbstätigen Frauen nach dem Mikrozensus-Ergebnis vom April 1982).

zu erfassen. Orientiert man sich beispielsweise an der vom IAB für das Jahr 1985 geschätzten stillen Reserve von 675.ooo Frauen, so wird vollends deutlich, in welch ungenügendem Umfang es gelang, die Zielgruppe des AFG in die Förderung einzubeziehen.

Daß es sich bei der Zielgruppe des Gesetzes keineswegs um einen marginalen Ausschnitt des weiblichen Arbeitskräftepotentials handelt und somit die Förderung vom quantitativen Umfang her völlig unzureichend ist, wird auch durch folgende Daten unterstrichen: Verheiratete Frauen stellen mit 6,6 Millionen Personen rund 6o % der weiblichen Erwerbspersonen (Erwerbstätige und Arbeitslose) und rund 23 % aller - männlichen und weiblichen - Erwerbspersonen.[28] Hinzu kommen rund 1,1 Millionen geschiedene oder verwitwete Frauen. Nach wie vor weist ein bedeutender Teil dieser Frauen ein diskontinuierliches, durch Unterbrechungsphasen gekennzeichnetes Erwerbsverhaltensmuster auf.

Es ist anzunehmen, daß der Anteil der Frauen, die nach einer Familienphase einen beruflichen (Wieder-)Einstieg suchen, in Zukunft noch steigen wird. Ein solcher Effekt ist vor allem zu erwarten, weil das Neuangebot an erwerbswilligen Frauen in den kommenden Jahren eine deutliche Höherqualifizierung aufweist und weil die erreichte Ausbildung - wie verschiedene Untersuchungen belegen - die Neigung, berufstätig zu werden bzw. die Neigung, in den Beruf zurückzukehren, entscheidend beeinflußt.[29] Die gegenwärtige Arbeitsmarktkrise und entsprechende politische Steuerungsmaßnahmen können allerdings das wahre

---

[28] Die erwähnten Zahlen sind der EG-Arbeitskräftestichprobe vom Juni 1983 entnommen. Vgl. Statistisches Jahrbuch 1984 (hrsgg. vom Statistischen Bundesamt), Wiesbaden 1985, S. 96

[29] Vgl. hierzu z.B. Jürgen Gross: Aspekte zukünftiger Frauenerwerbstätigkeit, in: Probleme der Messung und Voraussetzung des Frauenerwerbspotentials, a.a.O., S. 37

Ausmaß beruflicher Reaktivierungswünsche bei diesen Frauen verschleiern.[30]

8.8.1.3 Weitere Strukturmerkmale der "neu oder wieder" ins Berufsleben eintretenden Frauen

Tabelle 5o bietet einige Aufschlüsse darüber, durch welche Strukturmerkmale sich Teilnehmerinnen an beruflichen Bildungsmaßnahmen, die neu oder wieder ins Berufsleben eintreten, von den übrigen Teilnehmerinnen unterscheiden.

Erwartungsgemäß befinden sich unter den Frauen, die ihre Berufstätigkeit unterbrochen haben, weitaus mehr verheiratete und ältere Frauen als in der Gesamtheit aller Teilnehmerinnen. Genau umgekehrt verhält es sich in der Gruppe der bisher nicht erwerbstätigen Frauen. Verheiratete Frauen sind hier seit 198o, ältere Frauen seit 1981 in schwächerem Maße vetreten als unter den Teilnehmerinnen insgesamt. Diese Daten belegen, daß mit dieser statistischen Kategorie ebenso wie in der Arbeitslosenstatistik (vgl. Abschnitt 2.2.4) nunmehr überwiegend junge Berufsanfängerinnen, die sich zuvor in schulischer Ausbildung befanden bzw. ein Fach- oder Hochschulsstudium absolviert haben, erfaßt werden, weniger jedoch die arbeitsmarktpolitische Zielgruppe der bisher nur im Haushalt tätigen Frauen. Diese Vermutung bestätigt sich vollends, wenn man einen Blick auf die Untergliederung nach der schulischen Ausbildung wirft: Über 4o % der bisher nicht erwerbstätigen Frauen, die im Jahre 1981 im Bundesgebiet eine berufliche Bildungsmaßnahme begannen, besaßen Hochschulreife.

---

30 Vgl. Rosemarie Nave-Herz: Ausgewählte Probleme der beruflichen Reaktivierung bei Frauen, in: Engpässe in der beruflichen Weiterbildung, hrsgg. von Werner Sarges und Friedrich Haeberlin, München 1984, S. 15o

Tabelle 5o Ausgewählte Strukturmerkmale von Frauen, die vor Eintritt in berufliche Bildungsmaßnahmen sechs oder mehr Jahre oder bisher noch nicht berufstätig waren (in v.H.) 1)

Merkmal	neu eingetretene Frauen in den letzten 6 Jahren nicht erwerbstätig	neu eingetretene Frauen bisher nicht erwerbstätig	Zum Vergleich: alle neueingetretenen Frauen
	- Nordrhein-Westfalen -		
Verheiratet 1978	k.A.	51,5	46,3
1979	k.A.	45,2	44,9
198o	58,1	41,5	44,7
1981	57,o	23,2	44,6
unter 25 Jahre			
198o	3,4	25,9	33,5
1981	3,5	38,1	33,4
25 - u. 3o Jahre			
198o	1o,3	26,6	22,5
1981	1o,o	4o,4	22,5
3o - u. 4o Jahre			
198o	45,4	28,6	23,7
1981	43,9	1o,9	23,5
über 4o Jahre 198o	4o,9	18,8	2o,5
1981	42,7	1o,6	2o,5
198o			
- Bezug von Arbeitsloseng./Arbeitslosenhilfe	9,3	2o,3	6o,3
- arbeitslos, ohne Leistung	61,5	58,2	8,1
- arbeitssuchend	21,3	15,3	7,o
- nicht-arbeitssuchend	7,9	6,3	24,6
	- Bundesgebiet -		
1981			
- ohne Hauptschulabschluß	6,5	1o,3	6,9
- mit Fachhochschulabschluß	1,9	5,7	2,5
- mit Hochschulreife	5,1	42,8	5,4

1) NRW: Eintritte in berufliche Bildungsmaßnahmen insgesamt, einschließlich Maßnahmen zur Verbesserung der Vermittlungsaussichten gem. § 41 a AFG. Bundesgebiet: Eintritte in Maßnahmen zur beruflichen Fortbildung und Umschulung

Quelle: Daten für Nordrhein-Westfalen: Eigene Berechnungen nach unveröffentlichten und veröffentlichten Daten der Bundesanstalt für Arbeit. Daten für Bundesgebiet: Entnommen aus: Renate Weitzel: Berufliche Bildung nach dem Arbeitsförderungsgesetz, a.a.O., S. 34

Hingegen weist der Personenkreis der Berufsrückkehrerinnen eine schulische Vorbildung auf, die in etwa derjenigen für den Durchschnitt der Teilnehmerinnen entspricht.

Rückkehrerinnen stellen also - entgegen einer gängigen Meinung - keineswegs eine negative Auslese des weiblichen Erwerbspersonenpotentials dar - ein Befund, der, bezogen auf die Gesamtheit aller Berufsrückkehrerinnen, auch in anderen Untersuchungen betont wird.[31]

Personen, die vor Beginn der Bildungsmaßnahme arbeitslos gemeldet waren und somit eines der Kriterien einer "notwendigen" Förderung erfüllen, waren 198o unter den Teilnehmerinnen mit einer berufslosen Phase von 6 und mehr Jahren in etwa dem gleichen Maße (zu rund 7o %) vertreten wie unter der Gesamtheit der Teilnehmerinnen. Bei den bisher nicht erwerbstätigen Frauen liegt dieser Anteil sogar noch um einige Prozentpunkte höher.

Auffällig stärker vertreten als in der Grundgesamtheit sind hingegen unter den beiden arbeitsmarktpolitischen Zielgruppen die arbeitsuchenden, nicht als arbeitslos geltenden Frauen. Hierunter dürften sich vor allem viele Frauen befinden, die, wie für Frauen mit abnehmenden Familienpflichten charakteristisch, mit Rücksicht auf Kinder und Haushalt weniger als die versicherungspflichtige Wochenstundenzahl (derzeit 19 Stunden) arbeiten können. Als nicht arbeitsuchend sind nur wenige Frauen angegeben, wohingegen von der Gesamtheit aller Teilnehmerinnen 198o jede vierte Frau - in erster Linie wohl Frauen, die an Aufstiegsmaßnahmen teilnahmen - in diese Kategorie fiel.

Vor allem aber grenzen sich die hier untersuchten arbeitsmarktlichen "Problemgruppen" unter den Frauen von den übrigen

---

31 Vgl. Jochem Langkau, Monika Langkau-Herrmann: Bundesrepublik Deutschland, a.a.O., S. 4o

Teilnehmerinnen durch den weitaus geringeren Anteil von Frauen ab, der vor Eintritt in die Bildungsmaßnahme Anspruch auf Arbeitslosengeld oder Arbeitslosenhilfe hatte. 198o war dies in Nordrhein-Westfalen nur für 9,3 % der Berufsrückkehrerinnen (das sind 25,9 % der zuvor arbeitslosen Berufsrückkehrerinnen) der Fall, während andererseits von der Gesamtheit aller Teilnehmerinnen 6o,3 % (das sind 88,2 % der zuvor arbeitslosen Teilnehmerinnen) vor Beginn der Maßnahme Lohnersatzleistungen bezogen hatten.

Aus der Tatsache, daß die Bundesanstalt wie weiter oben dargestellt offensichtlich bemüht ist, bei der beruflichen Förderung zugunsten leistungsberechtiger Personen zu selektieren, um ihre Gesamtausgaben möglichst niedrig zu halten, folgt einer der Gründe, weshalb der im Gesetz formulierte Anspruch der Arbeitsmarktpolitik, die neu oder wieder ins Berufsleben eintretenden Frauen bevorzugt zu fördern, in der Realität nicht eingelöst wird.

8.8.1.4 Entwicklung

Weitere Anhaltspunkte darüber, ob die Zielgruppe der Frauen tatsächlich Priorität bei der Förderung genießt, erhält man über einen zeitlichen Vergleich der Anteilswerte und des Teilnehmerinnenvolumens. Aus den vorab genannten Tabellen kann man entnehmen, daß beide Werte im Zeitverlauf ausgeprägten Schwankungen unterlegen haben:

197o gehörten bundesweit immerhin 2o,3 % der weiblichen Teilnehmer zur Zielgruppe des Gesetzes. In der Folgezeit sank die Beteiligung dieser Frauen zunächst rapide ab (auf 11,6 % in 1971) und entwickelte sich sodann von Jahr zu Jahr in weniger gravierendem Maße, aber stetig nach unten, bis auf 4,o % in 1976. **Das nie wieder erreichte hohe relative Gewicht in den ersten Jahren nach Inkrafttreten des Arbeitsförderungsgesetzes**

läßt sich ohne weiteres mit den durchaus attraktiven Förderkonditionen für diese Frauen in Verbindung bringen. Zum einen boten sie wie beschrieben auch bisherigen Nichtbeitragszahlern und Personen mit lange zurückliegenden Beitragszeiten die Möglichkeit, Unterhaltsgeld zu beziehen. Zum anderen waren die notwendigen individuellen Anreize zur Weiterbildungsteilnahme aufgrund der Höhe des Unterhaltsgeldes durchaus gegeben.

Beim Vergleich der absoluten Zahlen von 1975 und 1976 zeigt sich auch hier der förderrechtlich bedingte Einbruch durch das Haushaltsstruktur-Gesetz (HSTRG) vom 1.1.1976. Der Umfang der Teilnehmerinnen sank 1976 auf die Hälfte des Wertes von 1975 (von 3.1o1 auf 1.591 Frauen). In den sich anschließenden Jahren kam es bis zum Jahre 1979 wiederum zu einem absoluten wie relativen Anstieg der Zielgruppe. Dieser hängt vermutlich auch mit der durch das HSTRG intendierten Konzentration der Förderung auf Arbeitslose zusammen, denn der Anteil der vorher Arbeitslosen unter den weiblichen Berufsrückkehrern und Berufsneulingen (1985: 76,5 %) ist größer als unter der Gesamtheit der weiblichen Bildungsteilnehmer (1985: 72,8 %).

Der Einfluß der 5. AFG-Novelle vom 1.1.1979, die erstmals eine Verlängerung der dreijährigen Rahmenfrist vorsah, innerhalb der die zweijährige beitragspflichtige Beschäftigung zu erbringen ist, läßt sich aus dem vorliegenden Datenmaterial nicht ablesen, da sich seit 198o das statistische Kategorisierungsschema geändert hat. Von 198o auf 1981 stiegen das Teilnahmeniveau und der Anteil der neu und wieder ins Berufsleben eintretenden Frauen an allen weiblichen Bildungsabsolventen an, womöglich als vorgezogene Reaktion auf das zum 1.1.1981 wirksam werdende AFGK, das nunmehr Nichtbeitragszahler ohne Ausnahme vom Bezug eines Unterhaltsgeldes ausschloß. In den drei folgenden Jahren 1982, 1983 und 1984 verharrte die Beteiligung der neu und wieder ins Berufsleben eintretenden Frauen auf minimalem Niveau (maximal 3 % der weiblichen Teilnehmer), wobei die statistisch nicht exakt erfaßte arbeitsmarktpolitische Zielgruppe wie erwähnt nur einen Teil dieses minimalen statistischen Anteilswertes stellte. Im Jahr 1985 kam es dann wieder zu einem relativ kräftigen Anstieg, ohne daß sich feststellen ließe, ob dieser tatsächlich auch jene Frauen betrifft, die ihre Berufstätigkeit unterbrochen haben, um sich völlig ihrer Familie zu widmen, bzw. jenen Frauen, die wegen häuslicher Verpflichtungen niemals erwerbstätig waren.

Die derzeit äußerst geringe Integration gerade derjenigen Frauen in die öffentliche Bildungsförderung, deren berufliche Förderung nach der arbeitsmarktpolitischen Programmatik des AFG als vorrangig gilt, verwundert kaum, zeigt sich doch hier wieder einmal, daß die besonderen Arbeitsmarktrisiken und -schwierigkeiten von Frauen und hierbei insbesondere von Frauen, deren Erwerbsverhalten aufgrund ihrer häuslichen Verpflichtungen nicht auf Kontinuität und lebenslange Berufstätigkeit angelegt sein kann, auf jener Rolle beruhen, die ihnen arbeitsmarkt- und gesellschaftspolitisch zugewiesen wird: Immer noch werden (verheiratete) Frauen als konjunkturpolitische Manövriermasse betrachtet, die man in Zeiten eines Arbeitskräftemangels - ähnlich wie ausländische Arbeitskräfte - anzuheuern versucht, um sie in Zeiten hoher Arbeitslosigkeit wieder in ihren häuslichen Arbeitsbereich zu entlassen oder von vorneherein dort zu belassen.

Insofern erklärt sich, wie bereits betont, die dem **Gesetz** nach hohe Priorität, die wieder oder "neu" in das Arbeitsleben eintretende Frauen genießen, in erster Linie dadurch, daß dieses Gesetz zu einer Zeit formuliert wurde, als weibliche Erwerbstätigkeit wegen des sich abzeichnenden Arbeitskräftemangels und im Sinne eines steigenden gesamtwirtschaftlichen Wachstums arbeitsmarktpolitisch "willkommen" war.

Wurden damals alle Hebel in Bewegung gesetzt, um die Knappheit an Arbeitskräften durch die verstärkte Beschäftigung von Frauen aufzufangen[32] - was beim Gros der Frauen auch ohne komplementäre Bildungsförderung gelang -, so gewinnen heute in einer Zeit der Massenarbeitslosigkeit mehr und mehr ideologische Standpunkte und dementsprechend mehr oder minder subtile Steuerungsinstrumente an Bedeutung, die wieder eine Priorität der familiaren Rolle der Frau propagieren, und die auf eine diskrete "Empfehlung" eines Rückzuges der Frauen aus dem Erwerbsleben hinauslaufen, um den Arbeitsmarkt zugunsten der Männer zu entlasten. Wie in den einleitenden Kapiteln ausführlich beschrieben, erreichen die Diskriminierungen berufstätiger Frauen angesichts der schlechten Wirtschafts- und Arbeitsmarktlage derzeit einen neuen Höhepunkt. Mit geradezu unerträglichen psychologischen Mechanismen wird wieder einmal versucht, Frauen zur (zeitweiligen) Aufgabe ihrer Berufstätigkeit zu bewegen, um die Brisanz des Arbeitslosigkeitsproblems zu verschleiern.

Welch Wunder, daß die vom Gesetz her "privilegierte" Stellung der Frauen, die erneut oder erstmals die Aufnahme einer außerhäuslichen Erwerbsarbeit planen, entgegen den offiziellen Ansprüchen bei der Gestaltung der Förder-Konditionen mit zunehmender Beschäftigungskrise immer weniger ihre Entsprechung findet. Ein großer Teil dieser arbeitsmarktpolitischen Zielgruppe ist vielmehr im Gegenteil faktisch von der Förderung bzw. vom Unterhaltsgeldbezug ausgeschlossen (vgl. Abschnitt 7).[33] Eine Unterstützung bei der Kinderbetreuung, ab-

---

32 "Als mobilisierungsfähig können vor allem die verheirateten Frauen und die Behinderten angesehen werden". Dietmar Obal: Förderung der interberuflichen Mobilität der Arbeiterschaft durch staatliche Umschulungsmaßnahmen, Dissertation, Berlin 1975, S. 1o5

33 Nach Modellrechnungen bei Weitzel, die allerdings, u.a. wegen einer veralteten Datenbasis, nur als grobe Anhaltspunkte zu verstehen sind, waren (1981/1982) fast 6o % der Frauen im erwerbsfähigen Alter und 25 % der beschäftigten Frauen aufgrund ihrer familienbedingten Erwerbsmuster nicht unterhaltsberechtigt. Vgl. Renate Weitzel: Berufliche Bildung nach dem Arbeitsförderungsgesetz, a.a.O., S. 39

gesehen vom lächerlichen Betrag für Betreuungskosten in Höhe von DM 6o,-, fehlt völlig.

Die derzeitige Bundesministerin für Jugend, Familie, Frauen und Gesundheit sieht zwar die Erweiterung des Bildungsangebots für Berufsrückkehrerinnen als einen zentralen Schwerpunkt der frauenpolitischen Arbeit an[34] und verweist auf die verschiedenen Modellversuche, jedoch können diese vereinzelten punktuellen Initiativen nicht über den weitgehenden Ausschluß der Zielgruppe aus der regulären AFG-Förderung hinwegtäuschen.

Wie wenig sich Anspruch des AFG und Bewußtsein der Arbeitsmarktpolitiker und -wissenschaftler decken, zeigt sich auch an der Tatsache, daß den Frauen, die einen (Wieder-)Eintritt in das Erwerbsleben planen, in den Analysen des Instituts für Arbeitsmarkt- und Berufsforschung kaum Aufmerksamkeit zukommt. In einer aktuellen Untersuchung[35] über die Teilnehmerstruktur beruflicher Weiterbildungsmaßnahmen gehören sie nicht zu den Personen, denen Zielgruppencharakter zugemessen wird.

8.8.2 Weiterbildung von Frauen nach dem Familienstand

Schaut man auf den Familienstand der geförderten Personen, so wird bei Frauen, wenn man die entsprechende Verteilung unter den Arbeitslosen als Vergleichsmaßstab heranzieht, ein klares Ungleichgewicht zugunsten alleinstehender Frauen sichtbar (vgl. Tabelle 51). Der Abstand zwischen dem Anteil der Alleinstehenden an den Neueintritten in Bildungsmaßnahmen und an den Arbeitslosen betrug 1978 wie 1983 rund 16 Prozentpunkte. Anders hingegen bei den Männern: Hier sind die nicht-verheirateten Männer - wenn auch mit abnehmender Tendenz - anteilmäßig

---

[34] Vgl. Politik für Familienfrauen, a.a.O., S. 3

[35] Vgl. Hat sich durch die Verstärkung der beruflichen Weiterbildung für Arbeitslose die Teilnehmerstruktur geändert?, IAB-Kurzbericht (intern) vom 29.9.1986, S. 1

zu jedem Untersuchungszeitpunkt schwächer unter den Bildungsabsolventen vertreten als im Arbeitslosenbestand und folglich verheiratete Männer unter den Geförderten überrepräsentiert.

Tabelle 51 Anteil alleinstehender Personen an den neu in berufliche Bildungsmaßnahmen eingetretenen Teilnehmern/innen und an den Arbeitslosen 1)

Jahr	Alleinstehende			
	in v.H. der Neueintritte	in v.H. der Arbeitslosen	in v.H. der Neueintritte	in v.H. der Arbeitslosen
	Frauen		Männer	
1978	53,7	37,2	4o,8	52,3
1979 2)	55,1	38,6	44,4	49,6
198o 2)	55,3	39,8	46,9	51,9
1981 2)	55,4	4o,9	49,8	55,o
1983	61,6	45,5	51,o	56,3

1) Die Anteilswerte an den Neueintritten beziehen sich auf Nordrhein-Westfalen, die Anteilswerte an den Arbeitslosen aus statistischen Gründen auf das Bundesgebiet

2) Mit Maßnahmen zur Verbesserung der Vermittlungsaussichten nach § 41 a AFG

Quelle: Eigene Berechnungen nach unveröffentlichten und veröffentlichten Daten der Bundesanstalt für Arbeit und des Landesarbeitsamtes NRW

Es geht fehl, diesen Untersuchungsbefund auf ein geringeres Weiterbildungs**interesse** der verheirateten Frauen zurückzuführen - solange nicht verheiratete Frauen dieselben Chancen haben wie verheiratete Männer, solange sich vor allem an der geschlechtsspezifischen Rollenzuweisung nichts ändert. Verantwortlich für den geschlechtsspezifisch entgegengerichteten Trend zeichnen ferner die beschriebenen Fördermodalitäten, die einen Teil der verheirateten Frauen von der Förderung ausschließen. Darüber hinaus muß man davon ausgehen, daß sich auch die Berater in den Arbeitsämtern bei der Teilnehmerrekrutierung - bewußt oder unbewußt - an Selektionskriterien orientieren, die den gängigen Vorstellungen über die Funktion der Erwerbstätigkeit von verheirateten Männern einerseits und verheirateten Frauen andererseits entsprechen.

8.8.3 Weiterbildung von Frauen nach dem Alter

Zu den Personen mit besonders gravierenden Arbeitsmarktschwierigkeiten gehören auch die älteren Arbeitnehmer. Denn vor dem Hintergrund der derzeit in unserer Gesellschaft gängigen Wertvorstellungen stellt das Alter eine der wichtigsten Determinanten für die beruflichen Wiedereingliederungschancen der Arbeitslosen in den Arbeitsprozeß dar. Dem privatwirtschaftlichen Profitdenken entsprechend erscheint es den Arbeitgebern rentabler, jüngere, unverbrauchte Arbeitskräfte einzusetzen, denen eine größere Belastbarkeit und eine größere Flexibilität zugetraut wird.

Die Tabellen 52 N und 52 B weisen zunächst die Anteilsverteilung der Bildungsabsolventen in einer relativ groben Altersklassengruppierung aus.
Hieraus geht bereits klar hervor, daß die 4o Jahre und älteren Arbeitnehmer trotz ihres überdurchschnittlichen Risikos, sehr lange Zeit oder für immer arbeitslos zu bleiben, gegenüber den anderen Altersklassen sehr stark unterrepräsentiert sind. 1985 waren bundesweit nur 15,1 % der weiblichen und 14,7 % der männlichen Teilnehmer älter als 4o Jahre. Am wenigsten "lohnend" für Ältere wurden dabei offensichtlich Umschulungsmaßnahmen eingeschätzt. Hier stellten die über 40jährigen nur 1o,4 % der Frauen und 8,8 % der Männer. Bedenklich ist ferner, daß der Anteil der Älteren an den Teilnehmern seit 198o in der Regel von Jahr zu Jahr rückläufig war. Dies trifft in besonders ausgeprägtem Maße für Nordrhein-Westfalen zu.

Bei den jüngeren Jahrgängen ist ein auffälliger geschlechtsspezifischer Unterschied zu bemerken: Während sich bei den

Männern eine besonders starke Konzentration auf die Altersgruppe der 25- bis 29jährigen zeigt, findet diese - in weit höherem Maße - bei den Frauen bereits bei der vorangehenden Altersgruppe der unter 25jährigen statt. Fast 4o % der Frauen, die 1985 in Nordrhein-Westfalen eine Bildungsmaßnahme begannen, waren jünger als 25 Jahre! Bei betrieblichen Einarbeitungsmaßnahmen stellten die jungen Frauen gar 46,6 % aller Geförderten.

Der in § 2 Punkt 6 AFG explizit formulierte Anspruch, ältere Erwerbspersonen bevorzugt zu fördern, wurde also ebenso wenig realisiert wie die intendierte vorrangige Förderung von erwerbswilligen Frauen, die wegen häuslicher Pflichten gebunden waren. Auch an diesem Kriterium also zeigt sich, daß öffentliche Arbeitsmarktpolitik nicht zur Nivellierung ungleicher Arbeitsmarktchancen beiträgt, sondern die Ungleichheit verschärft.

Von der Tendenz her analoge Befunde ergeben sich, wenn man die vor Eintritt in die Bildungsmaßnahme **arbeitslosen** Frauen und Männer in Relation zu den ebenfalls nach Altersgruppen klassifizierten Arbeitslosen setzt. Dies zeigen die Quoten in den Tabellen 53 N und 54 B, aus welchen, bezogen auf Nordrhein-Westfalen, zusätzlich auch eine stärkere Auffächerung der Altersgruppen hervorgeht:

- Die höchste relative Eintrittshäufigkeit (13,5 % aller Arbeitslosen) erreichten im Jahre 1983 in Nordrhein-Westfalen die Frauen im Alter von 2o bis 25 Jahren. Bei den Männern nahmen hingegen mit 21,3 % die 25- bis 30jährigen die Spitze ein. Im Bundesgebiet lagen ähnliche geschlechtsspezifische Auffälligkeiten vor.

- In der Gruppe der unter 20jährigen, die allerdings quantitativ kaum relevant ist, war die Weiterbildungsquote der Frauen sogar größer als die der männlichen Vergleichsgruppe.

Tabelle 52 N Die in berufliche Bildungsmaßnahmen eingetretenen Männer und Frauen nach Altersgruppen 1) 198o - 1985 - Nordrhein-Westfalen -

Im Laufe des Jahres	Altersgruppe in % aller Teilnehmer			
	bis unter 25 Jahre	25 - unter 30 Jahre	30 - unter 40 Jahre	über 40 Jahre

Frauen

Berufliche Bildungsmaßnahmen insgesamt

1980	33.8	22.5	24.0	19.8
1981	33.4	23.0	23.9	19.7
1982	36.7	22.7	23.0	17.6
1983	41.2	22.2	21.2	15.5
1984	40.9	23.2	21.2	14.8
1985	38.5	24.0	22.8	14.6

Fortbildung

1980	31.8	23.5	24.3	20.5
1981	33.1	23.5	23.3	20.1
1982	37.5	22.7	22.3	17.5
1983	41.3	22.1	20.6	16.0
1984	40.9	22.8	21.2	15.1
1985	38.5	23.5	22.7	15.2

Umschulung

1980	32.7	23.1	25.9	18.4
1981	31.9	23.0	26.6	18.6
1982	32.2	24.0	26.2	17.7
1983	35.8	24.6	25.4	14.2
1984	37.5	27.0	22.8	12.7
1985	34.4	29.3	24.6	11.6

Betriebliche Einarbeitung

1980	45.8	16.4	19.6	18.2
1981	42.7	16.8	21.8	18.7
1982	40.7	18.9	22.4	18.0
1983	50.6	17.8	18.6	12.9
1984	50.7	19.5	16.1	13.6
1985	46.6	20.8	20.6	12.1

noch:
Tabelle 52 N Die in berufliche Bildungsmaßnahmen eingetretenen Männer und Frauen nach Altersgruppen 1) 198o - 1985 - Nordrhein-Westfalen -

Im Laufe des Jahres	Altersgruppe in % aller Teilnehmer			
	bis unter 25 Jahre	25 - unter 30 Jahre	30 - unter 40 Jahre	über 40 Jahre

Männer

Berufliche Bildungsmaßnahmen insgesamt

1980	24.8	28.5	27.6	19.1
1981	25.0	29.1	27.6	18.3
1982	25.9	29.5	28.1	16.5
1983	26.6	29.7	28.1	15.5
1984	26.1	29.2	28.7	16.0
1985	25.6	29.0	29.6	15.8

Fortbildung

1980	22.2	29.0	26.7	20.1
1981	23.2	29.3	28.1	19.5
1982	24.5	29.7	28.3	17.4
1983	25.2	30.1	28.7	16.0
1984	25.5	29.0	28.7	16.8
1985	24.6	28.9	29.8	16.7

Umschulung

1980	30.9	31.2	25.1	12.8
1981	30.7	30.4	27.0	11.9
1982	30.9	30.3	27.8	11.0
1983	30.4	31.0	27.4	11.2
1984	28.0	31.9	30.2	9.9
1985	27.4	32.8	31.0	8.8

Betriebliche Einarbeitung

1980	32.0	22.2	24.6	21.2
1981	30.1	22.7	24.1	23.1
1982	28.8	23.8	26.0	21.4
1983	32.1	23.8	24.5	19.7
1984	31.8	25.6	24.7	17.9
1985	33.8	24.4	24.8	17.1

1) 198o bis 1983 ohne, ab 1984 mit Maßnahmen zur Verbesserung der Vermittlungsaussichten nach § 41 a AFG

Quelle: Daten der Bundesanstalt für Arbeit, eigene Berechnungen

Tabelle 52 B Die in berufliche Bildungsmaßnahmen eingetretenen Männer und Frauen nach Altersgruppen 1) 198o - 1985 - Bundesgebiet -

Im Laufe des Jahres	Altersgruppe in % aller Teilnehmer			
	bis unter 25 Jahre	25 - unter 30 Jahre	30 - unter 40 Jahre	über 40 Jahre

Frauen

Berufliche Bildungsmaßnahmen insgesamt

1980	32.8	22.6	26.1	18.4
1981	32.0	23.7	26.3	18.1
1982	34.8	23.2	24.9	17.1
1983	39.3	22.6	22.8	15.4
1984	39.1	23.2	22.6	15.1
1985	37.3	23.6	24.0	15.1

Fortbildung

1980	30.7	24.0	26.4	18.9
1981	31.4	24.1	26.2	18.2
1982	35.1	23.1	24.5	17.3
1983	39.4	22.2	22.5	15.9
1984	39.2	22.7	22.3	15.7
1985	37.2	22.9	23.8	16.1

Umschulung

1980	31.8	23.8	28.5	16.0
1981	31.5	24.7	27.7	16.1
1982	32.3	24.9	26.7	16.1
1983	35.5	26.1	25.6	12.8
1984	35.2	27.6	25.4	11.8
1985	33.8	29.5	26.2	10.4

Betriebliche Einarbeitung

1980	42.6	15.4	22.0	19.9
1981	38.5	16.1	22.8	22.6
1982	40.2	17.5	23.3	19.0
1983	47.4	18.0	18.9	15.7
1984	47.2	17.9	19.8	15.1
1985	45.1	19.8	21.4	13,8

noch:
Tabelle 52 B Die in berufliche Bildungsmaßnahmen eingetretenen Männer und Frauen nach Altersgruppen 1) 198o - 1985 - Bundesgebiet -

Im Laufe des Jahres	Altersgruppe in % aller Teilnehmer			
	bis unter 25 Jahre	25 - unter 30 Jahre	30 - unter 40 Jahre	über 40 Jahre

Männer

Berufliche Bildungsmaßnahmen insgesamt

1980	26.0	29.7	28.4	15.8
1981	25.8	30.4	28.5	15.4
1982	26.0	30.7	28.6	14.7
1983	27.1	30.1	28.1	14.7
1984	27.0	28.2	29.9	14.8
1985	26.0	30.4	28.9	14.7

Fortbildung

1980	24.0	30.9	29.6	15.5
1981	24.3	30.8	29.2	15.7
1982	25.0	31.0	28.9	15.1
1983	26.2	30.5	28.3	14.9
1984	26.4	30.0	28.3	15.3
1985	25.3	30.6	28.8	15.2

Umschulung

1980	31.4	31.3	25.8	11.5
1981	31.1	31.7	26.5	10.7
1982	30.1	31.6	27.5	10.8
1983	30.8	30.8	28.1	10.3
1984	29.1	32.0	29.3	9.6
1985	27.2	33.0	31.0	8.8

Betriebliche Einarbeitung

1980	31.8	21.0	25.0	22.2
1981	29.9	21.6	24.9	23.6
1982	29.0	22.8	26.4	21.8
1983	30.0	23.5	25.4	21.0
1984	31.0	24.3	25.6	19.2
1985	32.6	23.9	26.0	17.5

1) ohne Maßnahmen zur Verbesserung der Vermittlungsaussichten nach § 41 a AFG

Quelle: Daten der Bundesanstalt für Arbeit, eigene Berechnungen

Tabelle 53 N Zuvor arbeitslose (neu eingetretene) Teilnehmer/innen an beruflichen Bildungsmaßnahmen insgesamt (einschließlich Maßnahmen zur Verbesserung der Vermittlungsaussichten) in v.H. der Arbeitslosen nach Altersgruppen - Nordrhein-Westfalen -

Altersgruppe	- Nordrhein-Westfalen - FRAUEN Eintritte in v.H. Arbeitslose 1983	1981	1980	Arbeitslosenquote 1) 1983	Sept.83 langer als 1 Jahr arbeitslos in v.H. d.Arbeitsl.	MANNER Eintritte in v.H. AL 1983	1980	Arbeitslosenquote 1) 1983	Sept.83 langer als 1 Jahr arbeitslos in v.H. d.Arbeitsl.
	1	2	3	4	5	6	7	8	9
unter 2o Jahre	4,8	3,7	4,4	15,8	11,1	2,7	3,6	11,5	11,6
2o - u. 25 Jahre	13,5	12,7	13,5	15,1	2o,7	16,9	2o,2	15,6	21,5
25 - u. 3o Jahre	9,8	12,1	13,2	16,8	26,7	21,3	28,2	12,5	29,1
3o - u. 35 Jahre	9,6	12,2	13,o	14,3	32,o	18,3	25,5	9,8	33,7
35 - u. 4o Jahre	8,6	13,5	14,6	11,9	34,?	13,3	21,2	9,o	35,6
4o - u. 45 Jahre	8,9	13,o	14,3	9,7	35,3	11,4	2o,o	7,1	39,3
45 - u. 5o Jahre	5,7	1o,5	1o,9	1o,o	4o,8	8,3	17,o	6,9	44,3
5o - u. 55 Jahre	2,8	5,6	5,6	11,6	47,1	4,6	11,4	7,4	49,5
55 J. und alter	o,4	1,4	1,4	14,o	53,2	o,6	1,8	13,8	43,6
insgesamt	8,3	9,8	1C,3	13,5	3o,4	11,8	15,7	1o,2	33,4

1) Arbeitslose in v.H. der sozialversicherungspflichtig Beschaftigten und Arbeitslosen, Arbeitslose jeweils Septemberwerte

Quelle: Eigene Berechnungen nach Daten der Bundesanstalt fur Arbeit

Tabelle 54 B Zuvor arbeitslose (neu eingetretene) Teilnehmer/innen an beruflichen Bildungsmaßnahmen insgesamt (einschließlich Maßnahmen zur Verbesserung der Vermittlungsaussichten) in v.H. der Arbeitslosen nach Altersgruppen 1) - Bundesgebiet -

Alter	- Bundesgebiet - FRAUEN 1984	1983	1982	MANNER 1984	1983	1982
unter 2o Jahre	5,o	4,3	3,1	3,6	2,9	1,7
2o - unter 25 Jahre	14,2	11,5	9,6	18,5	14,7	11,2
25 - unter 3o Jahre	1o,6	9,1	8,8	22,3	18,9	15,2
3o - unter 35 Jahre	1o,2	8,8	8,7	19,1	16,3	13,6
35 - unter 4o Jahre	1o,4	8,3	8,5	14,6	12,3	11,3
4o - unter 5o Jahre	8,4	7,1	7,6	11,o	9,2	8,6
5o Jahre und älter	1,4	1,3	1,7	2,3	1,9	2,2
insgesamt	8,9	7,5	7,o	12,6	1o,8	9,o

1)Für Arbeitslose hier Septemberwerte, anders als in Tabelle 36 B

Quelle: Eigene Berechnungen nach Daten der Bundesanstalt für Arbeit

Nach dem 25. Lebensjahr nimmt die Weiterbildungsaktivität der Frauen zunächst rapide (1983 in NRW von 13,5 % auf 9,8 % in der nächstfolgenden Altersklasse) und sodann geringfügig ab und steigt (nur 1983, nicht 1981 und 198o) - anders als bei Männern - in der Altersgruppe der 4o- bis unter 45jährigen noch einmal leicht an. Ab dem 45. Lebensjahr erfolgt sodann wiederum ein deutlicher Abwärtsknick.

Die unterdurchschnittliche Teilnahmequote der älteren Arbeitslosen steht im krassen Gegensatz zu ihrem überdurchschnittlichen **Verbleibrisiko** in Arbeitslosigkeit (nicht zu verwechseln mit dem **Zugangs**risiko in Arbeitslosigkeit): Wie aus Tabelle 53 N, Spalte 5 und 9, ersichtlich, nimmt das Verbleibrisiko, das hier über den Anteil der länger als 1 Jahr Arbeitslosen am altersspezifischen Arbeitslosenbestand gemessen wird, bei Männern und Frauen mit steigendem Alter kontinuierlich zu (vgl. auch Tabelle 5, Seite 13).

Wie Tabelle 55 N verdeutlicht, werden dabei Frauen ab 45 Jahren überproportional häufig auf Maßnahmen verwiesen, die in Form von Übungsfirmen und Übungswerkstätten stattfinden. Noch seltener als die jüngeren Jahrgänge sind sie in Umschulungs- oder betrieblichen Einarbeitungsmaßnahmen vertreten.

In der Altersgruppe der 25- bis 29jährigen ist die Differenz zwischen der Weiterbildungsbeteiligung der arbeitslosen Frauen (9,8 %) und der arbeitslosen Männer (21,3 %) gemäß Tabelle 53 N in 1983 besonders groß, sie beträgt 11,5 Prozentpunkte oder 117 %. Jeder 5. männliche Arbeitslose in dieser Altersgruppe nahm also (rein statistisch gesehen) an einer Bildungsmaßnahme nach dem AFG teil, während dies nur bei jeder 1o. arbeitslosen Frau gleichen Alters der Fall war.

Tabelle 55 N Verteilung der zuvor arbeitslosen Teilnehmerinnen an beruflichen Bildungsmaßnahmen auf Maßnahmearten und Altersklassen im Jahre 1983 (in v.H.)

Altersgruppe	Nordrhein-Westfalen Frauen						
	Berufliche Bildungsmaßnahmen insgesamt = Sp 2+5-7	Fortbildung ohne § 41 a AFG-Maßnahmen	darunter: Grundausbildg Übungsfirma, Übungswerkstatt	Sonstige Anpassungsmaßnahmen	Verbesserung der Vermittlungsaussichten (§ 41 a AFG)	Umschulung	betriebliche Einarbeitung
	1	2	3	4	5	6	7
unter 2o Jahre	1oo	63	9	84	18	7	12
2o - unter 25 Jahre	1oo	61	17	73	18	12	9
25 - unter 3o Jahre	1oo	58	16	68	2o	15	7
3o - unter 35 Jahre	1oo	6o	19	64	18	15	7
35 - unter 4o Jahre	1oo	61	16	69	18	14	7
4o - unter 45 Jahre	1oo	64	19	68	17	12	6
45 - unter 5o Jahre	1oo	68	26	63	17	9	6
5o - unter 55 Jahre	1oo	67	28	65	19	1o	4
55 Jahre und alter	1oo	71	27	69	15	11	4

Quelle: Eigene Berechnungen nach unveröffentlichten Daten der Bundesanstalt für Arbeit

Quelle: Eigene Berechnungen nach unveröffentlichten Daten des Landesarbeitsamtes Nordrhein-Westfalen

Für die relativ hohe Bildungsbeteiligung gerade der sehr jungen Arbeitnehmerinnen im Alter zwischen 2o und 24 Jahren kann unter anderem von Belang sein, daß die weiblichen Arbeitslosen im Vergleich zu den männlichen Arbeitslosen dieser Altersgruppe bessere qualifikatorische Voraussetzungen und somit mehr Lernerfahrung und damit weniger Ängste vor einer Weiterbildungsteilnahme mitbringen. Dieser qualifikationsspezifische Selektionseffekt kann jedoch nicht allein ausschlaggebend sein, denn **arbeitslose** Frauen weisen auch noch in der nächsthöheren Altersgruppe der 25- bis 29jährigen - gemessen an den Bildungsabschlüssen - günstigere Qualifikationsprofile auf (vgl. auch Abschnitt 2.2.3).[36] In abgeschwächtem Maße trifft

---

[36] Die Arbeitslosen in Nordrhein-Westfalen wiesen im September 1985 folgende beruflichen Qualifikationen auf:
1) Anteil der Arbeitslosen **ohne** abgeschlossene Berufsausbildung an den Arbeitslosen:
   unter 2o Jahre: Männer 82,3 %, Frauen 79,4 %
   2o-24 Jahre: Männer 53,4 %, Frauen 44,1 %
   25-29 Jahre: Männer 51,9 %, Frauen 31,7 %
   3o-34 Jahre: Männer 48,6 %, Frauen 37,3 %
2) Anteil der Arbeitslosen mit Fachschul-, Fachhochschul- oder

dies auch noch auf die folgende Altersklasse zu. Die jungen Frauen dürften daher in erster Linie deshalb ein größeres Weiterbildungs"interesse" zeigen, weil die Mehrfachbelastung durch Beruf, Haushalts- und Familienpflichten in diesem Alter in der Regel noch relativ gering ist. Ferner kann die relativ hohe Weiterbildungs"bereitschaft" auch Ausdruck besonders intensiver Bemühungen der Arbeitsverwaltung um diese jungen Frauen sein, zumal sie eher zu den Empfängerinnen von Arbeitslosengeld/-hilfe als die älteren, zu einem größeren Teil verheirateten Frauen gehören (vgl. Tabelle 4, Seite 11).

Tabelle 53 N macht ferner die deutliche Umschichtung in der altersmäßigen Verteilung der Bildungsabsolventen deutlich, die sich - besonders bei Frauen - in den letzten Jahren vollzogen hat. 198o und 1981 noch waren es die 35- bis 39jährigen arbeitslosen Frauen, dicht gefolgt von den 40- bis 45jährigen, die die Maßnahmen am stärksten frequentierten. Gleichzeitig war die Streuung in der altersspezifischen Eintrittshäufigkeit zwischen den fünf Altersklassen zwischen 2o bis 45 Jahren relativ gering.

Diese zeitlichen Verschiebungen können wohl kaum mit einer abnehmenden Bereitschaft der Älteren, sich beruflich weiterzuqualifizieren, erklärt werden.[37] Wahrscheinlicher scheint, daß

Hochschulabschluß:

unter 2o Jahre:	Männer	o,2 %,	Frauen	o,8 %
2o-24 Jahre:	Männer	1,3 %,	Frauen	6,6 %
25-29 Jahre:	Männer	9,5 %,	Frauen	16,9 %
3o-34 Jahre:	Männer	13,7 %,	Frauen	16,5 %

In den folgenden Altersgruppen weisen die Männer, mit einer geringfügigen Ausnahme, für beide Indikatoren günstigere Werte auf. (Eigene Berechnungen nach Daten der Bundesanstalt für Arbeit)

[37] Lenhard sieht die unterdurchschnittliche Weiterbildungsteilnahme älterer Personen auch als Gegenbeweis zu der verbreiteten These an, wonach die Arbeitslosigkeit der Älteren Folge des technischen Fortschritts ist, also auf einer Veralterung ihrer beruflichen Fähigkeiten beruht. Vgl. Gero Lenhard: Berufliche Weiterbildung und Arbeitsteilung in der Industrieproduktion, Frankfurt am Main 1974, S. 125. Vgl. dazu auch S. 78 dieser Arbeit, Fußnote 11

die Arbeitsmarktpolitik ihre Prioritäten bewußt zugunsten von Berufsanfängern/innen verschoben hat, nicht zuletzt deshalb, weil hohe Arbeitslosigkeit jüngerer Jahrgänge eine stärkere politische Brisanz befürchten läßt. Auch wird bei Älteren eine kostspielige Bildungsmaßnahme aufgrund geringerer noch zu erwartender Erwerbstätigkeitsdauer noch eher als in früheren Jahren als nicht (mehr) lohnend angesehen. **Ältere Arbeitslose, und dazu gehören bereits die Mittvierziger, werden also auch von der Arbeitsmarktpolitik zunehmend ins Abseits gestellt, von einem Politikbereich also, der sich eigentlich als Korrektiv zu den Selektionsmechanismen der Privatwirtschaft verstehen sollte.**

8.8.4 Weiterbildung von Frauen nach ihrer Qualifikation

8.8.4.1 Die besondere Förderbedürftigkeit der minderqualifizierten Frauen

Unter dem Gesichtspunkt sozialer Gerechtigkeit hat aktive Arbeitsmarktpolitik ihre berufliche Bildungsförderung vorrangig auf Arbeitskräfte ohne Berufsausbildung bzw. mit geringer Qualifikation auszurichten. Wie eingangs betont, erwächst ihr diese Aufgabenstellung nicht etwa deswegen, weil die gegenwärtige Beschäftigungskrise ihre Hauptursache in Qualifikationsdefiziten der Arbeitskräfte hat und somit eine Qualifizierungspolitik ein entscheidendes Mittel zur Überwindung der gesamtwirtschaftlichen Arbeitslosigkeit darstellen würde. Zwar führt die Ausschöpfung latenter Qualifikationsreserven zu einem gesamtwirtschaftlichen "Vermögens"zuwachs (human capital), aber größere globale Beschäftigungswirkungen durch staatlich geförderte Weiterbildung sind derzeit nicht zu erwarten, weil die Qualifikation der Arbeitnehmer eben nicht die **entscheidende** Engpaßvariable in der wirtschaftlichen Entwicklung darstellt. **Vielmehr kann Qualifizierungspolitik lediglich dazu beitragen, das Beschäftigungsrisiko partiell um-**

zuverteilen, indem sie die knappen öffentlichen Mittel vorrangig jenen Arbeitskräften zugute kommen läßt, die im Beschäftigungssystem den höchsten Arbeitslosigkeitsrisiken unterliegen. Daß zu diesen besonders förderungsbedürftigen Personen - bei Männern und Frauen - gegenwärtig vor allem die gering qualifizierten Erwerbspersonen gehören, steht angesichts der extrem hohen Arbeitlosenquoten dieser Gruppe außer Zweifel:

1984 lag die Arbeitslosenquote der Frauen ohne abgeschlossene Berufsausbildung in Nordrhein-Westfalen bei 26 %, im Bundesgebiet betrug sie im Jahre 1983 18,9 %. Auch bei Männern (22 % in Nordrhein-Westfalen, 18,8 % im Bundesgebiet) erreichte sie eine gesellschaftspolitisch völlig untragbare Höhe. Etwa jede 4. Frau und fast jeder 4. Mann ohne Berufsabschluß war also arbeitslos! (vgl. auch Tabelle 12, Seite 33).

Staatliche Arbeitsmarktpolitik muß sich auch deshalb diesem Teil der Arbeitnehmerschaft in besonderem Maße verpflichtet fühlen, weil, wie bereits dargestellt, die wenig qualifizierten Arbeitnehmer nur selten in **innerbetriebliche Qualifizierungsaktivitäten der Unternehmen** einbezogen werden.[38] Privatwirtschaftliche Qualifizierungspolitik ist vielmehr mehrheitlich durch eine hierarchische Polarisierung zugunsten der Arbeitnehmergruppen mit bereits recht guter Qualifikation gekennzeichnet. Noch weniger als minderqualifizierte Männer profitieren minderqualifizierte Frauen von den Qualifizierungsinvestitionen der Unternehmen: Bei Frauen **kumulieren** vielmehr schichtenspezifische Benachteiligungen mit jenen beschriebenen Chancenbeeinträchtigungen, die ihnen aus ihrer geschlechtsspezifischen Rolle erwachsen.

Durch die Fördervorschriften des AFG werden die Arbeitnehmer ohne beruflichen Abschluß[39] insofern "priorisiert", als sie

---

[38] Vgl. hierzu z.B. Hannelore Neumann, Karl-Hans Weimer: Innerbetriebliche Weiterbildung für Frauen als arbeitsmarktpolitisches Instrument, a.a.O.

zur Gruppe derjenigen gehören, die - nach der durch das Haushaltsstrukturgesetz von Ende 1975 eingeführten Unterscheidung in arbeitsmarktpolitisch notwendige und zweckmäßige Maßnahmen - als "Notwendigkeitsfälle" eingestuft sind. Sie haben daher - sofern die weiteren Voraussetzungen gegeben sind! - Anspruch auf Unterhaltsgeld gemäß § 44 Abs. 2 in Höhe von derzeit 73 bzw. 65 % des maßgeblichen Nettoarbeitsentgelts (vgl. Übersicht 3).

Faktisch greift diese "privilegierende" Förderregelung jedoch kaum, weil auch Personen mit Berufsabschluß - sofern sie arbeitslos oder unmittelbar von Arbeitslosigkeit bedroht sind und die weiteren Bedingungen erfüllen - zu den "Notwendigkeitsfällen" gehören. Und diese Konkurrenz ist erdrückend: Im September 1985 hatten 5o8.932 arbeitslose Frauen (5o % der arbeitslosen Frauen) und 572.884 arbeitslose Männer (5o,6 % der arbeitslosen Männer) einen Berufsabschluß.

Die Teilnehmerstatistik zur beruflichen Förderung nach dem AFG weist drei Merkmalstypen aus, die über das Qualifikationsniveau des geförderten Personenkreises informieren: Daten über die berufliche Vorbildung, Daten über das Niveau der schulischen Ausbildung sowie Daten über die Stellung im Beruf vor Beginn der Maßnahme. Es ist offensichtlich, daß diese drei Qualifikationskriterien untereinander in einem engen Zusammenhang stehen und insofern tendenziell ähnliche Untersuchungsbefunde zu erwarten sind. Zunächst sei ein Blick auf die Ergebnisse geworfen, die sich anhand des Indikators "berufliche Vorbildung" der Teilnehmer abzeichnen.

---

[39] Wobei nicht immer jene Personen gefördert werden, die nach dem Willen des Gesetzgebers gemeint sind. So hat, wie Barnofski berichtet, das Bundessozialgericht in Einzelfällen auch Teilnehmer an einem Meisterlehrgang als Notwendigkeitsfall anerkannt, weil sie bisher nicht im Besitz eines formalen Berufsabschlusses waren oder mit dem Meisterbrief erstmals einen Abschluß erwerben würden. Vgl. Ulrich Barnofski: Arbeitsförderungsgesetz. Weiterbildung heute, a.a.O., S. 16

8.8.4.2 Weiterbildung von Frauen nach ihrer beruflichen Vorbildung

Im Jahre 1985 stellten die Personen ohne abgeschlossene Berufsausbildung in Nordrhein-Westfalen bezogen auf den gesamten Maßnahmekomplex bei den Frauen 3o,7 % und bei den Männern 33,o % aller Bildungsabsolventen (vgl. die Tabellen 56 N und 56 B). Ohne Berücksichtigung der Maßnahmen zur Verbesserung der Vermittlungsaussichten nach § 41a AFG verringert sich dieser Anteilswert noch um einige Prozentpunkte: Das zeigen die Daten für das Bundesgebiet, die eine Eliminierung dieser Maßnahmeart zulassen: Ohne Maßnahmen nach § 41a sind es bei Frauen 24,9 % und bei Männern 22,6 % der Teilnehmer, die der arbeitsmarktpolitischen Zielgruppe der Unqualifizierten angehören.

Auffällig ist das stark unterschiedliche Gewicht, das Personen ohne abgeschlossene Berufsausbildung bei den einzelnen Maßnahmekategorien einnehmen: Im Umschulungssektor, der, wie weiter oben dargestellt, nur einen geringen Teil aller weiblichen und männlichen Teilnehmer stellt, sind sie stark vertreten. Die Maßnahmen des Fortbildungssektors hingegen, der das Gros aller Teilnehmer umfaßt, sind in erster Linie auf die bereits fachlich qualifizierten Arbeitskräfte zugeschnitten. Auch in betrieblichen Einarbeitungsmaßnahmen werden Un- und Angelernte in weitaus geringerem Maße als in Umschulungsmaßnahmen integriert.

Darüber hinaus lassen sich in den drei Maßnahmetypen erhebliche Schwankungen zwischen dem Beteiligungsgrad von ungelernten Männern und ungelernten Frauen feststellen:

Bei Umschulungen, die eine breite und kostenträchtige Qualifizierung beinhalten, werden männliche Personen ohne abgeschlossene Berufsausbildung sehr viel häufiger berücksichtigt als Frauen mit gleich ungünstigen beruflichen Voraussetzungen.

Tabelle 56 N Die in berufliche Bildungsmaßnahmen eingetretenen Männer und Frauen nach ihrer Schul- und Berufsausbildung (in Prozent) 198o - 1985 - Nordrhein-Westfalen -

Im Laufe des Jahres	Eintritte insgesamt	Schulbildung - darunter: ohne Hauptschulabschluß	Schulbildung - darunter: mit Hauptschulabschluß, ohne mittleren Abschluß	Schulbildung - darunter: mit Fachhoch-Hochschulreife	Berufsausbildung - darunter: ohne abgeschlossene Berufsausbildung	Berufsausbildung - darunter: mit betrieblicher Berufsausbildung
Frauen						
Berufliche Bildungsmaßnahmen insgesamt 1)						
1980	(21500)	.	.	.	(35.9)	(55.1)
1981	(26729)	(7.9)	(63.1)	(7.7)	(38.4)	(56.1)
1982	22921	6.2	62.0	8.4	32.7	61.8
1983	26360	4.9	57.3	10.7	27.5	65.9
1984	27619	4.4	51.9	12.9	(35.7)	(57.8)
1985	32222	4.2	47.7	14.8	(30.7)	(61.2)
Fortbildung 1)						
1980	(15015)	.	.	.	(30.1)	(59.2)
1981	(20563)	(8.0)	(61.5)	(7.7)	(33.6)	(60.4)
1982	17703	5.9	60.3	8.6	27.8	66.5
1983	20335	4.1	56.9	10.6	23.7	70.1
1984	22306	3.9	51.5	12.4	(34.4)	(59.8)
1985	25504	3.5	47.7	14.0	(29.9)	(63.1)
Umschulung						
1980	3865	.	.	.	55.4	37.2
1981	4758	7.0	66.0	8.4	58.8	37.4
1982	4077	7.0	64.9	8.3	53.9	41.4
1983	3938	6.1	55.3	13.5	48.4	42.7
1984	4064	5.4	51.0	17.1	46.4	42.3
1985	4438	4.6	45.0	21.6	40.1	44.5
Betriebliche Einarbeitung						
1980	2620	.	.	.	40.3	57.8
1981	1408	9.9	76.8	4.4	39.3	56.5
1982	1141	7.4	78.2	6.0	32.8	61.8
1983	2087	9.6	65.7	6.3	25.3	69.0
1984	1249	10.6	60.4	7.6	26.8	66.2
1985	2280	10.3	52.6	9.9	23.2	68.5

noch:
Tabelle 56 N Die in berufliche Bildungsmaßnahmen eingetretenen Männer und Frauen nach ihrer Schul- und Berufsausbildung (in Prozent) 198o - 1985 - Nordrhein-Westfalen -

Im Laufe des Jahres	Eintritte insgesamt	Schulbildung - darunter: ohne Hauptschulabschluß	Schulbildung - darunter: mit Hauptschulabschluß, ohne mittleren Abschluß	Schulbildung - darunter: mit Fachhoch-Hochschulreife	Berufsausbildung - darunter: ohne abgeschlossene Berufsausbildung	Berufsausbildung - darunter: mit betrieblicher Berufsausbildung
Männer						
Berufliche Bildungsmaßnahmen insgesamt 1)						
1980	(47373)	.	.	.	(31.8)	(59.4)
1981	(57653)	(16.3)	(63.5)	(7.7)	(38.3)	(56.4)
1982	54526	16.5	63.8	7.0	37.9	57.0
1983	61373	15.0	62.7	8.6	33.2	59.7
1984	65264	15.1	60.1	9.7	(37.8)	(55.4)
1985	73989	14.0	58.2	11.3	(33.0)	(59.0)
Fortbildung 1)						
1980	(34904)	.	.	.	(22.4)	(66.6)
1981	(45203)	(14.4)	(64.2)	(7.6)	(30.1)	(63.9)
1982	41946	14.6	64.1	7.0	30.0	64.3
1983	45901	13.6	62.2	9.1	26.6	65.5
1984	52325	13.9	60.0	9.7	(34.5)	(58.2)
1985	57616	12.6	58.4	11.0	(30.0)	(62.1)
Umschulung						
1980	7262	.	.	.	70.8	25.8
1981	9617	23.9	58.0	8.9	75.0	23.2
1982	9754	24.9	60.1	7.3	73.2	24.6
1983	9949	22.5	60.8	7.8	66.6	30.2
1984	9692	22.4	57.9	9.8	61.5	33.9
1985	10325	22.0	54.1	13.8	58.3	34.6
Betriebliche Einarbeitung						
1980	5207	.	.	.	40.5	57.4
1981	3033	19.5	69.9	5.7	44.0	50.4
1982	2826	15.0	72.0	6.1	32.7	60.2
1983	5523	13.9	70.6	6.1	27.2	64.5
1984	3247	12.1	68.2	9.8	22.7	66.3
1985	6048	14.1	63.0	9.9	22.7	66.7

( ) = einschließlich Maßnahmen zur Verbesserung der Vermittlungsaussichten nach § 41 a AFG

. = keine Daten verfügbar

Quelle: Daten der Bundesanstalt für Arbeit, eigene Berechnungen

Tabelle 56 B Die in berufliche Bildungsmaßnahmen eingetretenen Männer und Frauen nach ihrer Schul- und Berufsausbildung (in Prozent) 198o - 1985 - Bundesgebiet -

Im Laufe des Jahres	Eintritte insgesamt	Schulbildung darunter: ohne Hauptschulabschluß	Schulbildung darunter: mit Hauptschulabschluß, ohne mittleren Abschluß	Schulbildung darunter: mit Fachhoch-Hochschulreife	Berufsausbildung - darunter: ohne abgeschlossene Berufsausbildung	Berufsausbildung - darunter: mit betrieblicher Berufsausbildung

Frauen

Berufliche Bildungsmaßnahmen insgesamt

1980	(80264)	(7.7)	(60.2)	(6.7)	(39.5)	(50.3)
1981	(91003)	(6.4)	(60.3)	(7.4)	(40.9)	(52.7)
1982	75074	4.7	58.8	8.4	36.4	57.0
1983	88007	3.7	56.9	9.8	31.1	61.2
1984	103259	3.2	52.5	11.2	27.8	63.9
1985	121671	3.1	49.5	12.4	24.9	66.1

Fortbildung

1980	(52795)	(7.0)	(56.5)	(7.0)	(32.1)	(55.8)
1981	(65308)	(6.4)	(58.3)	(6.8)	(34.8)	(58.7)
1982	55564	4.4	57.2	7.9	30.3	63.6
1983	67421	3.3	56.1	9.0	26.5	66.3
1984	81763	2.8	52.1	10.2	23.7	68.8
1985	96890	2.8	49.2	11.3	21.4	70,4

Umschulung

1980	15561	8.4	60.6	8.2	56.0	33.9
1981	19464	5.7	61.4	9.8	58.5	34.6
1982	15855	5.3	60.4	10.9	57.1	34.7
1983	14622	4.3	54.9	14.7	51.3	37.9
1984	15478	3.7	49.0	18.0	48.1	38.8
1985	16326	3.3	45.6	20.4	44.7	40.8

Betriebliche Einarbeitung

1980	11908	9.9	76.0	3.1	50.7	47.3
1981	6231	8.6	78.2	4.1	49.2	45.8
1982	3655	6.6	76.2	5.1	40.4	54.0
1983	5964	7.5	71.1	5.8	33.3	60.4
1984	6018	7.1	67.4	7.0	30.4	62.1
1985	8455	6.2	60.9	9.3	26.1	64.7

Arbeitslose nach ihrer Schul- und Berufsausbildung

1980	10,9	62,7	7,3	56,3	32,6
1981	12,0	60,6	8,0	56,5	32,8
1982	12,2	60,0	7,4	54,0	34,7

noch:
Tabelle 56 B Die in berufliche Bildungsmaßnahmen eingetretenen Männer und Frauen nach ihrer Schul- und Berufsausbildung (in Prozent) 198o - 1985 - Bundesgebiet -

Im Laufe des Jahres	Eintritte insgesamt	Schulbildung - darunter: ohne Hauptschulabschluß	Schulbildung - darunter: mit Hauptschulabschluß, ohne mittleren Abschluß	Schulbildung - darunter: mit Fachhochschulreife / Hochschulreife	Berufsausbildung - darunter: ohne abgeschlossene Berufsausbildung	Berufsausbildung - darunter: mit betrieblicher Berufsausbildung
Männer						
Berufliche Bildungsmaßnahmen insgesamt						
1980	(166711)	(11.7)	(64.2)	(7.3)	(27.2)	(63.1)
1981	(188504)	(10.8)	(65.9)	(7.3)	(29.9)	(63.8)
1982	167129	10.4	65.8	7.1	29.1	64.6
1983	194314	9.4	65.8	8.2	26.6	65.5
1984	219411	9.0	63.6	9.3	24.5	67.1
1985	249355	8.6	62.2	10.1	22.6	69.0
Fortbildung						
1980	(123672)	(9.9)	(63.8)	(7.2)	(17.6)	(70.4)
1981	(149408)	(9.4)	(66.5)	(6.7)	(21.7)	(71.5)
1982	133040	8.8	66.2	6.7	20.9	72.3
1983	152451	8.2	65.4	8.2	20.0	71.6
1984	178513	8.2	63.3	8.9	19.4	72.0
1985	201332	7.8	62.1	9.6	17.9	73.8
Umschulung						
1980	22366	20.6	55.8	10.1	67.3	28.3
1981	28034	17.2	58.8	10.9	69.6	27.2
1982	26248	18.3	60.8	9.1	70.0	26.7
1983	27700	16.3	62.8	9.4	64.7	31.0
1984	27579	15.1	60.6	11.7	60.0	34.3
1985	28785	14.6	58.2	14.3	57.8	35.4
Betriebliche Einarbeitung						
1980	20673	13.1	75.7	4.5	41.0	56.9
1981	11062	13.3	75.2	5.4	40.3	53.2
1982	7841	11.9	75.0	6.3	31.3	61.1
1983	14163	8.8	75.7	6.9	23.1	67.8
1984	13319	6.5	74.2	9.0	19.4	69.4
1985	19238	7.8	69.9	9.7	19.3	69,6
Arbeitslose nach ihrer Schul- und Berufsausbildung						
1980		16,4	59,5	10,4	51,1	38,8
1981		17.8	58,2	9,5	53,0	38,4
1982		18,1	60,4	7,9	49,9	41,9

( ) = einschließlich Maßnahmen zur Verbesserung der Vermittlungsaussichten nach § 41 a AFG

Quelle: Daten der Bundesanstalt für Arbeit, eigene Berechnungen

Dieses für Frauen nachteilige Ergebnis gilt für Nordrhein-Westfalen und den übergeordneten Vergleichsraum, das Bundesgebiet, in etwa ähnlichem Maße. Bei den Frauen, die sich umschulen lassen, machten die Personen ohne Berufsabschluß im Jahre 1985 44,7 % (NRW: 4o,1 %) aller Umschülerinnen aus, bei den Männern belief sich ihr Anteil auf 57,8 % (NRW: 58,3 %) aller Umschüler.

Auch in den Jahren zuvor war der Anteil der Männer ohne Berufsabschluß bei Umschulungen stets größer als bei Frauen. Dieses Ergebnis zeigt im übrigen auch, daß es fehl geht, die (in früheren Jahren vorhandene) überproportionale Beteiligung von Frauen an Umschulungsmaßnahmen nur mit einer mangelnden Berufsausbildung von Frauen in Verbindung zu bringen: "Dabei sind Frauen an Umschulungs- und Einarbeitungsmaßnahmen stärker vertreten, da ihnen in der Regel die qualifizierte Erstausbildung, auf die eine berufliche Fortbildung aufbauen könnte, fehlt".[40]

Andere und zwischen Bundesgebiet und Nordrhein-Westfalen teils abweichende Befunde zeigen sich für die beiden übrigen Maßnahmebereiche:

Im Fortbildungssektor sind auf Bundesebene Frauen ohne abgeschlossene Berufsausbildung (1985: 21,4 %) über den gesamten Beobachtungszeitraum hin anteilmäßig etwas stärker vertreten als die entsprechende Gruppe der Männer (1985: 17,9 %). Dieses Ergebnis dürfte damit zusammenhängen, daß männliche Fortbildungsteilnehmer häufiger als Frauen an Aufstiegsmaßnahmen teilnehmen bzw. sich zu einem geringeren Teil als bei den Frauen aus zuvor arbeitslosen Personen zusammensetzen, unter denen die minderqualifizierten Personen wie dargestellt überproportional vertreten sind. In Nordrhein-Westfalen schlagen diese Effekte weniger durch: 1982 und 1983 liegen hier auch im

---

[40] Frauenbericht. Bericht der Landesregierung Nordrhein-Westfalen, Düsseldorf 1982, S. 127

Fortbildungssektor die Anteile der Frauen ohne Berufsabschluß unter denjenigen der Männer. Höhere weibliche Anteilswerte ergeben sich nur in den Jahren 198o, 1981 und 1985, die jedoch darauf zurückzuführen sind, daß in diesen Jahren in den Daten zur Beteiligung an Fortbildungsmaßnahmen auch die (nicht herausrechenbaren) Absolventen von Kursen zur Verbesserung der Vermittlungsaussichten enthalten sind, also an jenen Kursen, die insbesondere in Nordrhein-Westfalen überdurchschnittlich stark mit Frauen besetzt sind. Dies bedeutet wiederum, daß ein großer Teil der Personen ohne abgeschlossene Berufsausbildung, wenn er beruflich gefördert wird, auf lediglich diese kurzfristigen Maßnahmen verwiesen wird. Dies bestätigt sich auch anhand weiterer (unveröffentlichter) Daten:

In Nordrhein-Westfalen setzten sich die männlichen wie die weiblichen Teilnehmer an Maßnahmen zur Verbesserung der Vermittlungsaussichten im Jahre 1983 ausschließlich aus Personen ohne abgeschlossene Berufsausbildung zusammen. Ein Jahr zuvor lagen die Anteilswerte der Unqualifizierten bei dieser Maßnahmeart noch bei 29,2 % (Männer) bzw. bei 26,4 % (Frauen). Auch im Bundesgebiet waren die § 41a AFG-Kurse 1984, anders als in früheren Jahren, ausschließlich mit Personen besetzt, die über keinen beruflichen Abschluß verfügten. Diesen maßnahmespezifischen Effekt gilt es bei "Erfolgsmeldungen" der Arbeitsverwaltung über die zunehmende Zielgruppenadäquanz ihrer Förderung zu berücksichtigen.

Inwieweit sich die beschriebenen qualifikationsspezifischen Anteilswerte sowie die hierbei sichtbar gewordenen geschlechtsspezifischen Unterschiede mit tatsächlichen "Benachteiligungen" und "Bevorteilungen" verbinden, bzw. inwieweit sich in der Realität die Fördermaßnahmen dem Problemdruck und der proklamierten Zielsetzung entsprechend auch vorrangig, d.h. überproportional auf die Gruppe der ungelernten Frauen und Männer konzentrieren, läßt sich abschließend erst klären, wenn die Verteilung in den relevanten Grundgesamtheiten zum Vergleich herangezogen wird.

Für das Bundesgebiet war eine zusätzliche Differenzierung der Teilnehmerdaten nach vor Beginn der Maßnahme arbeitslosen Teilnehmern und somit ein uneingeschränkter Vergleich mit den entsprechenden Anteilswerten unter den Arbeitslosen möglich (vgl. Tabelle 57 B). **Hierbei zeigt sich, daß zuvor arbeitslose Personen ohne abgeschlossene Berufsausbildung in der Weiterbildungspraxis der Bundesanstalt keineswegs in dem Maße Berücksichtigung bei beruflichen Bildungsmaßnahmen finden, wie es ihrem Anteil am Gesamtarbeitslosenbestand entspricht. Umgekehrt sind Arbeitslose mit betrieblicher Ausbildung weit überrepräsentiert.** Die Diskrepanzen sind dabei mit Ausnahme der Jahre 1975 und 1976 bei Frauen erheblich größer als bei Männern: Während 1985 Frauen ohne abgeschlossene Berufsausbildung die Hälfte des weiblichen Arbeitslosenbestandes ausmachten, war unter den zuvor arbeitslosen Teilnehmerinnen nur ein gutes Drittel ohne abgeschlossene Berufsausbildung vertreten. Bei den Männern lag das entsprechende Verhältnis bei rund 5o % zu rund 4o %.

In den Jahren 1979 bis 1982 ergeben sich etwas günstigere Relationen zwischen beiden Anteilswerten. Dieser Befund hängt mit dem an anderer Stelle bereits kritisch bewerteten Einbezug der Teilnehmer an Maßnahmen zur Verbesserung der Vermittlungsaussichten in die Gesamtteilnehmerzahl zusammen. 1982 deuten die Anteilswerte der Teilnehmer bei den Männern (nicht bei den Frauen!) sogar auf eine leichte Überrepräsentation männlicher Teilnehmer ohne abgeschlossene Berufsausbildung hin.

Sieht man von diesen, mit den übrigen Zeitpunkten nicht vergleichbaren Werten ab, so läßt sich die geringste Abweichung zwischen den beiden Vergleichsquoten im Jahre 1976 feststellen. In diesem Jahr, in dem das Haushaltsstrukturgesetz wirksam wurde, schlug also der mit diesem Gesetz beabsichtigte

Programmeffekt zugunsten der Arbeitskräfte mit ungünstigen beruflichen Voraussetzungen zunächst relativ stark durch.

Tabelle 57 B **Zuvor arbeitslose** (neu eingetretene) Teilnehmer/innen in beruflichen Bildungsmaßnahmen (insgesamt) sowie Arbeitslose **nach der beruflichen Vorbildung** - Bundesgebiet -

Jahr	ohne abgeschlossene Berufsausbildung		mit betrieblicher Berufsausbildung	
	zuvor arbeitslose Teiln. in v.H. aller zuvor arbeitslosen Teilnehmer	Arbeitslose in v.H. aller Arbeitslosen (Sept.)	zuvor arbeitslose Teiln. in v.H. aller zuvor arbeitslosen Teilnehmer	Arbeitslose in v.H. aller Arbeitslosen (Sept.)
		- Männer -		
1975	36,8	52,7	57,3	39,o
1976	38,8	47,o	56,5	41,7
1977	35,9	49,5	47,3	39,6
1978	37,1	51,6	45,9	38,8
1979	(41,3)	49,5	(43,1)	39,5
198o	(46,6)	51,1	(44,6)	38,8
1981	(5o,8)	53,o	(41,9)	38,4
1982	(5o,7)	49,9	(42,3)	41,9
1983	39,7	49,2	51,5	42,1
1984	35,6	48,5	54,9	42,9
1985	(40,2)	49,4	(51,2)	42,1
		- Frauen -		
1975	51,1	64,6	45,5	29,7
1976	51,7	57,4	45,1	34,6
1977	4o,2	56,5	47,6	34,4
1978	4o,2	56,7	46,6	33,4
1979	(41,8)	56,2	(44,5)	32,8
198o	(46,2)	56,3	(45,1)	32,6
1981	(47,1)	56,5	(46,3)	32,8
1982	(44,o)	54,o	(49,4)	34,7
1983	34,6	52,7	57,7	35,9
1984	3o,8	5o,4	6o,7	37,1
1985	(35,2)	5o,o	(56,2)	37,4

1) Bei den in Klammern gesetzten Anteilen sind (nicht herausrechenbare) Teilnehmer/innen an Maßnahmen zur Verbesserung der Vermittlungsaussichten nach § 41 a AFG enthalten.

Quelle: Daten der Bundesanstalt für Arbeit und eigene Berechnungen

In den darauffolgenden Jahren hingegen wurden die Frauen mit dem größten Defizit an beruflicher Qualifikation immer weniger durch die Weiterbildungsangebote der Bundesanstalt erfaßt: Im

Jahre 1985 ist das Ungleichgewicht zwischen der Weiterbildungsbeteiligung der beruflich qualifizierten Arbeitslosen und der unqualifizierten Arbeitslosen größer als 1975, also im Jahr vor Verabschiedung des Haushaltsstrukturgesetzes. Betrug die Differenz zwischen beiden Anteilswerten damals 13,5 Prozentpunkte, so liegt sie jetzt, selbst bei Einbezug der Teilnehmerinnen an § 41a AFG-Maßnahmen, bei 14,8 Prozentpunkten.

Bei den Männern hat hingegen die Treffgenauigkeit der Weiterbildungsförderung im Vergleich zu 1975 (nicht jedoch im Vergleich zu 1979 bis 1983) geringfügig zugenommen. Eine kompensatorische Funktion, die sich in einer ausgeprägten überproportionalen Beteiligung dieser Zielgruppe äußern würde, hat jedoch staatliche Qualifizierungspolitik auch bei Männern nicht ausgeübt. Der Abstand zwischen beiden Anteilswerten ist lediglich etwas zusammengeschmolzen, nämlich von 15,9 Prozentpunkten in 1975 auf 9,5 Prozentpunkte in 1985.

Für den Gesamtförderungskomplex bzw. im Vergleich mit der Struktur der zuvor arbeitslosen Teilnehmer/innen legen die Ergebnisse also offen, daß die Fördermaßnahmen entgegen ihren Intentionen dazu beitragen, die ungleiche Verteilung von Arbeitsmarktrisiken und -chancen zu verfestigen statt sie abzubauen. **Frauen ohne Berufsabschluß gehören dabei - mit zunehmender Tendenz - in noch geringerem Maße zu den Adressaten aktiver Arbeitsmarktpolitik wie Männer mit gleich ungünstigen qualifikatorischen Voraussetzungen.**

Noch bedenklicher erscheint dieses Ergebnis, wenn man berücksichtigt, daß die Zielgruppe der Unqualifizierten nicht nur die geringsten Zugangschancen zu staatlich finanzierten Weiterbildungsinstitutionen hat, sondern sich auch die "Qualität" des für sie bereitgestellten Weiterbildungsangebots, wie die zunehmende Bedeutung der § 41a-Maßnahmen zeigt, immer mehr verschlechtert hat. Darüber hinaus dürften die qualifizierten Arbeitnehmer seit jeher auch unter Verwertungsgesichtspunkten stärker von öffentlicher Weiterbildungsförderung profitiert haben, weil diese bei ihnen eher zu einer Verbesserung der beruflichen Position beitrug, während die wenig anspruchsvollen Anpassungsmaßnahmen für Unqualifizierte den beruflichen Status dieses Personenkreises wohl kaum durchgreifend verändern konnten. 1983 zielte die Fortbildungsteilnahme nur für knapp 5 % der Frauen und für knapp 7 % der Männer ohne abgeschlossene Berufsausbildung in Nordrhein-Westfalen auf einen beruflichen Aufstieg. Hingegen versprach sich jede vierte der besser qualifizierten Frauen von der Fortbildung eine berufliche Statusverbesserung. Auch insofern also haben die Maßnahmen für Unqualifizierte das System sozialer Ungleichheit nicht nivelliert, sondern stabilisiert.[41]

Die bisherigen Aussagen bezogen sich auf die Gesamtheit der beruflichen Bildungsmaßnahmen. Für Umschulungs- und Einarbeitungsmaßnahmen, die sich, wie weiter oben dargestellt, zu 8o bis 9o % aus zuvor arbeitslosen Teilnehmern zusammensetzen, ist ohne große Einschränkung ebenfalls ein Vergleich mit der entsprechenden Verteilung unter den Arbeitslosen möglich (vgl. Tabelle 58 N).

Im Umschulungssektor zeigt sich, daß das eingangs anhand von Anteilswerten beschriebene geschlechtsspezifische Gefälle auch in relativer Sicht gilt:
Bei Männern wird, wenn sie keine abgeschlossene Berufsausbildung haben, in überproportionalem Maße das Instrument der Umschulung eingesetzt und es wird ihnen die Möglichkeit geboten, erstmals einen Berufsabschluß zu erwerben. Bei Frauen liegt hingegen in den letzten Jahren der Anteil der Teilnehmerinnen ohne Berufsabschluß selbst in diesem für den Personenkreis der Unqualifizierten so wichtigen Maßnahmesektor unter dem entsprechenden Anteil an den Arbeitslosen: 1985 hatten 5o,7 % der weiblichen Arbeitslosen in Nordrhein-Westfalen keine abge-

---

41 Vgl. auch Enno Schmitz: Leistung und Loyalität. Berufliche Weiterbildung und Personalpolitik in Industrieunternehmen, Stuttgart 1978, S. 139

schlossene Berufsausbildung, aber unter den Umschülerinnen stellte dieser Personenkreis nur 4o,1 %. Männer ohne abgeschlossene Berufsausbildung hingegen waren unter den Umschülern mit 58,3 % und unter den männlichen Arbeitslosen mit 52,6 % vertreten, so daß das Ausgleichsziel der Bildungsförderung zumindest in diesem beschränkten Bereich als nicht verletzt gelten kann.

Tabelle 58 N Anteil der Männer und Frauen ohne abgeschlossene Berufsausbildung an den Arbeitslosen und an den neu in Umschulungs- und betriebliche Einarbeitungsmaßnahmen eingetretenen Teilnehmern - Nordrhein-Westfalen -

Jahr	ohne abgeschlossene Berufsausbildung in v.H. der Arbeitslosen	in v.H. der Umschüler/innen	in v.H. der Teilnehmer/innen an betriebl. Einarbeitungsmaßnahmen
		MÄNNER	
198o	54,9	7o,8	4o,5
1981	56,4	75,o	44,o
1982	52,9	73,2	32,7
1983	52,6	66,6	27,2
1984	51,7	61,5	22,7
1985	52,6	58,3	22,7
		FRAUEN	
198o	57,o	55,4	4o,3
1981	56,8	58,8	39,3
1982	54,2	53,9	32,8
1983	53,2	48,4	25,3
1984	51,3	46,4	26,8
1985	5o,7	4o,1	23,2

Quelle: Daten der Bundesanstalt für Arbeit und eigene Berechnungen

Die Ergebnisse für den Maßnahmetyp "Betriebliche Einarbeitung" erhärten unsere schon eingangs geäußerte Vermutung, daß die Betriebe angesichts des großen Bestandes qualifizierter Arbeitsloser kaum Anlaß haben, auf unqualifizierte Arbeitnehmer zurückzugreifen. So zählten denn auch 1985 in Nordrhein-Westfalen nur gut 2o % der Frauen und Männer, für die die Arbeitgeber Einarbeitungszuschüsse erhielten, zum Personenkreis ohne Berufsabschluß, für den eine Einarbeitungsmaßnahme besonders wichtig wäre, während - wie erwähnt - über die Hälfte aller arbeitslosen Frauen und Männer keinen beruflichen Abschluß aufwies.

Hinzu kommt, daß die Zielgruppenadäquanz beider Maßnahmen-Bereiche bei beiden Geschlechtern seit 198o nahezu von Jahr zu Jahr durchgängig abgenommen hat, besonders rapide im Einarbeitungssektor (vgl. Tabelle 58 N sowie die Tabellen 56 N, 56 B und 57 B). Die zunehmende Zahl qualifizierter Arbeitsloser vergrößert die Selektionsmöglichkeiten zugunsten der "unproblematischsten" Fälle und bringt diejenigen, die der Unterstützung durch qualifizierende Maßnahmen am dringendsten bedürfen, immer mehr ins Abseits.

8.8.4.3 Weiterbildung von Frauen nach ihrer schulischen Vorbildung

Schaut man auf die schulische Vorbildung der geförderten Männer und Frauen und vergleicht - auf Bundesebene - die Anteilswerte mit der entsprechenden Verteilung unter den Arbeitslosen in Tabelle 56 B,[42] so werden folgende Charakteristika deutlich:

- Arbeitnehmer ohne Hauptschulabschluß, Personen also, deren Wettbewerbsfähigkeit auf dem Arbeitsmarkt derzeit in besonderem Maße eingeschränkt ist, wurden bei den Männern nur im Umschulungssektor in etwas höherem Maße (198o) oder in etwa dem gleichen Maße (1981 und 1982) berücksichtigt, in dem sie unter den Arbeitslosen vertreten sind. In den übrigen Förderungsbereichen sind sie nicht überrepräsentiert - wie es dem Gesetzeswortlaut nach erforderlich wäre -, sondern unterproportional beteiligt. Die Daten in den Jahren 198o

---

[42] Eine Differenzierung nach zuvor arbeitslosen Teilnehmern ließ das vorhandene Datenmaterial nicht zu. Ferner war die Aufteilung der Arbeitslosen nach ihrer schulischen Bildung nur für das Bundesgebiet verfügbar und auch hier nur für die Jahre 198o, 1981 und 1982.

und 1981 enthalten dabei auch Teilnehmer an Maßnahmen zur Verbesserung der Vermittlungsaussichten, die formal dem Komplex der Fortbildung zugeordnet sind. Hier nicht näher dokumentierte Daten für 1984 zeigen, daß diese Kurzzeitmaßnahmen im Bundesgebiet bei beiden Geschlechtern zu knapp 6o % von Personen ohne Hauptschulabschluß frequentiert werden, der restliche Teil besitzt einen Hauptschul-, aber keinen mittleren Abschluß. Wie erwartet ergibt sich also eine hohe Konzentration zwischen den Merkmalen "berufliche Vorbildung" und "schulische Vorbildung", handelte es sich doch wie dargestellt bei den weiblichen und männlichen Absolventen von § 41a-Kursen ausschließlich um Personen ohne abgeschlossene Berufsausbildung.

- Frauen ohne Hauptschulabschluß werden bei allen Förderungsarten, also auch bei Umschulungen, in extremem Maße benachteiligt. Während ihr Anteil an den Arbeitslosen 1982 12,2 % betrug, waren sie in Fortbildungsmaßnahmen nur mit 4,4 %, in Umschulungs- mit 5,3 % und in betrieblichen Einarbeitungsmaßnahmen mit 6,6 % vertreten.

- Personen, die zwar einen Hauptschulabschluß, aber keinen mittleren Abschluß aufweisen, und die ebenfalls vom Wettbewerbskampf auf dem Arbeitsmarkt überdurchschnittlich betroffen sind, weisen im Bereich der betrieblichen Einarbeitung - verglichen mit ihrem Anteil an den Arbeitslosen - ein relativ starkes Übergewicht auf. Bei männlichen Arbeitnehmern ohne mittleren Abschluß liegen die anteiligen Werte auch im Fortbildungssektor über dem spezifischen Wert an der Gesamtheit der Arbeitslosen. Bei Frauen hingegen ist es nicht gelungen, diese Personengruppe mit relativ ungünstigen schulischen Voraussetzungen zumindest in dem Maße, wie es ihrem Anteil an den Arbeitslosen entspricht, geschweige denn überproportional hierzu, in Fortbildungsveranstaltungen zu integrieren.

- Bei den Frauen beteiligen sich daher in relativ stärkerem Maße als bei den Männern solche Arbeitnehmerinnen an Weiterbildungsveranstaltungen, die mindestens einen mittleren Schulabschluß vorweisen können.
  Die aus den Tabellen 56 N und 56 B ersichtlichen Anteile für Teilnehmer/innen mit Fachhochschul- oder Hochschulreife unterstreichen dieses Ergebnis:
  Bei dieser Gruppe, die hinsichtlich ihrer Vorbildung am positiven Rand der Qualifikationsskala steht, zeigt sich für Frauen - anders als bei Männern - 1982 selbst im Fortbildungssektor eine leichte Überrepräsentanz. Darüber hinaus fällt auf, daß diese bildungsgewohnte soziale Gruppe bei Umschulungsmaßnahmen eine privilegierte Stellung einnimmt. Sie stellten 1982 1o,9 % (NRW: 8,3 %) der Umschülerinnen, obwohl ihr Anteil unter den Arbeitslosen bundesweit nur bei 7,4 % lag. 1985, also nur 3 Jahre später, ist ihr relatives Gewicht an den Umschülerinnen auf 2o,4 % (NRW: 21,6 %) gewachsen. Damit bestätigt sich ein aus zahlreichen anderen Studien bekanntes Ergebnis: **Je höher also der allgemeine Bildungsabschluß, desto größer die entsprechende Weiterbildungsquote.**

- Als weiteres negatives Ergebnis muß festgehalten werden, daß sich die Anteile der Personen ohne Hauptschulabschluß und derjenigen, die höchstens einen solchen aufweisen, seit 1982 nahezu permanent nach unten entwickelt haben. Dieser Trend wird nur an wenigen Stellen (z.B. leichte relative Zunahme der männlichen Teilnehmer ohne Hauptschulabschluß von 1983 auf 1984 in Nordrhein-Westfalen) unterbrochen. Spiegelbildlich hierzu hat das relative Gewicht der schulisch besser qualifizierten Frauen und Männer immer mehr zugenommen.

Insgesamt gesehen bestätigt sich also auch gemessen an der schulischen Vorbildung der Bildungsteilnehmer, daß die praktizierte Förderung eher dazu beiträgt, vorhandene Ungleichge-

wichte zu verfestigen, anstatt sie zu nivellieren. Bei den Arbeitnehmerinnen mit ungünstigem formalen Bildungsstand ist ihr der notwendige Gegensteuerungsprozeß in noch geringerem Maße als bei ihren männlichen Kollegen gelungen. Darüber hinaus wurde auch anhand dieses Indikators deutlich, daß sich die Förderung seit 198o immer weiter von der anvisierten - und noch zu keinem Zeitpunkt realisierten - Zielgruppenadäquanz der Maßnahmen entfernt hat.

Da für Arbeitslose mit bereits relativ guter Ausbildung eine größere Erfolgswirksamkeit der Maßnahme zu erwarten ist, nutzt die Arbeitsverwaltung - bewußt oder unbewußt - ihre mit der Zahl der qualifizierten Arbeitslosen zunehmenden Selektionsmöglichkeiten, wodurch Angehörige unterer Qualifikationsstufen mehr und mehr ins Hintertreffen geraten.

8.8.4.4 Weiterbildung von Frauen nach der Stellung im Beruf vor Eintritt in die Maßnahme

Weitere Anhaltspunkte über die Zielgruppenadäquanz der Fördermaßnahmen lassen sich aus der Stellung im Beruf, die die Bildungsabsolventen vor Beginn der Bildungsveranstaltungen innehatten, gewinnen (vgl. die Tabellen 59 N und 59 B):

Für den Gesamtbereich der drei untersuchten Maßnahmetypen zeigt sich in Nordrhein-Westfalen bei den Männern im Vergleich der Jahre 198o und 1985 eine Verschiebung der Anteilswerte zugunsten der Arbeiter und zu Lasten der Angestellten.

Bei den Frauen in Nordrhein-Westfalen hingegen verlief die Entwicklung in die entgegengesetzte Richtung: Hier kam es von Jahr zu Jahr zu Umschichtungen in den Anteilen zugunsten der weiblichen Angestellten und zu Lasten der Arbeiterinnen. Erst 1984 kehrt sich dieser Trend leicht ins Gegenteil um.

Tabelle 59 N Die in berufliche Bildungsmaßnahmen (insgesamt) neu eingetretenen Männer und Frauen nach der Stellung im Beruf vor der Maßnahme (in Prozent) 198o - 1985 - Nordrhein-Westfalen -

Männer

Im Laufe des Jahres	Eintritte insgesamt (ohne Maßnahmen nach § 41 a)	davon in Prozent: Angestellte / Beamte	Facharbeiter 1)	Nicht-Facharbeiter 1)	Sonstige 2)	In den letzten 6 Jahren nicht erwerbstätig 3)	bisher nicht erwerbstätig
1980	45157	29.0	68.9	+	1.2	0.2	0.7
1981	52389	26.1	32.7	38.7	1.2	0.6	0.7
1982	54526	24.5	33.1	40.7	1.0	0.3	0.4
1983	61373	26.0	35.3	36.3	1.5	0.4	0.5
1984	65264	25.3	37.5	34.0	1.9	0.5	0.8
1985	73989	25.7	39.0	31.6	2.1	0.6	1.0

Frauen

Im Laufe des Jahres	Eintritte insgesamt (ohne Maßnahmen nach § 41 a)	Angestellte / Beamte	Facharbeiter 1)	Nicht-Facharbeiter 1)	Sonstige 2)	In den letzten 6 Jahren nicht erwerbstätig 3)	bisher nicht erwerbstätig
1980	20351	69.0	25.8	+	1.6	1.4	2.2
1981	23002	70.7	6.3	16.8	1.8	3.4	1.1
1982	22921	73.8	6.8	14.4	2.5	2.0	0.5
1983	26360	76.0	6.9	10.9	3.8	1.7	0.6
1984	27619	75.7	7.1	10.2	4.3	1.7	0.9
1985	32222	74.4	7.1	9.8	4.6	2.5	1.6

1) Bis 1980 wurde nur nach Arbeitern, nicht nach Facharbeitern und Nichtfacharbeitern differenziert
Die Werte für Arbeiter insgesamt sind bis 1980 in der Spalte Facharbeiter ausgewiesen.

2) Sonstige = Mithelfende Familienangehörige, Selbstständige und (ab 1981) sonstige, nicht zuordbare Personen.

3) Erst ab 1980 erhoben.

Quelle: Daten der Bundesanstalt für Arbeit, eigene Berechnungen

Tabelle 59 B Die in berufliche Bildungsmaßnahmen (insgesamt) neu eingetretenen Männer und Frauen nach der Stellung im Beruf vor der Maßnahme (in Prozent) 1971 - 1985 - Bundesgebiet -

Männer

Im Laufe des Jahres	Eintritte insgesamt (ohne Maßnahmen nach § 41 a)	davon in Prozent					
		Angestellte / Beamte	Facharbeiter 1)	Nicht-Facharbeiter 1)	Sonstige 2)	In den letzten 6 Jahren nicht erwerbstätig 3)	bisher nicht erwerbstätig
1971	225877	40.6	56.8	+	2.3	+	0.2
1972	206447	41.3	57.0	+	1.6	+	0.1
1973	176925	40.1	58.5	+	1.3	+	0.1
1974	172032	38.5	60.4	+	1.0	+	0.1
1975	201007	37.8	61.3	+	0.7	+	0.2
1976	111634	35.0	64.1	+	0.6	+	0.2
1977	97539	33.4	65.2	+	1.1	+	0.3
1978	122354	33.2	65.0	+	1.2	+	0.5
1979	143142	32.5	65.9	+	1.0	+	0.6
1980	157862	29.8	68.4	+	1.1	0.1	0.6
1981	174069	27.6	39.8	30.5	1.1	0.3	0.6
1982	167129	27.0	39.9	31.6	1.0	0.2	0.3
1983	194314	27.1	41.2	29.4	1.6	0.3	0.5
1984	219411	27.6	41.7	27.7	2.0	0.3	0.7
1985	249355	27.4	42.9	26.3	2.1	0.5	0.8

Frauen

1971	62513	59.9	30.4	+	3.3	+	6.4
1972	53838	65.3	27.3	+	2.6	+	4.8
1973	50017	68.2	25.9	+	2.5	+	3.5
1974	60565	71.9	24.2	+	1.7	+	2.2
1975	69846	74.6	22.7	+	1.2	+	1.5
1976	39893	73.6	23.7	+	1.0	+	1.7
1977	38387	70.4	25.9	+	1.5	+	2.2
1978	52873	70.1	25.9	+	1.7	+	2.3
1979	65636	67.4	28.4	+	1.4	+	2.8
1980	75009	66.1	28.6	+	1.5	1.6	2.3
1981	80934	68.8	6.8	18.1	1.5	3.5	1.3
1982	75074	72.5	7.0	15.6	1.8	2.3	0.7
1983	88007	73.8	7.2	13.3	3.2	1.7	0.7
1984	103259	74.6	7.1	11.6	3.8	1.9	1.1
1985	121671	74.0	7.1	11.1	3.8	2.7	1.4

1) Bis 1980 wurde nur nach Arbeitern, nicht nach Facharbeitern und Nichtfacharbeitern differenziert
Die Werte für Arbeiter insgesamt sind bis 1980 in der Spalte Facharbeiter ausgewiesen.
2) Sonstige = Mithelfende Familienangehörige, Selbstständige und (ab 1981) sonstige, nicht zuordbare Personen.
3) Erst ab 1980 erhoben.

Quelle: Daten der Bundesanstalt für Arbeit, eigene Berechnungen

Für das Bundesgebiet, für das längerfristige Zeitreihen verfügbar waren, kommt der beschriebene Umschichtungsprozeß zwischen Angestellten und Arbeitern sehr viel deutlicher zum Ausdruck: Stellten die Männer, die zuvor als Angestellte oder Beamte tätig waren, im Jahre 1971 noch 4o,6 %, 1975 noch 37,8 % und 198o 29,8 % der Teilnehmer, so ist ihr Anteil 1985 auf 27,4 % geschrumpft.[43] Komplementär zu diesen sich verringernden Anteilen der Angestellten nahm der Anteil der Arbeiter im gleichen Zeitraum von 56,8 % in 1971 und 61,3 % in 1975 auf 69,2 % in 1985 zu. Dieser Umschichtungsprozeß verlief nahezu kontinuierlich, erst ab 1983 kam es zu einem Stillstand bzw. einer leicht gegenläufigen Entwicklung. Mit dieser Entwicklung vollzog sich lediglich eine allmähliche Anpassung der Struktur der männlichen Teilnehmer an die Struktur der männlichen Arbeitslosen. Denn männliche Angestellte waren unter den Weiterbildungsabsolventen im Vergleich zu den Arbeitslosen seit jeher und, sehr stark abgeschwächt, auch noch in jüngerer Zeit überrepräsentiert, denn unter den Arbeitslosen lag der Anteil der Angestellten bei den Männern 1975 bei 23,6 %, 198o bei 24,5 %, 1984 bei 2o,7 % und 1985 bei 2o,9 %. Der Anteil der zuvor arbeitslosen Angestellten an allen zuvor arbeitslosen Teilnehmern betrug 1984 26,5 % und überschritt damit auch noch zu diesem Zeitpunkt den entsprechenden Wert an den Arbeitslosen von 2o,7 %.

Umgekehrt stieg der Anteil der Frauen, die zuvor im Angestelltenverhältnis gearbeitet hatten, von 59,9 % in 1971 auf 74,6 % in 1975 an, sank sodann stetig bis auf 66,1 % in 198o, um dann erneut anzusteigen auf 74,6 % in 1984 (zuvor arbeitslose Angestellte: 72,3 %). 1985 lag er bei 74,8 %, während die Arbeiterinnen nach 3o,4 % in 1971 im Jahre 1985 nurmehr 18,2 % der Teilnehmerinnen stellten. Somit waren zuvor als Angestell-

---

43 Die Prozentzahlen von Angestellten und Arbeitern werden auch durch im Zeitablauf abweichende Anteile der übrigen Personengruppen in den oben genannten Tabellen beeinflußt, die Relationen zwischen Angestellten und Facharbeitern/innen bleiben hiervon jedoch unberührt.

te[44] tätige Frauen im Vergleich zu den Arbeitslosen zu jedem Zeitpunkt extrem überrepräsentiert, denn bei dieser Vergleichsgruppe lag ihr Anteil 1975 bei 45,9 %, 198o bei 49,7 %, 1984 bei 53,8 % und 1985 bei 54,1 %.

Für unsere Fragestellung besonders aufschlußreich ist die Teilnahmehäufigkeit von Nicht-Facharbeitern/innen. Die (erst ab 1981 vorliegenden) Daten in den zuvor angeführten Tabellen legen offen, daß 1985 im Bundesgebiet nur 11,1 % und in Nordrhein-Westfalen nur 9,8 % der Frauen, die sich im Rahmen der AFG-Förderung weiterbildeten, vorher als Nicht-Facharbeiterin gearbeitet hatten. Bei den Männern lagen die entsprechenden Prozentanteile bei 26,3 % (Bundesgebiet) bzw. 31,6 % (NRW). Wie ersichtlich haben sich die Anteilswerte dieser arbeitsmarktpolitischen Problemgruppe im Beobachtungszeitraum permanent nach unter entwickelt.

Lediglich bei den Männern kam es von 1981 auf 1982 in beiden Untersuchungsräumen zu einer Aufwärtsbewegung. Dieses leichte Zwischenhoch ist wesentlich auf die Einschränkungen des AFGK vom 1.1.1982 im Bereich der Aufstiegsfortbildung (Umwandlung des Unterhaltsgeldanspruchs bei zweckmäßigen Maßnahmen in einem Darlehensanspruch) zurückzuführen, durch die unqualifizierte Arbeitnehmer - relativ gesehen - "bevorteilt" wurden, weil sich dieser Einschnitt in erster Linie zu Lasten qualifizierter Arbeitnehmer auswirkte. Hingegen schlägt sich die Reduzierung der Darlehensgewährung zur Kannleistung seit Januar 1984 nicht in gleicher Weise in den statistischen Daten nieder.

---

44 Wobei es aufschlußreich und wünschenswert wäre, wenn die Gruppe der Angestellten in der Teilnehmerstatistik ebenso wie in der Arbeitslosenstatistik qualitativ differenziert würde. Im September 1985 übten gemäß der Systematik der Bundesanstalt 59 % der weiblichen Arbeitslosen, die zuvor als Angestellte tätig gewesen waren, eine Angestelltenposition mit gehobener Tätigkeit aus, 41 % eine Position mit einfacher Tätigkeit.

Die ohnehin weitaus geringeren Anteile der Frauen sind dabei sehr viel rapider gesunken als die der Männer, und zwar innerhalb eines Zeitraums von nur 5 Jahren um 42 % (von 16,8 % in 1981 auf 9,8 % in 1985) in Nordrhein-Westfalen (Männer: - 18,4 %) und um 39 % (von 18,1 auf 11,1 %) im Bundesgebiet (Männer: - 13,8 %). Diese markante Verschlechterung in einem relativ kurzen Zeitraum läßt sich sicherlich nicht (ausschließlich) durch Veränderungen in der entsprechenden Grundgesamtheit potentieller Bildungsteilnehmer erklären, wie sich im folgenden noch bestätigen wird.

Tabelle 6o B Anteile von Nichtfacharbeitern/innen an den neu in Weiterbildungsmaßnahmen eingetretenen Teilnehmern/innen und an den Arbeitslosen - Bundesgebiet -

Jahr	Nichtfacharbeiter/innen in v.H. Eintritte	Arbeitslose	Anteil an Arbeitslosen in v.H. Anteil an Eintritten
		Männer	
1981	3o,5	56,7	186
1982	31,6	54,7	173
1983	29,4	51,6	176
1984	27,7	5o,6	183
1985	26,3	51,9	197
		Frauen	
1981	18,1	44,1	244
1982	15,6	42,2	27o
1983	13,3	39,8	299
1984	11,6	37,4	322
1985	11,1	37,3	336

Quelle: Daten der Bundesanstalt für Arbeit und eigene Berechnungen

Da das Gros der ungelernten Frauen und Männer anders als Facharbeiter/innen und Angestellte vor Eintritt in die Bildungsmaßnahme arbeitslos registriert war, bietet es sich an, die

Anteile an den Neueintritten den entsprechenden Anteilen an den Arbeitslosen gegenüberzustellen.

Die Daten in der obigen Tabelle 6o B legen offen, daß der Anteil der arbeitslosen männlichen Nicht-Facharbeiter doppelt so groß ist wie der entsprechende Anteil an den Neueintritten. Bei den Frauen ist die Diskrepanz noch wesentlich ausgeprägter: Der Anteil der ungelernten Frauen unter den Arbeitslosen ist mehr als dreimal so groß wie unter den geförderten Frauen. **Auch bei vergleichbarer beruflicher Stellung von Männern und Frauen also wirkt öffentliche Weiterbildungspolitik in hohem Maße geschlechtsspezifisch selektiv.**

Für das Jahr 1984 lagen uns auf Bundesebene unveröffentlichte Daten über die nach der Stellung im Beruf differenzierten Teilnehmer/innen vor, die vor Beginn der Maßnahme arbeitslos waren. Mit Hilfe dieser Daten lassen sich näherungsweise die folgenden Teilnahmehäufigkeiten berechnen:

Tabelle 61 B Weiterbildungsquoten 1) zuvor arbeitsloser Teilnehmer/innen nach der Stellung im Beruf vor der Maßnahme im Jahre 1984 - Bundesgebiet -

Stellung im Beruf	Frauen	Männer
Angestellte/Beamte/innen	1o,2	13,8
Facharbeiter/innen	5,6	11,2
Nicht-Facharbeiter/innen	2,9	8,6

1) 1984 in eine Weiterbildung eingetretene Personen, die zuvor arbeitslos waren, in v.H. der Arbeitslosen am 3o.9.1984

Quelle: Eigene Berechnungen nach Daten der Bundesanstalt für Arbeit

Es ergibt sich eine klare Abstufung von den Nicht-Facharbeitern/innen (Frauen: 2,9 %, Männer: 8,6 %) über die Facharbeiter (Frauen: 5,6 %, Männer: 11,2 %) bis zu den Angestellten/Beamten (Frauen: 1o,2 %, Männer: 13,8 %), wobei bei Frauen der Abstand zwischen der "aktivsten" Gruppe der Angestellten/Beamtinnen und den Facharbeiterinnen weitaus deutlicher ausgeprägt ist als bei Männern. Am wenigsten werden also bei beiden Geschlechtern die Mittel nach dem AFG von denjenigen ausgeschöpft, die einer Weiterbildung zur Verbesserung ihrer individuellen Chancen auf dem Arbeitsmarkt am dringendsten bedürfen.

Die Daten zeigen nicht nur eine mit der beruflichen Stellung extrem variierende Häufigkeit der Weiterbildungsteilnahme, sondern sie demonstrieren auch, daß arbeitslose Frauen, insbesondere wenn sie Facharbeiterin oder Nicht-Facharbeiterin sind, viel seltener weitergebildet werden als ihre männlichen Kollegen mit vergleichbarem beruflichen Status. Am geringsten ausgeprägt, aber immer noch beachtlich, sind die geschlechtsspezifischen Unterschiede bei Angestellten/Beamten/innen. Wieder einmal also wird belegt, daß die Unterrepräsentation von Frauen unter den Weiterbildungsteilnehmern nicht generell auf berufliche Positions- und Qualifikationsunterschiede von Männern und Frauen zurückgeführt werden kann.

Während bei den zuvor arbeitslosen Teilnehmern/innen die Arbeitnehmer/innen, die im Angestelltenverhältnis gearbeitet hatten, eine höhere Weiterbildungsquote aufwiesen als Facharbeiter/innen, ergeben sich bei den zuvor nicht arbeitslos gemeldeten Teilnehmern beiderlei Geschlechts entgegengerichtete Relationen, wie aus der folgenden Tabelle 62 B hervorgeht.

Bei Frauen wie bei Männern dienen die Bildungsmaßnahmen in überproportionalem Maße den Bildungsprivilegierten: Männliche und weibliche Facharbeiter haben auf dieser Vergleichsebene die bei weitem höchste Weiterbildungsteilnahme. Vermutlich ist dieses Ergebnis darauf zurückzuführen, daß das Weiterbildungs**angebot**, vor allem im Bereich der klassischen Aufstiegsförderung, in erster Linie auf gewerbliche Berufe zugeschnitten ist. Darüber hinaus zeigt sich auch bei dieser Analyse, daß Frauen auf allen drei Positionsebenen gegenüber Männern benachteiligt sind, wobei die Ungleichgewichte auf der rangunterstem Stufe, bei den Nicht-Facharbeitern/innen, bei weitem am größten sind.

Tabelle 62 B Weiterbildungsquote 1) zuvor **nicht** arbeitsloser Teilnehmer/innen nach der Stellung im Beruf vor der Maßnahme im Jahre 1984 - Bundesgebiet -

Stellung im Beruf	Frauen	Männer
Angestellte/Beamte/innen	o,42	o,62
Facharbeiter/innen	o,76	1,33
Nicht-Facharbeiter/innen	o,o5	o,28

1) 1984 in eine Weiterbildung eingetretene Personen, die zuvor nicht arbeitslos waren, in v.H. der sozialversicherungspflichtig Beschäftigten zum 3o.6.1984

Quelle: Eigene Berechnungen nach Daten der Bundesanstalt für Arbeit

Die Aufgliederung nach Maßnahmearten bringt folgende weitere Aufschlüsse (vgl. die Tabellen 63 bis 65, jeweils N für NRW und B für BRD):

Erwartungsgemäß zeichnen sich bei **Fortbildungsmaßnahmen,** auf die die Mehrzahl der Bildungsteilnehmer entfällt, ähnliche Strukturen und Tendenzen wie für die Gesamtheit der Fördermaßnahmen ab. Auch hier wird deutlich, daß Hilfs- und angelernte Arbeiterinnen - gemessen an den Anteilswerten - noch erheblich geringere Zugangschancen zu Weiterbildungsmaßnahmen haben als ihre männlichen Kollegen mit gleichen qualifikatorischen Voraussetzungen. Und auch hier fällt ins Auge, daß diese besonders unterstützungsbedürftige Gruppe gegenüber den Angestellten/Beamtinnen und Facharbeiterinnen in den letzten Jahren (von 1981 bis 1985) noch dazu merklich zurückgefallen ist.

Tabelle 63 N Die in Fortbildungsmaßnahmen (ohne Maßnahmen nach § 41a) eingetretenen Männer und Frauen nach der Stellung im Beruf vor der Maßnahme (in Prozent) 198o - 1985 - Nordrhein-Westfalen -

Männer

Im Laufe des Jahres	Eintritte insgesamt (ohne Maßnahmen nach § 41 a)	davon in Prozent: Angestellte / Beamte	Facharbeiter 1)	Nicht-Facharbeiter 1)	Sonstige 2)	In den letzten 6 Jahren nicht erwerbstätig 3)	bisher nicht erwerbstätig
1980	32688	33.1	65.6	+	0.8	0.2	0.4
1981	39739	29.1	39.8	29.4	0.8	0.5	0.4
1982	41946	26.9	38.9	33.0	0.8	0.2	0.2
1983	45901	28.6	40.2	29.5	1.1	0.3	0.4
1984	52325	27.2	41.7	28.6	1.7	0.3	0.6
1985	57616	27.5	43.3	26.5	1.7	0.5	0.6

Frauen

Im Laufe des Jahres	Eintritte insgesamt (ohne Maßnahmen nach § 41 a)	Angestellte / Beamte	Facharbeiter 1)	Nicht-Facharbeiter 1)	Sonstige 2)	In den letzten 6 Jahren nicht erwerbstätig 3)	bisher nicht erwerbstätig
1980	13866	76.6	19.9	+	1.2	0.8	1.5
1981	16836	77.3	6.8	11.6	1.4	2.2	0.7
1982	17703	78.6	7.1	10.4	2.4	1.3	0.3
1983	20335	80.3	6.7	8.0	3.6	1.1	0.4
1984	22306	79.3	6.9	7.6	4.3	1.3	0.6
1985	25504	78.5	6.7	7.2	4.6	2.0	1.0

Tabelle 64 N Die in Umschulungsmaßnahmen eingetretenen Männer und Frauen nach der Stellung im Beruf vor der Maßnahme (in Prozent) 198o - 1985 - Nordrhein-Westfalen -

Männer

Im Laufe des Jahres	Eintritte insgesamt (ohne Maßnahmen nach § 41 a)	davon in Prozent: Angestellte / Beamte	Facharbeiter 1)	Nicht-Facharbeiter 1)	Sonstige 2)	In den letzten 6 Jahren nicht erwerbstätig 3)	bisher nicht erwerbstätig
1980	7262	13.1	82.2	+	2.8	0.4	1.5
1981	9617	13.4	6.2	75.3	2.2	1.0	1.9
1982	9754	13.4	8.3	75.3	1.4	0.4	1.2
1983	9949	14.1	11.3	71.0	1.8	0.5	1.3
1984	9692	14.1	14.3	66.7	2.0	0.9	2.0
1985	10325	16.0	14.0	63.4	2.3	1.2	3.0

Frauen

Im Laufe des Jahres	Eintritte insgesamt (ohne Maßnahmen nach § 41 a)	Angestellte / Beamte	Facharbeiter 1)	Nicht-Facharbeiter 1)	Sonstige 2)	In den letzten 6 Jahren nicht erwerbstätig 3)	bisher nicht erwerbstätig
1980	3865	50.2	39.2	+	3.6	2.6	4.3
1981	4758	51.7	3.5	32.9	2.6	6.9	2.4
1982	4077	56.7	4.7	30.6	2.0	4.6	1.3
1983	3938	61.4	5.1	24.2	2.8	4.5	1.9
1984	4064	61.7	6.5	22.7	2.8	3.4	2.9
1985	4438	58.8	5.4	22.7	3.4	4.3	5.3

1) Bis 1980 wurde nur nach Arbeitern, nicht nach Facharbeitern und Nichtfacharbeitern differenziert
Die Werte für Arbeiter insgesamt sind bis 1980 in der Spalte Facharbeiter ausgewiesen.
2) Sonstige = Mithelfende Familienangehörige, Selbstständige und (ab 1981) sonstige, nicht zuordbare Personen.
3) Erst ab 1980 erhoben.

Tabelle 65 N Die in betriebliche Einarbeitungsmaßnahmen eingetretenen Männer und Frauen nach der Stellung im Beruf vor der Maßnahme (in Prozent) 198o - 1985 - Nordrhein-Westfalen -

Männer

Im Laufe des Jahres	Eintritte insgesamt (ohne Maßnahmen nach § 41 a)	davon in Prozent: Angestellte / Beamte	Facharbeiter 1)	Nicht-Facharbeiter 1)	Sonstige 2)	In den letzten 6 Jahren nicht erwerbstätig 3)	bisher nicht erwerbstätig
1980	5207	25.7	71.5	+	1.6	0.2	1.1
1981	3033	26.6	23.5	45.4	3.2	0.6	0.7
1982	2826	27.7	32.1	35.5	2.8	1.3	0.6
1983	5523	26.3	38.2	30.1	3.9	0.9	0.6
1984	3247	28.1	39.9	24.6	4.7	1.7	0.8
1985	6048	25.5	41.1	25.7	5.3	1.1	1.3

Frauen

Im Laufe des Jahres	Eintritte insgesamt (ohne Maßnahmen nach § 41 a)	davon in Prozent: Angestellte / Beamte	Facharbeiter 1)	Nicht-Facharbeiter 1)	Sonstige 2)	In den letzten 6 Jahren nicht erwerbstätig 3)	bisher nicht erwerbstätig
1980	2620	56.8	36.9	+	0.9	2.7	2.8
1981	1408	56.2	8.6	23.7	4.0	5.7	1.8
1982	1141	61.0	9.1	18.3	6.0	4.1	1.4
1983	2067	62.0	12.7	14.1	7.8	2.6	0.8
1984	1249	56.8	11.8	17.2	9.5	3.0	1.7
1985	2280	58.9	14.2	14.0	7.3	4.0	1.6

1) Bis 1980 wurde nur nach Arbeitern, nicht nach Facharbeitern und Nichtfacharbeitern differenziert
Die Werte für Arbeiter insgesamt sind bis 1980 in der Spalte Facharbeiter ausgewiesen.
2) Sonstige = Mithelfende Familienangehörige, Selbstständige und (ab 1981) sonstige, nicht zuordbare Personen.
3) Erst ab 1980 erhoben.

Quelle: Daten der Bundesanstalt für Arbeit, eigene Berechnungen

Tabelle 63 B Die in Fortbildungsmaßnahmen (ohne Maßnahmen nach § 41a) eingetretenen Männer und Frauen nach der Stellung im Beruf vor der Maßnahme (in Prozent) 1971 - 1985 - Bundesgebiet -

Männer

Im Laufe des Jahres	Eintritte insgesamt (ohne Maßnahmen nach § 41 a)	davon in Prozent: Angestellte / Beamte	Facharbeiter 1)	Nicht-Facharbeiter 1)	Sonstige 2)	In den letzten 6 Jahren nicht erwerbstätig 3)	bisher nicht erwerbstätig
1971	188079	46.2	53.0	+	0.7	+	0.1
1972	177595	45.8	53.8	+	0.3	+	0.0
1973	152322	44.2	55.4	+	0.3	+	0.0
1974	144017	43.0	56.6	+	0.3	+	0.1
1975	166502	41.8	57.7	+	0.4	+	0.2
1976	89562	38.7	60.8	+	0.3	+	0.2
1977	74151	37.6	61.5	+	0.7	+	0.3
1978	91337	37.7	61.0	+	0.9	+	0.4
1979	104900	36.8	62.3	+	0.5	+	0.4
1980	114823	33.2	65.7	+	0.7	0.1	0.3
1981	134973	29.7	48.0	21.1	0.6	0.2	0.3
1982	133040	28.8	46.8	23.5	0.7	0.1	0.2
1983	152451	28.7	46.9	22.6	1.2	0.2	0.3
1984	178513	28.9	46.2	22.4	1.7	0.2	0.5
1985	201332	28.5	47.4	21.4	1.7	0.4	0.6

Frauen

1971	36800	76.9	16.6	+	1.9	+	4.6
1972	35188	79.3	16.3	+	1.3	+	3.0
1973	32877	81.0	15.9	+	1.2	+	1.9
1974	41856	82.9	14.6	+	1.0	+	1.5
1975	49905	84.0	14.1	+	0.7	+	1.3
1976	27789	84.0	14.3	+	0.5	+	1.1
1577	26358	80.5	17.0	+	1.3	+	1.2
1978	37521	79.0	18.1	+	1.4	+	1.5
1979	44215	77.1	19.9	+	1.0	+	1.9
1980	47540	75.9	20.2	+	1.3	1.1	1.5
1981	55239	77.0	7.9	10.9	1.0	2.5	0.7
1982	55564	78.3	7.7	10.4	1.7	1.6	0.4
1983	67421	78.4	7.4	9.4	3.0	1.3	0.5
1984	81763	78.4	7.2	8.5	3.7	1.6	0.7
1985	96890	77.9	7.1	8.2	3.6	2.3	0.9

1) Bis 1980 wurde nur nach Arbeitern, nicht nach Facharbeitern und Nichtfacharbeitern differenziert
Die Werte für Arbeiter insgesamt sind bis 1980 in der Spalte Facharbeiter ausgewiesen.
2) Sonstige = Mithelfende Familienangehörige, Selbstständige und (ab 1961) sonstige, nicht zuordbare Personen.
3) Erst ab 1980 erhoben.

Quelle: Daten der Bundesanstalt für Arbeit, eigene Berechnungen

Tabelle 64 B Die in Umschulungsmaßnahmen eingetretenen Männer und Frauen nach der Stellung im Beruf vor der Maßnahme (in Prozent) 1971 - 1985 - Bundesgebiet

Männer

Im Laufe des Jahres	Eintritte insgesamt (ohne Maßnahmen nach § 41 a)	davon in Prozent					
		Angestellte / Beamte	Facharbeiter 1)	Nicht-Facharbeiter 1)	Sonstige 2)	In den letzten 6 Jahren nicht erwerbstätig 3)	bisher nicht erwerbstätig
1971	20753	15.4	73.8	+	10.4	+	0.5
1972	19811	15.0	75.9	+	8.8	+	0.3
1973	18621	15.6	77.7	+	6.3	+	0.4
1974	21378	15.8	79.7	+	4.2	+	0.3
1975	21958	18.3	79.4	+	2.2	+	0.1
1976	11917	18.9	78.8	+	2.1	+	0.2
1977	12885	16.1	80.6	+	3.0	+	0.2
1978	16723	16.4	80.3	+	2.9	+	0.5
1979	18981	16.0	80.1	+	2.8	+	1.1
1980	22366	18.1	77.7	+	2.2	0.4	1.7
1981	28034	18.9	6.2	69.9	2.5	0.7	1.8
1982	26248	18.0	7.7	71.2	1.7	0.5	1.0
1983	27700	18.2	10.7	67.4	2.1	0.4	1.2
1984	27579	19.6	13.0	62.7	2.3	0.7	1.7
1985	28785	20.2	13.1	60.8	2.6	1.0	2.3

Frauen

1971	13346	52.3	35.6	+	5.3	+	6.8
1972	12090	50.3	38.7	+	4.9	+	6.1
1973	12809	52.0	38.4	+	4.6	+	4.9
1974	15182	53.6	40.1	+	3.5	+	2.8
1975	14617	59.2	36.5	+	2.6	+	1.7
1976	7144	63.2	32.2	+	2.1	+	2.5
1977	7163	55.0	37.2	+	2.5	+	5.3
1978	9102	52.1	39.5	+	3.1	+	5.3
1979	11886	49.1	42.4	+	3.0	+	5.6
1980	15561	51.3	39.8	+	2.1	2.4	4.4
1981	19464	53.4	3.3	32.5	2.3	5.6	2.8
1982	15855	57.3	3.8	30.8	1.7	4.6	1.8
1983	14622	60.7	4.4	26.8	2.8	3.4	1.9
1984	15478	63.6	4.5	23.0	3.0	3.4	2.6
1985	16326	60.7	4.4	23.0	3.2	4.7	4.1

1) Bis 1980 wurde nur nach Arbeitern, nicht nach Facharbeitern und Nichtfacharbeitern differenziert
Die Werte für Arbeiter insgesamt sind bis 1980 in der Spalte Facharbeiter ausgewiesen.
2) Sonstige = Mithelfende Familienangehörige, Selbstständige und (ab 1981) sonstige, nicht zuordbare Personen.
3) Erst ab 1980 erhoben.

Quelle: Daten der Bundesanstalt für Arbeit, eigene Berechnungen

Tabelle 65 B Die in betriebliche Einarbeitungsmaßnahmen eingetretenen Männer und Frauen nach der Stellung im Beruf vor der Maßnahme (in Prozent) 1971 - 1985 - Bundesgebiet -

Männer

Im Laufe des Jahres	Eintritte insgesamt (ohne Maßnahmen nach § 41 a)	davon in Prozent: Angestellte / Beamte	Facharbeiter 1)	Nicht-Facharbeiter 1)	Sonstige 2)	In den letzten 6 Jahren nicht erwerbstätig 3)	bisher nicht erwerbstätig
1971	17045	9.5	78.6	+	11.2	+	0.6
1972	9041	11.0	77.7	+	10.4	+	1.0
1973	5982	12.5	77.9	+	8.8	+	0.9
1974	6637	13.0	81.5	+	5.1	+	0.5
1975	12547	19.2	78.4	+	1.8	+	0.5
1976	10155	21.8	76.2	+	1.6	+	0.4
1977	10503	25.0	72.6	+	1.8	+	0.6
1978	14294	24.5	73.0	+	1.4	+	1.1
1979	19261	25.2	72.0	+	1.6	+	1.2
1980	20673	23.5	73.5	+	1.8	0.1	1.0
1981	11062	23.8	25.1	46.0	3.8	0.5	0.8
1982	7841	27.0	31.5	36.8	3.4	0.6	0.6
1983	14163	27.3	38.9	28.8	3.9	0.5	0.6
1984	13319	27.5	40.4	25.3	5.0	0.8	0.9
1985	19238	26.4	40.5	25.9	5.4	0.8	1.0

Frauen

Im Laufe des Jahres	Eintritte insgesamt (ohne Maßnahmen nach § 41 a)	davon in Prozent: Angestellte / Beamte	Facharbeiter 1)	Nicht-Facharbeiter 1)	Sonstige 2)	In den letzten 6 Jahren nicht erwerbstätig 3)	bisher nicht erwerbstätig
1971	12367	17.5	65.9	+	5.2	+	11.4
1972	6560	17.7	64.8	+	5.0	+	12.5
1973	4331	18.6	64.1	+	6.1	+	11.2
1974	3527	19.8	69.9	+	2.9	+	7.5
1975	5324	28.8	66.1	+	1.9	+	3.2
1976	4960	30.3	64.2	+	1.9	+	3.6
1977	4866	38.5	57.2	+	1.4	+	2.9
1978	6250	43.2	52.7	+	1.3	+	2.8
1979	9535	44.8	50.4	+	1.3	+	3.5
1980	11908	46.6	47.2	+	1.2	2.4	2.6
1981	6231	43.9	7.5	37.5	3.6	5.8	1.7
1982	3655	50.6	9.5	29.9	5.1	3.8	1.1
1983	5964	53.1	12.4	24.9	6.5	2.3	0.8
1984	6018	51.1	12.4	24.6	8.1	2.4	1.4
1985	8455	54.5	13.1	21.0	7.0	2.9	1.5

1) Bis 1980 wurde nur nach Arbeitern, nicht nach Facharbeitern und Nichtfacharbeitern differenziert
Die Werte für Arbeiter insgesamt sind bis 1980 in der Spalte Facharbeiter ausgewiesen.
2) Sonstige = Mithelfende Familienangehörige, Selbstständige und (ab 1981) sonstige, nicht zuordbare Personen.
3) Erst ab 1980 erhoben.

Quelle: Daten der Bundesanstalt für Arbeit, eigene Berechnungen

Diese rückläufige Entwicklung läßt sich (seit 1982) auch bei Männern feststellen.

Fortbildungsmaßnahmen dienen bei dieser Personengruppe auch nicht, wie man hätte erwarten können, und wie es wünschenswert wäre, in stark überproportionalem Maße dazu, eine berufliche Abschlußprüfung nachzuholen, wie aus unveröffentlichten Daten hervorgeht. Bei den Männern (in Nordrhein-Westfalen) ist diese Fortbildungskategorie (im Jahre 1982) mit 15,6 % aller Nicht--Facharbeiter zwar nahezu dreimal so stark besetzt wie für die Gesamtheit der männlichen Teilnehmer (6,4 % aller Fortbildungsteilnehmer), ihr Gewicht muß aber im Vergleich zu anderen Fortbildungskategorien als relativ unbedeutend gelten. Bei den Frauen sind es gar nur 5,o % der Nicht-Facharbeiterinnen (Fortbildungsteilnehmerinnen insgesamt: 4,2 %), bei denen die Weiterbildung für diesen Zweck genutzt wird. **Ungelernte Frauen partizipieren also nicht nur weit weniger als ungelernte Männer an Fortbildungsmaßnahmen, sondern sind auch in geringerem Maße in den stärker qualifizierenden Fortbildungsarten vertreten.**

Wenn un- oder angelernte Arbeitnehmer/innen sich an Fortbildungsveranstaltungen beteiligen, dann finden diese vielmehr in weit überdurchschnittlichem Maße in Form von Übungswerkstätten statt. 1982 traf dies in Nordrhein-Westfalen für 4o % der Nicht-Facharbeiter (gegenüber 15,7 % für alle neu eingetretenen Männer) und für 24,4 % der Nicht-Facharbeiterinnen (gegenüber 3,5 % für alle neu eingetretenen Frauen) zu. Der Rest der weiblichen und männlichen Nicht-Facharbeiter nahm ganz überwiegend an den sonstigen sogenannten Anpassungsmaßnahmen teil.

Besonders stark sind die Ungelernten darüber hinaus in den § 41a AFG-Kursen vertreten. Bei den Männern stellten sie 1981 in Nordrhein-Westfalen 58,5 % der Teilnehmer dieser Fortbildungskategorie, also einen Anteil, der annähernd die Höhe des Anteils an den Arbeitslosen erreichte. Bei den Frauen lag der

Anteil mit 38,7 % zwar weit unter ihrem Anteil an den Arbeitslosen zum damaligen Zeitpunkt, aber dennoch wesentlich höher als im Schnitt der übrigen Maßnahmearten Fortbildung, Umschulung und Einarbeitung (16,8 %) (vgl. Tabelle 59 N).

Der **Umschulungssektor** wird bei den Männern eindeutig von Nicht-Facharbeitern dominiert. Sie stellten 1985 in Nordrhein-Westfalen mit 63,4 % knapp zwei Drittel (Bundesgebiet: 6o,8 %) aller Umschüler. Bei den Frauen zählte hingegen nur etwa jede vierte Umschülerin zu den Nicht-Facharbeiterinnen. Verglichen mit dem Jahr 1981 haben sich die Anteile der weiblichen und männlichen Nicht-Facharbeiter merklich reduziert, wobei die Abnahme bei den Frauen wiederum sehr viel deutlicher als bei den Männern ausfiel.

Bezieht man die Umschülerinnen auf die Arbeitslosen mit entsprechender beruflicher Stellung, was angesichts des hohen Anteils zuvor arbeitsloser Personen in diesem Maßnahmebereich ohne größere Bedenken möglich ist, so lassen sich die aus der folgenden Tabelle 66 erkennbaren Weiterbildungsquoten berechnen.

Auch im Bereich der Umschulung finden sich die geschlechtsspezifischen Unterschiede wieder. Umschulungen leisten nur für Männer einen Beitrag zum Abbau sozialer Ungleichheit. Mit 3,o % (NRW: 3,1 %) liegt die Teilnahmequote der Nicht-Facharbeiter weit über derjenigen der Facharbeiter und der Angestellten/Beamten.

Andere Relationen herrschen bei den Frauen vor. Nur o,8 % der zuvor arbeitslosen Nicht-Facharbeiterinnen hatten in Nordrhein-Westfalen die Chance, über eine Umschulung eine in früheren Phasen nicht realisierte Bildungschance nachzuholen. Diese Quote liegt nicht nur unter der ihrer männlichen Kollegen mit gleichem beruflichen Status, sondern auch weibliche

Angestellte/Beamte und Facharbeiter weisen, anders als bei Männern, eine höhere Beteiligung an Umschulungen auf.

Tabelle 66 Teilnahmequoten im Bereich Umschulung nach der Stellung im Beruf vor der Maßnahme im Jahre 1985

Stellung im Beruf	In Umschulungsmaßnahmen eingetretene Personen in v.H. der Arbeitslosen			
	Nordrhein-Westfalen		Bundesgebiet	
	Frauen	Männer	Frauen	Männer
Angestellte/ Beamte/innen	1,5	2,1	1,8	2,4
Facharbeiter/ innen	1,o	1,5	o,9	1,2
Nicht-Facharbeiter/innen	o,8	3,1	1,o	3,o

Quelle: Eigene Berechnungen nach Daten der Bundesanstalt für Arbeit

Selbst bei **betrieblichen Einarbeitungsmaßnahmen** gerät die Arbeitnehmergruppe mit besonders hohem Problemdruck zunehmend ins Hintertreffen. Mehr und mehr wird hierbei auf die qualifizierten Facharbeiter/innen oder (insbesondere bei den Männern) auf Angestellte zurückgegriffen. Der Anteil der Ungelernten ist bei Männern von 1981 auf 1985 in beiden Untersuchungsräumen um rund 44 % zurückgegangen. Bei den Frauen, deren Teilnahmehäufigkeit stets unter der ihrer männlichen Kollegen lag, sind in derselben Zeitperiode ähnlich erhebliche prozentuale Abnahmen (- 44 % im Bundesgebiet, - 41 % in NRW) feststellbar. Lediglich von 1983 auf 1984 kam es in Nordrhein-Westfalen zu einer Zunahme.

Wie die Weiterbildungsquoten belegen, erfüllen betriebliche Einarbeitungsmaßnahmen also weder bei Frauen noch bei Männern

kompensatorische Funktionen. Die statushöhere Beschäftigtengruppe der Facharbeiter und die Gruppe der Angestellten werden sehr viel häufiger in Einarbeitungsmaßnahmen eingewiesen als die Gruppe der Unqualifizierten. Darüber hinaus dokumentieren die Quoten in Tabelle 67 das schon hinreichend bekannte geschlechtsspezifische Gefälle zuungunsten der Frauen.

Tabelle 67 Teilnahmequoten im Bereich "betriebliche Einarbeitung" nach der Stellung im Beruf vor der Maßnahme im Jahre 1985

Stellung im Beruf	in betriebliche Einarbeitungsmaßnahmen eingetretene Personen in v.H. der Arbeitslosen			
	Nordrhein-Westfalen		Bundesgebiet	
	Frauen	Männer	Frauen	Männer
Angestellte/ Beamte/innen	o,8	2,o	o,8	2,1
Facharbeiter/ innen	1,3	2,5	1,4	2,5
Nicht-Facharbeiter/innen	o,3	o,7	o,5	o,8

Quelle: Eigene Berechnungen nach Daten der Bundesanstalt für Arbeit

8.8.4.5 Ursachen für die geringe Beteiligung minderqualifizierter Frauen und Männer an beruflichen Weiterbildungsmaßnahmen

Ingesamt gesehen zeigen die Ergebnisse zur Zielgruppenadäquanz der Förderung im Hinblick auf die minderqualifizierten Arbeitnehmer/innen also, welch große Kluft zwischen Anspruch und Wirklichkeit öffentlicher Arbeitsmarktpolitik besteht. Die

Fördermaßnahmen erfüllen entgegen offiziellen Ansprüchen und Verlautbarungen keine korrigierende Funktion, sondern treiben im Gegenteil die Polarisierung zwischen Arbeitnehmer/innen auf den unteren und höheren Qualifikationsebenen weiter voran. **Noch weniger als ihre männlichen Kollegen spielen die minderqualifizierten Frauen als Adressaten der Weiterbildungsförderung die Rolle, die sie aufgrund ihres Beschäftigungsrisikos eigentlich einnehmen müßten. Bei diesen Frauen wird vielmehr das Problem der sozialen Schichtenzugehörigkeit durch geschlechtsspezifische Diskriminierungen in überproportionalem Maße verstärkt.**

Die Ursachen für diese nicht akzeptable Entwicklung sind vielfältiger Natur: Häufig wird das mangelnde (Weiter-)Bildungsinteresse der wenig qualifizierten Arbeitskräfte als Begründung für den nicht zielkonformen Einsatz der Maßnahmen herangezogen.[45] Das "Interesse" oder die "Bereitschaft" der unqualifizierten Frauen und Männer, sich weiterzubilden, muß jedoch vor dem Hintergrund der für sie relevanten Bedingungsfaktoren gesehen und gewertet werden. Verschiedenen Studien zufolge ist z.B. die Bereitschaft der Unqualifizierten, sich zu qualifizieren - bei entsprechender Information und Beratung! -, wesentlich höher, als dies in der Regel angenommen wird.[46] Es kommt also zunächst einmal darauf an, diesen Personenkreis, der gegenüber bildungsgewohnten Schichten ein weitaus geringeres Informationsniveau über die Möglichkeiten und individuellen Konsequenzen beruflicher Qualifizierung besitzt, besser zu informieren und zu beraten. Und wenn bildungsferne soziale Schichten wenig Lernbereitschaft und eine nur geringe Lernfähigkeit zeigen, so steht dieses Verhalten im Kontext mit ihren

---

45 So z.B. bei Barnofski: "Der gerade in der Anfangszeit sehr geringe Anteil von Problemgruppen ist fast ausschließlich auf die mangelnde Bildungsbereitschaft dieser Gruppe zurückzuführen". Ulrich Barnofski: Arbeitsförderungsgesetz. Weiterbildung heute, a.a.O., S. 12

46 Vgl. Dietrich Garlichs: Berufliche Qualifizierung als Instrument gezielter Arbeitsmarkt- und Beschäftigungspolitik, a.a.O., S. 3o f

Arbeitsbedingungen, die ihnen in der Regel nur relativ monotone Tätigkeiten abverlangen und die ihre Lernfähigkeit nur wenig "trainieren". Die Weiterbildungs"bereitschaft" von Frauen und ihre besondere Problemlage im Bereich der beruflichen Bildung läßt sich außerdem, wie eingangs betont, erklären, wenn man die gesellschaftliche und berufliche Situation von Frauen insgesamt mit in die Betrachtung einbezieht.

Auf keinen Fall kann das, was sich als "schwache Weiterbildungsbereitschaft" der unqualifizierten Personen darstellt, im Sinne einer Schuldzuweisung an die Betroffenen ausgelegt werden, so wie dies - nach dem Motto "Jeder ist seines Glückes Schmied" - nur allzu häufig geschieht.

Es muß vielmehr darum gehen, die eigentlichen Ursachen und Motive für die vordergründige Zurückhaltung dieser sozialen Schichten gegenüber Weiterbildung zu erkennen und hierauf aufbauend Maßnahmen zu entwickeln, die dazu beitragen können, die schichtenspezifischen Bildungsbarrieren zu überwinden und die Schwellen zwischen dem latenten Interesse ungelernter Arbeitskräfte für Weiterbildung bis hin zur tatsächlichen Teilnahme an qualifizierenden Kursen abzubauen.

So ist bekannt, daß Arbeitslose aus bildungsungewohnten sozialen Schichten eher als bereits relativ gut qualifizierte Arbeitslose die mit der vorübergehenden "Unterbringung" in AFG-Maßnahmen verbundenen Stigmatisierungsprozesse fürchten. Die Teilnahme an einer Bildungsmaßnahme erscheint ihnen als Eingeständnis und Beweis dafür, ihre Arbeitslosigkeit selbst verschuldet zu haben.

Auch in ihrem sozialen Umfeld stoßen Angehörige der Unterschicht sehr häufig auf Unverständnis und mangelnde Unterstützung, wenn sie sich in die sozial ungewohnte Rolle eines Lernenden begeben. Während die Bildungsprivilegierten aus "ihren Kreisen" ganz im Gegenteil eine zusätzliche Motivierung erfahren, sehen sie sich oftmals mit dem Unverständnis von Mitgliedern ihres sozialen Milieus konfrontiert, für die Lernen im Erwachsenenalter in den Bereich des "Ungewöhnlichen" und "Unnützen" gehört.

Bei Frauen aus der sozialen Unterschicht kommt verstärkend hinzu, daß hier die geschlechtsspezifische Arbeitsteilung noch viel weiter verbreitet ist als in den Mittelschichten. Haben diese Frauen bereits in überdurchschnittlichem Maße Widerstände - insbesondere von seiten ihres Ehemannes - zu erwarten, wenn sie wünschen, einer außerhäuslichen Erwerbsarbeit nachzugehen, so potenzieren sich diese Widerstände, wenn es um die Teilnahme an Qualifizierungsmaßnahmen geht. Da diese Frauen die ihnen zugeteilte Rolle in starkem Maße verinnerlichen, und sie ihr Verhalten in erster Linie an den Erwartungen des Mannes bzw. in Komplementarität zur Rolle des Mannes ausrichten, gestehen sie sich das Recht einer Weiterqualifizierung kaum zu, insbesondere dann nicht, wenn diese Weiterbildung dazu führen sollte, daß sie ihrem Ehemann qualifikationsmäßig überlegen sind und sie somit - wie sie meinen - seinem Selbstwertgefühl schaden könnten. Wie die Untersuchung von Sybille und Karl-Heinz Diekershoff gezeigt hat, neigen diese Frauen denn auch in besonderem Maße der Auffassung zu, Weiterbildung sei zwar für Frauen wichtig, noch viel wichtiger aber für Männer.[47] Berufstätige Frauen aus unteren sozialen Schichten sind darüber hinaus meist besonders großen Belastungen durch Beruf, Haushalt und Familie ausgesetzt, weil sie aufgrund der in diesen Kreisen besonders starken Fixierung auf die traditionelle Rolle der Frau und des Mannes von ihrem Ehemann kaum Hilfe bei der Kinderbetreuung und im Haushalt erfahren. Von daher ist es nur verständlich, wenn gerade jene überlasteten Frauen die Zeit einer Arbeitslosigkeit auch als willkommene Entlastung von ihrer Mehrfachrolle betrachten und somit - unter den gege-

---

[47] Vgl. Sybille Diekershoff, Karl-Heinz Diekershoff: Weiterbildungsbereitschaft von Frauen bis zu 45 Jahren. Schriftenreihe des Bundesministers für Jugend, Familie und Gesundheit, Band 42, Stuttgart/Berlin/Köln/Mainz 1976, S. 11o

benen Förderbedingungen - wenig Anreiz verspüren, an einer Weiterbildung teilzunehmen.

Natürlich wirken sich auch die übrigen bereits genannten frauenfeindlichen Förderbedingungen hemmend auf die Weiterbildungsbereitschaft dieser Frauen, wenn sie familiengebunden sind, aus, insbesondere die fehlenden Hilfen bei der Versorgung der Kinder und der (erst 1986 aufgehobene) Ausschluß von Maßnahmen, die nicht im Vollzeitunterricht erfolgen, bei der Gewährung von Unterhaltsgeld.

Aus vielen Studien geht außerdem hervor, daß gerade bei bildungsfernen Adressaten kurzfristige Kosten-Nutzen-Abwägungen, und zwar vornehmlich in materieller Hinsicht, im Vordergrund ihrer Entscheidungen stehen. Ausschlaggebend bei ihren Überlegungen ist, ob sich die Qualifizierungsbemühungen im beruflichen Leben - möglichst unmittelbar - "auszahlen". Insbesondere Akkordarbeiter/innen lassen sich von der Überlegung leiten, daß eine von ihnen angestrebte Lohnerhöhung statt über Höherqualifizierung auch über vermehrten Arbeitseinsatz erzielt werden kann.

Ferner herrscht, wie eingangs dargestellt, bei der großen Mehrheit der noch im Beschäftigungsverhältnis stehenden Arbeitnehmer auf niedrigen hierarchischen Stufen die Erfahrung vor, daß für sie nur eingeschränkte Verwertungschancen für Qualifizierungsbemühungen bestehen, so daß sie von daher nur wenig Veranlassung für Weiterbildung sehen.

Eine grundlegende Veränderung ihrer beruflichen Position können sie allenfalls über langfristige Qualifizierungsmaßnahmen wie z.B. eine nachträgliche Erstausbildung im Rahmen einer Umschulung erwarten. Angesichts der unzulänglichen finanziellen Absicherung bei Teilnahme an einer Weiterbildungsveranstaltung sind jedoch die ungelernten Arbeitskräfte kaum in der Lage, sich auf eine längerfristige Maßnahme mit erheblichen Einkommenseinbußen einzulassen.

Speziell bei Frauen ist die resignativ-defensive Einstellung ausgeprägt, kommt für sie doch die allgemeine Erfahrung hinzu, daß ihnen bei gleichen qualifikatorischen Voraussetzungen - seien es gleich ungünstige oder gleich günstige - weitaus häufiger als Männern Tätigkeiten zugewiesen werden, die nicht ihrer Bildung, Ausbildung und Berufserfahrung entsprechen.

Nun wäre zu erwarten, daß es in der derzeitigen Rezession eher gelingen müßte, jene Arbeitnehmerteile, die bisher von Weiterbildung kaum erreicht wurden, in die Weiterbildungsprozesse einzubeziehen. Denn wenn diese Personen arbeitslos geworden sind, und wenn sie Einsicht in den individuellen Zusammenhang zwischen Qualifikationsniveau und Betroffenheit von Arbeitslosigkeit erlangen, dürfte auch ihre Bereitschaft zunehmen, sich beruflich weiter zu qualifizieren. Es mögen jedoch bei ihnen, auch bedingt durch die erwähnten Frustrationserlebnisse während ihrer Erwerbstätigkeit, in besonderem Maße Zweifel vorherrschen, ob ihre Vermittelbarkeit auf dem Arbeitsmarkt durch höhere Qualifizierung tatsächlich, und dies möglichst in kurzzeitiger Perspektive, günstig beeinflußt wird. Die Tatsache, daß zunehmend auch Personen ohne offensichtliche Qualifikationsmängel im Arbeitslosenbestand vertreten sind, mag ihre Zweifel über die "Nützlichkeit" einer Qualifizierung bestärken. Und schließlich wird ihnen auch nicht verborgen bleiben und sie zusätzlich verunsichern, daß die Arbeitsverwaltung selbst kaum in der Lage ist, den zukünftigen Bedarf an Qualifikationen verläßlich zu prognostizieren. Es bedarf daher intensiver Bemühungen der Arbeits**berater**, die unqualifizierten Arbeitnehmer in Form persönlicher Ansprache davon zu überzeugen, daß Weiterbildung eine **Chance** (wenngleich auch keine Garantie) bietet, ihre Berufsperspektiven zu verbessern.

Bei den unterdurchschnittlichen Arbeitsentgelten, die für Hilfsarbeiter/innen in der Regel typisch sind, fällt die - in absoluten Größen gemessene - Differenz zwischen vorherigem Arbeitsentgelt und Höhe des Unterhaltsgeldes bedeutend stärker ins Gewicht als bei qualifizierteren und in der Regel besser bezahlten Arbeitnehmern. Solange sie daher noch Hoffnung auf baldige Wiederaufnahme einer Beschäftigung haben, auch wenn diese nur zeitlich begrenzt sein sollte, erscheint ihnen die Bindung in eine Weiterbildungsmaßnahme, insbesondere in eine solche längerfristiger Art, wenig attraktiv.[48] Bei den minderqualifizierten Frauen kommt dem finanziellen Aspekt noch eine stärkere Bedeutung zu als bei Männern, da bei ihnen im Schnitt schlechtere finanzielle Voraussetzungen vorliegen als bei diesen (vgl. Abschnitte 2.2.2 und 7).

Als Hemmnis für ein stärkeres Weiterbildungsengagement der minderqualifizierten Arbeitskräfte erweist sich, wie eingangs betont, vor allem, daß die Konzeption von Fortbildung nach dem AFG, bei der ja im wesentlichen eine Weiterqualifizierung gemeint ist, die auf bestimmten Vorkenntnissen aufbaut, bereits eine Bevorzugung qualifizierterer Arbeitskräfte determiniert. Denn die prinzipiellen Möglichkeiten, durch Fortbildung spezielle Qualifikationselemente zu erweitern, sind um so geringer, je schmaler die Qualifikationsbasis ist. Dies gilt insbesondere deshalb, weil sich die Maßnahmen weitgehend an traditionellen Berufsbildern orientieren und weil eine allgemeine Grundausbildung noch zu wenig zum Gegenstand der Förderung gehört.

---

[48] Die Förderbedingungen des AFG sehen zwar vor, daß die Teilnahme an einer Weiterbildungsmaßnahme, ohne daß das gewährte Unterhaltsgeld zurückzuzahlen ist, abgebrochen werden kann, wenn der Teilnehmer "nach Beratung durch die Bundesanstalt eine Tätigkeit aufnimmt, die zu einer dauerhaften beruflichen Eingliederung führt" (§ 44 AFG, Absatz 6). Jedoch mag diese Befreiungsvorschrift, sofern sie den Teilnehmern/innen überhaupt bekannt ist, nicht ausreichen, die Distanz gegenüber einer Bindung in eine Maßnahme, die die zwischenzeitlichen Vermittlungsaktivitäten der Arbeitsverwaltung womöglich schmälert, abzubauen.

In diesem Zusammenhang erweist sich auch die Bindung der Förderung an die persönliche Eignung der Person des Antragstellers als ein weiteres Selektionskriterium zu Lasten der Arbeitnehmer mit ungünstigen schulischen und/oder beruflichen Voraussetzungen.[49] Denn selbstverständlich verfügen qualifiziertere Arbeitskräfte wie bereits dargestellt über eine bessere Basis für alle weiteren Qualifizierungsmaßnahmen und erfüllen somit das Eignungskriterium in weitaus höherem Maße.

Um die Zugangschancen der benachteiligten Gruppen zur Weiterbildung zu erleichtern, ist daher ein aufeinander abgestimmtes Maßnahmespektrum erforderlich, das kontinuierliche Übergangsmöglichkeiten von einer Qualifikationsebene zur nächsten gewährleistet. Dies setzt auch eine Anerkennung und entsprechende "Honorierung" der jeweils erreichten Qualifikationsstufe durch die Unternehmen voraus.

Große Bedeutung kommt hierbei dem inhaltlichen und didaktisch-methodischen Aufbau der Maßnahmen für minderqualifizierte Arbeitskräfte zu. Wenn diese nicht auf die spezifischen Voraussetzungen und Herkunftsbedingungen der Zielgruppen abgestimmt sind, so ist die Entmotivierung für eine weitere Bildungsteilnahme bereits vorprogrammiert. Arbeitnehmer mit schulischen oder beruflichen Bildungsdefiziten verfügen, wenn sie langjährig berufstätig waren, durchaus über wertvolle Berufserfahrungen und Qualifizierungspotentiale. Bei der inhaltlichen Ausgestaltung der Maßnahmen müssen die wesentlichen Inhalte des bisherigen Tätigkeitsfeldes erkannt und als Grundlage für den Aufbau neuer Fähigkeitskomplexe herangezogen werden.

---

[49] Zur Kritik an diesem Selektionskriterium vgl. auch Mechthild Bayer: Formen innerbetrieblicher beruflicher Weiterbildung - ihre Auswirkungen und Konsequenzen für die Betroffenen sowie ihr Verhältnis zur öffentlichen beruflichen Weiterbildung, in: Die deutsche Berufs- und Fachschule, Zeitschrift für Berufs- und Wirtschaftspädagogik, 76. Band, Heft 7/198o, S. 5o9

Ferner gilt es, die ausgeprägten Lernprobleme und die übergroße Schwellen- und Prüfungsangst der Menschen mit geringer Bildungserfahrung zu berücksichtigen, denn die Lernfähigkeit wird in starkem Maße von der Quantität und Qualität des früher Gelernten bestimmt.[50] Hier kommt es insbesondere dann zu großen Entmutigungseffekten, wenn bei der Zusammensetzung der Lehrgangsteilnehmer nicht auf eine ausreichende Homogenität geachtet wird. Erforderlich sind kleinere Gruppen mit gleichwertiger Vorbildung.

Besonderer Akzent ist auf eine für diesen Adressatenkreis geeignete Lerntechnik und Lernorganisation zu legen, so zum Beispiel auf die Entwicklung von programmierten Unterweisungen von Maßnahmen mit Praxisanteilen. Denn die ausgeprägte Distanz dieses Personenkreises gegenüber theoretisch-abstrakt vermitteltem Wissen läßt sich eher überwinden, wenn ihnen die Möglichkeit gegeben wird, die "Nützlichkeit" der theoretischen Kenntnisse durch Umsetzung in die berufliche Praxis zu erfahren und zu "überprüfen".

Die vorangegangenen Ausführungen haben deutlich gemacht, daß die vielzitierte Bildungsunwilligkeit der unteren sozialen Schichten auch dadurch erklärlich ist, daß es bisher nicht in ausreichendem Maße gelungen ist, zielgruppenorientierte Curricula zu entwickeln.

Zweifellos hat die Arbeitsverwaltung in den letzten Jahren versucht, durch die Einführung der Informations- und Orientierungskurse nach § 41a AFG sowie durch die Einrichtung von Übungsfirmen und -werkstätten ihr Maßnahmespektrum stärker auf die neuen Zielgruppen auszurichten, die Unterrepräsentanz der

---

[50] Bekanntlich führen Weiterbildungserfahrungen nicht zu einem Sättigungseffekt, sondern üben eher eine Verstärkungsfunktion auf die Bereitschaft aus, auch in Zukunft an Bildungsmaßnahmen teilzunehmen. Vgl. dazu auch Rainer Brödel: Betriebliche Lehre und Weiterbildungserfahrungen von heutigen Industriearbeitern, in: Die deutsche Berufs- und Fachschule, Zeitschrift für Berufs- und Wirtschaftspädagogik, 74. Band, Heft 12/1978, S. 92

minderqualifizierten Arbeitskräfte im Schnitt aller Maßnahmebereiche konnte hierdurch jedoch wie dargestellt nicht abgebaut werden. Darüber hinaus ist, wie in Abschnitt 6 dargelegt, große Skepsis angebracht gegenüber einer Strategie, die tendenziell die unqualifizierten Arbeitnehmer auf Maßnahmen mit sozialem, übendem und informativem Charakter verweist und die Arbeitnehmer mit bereits guter qualifikatorischer Basis in die "klassischen" marktgängigen Kurse mit berufsfachlicher Zielsetzung vermittelt. Maßnahmen nach § 41a sind kein Ersatz für berufsqualifizierende Lehrgänge. Sie erfüllen sicherlich eine wichtige soziale Funktion, aber sie sind nur dann sinnvoll, wenn sie für die arbeitsmarktpolitisch benachteiligten Sozialgruppen die Funktion eines Eingangskorridors in berufliche Weiterbildungskurse erfüllen und auf konkrete Folgemaßnahmen vorbereiten.[51] Die oftmals distanzierte Einstellung der Unqualifizierten gegenüber diesen kurzfristigen Veranstaltungen ist also durchaus verständlich und berechtigt, ihre Vermittlungschancen können durch Absolvierung dieser Lehrgänge allein kaum nachhaltig verbessert werden.[52]

Eine weitere Benachteiligung der Angehörigen unterer Qualifikationsstufen und hier insbesondere der Frauen erfolgt vermutlich auch deshalb, weil die staatlich geförderten Qualifizierungsmaßnahmen wie dargestellt primär Leistungsempfänger einschließen. Zwar stehen keine veröffentlichten Daten zur Verfügung, die eine Aufschlüsselung der Bezieher von Arbeitslosengeld oder Arbeitslosenhilfe nach dem Qualifikationsniveau der Arbeitslosen bieten, jedoch läßt sich der vermutete Zusammenhang über die Beziehung zwischen sozialstatistischen Merkmalen der Arbeitslosen und der Dauer der Arbeitslosigkeit herstellen. Denn Arbeitslose ohne abgeschlossene Berufsausbildung verfügen im statistischen Durchschnitt über ein höheres Ver-

---

[51] Vgl. Rolf Dobischat: Welche Arbeitslosen werden durch Lehrgangsangebote nach § 41a AFG gefördert? Ergebnisse einer Untersuchung, in: Berufsbildung in Wissenschaft und Praxis, 14 (1985) 6, S. 215

[52] Vgl. ebenda, S. 214

bleibrisiko in Arbeitslosigkeit[53] als besser qualifizierte Arbeitnehmer. Mit zunehmender Dauer sinkt jedoch, bekanntermaßen besonders bei den Frauen, die Leistungsempfängerquote beträchtlich bzw. es findet - vornehmlich bei Männern - eine Verlagerung vom Bezug von Arbeitslosengeld zugunsten des Bezugs der "billigeren", nicht von der Bundesanstalt zu zahlenden, Arbeitslosenhilfe statt.

Darüber hinaus können die unqualifizierten Arbeitslosen auch deshalb Opfer von Selektionsprozessen der staatlichen Instanzen werden, weil die Arbeitsverwaltung angehalten ist, nach Sparsamkeits- und Wirtschaftlichkeitsgesichtspunkten zu verfahren und zudem unter dem Zwang steht, die Erfolgswirksamkeit ihrer Maßnahmen unter Beweis zu stellen. Bei Arbeitnehmer/innen mit ohnehin guten qualifikatorischen Voraussetzungen und daher günstigen Vermittlungsaussichten ist die Chance einer beruflichen Wiedereingliederung jedoch weitaus eher gegeben als bei jenen Arbeitnehmern, die einer Unterstützung am dringendsten bedürfen.

---

53 Allerdings nur, sofern noch weitere sogenannte chancenmindernde Merkmale, wie z.B. gesundheitliche Beeinträchtigungen, hinzukommen. Das Merkmal "ohne abgeschlossene Berufsausbildung" begründet für sich allein - entgegen verbreiteter Ansicht - keine längere Verweildauer in Arbeitslosigkeit. Vgl. dazu Hannelore Neumann: Strukturelle regionale Arbeitslosigkeit unter besonderer Berücksichtigung der Ruhrgebietsregionen, a.a.O., insbesondere S. 139

9. Die Wirksamkeit der Weiterbildungsförderung von Frauen

9.1 Weiterbildung von Frauen und Schulungserfolg

Die Quote der Bildungsabsolventinnen, die das Schulungsziel erreicht oder die Einarbeitung beendet haben, ist ein erster Indikator, um den Erfolg der Qualifizierungsmaßnahme zu messen. Ein erfolgreicher Abschluß gilt gemeinhin als eine der Bedingungen dafür, daß durch die Weiterbildungsmaßnahme weitere positive individuelle Effekte, d.h. eine verbesserte Wettbewerbsposition auf dem Arbeitsmarkt ausgelöst werden. Darüber hinaus sind hohe Mißerfolgsquoten ein Indiz für eine Fehlsteuerung und Ineffizienz öffentlicher Mittel zur Förderung der beruflichen Weiterbildung. Über dieses Erfolgskriterium und die hierbei deutlich werdenden geschlechtsspezifischen Disparitäten informieren die Daten in den Tabellen 68 N, 68 B, 69 N und 69 B.

Wie aus Tabelle 68 N und 68 B hervorgeht, schnitten Frauen im Schnitt der untersuchten Maßnahmekomplexe (einschließlich Maßnahmen zur Verbesserung der Vermittlungsaussichten) in Nordrhein-Westfalen geringfügig besser ab als Männer. Bei beiden Geschlechtern jedoch ist die "Mißerfolgsquote" außerordentlich hoch. Immerhin führte bei 27,1 % aller männlichen und bei 25,o % aller weiblichen Teilnehmer in Nordrhein-Westfalen im Jahre 1985 die Fördermaßnahme nicht einmal an formalen Kriterien gemessen zu einem Erfolg. Für das Bundesgebiet fällt das Ergebnis nur wenig günstiger aus (Mißerfolgsquote der Frauen: 22,8 %, der Männer: 22,9 %). Die Werte für das Jahr 1985 sind dabei im Bundesgebiet zugleich die ungünstigsten seit 1971, in Nordrhein-Westfalen kam es nur im Jahre 1981 zu noch niedrigeren Erfolgsquoten (Frauen: 73,1 %, Männer: 72,1 %) bzw. noch höheren Mißerfolgsquoten (Frauen 26,9 %, Männer: 27,9 %).

Auf einzelne Maßnahmebereiche gesehen ergeben sich teils positive Abweichungen vom beschriebenen Durchschnittsergebnis,

Tabelle 68 N Die aus beruflichen Bildungsmaßnahmen ausgetretenen Männer und Frauen nach dem Ergebnis der Maßnahme 1971 - 1985 - Nordrhein-Westfalen -

Im Laufe des Jahres	Austritte insgesamt 1)	Schulungsziel nicht erreicht, Einarbeitung nicht beendet		Schulungsziel erreicht Einarbeitung beendet	
		in Prozent	dar. vorzeitig ausgeschieden, Einarbeitung nicht beendet in % von Sp.3	in Prozent	2) dar. mit Prüfung in % von Sp.5
1	2	3	4	5	6
Männer					
1971	33725	11.2	81.8	88.8	86.1
1972	40194	14.7	77.8	85.3	89.2
1973	46988	16.7	80.0	83.3	87.7
1974	31376	15.2	79.5	84.8	87.2
1975	54680	17.5	84.7	82.5	86.6
1976	49820	20.2	83.3	79.8	85.7
1977	27651	20.9	79.2	79.1	86.3
1978	29748	23.3	82.1	76.7	77.6
1979	32905	24.2	84.9	75.8	73.1
1980	33319	25.0	87.8	75.0	68.2
1981	48836	27.9	85.2	72.1	63.4
1982	60463	25.2	87.5	74.8	60.8
1983	66189	24.9	90.3	75.1	60.1
1984	71465	27.0	90.9	73.0	56.5
1985	74755	27,1	91,2	72,9	55.7
Frauen					
1971	8736	10.9	85.1	89.1	76.2
1972	9491	12.4	78.4	87.6	80.5
1973	11695	12.9	78.1	87.1	81.1
1974	9282	11.4	79.7	88.6	80.1
1975	16162	15.3	84.9	84.7	80.5
1976	15341	17.0	83.1	83.0	80.2
1977	9121	18.8	83.2	81.2	81.7
1978	11505	23.5	88.6	76.5	66.9
1979	14339	23.7	91.3	76.3	65.0
1980	15583	24.9	93.1	75.1	56.5
1981	22853	26.9	91.7	73.1	47.6
1982	27433	23.3	91.5	76.7	46.1
1983	30631	22.9	94.2	77.1	47.0
1984	31762	24.7	94.8	75.3	44.0
1985	33637	25.0	93.4	75.0	42.5

1) Einschließlich aus Maßnahmen zur Verbesserung der Vermittlungsaussichten nach § 41a

2) Für Einarbeitungsmaßnahmen lagen uns Daten für dieses Kriterium (für NRW) nur für einige Jahre vor. Diesen Daten zufolge endeten Einarbeitungsmaßnahmen in aller Regel ohne Prüfung. Dieses Ergebnis wurde auf alle Jahre übertragen.

Quelle: Daten der Bundesanstalt für Arbeit, eigene Berechnungen

Tabelle 68 B Die aus beruflichen Bildungsmaßnahmen ausgetretenen Männer und Frauen nach dem Ergebnis der Maßnahme 1971 - 1985 - Bundesgebiet -

Im Laufe des Jahres	Austritte insgesamt 1)	Schulungsziel nicht erreicht, Einarbeitung nicht beendet		Schulungsziel erreicht Einarbeitung beendet	
		in Prozent	dar. vorzeitig ausgeschieden, Einarbeitung nicht beendet in % von Sp.3	in Prozent	dar. mit Prüfung in % von Sp.5
1	2	3	4	5	6
Männer					
1971	153348	9.1	75.9	90.9	79.5
1972	182185	12.7	74.9	87.3	85.4
1973	181518	15.6	74.6	84.4	87.2
1974	131823	15.3	76.5	84.7	86.4
1975	211340	15.2	84.4	84.8	80.9
1976	187838	17.9	85.8	82.1	82.0
1977	102772	18.0	76.9	82.0	82.7
1978	108409	19.9	80.4	80.1	78.3
1979	117990	20.3	83.1	79.7	74.9
1980	126714	20.7	84.4	79.3	70.4
1981	162438	21.4	82.5	78.6	70.8
1982	185929	20.7	86.4	79.3	71.8
1983	206098	20.3	85.3	79.7	71.0
1984	219626	22.2	88.1	77.8	64,0
1985	250538	22.9	88.2	77.1	62,3
Frauen					
1971	47756	8.4	83.1	91.6	61.6
1972	51783	10.3	77.5	89.7	72.5
1973	47505	12.2	77.0	87.8	77.4
1974	36548	11.3	79.6	88.7	77.1
1975	65829	13.7	88.9	86.3	72.7
1976	64654	16.5	88.6	83.5	75.7
1977	37672	17.7	83.5	82.3	75.2
1978	44726	21.4	87.9	78.6	70.5
1979	52774	22.4	90.3	77.6	65.8
1980	61834	22.3	91.0	77.7	57.9
1981	77470	22.1	89.1	77.9	56.9
1982	88136	21.2	88.2	78.8	60.0
1983	97201	20.7	89.2	79.3	60.7
1984	104659	22.3	91.7	77,7	54,7
1985	123114	22.8	91.3	77.2	53,0

1) Einschließlich aus Maßnahmen zur Verbesserung der Vermittlungsaussichten nach § 41a

Quelle: Daten der Bundesanstalt für Arbeit, eigene Berechnungen

teil noch unbefriedigendere Befunde (vgl. Tabelle 69 N und 69 B).

Äußerst gering ist in den letzten Jahren die "Mißerfolgsquote" bei den Maßnahmen zur Verbesserung der Vermittlungsaussichten nach § 41a AFG. Noch im Jahre 1981 erreichten im Bundesgebiet 16,5 % der weiblichen Teilnehmer das mit dieser Maßnahme verfolgte Schulungsziel nicht. 1985 reduzierte sich die Mißerfolgsquote auf nicht einmal 1 %. Diese im Zeitablauf höhere "Erfolgswirksamkeit" kann wohl kaum mit einer nunmehr ausgeprägteren Motivation des geförderten Personenkreises in Zusammenhang gebracht werden. Sie ist vielmehr zum einen Folge davon, daß diese Maßnahmen zunehmend eine Kontrollfunktion hinsichtlich der Vermittlungswilligkeit der Arbeitslosen erfüllen. Zum anderen bietet sich den Arbeitslosen angesichts der verschärften Lage auf dem Arbeitsmarkt kaum mehr die Alternative, diese Maßnahme wegen der Aufnahme einer Beschäftigung vorzeitig zu beenden.[1]

Unter dem Durchschnitt für die Gesamtheit der Maßnahmen liegende "Mißerfolgsquoten" lassen sich im Bereich der betrieblichen Einarbeitung konstatieren: 1985 waren es im Bundesgebiet 9,3 % der Frauen und 11,6 % der Männer, die ihre Einarbeitung nicht beendeten (NRW: Frauen: 12,9 %, Männer: 13,6 %). Diese Werte sind zwar höher als im unmittelbar vorangegangenen Jahr 1984, jedoch niedriger als in den meisten übrigen Vergleichsjahren. Der bisherige maximale Wert wurde bei Frauen in Nordrhein-Westfalen im Jahre 1977 mit 22,7 % erreicht, dicht gefolgt von 21,3 % in 198o. Im Bundesgebiet lag der Maximalwert bei 16,3 % in 198o. Bei den Männern war das Jahr 198o in beiden Untersuchungsräumen das Jahr mit dem schlechtesten Ergebnis: In Nordrhein-Westfalen beendeten in diesem Jahr 22,9 %,

---

[1] Gemäß § 1o3 Abs. 4 AFG schließt die Teilnahme an einer Maßnahme zur Verbesserung der Vermittlungsaussichten nicht aus, daß der Arbeitslose der Arbeitsvermittlung zur Verfügung steht.

Tabelle 69 N Die aus beruflichen Bildungsmaßnahmen ausgetretenen Männer und Frauen nach der Art der Maßnahme und dem Ergebnis 1971 - 1985 - Nordrhein-Westfalen -

Im Laufe des Jahres	Austritte insgesamt	Schulungsziel nicht erreicht, Einarbeitung nicht beendet		Schulungsziel erreicht	
		in Prozent	Dar. vorzeitig ausgeschieden, in % von Sp.3	in Prozent	dar. mit Prüfung in % von Sp.5
1	2	3	4	5	6

Frauen

Fortbildung und Umschulung zusammen

1971	7477	10.8	82.4	89.2	88.9
1972	8717	12.7	77.1	87.3	87.9
1973	11214	12.8	77.0	67.2	64.5
1974	9012	11.4	79.0	68.6	82.5
1975	15462	15.1	84.0	84.9	83.9
1976	14774	17.1	82.5	62.9	83.4
1977	8495	18.5	81.7	81.5	87.4

Fortbildung ohne Maßnahmen nach § 41a

1978	8322	24.2	87.5	75.8	69.6
1979	10880	24.2	90.9	75.8	67.3
1980	10744	25.8	91.8	74.2	63.2
1981	14125	29.4	90.1	70.6	57.8
1982	16755	27.7	90.3	72.3	58.5
1983	19925	27.4	94.0	72.6	58.2
1984	21467	29.7	95.1	70.2	54.2
1985	22773	30.6	93.4	69.4	54.0

Maßnahmen nach § 41a

1979	25	8.0	50.0	92.0	0.0
1980	564	14.4	100.0	85.6	0.0
1981	2761	18.7	100.0	81.3	0.0
1982	5602	7.9	98.9	92.1	0.6
1983	4642	0.8	100.0	99.2	0.2
1984	4650	0.5	100.0	99.5	0.0
1985	5569	1.1	90.5	98.9	0.0

noch:
Tabelle 69 N Die aus beruflichen Bildungsmaßnahmen ausgetretenen Männer und Frauen nach der Art der Maßnahme und dem Ergebnis 1971 - 1985 - Nordrhein-Westfalen -

Im Laufe des Jahres	Austritte insgesamt	Schulungsziel nicht erreicht, Einarbeitung nicht beendet		Schulungsziel erreicht	
		in Prozent	Dar. vorzeitig ausgeschieden, in % von Sp.3	in Prozent	dar. mit Prüfung in % von Sp.5
1	2	3	4	5	6

Frauen

Umschulung

1978	2359	24.0	90.1	76.0	83.8
1979	2418	23.9	90.5	76.1	84.4
1980	2442	26.1	93.6	73.9	87.2
1981	3676	28.8	90.4	71.2	84.0
1982	4094	28.1	91.8	71.9	87.2
1983	4253	29.5	93.7	70.5	89.2
1984	3912	32.5	92.9	67.4	88.4
1985	3719	31.9	92.4	66.1	85.6

Betriebliche Einarbeitung 1)

1971	1259	11.6	100.0	88.4	0.0
1972	774	9.0	100.0	91.0	0.0
1973	481	16.0	100.0	84.0	0.0
1974	270	11.9	100.0	88.1	0.0
1975	700	20.3	100.0	79.7	0.0
1976	567	15.2	100.0	84.8	0.0
1977	626	22.7	100.0	77.3	0.0
1978	824	14.8	100.0	85.2	0.0
1979	1016	19.1	100.0	80.9	0.0
1980	1813	21.3	100.0	78.7	0.0
1981	2291	18.0	100.0	82.0	0.0
1982	982	17.6	100.0	82.4	0.0
1983	1011	15.1	100.0	84.9	0.0
1984	1733	8.8	100.0	91.2	0.0
1985	1576	12.9	100.0	87.1	0.0

noch:
Tabelle 69 N Die aus beruflichen Bildungsmaßnahmen ausgetretenen Männer und Frauen nach der Art der Maßnahme und dem Ergebnis 1971 - 1985 - Nordrhein-Westfalen -

Im Laufe des Jahres	Austritte insgesamt	Schulungsziel nicht erreicht, Einarbeitung nicht beendet		Schulungsziel erreicht	
		in Prozent	Dar. vorzeitig ausgeschieden, in % von Sp.3	in Prozent	dar. mit Prüfung in % von Sp.5
1	2	3	4	5	6
Männer					
Fortbildung und Umschulung zusammen					
1971	30763	10.7	79.0	89.3	93.8
1972	38603	14.7	76.8	85.3	92.8
1973	45867	16.6	79.4	83.4	89.8
1974	30592	15.3	79.2	84.7	89.6
1975	52842	17.4	84.1	82.6	89.5
1976	47558	20.3	82.7	79.7	89.9
1977	25930	20.9	77.9	79.1	92.1
Fortbildung ohne Maßnahmen nach § 41a					
1978	22197	20.1	75.2	79.9	82.9
1979	24476	21.5	79.3	78.5	78.7
1980	22858	22.6	82.6	77.4	79.8
1981	33084	26.5	82.1	73.5	75.0
1982	41382	26.3	84.3	73.7	75.2
1983	45127	26.5	88.7	73.5	73.5
1984	49692	29.5	89.6	70.5	70.0
1985	53686	29.4	90.0	70.6	68.1
Maßnahmen nach § 41a					
1979	8	12.5	100.0	87.5	0.0
1980	1029	25.9	100.0	74.1	0.0
1981	3777	26.6	91.5	73.4	0.0
1982	8176	8.9	99.3	91.1	0.6
1983	6943	0.8	100.0	99.2	0.1
1984	7390	0.7	100.0	99.3	0.0
1985	7789	0.6	95.7	99.4	0.0

noch:
Tabelle 69 N Die aus beruflichen Bildungsmaßnahmen ausgetretenen Männer und Frauen nach der Art der Maßnahme und dem Ergebnis 1971 - 1985 - Nordrhein-Westfalen -

Im Laufe des Jahres	Austritte insgesamt	Schulungsziel nicht erreicht, Einarbeitung nicht beendet		Schulungsziel erreicht	
		in Prozent	Dar. vorzeitig ausgeschieden, in % von Sp.3	in Prozent	dar. mit Prüfung in % von Sp.5
1	2	3	4	5	6

Männer

Umschulung

1978	5241	37.9	93.4	62.1	92.5
1979	5398	37.5	94.3	62.5	92.2
1980	5193	36.7	94.2	63.3	89.4
1981	7345	38.9	94.2	61.1	90.6
1982	8450	37.3	94.0	62.7	65.5
1983	9826	38.3	93.5	61.7	90.2
1984	9762	41.6	94.0	58.4	86.6
1985	9116	41.6	94.5	58.4	86.6

Betriebliche Einarbeitung 1)

1971	2962	16.5	100.0	83.5	0.0
1972	1591	16.3	100.0	83.7	0.0
1973	1121	19.2	100.0	80.8	0.0
1974	784	10.3	100.0	89.7	0.0
1975	1838	20.3	100.0	79.7	0.0
1976	2262	17.4	100.0	82.6	0.0
1977	1721	20.0	100.0	80.0	0.0
1978	2310	20.2	100.0	79.8	0.0
1979	3023	22.5	100.0	77.5	0.0
1980	4239	22.9	100.0	77.1	0.0
1981	4630	21.6	100.0	78.4	0.0
1982	2455	19.6	100.0	80.4	0.0
1983	4293	17.1	100.0	82.9	0.0
1984	4621	11.5	100.0	88.5	0.0
1985	4164	13.6	100.0	86.4	0.0

Quelle: Daten der Bundesanstalt für Arbeit, eigene Berechnungen

Tabelle 69 B Die aus beruflichen Bildungsmaßnahmen ausgetretenen Männer und Frauen nach der Art der Maßnahme und dem Ergebnis 1971 - 1985 - Bundesgebiet -

Im Laufe des Jahres	Austritte insgesamt	Schulungsziel nicht erreicht, Einarbeitung nicht beendet		Schulungsziel erreicht	
		in Prozent	Dar. vorzeitig ausgeschieden, in % von Sp.3	in Prozent	dar. mit Prüfung in % von Sp.5
1	2	3	4	5	6

Frauen

Fortbildung und Umschulung zusammen

1971	34915	8.3	76.6	91.7	84.1
1972	43997	10.7	74.4	89.3	85.7
1973	42966	12.5	75.3	87.5	86.0
1974	34107	11.3	78.3	88.7	82.6
1975	60907	13.8	88.1	86.2	78.7
1976	59502	16.8	87.9	83.2	82.7
1977	32814	18.3	81.7	81.7	87.0

Fortbildung ohne Maßnahmen nach § 41a

1978	30860	22.0	85.8	78.0	79.0
1979	36734	22.6	88.6	77.4	75.6
1980	38621	23.3	88.9	76.7	72.4
1981	46748	23.2	86.2	76.8	72.2
1982	54820	23.2	86.7	76.8	71.4
1983	65376	23.0	88.8	77.0	69.6
1984	72432	25.7	92.0	74.3	64.9
1985	86890	26.4	91.2	73.6	64.0

Maßnahmen nach § 41a

1979	35	14.3	100.0	85.7	0.0
1980	3079	14.5	99.6	85.5	0.0
1981	7929	16.5	100.0	83.5	0.0
1982	12627	7.9	99.1	92.1	0.4
1983	9555	0.6	98.4	99.4	0.1
1984	11673	0.5	100.0	99.5	0.1
1985	14776	0.7	92.7	99,3	0,0

noch:
Tabelle 69 B Die aus beruflichen Bildungsmaßnahmen ausgetretenen Männer und Frauen nach der Art der Maßnahme und dem Ergebnis 1971 - 1985 - Bundesgebiet -

Im Laufe des Jahres	Austritte insgesamt	Schulungsziel nicht erreicht, Einarbeitung nicht beendet		Schulungsziel erreicht	
		in Prozent	Dar. vorzeitig ausgeschieden, in % von Sp.3	in Prozent	dar. mit Prüfung in % von Sp.5
1	2	3	4	5	6

Frauen

Umschulung

1	2	3	4	5	6
1978	8530	24.0	90.7	76.0	89.2
1979	8507	27.2	91.6	72.8	88.6
1980	9950	27.0	90.9	73.0	87.7
1981	13143	26.7	89.5	73.3	87.6
1982	17013	26.1	88.6	73.9	91.6
1983	17009	25.6	89.0	74.4	92.8
1984	14430	29.0	89.5	71.0	93.8
1985	14637	29.9	90.2	70.2	92.0

Betriebliche Einarbeitung 1)

1	2	3	4	5	6
1971	12841	8.6	100.0	91.4	0.0
1972	7786	8.3	100.0	91.7	0.0
1973	4539	8.6	100.0	91.4	0.0
1974	2441	10.2	100.0	89.8	0.0
1975	4922	12.4	100.0	87.6	0.0
1976	5152	11.9	100.0	88.1	0.0
1977	4858	13.4	100.0	86.6	0.0
1978	5336	13.6	100.0	86.4	0.0
1979	7498	15.7	100.0	84.3	0.0
1980	10184	16.3	100.0	83.7	0.0
1981	9650	15.0	100.0	85.0	0.0
1982	3676	15.5	100.0	84.5	0.0
1983	5261	11.7	100.0	88.3	0.0
1984	6124	8.6	100.0	91.4	0.0
1985	6811	9.3	100.0	90.7	0.0

noch:
Tabelle 69 B Die aus beruflichen Bildungsmaßnahmen ausgetretenen Männer und Frauen nach der Art der Maßnahme und dem Ergebnis 1971 - 1985 - Bundesgebiet -

Im Laufe des Jahres	Austritte insgesamt	Schulungsziel nicht erreicht, Einarbeitung nicht beendet		Schulungsziel erreicht	
		in Prozent	Dar. vorzeitig ausgeschieden, in % von Sp.3	in Prozent	dar. mit Prüfung in % von Sp.5
1	2	3	4	5	6

Männer

Fortbildung und Umschulung zusammen

1971	134597	8.8	71.6	91.2	90.2
1972	171902	12.8	73.6	87.2	90.6
1973	174987	15.7	73.9	84.3	90.6
1974	127551	15.4	75.7	84.6	89.3
1975	200836	15.2	83.6	84.8	85.2
1976	176483	18.2	85.0	81.8	87.6
1977	93045	18.3	74.8	81.7	91.6

Fortbildung ohne Maßnahmen nach § 41a

1978	82771	17.8	73.5	82.2	87.8
1979	87195	17.6	75.9	82.4	86.4
1980	87319	18.1	76.3	81.9	86.2
1981	114064	19.0	74.3	81.0	85.1
1982	134575	19.7	82.9	80.3	84.2
1983	152936	20.0	82.6	80.0	82.0
1984	161439	22.9	86.3	77.1	76.6
1985	186263	24.0	86.8	76.0	74.7

Maßnahmen nach § 41a

1979	35	17.1	100.0	82.9	0.0
1980	5215	19.9	99.7	80.1	0.0
1981	11346	22.4	100.0	77.6	0.0
1982	18229	9.6	99.5	90.4	0.4
1983	14254	0.6	98.8	99.4	0.1
1984	18533	0.6	97.2	99.4	0.0
1985	22316	0.5	93.4	99.5	0.0

noch:
Tabelle 69 B Die aus beruflichen Bildungsmaßnahmen ausgetretenen Männer und Frauen nach der Art der Maßnahme und dem Ergebnis 1971 - 1985 - Bundesgebiet -

Im Laufe des Jahres	Austritte insgesamt	Schulungsziel nicht erreicht, Einarbeitung nicht beendet		Schulungsziel erreicht	
		in Prozent	Dar.vorzeitig ausgeschieden, in % von Sp.3	in Prozent	dar.mit Prüfung in % von Sp.5
1	2	3	4	5	6

Männer

Umschulung

1978	13603	35.2	93.1	64.8	93.3
1979	14539	37.8	93.6	62.2	92.6
1980	15542	35.9	94.0	64.1	90.9
1981	20207	36.5	92.8	63.5	91.1
1982	25340	34.6	92.3	65.4	89.7
1983	27454	34.9	91.4	65.1	91.3
1984	25769	39.5	92.7	60.5	89.9
1985	26807	39.8	92.1	60.2	90.9

Betriebliche Einarbeitung 1)

1971	18751	11.3	100.0	88.7	0.0
1972	10283	11.0	100.0	89.0	0.0
1973	6531	12.1	100.0	87.9	0.0
1974	4272	13.8	100.0	86.2	0.0
1975	10504	14.5	100.0	85.5	0.0
1976	11355	14.2	100.0	85.8	0.0
1977	9727	15.7	100.0	84.3	0.0
1978	12035	17.1	100.0	82.9	0.0
1979	16221	19.1	100.0	80.9	0.0
1980	18638	20.5	100.0	79.5	0.0
1981	16821	19.5	100.0	80.5	0.0
1982	7785	17.8	100.0	82.2	0.0
1983	11454	14.4	100.0	85.6	0.0
1984	13885	11.0	100.0	89.0	0.0
1985	15152	11.6	100.0	88.4	0.0

Quelle: Daten der Bundesanstalt für Arbeit, eigene Berechnungen

im Bundesgebiet 2o,5 % der Männer die Einarbeitungsmaßnahme nicht.

Tabelle 7o N Aus beruflichen Fortbildungsmaßnahmen ausgetretene Männer und Frauen, die das Schulungsziel nicht erreicht haben, **nach Fortbildungsarten** in v.H. aller Austritte im Jahre 1983 - Nordrhein-Westfalen -

Fortbildungsziel	Schulungsziel nicht erreicht in v.H. der Austritte	
	Frauen	Männer
Grundausbildungslehrgang, Übungsfirma, Übungswerkstatt	39,o	53,4
Sonstige Fortbildungsmaßnahmen zur Feststellung, Erhaltung, Erweiterung und Anpassung beruflicher Kenntnisse	28,7	26,3
Meister, Techniker, Betriebswirte	14,3	18,1
Sonstiger beruflicher Aufstieg	19,1	17,1
berufliche Abschlußprüfung	22,8	15,2
Heran-, Fortbildung von Ausbildungskräften	15,7	1o,o
Fortbildung insgesamt	27,3	26,5

Quelle: Eigene Berechnungen nach unveröffentlichten Daten der Bundesanstalt für Arbeit

In die entgegengesetzte, d.h. negative Richtung entwickelte sich die Mißerfolgsquote im quantitativ bedeutsamsten Bereich der Fortbildung. Als wichtigste Ursache für diesen negativen Trend zeichnet die - bei Männern und Frauen - abnehmende Bedeutung der Aufstiegsfortbildung verantwortlich. Denn der Personenkreis, dessen Qualifizierungsinteresse auf einen beruflichen Aufstieg gerichtet ist, bringt plausiblerweise eine überdurchschnittliche Motivation, in der Regel auch bessere schulische und berufliche Kenntnisse als der Durchschnitt der Fortbildungsteilnehmer/innen mit, und schließt aus diesen

Gründen die Maßnahme auch in überdurchschnittlichem Maße erfolgreich ab.

Die Tatsache, daß Männer immer noch erheblich stärker als Frauen an klassischen Aufstiegsfortbildungskursen partizipieren, erklärt unter anderem ihre im statischen Durchschnitt der Fortbildungsabsolventen etwas niedrigere Mißerfolgsquote (NRW 1985: Männer: 29,4 %, Frauen: 3o,6 %; Bundesgebiet 1985: Männer: 24,o %, Frauen: 26,4 %). Differenziert man **innerhalb** des Fortbildungssektors nach einzelnen Maßnahmetypen, so gelangt man zu dem aus Tabelle 7o N ersichtlichen Befund:

Frauen schneiden bei Grundausbildungslehrgängen und Fortbildungsmaßnahmen, die in Übungsfirmen oder Übungswerkstätten durchgeführt werden, wesentlich besser als Männer ab. Bei beiden Geschlechtern (Frauen 39,o %, Männer 53,4 %) ist jedoch der Anteil jener Geförderten, die das Schulungsziel nicht erreichen, ganz erheblich. Auch bei den Lehrgängen, die auf den Titel einer/s Meisters/in, Technikers/in oder Betriebswirts/in zielen, haben Frauen mehr Erfolg als Männer. Hingegen weisen Männer bei den übrigen in Tabelle 7o N aufgelisteten Fortbildungszielen geringere Mißerfolgsquoten auf als Frauen.

Ausgesprochen deprimierende Ergebnisse zeitigt der Umschulungssektor: Bei 39,8 % der männlichen und 29,9 % der weiblichen Umschüler im Bundesgebiet führten die Qualifizierungsbemühungen im Jahre 1985 nicht zum angestrebten Ziel. Von Einfluß auf dieses ungünstigere Ergebnis gegenüber der Fortbildung und Einarbeitung ist sicherlich die erheblich längere Dauer von Umschulungslehrgängen bzw. die mit zunehmender Dauer der Lehrgänge steigenden Anforderungen an das Durchhaltevermögen der Umschüler/innen.

Von besonderem Interesse sind die Ursachen für die deutlichen geschlechtsspezifischen Unterschiede. Wie die Daten in den Tabellen 69 N und 69 B belegen, liegen die Erfolgsquoten der

Frauen zu jedem Beobachtungszeitpunkt deutlich höher als die der männlichen Umschüler.

Es wäre allerdings voreilig, diesen für Frauen günstigen statistischen Befund als ausreichenden Beweis dafür zu betrachten, daß Frauen tatsächlich erfolgreicher und beständiger im Lern- und Leistungsverhalten als Männer sind. Denn anders als im Bereich der vorberuflichen schulischen Ausbildung, wo Mädchen und Jungen in etwa gleiche Bedingungen vorfinden und wo die Überlegenheit der Mädchen somit als erwiesen gelten kann, weisen weibliche und männliche Umschüler, wie bereits in Abschnitt 8.8.4 dargestellt und anhand von Daten über die neu in Bildungsmaßnahmen eintretenden Personen dokumentiert, stark voneinander abweichende qualifikatorische Voraussetzungen auf.

Aussagekräftigere Ergebnisse lassen sich erst erzielen, wenn, wie in der folgenden Tabelle 71 N praktiziert, aus einer Bildungsmaßnahme ausgetretene Männer und Frauen mit gleicher schulischer und/oder beruflicher Vorbildung verglichen werden.

Tabelle 71 N macht deutlich, daß Frauen mit niedrigen bis mittleren qualifikatorischen Voraussetzungen tatsächlich günstigere Schulungserfolge erzielen als Männer mit vergleichbaren Qualifikationen. Bei höherem Qualifikationsniveau hingegen verbuchen Männer etwas bessere, im Falle der Hochschüler sogar erheblich bessere Erfolgsquoten als Frauen.

Darüber hinaus belegen die Daten, daß der Umschulungserfolg bei beiden Geschlechtern in starkem Maße von den vorhandenen schulischen und beruflichen Kenntnissen bestimmt wird. Je qualifizierter die berufliche Erstausbildung bzw. schulische Bildung, desto geringer ist der Anteil derjenigen, die die Umschulung nicht erfolgreich beenden. **Die besonders qualifizierungsbedürftigen Gruppen sind also nicht nur bei den Eintritten in Bildungsmaßnahmen unterrepräsentiert, sondern sie erreichen das Umschulungsziel auch seltener als andere Teilneh-**

Tabelle 71 N Aus Umschulungsmaßnahmen ausgetretene Männer und Frauen, die das Schulungsziel nicht erreicht haben, nach ihrer schulischen und beruflichen Vorbildung und ihrer Stellung im Beruf vor Antritt der Maßnahme in v.H. der Austritte im Jahre 1983
- Nordrhein-Westfalen -

	Frauen	Männer
SCHULISCHE VORBILDUNG		
ohne Hauptschulabschluß	36,7	43,3
mit Hauptschul-, ohne mittleren Abschluß	3o,5	4o,o
mit mittlerem Abschluß, ohne Fachhochschulabschluß	26,1	29,3
mit Fachhochschul-, ohne Hochschulabschluß	18,7	18,2
mit Hochschulabschluß	26,8	26,5
zusammen	29,6	38,4
BERUFLICHE VORBILDUNG		
ohne abgeschlossene Berufsausbildung	3o,o	39,6
mit betrieblicher Berufsausbildung	29,o	35,5
Fachschule/Fachhochschule	25,5	23,7
Hochschule	37,o	27,6
zusammen	29,6	38,4
STELLUNG IM BERUF		
Selbständige/Mithelfende Familienangehörige	25,6	35,7
Angestellte/Beamte	28,3	3o,7
Facharbeiter/innen	33,1	34,9
Nicht-Facharbeiter/innen	31,4	4o,9
in den letzten 6 Jahren nicht berufstätig	3o,1	24,5
bisher nicht berufstätig	21,4	23,8
sonstige	39,4	30,0
zusammen	29,6	38,4

Quelle: Eigene Berechnungen nach unveröffentlichten Daten der Bundesanstalt für Arbeit

mer. Ein Grund hierfür ist sicherlich der Mangel an adäquaten Lernmethoden für bildungsungewohnte Menschen. Eine Ausnahme in diesem Zusammenhang bildet jedoch insbesondere bei den Frauen die - quantitativ unbedeutende - Gruppe der Jungakademiker. Ferner schneiden Nichtfacharbeiterinnen überraschenderweise etwas günstiger ab als Facharbeiterinnen. Auf den möglichen Hintergrund dieser Befunde wird weiter unten noch eingegangen.

Eine weitere wichtige Determinante des Umschulungserfolges stellt das Alter der Geförderten dar:

Tabelle 72 N Aus Umschulungsmaßnahmen ausgetretene Personen, die das Schulungsziel nicht erreicht haben, in v.H. aller Austritte **nach dem Alter** im Jahre 1983 - Nordrhein-Westfalen -

Altersgruppe	Schulungsziel nicht erreicht	
	Frauen	Männer
18 - unter 2o Jahre	42,3	42,9
2o - unter 25 Jahre	34,3	43,6
25 - unter 30 Jahre	29,9	35,8
30 - unter 35 Jahre	30,3	35,9
35 - unter 40 Jahre	25,7	40,8
25 - unter 3o Jahre	3o,3	35,9
3o - unter 4o Jahre	25,7	4o,8
4o - unter 45 Jahre	25,2	39,9
45 - unter 5o Jahre	27,o	35,8
5o - unter 55 Jahre	21,1	36,7
55 Jahre und älter	12,7	35,4
insgesamt	29,6	38,4

Quelle: Eigene Berechnungen nach unveröffentlichten Daten der Bundesanstalt für Arbeit

Erkennbar ist, daß Männer und Frauen, die jünger als 25 Jahre sind, die geringsten Umschulungserfolge erzielen. Bemerkenswert ist ferner, daß die - schwach vertretenen - älteren Jahrgänge keineswegs immer ungünstiger, in einigen Altersgruppen sogar weitaus besser abschneiden als Umschulungsabsolventen im mittleren Alter (zu den möglichen Gründen vgl. weiter unten).

Der Umschulungserfolg hängt ferner in starkem Maße vom angestrebten Untersuchungsziel ab. Diese Beziehung belegt Tabelle 73 N. Bei der Umschulung zur Datenverarbeitungsfachfrau scheitert nahezu die Hälfte aller Umschülerinnen. Äußerst ungünstige Ergebnisse erzielen auch Floristinnen, Tischlerinnen und Stenographinnen/Stenotypistinnen/Maschinenschreiberinnen. Am besten schneiden die sozial- und krankenpflegerischen Berufe ab.

Tabelle 73 N Aus den 1o am stärksten besetzten 1) Umschulungsberufen ausgetretene Frauen, die das Schulungsziel nicht erreicht haben, in v.H. der Austritte im Jahre 1983 - Nordrhein-Westfalen -

Schulungsziel/Berufsordnung	Schulungsziel nicht erreicht (in v.H. der Austritte)
1. Datenverarbeitungsfachleute (6)	47,5
2. Floristinnen (7)	39,9
3. Tischlerinnen (9)	37,5
4. Stenographinnen, Stenotypistinnen Maschinenschreiberinnen (1)	34,6
5. Bürofachkräfte (2)	34,5
6. Verkäuferinnen (1o)	26,6
7. Oberbekleidungsnäherinnen (8)	25,6
8. Krankenschwestern, -pflegerinnen, Hebammen (4)	21,2
9. Helferinnen in der Krankenpflege (5)	21,o
1o. Sozialarbeiterinnen, Sozialpflegerinnen (3)	12,3
alle Schulungsziele	29,6

1) Die in Klammern gesetzten Zahlen weisen auf die Rangordnung hinsichtlich der Zahl der Austritte hin. Nicht in die Übersicht aufgenommen wurde die an 1o. Stelle liegende Berufsordnung "Arbeitssuchende ohne Berufsbezeichnung".

Quelle: Eigene Berechnungen nach unveröffentlichten Daten der Bundesanstalt für Arbeit

Bisher wurden hohe Mißerfolgsquoten ausschließlich negativ, d.h. als Indiz für Schwierigkeiten während der Umschulung interpretiert. Diese Bewertung ist allerdings ohne Einschränkungen allenfalls angebracht, wenn der Grund für den Mißerfolg im

Nichtbestehen der Abschlußprüfung zu suchen ist. Anders zu bewerten ist jedoch unter arbeitsmarktpolitischen Gesichtspunkten der "Mißerfolg" jener Bildungsabsolventen/innen, die ihre Qualifizierungsbemühungen deshalb aufgegeben haben, weil sich ihnen die Gelegenheit geboten hatte - auch ohne Beendigung der Bildungsmaßnahme - eine Beschäftigung aufzunehmen.[2]

Aus den Tabellen 68 N, 68 B, 69 N und 69 B geht bereits hervor, daß der überwiegende Teil der erfolglosen Bildungsteilnehmer/innen nicht an einer Abschlußprüfung gescheitert, sondern vielmehr vorzeitig aus der Maßnahme ausgeschieden ist.

Das Nichtbestehen einer Abschlußprüfung war im Falle der Fortbildung im Jahre 1985 nur bei 4,9 % der Frauen und bei 5,3 % der Männer im Bundesgebiet die Ursache dafür, daß das Schulungsziel nicht erreicht wurde. Bei der Umschulung bestanden 4,3 % der Frauen und 5,5 % der Männer die Abschlußprüfung nicht.[3] Frauen schnitten also geringfügig besser ab als Männer.

Fächert man noch weiter nach den Gründen für das vorzeitige Ausscheiden auf, so zeigen sich die folgenden geschlechtsspezifischen Befunde:

Der Wechsel in ein Beschäftigungsverhältnis als Ursache für den vorzeitigen Abbruch einer Bildungsmaßnahme spielt nur im Fortbildungssektor eine nennenswerte Rolle. Dieser Grund war für etwa ein Drittel der Frauen, die 1983 in Nordrhein-Westfa-

---

[2] Von einem Bezieher von Unterhaltsgeld bei einer arbeitsmarktpolitisch "notwendigen" Maßnahme ist das Unterhaltsgeld dann **nicht** zurückzufordern, "wenn er nach Beratung durch die Bundesanstalt eine Tätigkeit aufnimmt, die zu einer dauerhaften beruflichen Eingliederung führt" (§ 44 Abs. 6, Satz 2 AFG)

[3] Berechnungsmodus: Personen, die das Schulungsziel nicht erreichten, aber nicht vorzeitig ausgeschieden waren, in v.H. der Personen, die das Schulungsziel erfolgreich mit einer Prüfung abschlossen plus Personen, die das Schulungsziel nicht erreichten, die aber nicht vorzeitig ausgeschieden waren.

len einen angefangenen Fortbildungskurs vorzeitig abgebrochen hatten, ausschlaggebend. Bei den Männern ist der entsprechende Anteil (18,4 %) bedeutend niedriger. Rechnet man die wegen Aufnahme einer Arbeit vorzeitig ausgeschiedenen Personen aus der "Mißerfolgsquote" heraus, so sinkt diese Quote bei den Frauen nunmehr auch im Fortbildungssektor unter die der Männer (vgl. letzte Spalte der Tabelle 74 N).

Tabelle 74 N Männer und Frauen, die vorzeitig aus einer Bildungsmaßnahme ausgetreten sind, nach den Gründen für das vorzeitige Ausscheiden - Nordrhein-Westfalen -

Austritt im Laufe des Jahres	vorzeitig ausgeschiedene Personen in v.H. aller vorzeitig Ausgeschiedenen				Schulungsziel nicht erreicht abzügl. wg. Arbeitsaufnahme Ausgeschiedener in v.H. aller Austritte
	wegen Arbeitsaufnahme	mangels Eignung	wegen Krankheit	wegen sonstiger Gründe	
	FRAUEN				
	Fortbildung ohne Maßn. nach § 41a AFG				
1982	25,3	3,1	17,2	54,5	21,4
1983	31,4	3,4	15,6	49,7	19,3
	Umschulung				
1982	9,1	8,2	23,7	59,o	25,8
1983	9,1	8,5	23,8	58,6	27,o
	betriebliche Einarbeitung				
1982	-	1o,9	-	89,o	17,6
1983		11,7		88,2	15,1
	MÄNNER				
	Fortbildung ohne Maßn. nach § 41a AFG				
1982	16,o	5,2	13,5	65,3	22,8
1983	18,4	5,1	12,4	64,1	22,2
	Umschulung				
1982	6,7	9,2	15,8	68,3	35,o
1983	8,o	8,9	15,o	68,2	35,4
	betriebliche Einarbeitung				
1982	-	9,6	-	9o,4	19,6
1983		13,4		86,6	17,1

Quelle: Eigene Berechnungen nach unveröffentlichten Daten der Bundesanstalt für Arbeit

Bei Umschulungen erklärt sich die Abbruchquote im Jahre 1983 nur zu einem geringen Teil (Frauen: 9,1 %, Männer: 8,o %) aus einer Arbeitsaufnahme. Allerdings schwankt dieser Durchschnittswert in Abhängigkeit von verschiedenen Strukturmerkmalen der Umschüler/innen beträchtlich, wie eine Auswertung weiterer unveröffentlichter Daten ergab:

Beim folgenden weiblichen Personenkreis fällt dieser Grund in überdurchschnittlichem Maße ins Gewicht:
- bei unter 18jährigen (27,3 % aller vorzeitig ausgeschiedenen Fälle) und bei den 45- bis unter 50jährigen (14,3 %)
- bei Frauen mit der schulischen Vorbildung Fachhochschulabschluß (22,7 %) und Hochschulabschluß (2o %) bzw. dem letzten beruflichen Abschluß Fachhochschule bzw. Hochschule (32,1 %)
- bei bisher nicht erwerbstätigen Frauen (19 %) und Facharbeiterinnen (12,3 %).

Umgekehrt hat dieser Grund bei folgenden Gruppen nur einen unterdurchschnittlichen Erklärungswert für den Abbruch der Umschulungsmaßnahme:
- bei 55jährigen und älteren Frauen (0 %), bei 5o- bis unter 55jährigen (5,6 %) und bei 25- bis unter 30jährigen Frauen (7,1 %)
- bei Frauen ohne Hauptschulabschluß (6,o %) und ohne abgeschlossene Berufsausbildung (5,7 %)
- bei Frauen, die in den letzten 6 Jahren nicht erwerbstätig waren (4,1 %) und bei Nichtfacharbeiterinnen (5,8 %).

Bei Männern ergeben sich mit wenigen Ausnahmen von der Tendenz her ähnliche Befunde. Einige der genannten Merkmale stehen dabei in engem Zusammenhang mit der bekanntlich extrem unterschiedlichen Arbeitsmarktsituation für verschiedene soziale Gruppen. Insbesondere dürften also die beschriebenen hohen Abbruchquoten der Jungakademikerinnen - anders als bei den bildungsfernen Schichten - eher ein Zeichen für überdurchschnittlich gute Arbeitsmarktchancen als für eine Überforderung und dementsprechend für "Mißerfolge" während der Umschulung sein.[4]

---

[4] Vgl. auch Hans Hofbauer: Berufliche Weiterbildung für ar-

Relativ hoch ist insbesondere im Umschulungssektor auch der Anteil der Abbrecher/innen, der angegeben hat, die Bildungsmaßnahme aus gesundheitlichen Gründen vorzeitig beendet zu haben. Bei Frauen ist diese Ursache verbreiteter als bei Männern. Das Gros der Abrecher/innen fällt jedoch in allen 3 Maßnahmetypen unter die statistische Ursachenkategorie "wegen sonstiger Gründe", die u.a. finanzielle Schwierigkeiten, familiäre Gründe oder Konflikte mit den Lehrern und anderen Teilnehmer/innen umfaßt. Für eine aussagekräftige Ursachenanalyse erweist sich diese Kategorisierung als viel zu wenig differenziert. Wie aus anderen Untersuchungen hervorgeht, stellt insbesondere die finanzielle Belastung ein zentrales Moment bei dem einem Abbruch vorausgehenden Entscheidungsprozeß dar.[5] Auch ungenügende Informationen durch das Arbeitsamt über die Anforderungen während der Umschulung und die späteren Berufsmöglichkeiten sind ein Grund für den Entschluß, die Umschulung abzubrechen.[6] Unter geschlechtsspezifischem Aspekt wäre es besonders aufschlußreich, auch Informationen über jene Gründe zu erhalten, die unmittelbar aus der besonderen Lebenssituation von Frauen folgen, so z.B. aus der belastenden Situation bei der Vereinbarung der Weiterbildungsteilnahme mit den Familienpflichten, insbesondere mit der Kinderbetreuung.

----

beitslose Jungakademiker, in: Mitteilungen aus der Arbeitsmarkt- und Berufsforschung 3/1985, S. 312

5 Vgl. dazu Edgar Sauter: Wird die Teilnahme an der beruflichen Weiterbildung ausreichend gefördert?, a.a.O., S. 12o

6 Vgl. Lebenslanges Lernen. Berufliche Weiterbildung der Arbeitnehmer als gesellschaftspolitische Aufgabe, hrsg. vom Minister für Arbeit, Gesundheit und Soziales des Landes Nordrhein-Westfalen, Arbeit und Beruf, Band 27, Karlsruhe/Bonn 1981, S. 1o7

9.2. Berufliche Weiterbildung von Frauen und Berufsverlauf nach Abschluß der beruflichen Qualifizierungsmaßnahmen

9.2.1 Wiedereingliederungsgrad nach Abschluß der Weiterbildung

Vor dem Hintergrund der gegenwärtigen Beschäftigungskrise und angesichts der Verlagerung der AFG-Förderung auf Arbeitslose muß sich öffentliche Arbeitsmarktpolitik vor allem daran messen lassen, inwieweit sie dazu beitragen kann, die beruflichen Wiedereingliederungschancen der Arbeitslosen zu verbessern. Diesem Erfolgsindikator kommt auch deshalb die entscheidende Bedeutung zu, weil die Realisierung anderer Ziele (z.B. Verwertbarkeit der Weiterbildung im Beruf, Verbesserung der beruflichen Aufstiegsmöglichkeiten infolge der Qualifizierungsmaßnahme) davon abhängig ist, ob und inwieweit die Geförderten tatsächlich Arbeitsplätze finden.

Dieser zentralen Frage wurde vor allem im Rahmen der Wirkungsforschung des Instituts für Arbeitsmarkt- und Berufsforschung (IAB) nachgegangen, wobei das IAB für dieses Forschungsfeld nicht nur von seinem Selbstverständnis her "zuständig" und prädestiniert ist, sondern für repräsentativ angelegte Analysen auch die besten datenmäßigen Zugriffsmöglichkeiten besitzt (vgl. auch die Ausführungen in Abschnitt 5).

Bis Ende der 70er Jahre wurde dabei der Berufsverlauf nach Abschluß der AFG-Maßnahmen vom IAB vorwiegend mit Hilfe schriftlicher und/oder mündlicher Befragungen der ehemaligen Teilnehmer/innen beobachtet und analysiert. Diese Methode ließ zwar sehr differenzierte Fragestellungen zu, war jedoch mit einem erheblichen Kosten- und Zeitaufwand verbunden.

Eine weitere Untersuchungsmethode bestand darin, den Anteil der vor und nach der Maßnahme arbeitslosen Teilnehmer/innen an allen Teilnehmern/innen miteinander zu vergleichen, wobei Daten aus der Teilnehmerstatistik und aus der Sondererhebung über die Struktur der Arbeitslosen gegenübergestellt wurden. So ergab sich bei einer Untersuchung[7] zum Stichtag 3o.9.1976, daß von den Frauen, die in den 12 Monaten zuvor eine Bildungsmaßnahme abgeschlossen hatten, 9,o % aller in diesem Zeitraum ausgetretenen Frauen arbeitslos waren, während es vor der Bildungsmaßnahme 43,2 % waren. Bezieht man die Zahl der Arbeitslosen nach Abschluß der Maßnahme auf die Zahl der Arbeitslosen vor Beginn der Maßnahme, so errechnet sich eine "Arbeitslosenquote" von 2o,9 %. Bei Männern betrug der Anteil der nach dem Lehrgang Arbeitslosen 7,8 %, vor dem Lehrgang waren 28,5 % beschäftigungslos. Die "Arbeitslosenquote" der Männer lag somit - bedingt durch das niedrigere Ausgangsniveau - bei 27,4 %, also über dem frauenspezifischen Wert.

Durch den Aufbau der weiteren Geschäftsstatistiken der Bundesanstalt für Arbeit (Statistik der Leistungsempfänger/innen und Beschäftigungsstatistik) und der Möglichkeit ihrer elektronischen Verarbeitung, insbesondere ihrer Verknüpfung untereinander, wurden die Voraussetzungen für eine permanente und weniger aufwendige Erfolgskontrolle der Förderpolitik geschaffen.

Bisher liegen veröffentlichte Ergebnisse über den - individuellen[8] - Beschäftigungseffekt der Maßnahmen vor, die aus einer Koppelung der Daten aus der Teilnehmerdatei mit denen aus der Leistungsempfängerdatei resultieren, und somit Informationen über eine eventuelle Arbeitslosigkeit nach der Weiterbildung liefern. Sie lassen ferner Rückschlüsse auf die unterschiedliche Wirksamkeit einzelner Maßnahmekategorien bzw. Schulungsziele zu.

---

[7] Vgl. Hans Hofbauer: Teilnehmer an beruflichen Bildungsmaßnahmen und ihre Beschäftigungschancen, in: Mitteilungen aus der Arbeitsmarkt- und Berufsforschung 4/1977, S. 471

[8] Zu den gesamtwirtschaftlichen Beschäftigungseffekten der staatlichen Qualifizierungsförderung vgl. die Abschnitte 4 und 1o

Aus der im IAB seit längerem in Angriff genommenen zusätzlichen individualisierten Datenverknüpfung mit der Beschäftigtendatei wurden bislang keine Ergebnisse veröffentlicht. Von den Voraussetzungen her läßt sich mit Hilfe der Verknüpfung aller drei Daten der weitere Berufsverlauf nach Beendigung der Fördermaßnahme (wie auch der Berufsverlauf vor Beginn der Maßnahme) in sehr differenzierter Form (Weiterbildungsadäquanz der Beschäftigung, Einkommen vor und nach der Maßnahme, Stabilität der Beschäftigungsverhältnisse vor und nach der Maßnahme) verfolgen, so daß diesen Ergebnissen ein hoher Informationswert zukommt.

Die oben erwähnte individualisierte Datenverknüpfung aus der Teilnehmer- und der Leistungsempfängerstatistik ermöglicht nurmehr eine annähernde Bestimmung der beruflichen Wiedereingliederungsrate ehemaliger, vor der Maßnahme arbeitsloser Bildungsabsolventen/innen. Dabei handelt es sich um die Wiedereingliederungsquote zu einem bestimmten Stichtag. Offen bleibt also, inwieweit sich die durch die Qualifizierung erzielten Beschäftigungserfolge als dauerhaft herausstellen. So wird der "Abgang der Teilnehmer/innen in Arbeit" zu einem bestimmten Zeitpunkt nach Abschluß der Maßnahme vom IAB über folgenden Indikator definiert: Entweder nach Abschluß der Maßnahme bis zum Untersuchungszeitpunkt kein Leistungsbezug oder in diesem Zeitraum zwar Leistungsbezug, der jedoch bis zum Untersuchungszeitpunkt wegen einer (in der Leistungsdatei vermerkten) Arbeitsaufnahme beendet wurde.

Diese Definition setzt voraus, daß nach der Weiterbildungsteilnahme arbeitslose Personen stets auch zu den Leistungsbeziehern gehören. Diese Bedingung ist nicht vollkommen, jedoch weitgehend erfüllt, da zum einen nahezu alle vor der Weiterbildung arbeitslosen Personen zuvor Lohnersatzleistungen erhielten und zum anderen die Teilnahme an der Qualifizierungsmaßnahme einer die Beitragspflicht begründenden Beschäftigung gleich steht und somit einen Anspruch auf Lohnersatzleistungen begründen oder verlängern kann.

Obiger Erfolgsindikator ("nach Abschluß der Maßnahme bis zum ... Arbeit aufgenommen") führt jedoch mit Blick auf jene (kleine) Gruppe von Arbeitnehmern/innen zu einer Überzeichnung der "Wiedereingliederungsquote", die nach Abschluß der Qualifizierungsmaßnahme dem Arbeitsmarkt aus unterschiedlichen Gründen nicht zur Verfügung stehen. Inwieweit sich diese Verzerrungen geschlechtsspezifisch ungleichgewichtig niederschlagen, kann dabei nur tendenzmäßig abgeschätzt werden. Bei Frauen dürften solche Fälle in erster Linie im Zusammenhang mit einer Mutterschaft und mit dem Rückzug in die stille Reserve auftreten, bei den Männern mit der Einberufung zum Wehr- oder Ersatzdienst. Da die zum Wehr- oder Ersatzdienst einberufenen Männer in der Regel jedoch unter 2o Jahre alt sind, diese Altersklasse jedoch nur weit unterdurchschnittlich an den untersuchten Bildungsmaßnahmen partizipiert (1985 waren bundesweit nur 2.935 (1,8 %) der neu in eine Maßnahme eingetretenen Männer unter 2o Jahre), dürfte dieser Effekt bei Männern eine weitaus geringere Rolle als bei Frauen spielen. Folglich ist davon auszugehen, daß die gewählte Erfolgsermittlungsmethode für Frauen ein zu positives Bild zeichnet.

Eine aktuelle Untersuchung[9] des IAB zum hier interessierenden Themenkreis, deren geschlechtsspezifische Ergebnisse in der folgenden Tabelle 75 B wiedergegeben sind, weist - vorbehaltlich des beschriebenen, jedoch nicht quantifizierbaren Verzerrungseffektes - auf für Frauen und Männer nahezu gleiche Wiedereingliederungschancen nach Abschluß der Qualifizierungsmaßnahmen hin.[10] 58 % der Frauen und 61 % der Männer hatten

----

[9] Vgl. Institut für Arbeitsmarkt- und Berufsforschung (Hrsg.): IAB-Kurzbericht (intern) vom 17.1o.1985

[10] Hingegen weist eine frühere Untersuchung des IAB über die berufliche Eingliederung nach der Umschulung, die auf einer postalischen Befragung von Umschüler/innen des Jahres 1977 beruht, ein für Frauen ungünstigeres Ergebnis auf: Ein bis ein-

zum Untersuchungzeitpunkt eine Arbeit aufgenommen. Dies bedeutet umgekehrt, daß rund 4o % ! der Weiterbildungsteilnehmer/-innen, die Ende 1984 ihre Weiterbildung abgeschlossen hatten, rund drei Monate nach Abschluß der Maßnahme immer noch arbeitslos waren.

Tabelle 75 B Anteil der (zuvor arbeitslosen) Personen (in v.H.), die am Ende des nächsten Quartals (nach dem Quartal des Maßnahmeabschlusses) eine Arbeit aufgenommen hatten, 1) unter den Teilnehmer/innen, die im Jahre 1984 erfolgreich eine Bildungsmaßnahme beendet hatten - Bundesgebiet -

Maßnahmeart	Frauen[2)]		Männer[2)]	
Anpassungsfortbildung (ohne Übungswerkstätten, -firmen, Grundausbildungslehrgang) insgesamt	52	(45)	52	(55)
im Betrieb	64	(39)	64	(61)
außerbetrieblich	51	(45)	51	(55)
Umschulung insgesamt	58	(4o)	57	(6o)
im Betrieb	65	(25)	67	(75)
außerbetrieblich	57	(43)	55	(57)
Betriebliche Einarbeitung	94	(32)	93	(68)
insgesamt	58	(42)	61	(58)

1) Gemessen an folgendem Kriterium: Entweder nach Abschluß der Maßnahme bis zum 3o.6.1983 kein Bezug von Arbeitslosengeld oder -hilfe oder in diesem Zeitraum zunächst Leistungsbezug, der jedoch vor dem 3o.6.1983 wegen Arbeitsaufnahme beendet wurde

2) Die in Klammern gesetzten Prozentsätze geben die Aufteilung der Teilnehmer auf Männer und Frauen an

Quelle: Institut für Arbeitsmarkt- und Berufsforschung (Hrsg.): IAB-Kurzbericht (intern) vom 17.1o.1985, sowie eigene Berechnungen

----

einhalb Jahre nach Abschluß der Umschulung waren 81 % der Männer, aber nur 73 % der Frauen berufstätig. Vgl. Berufliche Eingliederung nach der Umschulung, in: Materialien aus der Arbeitsmarkt- und Berufsforschung 4/198o, S. 3

Auffällig differieren die "Erfolgsquoten" einzelner Maßnahmekategorien: Der höchste Anteil von Erwerbstätigen ergibt sich erwartungsgemäß - da hier die Geförderten bereits während der Maßnahme in einem Arbeitsverhältnis stehen - bei der betrieblichen Einarbeitung, wo über 9o % der Teilnehmer/innen nach Wegfall der Lohnsubventionen noch erwerbstätig waren. Dieses Resultat entspricht der beschriebenen Sonderstellung, die betriebliche Einarbeitungsmaßnahmen im System der Qualifizierungspolitik nach dem AFG einnehmen: Lohnkostensubventionen werden nur dann in Anspruch genommen, wenn bereits von vorneherein ein betriebliches Handlungsinteresse an der Beschäftigung (zusätzlicher) Arbeitskräfte besteht. Die Kausalität zwischen Förderung und Abbau von Arbeitslosigkeit ist also gerade bei diesem Instrument äußerst gering. Auch hinsichtlich seines Qualifizierungseffekts ist dieses Instrument wie dargestellt kaum mit den übrigen Qualifizierungsinstrumenten vergleichbar. Insofern sollte die "Vermittlungswirksamkeit" dieses Instruments nicht überbewertet bzw. nicht als Vergleichsmaßstab für übrige Maßnahmen herangezogen werden.[11]

Umschulungsmaßnahmen sind im Schnitt "erfolgreicher" als solche Fortbildungsmaßnahmen, die der Feststellung, Erhaltung, Erweiterung oder Anpassung beruflicher Kenntnisse dienen.

In noch deutlicherem Maße werden die Beschäftigungsquoten der Bildungsabsolventen jedoch davon beeinflußt, ob die Fortbildungs- oder Umschulungsmaßnahmen betriebsintern oder außerbetrieblich durchgeführt werden. Öffentlich subventionierte Maßnahmen, die in Betrieben stattfinden, sind mit Blick auf die Eingliederungschancen der ehemaligen Teilnehmer/innen deutlich vorteilhafter als institutionelle Lehrgänge. Da Frauen bei diesen betriebsinternen Fortbildungs- und Umschulungsprozes-

---

11 Vgl. auch Dietrich Garlichs: Berufliche Qualifizierung als Instrument gezielter Arbeitsmarkt- und Beschäftigungspolitik, a.a.O., S. 91 f, der ebenfalls fordert, bei Analysen über die Vermittlungswirksamkeit von Weiterbildungsmaßnahmen die "Einarbeitungsmaßnahmen" nicht mit zu berücksichtigen.

sen, wie bereits in Abschnitt 8.6 dargestellt, in besonderem Maße unterrepräsentiert sind, kommt dieser beschäftigungspolitische Vorteil in erster Linie Männern zugute.

Ob diese auf den ersten Blick größere Effektivität betriebsinterner Qualifizierungsmaßnahmen jedoch Anlaß für die staatliche Arbeitsmarktpolitik sein kann, dieser Form in Zukunft größere Priorität einzuräumen, muß bezweifelt werden:[12] Betriebsintern durchgeführte Maßnahmen weisen im Einzelfall zwar unbestreitbar partielle Vorzüge auf: Beispielsweise ist anzunehmen, daß die technische Ausrüstung, an der die Weiterbildung erfolgt, eher als in institutionellen Einrichtungen dem neuesten Stand der Entwicklung entspricht. Ferner kann das "on-the-job-training" dazu geeignet sein, bei bildungsungewohnten Frauen und Männern den Widerstand gegen eine berufliche Weiterqualifizierung zu reduzieren, der bei diesen Schichten insbesondere aus einer Abneigung und Furcht vor einem "Schulbesuch" bzw. einer Theorieüberfrachtung der Maßnahmen resultiert.

Andererseits liegt bei betriebsintern durchgeführten Maßnahmen aber die Gefahr interessengebundener Qualifizierung nahe, wenngleich auch das Förderrecht solche Maßnahmen im allgemeinen ausschließt (vgl. Abschnitt 8.6). Daher ist zu fragen, ob es Aufgabe der Bundesanstalt sein kann, aus Mitteln der Versicherungsgemeinschaft Maßnahmen zu finanzieren, die einseitig auf die spezifischen Qualifikationsbedürfnisse eines Betriebes ausgerichtet sind, und somit die Mobilität der Arbeitskräfte einengen. Vor allem besteht die Gefahr, daß diese Subventionierung reine Mitnahmeeffekte produziert, insofern als die Betriebe ansonsten auf eigene Kosten durchgeführte Weiterbildungs- und/oder Ausbildungsbemühungen zugunsten staatlich unterstützter Maßnahmen einschränken. Darüber hinaus läuft die Förderung betriebsgebundener Qualifizierungsmaßnahmen Gefahr,

---

[12] Vgl. zu dieser Frage auch Dietmar Obal: Förderung der interberuflichen Mobilität der Arbeiterschaft durch staatliche Umschulungsmaßnahmen, a.a.O., S. 225 ff

die strukturellen Anpassungsprobleme in Regionen mit einseitiger und überalteter Branchenstruktur zu verstärken, falls von der Strukturkrise betroffene Betriebe mit unausgelasteten Ausbildungskapazitäten als Weiterbildungsträger fungieren.

Zu bedenken ist ferner, daß die kurzfristig schnelleren Beschäftigungserfolge betriebsinterner, mit öffentlichen Geldern geförderter Qualifikationsprozesse auch Resultat einer günstigen Teilnehmerstruktur sein können. Es ist nämlich davon auszugehen, daß die ausbildenden Betriebe eine positive Vorauswahl zugunsten der qualifiziertesten und "unproblematischsten" Personen treffen und sich der Weiterbildung der besonders benachteiligten und besonders unterstützungsbedürftigen Arbeitskräfte widersetzen.

Aus dem Jahre 1983 liegen nach dem zuletzt dargestellten Verfahren berechnete "Wiedereingliederungsquoten" der Bildungsteilnehmer/innen vor, die eine Aufschlüsselung nach einzelnen Fortbildungskategorien sowie auch einen Vergleich zwischen Teilnehmern/innen bieten, die vorzeitig aus einer Maßnahme ausgeschieden sind,[13] und solchen, die diese erfolgreich zu Ende geführt haben (vgl. Tabelle 76 N und 76 B).

Deutlich wird, daß der vorzeitige Abbruch einer Maßnahme bei Frauen im Falle der Fortbildungs- und Umschulungslehrgänge eher mit der Aufnahme eines neuen Beschäftigungsverhältnisses zusammenhängt als bei Männern, während sich im Falle der be-

---

13 Der Anteil der Abbrecher, der aus Gründen einer Arbeitsaufnahme vorzeitig aus einer Bildungsmaßnahme ausscheidet, ist gemäß diesen Erhebungen wesentlich größer, als in der Teilnehmerstatistik (vgl. Abschnitt 9.1) ausgewiesen. Nach Hofbauer/ Dadzio ist diese Untererfassung darauf zurückzuführen, daß sich dieser Personenkreis überwiegend nicht mehr beim Arbeitsamt meldet und daher "sonstige Gründe" für das vorzeitige Ausscheiden angegeben werden. Vgl. Hans Hofbauer, Werner Dadzio: Berufliche Weiterbildung für Arbeitslose, in: Mitteilungen aus der Arbeitsmarkt- und Berufsforschung 2/1984, S. 189

Tabelle 76 N Anteil der Personen (in v.H.), die **bis 3o.6.1983 eine Beschäftigung aufgenommen hatten,** 1) unter den (vorher arbeitslosen) Teilnehmern/innen an einer Weiterbildungsmaßnahme, die diese Maßnahme im 1. Quartal 1983 beendet hatten - Nordrhein-Westfalen -

Maßnahmeart	Arbeit aufgenommen: vorzeitig aus Maßnahme ausgeschieden – Frauen	Arbeit aufgenommen: vorzeitig aus Maßnahme ausgeschieden – Männer	Arbeit aufgenommen: Maßnahme erfolgreich beendet – Frauen	Arbeit aufgenommen: Maßnahme erfolgreich beendet – Männer
	Nordrhein-		Westfalen	
Grundausbildung	-	(1oo,o)	(5o,o)	(5o,o)
Übungsfirma	64,o	57,6	42,o	38,1
Übungswerkstatt	47,6	47,5	35,7	34,o
sonstige Anpassungsfortbildg.	58,5	51,6	5o,o	49,7
Industriemeister/innen	-	(o,o)	-	(77,8)
Handwerksmeister/innen	-	(2o,o)	(66,7)	61,2
Sonstige Meister/innen	-	-	(o,o)	(66,7)
Techniker/innen	-	(4o,o)	-	4o,o
Betriebewirte/innen	(1oo,o)	(4o,o)	27,3	54,3
sonstige Aufstiegsfortbildg.	34,3	37,5	55,6	6o,2
berufliche Abschlußprüfung	(5o,o)	4o,8	63,8	74,7
Heran- und Fortbildung von Ausbildungskräften	(o,o)	(o,o)	(o,o)	(5o,o)
Fortbildung insgesamt	57,6	48,4	49,1	49,6
Umschulung	42,9	38,2	59,9	54,4
betriebliche Einarbeitung	43,6	68,2	83,3	83,7
insgesamt	54,5	46,9	54,o	54,7

( ) = Zahl der Fälle in der Grundgesamtheit <3o

1) Gemessen an folgendem Kriterium: Entweder nach Abschluß der Maßnahme bis zum 3o.6.1983 kein Bezug von Arbeitslosengeld oder -hilfe oder in diesem Zeitraum zunächst Leistungsbezug, der jedoch vor dem 3o.6.1983 wegen Arbeitsaufnahme beendet wurde.

Quelle: Unveröffentlichte Daten der Bundesanstalt für Arbeit, sowie Hans Hofbauer, Werner Dadzio: Berufliche Weiterbildung für Arbeitslose, in: Mitteilungen aus der Arbeitsmarkt- und Berufsforschung 2/1984, S. 19o, S. 197 und S. 2oo

Tabelle 76 B Anteil der Personen (in v.H.), **die bis 3o.6.1983 eine Beschäftigung aufgenommen hatten,** 1) unter den (vorher arbeitslosen) Teilnehmern/innen an einer Weiterbildungsmaßnahme, die diese Maßnahme im 1. Quartal 1983 beendet hatten - Bundesgebiet-

Maßnahmeart	Arbeit aufgenommen: vorzeitig aus Maßnahme ausgeschieden		Arbeit aufgenommen: Maßnahme erfolgreich beendet	
	Frauen	Männer	Frauen	Männer
	Bundesgebiet			
Grundausbildung	(56,3)	(55,6)	(54,2)	(47,4)
Übungsfirma	68,9	57,o	42,9	4o,5
Übungswerkstatt	49,4	46,o	37,9	38,4
sonstige Anpassungsfortbildg.	63,o	56,1	55,4	57,6
Industriemeister/innen	-	(75,o)	(1oo,o)	(63,2)
Handwerksmeister/innen	(66,7)	(38,1)	73,5	69,7
Sonstige Meister/innen	(1oo,o)	(1oo,o)	(66,7)	72,2
Techniker/innen	(1oo,o)	42,9	(2o,o)	49,3
Betriebewirte/innen	(58,3)	(43,8)	(46,2)	58,5
sonstige Aufstiegsfortbildg.	63,1	43,1	56,9	66,1
berufliche Abschlußprüfung	54,7	42,9	61,4	74,o
Heran- und Fortbildung von Ausbildungskräften	(o,o)	(33,3)	(8o,o)	71,4
Fortbildung insgesamt	63,o	51,o	54,o	57,5
Umschulung	47,o	43,2	58,5	57,3
betriebliche Einarbeitung	57,3	71,6	85,9	87,3
insgesamt	59,6	49,9	57,4	6o,4

( ) = Zahl der Fälle in der Grundgesamtheit < 3o

1) vgl. Tabelle 76 N

Quelle: vgl. Tabelle 76 N

trieblichen Einarbeitung die geschlechtsspezifischen Verhältnisse umkehren.[14]

Bei den erfolgreich beendeten betrieblichen Einarbeitungsmaßnahmen und im Schnitt der Fortbildungslehrgänge schneiden Frauen etwas ungünstiger, bei der Umschulung etwas günstiger ab als ihre männlichen Kollegen. Deutlich niedrigere Eingliederungsquoten als Männer haben Frauen, die an einer Fortbildung teilnahmen, die auf einen "sonstigen beruflichen Aufstieg" zielte, sowie Frauen, die sich zur Betriebswirtin weiterbildeten.

Im großen und ganzen weist die "Erfolgsbilanz" auf keine gravierenden einseitigen geschlechtsspezifischen Ausschläge hin. Der Vergleich zwischen den Geschlechtern läßt allerdings Unterschiede in der personellen Zusammensetzung und in der "Qualität" der Maßnahmen außer acht, und hat insofern nur eine begrenzte Aussagekraft, die es zu beachten gilt. So dürfte z.B. die geringfügig höhere Wirksamkeit von Umschulungen bei Frauen mit der beschriebenen ausgeprägten positiven Vorselektion, d.h. mit ihren im Vergleich zu Männern bei weitem günstigeren qualifikatorischen Voraussetzungen zusammenhängen (vgl. Abschnitt 9.1).

Der Raumvergleich zwischen Nordrhein-Westfalen und dem Bundesgebiet macht ferner deutlich, wie sehr die Vermittlungschancen von der regionalen Arbeitsmarktsituation abhängen. Frauen und Männer aus Nordrhein-Westfalen, die eine Bildungsmaßnahme absolviert haben, haben weitgehend unabhängig davon, um welche Art von Bildungslehrgang es sich handelt, geringere Chancen, in das Erwerbsleben eingegliedert zu werden, als die Bildungsabsolventen/innen im übergeordneten Vergleichsraum.

---

[14] Die Abbruchquoten betrugen in diesem Zeitraum:
Bei der Fortbildung: Frauen 23,8 %; Männer 24,o %,
bei der Umschulung: Frauen 21,3 %; Männer 31,1 %,
bei der Einarbeitung: Frauen 11,3 %, Männer 13,9 %.
Vgl. auch Abschnitt 9.1

Über den anschließenden Berufsverlauf der Absolventen von **Maßnahmen zur Verbesserung der Vermittlungsaussichten** gemäß § 41a AFG lagen uns (aus einer Befragung gewonnene) Informationen[15] aus dem Jahre 1981 vor, aus einem Jahr also, in dem die Arbeitslosenquote bei "nur" rund 6o % des Wertes von 1984 lag und sich somit deutlich höhere Wiedereingliederungschancen zuvor arbeitsloser Weiterbildungsteilnehmer/innen als in den letzten Jahren abzeichnen mußten. Aus ihnen geht, leider nicht nach Geschlechtern differenziert, hervor, daß nach Beendigung der Maßnahme nur 27 % der Frauen und Männer eine Arbeit aufgenommen hatten, wovon zum Befragungszeitpunkt bereits wieder 23 % arbeitslos geworden waren. Die Hälfte der Befragten brachte zum Ausdruck, daß die § 41a-Maßnahme für eine Arbeitsaufnahme nicht nützlich gewesen sei. Männer sahen dabei die § 41a-Maßnahme eher als nützlich für die berufliche Wiedereingliederung an als Frauen. 4 bis 5 Monate nach Abschluß der Maßnahme waren noch 66 % der Frauen und 6o % der befragten Männer ohne Arbeit, 8 bis 9 Monate danach hatte sich dieser Anteil zwar etwas reduziert, lag aber immer noch bei 44 % (Frauen) und bei 47 % (Männer). Der Beitrag dieses Instruments zum Abbau individueller Arbeitslosigkeit war also bereits unter den damaligen Arbeitsmarktverhältnissen äußerst bescheiden. Auch nach der Untersuchung von Schefer/Wilpütz konnte eine Steigerung der Vermittlungsaussichten von arbeitslosen Frauen durch Teilnahme an § 41a-Maßnahmen nicht festgestellt werden.[16]

---

15 Vgl. Hans Hofbauer, Werner Dadzio: Die Wirksamkeit von Maßnahmen zur Verbesserung der Vermittlungsaussichten für Arbeitslose nach § 41a AFG, in: Mitteilungen aus der Arbeitsmarkt- und Berufsforschung 4/1982, S. 426-433

16 Vgl. G. Schefer und R. Wilpütz: Strategien gegen Frauenerwerbslosigkeit. Projektbericht zu Untersuchungen arbeitsloser Frauen in § 41a-Maßnahmen, Berlin 1983, unveröffentlichtes Manuskript, zitiert bei Helga Foster: Wiedereingliederung von Frauen in den Arbeitsmarkt durch neue Formen der Weiterbildung?, a.a.O., S. 131

Relativ hoch war allerdings der zitierten Untersuchung von Hofbauer/Dadzio zufolge der Anteil jener Absolventen (21 %), der nach einer § 41a-Maßnahme eine andere berufliche Bildungsmaßnahme begonnen hatte, wobei drei Viertel der Befragten meinten, daß sie durch die § 41a-Maßnahme zu diesem Schritt angeregt worden wären. Zumindest in bezug auf diese Zielsetzung kann diese Maßnahme also einen relativ hohen Wirkungsgrad beanspruchen.

Von besonderem Interesse und als Entscheidungshilfe für die Praxis sehr wichtig ist die Frage, welche Schulungsziele sich im Hinblick auf den Abbau von individueller Arbeitslosigkeit als besonders effizient oder umgekehrt als besonders wenig wirksam erweisen.

Tabelle 77 N zeigt, daß in Nordrhein-Westfalen Elektrikerinnen und Frauen, die sich in Gesundheitsdienstberufen fortgebildet haben, am leichtesten in Arbeit vermittelt werden konnten. Leicht überdurchschnittliche Beschäftigungserfolge im definierten Sinne bewirkte ferner die **Anpassungsfortbildung** von Frauen in allgemeinen Dienstleistungsberufen. Bezogen auf diese drei Schulungsziele bildete sich allerdings nur ein geringer Teil der Frauen (rund 11 %) fort.

Das Gros der weiblichen Teilnehmer konzentriert sich auf Schulungsziele wie "Organisations-, Verwaltungs-, Büroberufe" (57,9 % aller Austritte), "Warenkaufleute" (18,4 %) sowie "Sozial- und Erziehungsberufe, geistes- und naturwissenschaftliche Berufe, soweit nicht anderweitig genannt" (2,7 %), bei denen sich Fortbildung als ein vergleichsweise wenig wirksames Mittel zur Verbesserung der Vermittlungsaussichten erweist: Mehr als jede 2. Frau war zum Erhebungszeitpunkt nach wie vor arbeitslos.

Aktuelle Daten, die tiefer nach Berufen aufgegliedert und somit als Entscheidungshilfe für die Arbeitsverwaltung besser

Tabelle 77 N Frauen und Männer, die bis zum 3o.6.1983 eine Arbeit aufgenommen hatten, 1) in v.H. aller Frauen und Männer, die im 1. Quartal 1983 erfolgreich eine Anpassungs-Fortbildungsmaßnahme beendet hatten, nach Schulungszielen 2) - geordnet nach der beruflichen Wiedereingliederungsquote - Nordrhein-Westfalen -

Schulungsziel 3)	Arbeit aufgenommen in v.H.
Frauen	
1. Elektrikerin (2,1 %)	8o
2. Gesundheitsdienstberufe (2,8 %)	63
3. Allgemeine Dienstleistungsberufe (6,o %)	5o
4. Warenkaufleute (18,4 %)	48
5. Sozial- und Erziehungsberufe, geistes- und naturwissenschaftliche Berufe, soweit nicht anderweitig genannt (2,7 %)	47
6. Organisations-, Verwaltungs-, Büroberufe (57,9 %)	45
Frauen insgesamt	48
Männer	
1. Ingenieure, Chemiker, Physiker, Mathematiker (3,8 %)	62
2. Techniker, Technische Sonderfachkräfte (5,7 %)	61
3. Bauberufe (2,5 %)	56
4. Metallerzeuger, -bearbeiter (12,3 %)	52
5. Elektriker (5,3 %)	48
6. Sonstige Arbeitskräfte (1,5 %)	45
7. Verkehrsberufe (6,4 %)	45
8. Organisations-, Verwaltungs-, Büroberufe (19,1 %)	42
9. Maschinisten und zugehörige Berufe (8,9 %)	4o
1o. Schlosser, Mechaniker und zugeordnete Berufe (7,3 %)	39
11. Montierer und Metallberufe, a.n.g. (1o,8 %)	33
12. Warenkaufleute (4,1 %)	33
Männer insgesamt	44

1) Gemessen an folgendem Kriterium: Entweder nach Abschluß der Maßnahme bis zum 3o.6.1983 kein Bezug von Arbeitslosengeld oder -hilfe oder in diesem Zeitraum zunächst Leistungsbezug, der jedoch vor dem 3o.6.1983 wegen Arbeitsaufnahme beendet wurde

2) Schulungsziele mit einer Grundgesamtheit > 3o Personen in NRW

3) Die in Klammern gesetzten Zahlen geben den Anteil an allen Austritten an

Quelle: Zusammenstellung nach unveröffentlichten Daten der Bundesanstalt für Arbeit und eigene Berechnungen geeignet sind, lagen uns nicht vor. Aus früheren Untersuchungen des IAB geht hervor, daß insbesondere die Fortbildung von Frauen zu Bürohilfskräften und Kindergärtnerinnen eine äußerst geringe Effizienz aufweist. Nach einer Untersuchung von Hofbauer,[17] die auf einer ähnlichen Untersuchungsmethode wie die obige basiert, waren im September 198o immerhin 83 % ! der vor der Fortbildung arbeitslosen Frauen, die sich als Bürohilfskraft weitergebildet hatten, zum Erhebungszeitpunkt noch ohne Beschäftigung. Bereits bei einer entsprechenden Untersuchung[18] für das Jahr 1976 zeigte sich, daß Frauen mit dem Schulungsziel "Bürohilfskraft" weit überdurchschnittliche Integrationsschwierigkeiten aufwiesen. Augenscheinlich haben also diese langjährigen negativen Erfahrungen in der Praxis nicht zu angemessenen Rückkoppelungen, d.h. zu einer effizienteren Steuerung des Mitteleinsatzes geführt.

Wie ein Blick auf Tabelle 77 N belegt, führt die Anpassungsfortbildung für Männer in Nordrhein-Westfalen keineswegs zu befriedigenderen Ergebnissen. Bei identischen Schulungszielen (Organisations-, Verwaltungs-, Büroberufe, Warenkaufleute) haben Männer sogar noch größere Schwierigkeiten, wieder in das Berufsleben integriert zu werden, als Frauen.

Der Regionalvergleich zwischen Nordrhein-Westfalen und dem Bundesgebiet (vgl. Tabelle 78) unterstreicht darüber hinaus wiederum, daß die Beschäftigungseffekte im Kontext der regionalen Arbeitsmarktlage bewertet werden müssen: In der Regel führt die Fortbildung bezogen auf dieselben Schulungsziele außerhalb Nordrhein-Westfalens zu besseren arbeitsmarktpolitischen Ergebnissen.

---

17 Vgl. Hans Hofbauer: Untersuchungen des IAB über die Wirksamkeit der beruflichen Weiterbildung, in: Mitteilungen aus der Arbeitsmarkt- und Berufsforschung 3/1981, S. 255

18 Vgl. Hans Hofbauer: Teilnehmer an beruflichen Bildungsmaßnahmen und ihre Beschäftigungschancen, in: Mitteilungen aus der Arbeitsmarkt- und Berufsforschung 4/1977, S. 479

Tabelle 78 Anteil der Personen (in v.H.), **die bis zum 3o.6.1983 eine Arbeit aufgenommen hatten,** 1) unter den (zuvor arbeitslosen) Teilnehmern/innen, die im 1. Quartal 1983 erfolgreich eine **Anpassungs-Fortbildungsmaßnahme** beendet hatten, **nach Schulungszielen** 2)

Schulungsziel 3)	Arbeit aufgenommen			
	N R W		Bundesgebiet	
	Frauen	Männer	Frauen	Männer
Schlosser/in, Mechaniker/in und zugeordnete Berufe	(6o)	39	41	51
Elektriker/in	8o	48	65	53
Montierer/in, Metallberufe	(47)	33	48	4o
Textil- und Bekleidungsberufe	(46)	(25)	58	(5o)
Maschinisten/innen und zugehörige Berufe	(61)	4o	63	51
Techniker/innen, Technische Sonderfachleute	(53)	61	38	57
Warenkaufleute	48	33	5o	34
Verkehrsberufe	(65)	45	69	63
Organisation-, Verwaltungs-, Büroberufe	45	42	5o	46
Gesundheitsdienstberufe	63	(5o)	69	(64)
Sozial- und Erziehungsberufe und anderweitig nicht genannte geistes- und naturwissenschaftliche Berufe	47	(58)	57	61
Allgemeine Dienstleistungsberufe	5o	(32)	65	54
Sonstige Arbeitskräfte	(48)	(45)	47	56

1) Vgl. Tabelle 77, Fußnote 1

2) Schulungsziele, deren Grundgesamtheit im Bundesgebiet bei Frauen mindestens 3o Fälle umfaßt

3) ( ) = Zahl der Fälle in der Grundgesamtheit $<$ 3o

Quellen: Zusammenstellung nach unveröffentlichten Daten der Bundesanstalt für Arbeit und eigene Berechnungen

Umschulungen, also Bildungsmaßnahmen, die einen totalen oder partiellen Berufswechsel bewirken, sind - bei gleichem Schulungsziel - häufig besser zur Beseitigung individueller Arbeitslosigkeit geeignet als Anpassungs-Fortbildungsmaßnahmen.

Dies gilt z.B. für Sozial- und Erziehungsberufe, geistes- und naturwissenschaftliche Berufe und Gesundheitsdienstberufe. Auch die Umschulung im Bereich der kaufmännischen Berufe (44,2 % aller weiblichen Austritte) führt zu etwas günstigeren Wiedereingliederungserfolgen als im Falle der Fortbildung (vgl. Tabelle 79 N). Bei Beschäftigungsquoten, die nur knapp über 5o % liegen, ist jedoch auch in diesen Bereichen zu befürchten, daß es sich um Fehlleitungen von Arbeitskräften durch das Instrument Umschulung handelt.

Anders als im Falle der Anpassungsfortbildung liegen die Eingliederungsquoten in Nordrhein-Westfalen nur bei einigen Schulungszielen, z.B. bei Warenkaufleuten, unter den Werten für den übergeordneten Gesamtraum. Bei anderen dominierenden Schulungszielen hingegen sind die Wiedereingliederungschancen in Nordrhein-Westfalen sogar günstiger als im übrigen Bundesgebiet (vgl. Tabelle 8o). Umschulungen, die im Gegensatz zur Anpassungsfortbildung nur selten eingesetzt werden, sind also auch unter regionalpolitischen Gesichtspunkten positiv zu bewerten.

Zweifellos steht die Arbeitsverwaltung unter den heutigen Arbeitsmarktbedingungen vor gravierenden Problemen, wenn sie darüber zu entscheiden hat, welche Schulungsziele unter Nachfragegesichtspunkten für eine Umschulung als "lohnend" angesehen werden können. Berufsprognosen, die zweifelsfrei aufzeigen, welche Berufe zukunftsträchtig sind und welche nicht, sind nicht möglich. War es nun den verantwortlichen Akteuren in Zeiten der Hochkonjunktur, als es auf die Beseitigung der Angebotsengpässe ankam, möglich, sich an den Unterschieden in den Offenen-Stellen-Quoten und somit an den kritischen Engpässen auf dem Arbeitsmarkt zu orientieren und zu versuchen, die beruflichen Umschulungsprozesse an die Stellen des dringendsten Bedarfs zu lenken, so sind heutzutage sogenannte Mangelberufe eher eine exotische Ausnahme. Den Arbeitsmarktakteuren bleibt daher lediglich die Möglichkeit, die Auswahl der Schu-

Tabelle 79 N Frauen und Männer, die bis zum 3o.6.1983 eine Arbeit aufgenommen hatten, 1) in v.H. aller (zuvor arbeitslosen) Umschüler/innen, die im 1. Quartal 1983 erfolgreich eine Umschulungsmaßnahme beendet hatten, nach Schulungszielen 2) (geordnet nach der beruflichen Wiedereingliederungsquote) - Nordrhein-Westfalen -

Schulungsziel 3)	Arbeit aufgenommen in v.H.
Frauen	
1. Sozial- und Erziehungsberufe, geistes- und naturwissenschaftliche Berufe, soweit nicht anderweitig genannt (8,4 %)	9o
2. Gesundheitsdienstberufe (12,4 %)	79
3. Organisations-, Verwaltungs-, Büroberufe (44,2 %)	54
4. Warenkaufleute (7,1 %)	52
5. Pflanzenbäuerin/Tierzüchterin, Fischereiberufe (6,9 %)	47
Frauen insgesamt	6o
Männer	
1. Gesundheitsdienstberufe (3,9 %)	71
2. Schlosser, Mechaniker (19,4 %)	6o
3. Organisation-, Verwaltungs-, Büroberufe (7,7 %)	59
4. Metallerzeuger, -bearbeiter (3o,9 %)	49
5. Tischler, Modellbauer (1o,6 %)	45
6. Elektriker (7,8 %)	43
7. Montierer und Metallberufe (3,5 %)	42
Männer insgesamt	54

1) Gemessen an folgendem Kriterium: Entweder nach Abschluß der Maßnahme bis zum 3o.6.1983 kein Bezug von Arbeitslosengeld oder -hilfe oder in diesem Zeitraum zunächst Leistungsbezug, der jedoch vor dem 3o.6.1983 wegen Arbeitsaufnahme beendet wurde.

2) Schulungsziele mit einer Grundgesamtheit ≥ 3o Personen

3) Die in Klammern gesetzten Zahlen geben den Anteil an den ausgetretenen Umschülerinnen an

Quelle: Zusammenstellung nach unveröffentlichten Daten der Bundesanstalt für Arbeit, und eigene Berechnungen lungsziele an den graduellen Unterschieden in den berufsspezifischen Arbeitslosenquoten sowie an den dargestellten unterschiedlichen Wiedereingliederungsquoten bei einzelnen Schulungszielen auszurichten.

Tabelle 8o Anteil der Personen (in v.H.), **die bis zum 3o.6.1983 eine Arbeit aufgenommen hatten,** 1) unter den (zuvor arbeitslosen) Personen, die im 1. Quartal 1983 erfolgreich eine **Umschulungsmaßnahme** beendet hatten, **nach Schulungszielen** 2)

Schulungsziel	Arbeit aufgenommen			
	Nordrhein-Westfalen		Bundesgebiet	
	Frauen	Männer	Frauen	Männer
Pflanzenbauer, Tierzüchter, Fischereiberufe	47	(73)	54	(7o)
Schlosser/in, Mechaniker/in	(33)	6o	61	56
Textil- und Bekleidungsberufe	(76)	(33)	43	(4o)
Techniker/in, Technische Sonderfachkräfte	(43)	(33)	55	69
Warenkaufleute	52	(57)	64	5o
Organisations-, Verwaltungs-, Büroberufe	54	59	53	55
Gesundheitsdienstberufe	79	71	73	76
Sozial- und Erziehungsberufe, geistes- und naturwissenschaftliche Berufe	9o	(83)	89	78
Allgemeine Dienstleistungsberufe	(5o)	(1oo)	61	(88)

( ) = Zahl der Fälle in der Grundgesamtheit < 3o

1) Gemessen an folgendem Kriterium: Entweder nach Abschluß der Maßnahme bis zum 3o.6.1983 kein Bezug von Arbeitslosengeld oder -hilfe oder in diesem Zeitraum zunächst Leistungsbezug, der jedoch vor dem 3o.6.1983 wegen Arbeitsaufnahme beendet wurde.

2) Schulungsziele, bei denen die Grundgesamtheit im Bundesgebiet für Frauen mindestens 3o Fälle umfaßt

Quelle: Zusammenstellung nach unveröffentlichten Daten der Bundesanstalt für Arbeit

Wie deutlich wurde, kann jedoch die derzeitige Struktur der Schulungsziele angesichts der im Schnitt niedrigen Beschäftigungsraten nach Abschluß der Maßnahme und angesichts ihrer gravierenden Abweichungen kaum als"optimal" bezeichnet werden. Sicherlich wird eine "Optimierung" der Qualifikationsprozesse im Sinne hoher Wiedereingliederungsquoten auch durch das "Fähigkeitspotential" der Arbeitslosen begrenzt. Berufe mit relativ günstigen Arbeitsmarktchancen setzen meist, jedoch nicht immer, bereits ein relativ hohes Qualifikations- bzw. Bildungsniveau voraus.

Die Folgerung liegt nahe, daß die geringe Rationalität der Qualifizierungsprozesse auch vom vorhandenen Umschulungsangebot und dessen mangelnder Flexibilität im Hinblick auf die sich vollziehenden Entwicklungen in der Berufsstruktur der Arbeitskräfte determiniert wird.

Es erhebt sich auch die Frage, inwieweit sich die "Erfolgswirksamkeit" der Maßnahmen im bisher definierten Sinne im Zeitablauf geändert hat. Aufgrund der autonomen Entwicklung am Arbeitsmarkt, aufgrund geänderter Teilnehmer- und Maßnahmestrukturen und nicht immer identischer Meßmethoden läßt sich diese Frage allenfalls näherungsweise beantworten:

Zwischen 1983 und 1985 sind, wie die vergleichende Gegenüberstellung der Daten in Tabelle 75 B und 76 zeigt, im Schnitt der drei Maßnahmekomplexe keine einschneidenden Veränderungen festzustellen. Die Arbeitslosenquote der ehemaligen Teilnehmer/innen (als Spiegelbild der Wiedereingliederungsquote) liegt bei Frauen und Männern in beiden Untersuchungsjahren bei rund 4o %.

Nur wenige Jahre zuvor ergab sich ein sehr viel höherer Wirkungsgrad der Maßnahmen, der allerdings wesentlich dadurch beeinflußt wurde, daß der Erhebungszeitpunkt in größerem zeitlichen Abstand vom Abschluß der Maßnahme gewählt wurde: Von den (zuvor arbeitslosen) Frauen und Männern, die zwischen dem 1.1.1979 und dem 3o.9.198o eine Bildungsmaßnahme im Vollzeitunterricht (mit Erfolg) abgeschlossen hatten, waren Ende September 198o "nur" 13 % der Frauen und 11,3 % der Männer arbeitslos.[19] Die Verschlechterung der Wettbewerbsfähigkeit der Bildungsabsolventen von 198o auf 1983/1985 ist also gravierend. Es muß jedoch offenbleiben, welcher der genannten Faktoren für diese negative Entwicklung den Ausschlag gab.

Für eine eindeutige Bewertung des beschäftigungspolitischen Erfolgs der arbeitsmarktpolitischen Maßnahmen reichen die bisherigen Erfolgskriterien nicht aus. **Die zentrale Frage lautet, ob und wie sich die individuellen Arbeitsmarktchancen der Bildungsteilnehmer/innen durch den jeweiligen Maßnahmeeinsatz verändert haben. Hätten die arbeitslosen Frauen und Männer also im gleichen Zeitraum auch ohne Weiterqualifizierung in das Erwerbsleben eingegliedert werden können?**

Eine Erfolgskontrolle in diesem strikten Sinne läßt sich, wie eingangs in Abschnitt 5 dargestellt, kaum realisieren, "da die komplexe soziale Wirklichkeit kaum wiederholbare Experimente 'unter gleichen Bedingungen' gestattet...".[20]

Hofbauer und Dadzio[21] haben den Versuch einer Näherungslösung unternommen, indem sie die Dauer der Arbeitslosigkeit ehemaliger Bildungsteilnehmer/innen mit der Dauer der Arbeitslosigkeit bei einer Kontrollgruppe verglichen, die an keiner beruflichen Qualifizierung teilgenommen hatte, sonst aber - näherungsweise - mit der Teilnehmergruppe übereinstimmte. Diese

---

19 Vgl. Hans Hofbauer: Untersuchungen des IAB über die Wirksamkeit der beruflichen Weiterbildung, in: Mitteilungen aus der Arbeitsmarkt- und Berufsforschung 3/1983, S. 252

20 Dieter Mertens, Lutz Reyher, Jürgen Kühl: Ziele und Möglichkeiten von Wirkungs-Analysen (Einschließlich Überblick über bisherige Arbeiten des IAB), a.a.O., S. 21o

21 Vgl. Hans Hofbauer, Werner Dadzio: Berufliche Weiterbildung für Arbeitslose, a.a.O., S. 191

"näherungsweise Übereinstimmung" bezieht sich jedoch nur auf die Merkmale Alter, Gesundheitszustand und Berufsausbildung, also auf eine beschränkte Auswahl von definitorisch abgegrenzten und statistisch erfaßbaren Kriterien, hinter denen sich womöglich sehr unterschiedliche Ausprägungen verbergen, die den Grad der Wiedereingliederung in das Erwerbsleben beeinflussen können.[22] Auch mit dieser Untersuchungsmethode kann also der gängige Einwand nicht vollkommen entkräftet werden, wonach die (zuvor arbeitslosen) Teilnehmer/innen an beruflichen Förderungsmaßnahmen bereits eine positive Vorauswahl darstellen und sie deshalb, und nicht (allein) wegen der Qualifizierungsmaßnahmen, leichter zu vermitteln sind.

Der Kontrollgruppen-Ansatz von Hofbauer und Dadzio führt zu dem Resultat, daß die Dauer der Arbeitslosigkeit bei den ehemaligen Teilnehmergruppen bei jeder untersuchten Kombination vermittlungsrelevanter Persönlichkeitsmerkmale (Alter, Gesundheitszustand, Berufsausbildung) kürzer ist als bei Arbeitslosen, die keine Weiterbildung absolviert haben. Bei älteren und/oder gesundheitlich beeinträchtigten Personen kommt dabei die eingliederungsfördernde Wirkung der Weiterbildung (Verkürzung der Dauer der Arbeitslosigkeit) am stärksten zur Geltung. **Ferner bestätigt auch diese Analyse, daß Umschulungen unter dem Gesichtspunkt des Abbaus individueller Arbeitslosigkeit besonders erfolgreich sind.**

Nach Geschlechtern aufgeschlüsselte Ergebnisse standen uns nur ohne eine zusätzliche Differenzierung nach den oben genannten vermittlungsrelevanten Kriterien zur Verfügung (vgl. Tabelle 81).[23] Der Geschlechtsvergleich zeigt abgesehen von einer noch

---

22 Wobei von den Autoren betont wird, daß eine totale Übereinstimmung von Untersuchungs- und Kontrollgruppe nach dem derzeitigen Stand der empirischen Sozialforschung nicht zu erreichen ist. Vgl. ebenda, S. 191

23 Um die Nachteile einer Durchschnittsbetrachtung weitgehend zu vermeiden, wurde in Tabelle 81 die Dauer der Arbeitslosigkeit nach 3 Kategorien unterschieden.

darzustellenden Ausnahme im Bereich der betrieblichen Einarbeitungsmaßnahmen keine besonders auffälligen Abweichungen: Frauen wie Männer, die zuvor eine Fortbildungs-, Umschulungs- oder betriebliche Einarbeitungsmaßnahme durchlaufen haben, finden sich sehr viel häufiger in der Kategorie relativ kurzer Arbeitslosigkeitsdauer (bis unter 6 Monate) als solche Arbeitslose, die nicht an einer beruflichen Weiterbildung teilgenommen haben. Bei den ehemaligen Fortbildungs- und Umschulungsteilnehmern/innen korrespondiert dieser positive Befund mit einer entsprechend geringeren Besetzung sowohl der Kategorie mittelfristiger Arbeitslosigkeitsdauer (6 bis unter 12 Monate) als auch der Kategorie langfristiger Arbeitslosigkeitsdauer (1 Jahr und länger). **Frauen und Männer, die sich mit Hilfe einer Fortbildungs- oder Umschulungsmaßnahme weiterqualifizierten, haben also demnach geringere Schwierigkeiten, einen Arbeitsplatz zu finden, als Arbeitslose ohne entsprechende Weiterqualifizierung.**

Weniger eindeutig und bei Männern ungünstiger als bei Frauen ist das Ergebnis bei ehemaligen Teilnehmern/innen an betrieblichen Einarbeitungsmaßnahmen: Nicht nur der Anteil der kurzfristig arbeitslosen, sondern auch der Anteil der langfristig arbeitslosen Männer ist hier höher (Bundesgebiet) oder annähernd gleich hoch (Nordrhein-Westfalen) wie in der Vergleichsgruppe der Arbeitslosen ohne Weiterbildung. Bei Frauen liegt nur der Anteil der 6 bis unter 12 Monate Arbeitslosen (im Bundesgebiet) höher als bei der Kontrollgruppe.

Im Vergleich der drei Maßnahmetypen zeigt sich darüber hinaus auch bei dieser Betrachtung, daß dem Instrument der Umschulung - bei Frauen wie bei Männern - die höchste Wirksamkeit beim Abbau individueller Arbeitslosigkeit zukommt: Durch Umschulung kann die Dauer der Arbeitslosigkeit am deutlichsten reduziert werden.

Tabelle 81 Dauer der Arbeitslosigkeit bis zum Erhebungszeitpunkt bei den Arbeitslosen Ende September 1983 in Abhängigkeit von der Teilnahme an beruflicher Weiterbildung (in v.H.)

	Arbeitslose ohne Weiterbildung	Arbeitslose, die zuvor Weiterbildung abgeschlossen haben		
		Fortbildung	Umschulung	betr.Einarbeitg.
	- Nordrhein - Westfalen			
Frauen				
bis unter 6 Monate	43,7	5o,7	6o,3	51,2
6 - unter 12 Monate	25,8	22,8	2o,8	24,4
über 1 Jahr	3o,5	26,5	18,9	24,4
	1oo,o	1oo,o	1oo,o	1oo,o
Männer				
bis unter 6 Monate	41,2	53,5	63,o	48,6
6 - unter 12 Monate	25,3	22,3	18,9	18,1
über 1 Jahr	33,5	24,3	18,o	33,4
	1oo,o	1oo,o	1oo,o	1oo,o
	- Bundesgebiet -			
Frauen				
bis unter 6 Monate	47,4	51,9	66,9	54,5
6 - unter 12 Monate	25,6	22,7	2o,7	31,4
über 1 Jahr	27,o	25,5	12,3	14,2
	1oo,o	1oo,o	1oo,o	1oo,o
Männer				
bis unter 6 Monate	44,3	56,6	65,4	46,7
6 - unter 12 Monate	25,8	2o,5	19,3	21,8
über 1 Jahr	3o,o	23,o	15,4	31,5
	1oo,o	1oo,o	1oo,o	1oo,o

Quelle: Unveröffentlichte Daten der Bundesanstalt für Arbeit und eigene Berechnungen

Abgesehen von der erwähnten Ausnahme im Bereich der betrieblichen Einarbeitungsmaßnahmen kommt in den Ergebnissen also die eingliederungsfördernde Wirkung der beruflichen Bildungsmaßnahmen deutlich zum Ausdruck. Dieser Befund kann jedoch lediglich als Hinweis für die Wirksamkeit der Fördermaßnahmen gelten. Ein Beweis für einen ursächlichen Zusammenhang zwischen dem Einsatz der Förderinstrumente und den eingetretenen Beschäftigungseffekten ist damit nicht gegeben.

Zusätzlich zu dem bereits erwähnten Problem, daß eine völlige Übereinstimmung zwischen Untersuchungs- und Kontrollgruppe (derzeit) nicht zu erreichen ist, sind bei der Interpretation der Ergebnisse folgende möglichen Verzerrungen zu beachten: Zum einen sind jene ehemaligen Bildungsabsolventen aus der Betrachtung ausgeschlossen, die nach Abschluß der Maßnahme nicht in der Arbeitslosenstatistik erscheinen.[24] Sofern diese Personen unmittelbar nach Beendigung der Maßnahme in ein Beschäftigungsverhältnis gewechselt sind, wird die Effektivität der Maßnahmen, mißt man sie an der Dauer der Arbeitslosigkeit, also unterschätzt. Umgekehrt verhält es sich, wenn die Arbeitslosmeldung aus anderen Gründen (beispielsweise mangels Leistungsberechtigung) unterblieben ist. Zum anderen läßt die angewandte Untersuchungsmethode die Dauer der Arbeitlosigkeit außer acht, welche die ehemaligen Bildungsteilnehmer/innen **vor** Beginn der Fördermaßnahme bereits zurückgelegt hatten. Wenn die Bildungsteilnehmer/innen selbst den individuellen Nutzen aus der Qualifizierungsmaßnahme abwägen, werden sie sicherlich die vorangegangene Arbeitslosigkeitsdauer mit in ihr Bewertungskalkül einbeziehen. Eine (zusammengerechnet) lange Arbeitslosigkeitsdauer führt zu entsprechenden Rückwirkungen auf die künftige Weiterbildungsbereitschaft, insbesondere dürfte sie jene Personen abschrecken, die ohnehin eine große Distanz zur beruflichen Weiterbildung aufweisen.

Darüber hinaus bleibt bei dieser Untersuchungsmethode auch jener Einfluß außer Betracht, der von der Intensität der Vermittlungsbemühungen der Arbeitsverwaltung ausgeht: Günstigere Wiedereingliederungschancen von Weiterbildungsteilnehmern/innen können auch mit einer besonders ausgeprägten "Nachbetreuung" durch das zuständige Arbeitsamt zusammenhängen. Von besonders intensiven Vermittlungsbemühungen muß man schon deshalb ausgehen, weil sich die Arbeitsverwaltung dem Druck ausgesetzt sieht, ihre Fördermaßnahmen durch den Nachweis von Erfolgen zu legitimieren.

---

[24] Nach Angaben von Hofbauer und Dadzio melden sich (vermutlich bezogen auf das Jahr 1983) etwa zwei Drittel der Teilnehmer/innen nach Abschluß der Maßnahme arbeitslos. Vgl. Hans Hofbauer und Werner Dadzio: Berufliche Weiterbildung für Arbeitslose, a.a.O., S. 191

9.2.2 Weiterbildungsadäquanz der Beschäftigung nach Abschluß der Weiterbildung

Da sich die berufliche Förderung nach dem Arbeitsförderungsgesetz angesichts der gesamtwirtschaftlichen Arbeitsmarktproblematik mehr und mehr zu einem kurativen Instrument entwickelt hat, und folglich das derzeit wichtigste Ziel der beruflichen Förderung für Arbeitslose darin besteht, **überhaupt** wieder in den Arbeitsprozeß eingegliedert zu werden, sind die qualitativen Ziele der Förderung in den letzten Jahren deutlich in den Hintergrund getreten.

So finden sich denn auch nur selten (aktuelle) Untersuchungen, die Aufschlüsse darüber erlauben, ob und inwieweit die Bildungsteilnehmer/innen die während des Lehrgangs erworbenen Kenntnisse und Fertigkeiten im Arbeitsleben verwerten konnten bzw. inwieweit die Bildungsmaßnahme - im positiven oder negativen Sinne - auf den beruflichen Status eingewirkt hat. Eine schnellere berufliche Wiedereingliederung durch berufliche Fördermaßnahmen läßt sich aber nur dann eindeutig als positiv bewerten, wenn sie nicht zu Lasten der Qualität der beruflichen Wiedereingliederung geht.[25]

---

[25] Nach einer Untersuchung von Brinkmann/Schober von ehemaligen Arbeitslosen, die nach relativ kurzer Dauer der Arbeitslosigkeit wieder beruflich integriert worden waren, hatte sich bei 58 % der relativ schnell wiedereingegliederten Personen die Qualität des Arbeitsverhältnisses im Vergleich zur letzten Tätigkeit verschlechtert. Die Verschlechterung bezog sich auf Qualifikationsverluste beträchtlichen Ausmaßes, auf Einkommensverluste und ungünstigere Arbeitsbedingungen und Arbeitszeiten. Ferner handelte es sich häufig nur um Not- bzw. Übergangslösungen bzw. um zeitlich befristete, also bereits von daher instabile berufliche Eingliederungen. Bedauerlicherweise wird bei dieser Qualitätsanalyse nicht danach unterschieden, ob die Qualitätsaspekte für ehemalige Teilnehmer/innen an Weiterbildungsmaßnahmen (diese weisen auch nach dieser Untersuchung besonders hohe Wiedereingliederungsquoten nach relativ kurzer Arbeitslosigkeit auf) und sonstige Arbeitslose gleichermaßen gelten. Vgl. Christian Brinkmann, Karen Schober: Methoden und erste Ergebnisse aus der Verlaufsuntersuchung des IAB bei Arbeitslosen (Zugänge November 1981), in: Mitteilungen aus der Arbeitsmarkt- und Berufsforschung 4/1982, S. 4o8-425, insbes. S. 417 und 418

Die Messung der Weiterbildungsadäquanz der neuen Beschäftigung bereitet zudem erhebliche methodische Schwierigkeiten, denn sie benötigt operationalisierbare Kriterien, die sich für aufstiegsbezogene Fortbildung[26] und Umschulungsmaßnahmen noch relativ leicht entwickeln lassen, nicht jedoch für die dominierenden Lehrgänge der sogenannten "Anpassungsfortbildung" oder für die betrieblichen Einarbeitungsmaßnahmen.[27]

Die jüngste uns bekannte veröffentlichte Untersuchung des IAB[28] zu diesem Zielkomplex beruht auf einer (1 bis 1 1/2 Jahre nach Abschluß der Maßnahme durchgeführten) Befragung von Lehrgangsteilnehmern/innen, die im ersten Halbjahr 1977 eine Umschulung abgeschlossen hatten. Aus dieser Analyse geht hervor, daß - von denjenigen Personen, die überhaupt im Berufsleben wieder hatten Fuß fassen können - rund 75 % der Frauen und rund 58 % der Männer zum Befragungszeitpunkt "voll umschulungsadäquat"[29] beschäftigt waren. Frauen schnitten also weit-

---

26 Hingegen läßt sich die mit der aufstiegsbezogenen Fortbildung ebenfalls angestrebte Verbesserung der Einkommenssituation kaum nachweisen, da es schwierig ist, aus der Differenz zwischen dem Einkommen vor und nach der Maßnahme den fortbildungsbedingten Anteil zu isolieren. Vgl. dazu Hermann Saterdag, Werner Dadzio: Die aufstiegsbezogene berufliche Fortbildung. Teil 1: Struktur der Teilnehmer, Teilnehmermotivation und Fortbildungsergebnis, in: Mitteilungen aus der Arbeitsmarkt- und Berufsforschung 3/1977, S. 419, Fußnote 63

27 Vgl. auch Hermann Saterdag: Zielsetzungen und Ergebnisse im Bereich der beruflichen Weiterbildung, in: Engpässe in der beruflichen Weiterbildung, Wirklichkeit und Chancen der beruflichen Fortbildung, Neuorientierung und Wiedereingliederung, hrsgg. von Werner Sarges und Friedrich Haeberlin, München 1984, S. 15

28 Vgl. Berufliche Eingliederung nach der Umschulung, Materialien aus der Arbeitsmarkt- und Berufsforschung, Heft 4/198o

29 Als "voll umschulungsadäquat" wurde eine Tätigkeit eingestuft: 1) wenn die Teilnehmer/innen im Umschulungsberuf oder "teils/teils" im Umschulungsberuf tätig waren und sie "sehr viel oder ziemlich viel" von den während der Umschulung erworbenen Kenntnisse und Fertigkeiten verwerten konnten, oder 2) wenn die Teilnehmer/innen im Umschulungsberuf tätig waren und "einiges" von den erworbenen Kenntnissen und Fertigkeiten verwerten konnten. Dieses Kriterium informiert also nicht unbe-

aus günstiger ab als Männer, wobei allerdings zu beachten ist, daß das Erfolgskriterium auf subjektiven Wirkungen der Umschüler/innen beruht und nicht auszuschließen ist, daß Männer und Frauen andere Maßstäbe und Erwartungen an die Erfolgswirksamkeit der Maßnahme anlegen.

Immerhin bestand also bei 25 % der Frauen und bei 42 % der Männer kein inhaltlicher Zusammenhang zwischen der Bildungsmaßnahme und der danach ausgeübten Berufstätigkeit, sondern bei ihnen wurde eindeutig am Bedarf vorbei umgeschult. Legt man dieses Kriterium der Beurteilung des Umschulungserfolges zugrunde, so muß man - insbesondere bei Männern - von einer beträchtlichen Fehllenkung der Investitionen in Umschulungsprozesse bzw. von einer ausgeprägten Fehllenkung individueller Anstrengungen sprechen.

Aus einer (im Jahre 1982 durchgeführten) Befragung[30] ehemals Arbeitsloser (Personen, die im Herbst 1977 aus der Arbeitslosenstatistik ausgeschieden waren) geht anhand eines Kontrastgruppen-Vergleichs hervor, daß die Teilnahme an Fortbildung und Umschulung das Risiko von Dequalifizierung und beruflichem Abstieg bei der Wiedereingliederung zu verringern vermag: Bei den ehemaligen Teilnehmern/innen (die Daten lagen leider nicht nach Geschlechtern getrennt veröffentlicht vor) hatten 18 % einen beruflichen Aufstieg, 6 % einen beruflichen Abstieg vollzogen. Bei der Vergleichsgruppe, die keine Bildungsmaßnahme absolviert hatte, betrug das Verhältnis 15 zu 13 %. Bei den wiedereingegliederten Arbeitslosen, die sich weitergebildet

----

dingt auch darüber, ob der berufliche Status nach der Umschulung höher als vor der Umschulung ist, denn auch Personen, die nach ihrer Selbsteinschätzung keine Beschäftigung ausüben, die einen inhaltlichen Zusammenhang zur Umschulungsmaßnahmen hat, können (in einem anderen Beruf) eine Stellung einnehmen, die höher ist als vor der Umschulungsmaßnahme.

30 Vgl. Christoph F. Büchtemann, Infratest Sozialforschung: Die Bewältigung von Arbeitslosigkeit im zeitlichen Verlauf. Repräsentative Längsschnittuntersuchung bei Arbeitslosen und Beschäftigten 1978-1982, hrsgg. vom Bundesminister für Arbeit und Sozialordnung, Bonn 1983, S. 243

hatten, konnten 3o % im Vergleich zur Situation vor der Arbeitslosigkeit eine Höherqualifizierung erzielen, denen 16 % mit Dequalifizierungstendenzen gegenüberstanden. Bei den Nichtteilnehmern/innen lag bei 2o % eine Höherqualifizierungstendenz, bei 21 % eine Dequalifizierungstendenz vor. Auch bei der Interpretation dieses - tendenziell positiven - Ergebnisses muß auf die dargelegten Vorbehalte hinsichtlich eines Kontrastgruppen-Vergleichs (Selektionseffekte usw.) hingewiesen werden.

In einer länger zurückliegenden Untersuchung des IAB[31] wurde, bezogen auf die damals noch weitaus gewichtigere aufstiegsbezogene Fortbildung, (mit Hilfe einer multiplen Regressionsanalyse) auch der Frage nachgegangen, welche Faktoren die Chancen einer fortbildungsadäquaten Beschäftigung beeinflussen. Einbezogen in die Analyse wurden nur Absolventen/innen mit bestandener Abschlußprüfung, die zum Erhebungszeitpunkt erwerbstätig waren.

Eines der Ergebnisse lautete, daß bei Frauen, die an einer aufstiegsbezogenen beruflichen Fortbildung teilnehmen, anhand ihrer persönlichen Daten und aufgrund bestimmter Bildungskonstellationen (z.B. Einstellung des Vorgesetzten zur Fortbildungsabsicht) eine sicherere Prognose über den Fortbildungserfolg möglich ist als bei Männern.

So sind z.B. bei Frauen, die sich zur Handwerksmeisterin fortbildeten, Merkmale der sozialen Einbindung stark mitbestimmend für die Chancen, das Ziel der Fortbildung (beruflicher Aufstieg) zu erreichen. Wenn die soziale Umgebung (Ehepartner, Freunde) "eine Fortbildung nahe legte", somit die üblichen Konflikte, denen sich Frauen aufgrund des gängigen Rollenver-

---

31 Vgl. Hermann Saterdag, Werner Dadzio: Die aufstiegsbezogene berufliche Fortbildung. Teil 1: Struktur der Teilnehmer, Teilnehmermotivation und Fortbildungsergebnis, a.a.O., S. 399-425, sowie dieselben: Die aufstiegsbezogene berufliche Fortbildung. Teil 2: Faktoren des Fortbildungserfolges, in: Mitteilungen aus der Arbeitsmarkt- und Berufsforschung 1/1978, S. 75-93

ständnisses normalerweise ausgesetzt sehen, weitgehend ausgeschaltet waren, wirkte sich dies sowohl stark motivierend für eine Fortbildungsteilnahme wie auch positiv auf den Erfolg dieser Fortbildung aus.

Damit bestätigt sich also einmal mehr, wie sehr Frauen ihren beruflichen Werdegang von der Einstellung ihrer sozialen Umwelt, insbesondere ihres Ehepartners, abhängig machen. Auch bei Frauen, deren Fortbildungsteilnahme auf einen "sonstigen beruflichen Aufstieg" abzielte, zeigte sich der Einfluß der Leistungsmotivation durch andere in besonders deutlicher Weise: Erfolgsfördernd wirkte sich aus, wenn das Bemühen um Weiterbildung vom Arbeitgeber anerkannt wurde und deshalb fortbildungsadäquate Beschäftigungsmöglichkeiten vom Arbeitgeber in Aussicht gestellt wurden.

An diesen Einflußfaktoren wird also deutlich, daß die Teilnahme von Frauen an beruflichen Aufstiegsmaßnahmen wesentlich gesteigert werden könnte, wenn ihnen Gelegenheit gegeben würde, die erworbenen Qualifikationen im beruflichen Leben auch unter Beweis stellen zu können.

lo. Zur Berücksichtigung von Frauen bei den innerbetrieblichen Qualifizierungsmaßnahmen und den Einarbeitungshilfen des Arbeitsmarktpolitischen Sonderprogramms von 1979

Das "Arbeitsmarktpolitische Programm der Bundesregierung für Regionen mit besonderen Beschäftigungsproblemen" vom 16. Mai 1979 hatte, wie bereits sein Titel zum Ausdruck bringt, vor allem zum Ziel, den gravierenden räumlichen Disparitäten in der Höhe der Arbeitslosigkeit entgegenzuwirken. Es stellt einen der ambitioniertesten Versuche in der Bundesrepublik Deutschland dar, zu einer engeren Verzahnung von Arbeitsmarktpolitik und Regionalpolitik beizutragen. Insgesamt wurden für dieses Programm fast 1 Milliarde DM öffentlicher Mittel zur Verfügung gestellt.

Das Programmpaket umfaßte drei Schwerpunkte, in denen folgende Maßnahmen gefördert werden sollten:

- Schwerpunkt 1: Berufliche Qualifizierung von Arbeitnehmern in Betrieben, die in besonderem Maße von Anpassungs- und Umstrukturierungsprozessen betroffen waren.
  Dabei wurden (mit rund 4o4 Mio DM) gefördert:
  - o Umschulungsmaßnahmen in Berufen mit anerkanntem Ausbildungsabschluß für den gesamten Zeitraum der Bildungsmaßnahme mit einem Lohnkostenzuschuß in Höhe von 9o v.H., bei überbetrieblicher Durchführung in Höhe von loo v.H.

  - o Fortbildungsmaßnahmen in Berufen mit anerkanntem Abschluß für höchstens 24 Monate mit 9o v.H. Lohnkostenzuschuß

  - o sonstige betriebliche Qualifizierungsmaßnahmen für höchstens 12 Monate (aber mindestens einem Monat) mit 8o v.H. Lohnkostenzuschuß

- Schwerpunkt 2: Wiedereingliederung ungelernter sowie längerfristig Arbeitsloser mit Hilfe von Einarbeitungshilfen und ergänzenden Eingliederungshilfen (vgl. dazu die Programmbedingungen in Übersicht 4, Seite 42o)

- Schwerpunkt 3: Arbeitsbeschaffungsmaßnahmen zur Verbesserung der sozialen Dienste und der sozialen Infrastruktur (vgl. dazu Abschnitt 11)

Neben der regionalen Orientierung[1] des Maßnahmeeinsatzes wurde versucht, das Programm bevorzugt auf bestimmte Problemgruppen unter den Beschäftigten und Arbeitslosen dieser Regionen auszurichten. Für eine starke Prioritätensetzung zugunsten von Frauen bestand dabei ausreichender Anlaß: Die frauenspezifische Arbeitslosenquote in diesen Programmregionen lag mit 8,6 % nicht nur erheblich über der entsprechenden Vergleichsquote in den restlichen, nicht geförderten Regionen des Bundesgebietes (4,7 %), sondern sie lag auch mit erheblichem Abstand über der Arbeitslosenquote der Männer (4,4 %) in den Programmregionen.[2]

Wie im folgenden dargestellt[3] werden soll, wurde dieser besonderen Problemlage bei den Frauen jedoch weder bei der Pro-

---

[1] Das Sonderprogramm umfaßte 23 Arbeitsamtsbezirke, in denen die Arbeitslosenquote im Durchschnitt des Jahres 1978 über 6 Prozent lag. Darunter fiel das gesamte Ruhrgebiet und das Saarland, also Gebiete, in denen die Erwerbschancen für Frauen bekanntlich aufgrund der "frauenfeindlichen" Wirtschaftsstruktur im regionalen Vergleich außerordentlich gering sind.

[2] Die Arbeitslosenquoten (für 1979) wurden nach der Formel "Arbeitslose in v.H. der sozialversicherungspflichtig Beschäftigten plus Arbeitslose" berechnet nach Daten in Aribert B. Peters, Günther Schmid: Aggregierte Wirkungsanalyse des Arbeitsmarktpolitischen Programms der Bundesregierung für Regionen mit besonderen Beschäftigungsproblemen: Analyse der Beschäftigungswirkungen, a.a.O., S. 4o, Tab. 2-1-1

[3] Im folgenden wird nur auf die Förderung im Rahmen der Schwerpunkte 1 und 2 des Programms eingegangen; Schwerpunkt 3 (Arbeitsbeschaffungsmaßnahmen) wird gesondert in Abschnitt 11 behandelt.

grammkonzeption genügend Nachdruck verliehen, noch konnte die in Ansätzen vorhandene frauenspezifische Komponente des Programms in der Praxis erfolgreich umgesetzt werden:

Nach den Richtlinien des Sonderprogramms sollten alle Förderleistungen des Programms "insbesondere auch Frauen zugute kommen".[4] Bereits diese Formulierung war jedoch alles andere als eindeutig: "Durch das eingeschobene 'auch' konnten (eine vielleicht tendenziöse, aber keineswegs auszuschließende Interpretation) die Richtlinien auch dann für eingehalten angesehen werden, wenn 'auch' Frauen (u.U. aber weit unterproportional) einbezogen wurden ...".[5]

Auch im **Schwerpunkt 1** war die im Programm formulierte "Prioritätensetzung" zugunsten von Frauen faktisch kaum von Bedeutung: Sie wurde dadurch operationalisiert, daß die Bedingung zusätzlicher, über das übliche Maß hinausgehender Qualifizierungsbemühungen der Unternehmen auch dann als erfüllt galt, "wenn Frauen für Tätigkeiten qualifiziert werden, die üblicherweise von Männern ausgeübt werden".[6] Da jedoch das Kriterium der "Zusätzlichkeit" der Qualifizierungsanstrengungen kaum einer Kontrolle unterlag,[7] bestand für die Unternehmen

----

[4] Bundesminister für Arbeit und Sozialordnung (Hrsg.): Arbeitsmarktpolitisches Programm der Bundesregierung für Regionen mit besonderen Beschäftigungsproblemen, Bonn, Juli 1979, S. 33

[5] Hans Gerhard Mendius, Werner Sengenberger, Christoph Köhler, Mira Maase: Qualifizierung im Betrieb als Instrument der öffentlichen Arbeitsmarktpolitik. Begleitforschung zum Schwerpunkt 1 des Arbeitsmarktpolitischen Programms der Bundesregierung für Regionen mit besonderen Beschäftigungsproblemen. Endbericht des Instituts für Sozialwissenschaftliche Forschung e.V., München, hrsgg. vom Bundesminister für Arbeit und Sozialordnung, München 1983, S. 23o

[6] Bundesminister für Arbeit und Sozialordnung (Hrsg.): Arbeitsmarktpolitisches Programm der Bundesregierung für Regionen mit besonderen Beschäftigungsproblemen, a.a.O., S. 37

[7] Vgl. Hans Gerhard Mendius, Werner Sengenberger, Christoph Köhler, Mira Maase: Qualifizierung im Betrieb als Instrument der öffentlichen Arbeitsmarktpolitik, a.a.O., S. 23o

keinerlei Anlaß, auf die beschriebene Qualifizierung von Frauen "auszuweichen". Ferner gestattete die Vergaberegelung den Arbeitsämtern formal auch keine Einflußnahme auf die Struktur der zu Fördernden.

Die Daten über die Repräsentation von Frauen in dieser Maßnahmekategorie des Sonderprogramms (vgl. Tabelle 82) legen offen, daß Frauen in erheblichem Maße diskriminiert statt bevorzugt wurden, wobei dahingestellt bleiben muß, ob und inwieweit die oben dargestellten, möglicherweise eher schädlichen statt nützlichen programmatischen "Begünstigungen" hierbei ausschlaggebend waren:

Während auf loo männliche Beschäftigte 1,1 männliche Förderfälle entfielen, wurden von loo weiblichen Beschäftigten nur je o,3 Frauen gefördert (Stand April 198o), oder in anderen Relationen ausgedrückt: Obwohl Frauen ein gutes Drittel aller Beschäftigten in den Förderregionen und 26,o % der Arbeitnehmer in den geförderten Betrieben stellten, sind sie unter den Förderfällen nur mit 13,1 % vertreten. Die negative Selektion wirkte sich also in zweifacher Weise aus: **Zum einen konzentrierte sich die Förderung auf Betriebe mit niedrigem Frauenanteil, zum anderen wurden Frauen bei den unternehmerischen Qualifizierungsentscheidungen nicht ihrem Beschäftigungsanteil entsprechend berücksichtigt.**[8]

Erst als in einer späteren Programmphase weitere Fördermittel in Aussicht gestellt wurden, soweit damit "vorrangig" Frauen qualifiziert wurden, kam es zu einer merklichen Steigerung des Frauenanteils (auf 18,5 % Ende 198o), die jedoch bei weitem nicht ausreichte, die vorhandenen geschlechtsspezifischen Diskrepanzen zu Lasten der Frauen abzubauen. Die Konsequenz die-

---

[8] Vgl. Edgar Sauter: Berufliche Weiterbildung und Arbeitsmarkt: Zur Förderung betrieblicher Qualifizierung im Rahmen des Arbeitsmarktpolitischen Programms der Bundesregierung für Regionen mit besonderen Beschäftigungsproblemen (AMP), in: Berufliche Weiterbildung und Arbeitsmarkt, BWP 1982 (1), S. 3

Tabelle 82 Kennziffern zur Repräsentation von Frauen im Schwerpunkt 1: "Innerbetriebliche Qualifizierungsmaßnahmen" des Sonderprogramms von 1979

Kennziffern		in v.H.
1. Frauen in v.H. der Förderfälle		
April 198o		13,1
Ende 198o		18,5
davon (April 198o):		
Umschulung		9,o
Fortbildung		3,4
Sonstige Qualifizierung		17,5
2. Frauen in v.H. der Beschäftigten		
- der Regionen (Juni 198o)		34,3
- der Programmbetriebe		26,o
3. Frauen in v.H. der Arbeitslosen der Regionen (Mai 1979)		5o,3
4. Selektivität (1. zu 2.)		
a) Frauenanteil an den Förderfällen in v.H. Frauenanteil an den Beschäftigten in den Regionen	April 198o	o,38
	Ende 198o	o,54
b) in den Programmbetrieben	April 198o	o,51
	Ende 198o	o,71
5. Programmeffekt (April 198o)		
a) weibliche Förderfälle in v.H. der weiblichen Beschäftigten in den Regionen		o,31
b) männliche Förderfälle in v.H. der männlichen Beschäftigten in den Regionen		1,o5
6. Zum Vergleich (mit 1.) Frauenanteil an den Teilnehmern an Fortbildung und Umschulung (AFG-Standardförderung) in den Regionen, Juni 1979		24,3

Quelle: Zusammengestellt nach Daten aus: Aribert B. Peters, Günther Schmid: Aggregierte Wirkungsanalyse des Arbeitsmarktpolitischen Programms der Bundesregierung für Regionen mit besonderen Beschäftigungsproblemen, a.a.O., S. 181, 184, 273, 274, 279, und Hans Gerhard Mendius/Werner Sengenberger/Christoph Köhler/Mira Maase: Qualifizierung im Betrieb als Instrument der öffentlichen Arbeitsmarktpolitik, a.a.O., S. 2o (dort: Angaben nach: Infratest, Band 4) und S. 21 (dort: Angaben nach: Infratest, Band 3), sowie eigene Berechnungen ser Benachteiligung läßt sich daran ermessen, daß angesichts der negativen Beschäftigungsentwicklung in den Regionen den Teilnehmeraussagen zufolge bereits die Nominierung für eine Weiterbildungsteilnahme von vielen Betroffenen als eine Art Beschäftigungsgarantie angesehen wurde. Denn das dominierende Teilnahmemotiv bestand in der erhofften Sicherung des Arbeitsplatzes.[9]

Darüber hinaus wurden Frauen auch in qualitativer Hinsicht benachteiligt: Wenn sie in die geförderten innerbetrieblichen Weiterbildungsaktivitäten einbezogen wurden, dann vorzugsweise im Rahmen der "Sonstigen Qualifizierung"; bei den Qualifizierungsformen mit anerkanntem Abschluß (Umschulung und Fortbildung) hingegen liegt ihr Anteil noch weit unter dem Durchschnittswert von rund 13 % (vgl. Tabelle 82).

Auch im Vergleich mit dem Frauenanteil in den Maßnahmen zur Fortbildung und Umschulung gemäß der Standardförderung des AFG zeigt sich das Ausmaß der Diskriminierung: Der Frauenanteil in den Programmregionen liegt hier mit 24,3 % deutlich über dem Frauenanteil von 13,1 % im Schwerpunkt 1 des Sonderprogramms!

Daß Frauen gerade auf dem Gebiet der **inner**betrieblichen Weiterbildung in massiver Weise benachteiligt werden, ist eine allgemein bekannte Tatsache.[10] Weiterbildung für Frauen gilt aus der Sicht vieler deutscher Unternehmen weder als ein dringliches Ziel noch als eine "lohnende" Investition. Gerade dieses, sicherlich auch den Initiatoren des Sonderprogramms nicht unbekannte Faktum, hätte Anlaß genug sein müssen, für weibliche Arbeitskräfte stark privilegierende Maßnahmekonditionen zu entwickeln.

---

9 Vgl. ebenda

10 Vgl. u.a. Hannelore Neumann, Karl-Hans Weimer: Innerbetriebliche Weiterbildung für Frauen als arbeitsmarktpolitisches Instrument, a.a.O.

Übersicht 4 Programmbedingungen im Schwerpunkt 2 des Sonderprogramms von 1979

	Einarbeitungshilfe	Ergänzende Eingliederungshilfe
Gesetzliche Grundlage	§§ 19, 2o Richtlinien des Sonderprogramms	§§ 21, 22 Richtlinien des Sonderprogramms
Ziel der Maßnahme	Verbesserung der beruflichen Mobilität von Arbeitslosen durch Qualifizierung und Vermittlung in ein Dauerarbeitsverhältnis	Zusätzliche Vermittlungshilfe zur Einarbeitungshilfe
Persönliche Voraussetzungen	Der Arbeitnehmer muß arbeitslos sein und darf keine abgeschlossene Berufsausbildung haben oder muß mindestens 6 Monate ununterbrochen arbeitslos gemeldet sein (Ausnahme möglich für Arbeitslose mit Berufsausbildung, die 6 Jahre vor der Arbeitslosmeldung in nichtqualifizierten Tätigkeiten beschäftigt waren)	Der Arbeitnehmer muß mindestens 6 Monate ununterbrochen arbeitslos gemeldet sein
Betriebliche Voraussetzungen	Der Betrieb muß einen Einarbeitungsplan erstellen und dem Arbeitnehmer möglichst breite berufliche Kenntnisse und Fertigkeiten vermitteln. Durch die Einstellung muß sich die Zahl der Beschäftigten gegenüber dem Mai 1979 erhöhen. Der Arbeitnehmer muß 9 Monate über die Förderungsdauer hinaus beschäftigt werden	Wird nur im Anschluß an die Einarbeitungshilfe gewährt
Art der Leistung	Kannleistung als Zuschuß oder Darlehen	Kannleistung als Zuschuß oder Darlehen
Höhe der Leistung	Grundsätzlich 9o % des tariflichen bzw. ortsüblichen Entgelts	grundsätzlich 7o % des tariflichen bzw. ortsublichen Entgelts bei einer vorangegangenen Dauer der Arbeitslosigkeit bis zu 12 Monaten, grundsätzlich 8o % bei längerer Arbeitslosigkeit
Dauer der Leistung	mindestens 1 Monat, maximal 1 Jahr	zusammen mit der Einarbeitungshilfe maximal 1 Jahr
Einbeziehung der Personalvertretung	Die Personalvertretung muß bei der Erstellung des Einarbeitungsplanes mitwirken; dem Antrag ist eine Stellungnahme der Personalvertretung beizufugen	
Rückzahlungspflicht	Wenn der Arbeitgeber den Arbeitnehmer vor Ablauf von 9 Monaten nach Ende des Förderungszeitraumes entläßt, es sei denn, es haben zwingende betriebliche Gründe vorgelegen oder ein wichtiger Grund in der Person des Arbeitnehmers	

Quelle: auszugsweise entnommen aus: Klaus Semlinger, Karin Lucker: Lohnkostensubventionen zur Wiedereingliederung von ungelernten und längerfristig Arbeitslosen. Eine Untersuchung der betrieblichen Akzeptanz der Vermittlungsförderung im Schwerpunkt 2 des Sonderprogramms vom 16. Mai 1979. Projekt im Rahmen der Begleitforschung des arbeitsmarktpolitischen Programms der Bundesregierung fur Regionen mit besonderen Beschäftigungsproblemen (Projektleitung: Günther Schmid), IIM/LMP 83-8, Wissenschaftszentrum Berlin, Berlin 1983, dort: Übersicht 1: Vergleich der Programmbedingungen bei EZ bzw. EB und Schwerpunkt 2 während der Programmlaufzeit, S. 5

Es trifft zwar zu, daß das Weiterbildungsdefizit der weiblichen Arbeitnehmer vor allem ein Resultat der die Frauen benachteiligenden Personaleinsatz- und Ausbildungspolitik ist[11] und somit auf Ursachen zurückgeführt werden muß, die nicht erst bei der betrieblichen Qualifizierungspolitik, sondern bereits auf vorgelagerten Stufen zu suchen sind. Diese Ursachenverflechtung sollte jedoch nicht dazu führen, die nachteilige Situation von Frauen auf dem Gebiet der innerbetrieblichen Qualifizierungspolitik als nahezu unvermeidlich erscheinen zu lassen und eine Problemlösung auf die ferne Zukunft zu verschieben. Die verstärkte Förderung von Frauen bei innerbetrieblichen Qualifizierungsprozessen ist **eines** der Instrumente, mit deren Hilfe auch die öffentliche Arbeitsmarktpolitik zur Verbesserung der beruflichen Situation von Frauen beitragen kann. Wie oben dargestellt, hat die "Nachfaßaktion" von Ende 198o, die Frauen stärker als anfänglich "privilegierte", zumindest eine graduelle Verbesserung bewirkt.

Auch der **Schwerpunkt 2** des Programms, der Lohnkostenzuschüsse für die Einstellung und möglichst breite Einarbeitung von Arbeitslosen vorsah, die ungelernt und/oder längerfristig arbeitslos waren oder vor der Arbeitslosmeldung trotz vorhandener Berufsausbildung in nichtqualifizierten Tätigkeiten beschäftigt waren, erwies sich im Hinblick auf die Problemgruppe der Frauen als alles andere als erfolgreich (vgl. Tabelle 83 sowie die Programmbedingungen in Übersicht 4).

Obwohl ihr Arbeitslosenanteil in den Programmregionen bei 5o % lag und Frauen unter den ungelernten Arbeitnehmern[12] bzw. Ar-

---

11 Vgl. auch Hans Gerhard Mendius, Werner Sengenberger, Christoph Köhler, Mira Maase: Qualifizierung im Betrieb als Instrument der öffentlichen Arbeitsmarktpolitik, a.a.O., S. 229 ff, insbes. S. 244-249, sowie Hannelore Neumann, Karl-Hans Weimer: Innerbetriebliche Weiterbildung für Frauen als arbeitsmarktpolitisches Instrument, a.a.O., S. 223 ff

12 Der Anteil von Facharbeiterinnen und Meisterinnen an der Gesamtheit der ungelernten Arbeiterinnen, Facharbeiterinnen und Meisterinnen betrug in den Programmregionen 21,1 %. Für

Tabelle 83 Kennziffern zur Beteiligung von Frauen im Schwerpunkt 2: "Wiedereingliederung von ungelernten und langfristig Arbeitslosen" des Sonderprogramms von 1979

Strukturmerkmal		
1. Frauenanteil an den Förderfällen		
Einarbeitungshilfe (Mai 198o)	29 %	
erg. Eingliederungshilfe	45 %	
2. Selektivität Frauenanteil an den Förderfällen (Mai 198o) in v.H. des Frauenanteils an den Arbeitslosen (Mai 198o)	o,59 %	
3. Programmeffekt weibliche Förderfälle (Mai 198o) in v.H. der weiblichen Arbeitslosen (Mai 198o)	o,46 %	
4. Frauenanteil an den geförderten		
- Ungelernten	26 %	
- langfristig Arbeitslosen	43 %	
- Sonstigen	31 %	
5. Verteilung der Förderfälle auf Wirtschaftsklassen (März 198o)	Frauen	Männer
- Land- und Forstwirtschaft	-	2 %
- Bergbau	o,5 %	13 %
- Verarbeitendes Gewerbe	72 %	59 %
- Baugewerbe	1 %	19 %
- Handel und Dienstleistungen	26 %	13 %
	1oo %	1oo %
6. Verteilung der Förderfälle auf Betriebsgrößenklassen		
- unter 1o Beschäftigte	19 %	12 %
- 1o - 99 Beschäftigte	35 %	32 %
- 1oo - 999 Beschäftigte	31 %	17 %
- über 1ooo Beschäftigte	15 %	39 %
	1oo %	1oo %
7. Verbleibquote der Geförderten im im Betrieb (Befragungszeitraum Anfang 1981)	75 %	59 %

Quelle: Zusammengestellt nach Daten aus:
Klaus Semlinger, Karin Lücker: Lohnkostensubventionen zur Wiedereingliederung von ungelernten und längerfristig Arbeitslosen, a.a.O., S. VIII, S. 16 und S. 1o8, Quelle dort: Infratest-Begleitforschung SPZ; Aribert B. Peters, Günther Schmid: Aggregierte Wirkungsanalyse des Arbeitsmarktpolitischen Programms der Bundesregierung für Regionen mit besonderen Beschäftigungsproblemen, Zwischenbericht, Januar 1982, S. 181, S. 266 und S. 275; Friedrike Maier: Wiedereingliederung und Qualifizierung ungelernter und längerfristig Arbeitsloser, in: Fritz W. Scharpf (Hrsg.): Implementation des Sonderprogramms auf der Lokalen und Regionalen Ebene, Zwischenbericht, Berlin 1981, S. 3o1, Quelle dort: Infratest Sozialforschung 198o, Band 7, sowie eigene Berechnungen

beitslosen darüber hinaus stark überrepräsentiert waren, lag der weibliche Anteil an den Förderfällen bei nur rund 3o %, unter den Ungelernten waren Frauen mit 26 % in noch geringerem Umfang vertreten. Günstiger, aber immer noch unterproportional im Vergleich zum Arbeitslosenanteil, schnitten Frauen bei den ergänzenden Eingliederungshilfen (45 %) ab, denen jedoch ein quantitativ nur unbedeutsames Gewicht zukam.

Noch niederschmetternder fielen die Ergebnisse für die nordrhein-westfälischen Programmregionen aus.[13] Die Förderquote der Frauen lag hier im Schnitt bei nur 18 %, der Selektivitätskoeffizient (Frauenanteil an den Förderfällen in v.H. des Frauenanteils an den Arbeitslosen) bei o,38 (alle Programmregionen = o,59). Letzterer wies dabei innerhalb der 9 geförderten Arbeitsamtsbezirke Nordrhein-Westfalens eine erhebliche Spannweite auf, schwankte er doch zwischen o,o5 ! im Arbeitsamtsbezirk Oberhausen und o,55 im Arbeitsamtsbezirk Dortmund. Dieser im Vergleich zu den übrigen Programmbezirken besonders ungünstige Befund für Nordrhein-Westfalen dürfte in erster Linie mit dem überdurchschnittlichen Gewicht der Großbetriebe in Nordrhein-Westfalen zusammenhängen, in denen, wie aus Tabelle 83 hervorgeht, arbeitslose Frauen noch weitaus weniger als in den kleineren und mittleren Betrieben von den Fördermitteln profitieren.

Angesichts der weitaus höheren Arbeitslosigkeit der Frauen in den Programmregionen verhielt sich die Aufteilung der Förderfälle also genau umgekehrt zur relativen Arbeitsmarktproblematik von Männern und Frauen.

Männer und Frauen insgesamt wies dieser Indikator einen Wert von 51,6 % auf. Vgl. Aribert B. Peters, Günther Schmid: Aggregierte Wirkungsanalyse des Arbeitsmarktpolitischen Programms der Bundesregierung für Regionen mit besonderen Beschäftigungsproblemen: Analyse der Beschäftigungswirkungen, a.a.O., S. 3o4

13 Vgl. ebenda, S. 275

Diese fehlende Zielgruppenadäquanz gilt auch mit Blick auf weitere nach ihrem Arbeitslosigkeitsrisiko differenzierte Gruppen unter den Arbeitslosen: Denn mit diesem Programmschwerpunkt wurden vornehmlich männliche jüngere, gesunde Arbeitslose, die zuvor nur relativ kurzfristig arbeitslos gewesen waren, erreicht, also innerhalb der durch die Programmbedingungen abgesteckten beiden Zielgruppen diejenigen mit den geringsten Vermittlungsschwierigkeiten. Neben Frauen blieben hingegen diejenigen Gruppen mit sehr hohem Verbleibrisiko in Arbeitslosigkeit, also die langfristig arbeitslosen und/oder die älteren und gesundheitlich beeinträchtigten Personen, weitgehend außen vor. Dieses arbeitsmarktpolitisch unbefriedigende Ergebnis zu Lasten der besonders wettbewerbsschwachen Gruppen kann jedoch kaum den Unternehmen angelastet werden, war es doch bereits durch die pauschale Aufnahme der nichtqualifizierten Arbeitslosen in den Kreis der förderungsbedürftigen Arbeitslosen programmiert und somit vorhersehbar.

Lediglich in bezug auf einen weiteren Erfolgsindikator, die "Verbleibquote" im Betrieb (vgl. Tabelle 83) zeigt sich für Frauen ein günstigeres Ergebnis als für Männer: Rund 75 % der geförderten Frauen gegenüber 59 % der Männer waren zum Befragungszeitpunkt noch im geförderten Arbeitsverhältnis beschäftigt.[14] Die Beschäftigungsverhältnisse der weiblichen Arbeitslosen waren also im Schnitt stabiler als die der Männer. Zu beachten ist allerdings, daß die "Verbleibquote" im Betrieb einen nur begrenzten Aussagegehalt aufweist, da keine Informationen darüber vorliegen, ob die ausgeschiedenen Personen in die Arbeitslosigkeit zurückgekehrt sind, sich in die "stille

---

[14] Ähnliche Relationen ergeben sich aus einer neueren Studie zum Erfolg von Eingliederungshilfen. Nach rund eineinhalb Jahren waren dieser Untersuchung zufolge 51,4 % der Frauen, aber nur 44,4 % der Männer noch beim gleichen Arbeitgeber beschäftigt. Vgl. Christian Brinkmann: Zum Erfolg von Eingliederungsbeihilfen (EB): Struktur und Verbleib der Geförderten, in: Mitteilungen aus der Arbeitsmarkt- und Berufsforschung 4/1985, S. 439-449

Reserve" zurückgezogen oder aber eine neue, evtl. bessere Beschäftigungsmöglichkeit gefunden haben.

Weitaus schwieriger als die sozialpolitische Zielsetzung des Sonderprogramms, also sein Beitrag zur Abschwächung der strukturellen Benachteiligung verschiedener Gruppen am Arbeitsmarkt, läßt sich seine Erfolgswirksamkeit im Hinblick auf die arbeitsmarktpolitische Entlastungswirkung bzw. die Beschäftigungsentwicklung in gesamtwirtschaftlicher Sicht evaluieren.

Im Rahmen der Begleitforschung zum Sonderprogramm wurde ein globaler Versuch mit Hilfe expliziter Strukturgleichungsmodelle von Peters/Schmid[15] durchgeführt, aus deren vielfältigen Ergebnissen hier nur die geschlechtsspezifischen Auswirkungen des Programms wiedergegeben werden können: Diesen Berechnungen zufolge wäre die Arbeitslosenzahl in den 23 Programmregionen mehr als zwei Jahre nach Programmbeginn ohne Einsatz des Sonderprogramms um rund lo.ooo Personen höher gewesen. Diese programminduzierte Reduktion kam jedoch nahezu ausschließlich, nämlich zu 9/lo, nur den Männern zugute!

---

15 Vgl. Aribert B. Peters, Günther Schmid: Aggregierte Wirkungsanalyse des Arbeitsmarktpolitischen Programms der Bundesregierung für Regionen mit besonderen Beschäftigungsproblemen: Analyse der Beschäftigungswirkungen, a.a.O., insbes. S. XIV. Vgl. auch Abschnitt 5

11. Frauen in Allgemeinen Maßnahmen zur Arbeitsbeschaffung (ABM)

11.1 Die besondere Stellung der ABM im System aktiver Arbeitsmarktpolitik nach dem AFG

Allgemeine Maßnahmen zur Arbeitsbeschaffung[1] (ABM) nehmen im System der aktiven Arbeitsmarktpolitik nach dem AFG eine besondere Stellung ein. Denn es handelt sich um ein Instrumentarium, das gleichzeitig auf die Angebots- und auf die Nachfrageseite des Arbeitsmarktes einwirkt:

Durch die **zeitlich befristete** Förderung von **zusätzlichen** Beschäftigungsmöglichkeiten, für die ein **besonderes öffentliches Interesse** besteht, und deren Förderung **nach Lage und Entwicklung des Arbeitsmarktes zweckmäßig** erscheint,[2] sollen die Chancen von Arbeitslosen erhöht werden, wieder (anderswo) in **reguläre, dauerhafte** Beschäftigungsverhältnisse[3] integriert zu werden. Arbeitsbeschaffungsmaßnahmen haben also - zumindest vorübergehend - eine unmittelbare Reduktion der Arbeitslosigkeit zur Folge, sie stellen das einzige arbeitsmarktpolitische Instrument des AFG dar, mit dem die Nachfrage nach Arbeitskräften direkt beeinflußt wird.

Dieses Instrument bietet vielfältige Möglichkeiten, die Fördermittel **selektiv** einzusetzen,

----

[1] Neben den Allgemeinen Maßnahmen zur Arbeitsbeschaffung sieht das AFG in den §§ 97 - 99 noch Maßnahmen zur Arbeitsbeschaffung für ältere Arbeitnehmer in Form von Lohnkostenzuschüssen an Arbeitgeber vor. Eine Doppelförderung von älteren Arbeitnehmern nach diesen und nach den Richtlinien für die allgemeinen Maßnahmen ist ausgeschlossen.

[2] Die fettgedruckten Begriffe stellen die Hauptkriterien der Projektförderung dar.

[3] Die Förderung erfolgt in der Regel ohne Bezugnahme auf Dauerarbeitsplätze beim selben Träger. Nur bei längeren Förderfristen bestehen entsprechende Auflagen. Vgl. dazu die Fußnoten 9, S. 431, und 28, S. 45o dieser Arbeit.

- o sei es über den schwerpunktmäßigen Ausbau von bestimmten gesellschaftlich bislang vernachlässigten Aufgabenbereichen oder die Förderung von Experimentalprojekten, bei denen ABM oft eine Schrittmacherrolle zukommt (sektorale Selektivität),

- o sei es über die bevorzugte Berücksichtigung von Personen mit besonders großen Vermittlungsschwierigkeiten (zielgruppenspezifische Selektivität), oder

- o sei es durch Konzentration der Mittel auf Regionen, die weit überdurchschnittlich von Arbeitslosigkeit betroffen sind (regionale Selektivität).

Bevor im nächsten Abschnitt in detaillierter Form auf die Förderkonditionen und im Anschluß daran auf die geschlechtsspezifische Verteilung von Arbeitsbeschaffungsmaßnahmen eingegangen wird, ist es notwendig, sich mit den globalen und individuellen Auswirkungen dieses Instruments auseinanderzusetzen. Nur vor dem so abgesteckten "Erfolgshorizont" ist ein Urteil darüber möglich, ob und unter welchen Bedingungen der Einbezug von Frauen in Arbeitsbeschaffungsmaßnahmen überhaupt sinnvoll und wünschenswert erscheint bzw. welche Zielkonflikte er möglicherweise mit sich bringt.

Denn während die Förderung der beruflichen Qualifizierung der Arbeitnehmer - mit, wie dargestellt, allerdings sehr unterschiedlichen Begründungen und Zielsetzungen - im allgemeinen **prinzipiell** als sinnvoll betrachtet wird, stehen Arbeitsbeschaffungsmaßnahmen seit langem im Kreuzfeuer der Kritik. Die Forderungen reichen dabei von einer Detailreform der ABM-Förderung bis hin zu Positionen, die dieses Arbeitsmarktinstrument für gänzlich überflüssig halten.

Die im folgenden wiedergegebenen Thesen und Gegenthesen sind in der Regel recht allgemein und sie können im Prinzip beide

Geschlechter gleichermaßen betreffen. Ob und inwieweit die potentiell negativen Effekte aber in der Praxis zum Tragen kommen, und ob sie sich stärker bei Frauen oder bei Männern bzw. bei bestimmten weiblichen oder männlichen Teilgruppen auswirken, hängt letztlich von der konkreten Ausgestaltung der Maßnahmen ab. Hierüber wird die quantitative und qualitative Analyse des geschlechtsspezifischen ABM-Einsatzes in den Abschnitten 11.5 und 11.6 Auskunft geben.

11.2 Beschäftigungspolitische und ökonomische Aspekte von ABM in gesamtwirtschaftlicher Sicht

Der sicherlich schwerwiegendste Kritikpunkt an ABM hat den "Mitnahme- bzw. Verdrängungseffekt" dieses Instruments zum Inhalt. Die unterstellte mißbräuchliche Inanspruchnahme besteht darin, daß die Träger die Möglichkeit einer ABM-Finanzierung bereits bei ihren Haushaltsplanungen vorwegnehmen, folglich Planstellen mit ABM-Kräften besetzen und somit keine "zusätzlichen", sondern Pflichtaufgaben mit Hilfe von ABM-Mitteln durchführen lassen. Die Zuweisung von Frauen in ABM hätte somit automatisch die "Vernichtung" von Planstellen für Frauen zur Folge.

Daß bei ABM solche Mitnahme- bzw. Substitutionseffekte auftreten, läßt sich nicht bestreiten, und diese Tatsache sollte auf keinen Fall verharmlost werden. Ob diese bislang nur in Einzelfällen bekannt gewordenen Mißbrauchsfälle den völligen Verzicht auf ABM rechtfertigen, ließe sich allerdings erst entscheiden, wenn Informationen über das gesamte Ausmaß der Mitnahmeeffekte vorliegen.

Eine Quantifizierung und systematische Erfassung dieser unerwünschten Effekte erscheint jedoch kaum möglich. Nicht einmal eine eingehende Analyse der Haushaltspläne der Träger könnte zu eindeutigen Resultaten führen, da es unzulässig wäre, einen kausalen Zusammenhang zwischen Leistungs- und Stellenabbau der Träger und Möglichkeit der ABM-Finanzierung herzustellen.[4]

Über die quantitative Bedeutung der Mitnahmeeffekte können daher nur spekulative Überlegungen angestellt werden. Dabei ist zu berücksichtigen, daß die Förderbedingungen für ABM strenger gefaßt und die Kontrollmöglichkeiten stärker ausgebaut (worden) sind,[5] als in den meisten anderen Subventionsbereichen. Dies gilt zum Beispiel mit Blick auf die regionale Wirtschaftsförderung, die als eine der Alternativen zu ABM in Frage kommt. Hier sind aufgrund großzügigerer Fördervorschriften nicht nur Mitnahmeeffekte weitaus wahrscheinlicher, sondern hier sind zum einen selten sofortige und wenn überhaupt, dann durchaus auch negative Beschäftigungseffekte möglich. Zudem handelt es sich anders als bei ABM in der Regel um die Subventionierung von Arbeiten, die nicht das Kriterium des "öffentlichen Interesses" erfüllen.

Ferner muß davon ausgegangen werden, daß viele durch ABM geförderte gesellschaftlich notwendige Aufgaben angesichts der angespannten Finanzlage der Kommunen ansonsten zumindest nicht zum derzeitigen Zeitpunkt in Angriff genommen worden wären, so daß der Gesetzesnorm[6] durchaus entsprochen wird.

---

[4] Vgl. Andrea Hellmich: Arbeitsmarkt- und sozialpolitische Effekte von Arbeitsbeschaffungsmaßnahmen. Ein Beitrag zur aktuellen Kontroverse um ABM, in: WSI-Mitteilungen 2/1982, S. 118

[5] Auch die vehemente Kritik an der ABM-Förderung, insbesondere von seiten der Gewerkschaft ÖTV, hat sicherlich zur Einschränkung der Mißbrauchsfälle geführt. Angesichts dieser Kritik "setzten viele Arbeitsamtsdirektoren nur noch dann ihre Unterschrift unter einen ABM-Vertrag, wenn zweifelsfrei feststand, daß die Bestimmungen des Arbeitsförderungsgesetzes erfüllt waren". Arbeitsbeschaffung. Keine Kontinuität, in: Wirtschaftswoche, Nr. 18 vom 29.4.1983, S. 24

[6] Als "zusätzlich" gelten gemäß § 91 Abs. 2 AFG in der Fassung vom 3o.6.1984 Arbeiten, die "sonst nicht oder erst zu einem späteren Zeitpunkt durchgeführt würden".

Letztlich ist in diesem Zusammenhang auch der gesamtwirtschaftliche Effekt von ABM ins Kalkül zu ziehen, der allerdings nicht zur Entlastung des Mißbrauchsvorwurfs dienen sollte: Denn aus gesamtwirtschaftlicher Sicht bedeuten Substitutionseffekte durch die Maßnahmeträger nicht in jedem Fall, daß per Saldo keine **zusätzlichen** Arbeitsmarkteffekte entstehen können. Wenn durch die ABM-Finanzierung in voller Höhe Mittel frei und an anderer Stelle verausgabt werden, dann ist die gesamtwirtschaftliche Zusätzlichkeit vielmehr in voller Höhe gegeben.[7]

Mit der Kernfrage der "Zusätzlichkeit" der Maßnahmen verbindet sich auch die Gefahr der Verweisung auf marginale und wenig qualifizierte Tätigkeitsfelder. Je anspruchsvoller die ABM also sind, um so eher ist im allgemeinen die Gefahr des Mißbrauchs gegeben und umgekehrt - es sei denn, es handelt sich um neu erschlossene bzw. weitgehend defizitär versorgte Angebotsbereiche der Träger, denn bei diesen "neuen" Projekten ist die Gefahr der "Mitnahmeeffekte" aufgrund der weitgehend fehlenden Konkurrenz von Stammarbeitnehmern/innen geringer als bei ABM-Projekten im traditionellen Wirkungskreis der Träger. Dieser systemimmanente Zielkonflikt bedeutet also, daß u.U. gerade die besonders qualifizierten Frauen, wenn sie in eine ABM zugewiesen werden, von der mißbräuchlichen Inanspruchnahme dieses Instruments betroffen sind.

Ein Zielkonflikt existiert auch hinsichtlich der mit ABM zum Teil angestrebten Überleitung in Dauerarbeitsplätze,[8] denn je

----

[7] Vgl. dazu Eugen Spitznagel: Globale und strukturelle Auswirkungen von Allgemeinen Maßnahmen zur Arbeitsbeschaffung (ABM), Beiträge zur Arbeitsmarkt- und Berufsforschung Nr. 45, Nürnberg 198o, S. 85 ff

[8] Vgl. Andrea Hellmich: Arbeitsbeschaffungsmaßnahmen zur Verbesserung der sozialen Dienste und der sozialen Infrastruktur. Ergebnisse der Begleitforschung zum Schwerpunkt 3 des Arbeitsmarktpolitischen Programms der Bundesregierung für Regionen mit besonderen Beschäftigungsproblemen (Projektleitung: Wilhelm Breuer), hrsgg. vom Bundesminister für Arbeit und Sozialordnung, Bonn 1983, S. XX

schlechter die ökonomische Lage ist und um so dringender folglich ABM-Aktivitäten sind, um so geringer ist die Wahrscheinlichkeit, daß die Förderung von Arbeitsbeschaffungsmaßnahmen beim selben Träger zur Errichtung neuer Dauerarbeitsplätze führt.[9]

Ferner kann die Umwandlung von ABM-Arbeitsplätzen in Planstellen beim selben Träger nicht nur als Indiz der positiven Anreizwirkung der ABM-Förderung und somit als beschäftigungspolitischer Erfolg gewertet werden, sondern in diesen Fällen liegt auch in verstärktem Maße der Verdacht der vorherigen mißbräuchlichen Inanspruchnahme der Förderzuschüsse, d.h. der temporären Vorenthaltung von Planstellen nahe. Relativ hohe "Übernahmequoten" von Frauen haben also mit Blick auf die "Nettobeschäftigungswirkung" auch unter diesem Aspekt durchaus ihre zwei Seiten.

Im speziellen Einsatzfeld der "Sozialen Dienste", einem Schwerpunkt des ABM-Einsatzes und bekanntlich einer Domäne der Frauen, kommt hinzu, daß die zugewiesenen Frauen möglicherweise in Konkurrenz zu den hier besonders verbreiteten ehrenamtlichen Mitarbeiterinnen und Zivildienstleistenden treten und somit einen - vom Interesse der Träger aus gesehen - unerwünschten Verdrängungswettbewerb auslösen.[10]

----

9 Die Überleitung der ABM in Dauerarbeitsplätze beim selben Träger ist und kann realistischerweise kein allgemeines Ziel der ABM-Förderung sein, sondern es handelt sich um ein Nebenziel, das, insbesondere im Bereich der sozialen Dienste, mit Hilfe einer längeren Zuweisungsdauer (maximal 3 Jahre) zu erreichen versucht wird. Vgl. § 3 Abs. 4 der ABM-AO vom 23. Dezember 1984

10 Vgl. dazu Hans E. Meier: Arbeitsbeschaffungsmaßnahmen als Instrument offensiver Arbeitsmarktpolitik, IIM/LMP 82-31, Berlin 1982, S. 14

Dieser weitgehend skeptischen Einschätzung von ABM werden die folgenden, zum Teil bereits eingangs betonten positiven Effekte entgegengehalten:

Anders als die Fortbildungs- und Umschulungsmaßnahmen sind Arbeitsbeschaffungsmaßnahmen unmittelbar beschäftigungswirksam und nicht auf eine Reaktion der Arbeitgeber angewiesen. Arbeitsbeschaffungsmaßnahmen stellen also den einzig schnell gangbaren Weg zur Minderung der Massenarbeitslosigkeit dar. Darüber hinaus können ABM aufgrund multiplikatorischer Prozesse indirekt zusätzliche positive Beschäftigungseffekte bewirken.[11] [12]

Arbeitsbeschaffungsmaßnahmen lassen sich ferner gezielt zur Deckung ganz bestimmter gesellschaftlich nützlicher, aber bislang vernachlässigter Bedarfe einsetzen. Da das "öffentliche Interesse" an den Arbeiten Voraussetzung jedweder ABM-Förderung ist, kommt das Ergebnis - anders als z.B. bei der Förderung im Rahmen der regionalen Wirtschaftspolitik - der Allgemeinheit zugute.

---

11 Vgl. dazu z.B. Eugen Spitznagel: Globale und strukturelle Auswirkungen von Allgemeinen Maßnahmen zur Arbeitsbeschaffung (ABM), a.a.O., S. 58 ff

12 Ob diese positiven Effekte in der Realität tatsächlich eintreten, hängt von der konkreten Ausgestaltung der Maßnahme, nicht zuletzt vom Einfluß der diskutierten Mitnahmeeffekte ab. So halten Breuer/Hellmich sekundäre Multiplikatoreffekte, die auf die Sicherung der Arbeitsplätze der Stammbelegschaften zurückzuführen sind, bei den von ihnen untersuchten Maßnahmetypen bzw. -trägern (4/5 davon waren Kommunalverwaltungen) für kaum relevant. Vgl. Wilhelm Breuer, Andrea Hellmich: Frauen in Arbeitsbeschaffungsmaßnahmen. Eine empirische Untersuchung der Arbeitsbeschaffungsmaßnahmen für Frauen in sieben Arbeitsamtsbezirken Nordrhein-Westfalens, Band 25 der Reihe "Arbeit und Beruf" des Ministers für Arbeit, Gesundheit und Soziales des Landes Nordrhein-Westfalen, Bonn/Karlsruhe 198o, S. 194. Dabei ist jedoch zu berücksichtigen, daß diese Untersuchung vor der Verschärfung der Fördervorschriften für juristische Personen des öffentlichen Rechts durchgeführt wurde (vgl. unter 5 in Übersicht 5, S. 443 ff)

Prinzipiell positiv zu werten ist unter diesem Bedarfsaspekt insbesondere, daß ABM auch die Möglichkeit eröffnen, neue und gesellschaftlich dringend notwendige Formen sozialer Dienstleistungen in jenen bislang wenig beachteten Problembereichen zu entwickeln, die mit dem traditionellen sozialpolitischen Konzept, das vorwiegend auf der Gewährung von Geldleistungen beruht, eben nicht, sondern nur über persönlichen und personellen Einsatz angegangen werden können.[13] "Gerade in den traditionell vernachlässigten Tätigkeitsfeldern existieren Selbsthilfeorganisationen, die es eben **nicht** (im Original kursiv gedruckt) zu bürokratisieren gilt ...".[14]

Gegen diese positive Würdigung von ABM wird eingewandt, gesellschaftlich notwendige Aufgaben sollten nicht (allein) aus Mitteln der Versicherungsgemeinschaft, sondern vielmehr von den zuständigen Institutionen bzw. aus allgemeinen Steuermitteln finanziert werden. Dieser Einwand ist völlig berechtigt, läßt sich jedoch zumindest partiell damit entkräften, daß die entzogenen Mittel bzw. entstehenden Kosten nicht allzu weit über jenen (vermiedenen) Alternativkosten liegen, die ohne ABM wegen dann erhöhter Arbeitslosigkeit entstanden wären.[15] Auch aus gesamtfiskalischer Sicht erscheint es also durchaus rational - so lange die Alternative "Arbeitslosigkeit" heißt - Arbeitsbeschaffungsmaßnahmen zu fördern.

---

[13] Vgl. Andreas Hoff, Burkhard Strümpel: Qualität des Arbeitsplatzes. Lohnniveau und Beschäftigung oder: Wie teuer ist Arbeitsbeschaffung, in: Mitteilungen aus der Arbeitsmarkt- und Berufsforschung 3/1978, S. 3o5

[14] Ebenda

[15] Vgl. dazu IAB-Kurzbericht vom 22.1o.1984: Gesamtfiskalische Kosten von ABM und Arbeitslosigkeit 1984 im Vergleich. Nach den dort, unter sicherlich sehr optimistischen Annahmen, durchgeführten Berechnungen liegt die Selbstfinanzierungsquote von ABM bei Berücksichtigung der unmittelbaren Entlastungswirkung bei 7o %, bei Berücksichtigung auch mittelbarer Entlastungswirkungen bei **96 %**.

Aus gesamtwirtschaftlicher Sicht halten sich also potentiell positive und potentiell negative Beschäftigungswirkungen von ABM durchaus die Waage. Angesichts der derzeitigen Arbeitsmarktsituation und angesichts der Tatsache, daß beschäftigungspolitisch wirksamere Alternativen, wie zum Beispiel eine Umverteilung der Arbeit durch eine allgemeine Arbeitszeitverkürzung, zur Zeit politisch nicht durchsetzbar sind, erscheinen uns ABM daher heutzutage unentbehrlich, allerdings nur, sofern der mißbräuchlichen Inanspruchnahme so weit wie möglich entgegengewirkt wird.[16] Für unsere Fragestellung relevanter als die gesamtwirtschaftlichen Effekte erscheinen uns allerdings die im folgenden dargestellten sozialkompensatorischen Effekte der ABM-Förderung.

11.3 Individuelle Auswirkungen der ABM-Teilnahme

Das Instrument der Arbeitsbeschaffungsmaßnahmen eröffnet weitaus größere Möglichkeiten als die übrigen arbeitsmarktpolitischen Instrumente, auch solche Personen - zumindest vorübergehend - beruflich einzugliedern, die unter den herrschenden Marktbedingungen besonders geringe Chancen zur (Re-)Integration in die Arbeitswelt haben. Dies gilt insbesondere mit Blick auf Langzeitarbeitslose, bei denen der eigenständige Risikofaktor längerfristiger Arbeitslosigkeit durch die Teilnahme an ABM gemildert wird. Der entscheidende Vorteil von ABM wird dabei darin gesehen, daß die, wenn auch nur zeitlich befristete (Wieder-)Aufnahme einer Beschäftigung dazu beitragen kann, psycho-soziale und gesundheitliche Belastungen infolge von Arbeitslosigkeit, insbesondere die Folgen und Gefahr sozialer Isolation, zu vermeiden oder doch zu mildern.

---

16 Zu den möglichen Ansatzpunkten, den Zusatzcharakter der Maßnahmen zu sichern, vgl. Bundesanstalt für Arbeit (J. Kühl, A.G. Paul, D. Blunk): Überlegungen II zu einer vorausschauenden Arbeitsmarktpolitik, Nürnberg 1978, S. 82 f

Ferner wird die materielle Lage der Arbeitslosen während der Teilnahme an ABM in der Regel verbessert, nach Beendigung der ABM ermöglicht sie einen neuen oder verlängerten Leistungsanspruch auf Arbeitslosengeld oder Arbeitslosenhilfe.

Im allgemeinen sind es dabei besonders die Langfristarbeitslosen sowie die älteren und gesundheitlich beeinträchtigten Arbeitslosen, die unter dem Gefühl der Stigmatisierung durch die Gesellschaft in besonders nachdrücklicher Weise leiden.

Einer gängigen Meinung zufolge sind ferner arbeitslose Männer, bedingt durch das herrschende Rollenverständnis der beiden Geschlechter, stärker durch die psychosozialen Belastungen der Arbeitslosigkeit betroffen als arbeitslose Frauen. Dieses Pauschalurteil läßt zum einen die große Zahl der alleinstehenden arbeitslosen Frauen außer Betracht und diffamiert zum anderen die ebenfalls große Zahl der verheirateten Frauen, die ihre Erwerbstätigkeit keineswegs als nützliches, aber nicht notwendiges "Zubrot" ansieht. Die Untersuchung von Breuer/Hellmich hat vielmehr sogar gezeigt, daß verheiratete Frauen die soziale Isolation infolge von Arbeitslosigkeit noch stärker empfanden als arbeitslose ledige Frauen, weil für sie die Sozialkontakte am Arbeitsplatz besonders wichtig sind.[17]

Langfristarbeitslose dürften auch in besonderem Maße von finanziellen Einbußen durch Arbeitslosigkeit betroffen sein,[18] wobei zwischen den finanziellen und den psychosozialen Belastungen ein mehr oder minder enger Zusammenhang besteht. In-

---

17 Vgl. Wilhelm Breuer, Andrea Hellmich: Frauen in Arbeitsbeschaffungsmaßnahmen, a.a.O., S. 163. Vgl. auch Abschnitt 2.1, S. 14 f

18 Die Begleitforschung zum Sonderprogramm 1979 hat gezeigt, daß langfristig arbeitslose, ältere sowie beruflich unqualifizierte Personen die im Vergleich zur Arbeitslosigkeit verbesserte Einkommensposition überproportional häufig als einen der wesentlichsten Vorzüge ihrer ABM-Teilnahme werteten. Vgl. Andrea Hellmich: Arbeitsbeschaffungsmaßnahmen zur Verbesserung der sozialen Dienste und der sozialen Infrastruktur, a.a.O., S. 211

nerhalb der Gruppe der Frauen kommt dabei dem Einkommensaspekt bei alleinstehenden Frauen, die zuvor Arbeitslosenhilfe bezogen hatten, den objektiven Gegebenheiten entsprechend sicherlich eine besonders große Bedeutung zu.

Ob also die psychosozialen und materiellen Vorteile von ABM in der Realität verwirklicht werden, hängt davon ab, ob die Personengruppen, für die diese Effekte besonders relevant sind, bei der ABM-Förderung auch überproportional erreicht werden.

Dabei ist jedoch, wie erwähnt, ein diesbezüglicher systemimmanenter Zielkonflikt häufig dadurch gegeben, daß ABM gleichzeitig vorrangig auf die Eingliederung bestimmter Problemgruppen **und** die Deckung bestimmter defizitärer gesellschaftlicher Bedarfe ausgerichtet sind. De facto kann also die multiple Zielsetzung von ABM die Erreichung eines seiner Ziele verhindern.

Stark unterschiedliche Positionen werden hinsichtlich der materiellen und arbeitsrechtlichen Absicherung von ABM-Kräften vertreten:

Bei den Kritikern der einen Seite reichen die Vorwürfe von "Ausbeutung", "Lohndrückern" bis zur "Zwangsrekrutierung billiger Arbeitskräfte".
Die Kritiker der anderen Seite behaupten das Gegenteil: Die überwiegende Orientierung der Bezahlung am öffentlichen Dienst führe im Vergleich zu ungeförderten Arbeitsplätzen in der "freien" Wirtschaft zu überhöhter Bezahlung der ABM-Tätigkeit und zur Schaffung überzogener Einkommenserwartungen.[19]

---

19 Vgl. dazu die kritische Auseinandersetzung mit diesen (und mit anderen) Vorwürfen bei Robert Schmidt: Arbeitsbeschaffungsmaßnahmen. Verfehlte Förderung, in: Bundesarbeitsblatt 3/1983, S. 19. Schmidt setzt sich dabei mit der Kritik von Ministerialrat Dr. Ralf Zeppernick, im Bundeswirtschaftsministerium zuständig für Grundsatzfragen der Wirtschaftsordnung, einem "der heftigsten Streiter wider das Fördersystem" (Schmidt, a.a.O., S. 18) auseinander. Vgl. dazu die bei Schmidt zitierten Beiträge von Zeppernick: Arbeitsbeschaffungsmaßnahmen - zu welchem Preis?, in: Frankfurter Allgemeine

Während letztere Argumentationslinie völlig abwegig erscheint und durch keine objektiven Kriterien belegbar ist, wird die entgegengesetzte Position vermutlich durch einzelne, in der Praxis durchaus mögliche Verstöße gegen die gültigen gesetzlichen Bestimmungen beeinflußt.[20] Denn den rechtlichen Grundlagen entsprechend (vgl. § 3 der ABM-Anordnung vom 23. Dezember 1984) gelten für ABM-Kräfte seit der ABM-Anordnung vom Juni 198o die tariflichen oder, soweit eine tarifliche Regelung nicht besteht, die ortsüblichen Bedingungen vergleichbarer nicht geförderter Beschäftigungen.[21]

Zutreffend ist aber auch, daß für Arbeitnehmer, die im Rahmen von ABM bei öffentlichen Arbeitgebern beschäftigt werden, nicht die allgemeinen Manteltarifverträge für Angestellte und Arbeiter, sondern spezielle Arbeitsverträge für ABM-Kräfte gelten und somit keine einheitliche arbeitsrechtliche Lage von Festangestellten und ABM-Kräften gegeben ist.[22]

Kritisiert wird ferner, daß ABM von den Trägern häufig als verlängerte Probezeit und spezifisches Selektionskriterium

----

Zeitung vom 7.4.1981, und "Kein Patentrezept für den Arbeitsmarkt", in: Handelsblatt vom 7.12.1982

[20] Beim Sonderprogramm von 1979, dessen spezifische Förderkonstellationen jedoch keine Verallgemeinerung zulassen, traten solche Verstöße nur in Ausnahmefällen auf. Vgl. Andrea Hellmich: Arbeitsbeschaffungsmaßnahmen zur Verbesserung der sozialen Dienste und der sozialen Infrastruktur, a.a.O., S. XV

[21] Engelen-Kefer wendet sich daher entschieden dagegen, ABM mit dem Begriff "Zweiter Arbeitsmarkt" in Verbindung zu bringen, da dieser eine unterhalb der normalen tariflichen und arbeitsrechtlichen Bedingungen ausgeübte Tätigkeit miterfaßt, was für ABM gerade nicht zutrifft oder zumindest gemäß den rechtlichen Vorschriften nicht zutreffen sollte. Vgl. Ursula Engelen-Kefer: Arbeitslosenunterstützung oder Arbeitsförderung - was kann der "Zweite" Arbeitsmarkt leisten?, Vortrag auf dem SPD-Forum "Ausgrenzung in die neue Armut" am 5. Dezember 1984 in Bonn, in: SPD-Service Presse-Funk-TV vom 5. Dezember 1984, S. 6

[22] Vgl. Robert Schmidt: Arbeitsbeschaffungsmaßnahmen. Verfehlte Förderung?, a.a.O., S. 19

hinsichtlich einer potentiellen Übernahme in ein Dauerarbeitsverhältnis benutzt werden, und somit bei den Betroffenen ein extrem starker Leistungsdruck erzeugt wird. Dieser Vorwurf erscheint durchaus berechtigt, denn es gibt - zumindest indirekte - Anhaltspunkte dafür, daß von den Trägern als auch von den Vermittlern des Arbeitsamtes in oftmals unverantwortlicher Weise die trügerische Hoffnung auf eine unbefristete Festanstellung genährt wird. Hierauf wird in Abschnitt 11.5.5 noch näher einzugehen sein.

Realistischerweise muß zwar davon ausgegangen werden, daß arbeitsuchende Arbeitnehmer heutzutage bei Aufnahme einer neuen Beschäftigung angesichts der Konkurrenzsituation auf dem Arbeitsmarkt und angesichts des zunehmenden Abbaus von Arbeitnehmerrechten (z.B. Zulassung von befristeten Arbeitsverträgen durch das Beschäftigungsförderungsgesetz von 1985) oftmals ähnlichen Selektionsmechanismen unterliegen. Diese allgemein negative Entwicklung soll und kann aber kein Gegenargument zum obigen berechtigten Kritikpunkt an der gängigen ABM-Förderung sein.

Während die zuvor genannten Argumente vorwiegend auf die Vor- und Nachteile abstellten, die eine ABM-Teilnahme im Vergleich zur passiven Hinnahme von Arbeitslosigkeit bieten kann, beziehen sich die folgenden Diskussionspunkte auf die Effekte, die eine ABM-Teilnahme unter längerfristigen individuellen Arbeitsmarktperspektiven bewirken kann. Ob und inwieweit diese Effekte tatsächlich realisiert werden, wird in den Abschnitten 11.5.4 und 11.5.5 untersucht.

Das eigentliche Ziel von ABM ist die Verbesserung der (Wieder-)Eingliederungschancen von Arbeitslosen. Die Befürworter von ABM sehen diesen Wirkungszusammenhang gegeben, sie behaupten, durch die Teilnahme an ABM werde die Startposition im Vergleich zur Arbeitslosigkeit wesentlich verbessert, insbesondere bei einer länger dauernden Arbeitslosigkeit. Als eine der Begründungen wird angeführt, daß Arbeitgeber, die heutzutage immer noch Vorurteile gegenüber Arbeitslosen hinsichtlich einer angeblichen Arbeitsunwilligkeit hegen, die Teilnahme an einer ABM als Beweis der Arbeitsbereitschaft interpretieren. Wie noch darzustellen sein wird (vgl. Abschnitt 11.6), richten sich diese Vorurteile in besonders krasser Weise gegen Teilzeitarbeit suchende arbeitslose Frauen.

Möglich ist jedoch auch, daß die Zuweisung in ABM von den Arbeitgebern als Disziplinarmaßnahme bzw. als Indiz persönlich verschuldeter Defizite ausgelegt wird. Dieser potentiell negative Effekt einer Stigmatisierung durch die ABM-Teilnahme ist insbesondere dann zu erwarten, wenn ABM zielkonform ausschließlich auf die Problemgruppen des Arbeitsmarktes ("schwervermittelbare" Personen) ausgerichtet wird. Die strikte Zielgruppenadäquanz der Maßnahmen kann also unter Umständen die Wiedereingliederungschancen der Geförderten negativ beeinflussen.

Diametral entgegengesetzte Standpunkte gibt es ferner zur Frage nach der Wirkung von ABM auf die Qualifikation der Geförderten:
Die "Befürworter" verweisen auf den Erhalt von Qualifikationen durch die Teilnahme an einer ABM, die ansonsten - d.h. bei der wahrscheinlichen Alternative "Arbeitslosigkeit" - verlorengingen.
Die "Gegner" halten entgegen, daß in ABM zuvor erlangte Kenntnisse und Fähigkeiten häufig nicht angewandt werden, und somit oftmals berufliche Abstiegsprozesse eingeleitet würden. ABM habe mitunter lediglich die Funktion einer Beschäftigungstherapie in gesellschaftlich marginalen Tätigkeitsfeldern.

Beide Argumente haben etwas für sich, bedürfen aber einer differenzierteren Betrachtung:

Fachliche Qualifikationen gehen, abgesehen vielleicht von einigen Berufsfeldern mit besonders rasanter technologischer Entwicklung, sicherlich nicht bereits innerhalb des Zeitraums, nach dem die meisten Arbeitslosen in ABM zugewiesen werden,[23] verloren. Die positive Einschätzung zielt daher vermutlich weniger auf den Erhalt fachspezifischer Fähigkeiten als vielmehr auf den Erhalt oder (bei Berufsanfängern) den Erwerb von "Arbeitstugenden" (regelmäßige, pünktliche, kontinuierliche Leistungserbringung), die für die (Wieder-)Eingliederungschancen in den Arbeitsprozeß aus der Sicht der Arbeitgeber sicherlich ebenfalls von erheblicher Bedeutung sind.

Der negativen Einschätzung ist entgegenzuhalten, daß Arbeitsbeschaffungsmaßnahmen ja gerade die Funktion erfüllen, Alternativen für die Verwertung von Qualifikationen zu schaffen, die nicht oder kaum marktgängig sind. Die Zuweisung in berufsfremde Tätigkeitsfelder ist daher mitunter unumgänglich. Wenn, wie im Falle der Lehrer, in absehbarer Zeit keine Chance besteht, die vorhandene Ausbildung zu verwerten, dann kann ABM auch nicht, wie behauptet, den beruflichen (Wieder-)Einstieg blockieren. Die nicht ausbildungsadäquate Beschäftigung in ABM ist nicht öffentlicher Arbeitsmarktpolitik, sondern den zuständigen Fachpolitiken anzulasten. Nicht ausbildungsadäquate Beschäftigung kann, sie muß jedoch nicht zwangsläufig mit einer Dequalifizierung einhergehen. Sofern durch ABM keine qualifikationsgerechte Betätigung erschlossen werden kann, ist in diesen Fällen zu überlegen, ob eine solche stattdessen durch berufliche Qualifizierungsmaßnahmen, insbesondere Umschulungen, erreicht werden kann.

Eine qualifikationsgerechte Beschäftigung in ABM liegt sicherlich in der Intention des Gesetzgebers. Dies lassen die diesbezüglichen Änderungen in den Fördervorschriften erkennen (vgl. Abschnitt 11.4, Übersicht 5, Punkt 4). Wenn dieses Ziel

---

[23] 1984 waren im Bundesgebiet 72 % der Frauen und 65 % der Männer **weniger** als 12 Monate arbeitslos, bevor sie in eine ABM zugewiesen wurden. Vgl. Tabelle 93, S. 476

in der Praxis zum Teil verfehlt wurde, so ist dies noch kein Grund, dieses Instrument grundsätzlich in Frage zu stellen. Vielmehr muß an alle an der Planung und Konzeption von ABM Beteiligten appelliert werden, in diesem Sinne zieladäquate Tätigkeitsfelder zu erschließen.

Positiv sind in diesem Zusammenhang sicherlich auch seit 198o (vgl. unter 4. in Übersicht 5, S. 443 ff) zugelassene ABM-Maßnahmen zu werten, die arbeitsbegleitend auch eine berufliche Qualifizierung oder sozialpädagogische Begleitung vorsehen. Diese vorwiegend mit Blick auf Jugendliche ohne beruflichen Abschluß bzw. ohne Hauptschulabschluß konzipierte Maßnahmeart sollte auch (verstärkt) bei erwachsenen Frauen und Männern mit Qualifikationsdefiziten zum Einsatz gebracht werden.

Letztlich ist also die "Qualität" der konkreten ABM-Maßnahme dafür ausschlaggebend, ob die beruflichen Chancen der geförderten Frauen verbessert werden oder nicht. Auf die diesbezüglichen empirischen Befunde wird in Abschnitt 11.5 und 11.6 eingegangen.

11.4 Das Förderrecht im Bereich der Allgemeinen Maßnahmen zur Arbeitsbeschaffung unter besonderer Berücksichtigung seiner frauenspezifischen Wirkungen

11.4.1 Das Förderrecht im Bereich der Standardförderung nach dem AFG

Rechtsgrundlage für die ABM-Förderung sind die §§ 91 - 96 des AFG, die jedoch lediglich Rahmenvorschriften darstellen. Das Nähere über die Förderung aus Mitteln der Bundesanstalt wird (gemäß § 95 Abs. 3 AFG) durch die jeweiligen ABM-Anordnungen des Verwaltungsrats der Bundesanstalt für Arbeit bestimmt.

Gegenüber dem zuvor dargestellten Maßnahmekomplex haben ABM laut Gesetz eine **nachrangige** Funktion, d.h. in ABM dürfen nur solche Personen zugewiesen werden, für die eine berufliche Bildungsmaßnahme nicht in Betracht kommt.[24]

Seit Verabschiedung des Arbeitsförderungsgesetzes in 1969 bzw. seitdem ABM in nennenswertem Umfang eingesetzt werden (1975: rund 16.ooo geförderte Arbeitnehmer, ein Jahr zuvor: rund 3.2oo Förderfälle) haben sich die Förderkonditionen von ABM vielfach geändert.

Auswirkungen auf das Teilnahmeniveau von Frauen an ABM können sich nicht nur aus den Fördervorschriften hinsichtlich des (bevorzugt) zu fördernden Personenkreises ergeben, sondern - in Anbetracht des geschlechtsspezifisch geteilten Arbeitsmarktes - auch aus der branchenmäßigen Schwerpunktsetzung der ABM. Die diesbezüglichen Fördermodalitäten und ihre Veränderungen seit 1972 sind in der folgenden Übersicht 5 zusammengestellt.

Wie aus dieser Übersicht zu entnehmen ist, werden zwar Personengruppen genannt, die **bevorzugt** zu fördern sind, grundsätzlich kommen jedoch alle Arbeitslosen, abgesehen von jenen, die voraussichtlich nur kurzfristig arbeitslos sein werden, für eine Förderung in Betracht. Eine Steuerung zugunsten der Zielgruppen wird dabei mit Hilfe einer Staffelung der Zuschüsse[25] zu erreichen versucht.

[24] Vgl. § 5 AFG sowie § 2 Abs. 5 der ABM-Anordnung vom 13. Dezember 1984

[25] Nach der ABM-Anordnung vom 13.12.1984 beträgt der Zuschuß
- im allgemeinen, jedoch entsprechend dem Eigeninteresse des Trägers an der Durchführung der Maßnahme und seiner Eigenleistungsfähigkeit sowie der arbeitsmarktpolitischen Bedeutung, insbesondere nach dem Anteil zu beschäftigender schwer vermittelbarer Arbeitsloser, 6o % bis 8o % des Arbeitsentgelts, bei besonderem arbeitsmarktpolitischem Interesse auch bis zu 1oo %.
- bei Maßnahmen, in denen überwiegend schwervermittelbare Personengruppen (zur Definition siehe unter 7. der Übersicht 5) beschäftigt werden
  - o in Arbeitsamtsbezirken, in denen die Arbeitslosenquote mindestens 3o % über dem Bundesdurchschnitt lag, bis zu

Übersicht 5 Ausgewählte Förderkonditionen von ABM seit 1972

Fördervorschriften / rechtliche Grundlage	zu fördernder Personenkreis	Art der Maßnahme
1) 2. Anordnung des Verwaltungsrats der Bundesanstalt für Arbeit über die Forderung von Allgemeinen Maßnahmen zur Arbeitsbeschaffung aus Mitteln der Bundesanstalt für Arbeit vom 2. Mai 1972 Arbeitsförderungsgesetz in der geltenden Fassung	§ 93 Abs. 1 AFG: Arbeitslose, die sich beim Arbeitsamt arbeitslos gemeldet haben und von diesem zugewiesen werden § 5 Abs. 2 der AO: Arbeitslose, die voraussichtlich nur kurzfristig arbeitslos sein werden, sollen in der Regel nicht zugewiesen werden § 5, Abs. 1 der AO: "Ältere, leistungsgeminderte oder langfristig Arbeitslose sollen bevorzugt zugewiesen werden" § 2, Abs. 2 der AO: Verweis auf § 2 Nr. 6 und § 91 Abs. 3 AFG, d.h. die bevorzugt zu fördernden Maßnahmen sollen dazu beitragen bzw. dazu geeignet sein: (§ 2 Nr. 6 AFG): o daß "ältere und andere Erwerbstätige, deren Unterbringung unter den üblichen Bedingungen des Arbeitsmarktes erschwert ist, beruflich eingegliedert werden" § 91, Abs. 3, Nr. 3 AFG: o"Arbeitsgelegenheiten für langfristig arbeitslose und ältere Arbeitnehmer zu schaffen"	§ 2, Abs. 1 der AO: "Die Maßnahmen müssen den jeweiligen Erfordernissen des Arbeitsmarktes Rechnung tragen und sollen ihn in sozial- und wirtschaftspolitisch erwünschter Weise beeinflussen" § 2, Abs. 3 der AO: "Die Maßnahmen sollen die wirtschaftsfördernden und strukturverbessernden Planungen des Bundes, der Länder und anderer öffentlicher Stellen ergänzen und mit diesen Planungen abgestimmt werden" § 2, Abs. 2 der AO: Verweis auf § 2 Nr. 1, 3 und 7 sowie auf § 91, Abs.3 AFG, d.h. die bevorzugt zu fördernden Arbeiten sollen dazu beitragen bzw. dazu geeignet sein: (§ 2 Nr. 1 AFG): o daß "weder Arbeitslosigkeit und unterwertige Beschäftigung noch ein Mangel an Arbeitskräften eintreten oder fortdauern kann" (§ 2 Nr. 3 AFG): o daß "nachteilige Folgen, die sich für die Erwerbstätigen aus der technischen Entwicklung oder aus wirtschaftlichen Strukturwandlungen ergeben können, vermieden, ausgeglichen oder beseitigt werden" (§ 2 Nr. 7 AFG): o daß "die Struktur der Beschäftigung nach Gebieten und Wirtschaftszweigen verbessert wird" (§ 91 Abs. 3, Nr. 1 AFG): o die Voraussetzungen für die Beschaftigung von Arbeitslosen in Dauerarbeit zu schaffen, insbesondere die Folgen von Strukturveränderungen oder der technischen Entwicklung auszugleichen (§ 91 Abs. 3 Nr. 2): o "strukturverbessernde Maßnahmen vorzubereiten, zu ermöglichen oder zu ergänzen"

noch: Übersicht 5

Fördervorschriften / rechtliche Grundlage	zu fördernder Personenkreis	Art der Maßnahme
2.) Anordnung vom 16. Dezember 1976	neu: Ausdehnung des bevorzugt zu fördernden Personenkreises auf alle Schwervermittelbaren § 5 Abs. 1 der AO: "Ältere, leistungsgeminderte, langfristig oder sonst schwer vermittelbare Arbeitslose sollen bevorzugt zugewiesen werden"	wie unter 1.
3.) 4. Gesetz zur Änderung des AFG in der Fassung vom 12.12.1977, Wirkung 1.1.1978	neu: ältere Arbeitnehmer werden beim bevorzugt zu fördernden Personenkreis nicht mehr ausdrücklich erwähnt § 91 Abs. 3, Nr. 3: bevorzugt zu fördern sind "Arbeitsgelegenheiten für langfristig arbeitslose Arbeitnehmer"	wie unter 1.
4.) Anordnung vom 25. Mai 1980 5. Gesetz zur Änderung des AFG in der Fassung vom 23.7.1979, Wirkung 1.8.1979	§ 2 Abs. 1 der AO: (zuvor § 5, Abs. 1) "schwer vermittelbare Arbeitslose sollen bevorzugt zugewiesen werden. Besonderen Vorrang haben Arbeitslose, die aus mehreren Gründen schwer vermittelbar sind. § 5 Abs. 3 der AO: bevorzugte Förderung von Arbeitsplätzen für Schwerbehinderte gemäß § 3o Abs. 1, Nr. 3 Schwerbehindertengesetz Kein Verweis mehr auf § 2 Nr. 6 AFG § 91 Abs. 3 Nr. 3: wie unter 3. § 1 der AO: "Bei der Planung und Förderung sind die erhöhte Arbeitslosigkeit bestimmter Personengruppen ... besonders zu beachten"	neu: § 5 Abs. 2 der AO: Priorität zugunsten von Arbeiten, die zum Erhalt und zur Erweiterung der beruflichen Kenntnisse und Fähigkeiten beitragen. Vorrangig zu fördern sind ferner Maßnahmen, die arbeitsbegleitend eine sonstige berufliche Qualifikation oder sozialpädagogische Betreuung vorsehen, soweit dies zur dauerhaften und qualifikationsgerechten Wiedereingliederung zweckmäßig ist § 5 Abs. 3 der AO (zuvor § 2 Abs. 2): Verweis auf § 91 Abs. 3, Nr. 4: (zusätzlich zu § 91 Abs. 3, Nr. 1 und 2) § 91 Abs. 3 Nr. 4: bevorzugt zu fördern sind Arbeiten, die geeignet sind, "die soziale Infrastruktur zu verbessern" (ebenso § 1, Abs. 1 der AO) § 1 der AO: "Bei der Planung und Förderung ... sind die regionalen und überregionalen Unterschiede des Arbeitsmarktes unabhängig von den Grenzen der Arbeitsamtsbezirke besonders zu beachten

noch: Übersicht 5

Fördervorschriften / rechtliche Grundlage	zu fördernder Personenkreis	Art der Maßnahme
5) 1. Änderungsordnung zur ABM-Anordnung vom 15.3.1982 Gesetz zur Konsolidierung der Arbeitsförderung (AFKG) vom 22.12.1981, Wirkung	§ 2 der AO und § 91 Abs. 3 Nr. 3 wie zuvor, jedoch neu Die Förderung wird an einen vorangegangenen Leistungsanspruch geknüpft § 93 Abs. 1 Die Förderung wird nur für Arbeitnehmer gewährt, die "1. für die Zeit unmittelbar vor der Zuweisung Arbeitslosengeld oder Arbeitslosenhilfe bezogen haben oder Anspruch auf eine dieser Leistungen hatten 2. innerhalb der letzten 12 Monate vor der Zuweisung mindestens 6 Monate beim Arbeitsamt arbeitslos gemeldet waren" Ausnahmen sind ausnahmsweise möglich für schwervermittelbare Personen "sofern dies aus arbeitsmarkt- oder sozialpolitischen Gründen in besonderer Weise geboten ist" (§ 2 Abs. 2 der AO) Als Schwervermittelbare gelten insbesondere 1. Schwerbehinderte 2. Arbeitnehmer, die mindestens 55 Jahre alt sind. 3. Arbeitnehmer unter 22 Jahre, ohne beruflichen Abschluß, die innerhalb der letzten 6 Monate mindestens 3 Monate arbeitslos gemeldet waren und in absehbarer Zeit weder in eine berufliche Ausbildungsstelle vermittelt werden noch an einer berufsfördernden Maßnahme teilnehmen können oder 4. andere Personengruppen, die vom Direktor des Arbeitsamtes als schwervermittelbar bestimmt sind (§ 2 Abs. 2 und § 5 Abs. 5 der AO)	wie zuvor, jedoch neu: I. Ausschluß der Förderung von Arbeiten, die üblicherweise von juristischen Personen des öffentlichen Rechts durchgeführt werden (§ 91 Abs. 2 AFG) Ausnahmen: 1. Wenn es sich um strukturverbessernde Maßnahmen oder um die soziale Infrastruktur verbessernde Maßnahmen handelt und diese in Arbeitsamtsbezirken durchgeführt werden, deren Arbeitslosenquote im Durchschnitt der letzten 6 Monate vor der Bewilligung der Förderung mindestens 3o v.H. über dem Bundesdurchschnitt gelegen hat (§ 91 Abs. 3) 2. Wenn diese beiden Maßnahmearten in Nebenstellenbezirken durchgeführt werden, in denen die Arbeitslosenquote mindestens 3o % über dem Bundesdurchschnitt gelegen hat und dieser Nebenstellenbezirk unmittelbar oder über einen anderen Nebenstellenbezirk mit dieser überdurchschnittlichen Arbeitslosenquote an einen Arbeitsamtsbezirk mit dieser überdurchschnittlichen Arbeitslosenquote angrenzt (§ 1 Abs. 3 der AO) 3. Wenn es sich um Arbeiten handelt, die mindestens überwiegend der Beschäftigung von Schwervermittelbaren dienen (siehe nebenstehend zu fördernder Personenkreis) (§ 5 Abs. 5 der AO und § 93 Abs. 3 AFG) II. Ausschluß der Förderung "von Arbeiten in Arbeitsamtsbezirken mit einer im Verhältnis zum Bundesdurchschnitt guten Beschäftigungslage" (§ 91 Abs. 4), d.h. von Arbeitsamtsbezirken, deren Arbeitslosenquote im Durchschnitt der letzten 6 Monate vor der Bewilligung der Förderung mindestens 4o v.H. unter dem Bundesdurchschnitt gelegen hat (§ 1 Abs. 5 der AO) Ausnahme: wenn es sich um schwervermittelbare Personen (s.o.) handelt (§ 5 Abs. 5 der AO) und § 95 Abs. 3 AFG)

noch: Übersicht 5

Fördervorschriften / rechtliche Grundlage	zu fördernder Personenkreis	Art der Maßnahme
6.) Änderungsordnung zur ABM-Anordnung vom 22.9.1983, Wirkung 1.11.1983 AFG in der gultigen Fassung	wie zuvor, jedoch: neu: Förderungsfähig sind auch Maßnahmen fur arbeitslose Ausbilder (bis zum Ende der Berufsausbildungsverhaltnisse, denen die Maßnahme dient) (§ 5a der AO)	
7.) ABM-Anordnung vom 13.12.1984	wie zuvor, jedoch: teilweise Neudefinition der schwervermittelbaren Personen (vgl. unter 5.) Als schwervermittelbar gelten insbesondere Arbeitslose, die 1. schwerbehindert sind 2. mindestens 5o Jahre alt sind (zuvor 55 Jahre) 3. unter 25 Jahre sind ohne beruflichen Abschluß ... (zuvor 22 Jahre) 4. 1 Jahr und länger arbeitslos gemeldet sind 5. vom Direktor des Arbeitsamtes fur langstens 12 Monate als schwervermittelbar bestimmt werden. Dabei sollen mehrere Merkmale zusammentreffen (§ 2 Abs. 2 der AO)	wie zuvor, jedoch: durch nebenstehende Neudefinition der "Schwervermittelbaren" erweiterter Spielraum bei obigen Ausnahmen für juristische Personen des öffentlichen Rechts und in Regionen mit gunstiger Beschäftigungslage (§ 2 Abs. 2 der AO und § 5 Abs. 3 der AO)
8.) Beschäftigungsförderungsgesetz vom 26.4.1985, Wirkung 1.5.1985 AFG in der gultigen Fassung	wie zuvor, jedoch: neu: Neben Arbeitnehmern, die unmittelbar vor der Zuweisung Arbeitslosengeld oder Arbeitslosenhilfe bezogen haben und die innerhalb der letzten 12 Monate vor der Zuweisung mindestens 6 Monate arbeitslos registriert waren (vgl. unter 5.) können auch Arbeitnehmer gefördert werden, die "die Voraussetzungen des § 46 Abs. 1 für einen Anspruch auf Unterhaltsgeld erfüllt haben" 1) (§ 93 Abs. 1 AFG)	wie zuvor, jedoch: neu: zu den bevorzugt zu fordernden Arbeiten zählen nunmehr auch solche, die "der Erhaltung oder Verbesserung der Umwelt dienen" (§ 91 Abs. 2 Nr. 4) Die Ausnahmen für juristische Personen des öffentlichen Rechts (vgl. unter 5.) gelten auch für diese Maßnahmen (§ 91 Abs. 2)

1) Vgl. dazu Abschnitt 7 dieser Arbeit

Quelle: Eigene Zusammenstellung aufgrund der angegebenen Quellen

Frauen werden, soweit es die Standardförderung des AFG betrifft, zu keinem Zeitpunkt explizit als Zielgruppe der ABM erwähnt.[26] Ein indirekter Bezug ergibt sich zwar insofern, als ergänzend zu den speziellen Fördervorschriften auch die allgemeinen, in den §§ 1 und 2 des AFG beschriebenen Ziele bei der ABM-Förderung zu berücksichtigen sind,[27] bezeichnenderweise wird jedoch in der ABM-Anordnung von 1972 lediglich ausdrücklich auf § 2 Nr. 6 (ältere und andere Erwerbstätige ...), nicht jedoch auf § 2 Nr. 5 verwiesen, der die durch häusliche Pflichten in ihrer Vermittlungsfähigkeit eingeschränkten Frauen explizit als Zielgruppe der Arbeitsmarktpolitik ausweist (vgl. Abschnitt 7.1 dieser Arbeit).

Anfänglich wurden ältere langfristig Arbeitslose als Problemgruppe herausgestellt, sodann wurde der vorrangig zu fördernde Personenkreis auf alle langfristig arbeitslosen Personen bzw. schwer vermittelbaren Arbeitslosen ausgedehnt. Es war insofern in das Ermessen der Arbeitsverwaltung gestellt, Frauen als

----

loo % des Arbeitsentgelts
- o in den übrigen Arbeitsamtsbezirken mit Ausnahme der Bezirke mit einer im Verhältnis zum Bundesdurchschnitt guten Beschäftigungslage bis zu 9o % des Arbeitsentgelts, bei besonderem arbeitsmarktpolitischen Interesse auch bis zu loo %
- Der Zuschuß wird nach einer Förderungsdauer von zwei Jahren um 2o Prozentpunkte herabgesetzt.
- Bei witterungsabhängigen Rohbauarbeiten kann unter speziellen Voraussetzungen in bestimmten Jahreszeiten ein Mehrkostenzuschuß von DM 3,5o je Arbeitsstunde gewährt werden.

[26] Vgl. jedoch die Ausführungen zu den Sonderprogrammen in Abschnitt 11.6. Eine abgewandelte zielgruppenspezifische Schwerpunktsetzung ist auch im Rahmen der ergänzenden Förderung durch die Länder bzw. aus Bundesmitteln möglich. Auf die unterschiedlichen Länderförderkonditionen kann im Rahmen dieser Arbeit nicht detailliert eingegangen werden.

[27] Vgl. Eugen Spitznagel: Globale und strukturelle Auswirkungen von Allgemeinen Maßnahmen zur Arbeitsbeschaffung (ABM), a.a.O., S. 22

schwer vermittelbar einzuordnen, wozu aufgrund ihrer im Vergleich zu Männern überproportional hohen Arbeitslosenquote bzw. der generellen strukturellen Benachteiligung erwerbsfähiger Frauen auf dem Arbeitsmarkt sicherlich hinreichend Anlaß bestanden hätte.

Nachdem im Gefolge des Arbeitsförderungskonsolidierungsgesetzes (AFKG) von Ende 1981 die "Schwervermittelbaren" näher eingegrenzt wurden - Frauen zählen hierbei nicht zu den ausdrücklich erwähnten Personengruppen -, ist es jedoch noch unwahrscheinlicher geworden, daß sie beim verbleibenden Ermessens- und Entscheidungsspielraum eine besondere Priorität genießen.

Besonders nachhaltig für Frauen wirkte sich aus, daß seit Verabschiedung des AFGK die Fördermittel für ABM wie auch für die übrigen operativen Leistungen des AFG verstärkt über das Prinzip des Budgetausgleichs gewährt werden, um den größtmöglichen Nettoeffekt zu erzielen:

Als Teilnehmer/innen bei ABM werden in der Regel nur noch Personen zugelassen, die zuvor Empfänger von Lohnersatzleistungen waren (vgl. unter 5. und 8. in Übersicht 5). Damit wurden die Zugangsbarrieren für Frauen in ABM wesentlich erhöht. Dies gilt insbesondere für ins Erwerbsleben zurückkehrende Frauen. Diese Einschränkung trifft Frauen aber auch im allgemeinen stärker als Männer, da arbeitslose Frauen in sehr viel geringerem Maße Anspruch auf Arbeitslosenhilfe haben als Männer. Zudem ist bei ihnen aufgrund der kürzeren Dauer des Bezuges von Lohnersatzleistungen der angestrebte Spar- bzw. Ausgleichseffekt geringer als bei Männern. Mit dem Ausschluß von der ABM-Förderung entfällt für die betroffenen Frauen gleichzeitig die Möglichkeit, durch die Teilnahme an ABM einen Anspruch auf Arbeitslosengeld oder Arbeitslosenhilfe neu zu erwerben oder einen bestehenden Anspruch zu verlängern.

Betroffen von der engen Bindung der ABM-Förderung an vorangegangene Versicherungszeiten waren auch Jugendliche bzw. Berufsanfänger/innen. Anders als Frauen bzw. die Berufsrückkehrerinnen unter den Frauen wurden diese Gruppen jedoch in den Katalog der schwervermittelbaren Personen aufgenommen, für die ganz oder teilweise Ausnahmen von den restriktiven Förderbedingungen möglich sind. Auch die zusätzliche Aufnahme der Langfristarbeitslosen (länger als 1 Jahr arbeitslos) in den Katalog der "Schwervermittelbaren" (vgl. unter 7. in Übersicht 5) wirkt sich indirekt nachteilig für Frauen aus, denn - wie eingangs dargestellt - werden Frauen häufiger als Männer aus der Statistik der registrierten Arbeitslosigkeit ausgegrenzt bzw. ziehen sich häufiger als Männer - mehr oder minder freiwillig - in die "stille Reserve" zurück.

Eine gewisse Verbesserung der Förderkonditionen für Frauen, insbesondere für Berufsunterbrecherinnen, wurde lediglich im Gefolge des Beschäftigungsförderungsgesetzes von 1985 (siehe unter 8.) eingeführt. Danach können nicht nur Personen in eine ABM zugewiesen werden, die unmittelbar vor der Maßnahme Arbeitslosengeld oder Arbeitslosenhilfe bezogen haben, sondern auch Personen, die die Voraussetzungen für einen Anspruch auf Unterhaltsgeld gemäß § 46 Abs. 1 AFG für eine berufliche Bildungsmaßnahme erfüllen. Damit verbindet sich zwar keine Abkehr vom Prinzip der vorherigen Beitragspflicht der zu fördernden Personen, jedoch sieht § 46 Abs. 1 AFG wie dargestellt für Frauen günstige, in den letzten Jahren ständig erweiterte Rahmenfristen zugunsten von Personen vor, die wegen Geburt oder Betreuung eines Kindes keine Erwerbstätigkeit ausüben konnten (vgl. Abschnitt 7).

Festzuhalten bleibt, daß die Förderkonditionen, die sich direkt auf den zu fördernden Personenkreis beziehen, keine Priorität zugunsten von Frauen erkennen lassen, im Gegenteil überwiegen vielmehr für Frauen indirekt nachteilige Konsequenzen aus den Fördervoraussetzungen.

Als tendenziell vorteilhaft für das Teilnahmeniveau der Frauen muß hingegen die bevorzugte Förderung der sozialen Infrastruktur bzw. der sozialen Dienste betrachtet werden, da es sich hier um einen Wirtschaftssektor handelt, der traditionell von Frauen dominiert wird.[28] Fraglich ist jedoch, ob hiermit auch jene Teilgruppe unter den Frauen erfaßt wird, die einer Förderung am dringendsten bedarf: Die Schwerpunktsetzung zugunsten des Bereichs der sozialen Dienstleistungen (wie auch zugunsten von Umweltschutzmaßnahmen, siehe unter 8. in Übersicht 5) war primär bedarfsorientiert. Ohne Zweifel ist es sinnvoll, diese bislang eklatant defizitär versorgten Bedarfsbereiche vorrangig auszubauen, nur bringt diese bedarfsorientierte Förderung, wie im vorangegangenen Abschnitt bereits herausgestellt, häufig Konflikte mit der angestrebten problemgruppenorientierten Zielsetzung der ABM-Förderung mit sich. Gerade im Bereich sozialer Dienstleistungen, besonders in jenen mit experimentellem Charakter, lassen sich anspruchsvollere Projekte in der Regel kaum (nur) mit den besonders "schwervermittelbaren Personen" durchführen.[29]

Mag die Vielfalt der Zielsetzungen des ABM-Programms einerseits im positiven Sinne als Ausdruck einer besonders großen Flexibilität der Förderung gewertet werden, so führt sie andererseits zu einer Überforderung des Programms, da zu viele

---

28 Maßnahmen der sozialen Dienste weisen auch hinsichtlich der Zuweisungs- und Förderdauer besonders günstige Konditionen auf. Die **Zuweisungs**dauer beträgt gemäß § 3 Abs. 4 ABM-AO vom 13.12.84 in der Regel bis zu einem Jahr; sie beträgt bis zu zwei Jahren, wenn dies aus arbeitsmarkt- und sozialpolitischen Gründen zweckmäßig ist, insbesondere wenn die Übernahme in ein Dauerarbeitsverhältnis zu erwarten ist. Diese Zuweisungsdauer kann in Ausnahmefällen, insbesondere bei Maßnahmen im Bereich der sozialen Dienste, bis auf 3 Jahre verlängert werden, wenn die anschließende Übernahme in ein Dauerarbeitsverhältnis beim selben Arbeitgeber gesichert ist. Für die **Förderungs**dauer gelten gemäß § 9 ABM-AO ähnliche Fristen.

29 Positiv muß in diesem Zusammenhang die bereits erwähnte seit 198o mögliche Förderung von Maßnahmen gewertet werden, die arbeitsbegleitend auch eine berufliche Qualifizierung oder sozialpädagogische Betreuung vorsehen (vgl. unter 4. in Übersicht 5).

sich häufig wiedersprechende Ziele gleichzeitig verfolgt werden und eine klare Prioritätensetzung nicht mehr erkennbar ist.[30] Damit werden gleichzeitig auch die Möglichkeiten einer zielgruppenspezifischen "Erfolgskontrolle" und Würdigung des Maßnahmekomplexes gemindert.

11.4.2 Das Förderrecht der Sonderprogramme, insbesondere des arbeitsmarktpolitischen Programms der Bundesregierung für Regionen mit besonderen Beschäftigungsproblemen

Eine tendenziell klarere Prioritätensetzung als die ABM-Standardkonditionen nach §§ 91 - 96 AFG und eine mitunter bessere Abstimmung zwischen Zielgruppen und Maßnahmebereichen der ABM lassen die arbeitsmarktpolitischen Sonderprogramme der Bundesregierung, in denen (u.a.) ABM vertreten waren, erkennen.

In einigen dieser Arbeitsmarktprogramme mit ABM-Programmanteilen, die seit Beginn des Beschäftigungseinbruchs Mitte der 70er Jahre durchgeführt wurden,[31] werden Frauen bzw. bestimmte Teilgruppen unter den Frauen - **neben anderen Problemgruppen** - explizit als Zielgruppe der ABM-Förderung herausgestellt.

- Das arbeitsmarkt- und bildungspolitische Sonderprogramm vom 5.2.1976 (2oo Mio DM) war u.a. darauf ausgerichtet, dem Anstieg teilzeitarbeitsloser Frauen Rechnung zu tragen.

---

30 Vgl. dazu Peter Auer, Hans E. Maier: Strategien der Arbeitsbeschaffung in der Bundesrepublik Deutschland und im Ausland: Erfahrungen aus fünf Ländern, in: Mitteilungen aus der Arbeitsmarkt- und Berufsforschung 2/1984, insbes. S. 165

31 Vgl. dazu Wilhelm Breuer, Andrea Hellmich: Frauen in Arbeitsbeschaffungsmaßnahmen, a.a.O., S. 29 f; Jürgen Kühl, Alwin G. Paul, Detlev Blunk: Überlegungen II zu einer vorausschauenden Arbeitsmarktpolitik, a.a.O., S. 41 ff, sowie Hartmut Seifert: Öffentliche Arbeitsmarktpolitik in der Bundesrepublik Deutschland, a.a.O., S. 212 ff

- Das arbeitsmarktpolitische Sonderprogramm des Bundes vom 25.5.1977 (6oo Mio DM) war in seinem Teilbereich "Soziale Dienste" (27o Mio DM) schwerpunktmäßig darauf ausgerichtet, teilzeitsuchende Frauen, die fachlich nicht vorgebildet waren, sozialen Diensten zuzuweisen. Darüber hinaus wurde die Fortführung bewährter ABM vor allem für Problemgruppen (Ältere, Frauen, langfristig Arbeitslose, Angestellte) mit 33o Mio DM gefördert.

- Das arbeitsmarktpolitische Programm der Bundesregierung für Regionen mit besonderen Beschäftigungsproblemen vom 16. Mai 1979 richtete sich in seinem ABM-Programmteil "Soziale Dienste" überwiegend an Frauen, wobei ebenfalls die besondere Berücksichtigung teilzeitarbeitsloser Frauen vorgesehen war. Frauen, die aus anderen Berufsfeldern kamen, also nicht einschlägig qualifiziert waren, sollten dabei durch einen speziellen Qualifizierungszuschuß gefördert werden. Ursprünglich belief sich das Finanzvolumen für dieses Sonderprogramm auf 5oo Mio DM, wegen der großen Nachfrage wurden die Mittel auf 9oo Mio DM aufgestockt (darunter rund 4oo Mio DM für ABM).

Der andere ABM-Programmteil "Umweltschutz/Verbesserung des Wohnumfeldes" sollte insbesondere langfristig Arbeitslosen zugute kommen, was durch entsprechende finanzielle Anreize zu erreichen versucht wurde. Darüber hinaus richtete sich das ABM-Programm an alle anderen Arbeitslosen, soweit sie die Förderrichtlinien erfüllten.

Die Attraktivität des Programms bestand vor allem in der im Vergleich zur damaligen ABM-Standardförderung[32] nach dem AFG längeren Zuweisungs- und Förderdauer. Sie betrug beim Programmteil "Soziale Dienste" maximal 24 Monate, beim Programm-

---

[32] Vgl. die vergleichende Gegenüberstellung der Förderkonditionen bei Andrea Hellmich: Arbeitsbeschaffungsmaßnahmen zur Verbesserung der sozialen Dienste und der sozialen Infrastruktur, a.a.O., Übersicht 6-1, S. 156

teil "Umweltschutz/Wohnumfeld" für ABM mit überwiegend kurzfristigen Arbeitslosen bis zu 18 Monaten und bei ABM mit überwiegend langfristigen Arbeitslosen bis zu 24 Monaten. Nordrhein-Westfalen bot zudem die Möglichkeit einer dreijährigen Förderung, sofern die Träger nach Auslauf der Förderung nach dem Bundesprogramm mit den Arbeitnehmern einen Arbeitsvertrag (von mindestens 12- bis 18monatiger Dauer je nach der vorangegangenen Dauer im Rahmen des Programms) abschloß. Die längeren Zuweisungs- und Förderfristen boten also gute Voraussetzungen, um komplexere ABM-Projekte in Angriff zu nehmen und ABM-Beschäftigte zu qualifizieren. Darüber hinaus ermöglichten sie den Aufbau stabilerer Beziehungen zwischen Beschäftigten und Klientel im Bereich der sozialen Dienste. In der Folgezeit wurden die Grundzüge der Förderung nach diesem Sonderprogramm in die Standardförderung nach dem AFG übernommen.

In Abschnitt 11.6 wird in Form eines relativ knappen Überblicks dargestellt werden, inwieweit die intendierten Programmeffekte des Sonderprogramms von 1979 zugunsten der Frauen in der Realität erreicht wurden.

11.5 Die Beteiligung von Frauen an ABM

11.5.1 Das Teilnahmeniveau von Frauen im Jahre 1985 und seine Entwicklung zwischen 1978 und 1985

Der Einsatz von Arbeitsbeschaffungsmaßnahmen unterlag im Zeitraum 1978 bis 1985 außerordentlich starken Schwankungen. Das zeigt die Längsschnittbetrachtung in den Tabellen 84 N und 84 B, aus denen die jahresdurchschnittlich **beschäftigten** Arbeitnehmer/innen hervorgehen (zu den jahresdurchschnittlich **vermittelten** Arbeitnehmern/innen, vgl. Tabelle 89 N und 89 B).

Wie ersichtlich, wurde bei Männern und Frauen im Jahre 1985 der bislang höchste Beschäftigungsstand in ABM erreicht.

Tabelle 84 N Beschäftigte geförderte Männer und Frauen in allgemeinen Maßnahmen zur Arbeitsbeschaffung 1979 - 1985 - Nordrhein-Westfalen -

Jahres-durchschnitt	Zahl der beschäftigten geförderten		Anteil Frauen	Beschäftigte gef. Arbeitnehmer in % der abh. Beschäftigten		in % der Arbeitslosen	
	Männer	Frauen		Männer	Frauen	Männer	Frauen
1978	5305	1750	24,8	0,15	0,10	3,27	1,18
1979	6314	2662	29.7	0.17	0.14	4.36	1.84
1980	5717	3546	38.3	0.16	0.18	3.94	2.43
1981	6181	4114	40.0	0.17	0.20	2.89	2.17
1982	3657	2662	42.1	0.10	0.13	1.13	1.09
1983	6106	3071	33.5	0.18	0.16	1.50	1.03
1984	10757	5671	34.5	0.32	0.29	2.62	1.85
1985	13817	7679	35.7	0.41	0.39	3.34	2.41
Veränderung gegenüber dem Vorjahr							
	in Prozent	in Prozent		Prozentpunkte			
1978	19.0	52.1	4.9	0.02	0.04	1.09	0.66
1980	-9.5	33.2	8.6	-.02	0.04	-.42	0.58
1981	8.1	16.0	1.7	0.01	0.03	-1.04	-.25
1982	-40.8	-35.3	2.2	-.07	-.07	-1.76	-1.09
1983	67.0	15.4	-8.7	0.07	0.02	0.36	-.06
1984	76.2	84.7	1.0	0.14	0.13	1.12	0.82
1985	28.4	35.3	1.2	0.09	0.10	0.72	0.56

QUELLE: DATEN DER BUNDESANSTALT FUER ARBEIT, EIGENE BERECHNUNGEN

Tabelle 84 B Beschäftigte geförderte Männer und Frauen in allgemeinen Maßnahmen zur Arbeitsbeschaffung 1978 - 1985 - Bundesgebiet -

Jahres-durch-schnitt	Zahl der beschäftigten geförderten		Anteil Frauen	Beschäftigte gef. Arbeitnehmer in % der abh. Beschäftigten		in % der Arbeitslosen	
	Männer	Frauen		Männer	Frauen	Männer	Frauen
1978	37355	13881	27.1	0.30	0.18	7.64	2.75
1979	34145	17047	33.3	0.27	0.22	8.19	3.71
1980	25324	15927	38.6	0.20	0.20	5.94	3.44
1981	23352	15109	39.3	0.18	0.19	3.58	2.44
1982	18537	10652	36.5	0.15	0.13	1.82	1.31
1983	31753	12927	28.9	0.26	0.16	2.49	1.31
1984	48121	22862	32.2	0.40	0.29	3.77	2.31
1985	57559	29467	33.9	0.47	0.36	4.67	2.90

Veränderung gegenüber dem Vorjahr

	in Prozent	in Prozent	Prozentpunkte				
1979	-8.6	22.8	6.2	-.03	0.03	0.55	0.96
1980	-25.8	-6.6	5.3	-.07	-.02	-2.25	-.27
1981	-7.8	-5.1	0.7	-.01	-.01	-2.36	-1.00
1982	-20.6	-29.5	-2.8	-.03	-.05	-1.77	-1.13
1983	71.3	21.4	-7.6	0.11	0.03	0.68	0.00
1984	51.5	76,9	3.3	0.14	0.13	1.28	1.00
1985	19.5	28,9	1.7	0.07	0.09	0.90	0.59

QUELLE: DATEN DER BUNDESANSTALT FUER ARBEIT, EIGENE BERECHNUNGEN

57.559 Männer und 29.467 Frauen waren bundesweit in einer ABM beschäftigt (NRW: 13.817 Männer, 7.679 Frauen). Das Jahr 1982, das im Zeichen der Spar- und Sanierungspolitik der Bundesanstalt bzw. unter dem Einfluß der restriktiven Förderkonditionen des Arbeitsförderungskonsolidierungsgesetzes von Ende 1981 stand, stellt andererseits jenes Jahr dar, in dem die ABM-Förderung ihren absoluten Tiefstand erreichte. Eine Ausnahme bilden die geförderten Frauen in Nordrhein-Westfalen, für die der niedrigste Wert in das Jahr 1978 fällt.

Von diesem niedrigen Niveau aus setzte sodann von 1982 an ein offensiverer Kurs ein, der im folgenden Jahr zu einer kräftigen Expansion der Teilnehmerzahlen, vornehmlich bei den Männern, führte. Trotz dieser rapiden Zunahme gelang es jedoch zunächst nicht, das Niveau vorhergehender Jahre zu erreichen. Denn auch im Jahre 1983 lag die Zahl der geförderten Männer noch unter dem Beschäftigungsstand von 1979 und 1981 (NRW) bzw. 1978 und 1979 (Bundesgebiet), und die Zahl der geförderten Frauen war geringer als im Zeitraum 198o und 1981 (NRW) bzw. 1978 bis 1981 (Bundesgebiet).

Im Zeitraum 1979 bis 1981 weicht dabei die Entwicklung in Nordrhein-Westfalen aufgrund des regional begrenzten Wirkungsbereichs des arbeitsmarktpolitischen Sonderprogramms von 1979 (9 der 23 geförderten Arbeitsamtsbezirke gehörten zu Nordrhein-Westfalen) positiv von der Entwicklung im Bundesgebiet ab: 1981 lag die Zahl der geförderten Männer in Nordrhein-Westfalen bei 98 % des Wertes in 1979, im Bundesgebiet hingegen ist sie auf 68 % gesunken. Die Zahl der geförderten Frauen - in erster Linie wohl bedingt durch den noch näher zu beschreibenden Programmeffekt des Sonderprogramms von 1979 - ist im gleichen Zeitraum auf 154 % gestiegen, im Bundesgebiet hingegen auf 89 % des Ausgangswertes in 1979 zurückgefallen.

Dieser überdurchschnittliche Beschäftigungseffekt des Sonderprogramms zugunsten Nordrhein-Westfalens, speziell zugunsten der Frauen, reichte jedoch bei weitem nicht aus, den vorhandenen Nachholbedarf dieses Bundeslandes auszugleichen: Die ABM-induzierte Arbeitsmarktentlastung in Nordrhein-Westfalen, einem Land mit weit überdurchschnittlicher Arbeitslosigkeit, ist zu jedem Untersuchungszeitpunkt geringer als im Bundesgebiet. Dies zeigt sich, wenn man - stark vereinfachend[33] - den Quotienten aus der Zahl der ABM-Teilnehmer/innen und den Arbeitslosen als Indikator des Arbeitsmarkteffektes heranzieht (vgl. die beiden letzten Spalten in den Tabellen 84 N und 84 B). Beispielsweise wurden im Jahre 198o im Bundesgebiet ca. 6 von loo männlichen Arbeitslosen, in Nordrhein-Westfalen aber nur ca. 4 von loo männlichen Arbeitslosen durch ABM-Mittel gefördert.[34] Auch Frauen in Nordrhein-Westfalen wurden stets seltener durch ABM gefördert als im übergeordneten Gesamtraum.

Auch auf der regionalen Vergleichsebene der nordrhein-westfälischen Arbeitsamtsbezirke werden die regionalen ABM-Aktivitäten nicht immer entsprechend dem regionalen Problemdruck eingesetzt (vgl. Tabelle 85 N[35]). Zwar weisen 4 der 6 Arbeitsamtsbezirke mit den höchsten Frauen-Arbeitslosenquoten, nämlich Gelsenkirchen, Dortmund, Recklinghausen und Bochum, auch eine überdurchschnittliche ABM-Aktivität auf und weisen ferner 5 der 6 Arbeitsamtsbezirke mit den niedrigsten Frauenarbeitslosenquoten, nämlich Herford, Solingen, Düsseldorf, Siegen und Bonn, eine unterdurchschnittliche ABM-Aktivität für Frauen

---

33 Zur Schätzung der - direkten und indirekten - Beschäftigungseffekte von ABM vgl. Eugen Spitznagel: Globale und strukturelle Auswirkungen von Allgemeinen Maßnahmen zur Arbeitsbeschaffung (ABM), a.a.O., S. 84 ff

34 Dieser Rückstand Nordrhein-Westfalens wird auch auf die in den nordrhein-westfälischen Großstädten äußerst scharfe Kritik der Gewerkschaft ÖTV an ABM zurückgeführt. Vgl. dazu z.B. Fritz W. Scharpf: Chancen einer aktuellen Arbeitsmarktpolitik in der Bundesrepublik. Hinweise aus einem Sonderprogramm, IIM/LMP 81-5, Berlin 1981, S. 15

35 Mangels verfügbarer regionaler Daten über die geförderten beschäftigten Personen wurden die Quoten in Tabelle 85 N aus den im Laufe des Jahres vermittelten Personen berechnet. Vgl. zu den statistischen Unterschieden weiter unten, S. 466 ff

Tabelle 85 N Arbeitsamtsbezirke in Nordrhein-Westfalen mit den höchsten und niedrigsten Arbeitslosenquoten von Frauen nach ihren ABM-Aktivitäten

Arbeitsamts-bezirk	Arbeitslosenquote Frauen 1) Ø 1983 in v.H.	Arbeitsvermittlungen in Arbeitsbeschaffungsmaßnahmen im Laufe des Jahres 1983 in v.H. der Arbeitslosen Ø 1983			Arbeitslosenquote insgesamt Ø 1983 3) in v.H.
		Frauen	Männer	insgesamt 2)	
1. Duisburg	2o,2	1,2	2,1	1,8 (1,7)	14,7 (2)
2. Gelsenkirchen	17,3	3,7	7,3	5,8 (5,5)	14,1 (3)
3. Dortmund	16,6	2,6	1,7	2,o (2,o)	15,o (1)
4. Recklinghausen	16,3	2,o	2,4	2,2 (2,2)	12,4 (6)
5. Rheine	15,8	1,4	3,9	2,7 (2,7)	12,4 (7)
6. Bochum	15,6	3,o	3,8	3,5 (3,4)	13,6 (4)
⋮					
28. Herford	11,4	o,8	1,9	1,2 (1,1)	11,2 (19)
29. Solingen	11,3	o,7	o,6	o,7 (o,7)	9,7 (29)
3o. Münster	1o,3	2,7	1,6	2,1 (2,1)	9,9 (28)
31. Düsseldorf	9,8	o,6	1,o	o,9 (o,8)	9,6 (3o)
32. Siegen	9,3	o,6	1,7	1,3 (1,3)	1o,1 (27)
33. Bonn	6,7	1,5	3,6	2,7 (2,6)	6,9 (33)
Nordrhein-Westfalen	13,3 (12,2)	1,6	2,8	2,3 (2,3)	1o,6
Bundesgebiet	1o,1 (1o,1)	2,2	4,9	3,8 (3,6)	9,1

1) Mangels geschlechtsspezifischer Daten über die abhängigen Erwerbspersonen und folglich geschlechtsspezifischer Arbeitslosenquoten auf der Ebene der Arbeitsamtsbezirke wurden die weiblichen Arbeitslosenquoten nach folgendem Verfahren berechnet: Arbeitslosenquote Frauen = arbeitslose Frauen in v.H. abhängige Erwerbspersonen insgesamt x Frauenanteil an den sozialversicherungspflichtig Beschäftigten. Die in Klammern gesetzten Quoten für NRW und BRD stellen die offiziellen weiblichen Arbeitslosenquoten dar.

2) Bei den in Klammern gesetzten Quoten wurden die in ABM vermittelten Personen auf Arbeitslose plus in ABM vermittelte Personen bezogen.

3) In Klammern ist der Rang angegeben, den der Arbeitsamtsbezirk für die Arbeitslosenquote im Vergleich der 33 Arbeitsamtsbezirke einnimmt.

Quelle: Eigene Berechnungen nach veröffentlichten und unveröffentlichten Daten der Bundesanstalt für Arbeit auf. Aber andererseits verbinden sich in den Bezirken Duisburg und Rheine besonders gravierende Arbeitsmarktprobleme der Frauen mit sehr geringen ABM-Aktivitäten und wird umgekehrt in dem von der allgemeinen Beschäftigungskrise im Vergleich zum Landesdurchschnitt nur unterdurchschnittlich betroffenen Arbeitsamtsbezirk Münster das Instrument der Arbeitsbeschaffungsmaßnahmen, vermutlich primär zugunsten der Hochschulabsolventinnen, in überdurchschnittlichem Maße genutzt. **Diese räumlichen Diskrepanzen belegen, daß die Frauenquote in einzelnen Arbeitsamtsbezirken durch gezielte Anstrengungen und Aktivitäten der Arbeitsämter noch durchaus gesteigert werden könnte.**

Eine umfassendere und differenziertere Analyse[36] des regiona-

---

[36] Eine solche regionale Analyse kann sich nicht nur auf einen Vergleich der Teilnehmerzahlen beschränken, sondern muß sich vor allem an der regionalen Verteilung der eingesetzten Mittel orientieren. Ferner ist die regionale Intensität de facto alternativer arbeitsmarktpolitischer Instrumente (Fortbildung, Umschulung usw.) in die Bewertung einzubeziehen, da die ABM-Inanspruchnahme maßgeblich durch unterschiedliche Arbeitsamtsstrategien bestimmt wird. Um zu überprüfen, inwieweit die in den rechtlichen Vorschriften verankerten regionalen Steuerungsmechanismen (vgl. Übersicht 5) greifen, bedarf es ferner einer Aufschlüsselung der regionalen Arbeitsmarktdaten nach der Struktur der regionalen Arbeitslosigkeit (z.B. nach dem Anteil der "Schwervermittelbaren") sowie nach der Struktur der ABM-Beschäftigten und der Struktur der Einsatzfelder von ABM. In diesem Zusammenhang muß auch über die Eignung der Förderindikatoren zum Zwecke einer regional gezielten Arbeitsmarktpolitik nachgedacht werden. Die Ausnahmeregelung für Arbeitsamtsbezirke mit relativ günstiger Beschäftigungslage kann z.B. bedeuten, daß diese Bezirke in der Lage sind, einen großen Teil ihrer "schwervermittelbaren" Arbeitslosen in ABM zu integrieren, während in Bezirken mit weit überdurchschnittlicher Arbeitslosigkeit die Gefahr besteht, daß die Problemgruppen zugunsten von Personen ohne sogenannte vermittlungshemmende Merkmale "auf der Strecke bleiben". Ferner ist zu berücksichtigen, daß Personen, die den statistischen Definitionen gemäß als schwervermittelbar gelten, im regionalen Kontext nicht vergleichbar sind. Vielmehr hängen die (Wieder-)Eingliederungschancen von Personen mit sogenannten chancenmindernden Eigenschaften in ganz erheblichem Maße von der regionalen Arbeitsmarktsituation, also vom Niveau der regionalen Arbeitslosigkeit, ab. Vgl. dazu z.B. Hannelore Neumann, Frank Weimer/Achim Weimer (EDV): Strukturelle Arbeitslosigkeit und Probleme ihrer Messung, Bonn 1984, S. 128

len Steuerungseffektes von Arbeitsbeschaffungsmaßnahmen geht über das im Rahmen dieser Untersuchung Mögliche hinaus. Die ausgewählten empirischen Befunde deuten jedoch bereits von der Tendenz her darauf hin, daß die mit diesem Instrument unter anderem verfolgten regionalpolitischen Zielsetzungen nicht hinreichend eingelöst wurden.

Die zeitliche Entwicklung des Indikators, der hilfsweise den arbeitsmarktpolitischen "Entlastungseffekt" mißt, macht ferner deutlich, daß die Intensität von ABM keineswegs mit der Entwicklung der Arbeitslosigkeit Schritt gehalten hat. 1985 ist zwar, wie dargestellt, das Untersuchungsjahr, in dem mehr Arbeitslose als je zuvor in Arbeitsbeschaffungsmaßnahmen tätig waren, die damit verbundene Reduktion der registrierten Arbeitslosigkeit fiel jedoch in beiden Vergleichsräumen meist geringer aus als in den Jahren vor 1981: Um beispielsweise im Jahre 1985 eine ähnliche quantitative Entlastungswirkung zu erzielen, wie sie durch die arbeitsmarktpolitische Offensive im Jahre 1979 bewirkt wurde, müßte die Zahl der durch Arbeitsbeschaffungsmaßnahmen begründeten Beschäftigungsverhältnisse für Frauen im Bundesgebiet weitaus höher als die tatsächlich realisierte Zahl von 29.467 Personen sein, nämlich 37.655 Personen betragen.

Im Rahmen dieser Untersuchung ist vor allem die geschlechtsspezifische Verteilung der durch ABM geschaffenen Arbeitsplätze und ihre Entwicklung im Zeitablauf von Interesse. Bezieht man die aus Tabelle 84 N und 84 B ersichtliche "Entlastungsquote" der Frauen auf die entsprechende Quote der Männer, so gelangt man zu folgenden Verhältniszahlen:

Tabelle 86 ABM-induzierte Arbeitsmarktentlastungseffekte: weibliche "Entlastungsquote" in v.H. der männlichen "Entlastungsquote"

Jahr	geförderte weibliche Arbeitnehmer in v.H. der weiblichen Arbeitslosen zu geförderte männliche Arbeitnehmer in v.H. der männlichen Arbeitslosen Nordrhein-Westfalen	Bundesgebiet
1978	36,1	36,o
1979	42,2	45,3
198o	61,7	57,9
1981	75,1	68,2
1982	96,5	72,o
1983	68,7	52,6
1984	7o,6	61,3
1985	72,2	62,1

Quelle: Eigene Berechnungen nach Daten der Bundesanstalt für Arbeit

Im längerfristigen Vergleich von 1978 bis 1985 konnte also die Benachteiligung von Frauen merklich abgebaut werden. Aber auch im Jahre 1985 liegt der Anteil der Frauen an den in ABM eingesetzten Arbeitnehmern weit unter ihrem Anteil an der Gesamtheit der Arbeitslosen: Die bei Frauen erzielte Reduktion der registrierten Arbeitslosigkeit in Nordrhein-Westfalen beträgt nur rund 72 % des männerspezifischen Wertes. Nordrhein-Westfalen schneidet dabei relativ günstiger ab als die übergeordnete Vergleichsebene: Seit 198o ist hier die Disparität zuungunsten der Frauen geringer ausgeprägt als im Bundesgebiet.

Hervorgehoben sei, daß sich der so gemessene Abstand von der geschlechtsspezifischen Gleichverteilung im Zeitablauf keineswegs kontinuierlich reduziert hat. Nicht im jüngsten hier betrachteten Jahr, 1985, sondern im Jahre 1982, gefolgt vom Jahr 1981 ist der Abstand von der angestrebten Parität zwischen Männern und Frauen am geringsten.

Auf der Vergleichsebene der nordrhein-westfälischen Arbeitsamtsbezirke weist die Geschlechterzusammensetzung der ABM extreme Unterschiede auf. Das belegt die folgende Tabelle 87 N, in der der Frauenanteil an den Vermittlungen in ABM mit dem Frauenanteil an den Arbeitslosen verglichen wird. Untersuchungseinheiten sind die 12 Arbeitsamtsbezirke der vorangegangenen Tabelle 85 N. Wie ersichtlich, wurden 1983 in 3 der 12 Bezirke Frauen in stärkerem Maße an ABM beteiligt, als es ihrem Anteil an den Arbeitslosen entspricht, und zwar in Dortmund, Solingen und Münster. In den übrigen 9 Bezirken hingegen ist der Frauenanteil an den ABM-Vermittlungen weit niedriger als am regionalen Arbeitslosenbestand. Es zeigt sich ferner, daß ein relativ hohes weibliches Teilnahmeniveau (Arbeitsvermittlungen in v.H. der Arbeitslosen) nicht immer mit einer ausgewogenen geschlechtsspezifischen Verteilung der regionalen ABM-Aktivitäten zusammenfällt: So weisen die Bezirke Gelsenkirchen, Recklinghausen und Bochum zwar im Vergleich der 33 Arbeitsamtsbezirke überdurchschnittlich hohe Quoten an weiblichen Vermittlungen in ABM auf (vgl. Tabelle 85 N), jedoch werden diese noch von den männlichen Teilnahmequoten übertroffen, und folglich liegt auch in diesen Regionen die weibliche "Entlastungsquote" weit unter der der Männer. Die unterschiedlichen Verhältnisse in den Regionen können zwar wie erwähnt nicht vorbehaltlos positiv oder negativ bewertet werden (vgl. Fußnote 36, Seite 459), sie deuten aber dennoch tendenziell darauf hin, daß der Spielraum für den weiblichen ABM-Einsatz in vielen Regionen noch längst nicht genutzt wird.

Tabelle 87 N Beteiligung von Frauen an den ABM-Aktivitäten in den Arbeitsamtsbezirken Nordrhein-Westfalens mit den höchsten und niedrigsten Frauen-Arbeitslosenquoten 1983

Arbeitsamtsbezirk 1)	Frauenanteil an Vermittlungen in ABM 1983	Frauenanteil an Arbeitslosen Ø 1983	Frauenanteil an ABM-Vermittlungen in v.H. Frauenanteil an Arbeitslosen
1. Duisburg	26,6	38,2	69,6
2. Gelsenkirchen	25,4	4o,6	62,5
3. Dortmund	48,6	37,4	129,9
4. Recklinghausen	38,4	43,5	88,2
5. Rheine	22,7	44,9	5o,6
6. Bochum	32,9	38,5	85,5
⋮			
28. Herford	23,o	42,1	54,6
29. Solingen	5o,o	44,5	112,4
3o. Münster	56,6	44,o	128,6
31. Düsseldorf	29,6	39,4	75,1
32. Siegen	21,1	41,8	5o,5
33. Bonn	23,5	42,4	55,4
Nordrhein-Westfalen	29,5	42,3	69,7
Bundesgebiet	25,8	43,6	59,2

1) geordnet nach der Höhe der Frauen-Arbeitslosenquote 1983, vgl. Tabelle 84 N

Quelle: Eigene Berechnungen nach Daten der Bundesanstalt für Arbeit

Die beschriebenen ausgeprägten Auf- und Abwärtsbewegungen im Zeitverlauf wie auch die regionalen Unterschiede in den durch ABM begründeten Arbeitsplätzen hängen primär mit der Höhe der jeweils für ABM bereitgestellten Mittel zusammen, wobei in den Jahren 1978 bis 1981 vor allem die zusätzliche Förderung im Rahmen der arbeitsmarktpolitischen Sonderprogramme von 1977 bis 1979 auf das Teilnahmeniveau durchschlägt. Darüber hinaus wird die Zahl der ABM-Beschäftigten - bei konstantem Fördervolumen - aber auch durch die vielfachen Modifikationen der Förderkonditionen beeinflußt bzw. läßt sie sich durch Veränderungen in der Struktur der Teilnehmer und der Maßnahmefelder steuern. Von Einfluß auf den **durchschnittlichen** Förderaufwand je ABM-Beschäftigten sind vor allem Veränderungen

- in der Höhe des Anteils der den Trägern erstatteten Gesamtkosten (Zuschüsse und Darlehen)[37]
- in den Zuweisungsfristen[38]
- in den Einsatzschwerpunkten und in der Teilnehmerstruktur
- im Verhältnis zwischen geförderten Vollzeit- und Teilzeitarbeitsplätzen.

So läßt sich aus der folgenden Tabelle 88 ablesen, daß die schlagartige Ausweitung der ABM-Beschäftigtenzahlen nach 1982 nicht nur aus einer Aufstockung des Mitteleinsatzes resultierte, sondern auch mit Hilfe eines verringerten Förderaufwandes je ABM-Beschäftigten erreicht wurde. Erst von 1984 auf 1985 stieg der durchschnittliche Förderaufwand wieder leicht an (auf rund 26.ooo DM im Bundesgebiet und rund 3o.ooo DM in Nordrhein-Westfalen), ohne jedoch das Niveau von 1983 oder 1982 zu erreichen. Unverkennbar wird der Einsatz von Arbeitsbeschaffungsmaßnahmen also ebenso wie im Bereich der beruflichen Qualifizierung zunehmend unter Wirtschaftlichkeits- und Sparsamkeitsgesichtspunkten gesteuert. Angesichts der permanenten Verschlechterung der gesamtwirtschaftlichen Beschäftigungslage liegt es dabei nahe, daß diese Politik nicht nur von fiskalischen Überlegungen und Zwängen geleitet ist, sondern auch von dem Bemühen, das Ausmaß der Beschäftigungskrise auf möglichst "kostengünstige" Art wirkungsvoll zu kaschieren.

Die Daten in Tabelle 88 lassen ferner erkennen, daß die im Vergleich zur Bundesebene weitaus geringere arbeitsmarktpolitische Entlastungswirkung in Nordrhein-Westfalen auch mit einem höheren Förderaufwand je ABM-Beschäftigten zusammenhängt.

---

37 Zu den diesbezüglichen Änderungen im Zeitablauf vgl. die Abbildung 1 bei Hans E. Maier: Arbeitsbeschaffungsmaßnahmen als Instrument offensiver Arbeitsmarktpolitik, a.a.O., S. 3; vgl. auch S. 442 , Fußnote 25 dieser Arbeit.

38 Vgl. ebenda

Tabelle 88 Ausgaben für Arbeitsbeschaffungsmaßnahmen 1982-1985

Jahr	Ausgaben für ABM der Bundesanstalt 1) in 1.ooo DM	Ausgaben für ABM des Bundes 2) in 1.ooo DM	Ausgaben der BA für ABM in v.H. aller Ausgaben der BA	Förderaufwand je ABM-Beschäftigten DM
	- B u n d e s g e b i e t -			
1982	964.529	22.893	2,9	33.829
1983	1.228.616	23.784	3,8	28.o3o
1984	1.764.286	36.648	6,o	25.371
1985	2.218.o92	49.356	7,5	26.o55
	- N o r d r h e i n - W e s t f a l e n -			
1982	234.o36	145	2,6	37.o69
1983	289.485	549	3,2	31.6o4
1984	457.o27	2.768	5,7	27.988
1985	636.111	5.32o	7,9	29.84o

1) Einschließlich Maßnahmen für ältere Arbeitnehmer, die 1985 im Bundesgebiet ca. 1,8 % der Ausgaben der Bundesanstalt für Arbeit ausmachten

2) Ohne Ausgaben im Rahmen des Programms der Bundesregierung vom 16.5.1979, die 1982 für alle 3 Maßnahmearten des Programms 8.846 TDM und 1983 619 TDM betrugen; ohne zusätzliche Förderung der Länder

Quelle: Amtliche Nachrichten der Bundesanstalt für Arbeit, Jahreszahlen, verschiedene Jahrgänge, sowie eigene Berechnungen anhand dieser Daten

Inwieweit die zeitlichen, die regionalen sowie auch die geschlechtsspezifischen Unterschiede in der Zahl der geförderten ABM-Beschäftigten auf Schwankungen in der Maßnahmedauer zurückzuführen sind, kann näherungsweise über einen Vergleich der Zahl der jahresdurchschnittlich beschäftigten Arbeitnehmer/innen und der im Laufe eines Jahres vermittelten Arbeitnehmer/innen bestimmt werden (vgl. Tabelle 89 N und 89 B). Die Unterschiede zwischen den beiden Statistiken sind außer in der unterschiedlichen Maßnahmedauer auch in der Saisonabhängigkeit der Außenmaßnahmen sowie in der Fluktuation begründet.[39]

Das Verhältnis zwischen vermittelten und durchschnittlich beschäftigten Personen weist in den Jahren 1981 bis 1985 die folgenden Werte auf:

---

39 Vgl. Landesarbeitsamt Nordrhein-Westfalen (Hrsg.): Arbeitsmarktbericht 1979, S. 19

Tabelle 89 N Im Laufe des Jahres durchgeführte Arbeitsvermittlungen von Männern und Frauen in allgemeine Maßnahmen zur Arbeitsbeschaffung 1978 - 1985 - Nordrhein-Westfalen -

Im Laufe des Jahres	Zahl der vermittelten		Anteil Frauen	in % der abh. Beschäftigten		in % der Arbeitslosen	
	Männer	Frauen		Männer	Frauen	Männer	Frauen
1978	12153	3517	22.4	0.34	0.18	7.48	2.35
1979	13179	5075	27.8	0.36	0.26	9.09	3.52
1980	8491	4133	32.7	0.23	0.21	5.85	2.83
1981	7938	3684	31.7	0.22	0.18	3.72	1.95
1982	5152	2205	30.0	0.15	0.11	1.60	0.90
1983	11524	4823	29.5	0.34	0.25	2.83	1.62
1984	16007	6925	30.2	0.48	0.35	3.90	2.27
1985	19586	9186	31.9	0.57	0.46	4.73	2.88

Veränderung gegenüber dem Vorjahr

	in Prozent	in Prozent		Prozentpunkte			
1979	8.4	44.3	5.4	0.02	0.08	1.61	1.16
1980	-35.6	-18.6	4.9	-.13	-.05	-3.24	-.68
1981	-6.5	-10.9	-1.0	-.01	-.02	-2.13	-.88
1982	-35.1	-40.1	-1.7	-.07	-.07	-2.12	-1.05
1983	123.7	118.7	-.5	0.19	0.14	1.23	0.71
1984	38.9	43.6	0.7	0.14	0.10	1.07	0.65
1985	22,4	32,6	1.7	0.09	0.11	0.83	0.61

QUELLE: BUNDESANSTALT FUER ARBEIT, EIGENE BERECHNUNGEN

Tabelle 89 B Im Laufe des Jahres durchgeführte Arbeitsvermittlungen von Männern und Frauen in allgemeine Maßnahmen zur Arbeitsbeschaffung 1978 - 1985 - Bundesgebiet -

Im Laufe des Jahres	Zahl der vermittelten		Anteil Frauen	in % der abh.Beschäftigten		in % der Arbeitslosen	
	Männer	Frauen		Männer	Frauen	Männer	Frauen
1978	75998	24131	24.1	0.61	0.32	15.55	4.79
1979	61905	26112	29.7	0.49	0.33	14.85	5.69
1980	41262	20350	33.0	0.32	0.25	9.68	4.40
1981	41464	17619	29.8	0.33	0.22	6.36	2.84
1982	30535	9291	23.3	0.25	0.12	2.99	1.14
1983	62772	21825	25.8	0.51	0.28	4.93	2.22
1984	77995	28843	27.0	0.65	0.36	6.11	2.92
1985	90626	36971	29.0	0.74	0.46	7.03	3.64

Veränderung gegenüber dem Vorjahr

	in Prozent	in Prozent		Prozentpunkte			
1979	-18.5	8.2	5.6	-.12	0.02	-.70	0.90
1980	-33.3	-22.1	3.4	-.17	-.08	-5.17	-1.29
1981	0.5	-13.4	-3.2	0.00	-.03	-3.32	-1.56
1982	-26.4	-47.3	-6.5	-.08	-.10	-3.37	-1.70
1983	105.6	134.9	2.5	0.27	0.16	1.94	1.07
1984	24.3	32.2	1.2	0.14	0.08	1.18	0.70
1985	16.2	28.2	2.0	0.09	0.10	0.92	0.72

QUELLE: BUNDESANSTALT FUER ARBEIT, EIGENE BERECHNUNGEN

Tabelle 9o Verhältnis zwischen im Laufe eines Jahres vermittelten und den im Jahresdurchschnitt in ABM beschäftigten Personen

Jahr	vermittelte Personen in v.H. der beschäftigten Personen			
	Frauen		Männer	
	NRW	Bundesgebiet	NRW	Bundesgebiet
1981	o,9	1,2	1,3	1,8
1982	o,8	o,9	1,4	1,6
1983	1,6	1,7	1,9	2,o
1984	1,2	1,3	1,5	1,6
1985	1,2	1,3	1,4	1,6

Quelle: Eigene Berechnungen nach Daten der Bundesanstalt für Arbeit, vgl. Tabelle 84 N, 84 B, 89 N und 89 B

Erkennbar liegen die weiblichen Quoten unter den männlichen Quoten. Die geschlechtsspezifische Disparität zu Lasten der Frauen ist also teilweise auch durch eine im Schnitt längere Maßnahmedauer von weiblichen ABM-Beschäftigungsverhältnissen zu erklären.[40] Dieser Erklärungsfaktor zeichnet ferner unter anderem auch für das beschriebene regionale Gefälle in den "Entlastungsquoten" zuungunsten Nordrhein-Westfalens verantwortlich.

---

[40] Zum selben Ergebnis kommt Spitznagel für den Zeitraum 1975-1978: "Insgesamt sind Frauen überdurchschnittlich lange in den Maßnahmen tätig, so daß sie - volumenmäßig betrachtet - stärker von ABM erreicht werden als es die Teilnehmerstruktur zum Ausdruck bringt". Eugen Spitznagel: Globale und strukturelle Auswirkungen von Allgemeinen Maßnahmen zur Arbeitsbeschaffung (ABM), a.a.O., S. 1o2

11.5.2 Die Beteiligung von Frauen an ABM nach Maßnahmearten

Auch im ABM-Bereich reflektiert die Verteilung von Frauen und Männern auf einzelne Einsatzfelder die aus der Erwerbstätigkeit bekannte Segregierung:
Im Jahre 1985 waren in Nordrhein-Westfalen rund 59 % aller in ABM vermittelten Frauen im Sektor "Soziale Dienste" beschäftigt, weitere 17 % entfielen auf den Büro- und Verwaltungsbereich. Somit wurden rund drei Viertel der Frauen in einen Tertiärberuf vermittelt. Mit weitem Abstand folgt an dritter Stelle der Bereich "Landwirtschaft, Garten- und Landschaftsgartenbau". In den übrigen aus Tabelle 91 N und 91 B ersichtlichen Maßnahmekategorien sind Frauen hingegen nur mit marginalen Anteilen vertreten.

Bei den Männern zeigte die branchenmäßige Verteilung ein erheblich anderes Bild:
Mit rund 3o % aller ABM-Geförderten dominierte hier der Bereich "Landwirtschaft, Garten- und Landschaftsgartenbau", und die Palette des Maßnahmeangebots wies zudem eine wesentlich breitere Streuung als bei Frauen auf. Insgesamt gesehen zählen die Einsatzfelder von Männern eher zum traditionellen ABM-Repertoire.[41]

Für das Bundesgebiet lagen uns länger zurückreichende Zeitreihen sowohl über die vermittelten als auch über die beschäftigten Arbeitnehmer (vgl. Tabelle 92 B) vor. Sie zeigen, daß der Bereich der sozialen Dienste, der ABM-Einsatzschwerpunkt bei den Frauen, seit 198o außerordentlich stark an Bedeutung gewonnen hat, und zwar zu Lasten des ehemals bei den Frauen an vorderster Stelle plazierten Bereichs "Büro und Verwaltung".

---

41 In der Anfangsphase der Arbeitsmarktkrise wurden ABM primär unter konjunkturpolitischen Gesichtspunkten eingesetzt. Hierbei standen als Zielgruppen Arbeitslose aus Bauberufen im Vordergrund und der überwiegende Teil der Mittel floß in die Bereiche Bauwirtschaft, Versorgungsanlagen und Forstwirtschaft. Vgl. Hartmut Seifert: Öffentliche Arbeitsmarktpolitik in der Bundesrepublik Deutschland, a.a.O., S. 196

Tabelle 91 N Im Laufe des Jahres vermittelte Männer und Frauen in Arbeitsbeschaffungsmaßnahmen nach ihrer prozentualen Verteilung auf einzelne Maßnahmearten 1982 - 1985 - Nordrhein-Westfalen -

Im Laufe des Jahres	Die Arbeitnehmer wurden zu .....% vermittelt in den Bereich 1)								
	Landwirtsch. Garten- und Landschafts-gartenbau	Küstenschutz u.Landgew.	Forst-wirtschaft	Verkehrs-wesen	Bau-,Ind.-u.Freizeit-Geländeer-schließung sowie Hochbau	Versorgungs-anlagen	Büro und Verwaltung	Soziale Dienste	Sonstige
Männer									
1982	41.2	0.0	8.1	4.3	9.1	0.8	10.5	10.8	15.2
1983	40.6	0.0	6.3	2.6	12.1	1.1	11.0	12.5	13.9
1984	37.9	0,0	6,6	2,4	15,0	1,2	10,3	12,8	13,7
1985	29.5	0.0	7.5	2.0	15.4	0.8	11.5	12.9	20.4
Frauen									
1982	6.1	0.0	0.0	0.2	0.1	0.1	22.2	65.9	5.4
1983	7.9	0.0	0.0	0.2	1.6	0.1	19.6	64.8	5.8
1984	8,3	0,0	0,2	0,3	2,3	0,2	16,1	61,1	11,5
1985	6.3	0.0	0.4	0.6	1.8	0.1	17.4	58.7	14.7

QUELLE: BUNDESANSTALT FUER ARBEIT, EIGENE BERECHNUNGEN

Tabelle 91 B Im Laufe des Jahres vermittelte Männer und Frauen in Arbeitsbeschaffungsmaßnahmen nach ihrer prozentualen Verteilung auf einzelne Maßnahmearten 1979 - 1985 - Bundesgebiet -

Im Laufe des Jahres	Die Arbeitnehmer wurden zu .... % vermittelt in den Bereich 1)								
	Landwirtsch. Garten- und Landschafts-gartenbau	Küstenschutz u.Landgew.	Forst-wirtschaft	Verkehrs-wesen	Bau-,Ind.- u.Freizeit- Geländeer-schließung sowie Hochbau	Versorgungs-anlagen	Büro und Verwaltung	Soziale Dienste	Sonstige
Männer									
1979	33.0	1.1	13.9	5.1	12.7	3.0	15.9	5.6	9.7
1980	27,2	1,4	10,7	5,1	7,0	3,0	17,5	10.4	17.7
1981	34.5	1.6	13.3	4.9	14.4	2.6	10.8	6.7	11.0
1982	37.9	3.6	13.1	3.7	17.2	1.9	7.9	6.9	7.7
1983	37.7	1.2	9.2	3.7	16.8	2.1	9.4	9.8	10.1
1984	35.3	1.0	12.0	3.1	16.3	1.6	8.6	10.7	11.5
1985	34.9	0.8	11.6	2.4	16.0	1.4	8.9	11.1	12.0
Frauen									
1979	5.3	0.0	1.1	0.1	0.5	0.1	48.3	39.2	5.4
1980	3.4	0.0	0.5	0.0	0.2	0.0	39,2	51.4	5.2
1981	7.1	0.0	1.2	0.2	0.7	0.2	35.6	50.0	5.1
1982	9.7	0.1	0.9	0.1	0.6	0.1	28.6	54.4	5.5
1983	7.5	0.0	0.4	0.1	1.2	0.1	26.4	57.5	6.8
1984	7.8	0.0	0.7	0.1	1.6	0.2	23.3	57.8	8.5
1985	8.1	0.0	0.7	0.2	1.7	0.2	21.8	55.9	11.4

QUELLE: BUNDESANSTALT FUER ARBEIT, EIGENE BERECHNUNGEN

Tabelle 92 B Beschäftigte, geförderte Männer und Frauen in Arbeitsbeschaffungsmaßnahmen nach ihrer prozentualen Verteilung auf einzelne Maßnahmearten 1979 - 1985 - Bundesgebiet -

Im Jahres-durch-schnitt	DIE BESCHÄFTIGTEN, GEFÖRDERTEN ARBEITNEHMER WAREN ZU ..... PROZENT BESCHÄFTIGT IM BEREICH								
	Landwirtsch. Garten- und Landschafts-gartenbau	Küstenschutz u.Landgew.	Forst-wirtschaft	Verkehrs-wesen	Bau-,Ind.- u.Freizeit- Geländeer-schließung sowie Hochbau	Versorgungs-anlagen	Büro und Verwaltung	Soziale Dienste	Sonstige
Männer									
1979	29.9	1.1	11.6	5.3	10.1	3.7	22.9	7.6	7.8
1980	27.2	1.4	10.7	5.1	7.0	3.0	17.5	10.4	17.7
1981	29.0	1.5	10.1	4.5	7.4	2.6	14.3	11.6	19.0
1982	34.1	1.6	10.2	4.0	11.4	2.4	14.7	11.7	9.9
1983	39.5	1.6	8.2	3.8	12.1	2.2	10.9	11.1	10.7
1984	34.2	0.9	8.3	3.2	11.7	1.7	11.8	13.7	14.6
1985	31.2	0.8	9.1	3.1	10.5	1.6	11.1	14.8	16.6
Frauen									
1979	3.9	0.0	0.7	0.0	0.3	0.0	51.8	39.2	4.1
1980	3.5	-	0.5	0.0	0.2	0.0	39.2	51.4	5.2
1981	3.8	-	0.6	0.1	0.3	0.1	32.4	58.2	4.5
1982	4.6	0.0	0.4	0.0	0.5	0.1	30.6	59.3	4.5
1983	6.5	-	0.2	0.1	0.6	0.0	26.4	58.4	7.7
1984	5.2	0.0	0.3	0.1	1.1	0.1	24.5	57.9	10.8
1985	5.2	0.2	0.5	0.2	1.3	0.2	22.2	56.6	13.7

ABWEICHUNGEN IN DER SUMME DURCH JAHRESDURCHSCHNITTSBERECHNUNGEN ANHAND VON 12 STICHTAGEN BEGRUNDET

QUELLE: BUNDESANSTALT FUER ARBEIT, EIGENE BERECHNUNGEN

Erst von 1984 auf 1985 ist ein leichter Trendbruch zu verzeichnen: Das Gewicht der sozialen Dienste sank bei den Arbeitsvermittlungen von 57,8 % auf 55,9 % im Bundesgebiet und von 61,1 % auf 58,7 % in Nordrhein-Westfalen.

Wie weiter oben dargestellt, war diese beachtliche Strukturverschiebung arbeitsmarktpolitisch durchaus beabsichtigt. Sie entsprach zum einen der Intention der arbeitsmarktpolitischen Sonderprogramme von 1977 und 1979, zum anderen wurde diese branchenmäßige Zielsetzung der Sonderprogramme auch auf die ABM-Standardförderung übertragen, denn mit der 5. AFG-Novelle von 1979 wurde dem Bereich der sozialen Infrastruktur der Status von bevorzugt zu fördernden Maßnahmen eingeräumt. Von dieser politisch gewollten Umschichtung der ABM-Angebotsbereiche haben Frauen, da es sich beim Berufsfeld der sozialen Dienste um eine traditionelle Domäne der Frauen handelt, also nicht nur gemäß dem expliziten Anspruch der Sonderprogramme, sondern auch in der Folgezeit indirekt profitiert. Diesem Vorteil steht als Nachteil jedoch die Verfestigung der einseitigen Berufsstruktur von Frauen gegenüber. Nicht zu übersehen ist ferner, daß in den letzten Jahren in zunehmendem Maße auch Männer in diese weibliche Domäne eindringen: Waren es bundesweit im Jahre 1979 nur 7,6 % der Männer, die eine mit ABM-Mitteln geförderte Beschäftigung im Bereich der sozialen Dienste ausübten, so ist dieser Anteil im Jahre 1985 bereits auf 14,8 %, also fast auf das Doppelte, gestiegen (vgl. Tabelle 92 B).

In Nordrhein-Westfalen kommt dabei dem Bereich der sozialen Dienste sowohl bei den Frauen als auch bei den Männern eine relativ stärkere Bedeutung als im Bundesgebiet zu, mit allerdings abnehmender Tendenz. Diese Unterschiede dürften mit den Ausnahmeregelungen für Arbeitsamtsbezirke mit überdurchschnittlich hoher Arbeitslosigkeit zusammenhängen. Insofern entspricht dieser Befund durchaus den regionalpolitischen Zielsetzungen, die mit den rechtlichen Vorschriften angestrebt wurden.

Während Frauen vom hervorgehobenen Status der sozialen Dienste indirekt begünstigt wurden, dürfte sich die 1985 erfolgte Aufnahme der Arbeiten, die "der Erhaltung der Umwelt dienen", in den Katalog der bevorzugt zu fördernden Arbeiten tendenziell unvorteilhaft für Frauen auswirken, denn hierbei handelt es sich im allgemeinen eher um typisch männliche Tätigkeitsbereiche.

11.5.3 Die Beteiligung der arbeitsmarktpolitischen Zielgruppen an ABM

In Abschnitt 11.4 wurde das Spektrum der Zielgruppen, das durch ABM erreicht werden soll, bereits dargestellt. Gemäß ABM-Anordnung vom 13. Dezember 1984 gehören hierzu die schwervermittelbaren Arbeitslosen, bei besonderem Vorrang für Arbeitslose, die aus mehreren Gründen schwer vermittelbar sind. Als schwer vermittelbar sind explizit definiert:
Arbeitslose, die

1. schwerbehindert sind
2. mindestens 5o Jahre alt sind
3. unter 25 Jahre alt sind und keinen beruflichen Abschluß aufweisen, und die in absehbarer Zeit weder in eine Ausbildungsstelle vermittelt werden noch an einer beruflichen Bildungsmaßnahme teilnehmen können
4. ein Jahr und länger arbeitslos gemeldet sind.

Darüber hinaus lassen die rechtlichen Vorschriften eine flexible Reaktion auf veränderte regionale Arbeitsmarktdaten zu: "Je nach Lage und Entwicklung des Arbeitsmarktes können Arbeitslose vom Direktor des Arbeitsamtes für längstens 12 Monate als schwervermittelbar bestimmt werden".

Letztere Regelung erschwert eine Kontrolle der Zielgruppenadäquanz der ABM-Förderung erheblich. Auch der übrige, ausdrücklich genannte Personenkreis stimmt erst ab dem 3. Quartal 1986 mit jenem Personenkreis überein, über den die offizielle Statistik Informationen liefert.

Wir haben einmal die Struktur der ABM-Beschäftigten zum Ende des 4. Quartals 1984 mit der entsprechenden Verteilung unter den Arbeitslosen im September 1984 verglichen. Zum anderen haben wir die verbesserte, auf die ABM-Zielgruppen abgestimmte ABM-Förderstatistik zum 3. Quartal 1986 für einen Vergleich mit der Arbeitslosenstruktur im September 1985 herangezogen. Dabei ist davon auszugehen, daß der AFG-Intention erst dann entsprochen wird, wenn die Zielgruppen unter den ABM-Beschäftigten nicht nur entsprechend ihrem Anteil an den Arbeitslosen vertreten sind, sondern wenn sie gegenüber ihrem Arbeitslosenanteil überrepräsentiert sind. Die veröffentlichten Daten[42] (vgl. die folgenden Tabellen 93 und 94) bieten folgenden Aufschluß darüber, ob und inwieweit die ABM-Förderung ihrem Anspruch einer besonderen Ausrichtung auf "Problemgruppen" gerecht wurde.

Weibliche und männliche Jugendliche unter 2o Jahren sind den Daten für 1984 zufolge unter den ABM-Beschäftigten bedeutend stärker repräsentiert wie unter den Arbeitslosen (vgl. Tabelle 93). Ebenfalls überrepräsentiert - wenn auch in schwächerem Maße - ist die Gruppe der 2o- bis 25jährigen. Die aktuelleren Daten aus 1986 bestätigen diesen Befund: Etwa jede vierte weibliche und etwa jeder vierte männliche ABM-Beschäftigte war

---

[42] Dabei ist zu berücksichtigen, daß sich einige der in den Tabellen 93 und 94 enthaltenen personenspezifischen Merkmale überschneiden können. Der IAB-Kurzbericht vom 14.11.1984 mit dem Titel "Zielgruppen-orientierter Einsatz von Arbeitsbeschaffungsmaßnahmen" bietet zwar eine Auswertung unter Berücksichtigung von Merkmalsüberschneidungen, jedoch stimmen die hierbei untersuchten Merkmale (ohne Ausbildung, unter 55 Jahre, länger als 1 Jahr arbeitslos, gesundheitliche Einschränkungen) ebenfalls nicht vollkommen mit dem in den ABM-Regelungen definierten Zielgruppen überein. Zudem bieten die Ergebnisse keinen Vergleich mit der Arbeitslosenstruktur, sondern mit der Struktur der aus Arbeitslosigkeit abgegangenen Personen. Ferner sind die Ergebnisse nicht geschlechtsspezifisch veröffentlicht.

Tabelle 93 Berücksichtigung arbeitsmarktpolitischer Zielgruppen in ABM Ende 4. Quartal 1984

Strukturmerkmale der ABM-Beschäftigten/ Arbeitslosen	Frauen		Männer		Selektivität 1)	
	in v.H. aller w. ABM-Besch. Ende d.4. Quartals 84	in v.H. aller weibl.Arbeitsl. September 1984	in v.H. aller m. ABM-Besch. Ende d.4. Quartals 84	in v.H. aller männl.Arbeitsl. September 1984	Frauen	Männer
	BUNDESGEBIET					
unter 2o Jahre	17,6	9,6	13,5	7,1	1,8	1,9
2o - unter 25 Jahre	22,8	2o,9	19,o	17,2	1,1	1,1
45 Jahre und älter	1o,5	23,9	24,5	31,6	o,4	o,8
in Teilzeitarbeit/Teilzeitarbeit suchend	21,o	22,3	6,5	o,6	0,9	1o,8
(zuvor) länger als 12 Monate arbeitslos	27,9	31,o	34,5	34,3	o,9	1,o
mit gesundheitlichen Einschränkungen	6,7	15,2	12,4	23,1	o,4	o,5
Geschlecht	35,3	46,1	64,7	53,9	0,8	1,2
	NORDRHEIN - WESTFALEN					
unter 2o Jahre	17,7	9,1	16,2	6,4	1,9	2,5
2o - unter 25 Jahre	24,6	21,7	21,4	16,9	1,1	1,3
45 Jahre und älter	9,5	24,o	2o,7	34,1	o,4	o,6
in Teilzeitarbeit/Teilzeitarbeit suchend	18,6	21,1	7,4	o,5	o,9	14,8
(zuvor) länger als 12 Monate arbeitslos	23,1	34,5	28,2	38,5	o,7	o,7
mit gesundheitlichen Einschränkungen	4,8	15,o	1o,8	24,9	o,3	o,4
Geschlecht	37,1	44,2	62,9	55,8	o,8	1,1

1) Anteil an ABM-Beschäftigten in v.H. Anteil an Arbeitslosen

Quelle: Eigene Berechnungen nach Daten aus: Amtliche Nachrichten der Bundesanstalt für Arbeit, Sonderheft 1984, S. 353-356, und 1985, Heft 2, S. 114

jünger als 25 Jahre und ohne Ausbildung, während nur ca. 13,o % der männlichen und 15,o % (NRW: 16,3 %) der weiblichen Arbeitslosen diese Merkmale aufwiesen (vgl. Tabelle 94).

Tabelle 94 Berücksichtigung arbeitsmarktpolitischer Zielgruppen in ABM
Ende 3. Quartal 1986

Strukturmerkmale der ABM-Beschäftigten/ Arbeitslosen	Frauen		Männer		Anteil an ABM-Beschäftigten in v.H. Anteil an Arbeitslosen	
	in v.H. der weibl. ABM-Beschäftigt. 3.Quartal 86	in v.H. der weibl.Arbeitslosen Sept. 1985	in v.H. der männl.ABM-Beschäftigt. 3.Quartal 86	in v.H. der männl.Arbeitslosen Sept. 1985	Frauen	Männer
BUNDESGEBIET						
- Schwerbehinderte	3,9	4,1	5,9	8,1	1,o	o,7
- andere gesundheitliche Einschränkungen	4,4	1o,7	11,4	14,8	o,4	o,8
- 5o Jahre und älter	6,o	17,3	17,7	24,o	o,4	o,7
- unter 25 Jahre und ohne Ausbildung	25,9	15,o	23,o	13,2	1,7	1,7
- länger als 12 Monate arbeitslos	42,o	29,7	45,9	32,1	1,4	1,4
- schwervermittelbar nach § 2 Abs. 2 Nr. 5 ABM-AO	2o,4	k.A.	15,6	k.A.	-	-
- in Teilzeitarbeit/Teilzeitarbeit suchend	29,5	22,6	11,2	o,5	1,3	22,4
(davon: - Arbeit + Lernen	(1o,6)		(7,8)			
- sonstige)	(18,9)		(3,3)			
NORDRHEIN - WESTFALEN						
- Schwerbehinderte	4,8	5,1	7,1	1o,7	o,9	o,7
- andere gesundheitliche Einschränkungen	3,3	9,8	8,1	13,9	o,3	o,6
- 5o Jahre und älter	6,2	17,1	15,6	26,4	o,4	o,6
- unter 25 Jahre und ohne Ausbildung	27,2	16,3	25,4	13,5	1,7	1,9
- länger als 12 Monate arbeitslos	4o,3	33,8	45,7	37,o	1,2	1,2
- schwervermittelbar nach § 2 Abs. 2 Nr. 5 ABM-AO	15,1	k.A.	1o,2	k.A.	-	-
- in Teilzeitarbeit/Teilzeitarbiet suchend	23,o	21,4	9,5	o,4	1,1	23,8
(davon: - Arbeit + Lernen	(1o,3)		(7,1)			
- sonstige	(12,7)		(2,4)			

Quelle: Eigene Berechnungen nach Daten aus: Amtliche Nachrichten der Bundesanstalt für Arbeit, Sonderheft 1985, S. 33o, 331, 389 und 39o

Der vorrangige ABM-Einsatz bei den jüngeren Erwerbspersonen dürfte nicht nur von der Furcht vor der sozialen und politischen Sprengkraft gerade der Jugendarbeitslosigkeit geleitet sein.[43] Da Jugendliche in der Regel niedrigere Arbeitsentgelte als ältere Erwerbstätige erhalten, entspricht er auch der Devise, den ABM-Einsatz gleichzeitig möglichst beschäftigungswirksam und kostengünstig zu gestalten.

Ein entsprechender Befund ergibt sich für die Gruppe der älteren Arbeitslosen. Diese sind erheblich schwächer unter den ABM-Beschäftigten vertreten als in der Gesamtarbeitslosigkeit. Diese negative Selektivität zuungunsten der Älteren gilt in ganz besonderem Maße für die Gruppe der älteren Frauen. 1986 waren in Nordrhein-Westfalen lediglich 6,2 % der weiblichen ABM-Beschäftigten über 5o Jahre, während diese Altersgruppe 17,1 % der weiblichen Arbeitslosen stellte. Bei den Männern fielen die Relationen (15,6 % zu 26,4 %) weit weniger ungünstig aus.

Langfristarbeitslose waren unter den männlichen ABM-Beschäftigten Ende 1984 im Bundesgebiet in etwa ebenso repräsentiert wie unter den Arbeitslosen. ABM führten für diese Gruppe also zumindest nicht zu einer Verstärkung des Strukturalisierungsprozesses im Arbeitslosenbestand, sie bauten diesen - da langfristig Arbeitslose nicht überproportional in ABM einbezogen wurden - aber auch nicht ab. Hingegen lag die Förderquote der Männer in Nordrhein-Westfalen und die der Frauen - insbesondere in Nordrhein-Westfalen - 1984 deutlich unter dem entsprechenden Arbeitslosenanteil. Ihre in Nordrhein-Westfalen besonders schlechte Position kann als ein Indiz dafür gelten, daß die Ausnahmeregelung für Bezirke mit relativ guter Beschäftigungslage dazu führen kann, daß diese in der Lage sind, einen großen Teil ihrer schwervermittelbaren Arbeitslosen in ABM zu integrieren, während diese in Regionen mit besonders schlechter Arbeitslage zugunsten von Personen mit weniger gravieren-

---

43 Die ergänzende ABM-Förderung aus Mitteln des Landes Nordrhein-Westfalen bezieht sich auf Arbeitslose bis zu 25 Jahren und schwer vermittelbare Arbeitslose.

den Vermittlungsschwierigkeiten "auf der Strecke" bleiben (vgl. auch Fußnote 36, Seite 459).

1986 hat sich die Treffgenauigkeit der ABM-Förderung in bezug auf Dauerarbeitslosigkeit verstärkt: Länger als 12 Monate arbeitslose Frauen wie Männer sind nunmehr überproportional häufig in ABM integriert. Dieses Instrument ist also besser geeignet bzw. wird von der Arbeitsverwaltung eher dazu eingesetzt, Dauerarbeitslose zu erfassen, als berufliche Qualifizierungsmaßnahmen. Wie in Abschnitt 8.4 dargestellt, partizipierten diese in weit unterdurchschnittlichem Maße an der beruflichen Weiterbildungsförderung nach dem AFG. Wiederum schneidet allerdings Nordrhein-Westfalen ungünstiger ab als der übergeordnete Gesamtraum.

Weit unterproportional im ABM-Bestand vertreten sind ferner Schwerbeschädigte und Personen mit anderen gesundheitlichen Einschränkungen. Lediglich der Anteil der schwerbehinderten Frauen an den ABM-Beschäftigten entspricht in etwa dem Anteil der schwerbehinderten Frauen am weiblichen Arbeitslosenbestand. Angesichts des hohen Dauerarbeitslosigkeitsrisikos schwerbehinderter Personen - im September 1985 waren bundesweit 53 % der arbeitslosen schwerbehinderten Männer und 52 % der arbeitslosen schwerbehinderten Frauen bereits länger als 1 Jahr ohne Arbeit - erscheint die Berücksichtigung dieser Zielgruppe in ABM völlig unzureichend.

Somit kommen also die eingangs herausgestellten individuellen Vorteile der ABM-Teilnahme, die gerade für die älteren, die langfristig arbeitslosen und die gesundheitlich eingeschränkten Personen eine besondere Relevanz haben, in der ABM-Praxis nicht oder nur unzureichend zum Tragen.

Weibliche Teilzeitarbeitslose, die abgesehen von der Sonderprogrammförderung und (zeitweise) der ergänzenden Förderung einiger Länder nicht zu den explizit genannten Zielgruppen der

ABM-Förderung gehören, sind 1984 in etwas geringerem Maße unter den ABM-Beschäftigten wie unter den Arbeitslosen vertreten, 1986 sind sie unter den ABM-Beschäftigten sogar überrepräsentiert, insbesondere auf Bundesebene, wo nahezu jede dritte weibliche ABM-Beschäftigte eine Teilzeitbeschäftigung ausübte (Arbeitslosenanteil: 22,6 %). Noch weitaus stärker ausgeprägt ist die Überrepräsentanz der Männer. Während nur ein winziger Teil der männlichen Arbeitslosen eine Teilzeitarbeit suchte, fanden 1986 immerhin 11,2 % (NRW: 9,5 %) aller ABM für Männer im Rahmen von Teilzeit-Arbeitsverhältnissen statt.

Diese Teilzeitbeschäftigung kann dann positiv bewertet werden, wenn sie mit einer beruflichen Qualifizierung kombiniert ist (Programm "Arbeit und Lernen") und/oder wenn sie den zeitlichen Präferenzen der Arbeitslosen entspricht. Ob letzteres immer der Fall ist, muß jedoch bezweifelt werden. Zwar sind Teilzeit-ABM grundsätzlich gedacht für Teilzeitarbeitsuchende. Da jedoch Maßnahmen, die den höchsten Beschäftigungseffekt haben, und bei denen der Grundsatz von Wirtschaftlichkeit und Sparsamkeit am besten gewährleistet ist, bei der derzeit verfolgten arbeitsmarktpolitischen Strategie Priorität genießen, liegt es auf der Hand, daß auch Arbeitslose, die nicht von vorneherein eine Teilzeit-Beschäftigung suchen, vom Arbeitsamt davon "überzeugt" werden, eine Teilzeit-ABM anzunehmen.[44] Für diese Vermutung spricht u.a. auch, daß die Zahl der in eine Teilzeit-ABM zugewiesenen Männer im Bundesgebiet höher ist (Ende 3. Quartal 1986: 8.4oo Personen), als die Zahl sämtlicher männlichen Arbeitslosen (September 1985: 5.772 Personen), die eine Teilzeitbeschäftigung suchten. Auch der förderberechtigte Adressatenkreis unter den Frauen ist weitaus geringer, als dies durch die Arbeitslosenanteile in den Tabellen 93

---

[44] Mitunter wird diese Politik auch offen verfolgt. Beispielsweise werden in Hamburg für höher dotierte Tätigkeiten nur 3/4-Zeitstellen angeboten. Vgl. dazu Rolf Kasiske: "Zweiter Arbeitsmarkt" - Ein notwendiger Schritt zur Einlösung des Rechts auf Arbeit, in: Die Neue Gesellschaft 6/1983, S. 527

und 94 zum Ausdruck kommt. Nur etwa die Hälfte der Teilzeitarbeit suchenden Frauen, die im September 1985 arbeitslos gemeldet waren, bezogen nämlich Lohnersatzleistungen oder hatten diese beantragt und erfüllten somit die Fördervoraussetzungen.

Als Fazit bleibt festzuhalten, daß es nur partiell gelungen ist, den durch ABM anvisierten Adressatenkreis im gewünschten Maße zu erfassen.[45] Insbesondere ältere und gesundheitlich beeinträchtigte Frauen werden dabei in noch unzureichenderem Maße berücksichtigt als die entsprechenden Problemgruppen unter den Männern.

11.5.4 Auswirkungen der ABM-Teilnahme auf die Qualifikation der geförderten Frauen

Zur entscheidenden Frage, ob die ABM-Teilnahme zum Erhalt oder gar zur Verbesserung der Qualifikation beiträgt oder aber im Gegenteil den durch Arbeitslosigkeit bedingten Dequalifizierungsprozeß noch verstärkt, liegen Ergebnisse aus den beiden mehrfach zitierten Untersuchungen von Breuer und Hellmich vor.[46] Da sie sich jeweils auf bestimmte Zeiträume und Regionen beziehen, führen sie zu unterschiedlichen Ergebnissen und sind in keiner Weise verallgemeinerungsfähig.

In ihrer ersten, im Jahre 1978 durchgeführten Untersuchung in ausgewählten Arbeitsamtsbezirken Nordrhein-Westfalens gelangen die Autoren zu höchst pessimistischen Befunden hinsichtlich der Qualität der den Frauen zugewiesenen Arbeitsplätze:

---

[45] Wobei es für eine "Erfolgskontrolle" sicherlich aufschlußreich wäre, wenn der nach § 2 Abs. 2 Nr. 5 ABM-AO von der Arbeitsverwaltung als "schwervermittelbar" eingestufte Personenkreis näher aufgeschlüsselt würde.

[46] Vgl. Wilhelm Breuer, Andrea Hellmich: Frauen in Arbeitsbeschaffungsmaßnahmen, a.a.O., insbes. S. 172 ff, sowie Andrea Hellmich: Arbeitsbeschaffungsmaßnahmen zur Verbesserung der sozialen Dienste und der sozialen Infrastruktur, a.a.O., S. 198 ff

Für rund 7o % aller Frauen bedeutete die ABM-Tätigkeit eine mehr oder minder ausgeprägte Dequalifizierung und somit eine Beeinträchtigung ihrer beruflichen Perspektiven. Einfache, anspruchslose Büro- und Verwaltungstätigkeiten wurden beispielsweise zu 76,9 % von Frauen ausgeführt, die qualifiziertere Berufsabschlüsse aufwiesen und somit offensichtlich für diese Tätigkeit überqualifiziert waren. Hierbei zeigte sich deutlich, wie häufig die rechtliche Voraussetzung der "Zusätzlichkeit" der ABM-Arbeitsplätze die Verweisung auf marginale, eigentlich nicht notwendige Tätigkeitsbereiche zur Folge hatte: 17,7 % der Frauen hatten den Eindruck, eigentlich gar nicht gebraucht zu werden. Lediglich Frauen mit einem sozialpädagogischen Beruf wurden nahezu ausschließlich entsprechend ihrer Qualifikation und Ausbildung eingesetzt.

Die anspruchslosen Arbeitsinhalte der angebotenen Arbeitsplätze hingen dabei auch mit dem überproportional hohen Anteil von Teilzeitarbeitsplätzen (45,9 % aller weiblichen ABM-Beschäftigungsverhältnisse) sowie mit der zum damaligen Zeitpunkt relativ kurzen Zuweisungsdauer zusammen. Aufgrund dieser ungünstigen Voraussetzungen und weil bereits ein großer Teil der qualifizierteren Frauen unterhalb ihres Niveaus eingesetzt war, schied auch für minderqualifizierte bzw. fachlich nicht vorgebildete Frauen weitgehend die Möglichkeit aus, sich durch die Teilnahme an der ABM (in einem berufsfremden Bereich) weiter zu qualifizieren.

Weitaus günstigere Ergebnisse zeitigte hingegen infolge der wesentlich verbesserten Förderbedingungen das Sonderprogramm von 1979. Im Bereich der sozialen Dienste, in denen Frauen 8o % der Beschäftigten stellten, deckten sich die Anforderungsprofile der zu besetzenden Stellen weitgehend mit den Qualifikationsprofilen der zugewiesenen Frauen. Eine Dequalifizierung war somit in diesem Bereich eher die Ausnahme. Im gesamten ABM-Schwerpunkt waren "nur" 18,o % der Teilnehmer/innen der Meinung, in dieser ABM fachlich unterfordert zu sein. Bei den Gesundheits-, Erziehungs- und Sozialberufen war dieser Prozentsatz mit 14,3 % noch geringer. Zwischen dem von Frauen dominierten Bereich der sozialen Dienste und dem von Männern dominierten Bereich "Umweltschutz/Verbesserung des Wohnumfeldes" zeigten sich dabei keine auffälligen Unterschiede, somit keine geschlechtsspezifischen Diskrepanzen.

Als wenig wirksam erwies sich hingegen die mit dem zusätzlichen Qualifizierungszuschuß angestrebte Weiterqualifizierung von ungelernten bzw. für die gestellten Aufgaben zu gering qualifizierten Frauen. Sofern dieser Personenkreis überhaupt zugewiesen wurde (vgl. weiter unten, Seite 491), fand die Qualifizierung ausschließlich im Rahmen des normalen Arbeitsvollzugs statt.[47]

Eine planmäßige Weiterbildung lag weder im Eigeninteresse der Träger noch verfügten diese über die notwendigen personellen Ausbildungskapazitäten. Von daher erscheint es erfolgversprechender und notwendig, die begleitende Weiterbildung der ABM-Teilnehmer/innen von externen Institutionen durchführen zu lassen.

11.5.5 Die Wirkung der ABM-Teilnahme auf die beruflichen Wiedereingliederungschancen der geförderten Frauen

Die im Jahre 1978 von Breuer/Hellmich befragten Frauen schätzten den Einfluß der ABM-Teilnahme auf ihre zukünftigen Vermittlungschancen in der Mehrheit eher negativ ein. Zwar wurden auch positive Effekte angeführt (Beweis der Arbeitswilligkeit gegenüber dem Arbeitgeber), angesichts der beschriebenen De-

---

[47] Das einzige explizite Qualifizierungsmodell des Sonderprogramms, das eine Qualifizierung von ungelernten teilzeitbeschäftigten Frauen zu sogenannten Sozialhelferinnen vorsah, scheiterte. Zuletzt wurden die ungelernten Frauen als Putzhilfen eingesetzt. Vgl. Andrea Hellmich: Arbeitsbeschaffungsmaßnahmen zur Verbesserung der sozialen Dienste und der sozialen Infrastruktur, a.a.O., S. 1o5

qualifizierungsprozesse und ausgehend von der Vermutung, daß die Kurzfristigkeit des ABM-Beschäftigungsverhältnisses von den Arbeitgebern negativ ausgelegt würde und außerdem vielen Arbeitgebern das Instrument der ABM nicht oder nicht hinreichend bekannt sei, überwogen jedoch die pessimistischen Einschätzungen. Positive Konsequenzen erwarteten lediglich die gemäß ihrer Qualifikation eingesetzten Frauen, insbesondere die Berufsanfängerinnen.

Weniger skeptisch wurde der Einfluß der ABM-Tätigkeit auf die Wiedereingliederungschancen von den befragten Personen[48] eingeschätzt, die am Sonderprogramm von 1979 teilnahmen: Rund ein Drittel der Geförderten waren - bei Abwägung aller Vor- und Nachteile - der Meinung, ihre Vermittlungschancen hätten sich verbessert, ein gutes Drittel ging von einer unveränderten individuellen Arbeitsmarktsituation aus, ein weiteres Viertel sah sich nicht in der Lage, eine Prognose abzugeben. Von einer verschlechterten Startposition waren rund 8 % der Befragten überzeugt.

Den Realitäten am Arbeitsmarkt entsprechend schätzten qualifizierte Personen mit Fachschul-, Fachhochschul- und Hochschulabschluß sowie jüngere Jahrgänge die Wirkung der ABM-Tätigkeit auf ihre (Re-)Integrationschancen überdurchschnittlich positiv, die geringer Qualifizierten und die älteren Jahrgänge diesen Einfluß hingegen überdurchschnittlich negativ ein. Immerhin ging jedoch noch rund ein Viertel der über 45jährigen davon aus, daß die ABM-Tätigkeit ihre beruflichen Perspektiven günstig beeinflussen werde.

Die relativ optimistische Einschätzung der genannten qualifizierten Personen, die vornehmlich im Bereich der sozialen Dienste eingesetzt waren, läßt sich dabei vermutlich auch damit erklären, daß sie davon ausgehen konnten, daß ihre poten-

---

[48] Das veröffentlichte Datenmaterial bot dabei keine geschlechtsspezifische bzw. bereichsspezifische (Soziale Dienste, Umweltschutz) Aufschlüsselung.

tiellen zukünftigen Arbeitgeber selbst bereits konkrete Erfahrungen mit ABM gemacht hatten. Denn nach Aussage der Träger sahen sie selbst eine ABM-Teilnahme überwiegend positiv an, d.h. sie hätten Bewerber/innen, die in einer ABM tätig waren, bei geplanten Einstellungen anderen Arbeitslosen vorgezogen.[49]

Die zuvor dargestellten potentiellen Effekte der ABM-Teilnahme auf die berufliche Zukunft der geförderten Frauen und Männer wurden aus den konkreten Gegebenheiten der untersuchten Maßnahmen, d.h. ihrer "Qualität", sowie aus den Einschätzungen der Geförderten abgeleitet.

Darüber, inwieweit es tatsächlich gelungen ist, geförderte Arbeitnehmer/innen im Anschluß an die ABM in reguläre Beschäftigungsverhältnisse einzugliedern, existieren nur vereinzelte veröffentlichte Informationen, die allerdings mangels geeigneter Kontrollgruppen weitgehend offenlassen, welche Rolle die ABM-Teilnahme bei der (Wieder-)Eingliederung tatsächlich gespielt hat.

Zunächst sei darauf eingegangen, inwieweit die ABM-Teilnahme zu einer Übernahme in feste Arbeitsverhältnisse beim selben Träger geführt hat:

Bei der Befragung der Träger im Rahmen der 1978 von Hellmich/-Breuer durchgeführten Erhebung gaben diese an, in der zurückliegenden Periode 22,1 % der weiblichen Beschäftigten in ein Dauerarbeitsverhältnis übernommen zu haben. Je nach Trägergruppe schwankte dabei diese Übernahmequote zwischen 78,4 % bei der Finanzverwaltung bis zu nur 9,2 % bei den Kommunen. Für die Folgezeit gingen die Träger allerdings von erheblich reduzierten Übernahmechancen (durchschnittlich etwa 14 % aller Frauen) aus, wobei die Wohlfahrtsverbände überdurchschnittlich

---

[49] Vgl. Wilhelm Breuer, Andrea Hellmich: Frauen in Arbeitsbeschaffungsmaßnahmen, a.a.O., S. 144

günstige Konstellationen aufwiesen (geschätzte Übernahmequote: rund 29 %).

Aus den Sonderprogrammen von 1979 sind keine effektiven Übernahmequoten, sondern lediglich Einschätzungen der Träger bekannt. Diese räumten nur für etwa 8 % der im gesamten ABM-Schwerpunkt geschaffenen Stellen gute bis sehr gute Chancen zur Überleitung in nicht geförderte Planstellen ein.

Konfrontiert man die Einschätzungen der Träger mit den diesbezüglichen Einschätzungen und Hoffnungen der geförderten Frauen und Männer, dann zeigt sich, daß der eingangs geäußerte Vorwurf, wonach die Träger und Vermittler der Arbeitsverwaltung bei den Geförderten oftmals unrealistische Hoffnungen auf eine Übernahme verbreiten,[50] durchaus berechtigt ist. Das primäre Anliegen der Geförderten selbst bestand nämlich eindeutig in einer Übernahme in ein normales Dauerarbeitsverhältnis beim selben Träger.[51]

Für Frauen zeigten sich dabei günstigere Perspektiven als bei Männern, denn im von ihnen dominierten Bereich der sozialen Dienste wurden die Aussichten (geschätzte Übernahmequote etwa 12 %) weitaus positiver beurteilt als im Bereich Umweltschutz/Verbesserung des Wohnumfeldes (geschätzte Übernahmequote etwa 2,5 %). Dabei muß jedoch, wie eingangs betont, offenbleiben, ob die geplante Übernahme nicht letztlich auch ein Indiz für eine vorherige mißbräuchliche Inanspruchnahme des ABM-Instruments ist.

---

50 Als weiterer negativer Effekt kommt hinzu, daß diese Erwartungshaltung die ABM-Geförderten dazu veranlassen kann, von Bewerbungen bei anderen Arbeitgebern während der ABM-Teilnahme Abstand zu nehmen.

51 Bei den Fragen nach den allgemeinen Vorteilen der ABM-Beschäftigung wurde die Möglichkeit, nach Abschluß er ABM vom gleichen Arbeitgeber übernommen zu werden, **mit weitem Abstand** am häufigsten genannt. Vgl. Andrea Hellmich: Arbeitsbeschaffungsmaßnahmen zur Verbesserung der sozialen Dienste und der sozialen Infrastruktur, a.a.O., S. 2o9

Weitaus ungünstiger als für Männer stellt sich hingegen der Wiedereingliederungserfolg von ABM-geförderten Frauen in der Untersuchung von Spitznagel (aus dem Jahre 1977) dar: Im unmittelbaren Anschluß an die Maßnahme waren rund 31 % der Männer, aber nur 17,3 % der Frauen wieder in einem regulären Arbeitsverhältnis tätig. 16 % der Männer wurden dabei vom selben Arbeitgeber in ein Dauerarbeitsverhältnis übernommen, bei den Frauen war dies nur bei 6,8 % der aus ABM ausgeschiedenen Personen der Fall. Zumindest also für diesen Zeitpunkt läßt sich eindeutig belegen, daß bei Männern die ABM-Teilnahme weitaus bessere Voraussetzungen für dauerhafte Beschäftigungsverhältnisse schafft als für Frauen.

Aus einer aktuelleren Untersuchung des IAB[52] gehen die folgenden - leider nicht hinreichend geschlechtsspezifisch differenzierte - Ergebnisse hervor. Im unmittelbaren Anschluß an die Maßnahme

- waren 56 % der ausgeschiedenen ABM-Beschäftigten wieder arbeitslos. "Bei Männern war dies häufiger der Fall als bei Frauen ..."[53]
- hatten 26 % der ausgeschiedenen ABM-Beschäftigten eine Arbeit aufgenommen (sie wurden entweder vom Träger übernommen, vom Arbeitsamt in eine andere Stelle vermittelt oder hatten sich selbst Arbeit gesucht)
- gingen die restlichen 18 % der ausgeschiedenen ABM-Beschäftigten in die stille Reserve, in eine Ausbildung oder verblieben anderweitig.

Nach etwa einem halben Jahr ergab sich bezogen auf diejenigen Personen, die nach der ABM sofort arbeitslos gemeldet waren, folgendes Bild:

---

52 Vgl. Institut für Arbeitsmarkt- und Berufsforschung der Bundesanstalt für Arbeit (Hrsg.): Über ABM zurück ins Arbeitsleben?, in: Materialien aktuell 1/1985, S. 3 und 4

53 Ebenda, S. 4

- 34 % befanden sich in Arbeit (19 % aller ausgeschiedenen ABM-Beschäftigten)
- 43 % waren wieder in eine ABM vermittelt worden (24 % aller ausgeschiedenen ABM-Beschäftigten)
- 23 % waren in die stille Reserve oder in eine Ausbildung gegangen oder waren anderweitig verblieben (13 % aller ausgeschiedenen ABM-Beschäftigten).

Somit hatten also lediglich 45 % der ABM-Beschäftigten - sofort oder nach erneuter Arbeitslosigkeit von etwa einem halben Jahr - ein nichtgefördertes Arbeitsverhältnis gefunden. Die Wiedereingliederung nach ABM verlief also keineswegs reibungslos, wobei allerdings offenbleiben muß, welche (Re-)Integrationschancen die Betroffenen ohne Teilnahme an einer ABM gehabt hätten.

11.6 Die Berücksichtigung von Frauen im ABM-Förderteil des arbeitsmarktpolitischen Sonderprogramms von 1979

Wie bereits in Abschnitt 11.4.2 dargestellt, richtete sich der Schwerpunkt des arbeitsmarktpolitischen Sonderprogramms von 1979 auf die Förderung von Arbeitsbeschaffungsmaßnahmen zur Verbesserung der "Sozialen Dienste" (1. Teilprogramm) und der "Sozialen Infrastruktur im Bereich des Umweltschutzes und des Wohnumfeldes" (2. Teilprogramm). Das Teilprogramm "Soziale Dienste" war infolge der branchenmäßigen Vorgabe implizit auf Frauen zugeschnitten und wandte sich darüber hinaus explizit an die Gruppe der arbeitslosen Frauen, wobei zusätzlich die bevorzugte Förderung teilzeitarbeitsloser Frauen und fachlich nicht für den Bereich der Sozialen Dienste vorgebildeter Frauen angestrebt wurde.

Die Wirkungen dieses Programm-Schwerpunktes wurden durch die wissenschaftliche Begleitforschung[54] mit Hilfe quantitativer

---

[54] Mit der wissenschaftlichen Begleitforschung dieses Pro-

und qualitativer Erhebungsinstrumente umfassend erforscht. Allerdings lassen die veröffentlichten Daten einen gewissen Mangel an geschlechtsspezifisch aufgeschlüsselten und zeitlich aufeinander abgestimmten Daten erkennen. Die Wirkungsanalyse und Programmbewertung sah sich dabei im Prinzip mit den gleichen methodischen Problemen konfrontiert, die sich auch bei den übrigen beiden Schwerpunkten des Sonderprogramms stellten bzw. die im Rahmen jeder Wirkungsanalyse auftreten (vgl. Abschnitt 5 und lo). Angesichts der beschriebenen heterogenen Zielsetzung des ABM-Schwerpunkts hat die Begleitforschung eine Fülle von Ergebnissen zur Verfügung gestellt, aus denen im folgenden zusammenfassend nur eine Auswahl wiedergegeben werden kann.

Die mit dem ABM-Teilprogramm "Soziale Dienste" erhoffte Selektivität im Hinblick auf Frauen kann als durchaus erreicht gelten: Von den 3.113 am 25.12.198o in den 23 Arbeitsamtsbezirken des Sonderprogramms geförderten Personen waren 81,5 % weiblichen Geschlechts. Der Selektivitätskoeffizient erreichte dabei eine Höhe von 1,6, d.h. Frauen wurden 1,6 mal so häufig in die Förderung einbezogen, wie es ihrem Anteil am Arbeitslosenbestand (Mai 1979: 5o,3 %) entsprach, Männer hingegen mit einem Selektivitätskoeffizienten von o,4 nur in unterdurchschnittlichem Maße.[55]

----
grammschwerpunktes war vor allem Andrea Hellmich (unter Projektleitung von Wilhelm Breuer) vom Institut für Sozialforschung und Gesellschaftspolitik e.V. (ISG) in Köln befaßt. Die Durchführung der Begleitforschung bestand aus einer statistisch-quantitativen Erfassung und Analyse der geförderten ABM, aus schriftlichen und mündlichen Befragungen in Arbeitsämtern, von ABM-Trägern und von zugewiesenen Arbeitnehmern/innen sowie aus der Begleitung des Verlaufs von ausgewählten Maßnahmen. Darüber hinaus führte das Wissenschaftszentrum Berlin eine aggregierte Wirkungsanalyse des gesamten Programms und eine Querschnittsanalyse seiner Implementation durch (vgl. auch Abschnitt 5 und lo).

55 Vgl. Aribert B. Peters und Günther Schmid: Aggregierte Wirkungsanalyse des Arbeitsmarktpolitischen Programms der Bundesregierung für Regionen mit besonderen Beschäftigungsproblemen - Zwischenbericht -, a.a.O., S. 195

Auch die in diesem Programmschwerpunkt intendierte besondere Berücksichtigung von Teilzeitarbeitskräften[56] konnte - rein rechnerisch gesehen - realisiert werden. Das Verhältnis des Anteils weiblicher Teilzeit-Geförderter (21,6 % aller weiblichen Förderfälle) zum Anteil der Teilzeitarbeit suchenden arbeitslosen Frauen (17,7 %) betrug 1,2.[57]

Wie die mehr mit qualitativen Erhebungsmethoden arbeitende wissenschaftliche Begleitforschung von Hellmich gezeigt hat, beruhte diese Überrepräsentanz teilzeitarbeitsloser Frauen jedoch in der Regel auf einer **zufälligen** Übereinstimmung zwischen "Angebot" und "Nachfrage": Für die Träger waren zumeist keine arbeitsmarktpolitischen Überlegungen, sondern vorrangig aufgabenspezifische Überlegungen bei der Entscheidung für Teilzeit-Arbeitskräfte ausschlaggebend.[58]

Wenn jedoch bei den Trägern "arbeitsmarktpolitische Überlegungen" eine Rolle spielten, dann lag diesen die Absicht zugrunde, mit der Zuweisung in ABM die Arbeitswilligkeit von Frauen, insbesondere diejenige von teilzeitarbeitslosen Frauen, zu überprüfen: "Zu den Vorstellungsgesprächen ... und vor allem, wenn es um Stellen für teilzeitsuchende Frauen geht, werden alle in Frage kommenden Personen eingeladen. Die finden statt im Gebäude des Arbeitsamtes, unter Anwesenheit des Arbeitsam-

---

56 Anders als beim Arbeitsmarktpolitischen Sonderprogramm von 1977 (vgl. S. 452) wurde dabei kein zahlenmäßiges Verhältnis von Vollzeitarbeitskräften vorgegeben, vermutlich deshalb, weil sich damals gezeigt hatte, daß eine solche Vorgabe (1977 angestrebtes Verhältnis: 2 Teilzeitkräfte auf eine Vollzeitkraft) im Bereich der Sozialen Dienste keine Realisierungschance hatte und daher damals mehrmals revidiert werden mußte. Vgl. dazu Wilhelm Breuer, Andrea Hellmich: Frauen in Arbeitsbeschaffungsmaßnahmen, a.a.O., S. 3o

57 Vgl. Aribert B. Peters und Günther Schmid: Aggregierte Wirkungsanalyse des Arbeitsmarktpolitischen Programms der Bundesregierung für Regionen mit besonderen Beschäftigungsproblemen, - Zwischenbericht -, a.a.O., Tabelle 5.5.1, S. 195

58 Vgl. Andrea Hellmich: Arbeitsbeschaffungsmaßnahmen zur Verbesserung der sozialen Dienste und der sozialen Infrastruktur, a.a.O., S. XI und S. 1o6 ff

tes ... Die Frauen müssen da bekennen, ob sie arbeiten wollen oder nicht ... Das Arbeitsamt bekommt dann eine bereinigte Statistik" (Kommune in NRW), oder: "... viele dieser Frauen dachten 'ach du lieber Gott, jetzt machen die auch noch Ernst damit, mich zu vermitteln'..." (Verein in Niedersachsen).[59]

Teilzeitarbeitslose Frauen sind also in besonderem Maße dem Verdacht des Leistungsmißbrauchs ausgesetzt, der, wie bereits eine frühere Untersuchung von Breuer/Hellmich gezeigt hat, nicht nur aus konkreten Erfahrungen der ABM-Träger geprägt ist, sondern auch von diesbezüglichen Vorurteilen genährt wird. Mitunter gelang es jedoch auch, diese Vorurteile abzubauen: "Bei der Vorbereitung der großen Maßnahme für weibliche Teilzeitkräfte haben wir dann feststellen müssen, daß die Zahl der Frauen, die eigentlich überhaupt keine Arbeit suchen, gar nicht so hoch ist, wie immer behauptet wird".[60]

Als wenig effektiv erwies sich ferner der mit Hilfe des Qualifizierungszuschusses beabsichtigte Steuerungseffekt zugunsten fachlich nicht ausreichend vorgebildeter ABM-Kräfte: Von den Trägern wurden überwiegend Maßnahmen für einschlägig qualifizierte Arbeitskräfte, insbesondere für Fachschul- und Fachhochschulabsolventen, konzipiert und beantragt, wobei es sogar zu einer regionalen Übernachfrage, also zu Vermittlungsengpässen, kam. Zu einer Revidierung ihrer Qualifikationsvorstellungen waren die Träger - aus durchaus verständlichen Gründen - nur selten bereit. "Diese Träger sträubten sich gegen eine - wenn auch entlohnte - 'Laisierung' sozialer Dienstleistungen - eine Haltung, die unter dem Aspekt qualitativer Versorgung durchaus ihre Berechtigung haben kann".[61]

---

59 Zitiert nach Andrea Hellmich: Arbeitsbeschaffungsmaßnahmen zur Verbesserung der sozialen Dienste und der sozialen Infrastruktur, a.a.O., S. 11o

60 Aussage des Vertreters einer Stadtverwaltung, zitiert bei Wilhelm Breuer, Andrea Hellmich: Frauen in Arbeitsbeschaffungsmaßnahmen, a.a.O., S. 138

61 Andrea Hellmich: Arbeitsbeschaffungsmaßnahmen zur Verbesse-

Infolgedessen wiesen die in das Teilprogramm zugewiesenen Personen nur in weit unterdurchschnittlichem Maße Merkmale auf, die im allgemeinen als besonders vermittlungserschwerend auf dem Arbeitsmarkt gelten: Beruflich unqualifizierte Personen waren weit unterdurchschnittlich, beruflich qualifizierte Personen hingegen weit überrepräsentiert (37 % hatten einen Fachschul-, 28 % einen Fachhochschul- oder Hochschulabschluß).[62] Unterproportional vertreten waren ferner die arbeitsmarktpolitischen Problemgruppen der langfristig Arbeitslosen, der Älteren und der Personen, die gleichzeitig mehrere vermittlungserschwerende Merkmale aufwiesen.

Die Konzeption und Durchführung des ABM-Förderschwerpunkts "Soziale Dienste" führte also dazu, daß sich **innerhalb** der Gruppe der Frauen der Aussiebungsprozeß des regionalen Arbeitsmarktes zwangsweise wiederholte.

Diese teilweise Zielgruppeninadäquanz des Programms "Soziale Dienste" kann nicht weiter verwundern, war doch der Zielkonflikt (programminduzierte Angebotserweiterung an soziale Dienstleistungen versus Zielgruppenorientierung) bereits bei der Planung und Konzeption dieses Teilprogramms vorprogrammiert.

Die geringe Zielgruppenadäquanz hängt aber - zu einem gewissen Teil - auch mit den geringen diesbezüglichen Aktivitäten der Arbeitsämter zusammen. Denn wie die Ergebnisse der Begleitforschung gezeigt haben, hat die Mehrzahl der Arbeitsämter von

----

rung der sozialen Dienste und der sozialen Infrastruktur, a.a.O., S. 98

62 Damit zeigen sich Parallelen zum für Teilzeitarbeit suchende Frauen konzipierten Sonderprogramm von 1977, das sich überwiegend zu einem Beschäftigungsprogramm für Hochschulabsolventen/innen entwickelte. Vgl. dazu J. Fiedler: Generalprogramm: Beschäftigung von arbeitslosen Hochschulabsolventen, in: F.W. Scharpf, S. Gensior, J. Fiedler (Hrsg.): Arbeitsmarktpolitik für Akademiker? Vorschläge und Einwände, Königstein/Ts. 1979, S. 87

vornherein auf Selektionsbemühungen verzichtet, also von sich aus kaum versucht, Einfluß auf die von den Trägern beabsichtigte Teilnehmerstruktur zu nehmen.[63]

Die im Schwerpunkt "Soziale Dienste" nachweisbare positive Selektivität zugunsten der Frauen - allerdings nur zugunsten der qualifizierten Frauen - wird vielfach als Beleg für besondere arbeitsmarktpolitische Leistungen zugunsten der Frauen herangezogen.

Es macht jedoch wenig Sinn, den frauenpolitischen "Erfolg" des Sonderprogramms lediglich an einem der drei Programmschwerpunkte, noch dazu an einem Teilprogramm innerhalb des ABM-Schwerpunkts, festzumachen.

Denn bereits durch die gleichzeitige Förderung des zweiten ABM-Teilprogramms "Verbesserung des Wohnumfeldes/Umweltschutz" wurde die obige positive Wirkung zugunsten der Frauen mehr als kompensiert. In diesem Teilprogramm, in dem in etwa gleich viele Personen gefördert wurden wie im Teilprogramm "Soziale Dienste", waren Frauen sowie Teilzeitarbeitslose fünfmal weniger häufig vertreten, als es ihrem Anteil am Arbeitslosenbestand entsprach (Selektivitätskoeffizient von jeweils o,2).[64] Bei aggregierter Betrachtung beider ABM-Teilprogramme liegt der Selektionskoeffizient bezüglich der Frauen daher bei o,9. **Frauen wurden somit auch im ABM-Schwerpunkt des Sonderprogramms, bezogen auf ihren Anteil an den Arbeitslosen, in geringerem Maße gefördert als Männer.** Infolgedessen liegt auch die (rechnerische) Reduktion der Arbeitslosigkeit durch die

---

[63] Vgl. Fritz W. Scharpf (Projektleitung): Implementation des Sonderprogramms auf der lokalen und regionalen Ebene. Zwischenbericht 1981, a.a.O., S. 471, sowie Andrea Hellmich: Arbeitsbeschaffungsmaßnahmen zur Verbesserung der sozialen Dienste und der sozialen Infrastruktur, a.a.O., S. 87 ff

[64] Vgl. Aribert B. Peters, Günther Schmid: Aggregierte Wirkungsanalyse des Arbeitsmarktpolitischen Programms der Bundesregierung für Regionen mit besonderen Beschäftigungsproblemen, - Zwischenbericht -, a.a.O., Tabelle 5.2-1, S. 181

ABM-Förderung (der Programmeffekt) bei den Frauen mit 2,6 % unter dem Wert, der für die Gesamtheit aller ABM-Geförderten erzielt wurde (2,9 %).[65] [66] Peters/Schmid kommen ferner zu dem Ergebnis, daß sich die Konzentration auf Frauen im Schwerpunkt "Soziale Dienste" hinsichtlich der gesamtwirtschaftlichen Entlastungswirkung nicht ausgezahlt hat.[67]

Innerhalb der 23 Programmregionen kam es dabei zu sehr unterschiedlichen Entwicklungen sowohl hinsichtlich der geschlechtsspezifischen Verteilung (Selektivität) als auch hinsichtlich des Niveaus der in Anspruch genommenen Fördermittel bzw. der Zahl der hiermit geförderten Personen im Verhältnis zu den Arbeitslosen (Programmeffekt).

---

65 Wie bereits betont, handelt es sich um eine äußerst vereinfachende Berechnung des Entlastungseffekts, der mit Blick auf mögliche Substitutionseffekte tendenziell zu hoch ausgewiesen wird.

66 Vgl. zu diesem Befund sowie zu den folgenden regionalen Ergebnissen Aribert B. Peters, Günther Schmid: Aggregierte Wirkungsanalyse des Arbeitsmarktpolitischen Programms der Bundesregierung für Regionen mit besonderen Beschäftigungsproblemen, - Zwischenbericht -, a.a.O., Tabelle 5.-5 im Anhang. Die Werte beziehen sich auf die Geförderten am 25.4.198o und die Arbeitslosen im Mai 198o.

67 Vgl. Aribert B. Peters, Günther Schmid: Aggregierte Wirkungsanalyse des Arbeitsmarktpolitischen Programms der Bundesregierung für Regionen mit besonderen Beschäftigungsproblemen: Analyse der Beschäftigungswirkungen, a.a.O., S. 223. Peters/-Schmid kommen, wie bereits weiter oben erwähnt, zu dem Ergebnis, daß der gesamte Entlastungseffekt des Sonderprogramms (1o.ooo Personen) erstens zu 9o % durch Schwerpunkt 1 bewirkt wurde und zweitens zu 9o % den Männern zuzurechnen ist. Zur berechtigten Kritik an diesen Ergebnissen bzw. dem zugrundeliegenden multivariaten Strukturgleichungsmodell von Peters/-Schmid vgl. Andrea Hellmich: Arbeitsbeschaffungsmaßnahmen zur Verbesserung der sozialen Dienste und der sozialen Infrastruktur, a.a.O., S. 67 f. Vgl. auch Arbeitsmarktpolitisches Programm der Bundesregierung für Regionen mit besonderen Beschäftigungsproblemen vom 16. Mai 1979, Zusammenfassung der Ergebnisse der Begleitforschung, zusammengestellt vom Referat II a 2 des Bundesministers für Arbeit und Sozialordnung, o.O., Februar 1984, S. 51

Im Schnitt der 9 geförderten nordrhein-westfälischen Arbeitsamtsbezirke entsprach der Selektivitätskoeffizient (Frauenanteil an Förderfällen in v.H. Frauenanteil an Arbeitslosen) in etwa dem Durchschnittswert für alle 23 Bezirke (o,9). Der Programmeffekt (weibliche Förderfälle, in v.H. der weiblichen Arbeitslosen) hingegen hob sich mit 3,3 % positiv vom durchschnittlichen Wert (2,6 %) nach oben ab. Außerordentlich groß ist dabei jedoch auch die Schwankungsbreite dieser beiden "Erfolgskennziffern" innerhalb der 9 nordrhein-westfälischen Arbeitsamtsbezirke:

Eine im Vergleich zu Männern überdurchschnittliche Berücksichtigung von Frauen, verbunden mit einer gleichzeitig überdurchschnittlichen Entlastung des weiblichen Arbeitslosenbestandes findet sich dabei nur im Arbeitsamtsbezirk Oberhausen (Selektivität 1,5; Programmeffekt: 5,5).

Die erhoffte positive Selektivität zugunsten von Frauen, aber gekoppelt mit einem unterdurchschnittlichen Programmeffekt, wiesen die Arbeitsamtsbezirke

Dortmund	(1,4; 2,4)
Duisburg[68]	(1,6; 2,o)

auf.

Der umgekehrte Fall (Selektivität zuungunsten von Frauen, aber überdurchschnittliche Programmeffekte) trifft auf die Arbeitsamtsbezirke

Bochum	(o,7; 5,2)
Hamm	(o,7; 3,8)
Recklinghausen	(o,9; 3,o)
Gelsenkirchen	(o,9; 7,2)

zu.

---

[68] Im Falle Duisburg ist bekannt, daß die Gewerkschaften und Personalräte sich vehement gegen eine extensive Ausweitung von ABM wandten. Vgl. Aribert B. Peters, Günther Schmid: Aggregierte Wirkungsanalyse des Arbeitsmarktpolitischen Programms der Bundesregierung für Regionen mit besonderen Beschäftigungsproblemen, - Zwischenbericht -, a.a.O., S. 167

Das ungünstigste Bild - negative weibliche Selektivität und unterdurchschnittliche Entlastung des weiblichen Arbeitslosenbestandes - schließlich wiesen die Arbeitsamtsbezirke

Essen	(o,7; 1,4)
Aachen	(o,8; 1,5)

auf.

Wie die Ergebnisse der multiplen Regressionsanalyse von Peters/Schmid gezeigt haben,[69] läßt sich die regional unterschiedliche Inanspruchnahme dabei nur zu einem geringen Teil aus der Struktur von Angebot und Nachfrage auf dem Arbeitsmarkt erklären. Der überwiegende Teil der Varianz ist auf spezifische Implementationsaktivitäten der Akteure auf Bundes-, Landes- und lokaler Ebene oder auf singuläre Einflüsse zurückzuführen. Dieses Ergebnis unterstreicht also wiederum, daß sich das Niveau der weiblichen ABM-Förderung in einzelnen Regionen noch in erheblichem Maße steigen läßt, sofern die örtlichen Arbeitsämter entsprechende Aktivitäten entwickeln.

11.7 Ursachen für die Unterrepräsentation von Frauen in ABM

Die Verteilung der ABM-Arbeitsplätze auf die Geschlechter hat deutlich gemacht, daß Frauen auch in diesem Bereich aktiver Arbeitsmarktpolitik unterrepräsentiert sind.
Die bisherige Analyse lieferte dabei bereits einige Hinweise auf die möglichen Hintergründe dieser Unterrepräsentation: Wie in Abschnitt 11.4.1 festgestellt wurde, überwiegen bei den Fördervoraussetzungen, die den zu fördernden Personenkreis abstecken, indirekt nachteilige Konsequenzen für Frauen. Vor allem die Bindung der ABM-Förderung an den vorherigen Bezug von Lohnersatzleistungen wirkt sich für Frauen, speziell für Berufsrückkehrerinnen sowie für längerfristig arbeitslose Frauen, nachteilig aus.

[69] Vgl. ebenda, S. 16o ff

Auch die Tatsache, daß Frauen nicht zum Kreis der explizit als besonders förderungsbedürftig ausgewiesenen Personen zählen, hat ihre Konkurrenzsituation gegenüber den anderen Problemgruppen des Arbeitsmarktes verschlechtert.

Die empirischen Ergebnisse zur Struktur der ABM-Beschäftigten belegten sodann, daß dem Problem der Jugendarbeitslosigkeit offensichtlich derzeit politisch das größte Gewicht zugemessen, und somit das Problem der Frauenarbeitslosigkeit auch aufgrund dieser politischen Prioritäten zurückgedrängt wird.

Ferner zeigten sich Anzeichen dafür, daß Frauen, vor allem die Teilzeitarbeit suchenden Frauen unter ihnen, in besonderem Maße dem Verdacht der "Arbeitsunwilligkeit" ausgesetzt sind, wodurch ihre Zuweisungschancen auf solche ABM-Arbeitsplätze, die prinzipiell gleichermaßen für Frauen und Männer geeignet sind, vermutlich ebenfalls beeinträchtigt werden.

Die regionale Analyse und die hierbei sichtbar werdenden erheblichen Disparitäten im Einsatz von weiblichen ABM-Kräften machte schließlich deutlich, daß den örtlichen Arbeitsverwaltungen bei der Steuerung des geschlechtsspezifischen ABM-Einsatzes eine Schlüsselrolle zukommt.

Die aufgezeigte unterwertige Beschäftigung, mit der sich ein großer Teil der Frauen bei Teilnahme an einer ABM konfrontiert sieht, läßt es ferner möglich und verständlich erscheinen, daß Frauen auch selbst die Teilnahme an einer ABM verweigern, und zwar aus durchaus rationalen Gründen, weil sie nämlich berechtigten Zweifel an der Erfolgswirksamkeit einer ABM-Tätigkeit haben.

Weitere Anhaltspunkte über die Ursachen des unterdurchschnittlichen Teilnahmeniveaus von Frauen lassen sich aus der Untersuchung von Breuer/Hellmich[70] gewinnen, die mit Hilfe qualita-

---

[70] Vgl. Wilhelm Breuer, Andrea Hellmich: Frauen in Arbeitsbe-

tiver Interviews mit den Vertretern der Arbeitsverwaltung und mit den Trägern versucht haben, die geschlechtsspezifischen Bedingungen der Zuweisung von Frauen in ABM zu durchleuchten.

Erwartungsgemäß gaben die Vertreter der Arbeitsverwaltung nur in Einzelfällen[71] offen zu, ihre Einstellung gegenüber der Erwerbslosigkeit und Erwerbstätigkeit von Frauen sei von geschlechtstypischen Vorurteilen geprägt. Sie verwiesen vielmehr mit Vorliebe auf sogenannte "objektive" Ursachen, wie die Struktur der Maßnahme sowie das fehlende Angebot an Teilzeitarbeitsplätzen oder auf das angeblich generell geringere Qualifikationsniveau[72] von Frauen.

Diesen tatsächlichen oder vorgeschobenen "objektiven" Gründen steht entgegen, daß auch das breite Feld der Maßnahmen, die grundsätzlich für beide Geschlechter gleichermaßen geeignet sind, von Männern dominiert ist. Hierauf angesprochen zeigte sich, daß die Arbeitsvermittler/innen diesen Spielraum keineswegs für Frauen erschließen, sondern vielmehr mehr oder minder unbewußt Männer bevorzugen, weil sie deren Arbeitslosigkeit als gravierender beurteilen.[73]

----

schaffungsmaßnahmen, a.a.O., insbes. S. 1o7-11o und S. 136-139

71 "Nicht jede Frau sieht in der Berufstätigkeit eine Verwirklichung ihres persönlichen Lebens. Ältere Frauen, 35- bis 40jährige, sind durchaus mit ihrem Los als Hausfrauen zufrieden". Zitiert bei Wilhelm Breuer, Andrea Hellmich: Frauen in Arbeitsbeschaffungsmaßnahmen, a.a.O., S. 1o7

72 Der Untersuchung von Spitznagel zufolge war das Qualifikationsniveau der Frauen tatsächlich - gemessen an der beruflichen Stellung vor ABM - deutlich **höher** als das der Männer. Vgl. Eugen Spitznagel: Globale und strukturelle Auswirkungen von Allgemeinen Maßnahmen zur Arbeitsbeschaffung (ABM), a.a.O., S. 112. Vgl. auch die Ausführungen in den Abschnitten 2.2.3 und 8.8.4 dieser Arbeit.

73 "Wahrscheinlich werden Männer hier (im Bereich der Verwaltung) vorgezogen, weil es sozial dringlicher erscheint, sie einzusetzen als Frauen ... Ich schätze, daß die Vermittlungsstellen eben den sozial schwächeren Teil, den Familienvater, berücksichtigen wollen". Zitiert bei Wilhelm Breuer, Andrea Hellmich: Frauen in Arbeitsbeschaffungsmaßnahmen, a.a.O., S. 11o

Auf die bestehenden Vorurteile, die die Träger der Arbeitsbeschaffungsmaßnahmen hinsichtlich der Arbeitswilligkeit von Frauen hegen, wurde bereits hingewiesen. Darüber hinaus zeigten sich alle Träger grundsätzlich bereit, statt angeforderter männlicher Arbeitskräfte auch weibliche Arbeitslose in ihren Maßnahmen zu beschäftigen. Sie verwiesen damit die Verantwortung für die unterdurchschnittliche Zuweisung von Frauen auf die Arbeitsverwaltung als die eigentlich entscheidende Institution. Bei den Wohlfahrtsverbänden herrschte sogar das Bewußtsein vor, Frauen bedürften aufgrund ihrer stärkeren Betroffenheit von Arbeitslosigkeit einer bewußten Bevorzugung bei der Zuweisung in ABM-Arbeitsplätze.

Die relativ große Aufgeschlossenheit zumindest eines Teils der Träger gegenüber weiblichen Arbeitskräften dürfte dabei auch von ihren positiveren Erfahrungen mit Frauen im Vergleich zu Männern beeinflußt sein. Denn im Urteil der Träger waren die Leistungen der Frauen im allgemeinen zufriedenstellender als die ihrer männlichen Kollegen.

12. Frauen in der Regionalpolitik

12.1 Regionale Unterschiede in den Erwerbsmöglichkeiten für Frauen

Die Erwerbsbeteiligung von Frauen in der BRD weist ganz erhebliche regionale Unterschiede auf. Diese Unterschiede sind naturgemäß um so größer, je kleiner die räumliche Beobachtungseinheit ist. Aussagekräftige Ergebnisse über das Ausmaß der regionalen Streuungen lassen sich daher nur auf der Grundlage eines adäquaten räumlichen Bezugsrasters ableiten. Unter den in Frage kommenden räumlichen Abgrenzungskonzeptionen erscheinen uns die 179 Arbeitsmarktregionen, die mittlerweile in der Regionalforschung auch als "Klemmer-Regionen"[1] bekannt sind, dazu noch am ehesten geeignet, denn sie tragen den ökonomischen Verflechtungen auf den Arbeitsmärkten über die Berufspendlerbewegungen zwischen Wohn- und Arbeitsort (unter Berücksichtigung der normativen Bedingung einer zumutbaren Pendelbelastung) Rechnung.[2]

Diese Arbeitsmarktregionen bilden die räumliche Beobachtungseinheit für die Abgrenzung der Fördergebiete im Rahmen der Gemeinschaftsaufgabe "Verbesserung der regionalen Wirtschaftsstruktur" (GRW). Diese Gemeinschaftsaufgabe - da "gemeinschaftlich" von Bund und Ländern betrieben - ist das Kernstück bundesdeutscher Regionalpolitik, deren grundgesetzlich (Art. 72 Abs. 2 GG) verankertes Ziel es ist, einen Beitrag zur Einheitlichkeit der Lebensverhältnisse in den Teilräumen des Bundesgebietes zu leisten.

---

1 Vgl. Paul Klemmer: Abgrenzung regionaler Arbeitsmärkte in der Bundesrepublik Deutschland für die Zwecke der Gemeinschaftsaufgabe "Verbesserung der regionalen Wirtschaftsstruktur", Bochum 1973

2 Ohne allerdings die zumutbare Pendelbelastung geschlechtsspezifisch zu differenzieren. Vgl. S. 5o7

Auf der Basis dieser räumlichen Vergleichsperspektive stellen sich die Unterschiede in der Frauenerwerbstätigkeit wie folgt dar:

Abb. 5 Variationsbereiche regionaler Erwerbsquoten nach Altersgruppen

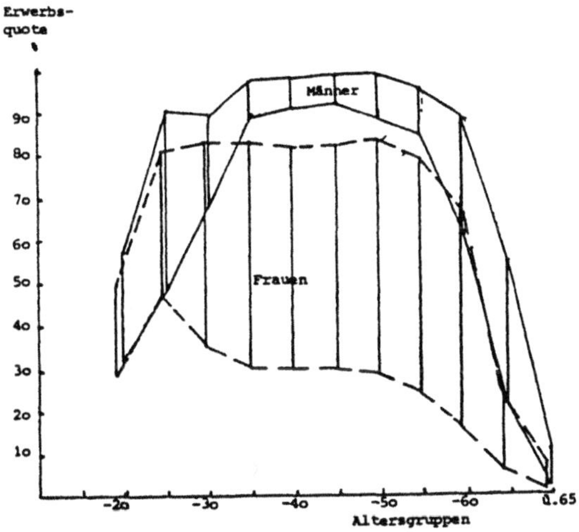

Für jede Altersgruppe wurde das jeweils regionale Maximum bzw. Minimum aufgetragen.

Quelle: Joachim Vesper: Prognose der regionalen Arbeitsplatznachfrage 1985 und regionaler Arbeitsmarktbilanzen für die Neuabgrenzung der Fördergebiete im Rahmen der Gemeinschaftsaufgabe "Verbesserung der regionalen Wirtschaftsstruktur", Bonn-Bad Godesberg 1981, S. 5o

Abbildung 5 zeigt zunächst die an maximalen und minimalen Ausprägungen gemessene regionale Variationsbreite weiblicher und männlicher Erwerbsquoten für einzelne Altersgruppen.[3] Deutlich

---

[3] Die regionalen Werte sind der Regionalprognose 1985 von Joachim Vesper: Prognose der regionalen Arbeitsplatznachfrage 1985 und regionaler Arbeitsmarktbilanzen für die Neuabgrenzung der Fördergebiete im Rahmen der Gemeinschaftsaufgabe "Verbes-

wird, daß die regionale Erwerbsbeteiligung der Männer in den mittleren Jahrgängen nur eine sehr geringe Spannweite aufweist, während die Erwerbsbeteiligung der Frauen durch außerordentlich hohe regionale Schwankungen in den Altersgruppen zwischen 25 und 6o Jahren charakterisiert ist. Beispielsweise bewegt sich die Erwerbsquote der 40jährigen Frauen zwischen rund 8o % in der "günstigsten" Region und rund 3o % in der "ungünstigsten" Region.

Tabelle 95 Regionen mit der höchsten und niedrigsten Erwerbsbeteiligung der Frauen 1985 (Prognosedaten)

Regionen mit der höchsten / niedrigsten Erwerbsbeteiligung der Frauen

Nr.	Arbeitsmarktregion	Land	Regionale Erwerbsquote	Nr.	Arbeitsmarktregion	Land	Regionale Erwerbsquote
156	Balingen	BW	57,7	55	Gelsenkirchen	NRW	24,3
122	Rothenburg o.d.Tauber	Bay	51,9	56	Recklinghausen	NRW	24,9
131	Ansbach	Bay	51,3	1o3	Saarbrucken	Sa	26,o
157	Sigmaringen	BW	51,3	52	Wesel-Moers	NRW	26,2
154	Schwarzwald-Baar-Heuberg	BW	51,o	53	Duisburg-Oberhausen	NRW	26,6
				57	Bochum	NRW	26,9
149	Pforzheim	BW	5o,4	58	Dortmund-Lüdinghausen	NRW	27,1
168	Wasserburg	Bay	49,8	54	Essen-Mulheim	NRW	28,o
133	Neumarkt i.d.*	Bay	49,6	81	Siegen	NRW	28,2
142	Nördlingen	Bay	49,4	59	Hamm-Beckum	NRW	28,4
153	Donaueschingen	BW	49,3	6	Ostholstein	Schl	28,6
13o	Schwäbisch-Hall	BW	49,o	5o	Kleve-Emmerich	NRW	28,7
113	Coburg	Bay	49,o				

Quelle: Hannelore Neumann, Joachim Vesper: Berücksichtigung strukturschwacher Verdichtungsgebiete in der regionalen Wirtschaftsförderung, Opladen 1983, S. 186

Schlüsselt man weiter nach Arbeitsmarktregionen auf (vgl. Tabelle 95), so zeigt sich, daß in der Region mit der höchsten Frauenerwerbsquote im Bundesgebiet (57,7 % in der Arbeitsmarktregion Nr. 156 Balingen in Baden-Württemberg) - relativ gesehen - weit mehr als doppelt so viele Frauen im erwerbsfähigen Alter einer Beschäftigung nachgehen, wie in der Region mit der niedrigsten Frauenerwerbsquote (24,3 % in der Arbeits-

----

serung der regionalen Wirtschaftsstruktur", a.a.O., entnommen. Es handelt sich also um - unter bestimmten Annahmen - geschätzte Werte.

marktregion Nr. 55 Gelsenkirchen in Nordrhein-Westfalen). Hohe Erwerbsquoten der Frauen sind dabei insbesondere für die Arbeitsmarktregionen im Süden des Bundesgebietes typisch. Niedrige Erwerbsquoten der Frauen finden sich vor allem in den Montanregionen sowie in einem Teil des ländlichen Raums.

Die gravierenden interregionalen Differenzen zwischen den Frauenerwerbsquoten werden, wie einschlägige Untersuchungen belegen, in erster Linie vom quantitativen und qualitativen **Angebot** an Arbeitsplätzen in der Region bestimmt. "Die Zahl der Vollzeit- und Teilzeitarbeitsplätze für Frauen, ihre sektorale und qualitative Struktur sowie ihre Entlohnung erklären zum weitaus größten Teil interregionale Differenzen zwischen den Frauenerwerbsquoten".[4]

Niedrige weibliche Erwerbsquoten in einzelnen Regionen sind also ein Indiz für eine entsprechend hohe potentielle Reserve an erwerbswilligen Frauen. Mangels geeigneter Arbeitsplätze war es diesen Frauen - zum Teil selbst in konjunkturell günstigen Zeiten - bislang verwehrt, am Erwerbsleben teilzunehmen. Dieses weibliche Erwerbspersonenpotential ließe sich folglich "aktivieren", wenn ihm ein entsprechendes Arbeitsplatzangebot zur Verfügung stünde.

Die von der Regionalpolitik angestrebte "Einheitlichkeit der Lebensverhältnisse in allen Teilregionen des Bundesgebietes" ist also für Frauen in unvergleichlich geringerem Maße gegeben als für Männer. Somit ist die Notwendigkeit bei regional- und strukturpolitischen Maßnahmen, klare Prioritäten zugunsten der Schaffung von Frauenarbeitsplätzen zu setzen, evident.

---

[4] Jochem Langkau: Bestimmungsgründe regionaler Unterschiede in der Frauenarbeit und Ansätze für eine regionale Förderung. Ein Beitrag zur Regionalisierung der Sozialpolitik, Schriftenreihe des Forschungsinstituts der Friedrich-Ebert-Stiftung, Band 133, Bonn-Bad Godesberg 1977, S. 3o4

12.2 Die Fördermodalitäten der Gemeinschaftsaufgabe "Verbesserung der regionalen Wirtschaftsstruktur" und ihre frauenspezifischen Wirkungen

Doch wie sieht nun die Förderungsrealität aus? Folgt man einer diesbezüglichen Stellungnahme der Bundesregierung, so gewinnt man den Eindruck, als nähme die Schaffung von Frauenarbeitsplätzen im Rahmen der GRW tatsächlich einen **bevorzugten** Rang ein:

"Im Rahmen der Gemeinschaftsaufgabe "Verbesserung der regionalen Wirtschaftsstruktur" werden Investitionen zur Schaffung von Frauenarbeitsplätzen bevorzugt gefördert. ... Grundsätzlich gilt, daß Errichtungs- und Erweiterungsinvestitionen nur dann gefördert werden können, wenn sie in ausgewählten Gemeinden, den sogenannten Schwerpunktorten der Gemeinschaftsaufgabe, durchgeführt werden. Von diesem Schwerpunktprinzip kann aber dann abgewichen werden, wenn mit der betreffenden Investition Frauenarbeitsplätze geschaffen werden. Bei Errichtungsinvestitionen müssen - damit eine Förderung außerhalb von Schwerpunktorten möglich ist - nach Durchführung der Investition überwiegend Dauerarbeitsplätze für Frauen vorhanden sein. Bei Erweiterungsinvestitionen müssen darüber hinaus auch die zusätzlich zu schaffenden Dauerarbeitsplätze überwiegend für Frauen bestimmt sein. Aus regionalpolitischer Sicht wird keine Notwendigkeit gesehen, diese Regelung zu ändern".[5]

Wie "frauenfreundlich" ist nun das Förderkonzept der GRW tatsächlich, und wie vor allem stellt sich die Förderpraxis dar?

Im Mittelpunkt der regionalen Strukturpolitik durch die GRW steht die Beeinflussung der regionalen Investitionstätigkeit, um auf diese Weise Beschäftigung und Einkommen in den förderungsbedürftigen Regionen zu erhöhen. Dies geschieht über räumlich konzentrierte und in ihrer Intensität abgestufte Investitionsanreize für private Unternehmer sowie über eine gezielte Verbesserung der wirtschaftlichen Infrastruktur in den Regionen. Dabei kann auch die Errichtung und Erweiterung von

----

[5] Antwort der Bundesregierung auf die Große Anfrage von sozialdemokratischen Bundestagsabgeordneten zum Thema Frauenarbeitslosigkeit vom 2.11.1983, in: Drucksache 1o/871 vom 11.1.1984 des Deutschen Bundestages, hier zitiert aus: Probleme der Frau in unserer Gesellschaft, a.a.O., S. 22

Ausbildungs-, Fortbildungs- und Umschulungsstätten gefördert werden.

Die beiden wichtigsten Förderinstrumente,[6] die in den Gebieten der Gemeinschaftsaufgabe zum Einsatz kommen können, sind die regionale Investitionszulage und der regionale Investitionszuschuß, der aus Haushaltsmitteln der Gemeinschaftsaufgabe (GA) gewährt wird.

Die Investitionszulage beträgt im Zonenrandgebiet lo % und in den übrigen förderungsbedürftigen Gebieten 8,75 % der Investitionskosten. Während die Investitionszulage eine gesetzlich garantierte Basisförderung darstellt, ist der Investitionszuschuß aus Mitteln der Gemeinschaftsaufgabe als variable Ergänzungsförderung gedacht. Gut 2/3 aller geförderten Arbeitsplätze und rund 45 % des Investitionsvolumens wurden allerdings in der Vergangenheit (1972-1984), vermutlich vor allem wegen des wesentlich leichteren Antragsverfahrens, nur mit der Investitionszulage gefördert, so daß diesem Instrument in der Praxis die größere Bedeutung zukommt.[7]

Die Förderung aus öffentlichen Mitteln darf die Investitionskosten nur bis zu bestimmten Höchstsätzen, die zwischen lo und 25 % der Investitionskosten liegen, verbilligen. Dabei kann

---

[6] Darüber hinaus können Bürgschaften zugunsten von Unternehmen der gewerblichen Wirtschaft sowie unter bestimmten räumlichen und sachlichen Voraussetzungen zinsverbilligte Darlehen aus dem ERP-Sondervermögen gewährt werden. Ferner werden Infrastrukturinvestitionen gefördert. Für die Schaffung zusätzlicher betrieblicher Ausbildungsplätze sowie hochwertiger Arbeitsplätze ist ein besonderer Investitionszuschuß als Anreiz vorgegeben. Vgl. zu den Förderbedingungen im einzelnen: Vierzehnter Rahmenplan der Gemeinschaftsaufgabe "Verbesserung der regionalen Wirtschaftsstruktur" für den Zeitraum 1985-1988 (1989), Bundestagsdrucksache lo/3561 vom 25.6.1985, insbes. S. 23 ff

[7] Im Jahresdurchschnitt 1985-1989 wird für die Investitionszulage ein Mittelbedarf von rund 1,o5 Mrd. DM, für GA-Mittel ein Mittelbedarf von o,55 Mrd. DM angenommen. Vgl. 14. Rahmenplan der Gemeinschaftsaufgabe "Verbesserung der regionalen Wirtschaftsstruktur", a.a.O., S. 177

die Spanne zwischen Investitionszulage und dem jeweiligen Förderungshöchstsatz durch einen Investitionszuschuß aus GA-Mitteln ausgefüllt werden.

Die Förderungshöchstsätze sind zum einen nach der **Art** der Investition gestaffelt, die sich nach Errichtung, Erweiterung, Umstellung und grundlegender Rationalisierung unterscheiden. Der Errichtung fördermäßig gleichgestellt ist der Erwerb (und die Fortführung) eines stillgelegten oder von Stillegung bedrohten Betriebes. Errichtungs- und Erweiterungsinvestitionen, mit denen **neue** Arbeitsplätze geschaffen werden, erhalten dabei gegenüber Umstellungs- und Rationalisierungsinvestitionen, die auf **Sicherung** vorhandener Arbeitsplätze zielen, Prioritäten.

Fördermittel für Investitionen von gewerblichen Produktionsbetrieben werden in der Regel nur in sogenannten Schwerpunktorten, d.h. in einer begrenzten Zahl von Gemeinden in anerkannten Fördergebieten, gewährt. Dieses **Schwerpunktprinzip** hat instrumentalen Charakter und geht von der Überlegung aus, daß spürbare und nachhaltige Erfolge durch staatliche Investitionsanreize nur bei einer gezielten räumlichen Konzentration der eingesetzten Mittel erreicht werden können.

Zwischen den Schwerpunktorten gibt es wiederum eine abgestufte Präferenzstruktur, d.h. eine Staffelung der Förderhöchstsätze, die bei Errichtungs- und Erweiterungsinvestitionen zwischen 25 und 15 % liegen. Diese Präferenzen richten sich zum einen nach der Entwicklungsfähigkeit der Schwerpunktorte, zum anderen sind sie zur Kompensation besonderer Standortnachteile (Zonenrandgebiet) gedacht.

Bei dieser Förderung nach dem Schwerpunktprinzip, die den Intentionen der GRW nach die Normalförderung sein sollte, gibt es keine Regelung, mit der eine bevorzugte Förderung von Frauenarbeitsplätzen angestrebt wird.

Wie in obiger regierungsamtlicher Stellungnahme zum Ausdruck kommt, ist die Schaffung oder Sicherung von Frauenarbeitsplätzen jedoch unter bestimmten Bedingungen auch außerhalb von Schwerpunktorten förderungswürdig. Dabei kommt allerdings ein geringerer Förderungshöchstsatz (in der Regel lo %, bei Einrichtungs- und Erweiterungsinvestitionen im Zonenrandgebiet und solchen Investitionen mit "hohem Struktureffekt" ausnahmsweise 15 %) zur Anwendung.

Mit der Ausnahmeregelung soll der Tatsache Rechnung getragen werden, daß die zumutbare Pendelzeit für berufstätige Frauen, insbesondere für Frauen mit Kindern wegen ihrer zusätzlichen Belastungen durch Haushalt und Familie, wesentlich geringer ist als für Männer. Wegen den im Schnitt sehr viel geringeren Einkommen von Frauen ergibt sich zudem für sie in der Regel eine weit ungünstigere Relation von Zeit- und Transportkosten zum Einkommen, dies erst recht, wenn Frauen auf die Ausübung einer Teilzeitbeschäftigung angewiesen sind.

Insofern läßt sich diese Ausnahmeregelung auch nicht als Bevorzugung von Frauen interpretieren, sondern es handelt sich lediglich um eine nachträgliche Korrektur des vorwiegend an den Lebensbedingungen von Männern konzipierten Förderkonzepts.

Darüber hinaus stellt diese frauenspezifische Vergünstigung nur eine von mehreren Ausnahmetatbeständen für eine Förderung außerhalb von Schwerpunktorten dar. Begünstigt sind ferner standortgebundene Unternehmen, Betriebe, die in Wohnsiedlungsgebieten erhebliche Belastungen und Gefährdungen hervorrufen würden, Erweiterungen in ehemaligen Schwerpunktorten, der Erwerb eines stillgelegten oder von Stillegung bedrohten Betriebes oder dessen Erweiterung, unter bestimmten Voraussetzungen die Erweiterung neugegründeter Unternehmen sowie Vorhaben von Fremdenverkehrsbetrieben.

Bei der Vielzahl der Ausnahmebestimmungen für Investitionen außerhalb von Schwerpunktorten kann also von einer klaren Prioritätensetzung zugunsten von Frauen nicht die Rede sein. In der Praxis ist in einigen Bundesländern nicht die Förderung nach dem Schwerpunktprinzip, sondern seine Durchbrechung die Regel. "Zum Teil geschicht in der 'Kulisse' mehr als auf der eigentlichen Bühne der Förderung ..."[8] lautet dementsprechend auch das Ergebnis einer Untersuchung. So floß im Zeitraum 1972 bis 1984 in Nordrhein-Westfalen mehr als die Hälfte (53 %) des geförderten Investitionsvolumens für gewerbliche Produktionen (ohne Fremdenverkehr) in Standorte, die keine bzw. die nicht mehr Schwerpunktorte waren. Von der vom Grundsatz her frauenfreundlichen Regelung sind also schon deshalb keine durchschlagenden Fördereffekte zu erwarten, weil das Schwerpunktprinzip seine lenkende Funktion nicht ausübt und somit eine von der Norm abweichende "Vorzugs"regelung nicht zum Tragen kommt. **Es überwiegen vielmehr Förderbedingungen, die die Schaffung und Sicherung von Frauenarbeitsplätzen im Vergleich zu Männerarbeitsplätzen tendenziell erschweren.**

So wird die Gemeinschaftsaufgabe "Verbesserung der regionalen Wirtschaftsstruktur" weitgehend auf der Grundlage der Exportbasistheorie praktiziert. Förderungswürdig sind nur Investitionen, die einen sogenannten "Primäreffekt" auslösen, d.h. die das Gesamteinkommen in der Förderregion durch die Schaffung **zusätzlicher** Einkommensquellen erhöhen sollen. Diese Voraussetzung wird dann als erfüllt angesehen, wenn der Förderbetrieb überwiegend Güter herstellt oder Leistungen erbringt, die ihrer Art nach regelmäßig **überregional** abgesetzt werden. Somit stehen bei der Förderung die Betriebe der gewerblichen Wirtschaft (einschließlich Fremdenverkehr) im Vordergrund. Betriebe des tertiären Sektors hingegen, Betriebe also, die häu-

----

8 C. Böhret, W. Jann und E. Kronewett: Handlungsspielräume und Steuerungspotential der regionalen Wirtschaftsförderung, in: Raumordnung und staatliche Steuerungsfähigkeit, Deutsche Vereinigung für Politische Wissenschaft (hrsg. von W. Bruder und Th. Ellwein), Opladen 198o, S. 91

fig eine Beschäftigungsdomäne der Frauen darstellen, wie z.B. der Einzelhandel, erfüllen den geförderten Primäreffekt im allgemeinen nicht und sind daher von der Förderung ausgeschlossen. **Von ihrer Konzeption her ist die GRW also - sicherlich ungewollt - vorwiegend auf die Förderung "männlicher" Arbeitsplätze ausgelegt.**

Auch bei der Abgrenzung der Fördergebiete werden bestimmte Gebietstypen mit niedriger Frauenerwerbsquote diskriminiert.[9] Einer der Abgrenzungsindikatoren ist das durchschnittliche Arbeitnehmereinkommen (Löhne und Gehälter pro sozialversicherungspflichtig Beschäftigten). Einige Regionen, wie z.B. das Ruhrgebiet und das Saarland, weisen trotz ihrer gravierenden Arbeitsmarktprobleme eine derzeit noch überdurchschnittliche Einkommensposition auf, die ihre Chancen, in die Förderkulisse aufgenommen zu werden, einschneidend verschlechtert. Für die relativ hohen Durchschnittseinkommen in diesen Regionen ist jedoch in erster Linie der geringe Besatz mit Frauenarbeitsplätzen verursachend.[10] "Eine unbefriedigende Situation, nämlich die strukturelle Schwäche des Ruhrgebiets in bezug auf Frauenerwerbstätigkeit, wird durch das in der Gemeinschaftsaufgabe benutzte (Einkommens-)Kriterium als Stärke ausgewiesen".[11] Eine Änderung der Auswahlkriterien für die Bestimmung der Fördergebiete erscheint daher dringend erforderlich.

---

9 Vgl. dazu Hannelore Neumann, Joachim Vesper: Berücksichtigung strukturschwacher Verdichtungsgebiete in der regionalen Wirtschaftsförderung, Opladen 1983, insbes. S. 7o f

10 Ein weiterer Einfluß geht von der Höhe der Arbeitslosigkeit selbst aus: Da die wenig qualifizierten und schlecht entlohnten Arbeitskräfte ein überdurchschnittliches Arbeitslosigkeitsrisiko haben, können die regionalen Durchschnittseinkommen der noch Beschäftigten - ceteris paribus - paradoxerweise gerade wegen des konjunkturellen Tiefs eine steigende Tendenz aufweisen, und zwar vor allem in jenen Regionen, die besonders stark von Arbeitslosigkeit gering entlohnter Personen (z.B. Frauen) betroffen sind.

11 Hans-Friedrich Eckey: Grundlagen der regionalen Strukturpolitik. Eine problemorientierte Einführung, Köln 1978, S. 13o

Von einer "bevorzugten" Förderung von Frauenarbeitsplätzen ist die GRW also weit entfernt. Die politischen Prioritäten sind auch in diesem Politikbereich anders gesetzt, nämlich, wie in den zuvor untersuchten Bereichen auch, besonders zugunsten von jungen Arbeitnehmern, deren Arbeitslosigkeit als politisch besonders brisant eingeschätzt wird. So wird zur Förderung betrieblicher Ausbildungsplätze zum einen bei Erweiterungsinvestitionen ein neu geschaffener Ausbildungsplatz wie zwei Arbeitsplätze gewertet, zum anderen wird für jeden zusätzlich geschaffenen Dauerausbildungsplatz ein besonderer Investitionszuschuß von 5.ooo,- DM gewährt. Wäre es den politischen Akteuren ernst mit der "bevorzugten" Schaffung von Frauenarbeitsplätzen, so könnten diese Förderungsmodalitäten für Jugendliche z.B. durchaus auch zugunsten von Frauen ausgerichtet werden.

12.3 Die Förderung von Frauenarbeitsplätzen mit Mitteln der Gemeinschaftsaufgabe "Verbesserung der regionalen Wirtschaftsstruktur"

Welchen Aufschluß über den Beitrag der GRW zur Verbesserung des weiblichen Arbeitsplatzangebots bietet nun die Statistik? Im Antragsformular für eine Förderung ist zwar eine geschlechtsspezifische Differenzierung der **geplanten** Dauerarbeitsplätze erfragt. Sofern diese Angaben von den Unternehmern aber überhaupt geleistet werden, beruhen sie meist auf Schätzungen und sind kaum einer Überprüfung zugänglich. Die Förderstatistik weist auch den Anteil der geförderten Frauenarbeitsplätze, die auf die erwähnte frauenspezifische Ausnahmeregelung (Förderung außerhalb von Schwerpunktorten) zurückgehen, nicht gesondert aus. Zudem handelt es sich bei den veröffentlichten Daten um Planungsdaten, die auf Angaben der Unternehmen beruhen, die in den Genuß der Fördermittel gelangen wollen. Eine systematische, flächendeckende Erfolgskontrolle, die Auskunft darüber gibt, ob die geplanten Arbeitsplätze auch tatsächlich geschaffen oder gesichert wurden, welche Qualität sie haben und ob sie auch über die Jahre hinweg Bestand hatten, erfolgt nicht. Die im folgenden wiedergegebenen "empirischen" Befunde sind also tendenziell zu "optimistisch", sowohl was die absolute Größenordnung der Förderfälle angeht als auch vermutlich, was den Anteil von Frauenarbeitsplätzen an den geförderten Arbeitsplätzen betrifft.

Wie aus Tabelle 97 in Verbindung mit Tabelle 96 hervorgeht, liegt der Frauenanteil an den mit öffentlichen Mitteln "geschaffenen" oder "gesicherten" Arbeitsplätzen im Zeitraum 1972 bis 1984 bei 31,3 % in Nordrhein-Westfalen und 37,6 % im Bundesgebiet. Er unterschreitet demnach in beiden Gebietseinheiten den Anteil der Frauen an den sozialversicherungspflichtig Beschäftigten (NRW 1977: 34,4 %, 1985: 36,8 %; Bundesgebiet 1977: 37,7 %, 1985: 39,7 %) und erst recht den Frauenanteil an den Arbeitslosen (NRW 1977: 47,7 %, 1985: 43,5 %; Bundesgebiet 1977: 49,7 %, 1985: 44,1 %). Die Förderpolitik hat also nicht zu einer Erhöhung des Anteils von Frauenarbeitsplätzen an den gesamten Arbeitsplätzen in den Förderregionen beigetragen. Ein gewisser Ansiedlungserfolg ist allerdings im industriellen Bereich erzielt worden, denn 32,6 % der bundesweit im Verarbeitenden Gewerbe neu geschaffenen Arbeitsplätze sind Frauenarbeitsplätze, während der weibliche Beschäftigtenanteil in diesem dominierenden Förderbereich bei 28,8 % (3o.6.77) bzw. 27,8 % (3o.6.85) lag.

Im Laufe der dreizehn Jahre von 1972 bis 1984 hat dabei der Anteil der Frauenarbeitsplätze an den geförderten Investitionen erheblichen Schwankungen unterlegen (vgl. Tabelle 98). In Nordrhein-Westfalen entfiel der höchste Anteilswert (44,4 %) auf das Jahr 1972, im Bundesgebiet auf das Jahr 1973 (5o,1 %), gefolgt vom Jahr 1972, auf für Frauen "günstige" Zeiträume also, weil in dieser Zeit die Arbeitsmarktsituation eine Mobilisierung der stillen Reserve unter den erwerbswilligen Frauen

Tabelle 96 Geförderte Arbeitsplätze im Zeitraum 1.1.1972 - 3o.9.1984

	Nordrhein-Westfalen Frauen	Männer	Bundesgebiet Frauen	Männer
sämtliche Forderfälle				
insgesamt	36.343	79.73o	754.523	1.25o.952
davon:				
- neue Arbeitsplatze (Errichtung und Erweiterung)	3o.737	66.918	284.658	531.696
- gesicherte Arbeitsplätze (Umstellung und Rationalisierung)	5.6o6	12.812	469.865	719.256
Förderfälle ohne reine Investitionszulagenfälle				
insgesamt	22.829	46.298	234.451	433.o48
davon:				
- neue Arbeitsplätze (Errichtung und Erweiterung)	17.223	33.487	113.436	213.727
- gesicherte Arbeitsplätze (Umstellung und Rationalisierung)	5.6o6	12.811	121.o15	219.321

Quelle: Daten der Forderstatistik

Tabelle 97 Geförderte 1) Frauenarbeitsplätze in v.H. aller geförderten Arbeitsplätze im Zeitraum 1.1.1972 - 3o.9.1984

Frauenanteil an den geförderten Arbeitsplätzen	N R W	Bundesgebiet
insgesamt	31,3 (33,o)	37,6 (35,1)
davon:		
- neue Arbeitsplätze (Errichtung und Erweiterung)	31,5 (34,o)	34,9 (34,7)
- gesicherte Arbeitsplätze (Umstellung und Rationalisierung)	3o,4 (3o,4)	39,5 (35,6)
geförderte neue Arbeitsplätze in v.H. der geförderten neuen und gesicherten Arbeitsplätze		
Frauen	84,6 (75,4)	37,7 (48,4)
Männer	83,9 (72,3)	42,5 (49,4)

1) Die in Klammern gesetzten Werte beziehen sich auf die nur mit Mitteln der Gemeinschaftsaufgabe oder gleichzeitig mit der Investitionszulage geförderten Arbeitsplätze (ohne nur mit der Investitionszulage geförderten Fälle), die übrigen Werte auf sämtliche Fälle.

Quelle: Eigene Berechnungen nach Daten der Förderstatistik

Tabelle 98 Entwicklung des Anteils der geförderten Frauenarbeitsplätze (sämtliche Fälle) an den geförderten Arbeitsplätzen vom 1.1.1972 bis zum 3o.9.1984 (in vH)

Jahr	insgesamt	davon: neue Arbeitsplätze (Errichtung und Erweiterung)	davon: gesicherte Arbeitspl. (Umstellung und Rationalisierung)
	Nordrhein - Westfalen		
1972	44,4	42,8	57,8
1973	28,o	27,6	35,o
1974	3o,o	29,9	1oo,o
1975	26,3	25,7	29,8
1976	29,o	28,9	29,3
1977	34,7	33,2	37,4
1978	27,4	28,2	23,o
1979	32,2	29,8	6o,o
198o	35,5	32,2	92,9
1981	32,5	35,7	15,1
1982	26,8	28,o	15,7
1983	39,7	45,o	14,2
1984	27,4	27,9	15,3
Ø 1972-1984	31,3	31,5	3o,4
	Bundesgebiet		
1972	46,4	3o,2	8o,8
1973	5o,1	32,4	66,1
1974	36,8	33,1	4o,o
1975	33,5	34,5	32,8
1976	33,6	36,1	32,6
1977	35,5	35,1	35,6
1978	35,8	35,4	35,9
1979	36,6	38,4	35,3
198o	34,9	34,4	35,3
1981	35,7	38,3	34,1
1982	35,5	36,8	34,9
1983	35,3	42,6	3o,8
1984	28,4	41,4	23,5
Ø 1972-1984	37,6	34,9	39,5

Quelle: Eigene Berechnungen nach Daten der Förderstatistik

"erlaubte". Auch in diesem Politikbereich spiegelt sich also die Reservearmeefunktion der Frauen deutlich wider.

Tabelle 99 B Entwicklung der Zahl der geförderten Frauenarbeitsplätze im Zeitraum 1.1.1972 bis 31.12.1985 (1972 = loo %) - Bundesgebiet -

Jahr	**neue** Arbeitsplätze	**gesicherte** Arbeitsplätze
1972	loo	loo
1973	92	166
1974	76	82
1975	66	65
1976	55	94
1977	49	82
1978	43	88
1979	51	49
198o	51	59
1981	51	6o
1982	4o	62
1983	49	46
1984	4o	k.A.
1985	36	k.A.

Quelle: Eigene Berechnungen nach Daten der Förderstatistik

Dabei ist zu beachten, daß sich entsprechend den veränderten Rahmenbedingungen auch die absolute Zahl der geförderten (Frauen-)Arbeitsplätze seit Anfang der 70er Jahre wesentlich vermindert hat: Im Jahre 1972 wurden bundesweit nahezu dreimal so viele "neue" Frauenarbeitsplätze gefördert wie im Jahre 1985! (vgl. Tabelle 99 B).

In Nordrhein-Westfalen partizipierten Frauen an der Subventionierung von Umstellungs- und Rationalisierungsinvestitionen seit 1981 besonders wenig: 198o lag ihr Anteil an den Förderfällen bei 92,9 %, seit 1981 bis 1984 bei rund 15 % (vgl. Tabelle 98). Die Fördermittel kamen hier primär der Sicherung von Männerarbeitsplätzen zugute, wobei allerdings die Zahl der "gesicherten" Männerarbeitsplätze in den nordrhein-westfälischen Gebieten relativ gering ist.

Tabelle 1oo B Verteilung der geförderten Frauenarbeitsplätze (alle Fälle) auf Wirtschaftszweige im Zeitraum 1.1.1972 - 3o.9.1984 - Bundesgebiet -

neue Arbeitsplätze (Errichtung und Erweiterung)		gesicherte Arbeitsplätze (Umstellung und Rationalisierung)	
in v.H. aller geförderten Arbeitsplätze			
1. Elektrotechnik	11,7	1. Textilgewerbe	16,o
2. Fremdenverkehrsgewerbe	9,9	2. Elektrotechnik	15,9
3. Bekleidungsgewerbe	9,4	3. Feinkeramik	9,5
4. Textilgewerbe	7,2	4. Bekleidungsgewerbe	6,6
5. Maschinenbau	6,2	5. Hochhofen-, Stahl- und Warmwalzwerke	5,1
6. Herst. v. Kunststoffwaren	5,9	6. Maschinenbau	4,7
7. Herstellung von Kraftwagen	4,8	7. Herstellung und Verarbeitung von Glas	3,1
8. Holzverarbeitung	4,6	8. Holzverarbeitung	2,9
9. Chemische Industrie	4,2	9. Chemische Industrie	2,7
1o. Herstellung von Eisen-, Blech- und Metallwaren	3,4	1o. Feinmechanik, Optik	2,6
1 - 1o	67,3	1 - 1o	69,1

Quelle: Eigene Berechnungen nach Daten der Förderstatistik

Das Spektrum der Wirtschaftszweige, in die Fördermittel zur Schaffung und Sicherung von Frauenarbeitsplätzen geflossen sind, ist, wie Tabelle 1oo B zeigt, sehr schmal: Gut zwei Drittel der geförderten Frauenarbeitsplätze entfallen auf nur 1o Wirtschaftszweige. Bei den Männern ist das Spektrum, wie aus einer entsprechenden, hier nicht wiedergegebenen Auswertung hervorgeht, nur geringfügig breiter.

Jene Wirtschaftszweige, die in überdurchschnittlichem Maße Fördermittel zur Schaffung "neuer" Arbeitsplätze bezogen haben, sind häufig zugleich diejenigen, die vorrangig Mittel zwecks Umstellung und Rationalisierung beansprucht haben.[12]

---

[12] Ob es sich dabei um eine, den Zielen der Regionalpolitik

Dies trifft insbesondere auf den Bereich der Elektrotechnik und auf das Bekleidungs- und Textilgewerbe zu. Allein diese drei Wirtschaftszweige vereinigen 28,3 % der "neuen" Frauenarbeitsplätze und 38,5 % der "gesicherten" Frauenarbeitsplätze auf sich.

Das Gros der 1o Wirtschaftszweige, in denen die meisten Frauenarbeitsplätze gefördert wurden, findet sich auch in der entsprechenden Verteilung der Männerarbeitsplätze wieder, wenn auch mit jeweils anderem Gewicht. Bei der Förderung "neuer" Frauenarbeitsplätze zählen beispielsweise nur das Fremdenverkehrs- und das Bekleidungsgewerbe nicht auch gleichzeitig bei den Männern zu den zehn bevorzugt geförderten Wirtschaftszweigen.

Unter den aus Tabelle 1oo B hervorgehenden zehn Wirtschaftszweigen, die gut zwei Drittel aller geförderten "neuen" Frauenarbeitsplätze stellen, befinden sich in erster Linie solche mit überdurchschnittlichem Frauenanteil (z.B. Bekleidungs- und Textilgewerbe, Fremdenverkehrsgewerbe). Insofern wird die geschlechtsspezifische Segregation des Arbeitsmarktes durch die Förderung noch unterstützt. Zum anderen Teil sind auch Wirtschaftszweige vertreten, die eher als typisch "männlich" strukturiert anzusehen sind (z.B. Maschinenbau, Herstellung von Kraftwagen, Chemische Industrie), wodurch eine begrüßenswerte Auflockerung der Struktur des weiblichen Arbeitsplatzangebots erreicht worden wäre. Möglicherweise ist die Verteilung auf Wirtschaftszweige jedoch auch durch die beschriebene problematische Datenlage hinsichtlich des Frauenanteils an den

----

widersprechende, Dauersubventionierung derselben Betriebe handelt, läßt sich aus dem vorhandenen Material nicht ersehen. Folgt man der Erfolgskontrolle von Ahlers und Baumhöfer für die Region Ostfriesland, so ist eine Dauersubventionierung der Ansiedlungsprojekte statt der angestrebten "Initialzündung" keineswegs die Ausnahme. Vgl. E. Ahlers, A. Baumhöfer: Wirkungen regionaler Wirtschaftsförderung. Untersucht am Beispiel der Region Ostfriesland, in: Informationen zur Raumentwicklung 11/198o, S. 577

Förderfällen geprägt, wobei der statistische Fehler um so größer ist, je tiefer die Daten disaggregiert sind.

Wie bereits erwähnt, kommt die besondere regionale Arbeitsmarktsituation von Frauen bereits bei der Selektion der Fördergebiete nicht explizit zum Tragen, unter Umständen verhindert eine niedrige Erwerbsquote der Frauen und ein daraus resultierendes überdurchschnittlich hohes regionales Einkommen sogar die Aufnahme einer Region in die Fördergebietskulisse.

Eine umfassende empirische Überprüfung, inwieweit die Fördergebiets**auswahl** den spezifischen Belangen von Frauen gerecht wird, ob also tatsächlich jene Regionen mit den ungünstigsten Arbeitsmarktbedingungen für Frauen zur Gebietskulisse der Gemeinschaftsaufgabe zählen, kann im Rahmen dieser Untersuchung nicht geleistet werden. Die Analyse muß sich folglich vorwiegend auf den intraregionalen Vergleich der Fördergebiete beschränken. Als weiteres Problem ergibt sich, daß Daten zur regionalen Verteilung der geförderten Frauenarbeitsplätze nur auf der regionalen Ebene von sogenannten Regionalen Aktionsprogrammen (das sind Aggregationen von Arbeitsmarktregionen) und auf der Ebene von kreisfreien Städten und Landkreisen vorliegen, nicht jedoch, wie es für einen aussagekräftigen Regionalvergleich notwendig wäre, auf der Ebene von Arbeitsmarktregionen. Hinzu kommt, daß sich die Zusammensetzung der Regionalen Aktionsprogramme im Laufe der Zeit permanent verändert hat bzw. für "alte" Fördergebiete häufig Übergangsregelungen gelten und ein großer Teil der Förderfälle in die statistische Rubrik "ehemalige Fördergebiete" fällt, die regional nicht näher aufgeschlüsselt ist.

Tabelle 1o1 und 1o2 lassen erkennen, daß Mittel der regionalen Wirtschaftsförderung zur Schaffung und Sicherung von Frauenarbeitsplätzen keineswegs immer in jene Räume geflossen sind, die ihrer in besonderem Maße bedürfen. Ein großer Anteil der neuen oder gesicherten Arbeitsplätze entfällt auf die nord-

Tabelle 1o1: Regionale Aktionsräume mit dem niedrigsten und höchsten Frauenanteil an den geförderten Arbeitsplätzen im Zeitraum 1.1.1972 - 3o.9.1984

Neue Arbeitsplätze (Errichtungen und Erweiterungen)				Gesicherte Arbeitsplätze (Umstellung und Rationalisierung)		
Geförderte Frauenarbeitsplätze in v.H. aller geförderten Arbeitsplätze						
Rang	Aktionsraum	v.H.	stille Reserve der Frauen 1) in v.H.	Rang	Aktionsraum	v.H.
1.	Schleswig	44,9	9,4	1.	Ems-Mittelweser	65,7
2.	Westbayerisches Fördergebiet	43,8	o,o	2.	Westbayerisches Fördergebiet	54,4
3.	Nordbayerisches Fördergebiet	42,3	o,3	3.	Nordbayerisches Fördergebiet	48,6
4.	Heide-Elbufer	39,7	5,1	4.	Nordeifel-Mönchengladbach-Heinsberg	46,8
5.	Ostbayerisches Fördergebiet	39,5	o,o	5.	Eifel-Hunsrück	46,7
	. . .				. . .	
14.	Nördliches Ruhrgebiet-Niederrhein-Westmünsterland	3o,2	2o,8	14.	Heide-Elbufer	31,7
15.	Niedersächsische Nordseeküste	29,2	11,4	15.	Mittelrhein-Lahn-Sieg	31,6
16.	Brilon-Höxter	28,9	13,o	16.	Südbayerisches Fördergebiet	27,9
17.	Saarland-Westpfalz	26,8	14,1	17.	Nördliches Ruhrgebiet-Niederrhein-Westmünsterland	26,9
18.	Nordeifel-Mönchengladbach-Heinsberg	25,3	13,7	18.	Neckar-Odenwald	5,o
Bundesdurchschnitt		34,9		Bundesdurchschnitt		39,5

1) Im Rahmen der Arbeitsmarktbilanzprognose 1985 zur Abgrenzung der Fördergebiete auf der Ebene von Arbeitsmarktregionen berechnet. Vgl. zum Verfahren: Joachim Vesper: Regionale Arbeitsmarktbilanzen 1985, Gutachten im Auftrag des Planungsausschusses der Gemeinschaftsaufgabe "Verbesserung der regionalen Wirtschaftsstruktur", Bonn-Bad Godesberg, Mai 1981, Tabelle A 8, S. 124 ff. Hier: Eigene Berechnungen für Aktionsprogramme anhand dieser Daten

Quelle: Eigene Berechnungen nach Daten der Förderstatistik

Tabelle 1o2 Verteilung der im Zeitraum 1.1.1972 bis 3o.9.1984 geförderten Frauenarbeitsplätze auf Regionale Aktionsräume

Aktionsraum	A. "Neue" Arbeitsplätze (Errichtung und Erweiterung)	
	Frauenarbeitsplätze in v.H. aller "neuen" Frauenarbeitsplätze	"stille Reverve"1) der Frauen in v.H.
1. ehemalige Fördergebiete	26,o	k.A.
2. Nordbayerisches Fördergebiet	1o,3	o,3
3. Niedersächsisches Bergland	9,1	8,7
4. Ostbayerisches Fördergebiet	8,1	o,o
5. Saarland-Westpfalz	7,6	14,1
6. Hessisches Fördergebiet	7,o	6,3
⋮		
14. Schleswig	1,1	9,4
15. Neckar-Odenwald	1,o	o,o
16. Nordeifel-Mönchengladbach-Heinsberg	o,8	13,7
17. Südbayerisches Fördergebiet	o,8	o,o
18. Brilon-Höxter	o,5	13,o
1-18 und ehemalige Fördergebiete	1oo,o	Bundes-Ø 5,6
	B. "Gesicherte" Arbeitsplätze (Umstellung und Rationalisierung)	
	Frauenarbeitsplätze in v.H. aller "gesicherten" Frauenarbeitsplätze	"stille Reserve" der Frauen in v.H.
1. Nordbayerisches Fördergebiet	34,o	o,3
2. Niedersächsisches Bergland	24,6	8,7
3. Ostbayerisches Fördergebiet	11,7	o,o
4. Hessisches Fördergebiet	8,3	6,3
5. Holstein-Unterelbe	6,o	9,4
⋮		
14. Westbayerisches Fördergebiet	o,3	o,o
15. Nordeifel-Mönchengladbach-Heinsberg	o,1	13,7
16. Brilon-Höxter	o,1	13,o
17. Südbayerisches Fördergebiet	o,o	o,o
18. Neckar-Odenwald	o,o	o,o
1-18 und ehemalige Fördergebiete	1oo,o	Bundes-Ø 5,6

1) Im Rahmen der Arbeitsmarktbilanzprognose 1985 zur Abgrenzung der Fördergebiete auf der Ebene von Arbeitsmarktregionen berechnet. Vgl. zum Verfahren: Joachim Vesper: Regionale Arbeitsmarktbilanzen 1985, Gutachten im Auftrag des Planungsausschusses der Gemeinschaftsaufgabe "Verbesserung der regionalen Wirtschaftsstruktur", Bonn-Bad Godesberg, Mai 1981, Tabelle A 8, S. 124 ff. Hier: Eigene Berechnungen für Aktionsprogramme anhand dieser Daten

Quelle: Eigene Berechnungen nach Daten der Förderstatistik

und ostbayerischen Förderräume, obwohl dort das quantitative Angebot an Frauenarbeitsplätzen, mißt man es an der geschätzten "stillen Reserve" (vgl. Tabelle lo2, Fußnote 1) vergleichsweise gut ist. Auf der anderen Seite nehmen zum Beispiel die nordrhein-westfälischen Aktionsräume Nordeifel-Mönchengladbach-Heinsberg und Brilon-Höxter trotz starker Unterauslastung des weiblichen Erwerbspersonenpotentials nur minimale Anteile an den insgesamt geförderten Frauenarbeitsplätzen ein. Zudem sind die 5 Aktionsräume, in denen der Frauenanteil an den geförderten "neuen" Arbeitsplätzen weit unterdurchschnittlich ausfällt (vgl. Tabelle lol), gerade jene Räume mit einem besonders großen Arbeitsplatzdefizit für Frauen und einer dementsprechend hohen stillen Reserve.

Auch in der regionalen Vergleichsperspektive der nordrhein-westfälischen kreisfreien Städte und Landkreise wird kaum ein Zusammenhang der Förderintensität mit der regionalen Dringlichkeit einer Unterstützung sichtbar (vgl. Tabelle lo3 N):

Zum einen hat ein Teil der Gebiete mit niedriger Frauenerwerbsquote überhaupt keine Aufnahme in die Fördergebietskulisse gefunden, zum anderen weisen jene Kreise und Städte, die Fördergebiet sind, und die eine niedrige Frauenerwerbsquote aufweisen, überwiegend gleichzeitig auch nur einen unterdurchschnittlichen Frauenanteil an den Förderfällen auf. Dies gilt zum Beispiel für die Ruhrgebietsstädte Duisburg (Frauenanteil an den Förderfällen 19,4 %), Oberhausen (Frauenanteil 11,1 %) und Dortmund (Frauenanteil 24,o %) mit ihren bekanntermaßen ungünstigen Erwerbsmöglichkeiten für Frauen (vgl. Tabelle lo3 N). Zudem haben diese Gebiete auch ein nur ein geringes Gewicht an allen geförderten Frauenarbeitsplätzen.

In kreisfreien Städten und Kreisen, deren Namen in Tabelle lo3 in Klammern gesetzt sind, liegt der Anteil an allen gefördeten Frauenarbeitsplätzen unter 3 %, sie sind daher in der folgenden Tabelle lo4 N, aus der die Verteilung der Frauenarbeits-

Tabelle 1o3 N Frauenanteil an den Förderfällen im Zeitraum 1.1.1972 bis 3o.6.1984 und Frauenanteil an den sozialversicherungspflichtig Beschäftigten zum 3o.6.1985 in den geförderten Kreisfreien Städten und Landkreisen Nordrhein-Westfalens

Frauenanteil an Förderfallen (NRW Ø = 31,4 %) / Frauenanteil an Beschäftigten (NRW Ø = 36,8 %)	≥ Ø Beschäftigte (≥ 36,8 %)	< Ø Beschäftigte aber ≥ Ø Förderfalle (< 36,8 % ≥ 31,4 %)	< Ø Forderfälle (< 31,4 %)	
≥ Ø Beschaftigte (≥ 36,8 %)	(Monchengladbach, St.) Viersen	Lippe Euskirchen	(Coesfeld) (Kleve) (Höxter) (Soest) Aachen, St.	(28,1 %) (26,4 %) (23,8 %) (25,9 %) (25,7 %)
< Ø Beschaftigte, aber ≥ Ø Forderfalle (< 36,8 % ≥ 31,4 %)	Aachen Steinfurt Herne (Wesel) (Oberbergischer Kreis) Siegen	(Bochum) Hochsauerlandkreis Unna	Borken Recklinghausen (Bottrop, St.) (Dortmund, St.) (Oberhausen, St.) (Paderborn) (Duren) (Heinsberg) (Neuss)	(26,5 %) (22,6 %) (26,9 %) (24,o %) (11,1 %) (24,9 %) (26,8 %) (17,3 %) (28,6 %)
< Ø Forderfalle (< 31,4 %)	-	-	(Duisburg)	(19,4 %)
	Nicht geforderte Kreisfreie Stadte (Landkreise) mit unterdurchschnittlichem Frauenanteil an den Beschaftigten			
< Ø Beschaftigte, aber ≥ Ø Forderfalle (36,8 % ≥ 31,4 %)	Krefeld, St. Mulheim, St. Remscheid, St.	Gelsenkirchen, St. Warendorf Gutersloh Hamm	Olpe Ennepe-Ruhr-Kreis	
< Ø Forderfalle (< 31,4 %)	Leverkusen, St. Erftkreis			

( ) = Frauenanteil an allen Forderfällen in NRW < 3 %

Quelle: Eigene Berechnungen nach Daten der Förderstatistik

Tabelle 1o4 N Verteilung der geförderten Frauenarbeitsplätze im Zeitraum 1.1.1972 - 3o.6.1984 auf Kreisfreie Städte und Landkreise in Nordrhein-Westfalen

Stadt/Landkreis 1)	Frauenarbeitsplätze in v.H. aller geförderten Frauenarbeitsplätze	Frauenanteil an den sozialversicherungspflichtig Beschäftigten am 3o.6.1985	Männerarbeitsplätze in v.H. aller geförderten Mannerarbeitsplatze 2)
1. Steinfurt (1)	1o,3	35,7	6,9 (4)
2. Borken (1)	9,9	34,8	12,6 (2)
3. Aachen, St. (2)	9,1	41,6	12,1 (3)
4. Aachen (2)	9,1	34,3	4,5 (1o)
5. Recklinghausen (1)	8,1	34,3	12,7 (1)
6. Hochsauerlandkreis (3)	7,o	35,2	5,6 (5)
7. Lippe (3*)	6,3	4o,7	5,o (7)
8. Unna (1)	6,1	33,8	5,2 (6)
9. Euskirchen (2)	5,3	37,o	4,8 (9)
1o. Herne (1)	5,o	32,2	3,3 (12)
11. Höxter (3)	3,3	37,8	4,9 (8)
12. Siegen (3)	3,o	32,1	2,1 (15)
	82,5 Rang 1-12	Ø NRW 36,8	79,7 Rang 1-1o, 12, 15

1) (Ehemals) zugehörig zu den Regionalen Aktionsprogrammen (in derzeitiger oder in früherer Zusammensetzung): 1 = Nördliches Ruhrgebiet-(Niederrhein)-Westmünsterland; 2 = (Nordeifel-Grenzregion Aachen)/Nordeifel-Mönchengladbach-Heinsberg; 3 = (Ostwestfalen)/Brilon-Höxter/Ostwestfalen-Oberbergisches Land

2) in Klammern ist die Rangordnung angegeben

Quelle: Eigene Berechnungen nach Daten der Förderstatistik

plätze auf die 12 am stärksten geförderten Räume hervorgeht (Förderanteil jeweils > 3 %) nicht mehr enthalten. Gut 82,5 % der geförderten Frauenarbeitsplätze konzentrieren sich dabei auf nur 12 Verwaltungseinheiten, darunter 28,3 % auf die drei Kreise Steinfurt, Borken und Recklinghausen, die zum Regionalen Aktionsprogramm Nördliches Ruhrgebiet-Niederrhein-Münsterland gehören, einem Raum, der in den letzten Jahren u.a. Beschäftigungseinbußen größeren Ausmaßes im Bereich Textil/Bekleidung, also in typischen "Frauen"industrien verzeichnen mußte, und in dem daher intensive Fördermaßnahmen durchaus notwendig waren. 18,2 % der Förderfälle entfallen auf die ehemals zum Aktionsraum "Nordeifel" zählende Stadt Aachen und den gleichnamigen Landkreis. Auch in diesen Räumen verringerte sich das Beschäftigungsvolumen in der Textil- und Bekleidungsindustrie in der Vergangenheit beträchtlich.

Wenngleich auch die Zugehörigkeit zu einer gesamtwirtschaftlichen Krisenbranche noch nichts über die Erfolgschancen einzelner Betriebe aussagt - gerade in der krisenanfälligen Textil- und Bekleidungsindustrie haben sich bestimmte Betriebe durchaus als sehr erfolgreich erwiesen -, so muß doch verwundern, daß in den genannten Kreisen und Städten ein erheblicher Teil der "neu"geschaffenen Frauenarbeitsplätze gerade auf die Schrumpfungsbranchen "Leder, Textil, Bekleidung" entfällt. In den Kreisen Steinfurt, Borken und Recklinghausen trifft dies immerhin für rund ein Drittel der "neuen" Arbeitsplätze (Errichtungen und Erweiterungen) zu, in der Stadt und dem Kreis Aachen entfallen 2o % der neuen Frauenarbeitsplätze auf das Leder-, Textil- und Bekleidungsgewerbe. Ein Beitrag der Regionalpolitik zur Auflockerung der Monostruktur bzw. der Krisenanfälligkeit der Arbeitsplätze läßt sich aus diesen Daten schwerlich ableiten.

Will man die regionalpolitischen Maßnahmen zur Verbesserung des Arbeitsplatzangebots für Frauen bewerten, so ist auch der beschränkte Handlungsspielraum der regionalen Strukturpolitik zu berücksichtigen. Regionale Wirtschaftspolitik im Rahmen der GRW ist nicht als Lenkung im eigentlichen Sinne konzipiert, sondern beschränkt sich auf Instrumente der "weichen" Verhaltenssteuerung, kann nur Rahmen setzen und finanzielle Anreize zu räumlich gezielten Investitionen geben. Angesichts der seit Jahren geringen Investitions- und Dezentralisierungsbereitschaft der Unternehmen wurde der traditionellen Förderpolitik, deren klassischer Ansatzpunkt die Förderung der Kapitalmobilität war, sozusagen der "Boden unter den Füßen" entzogen. Selbst jedoch in Wachstumsphasen ist es völlig illusionär, allein von Maßnahmen der regionalen Wirtschaftsförderung einen Abbau des räumlichen Gefälles in den Arbeitsmarktchancen von Frauen zu erwarten. Die unzureichende Mittelausstattung, die breite räumliche Streuung der Förderhilfen und vor allem die konterkarierende Politik durch andere Finanzströme (Forschungs-, Energie-, Verkehrs-, Bildungsbereich) in Nicht-Fördergebieten setzt der Erfolgswirksamkeit der regionalen Wirtschaftsförderung sehr enge Grenzen. Dies sollte sie jedoch nicht von der Aufgabe entheben, im beeinflußbaren Gestaltungsbereich, d.h. bei der Auswahl der Fördergebiete sowie bei den Fördermodalitäten, eindeutige Prioritäten zur Schaffung und Sicherung von Frauenarbeitsplätzen zu setzen, so wie dies in einigen skandinavischen Ländern schon lange der Fall ist.

13. Schlußfolgerungen

13.1 Zum Handlungsspielraum

Grundsätzlich bieten die drei in dieser Arbeit untersuchten Aktionsbereiche staatlicher Politik - Qualifizierungsmaßnahmen, Maßnahmen zur Arbeitsbeschaffung und regionalpolitische Maßnahmen - vielfache Ansatzmöglichkeiten, um die Benachteiligung von Frauen in Beruf und Gesellschaft zumindest abzumildern. Daß die Förderpraxis allerdings das Gegenteil bewirkt, nämlich die vorhandenen geschlechtsspezifischen Disparitäten noch weiter verschärft, haben die Resultate unserer Auswertung hinlänglich belegt.

Die verantwortlichen Entscheidungsträger und Akteure der Arbeitsmarkt- und Regionalpolitik sind daher aufgerufen, die gegebenen Möglichkeiten auszuschöpfen und darüber hinaus neue, nötigenfalls auch unkonventionelle Wege zu beschreiten.

Jedoch darf die potentielle Erfolgswirksamkeit der drei Maßnahmefelder nicht überschätzt werden. Das gesamtwirtschaftliche Arbeitsplatzdefizit von über 2,3 Millionen registrierten und schätzungsweise mindestens 1,2 Millionen verdeckt Arbeitslosen setzt hier enge Grenzen, weil diese Maßnahmen nicht oder nur in sehr eingeschränktem Umfang geeignet sind, globale Arbeitsmarktungleichgewichte zu beseitigen.

Auch staatlich finanzierte Qualifizierungsmaßnahmen sind kein Allheilmittel, sie vermögen keinen entscheidenden Beitrag zur Überwindung der Beschäftigungskrise zu leisten. Die Qualifizierungspolitik des Staates bewirkt unter den derzeitigen Rahmenbedingungen allenfalls eine **partielle Umverteilung des Beschäftigungsrisikos.** Ihr Ziel sollte es dabei selbstverständlich sein, die vorhandenen Chancen und Risiken der Arbeitnehmer gleichmäßiger zu verteilen, statt Arbeitnehmern mit relativ gutem Arbeitsmarktstatus einen zusätzlichen Vorsprung zu verschaffen.

Die gegenwärtige Massenarbeitslosigkeit hat ihre Hauptursache eben nicht in Qualifikationsmängeln der Arbeitskräfte, auch wenn amtliche Verlautbarungen vielfach versuchen, einen solchen direkten Zusammenhang zu suggerieren. Der gängige Verweis auf das besonders hohe Arbeitslosigkeitsrisiko der Unqualifizierten beinhaltet die Gefahr der Umkehrung von Ursache und Wirkung.

Bei Frauen kommt hinzu, daß bei ihnen der Zusammenhang zwischen Qualifikationsniveau und Arbeitsmarktchance in weitaus geringerem Maße zutrifft als bei Männern: Frauen können aus den erworbenen Qualifikationen in der Regel nicht die gleichen Erträge am Arbeitsplatz erzielen wie Männer.

Zudem greift staatliche Qualifizierungspolitik nicht steuernd in unternehmerische Personaldispositionen ein. Auf das eigentliche Ziel der Maßnahmen, nämlich die (Re-)Integration in das Berufsleben, hat sie keinen direkten Einfluß. Eine Ausnahme unter den untersuchten Instrumenten bildet das wichtige Instrument der Arbeitsbeschaffungsmaßnahmen, das eine unmittelbare Beeinflussung des Arbeitsplatzangebots erlaubt - mit allerdings ungewissem Netto-Beschäftigungseffekt. Auch Regionalpolitik beschränkt sich darauf, Rahmen zu setzen, Anreize und Anstöße zu geben, ist nicht als Lenkung im eigentlichen Sinne konzipiert, sondern arbeitet mit Instrumenten der sogenannten "weichen Verhaltenssteuerung".

Zudem greifen die gängigen Therapieansätze zu kurz, weil sie die entscheidende Problematik außer acht lassen: Eine grundlegende Verbesserung der Situation von Frauen setzt ein von den relevanten gesellschaftlichen Kräften mitgetragenes Gleichstellungskonzept voraus, so wie dies zum Beispiel in Schweden der Fall ist. Punktuell ansetzende, unkoordinierte Einzelmaßnahmen, wie sie hier untersucht wurden, können nur eine beschränkte Reichweite haben. Sie reichen nicht aus, zumal sie derzeit von einer konterkarierenden Politik in anderen Bereichen begleitet sind. Denn angesichts der schlechten Wirtschafts- und Arbeitsmarktlage wird zur Zeit wieder einmal in unerträglicher Weise das Klima **gegen** berufstätige Frauen verschärft. In den letzten Jahren neu eingeführte Maßnahmen, die als familien- und frauenfreundlich etikettiert wurden, zielen sämtlich darauf hin, die Erwerbsverläufe von Frauen zu destabilisieren und den Arbeitsmarkt zu "entlasten", um von der globalen Beschäftigungskrise abzulenken.

Vor allem geht es nicht an, den Hauptansatzpunkt für eine Gleichstellungspolitik, nämlich den Reproduktionsbereich und die geschlechtsspezifische Arbeitsteilung, aus der Maßnahmendiskussion auszublenden. Es kann nicht Ziel sein, Frauen und Familien vollkommen an die Bedingungen des Erwerbslebens, an männliche Leistungs- und Karrieremuster anzupassen. Ein Gleichziehen der Frauen und Männer im Beruf ist nur dann ohne zusätzliche Belastung der Frauen möglich, wenn Männer zu gleichen Teilen wie Frauen familiare Aufgaben übernehmen und dafür beruflich zurückstecken. Weit wichtiger ist es also, die Männer-Berufswelt über bewußtseinsändernde Maßnahmen und über eine entsprechend familienfreundliche Arbeitsweltorganisation zu ändern.

Die untersuchten Instrumente der Arbeitsmarkt- und Regionalpolitik haben also nur eine begrenzte Problemlösungsfähigkeit. Aber notwendig sind sie allemal, und zweifelsohne ist es Aufgabe offizieller Arbeitsmarkt- und Regionalpolitik, die Benachteiligungen von Frauen auf dem Arbeitsmarkt im Rahmen der gegebenen Möglichkeiten abzubauen, statt sie noch weiter fortzuschreiben.

Im folgenden soll näher darauf eingegangen werden, wie die existierenden Instrumente geschlechtsbewußter verwendet werden können und welche neuen Instrumente sich zur Verbesserung der Situation weiblicher Beschäftigter anbieten.

13.2 Möglichkeiten zur Verstärkung der Beteiligung von Frauen an staatlich geförderten Qualifizierungsmaßnahmen

Ein erster Schritt zur Beseitigung der Diskriminierung von Frauen im Bereich staatlicher Qualifizierungspolitik nach dem AFG besteht darin, die **Anspruchsvoraussetzungen an die spezifischen Bedingungen und Situationen von Frauen anzupassen.** Wie im Abschnitt 7 ausführlich dargestellt wurde, sind Frauen, die sich zeitweise ausschließlich der Familie gewidmet haben, zwar eine im AFG explizit genannte Zielgruppe staatlicher Arbeitsförderungspolitik, sie erfahren jedoch bei den entscheidenden Förderkonditionen keine ausreichende Priorität. Ganz im Gegenteil wird ein großer Teil gerade dieser arbeitsmarktpolitischen Zielgruppe faktisch von der Qualifizierungsförderung ausgeschlossen, da sich das Leistungsrecht primär an der Normalbiographie des Mannes ausrichtet. Hausfrauen ohne bisherige Erwerbstätigkeit, Frauen mit zu kurzen oder zu weit zurückliegenden beitragspflichtigen Beschäftigungen, die nunmehr (wieder) eine Arbeit suchen, erhalten bei Teilnahme an einer Fortbildung oder Umschulung keine Leistungen zum Lebensunterhalt, obwohl gerade für jene Frauen eine Auffrischung und Erweiterung beruflicher Qualifikationen sowie auch sozialpädagogische Stützmaßnahmen beim geplanten Wiedereintritt in die Berufswelt notwendig und sinnvoll sind. Ausgeschlossen von der Förderung sind auch jene Frauen, die einer nicht beitragspflichtigen Teilzeitbeschäftigung nachgehen (müssen). **Daß attraktivere Förderkonditionen eine stärkere Partizipation dieser Frauen an beruflichen Fördermaßnahmen der Bundesanstalt zu erreichen vermögen, steht außer Frage.** In den ersten Jahren nach Inkrafttreten des AFG, als es im Sinne einer ökonomisch nützlichen Flexibilisierungsstrategie "geboten" erschien, die Förderung auch bisherigen Nichtbeitragszahlern und Personen mit lange zurückliegenden Beitragszeiten zugute kommen zu lassen, nahm die arbeitsmarktpolitische Zielgruppe der "neu oder wieder ins Berufsleben" eintretenden Frauen ein relatives Gewicht an allen Absolventinnen ein, das in der Folgezeit nie mehr erreicht wurde.

Die Bereitschaft, sich an einer Bildungsmaßnahme zu beteiligen, wird sehr wesentlich von den gebotenen materiellen Absicherungen mitbestimmt. **Von der derzeitigen Höhe des Unterhaltsgeldes geht anders als in der Anfangsphase des AFG kein nennenswerter Anreiz zur Teilnahme an einer beruflichen Weiterbildung aus.** Besonders bei Personen mit unterdurchschnittlichen Arbeitsentgelten - und dazu gehört das Gros der Frauen - behindert die mangelnde finanzielle Absicherung eine positive Entscheidung für Weiterbildung, hat doch bei Geringverdienern die Differenz zwischen vorherigem Arbeitsentgelt und Höhe des Unterhaltsgeldes gravierendere Einschnitte in die Lebensführung zur Konsequenz als bei besser bezahlten Arbeitnehmern. Zu denken ist daher an eine Staffelung des Unterhaltsgeldsatzes nach der Höhe des vor der Bildungsmaßnahme bezogenen Nettoentgelts zugunsten der Niedrigverdiener. Alternativ käme bei Personen mit geringem Einkommen auch eine Orientierung des Unterhaltsgeldes am perspektivischen Lohn oder Gehalt des jeweiligen Zielberufs in Betracht.

Anreize finanzieller Art sind ein besonders wirksames Mittel, um die Zielgruppe der ungelernten Frauen und Männer, für die unterdurchschnittliche Arbeitsentgelte charakteristisch sind, besser zu erreichen. Wenn es der staatlichen Arbeitsmarktpolitik ernst ist mit ihrem proklamierten Anspruch, ihre Fördermittel bevorzugt Arbeitnehmern der unteren Qualifikationsebene zugute kommen zu lassen, dann kann sie dieses wichtige und sicherlich effiziente Steuerungsinstrument nicht außer acht lassen. Wie beschrieben stehen gerade bei bildungsungewohnten Adressaten, wenn sie Überlegungen über etwaige Qualifizierungsbemühungen anstellen, kurzfristige Kosten-Nutzen-Abwägungen vornehmlich materieller Art im Vordergrund.

Auch weil bei den minderqualifizierten Arbeitnehmern in besonderem Maße Zweifel vorherrschen, ob ihre (Wieder-)Eingliederungschancen in das Arbeitsleben durch eine bessere Qualifikation tatsächlich günstig beeinflußt werden, bedarf es sehr intensiver Bemühungen der Arbeitsberater, sie davon zu überzeugen, daß eine Qualifikationsmaßnahme eine Chance (wenngleich auch keine Garantie) bietet, ihre individuelle Arbeitsmarktsituation zu verbessern. Wenn die "Nützlichkeit" ihrer Qualifizierungsbemühungen wenigstens durch ein attraktives Unterhaltsgeld während der Weiterbildungsteilnehme gesichert ist, dürfte es einfacher sein, diese Teile der Arbeitnehmerschaft in die Weiterbildung einzubeziehen.

Minderqualifizierte Frauen gehören wie dargestellt mit zunehmender Tendenz in noch geringerem Maße zu den Adressaten aktiver Arbeitsmarktpolitik nach dem AFG wie Männer mit vergleichbaren qualifikatorischen Voraussetzungen. Bei ihnen treffen schicht- und geschlechtsspezifische Bildungsbarrieren zusammen. Es ist anzunehmen, daß es den Frauen aus sozialen Unterschichtfamilien erleichtert wird, die in jenen Kreisen besonders starken Widerstände gegen eine berufliche Weiterbildung von Frauen zu durchbrechen, wenn sich die Weiterbildungsteilnahme mit positiven finanziellen Auswirkungen in Form eines attraktiven Unterhaltsgeldes verbindet.

Die Ursachen für die geringe Beteiligung minderqualifizierter Frauen (und Männer) an beruflichen Fördermaßnahmen und die instrumentalen Möglichkeiten, diese Hemmnisse abzubauen, wurden bereits an anderer Stelle ausführlich diskutiert (vgl. Kapitel 8.8.4.5). Die wichtigsten Empfehlungen seien hier noch einmal zusammengefaßt. Die meisten dieser Maßnahmevorschläge sind dabei auch für jene Frauen relevant, die nach langjähriger beruflicher Abstinenz wieder in das Berufsleben eintreten wollen.

- Da Fortbildung, der im Rahmen der AFG-Förderung dominierende Weiterbildungssektor, auf bestimmten Vorkenntnissen aufbaut und daher bereits vom Konzept her zu einer Bevorzugung der qualifizierten Arbeitnehmer führt, kommt es darauf an, ein aufeinander abgestimmtes Maßnahmenbündel anzubieten, das den Unqualifizierten kontinuierliche Übergangsmöglichkeiten von einer Qualifikationsstufe zur nächsten gewährleistet. Durch Lernortnähe von Veranstaltungen verschiedener Qualifikationsstufen können eventuell vorhandene Hemmschwellen vermindert werden.

- Eine grundlegende Verbesserung der beruflichen Perspektive können ungelernte Frauen und Männer im allgemeinen nur über längerfristige, umfassende Qualifizierungsmaßnahmen erwarten, wie z.B. über eine nachträgliche Erstausbildung in einem anerkannten Ausbildungsberuf. Da nun gerade die ungelernten Arbeitnehmer angesichts der derzeit ungenügenden finanziellen Absicherung kaum in der Lage sind, sich auf längerfristige Einkommenseinbußen einzulassen, ist eine Staffelung des Unterhaltsgeldes nach der Dauer der Maßnahme angezeigt, so wie sie Anfang der 70er Jahre praktiziert wurde. Diese "Prämierung" längerer Maßnahmen sollte auf minderqualifizierte Personen ohne Berufsabschluß beschränkt bleiben.

- Der inhaltliche und didaktisch-methodische Aufbau der Maßnahmen für minderqualifizierte Frauen und Männer muß auf die spezifischen Voraussetzungen und Herkunftsbedingungen der Zielgruppen abgestimmt werden. Besonderer Akzent ist auf eine für diesen Adressatenkreis geeignete Lerntechnik und Lernorganisation zu legen. Sinnvoll sind Maßnahmen mit Praxisanteilen.

- Erforderlich sind ferner kleinere Gruppen, und bei der Zusammensetzung der Lehrgangsteilnehmer ist auf eine Strukturierung zu achten, die einerseits homogen genug ist, um Entmutigungseffekten vorzubeugen, und andererseits heterogen genug ist, um das Von- und Miteinanderlernen zu stimulieren.

- Es kann nicht Ziel staatlich finanzierter und initiierter Arbeitsmarktpolitik sein, die unqualifizierten Frauen und Männer lediglich auf Maßnahmen mit sozialem, übendem und informierendem Charakter zu verweisen und die Kurse, die marktgängige berufliche Qualifikationen vermitteln, den Arbeitnehmern mit bereits guter Qualifikationsbasis vorzubehalten. Die nicht primär berufsfachlichen Lehrgänge sollten und können nur die Funktion eines Eingangskorridors für konkrete Folgemaßnahmen mit berufsfachlicher Zielsetzung haben.

- Modellversuche für bestimmte Teilgruppen, z.B. Berufsrückkehrerinnen, sind durchaus sinnvoll, dürfen sich jedoch nicht auf eine Alibifunktion beschränken. Wenn sich diese Initiativen bewähren, müssen sie in die Regelförderung aufgenommen werden.

- Die Arbeitsmarktpolitiker sollten ihre Erfolgsmaßstäbe überdenken, und die Arbeitsverwaltung wie auch die Träger der Fördermaßnahmen ermuntern, auf eine größere Zielgruppenadäquanz hinzuarbeiten. Der diesen Institutionen auferlegte Zwang, den Erfolg der Qualifizierungsmaßnahmen beweisen und verstärkt Sparsamkeits- und Wirtschaftlichkeitsgesichtspunkte beachten zu müssen, läßt Frauen und Männer mit ungünstigen "Erfolgs"bedingungen, wie ungelernte weibliche und männliche Arbeitnehmer oder Frauen mit starken familiären Belastungen, zu Opfern dieser Selektionsmechanismen werden.

- Frauen mit Kindern wird es teilweise unmöglich gemacht, an Weiterbildungsmaßnahmen teilzunehmen, wenn ihnen nicht Hilfestellung bei der Unterbringung und Versorgung der Kinder geboten wird. Zumindest muß ihnen eine angemessene Vergütung der hierfür anfallenden Kosten zugesichert werden. Ausreichende Hilfen fehlen bislang völlig, denn der dem Gesetz nach mögliche Kinderbetreuungsbetrag in der lächerlichen Höhe von 6o,- DM monatlich reicht sicherlich nicht aus. Darüber hinaus sind gesetzlich fixierte Freistellungsmöglichkeiten im Falle einer Erkrankung der Kinder oder für sonstige Sonderfälle vorzusehen. Ferner ist die zeitliche Organisation der Maßnahmen auf die familiaren Anforderungen der Frauen abzustimmen, z.B. mittels eines differenzierten Vormittagsangebots.
  Nicht zuletzt kommt es darauf an, das vorhandene Angebot an Weiterbildungsveranstaltungen räumlich breiter zu streuen, d.h. es auf die Wohnbezirke hin zu dezentralisieren. Insbesondere Standorte in der Nähe von Kindergärten und Schulen bieten sich hier an. Diese familienfreundliche Gestaltung der Kurse darf nicht auf reine Frauenkurse beschränkt bleiben, sondern muß auf das gesamte staatlich initiierte und finanzierte Weiterbildungsangebot übergreifen, um auch Männern die Möglichkeit einer besseren Vereinbarkeit von beruflichen Anfordernissen und familialen Pflichten anzubieten. Denn bei der Umsetzung der Forderung, die Berufswelt so zu verändern, daß sie auch Männern mehr Flexibilität in bezug auf ihre Familie ermöglicht, kann öffentliche Arbeitsmarktpolitik durchaus eine Vorreiterrolle einnehmen. Dazu zählt auch, daß die geschlechtsspezifische Arbeitsteilung und ihre Ursachen und Konsequenzen in den Weiterbildungsveranstaltungen selbst thematisiert und reflektiert werden,[1] auch und vor allem in jenen aufstiegsbezogenen

---

[1] "Weiterbildungsmaßnahmen für Frauen sollen soweit wie möglich in die gesamte derzeitige gesellschaftliche Bewegung eingebettet sein, die auf die Selbstbestimmung der Frauen ausgerichtet ist und sie befähigen will, als kollektive Kraft das Leben der Gesellschaft mitzugestalten...". Deutsche Unesco-Kommission (Hrsg.): Empfehlung über die Entwicklung der Wei-

Fortbildungskursen, die sich an (zukünftige) Führungskräfte, an sogenannte Multiplikatoren wenden. Bei dieser Aufklärungsarbeit muß herausgearbeitet werden, daß berufliche Probleme von Frauen nicht individuell, sondern gesellschaftlich bedingt sind.

Ein wichtiger Ansatzpunkt für eine Vergrößerung der Weiterbildungschancen von Frauen besteht in der Verbesserung der **Information** und **Beratung** über die bestehenden Qualifizierungsangebote durch die Arbeitsverwaltung. Dies setzt natürlich eine dementsprechende Umverteilung der Ressourcen der Arbeitsverwaltung voraus. Dabei ist auch an einen Ausbau der Funktion der Frauenbeauftragten bei der Arbeitsverwaltung zu denken. Notwendig ist vor allem eine Kontrollinstanz, die die Implementation entsprechender Richtlinien zur Gleichstellungsförderung überwacht. Wirksam kann eine solche Gleichstellungsarbeit nur sein, wenn auch Sanktionen für eventuelle Verstöße zur Verfügung stehen.

Da besser ausgebildete Personen besser fähig sind, Informationen zu sammeln und zu verarbeiten, muß dem Informations- und Beratungsaspekt bei den minderqualifizierten bildungsfernen Schichten besondere Aufmerksamkeit eingeräumt werden. Die **persönliche Ansprache** verbunden mit einer Intensivberatung der potentiellen Teilnehmer durch das Fachpersonal der Arbeitsverwaltung ist hierbei unabdingbar, weil im Grunde entscheidend für die Bereitschaft, sich für eine bestimmte Veranstaltung zu interessieren.[2] Frauen müssen dabei ohne geschlechtsspezifische Differenzierung über Berufe und deren Entwicklungschancen informiert und dazu ermuntert werden, geschlechtsuntypische Schulungsziele zu wählen. Es ist darauf zu achten, daß ihnen

----

terbildung, Bonn 1978, S. 15

2 Vgl. auch: Sibylle Diekershoff unter Mitarbeit von Maria Büntgen und Rolf Simons: Empfehlungen zur Gestaltung von Bildungsangeboten für Frauen, Schriftenreihe des Bundesministers für Jugend, Familie und Gesundheit, Band 128, Stuttgart/Berlin/Köln/Mainz 1982, S. 182

ein objektives, ungeschöntes Bild über die späteren Anforderungen der Zielberufe vermittelt wird.

Aufgabe der Arbeitsverwaltung ist es in diesem Zusammenhang zunächst einmal, **das Problembewußtsein für frauenspezifische Belange und Probleme beim Personal der Arbeitsverwaltung zu wecken und zu stärken und die sicherlich auch hier vorhandenen Vorurteile abzubauen.** Dies setzt Aufklärungsarbeit und eine Schulung und Sensibilisierung der Fachkräfte der Bundesanstalt in speziellen Weiterbildungsveranstaltungen für diese Gleichstellungsarbeit voraus. Flankierend hierzu müssen selbstverständlich eine **allgemeine Öffentlichkeitsarbeit der Bundesanstalt** und **breite Kampagnen zur Propagierung anspruchsvoller und zukunftsträchtiger Qualifizierungsmaßnahmen für Frauen** hinzukommen. Realistischerweise muß davon ausgegangen werden, daß sich auch Teile der männlichen oder auch weiblichen Arbeitsberater an den traditionellen Rollen von Frauen und Männern orientieren und im Zweifelsfall kostspielige Schulungen getreu dem Prinzip "in dubio pro viro" (im Zweifel für den Mann) eher Männern, vor allem den vielzitierten Familienvätern, zugute kommen lassen. Zu verhindern ist, daß Frauen beim Gang zum Arbeitsamt von vorneherein entmutigt werden, indem man bei ihnen Schuldgefühle wegen angeblicher Vernachlässigung ihrer Kinder weckt oder ihnen mit Hilfe anderer subtiler Mechanismen nahelegt, sich völlig aus dem Erwerbsleben zurückzuziehen. Vielmehr müssen bereits die ersten entscheidenden Gespräche darauf zielen, vorhandene Schwellenängste abzubauen und das Selbstvertrauen der Frauen zu stärken.

Zu denken ist auch an differenzierte **Quotierungen**, denn es ist zweifelhaft, ob die bislang dargestellten Instrumente der "weichen" Verhaltenssteuerung für eine durchgreifende Änderung ausreichen. Anzustreben ist, daß der Anteil der Frauen an allen Weiterbildungsabsolventen mindestens ihrem Anteil am Gesamtarbeitslosenbestand bzw. (bei der Aufstiegsförderung) mindestens ihrem Anteil an den Erwerbspersonen entspricht. Dabei ist auf eine vorrangige Förderung, also auf eine Überrepräsentanz jener Frauen zu achten, deren Förderung von ihrem Arbeitsmarktstatus her als besonders dringlich angesehen werden muß (gering qualifizierte Frauen, "neu oder wieder" ins Erwerbsleben eintretende Frauen, Mütter mit Kleinkindern, Alleinerziehende, ältere und gesundheitlich beeinträchtigte Frauen).

Auch darf die Steigerung der weiblichen Teilnehmerzahl keinesfalls zu Lasten der Qualität der Maßnahmen gehen, der durchschnittliche Förderaufwand für die reinen Maßnahmekosten sollte also bei weiblichen und männlichen Teilnehmern nicht allzu sehr auseinanderdriften. Eine dem Problemdruck noch angemessenere Umverteilung der Ressourcen wäre erreicht, wenn für die Qualifizierung von Frauen von den gesamten Fördermitteln (für Maßnahmekosten und für Unterhaltsgeld) in etwa jener Prozentsatz bereitgestellt würde, den sie an den Arbeitslosen einnehmen.

Mit kurzfristigen und wenig inhaltsträchtigen Kurzausbildungsgängen, in die Frauen in jüngster Zeit abgedrängt wurden, ist es nicht getan. Vielmehr muß dem dargelegten **geschlechtsspezifischen Gefälle in der Qualität der Weiterbildungsmaßnahmen** für Frauen viel mehr Beachtung gewidmet werden. Die Tatsache, daß ein Viertel aller Umschülerinnen zur Stenographin, Stenotypistin oder Maschinenschreiberin ausgebildet wird, in einem Berufsbereich also mit engem Qualifikationsniveau und ohne nennenswerte Transferqualifikationen, und die Tatsache, daß nur jede lo. Frau (und jeder 5. Mann), die (der) im Jahre 1985 im Bundesgebiet aus einer Fortbildungsmaßnahme austrat, durch die Teilnahme an der Maßnahme einen staatlichen Abschluß erworben hatten, ist kein Zeichen qualitativer Qualifizierungspolitik.

Bei der inhaltlichen Strukturierung der Maßnahmen sind zum einen die Gefahrenmomente aus den technologisch bedingten Veränderungen in den typischen Frauenberufen zu berücksichtigen und zum anderen ist die technische Orientierung von Frauen zu fördern, um ihnen den Zugang zu den typischen Männerberufen im gewerblich-technischen Bereich zu erleichtern.[3] Der zunehmende Technikeinsatz in den frauentypischen Berufen, so im Büro- und Verwaltungsbereich, kann durchaus auch positive Effekte, wie ein vielseitigeres und anspruchsvolleres Arbeitsplatzangebot, bewirken. Es steht jedoch zu befürchten, daß die mit vermehrter Technik ausgestatteten Arbeitsplätze in weiblichen Domänen zunehmend auch von Männern als attraktiv empfunden werden, und zwar insbesondere jene, die komplexe Arbeitsanforderungen und gute Aufstiegs- und Einkommenschancen aufweisen, während die Frauen wiederum vornehmlich auf die Arbeitsplätze mit sehr viel niedrigerem technischen Niveau, geringen kurzzyklischen Arbeitsvollzügen und Dispositionsspielräumen verwiesen werden. Um einer solchen erneuten Selektion vorzubeugen, ist es unerläßlich, daß Frauen aus herkömmlichen Frauenberufen durch entsprechende Weiterbildung den Umgang mit den neuen Techniken erlernen.

Der Zugang zu diesen neuen Arbeitsfeldern würde ihnen sicherlich erleichtert, wenn die Veranstaltungen auch die Reflexion gesellschaftlicher Rahmenbedingungen einschlössen. Die weitgehende Vernachlässigung dieser wichtigen Themenfelder beim Erwerb technischer Kompetenz (durch Männer) ist einer der Gründe, der Frauen hindert, einen technischen Beruf zu ergreifen. Entsprechende Anregungen müssen auch hier von der Arbeitsverwaltung kommen. Notwendig ist es selbstverständlich ferner, daß auch die Weiterbildungsstätten mit den neuesten Technologien ausgestattet werden.

Frauen mit geschlechtsuntypischen Berufen haben enorme Schwierigkeiten, im Anschluß an ihre Ausbildung oder an eine Umschu-

---

[3] Vgl. hierzu auch: Empfehlungen des Hauptausschusses des Bundesinstituts für Berufsbildung zur beruflichen Weiterbildung von Frauen vom 24. Mai 1985, in: Berufsbildung in Wissenschaft und Praxis, 3/1985, S. 114-116

lung eine ihrer Qualifikation adäquate Beschäftigung zu finden. Trotz dieser Schwierigkeiten bleibt die Förderung der Integration von Frauen in gewerblich-technische Berufe sinnvoll und notwendig. Denn immerhin haben die bisherigen Modellversuche im Ausbildungs- und Umschulungssektor gezeigt, daß Frauen durchaus die Eignung besitzen, Männerberufe zu ergreifen. Es ist erforderlich, Umschulungen oder Fortbildungsmaßnahmen in atypischen Berufen mit Einstellungsanreizen zu verknüpfen, z.B. mit Lohnzuschüssen. **Die in dieser Arbeit untersuchten Aktionsfelder, vor allem Umschulungen, sind durchaus dazu geeignet, das enge Berufsspektrum von Frauen zu erweitern.** Sie wurden aber für diese Zielsetzung bislang nur wenig genutzt. Die bisherigen, eher vereinzelten Aktivitäten im Weiterbildungs- und Ausbildungssektor müssen auf eine breitere Basis gestellt werden. Frauen, die sich in traditionelle Männerberufe umschulen oder fortbilden lassen, leisten derzeit noch wahre Pionierarbeit, und den vereinzelt auftretenden Frauen dürfte es außerordentlich schwer fallen, den massiven Vorurteilen zu begegnen. Die Aufhebung der Vereinzelung und eine dementsprechend größere Breitenwirkung würde ihnen helfen, die vielfältigen Widerstände zu überwinden und ihr Durchhaltevermögen sicherlich entscheidend stärken.

Wichtig ist ferner, daß sich die Förderung von Frauen im gewerblich-technischen Bereich an qualitativ hochwertigen und zukunftsträchtigen Berufsfeldern orientiert. Es macht wenig Sinn, Frauen gerade in jene für sie bislang nicht zugänglichen Berufe umzuschulen, in denen auch männliche Absolventen überdurchschnittlich stark von Arbeitslosigkeit bedroht sind. Auch eine Umkehrung gängiger Stoßrichtungen ist notwendig, d.h. auch Männer müssen in Frauenberufen gefördert werden. Die Informations- und Motivationskurse nach § 41a AFG sollten verstärkt dazu eingesetzt werden, Frauen und Männern Einblick in jeweils vom anderen Geschlecht dominierte Berufsfelder zu gewähren.

Allein durch eine Öffnung typischer Männerberufe für Frauen (et vice versa) ist der geschlechtsspezifische Arbeitsmarkt nicht zu überwinden. Es geht auch um die Erweiterung des Berufsspektrums bei sogenannten Mischberufen und es geht innerhalb eines Berufsfeldes um die Weiterbildung von Frauen in bestimmten, von Männern dominierten Funktionsbereichen, also in Führungspositionen der verschiedenen Ebenen. Vermittelt werden müssen daher auch überfachliche Qualifikationen wie Zielbewußtsein, Entscheidungsfähigkeit oder rhetorische Fertigkeiten. Diese Strategie setzt selbstverständlich eine entsprechende Konzeption und ein darauf abgestimmtes Beratungsangebot der Arbeitsverwaltung voraus. Generell muß das regionale Schulungsangebot der Träger einer kritischen Prüfung unterzogen werden. Die Ausrichtung der Förderung am gerade in der Region vorhandenen Schulungsangebot ist weder geeignet, geschlechtsspezifische Segregationen abzubauen noch branchenstrukturelle Probleme in der Region zu lösen.

Umschulungen, deren relativer Bedeutungsanteil in den untersuchten Jahren drastisch abgenommen hat, müssen wieder stärker gefördert werden, und zwar vornehmlich bei Frauen. Denn es sind weitgehend unabhängig von der konjunkturellen Lage seit jeher primär Frauen, deren Berufswahl in bedeutendem Maße durch fehlende Alternativen erzwungen wurde, und ihnen sollte daher auch am ehesten die Chance einer beruflichen Neuorientierung im Erwachsenenalter eingeräumt werden. Darüber hinaus hat die Wirksamkeits-Analyse gezeigt, daß Umschulungen im Vergleich der drei untersuchten Maßnahmefelder die höchste Wirksamkeit beim Abbau individueller Arbeitslosigkeit zukommt.

Bei klassischen Aufstiegsmaßnahmen sind Frauen schon deshalb schwach vertreten, weil es nahezu ausschließlich typische Männerberufe (Industriemeister, Techniker etc.) sind, in denen ein Aufstieg über formalisierte und von der Bundesanstalt für Arbeit geförderte Bildungsgänge überhaupt möglich ist. Ein höherer weiblicher Beteiligungsgrad wäre also zu erwarten, wenn auch für weibliche Beschäftigungsdomänen sowie auch für Mischberufe, beispielsweise im Bürobereich, betriebliche "Laufbahnen" entwickelt würden, aus denen die horizontale und vertikale Gliederung von Qualifikationen hervorgehen. Darüber hinaus wäre es sicherlich vorteilhaft, wenn die Arbeitsverwaltung ihre bestehenden Kontakte mit den ansässigen Betrieben der Region auch dazu nützen würde, diese dazu anzuregen, nicht nur Männer, sondern auch Frauen gezielt auf staatlich organisierte und finanzierte (Aufstiegs-)Bildungsmaßnahmen anzusprechen. Es ist bekannt, daß die Aufstiegsorientierung sehr häufig mit einer vom Arbeitgeber ausgehenden Motivierung bzw. mit einer Empfehlung der näheren beruflichen Umgebung zusammenhängt.

Mitunter wird die Forderung erhoben, zum Ausgleich der frauenspezifischen Benachteiligungen reine Frauenkurse anzubieten, etwa dann, wenn betriebliche Anbieter sich nicht bereit erklären, für Frauen Umschulungsplätze zur Verfügung zu stellen. Die Schaffung eines speziellen überbetrieblichen Angebots für Frauen aus solchen Gründen hieße jedoch, die Diskriminierungspraxis der Unternehmen zu akzeptieren. Sinnvoller wäre es, die Vergabe der öffentlichen Subventionen an die Betriebe an geschlechtsspezifische Quotierungen zu binden, jedenfalls keine Kurse zu finanzieren, zu denen de facto nur einem Geschlecht Zugang gewährt wird.

Ein allgemeingültiges Urteil darüber, ob reine Frauenkurse oder gemischte Lehrgänge zu bevorzugen sind, ist nicht möglich, vielmehr spielt bei der Entscheidung hierüber auch die Art und Zielsetzung des Kurses eine Rolle. In bezug auf motivationsfördernde Weiterbildungsangebote plädiert Foster[4] für reine Frauenkurse. Sie verweist darauf, daß bei reinen Frauenmaßnahmen ein besseres Lernklima, größere Leistungsbereitschaft und eine erhöhte Bereitschaft zur Weiterbildung im An-

---

[4] Vgl. Helga Foster: Wiedereingliederung von Frauen in den Arbeitsmarkt durch neue Formen der Weiterbildung?, a.a.O., S. 131

schluß an die Maßnahme zu verzeichnen waren. Bei berufsfachlichen Veranstaltungen sollten unseres Erachtens ausschließlich mit Frauen belegte Veranstaltungen allenfalls ein Zwischenstadium darstellen. Gemeinsame Lernprozesse beider Geschlechter bereiten Frauen besser auf die sie erwartenden Anforderungen und Realitäten im Berufsleben vor. Dies schließt nicht aus, daß Frauen lehrgangsbegleitend zusätzliche Unterstützung geboten wird, sei es sozialpädagogischer oder berufsfachlicher Art.

13.3 Möglichkeiten zur Verstärkung der Beteiligung von Frauen an Arbeitsbeschaffungsmaßnahmen

Analog zu den Empfehlungen für den Bereich der Qualifizierungsförderung sind auch im Bereich der ABM-Förderung **Änderungen der Fördermodalitäten** unumgänglich. In den gesetzlichen Grundlagen für die Standardförderung von Arbeitsbeschaffungsmaßnahmen findet sich zu keinem Zeitpunkt der programmatische Anspruch, Frauen oder bestimmte Frauengruppen vorrangig, also als sogenannte arbeitsmarktpolitische Zielgruppen, zu behandeln. Vielmehr überwiegen für Frauen indirekt nachteilige Konsequenzen aus den Fördermodalitäten, die sich unmittelbar auf den zu fördernden Personenkreis beziehen. Frauen wurden trotz ihrer überproportional hohen Arbeitslosigkeit weder in den Katalog jener Personenkreise aufgenommen, die bei der Förderung Priorität erhalten sollen, noch wurden ihnen anders als den Angehörigen der Zielgruppen ausdrücklich Ausnahmen von der Bindung der ABM-Förderung an zuvor bezogene Lohnersatzleistungen zugebilligt.

Es muß gewährleistet sein, daß auch Frauen, die die genannten Voraussetzungen aufgrund fehlender, zu kurzer oder zu lange zurückliegender Beitragszeiten nicht erfüllen, weil sie sich familialen Aufgaben gewidmet haben, in den Genuß der Förderung kommen. Es kann nicht länger die Devise der Arbeitsmarktpolitik sein, ihre Fördermittel für ABM, wie auch für die übrigen operativen Leistungen des AFG, vorwiegend über das Prinzip des internen Budgetausgleichs zu gewähren.

Ferner muß auch in diesem Politikbereich über **Quotierungen und Präferenzregelungen für Frauen** nachgedacht werden, damit das geschlechtsspezifische Gefälle bei der Zuweisung in ABM endlich beseitigt wird. Die Steigerung des Frauenanteils an den Geförderten darf dabei jedoch auf keinen Fall zu Lasten der Qualität der ABM-Arbeitsplätze gehen. Zumindest muß das Personal der Arbeitsverwaltung in dem Sinne frauenfördernd tätig werden, indem es versucht, Einfluß auf die von den Trägern der ABM beabsichtigte Struktur der Teilnehmer zu nehmen. Die Regionalanalyse mit den hierbei sichtbar werdenden erheblichen Disparitäten im Einsatz von weiblichen ABM-Kräften hat gezeigt, daß den örtlichen Arbeitsverwaltungen bei der Steuerung des geschlechtsspezifischen ABM-Einsatzes eine Schlüsselrolle zukommt.

Die Arbeitsverwaltung als über die Verteilung der Mittel entscheidende Institution ist auch aufgefordert, durch **bewußtseinsbildende Maßnahmen bei den Trägern von ABM auf einen Abbau der Geschlechtsstereotypen hinzuwirken,** insbesondere gegen die gängigen Vorurteile hinsichtlich der mangelnden Arbeitswilligkeit von Frauen anzugehen.

Die empirische Überprüfung hat gezeigt, daß es nur partiell gelungen ist, den Personenkreis zu erreichen, dem im Gesetz explizit der Charakter von Zielgruppen zugemessen wird. Um diesem Mißstand abzuhelfen, sind gezielte Anstrengungen und Aktivitäten der Arbeitsverwaltung nötig. Die Bemühungen müssen sich darauf richten, älteren und gesundheitlich beeinträchtigten Frauen mehr Zugang zu ABM zu verschaffen. Eine Einweisung in Teilzeit-ABM sollte dabei nur erfolgen, wenn sie den zeitlichen Präferenzen der arbeitslosen Frauen und Männer entspricht.

Sehr begrüßenswert wäre es, wenn jene Teilzeit-ABM ausgebaut würden, die mit einer beruflichen Fortbildungs- oder Umschulungsmaßnahme verknüpft sind. Dieses Angebot darf nicht nur auf junge Arbeitnehmer beschränkt sein, gerade für ältere Frauen, die einen (Wieder-)Einstieg in den Beruf versuchen, wäre eine solche Kombination sinnvoll. Ferner müssen die Chancen genutzt werden, ABM in eine Strategie zum Abbau der geschlechtsspezifischen Segregation auf dem Arbeitsmarkt einzubeziehen. Bislang reflektiert die Verteilung von Frauen und Männern auf einzelne Einsatzfelder auch im ABM-Bereich die aus der "normalen" Erwerbstätigkeit bekannte Segregierung, obwohl das Instrument der ABM durchaus Ansatzpunkte bietet, die einseitige Berufsstruktur von Frauen zu erweitern. Die Arbeitsverwaltung ist aufgefordert, diesen Spielraum zu nutzen und entsprechende Konzeptionen zu erarbeiten und umzusetzen.

Der Zuweisung in eine ABM muß eine **eingehende Beratung durch die Arbeitsverwaltung** vorangehen, in der den Frauen ein realistisches Bild über die Anforderungen in der ABM, insbesondere über die Anforderungen an die Qualifikation und über die Wirkung der ABM-Teilnahme auf die beruflichen Wiedereingliederungschancen vermittelt wird. Vor allem sollten keine trügerischen Hoffnungen auf eine spätere Übernahme beim Träger der ABM geweckt werden.

ABM können auch beim Ausbau solcher Infrastrukturmaßnahmen eingesetzt werden, die Frauen (und Männern) eine bessere Vereinbarung von Beruf und Familie erlauben, so z.B. beim Ausbau von Krippenplätzen und Ganztagskindergärten, auf die insbesondere Alleinerziehende angewiesen sind. Auch die Unterstützung innovativer Formen informeller Arrangements, die dazu geeignet sind, die Mehrfachbelastung von Frauen zu verringern (z.B. Schulaufgaben-Gruppenbetreuung) ist sinnvoll.

13.4 Möglichkeiten zur regionalen Förderung der Frauenarbeit

Da auch bei der Gemeinschaftsaufgabe "Verbesserung der regionalen Wirtschaftsstruktur", dem Kernstück bundesdeutscher Regionalpolitik, Förderbedingungen überwiegen, die die Schaffung und Sicherung von Frauenarbeitsplätzen im Vergleich zu Männerarbeitsplätzen tendenziell erschweren, kommt es darauf an, hier entsprechende Kontrapunkte zu setzen.

Dies setzt **Änderungen bereits bei der Selektion der Fördergebiete** voraus. Wie dargestellt kommt die besondere regionale Arbeitsmarktsituation von Frauen insbesondere in den altindustrialisierten Verdichtungsgebieten bei der Fördergebietsauswahl nicht zum Tragen und hat somit Fehlallokationen des Maßnahmeeinsatzes zur Folge. Eine niedrige Erwerbsquote der Frauen (und eine dementsprechend hohe stille Reserve) verhindert unter Umständen sogar die Aufnahme in die Fördergebietskulisse, weil aus ihr ein überdurchschnittlich hohes regionales Durchschnittseinkommen resultiert. Ein Weg, um diesen Aussiebungsprozeß zu verhindern, läge darin, das regionale Einkommen nicht auf die Beschäftigten der Region, sondern auf das gesamte Erwerbspersonenpotential (Erwerbstätige, Arbeitslose, stille Reserve) zu beziehen. Auch eine geschlechtsspezifische Differenzierung des Einkommens- wie auch des Arbeitslosigkeitskriteriums und eine darauf fußende Selektion der Fördergebiete würde die Chancen von Regionen mit unterdurchschnittlichem Besatz von Frauenarbeitsplätzen verbessern, den Status eines Fördergebiets zu erlangen. Eine solche frauenspezifische Komponente kann in das Hauptauswahlverfahren integriert werden oder es kann sich im Wege einer sogenannten Feinsteuerung an dieses anschließen.

Die Gemeinschaftsaufgabe "Verbesserung der regionalen Wirtschaftsstruktur" kennt eine **Vielzahl von Incentives und Präferenzregelungen**, die sich ohne weiteres ebenfalls **zur Förderung der Gleichstellung von Frauen** und Männern nutzen ließen:

- Wirksam wäre sicherlich eine deutliche Anhebung der Förderhöchstsätze für Investitionen, mit denen in den regionalpolitischen Problemräumen Frauenarbeitsplätze geschaffen werden.

- Für Investitionen in Arbeitsplätze, die in besonderem Maße geeignet sind, die einseitige Berufsstruktur von Frauen aufzulockern bzw. wenn typische Männerarbeitsplätze mit Frauen besetzt werden, könnte ein zusätzlicher Bonus gewährt werden

- Die für die Arbeitsmarktpolitik angestellten Überlegungen hinsichtlich des qualitativen Aspekts der Maßnahmen besitzen für den Bereich der Regionalpolitik gleichermaßen Gültigkeit: Es kommt nicht nur darauf an, das quantitative Angebot an Frauenarbeitsplätzen in den Förderregionen zu steigern, sondern es muß auch Ziel sein, seine Qualität zu heben. So wäre es zum Beispiel angezeigt, den besonderen Investitionszuschuß für höherwertige Arbeitsplätze dann aufzustocken, wenn sie mit Frauen besetzt werden.

- Notwendig ist ferner eine engere instrumentelle Verzahnung von Regional- und Arbeitsmarktpolitik, insbesondere von Regional- und Qualifizierungspolitik. Die Schaffung und Sicherung von Arbeitsplätzen muß durch zeitlich vorgelagerte und/oder zeitlich simultane Qualifizierungsmaßnahmen flankiert werden.

- Die für Jugendliche geltenden Fördermodalitäten (Wertung eines neu geschaffenen Ausbildungsplatzes wie zwei Arbeitsplätze, Gewährung eines besonderen Investitionszuschusses) ließen sich in dieser oder ähnlicher Form ebenfalls explizit zugunsten der Schaffung von Frauenarbeitsplätzen ausrichten.

- Der noch immer weitgehende Ausschluß von Dienstleistungsbetrieben ohne Primäreffekt aus der Förderung sollte auch im Hinblick auf den implizierten geschlechtsspezifischen Diskriminierungseffekt überdacht werden. Es ist nicht zwangsläufig so, daß sich als Folge der Initialzündung im gewerblichen Bereich (basic-activities) automatisch eine expansive Entwicklung im tertiären Sektor (non-basic-activities) vollzieht, der eine spezielle Förderung der "non-basic-activities" überflüssig macht. Generell läßt die Fixierung der Förderanstrengungen auf die regionale Exporttätigkeit außer acht, daß auch Betriebe, die ihren Absatz nicht überwiegend im überregionalen Bereich erzielen, durchaus eine positive Funktion für das Wachstum aufweisen können.

- Wenn die vom Grundsatz her frauenfreundliche Regelung, wonach Frauenarbeitsplätze auch außerhalb der Schwerpunktorte förderfähig sind, greifen soll, dann müssen die übrigen Ausnahmeregelungen, die ebenfalls eine Durchbrechung des Schwerpunktprinzips erlauben, zurückgenommen werden. Der für die Förderung außerhalb von Schwerpunktorten geltende niedrigere Förderhöchstsatz muß an die üblichen Förderhöchstsätze angeglichen werden.

- Die Förderung des Ausbaus der Infrastruktur durch die GRW stellt lediglich auf die Bedingungen der gewerblichen Wirtschaft ab (sogenannte wirtschaftsnahe Infrastruktur), in der Frauen nur unterproportional vertreten sind. und wirkt sich somit ebenfalls nachteilig für Frauen aus. Erforderlich und sinnvoll ist zum einen ein stärkerer Einbezug arbeitskräfteorientierter Infrastruktur, so z.B. auch von bedarfsgerechten Kinderbetreuungseinrichtungen.Zum anderen muß die Infrastrukturförderung auch auf die Belange von Betrieben des tertiären Sektors und deren Beschäftigte ausgedehnt werden, so z.B. bei der Errichtung oder dem Ausbau von Ausbildungs-, Fortbildungs- und Umschulungsstätten. Diese arbeitskräfteorientierten Maßnahmen wurden bislang ebenfalls nur dann gefördert, wenn ein unmittelbarer Zusammenhang mit dem Bedarf der regionalen gewerblichen Wirtschaft an geschulten Arbeitskräften bestand.

Allein mit dem bisher genannten eher herkömmlichen Instrumentarium sind in absehbarer Zeit keine nennenswerten Erfolge zu erwarten. Erforderlich ist es vielmehr, die öffentliche Ausgabenpolitik mit der **Auflage von Zielvorgaben** zu verknüpfen, die eine Gleichstellung der Geschlechter bewirken können. Die erfolgreichen Regelungen in den USA (affirmative plans) oder in Schweden können hier Vorbild sein. So sind in Schweden alle regionalpolitisch motivierten Subventionen zur Förderung von Industrieansiedlungen und -entwicklungen an die Bedingung geknüpft, daß mindestens 4o % aller bezuschußten Arbeitsplätze mit Arbeitskräften des jeweils unterrepräsentierten Geschlechts besetzt werden - und die Quotenvorschriften haben sich durchaus als effektiv erwiesen. Der Erfolg der schwedischen Gleichstellungspolitik beruht nicht zuletzt auf der engen Verknüpfung von Arbeitsmarkt- und Regionalpolitik. So müssen die Unternehmen, die regionale Fördermittel beantragen, in Zusammenarbeit mit den lokalen Arbeitsmarktbehörden Rekrutierungs- und Ausbildungspläne entwickeln, die sich an der genannten Gleichstellungsquote orientieren. Eine solche "konzertierte Aktion" ist auch für die Bundesrepublik Deutschland unbedingt empfehlenswert.

Regionalpolitik und Arbeitsmarktpolitik bedürfen auch von ihrer "Dosierung" her einer stärkeren Koordination. Es kann nicht angehen, daß Arbeitsmarktpolitik auch in der regionalen Vergleichsperspektive eher eine Verstärkung als einen Abbau in den Ungleichgewichten beruflicher Bildungs- und Arbeitsmarktchancen von Frauen und Männern zur Folge hat, und dies nicht nur in quantitativer, sondern auch in qualitativer Hinsicht. Die Mittel der Arbeitsmarktpolitik müssen also stärker als bisher dem regionalen Problemdruck folgend verteilt werden.

L I T E R A T U R V E R Z E I C H N I S

Ahlers, E./Baumhöfer, A.:
Wirkungen regionaler Wirtschaftsförderung. Untersucht am Beispiel der Region Ostfriesland, in: Informationen zur Raumentwicklung 11/198o, S. 573-583

Amtliche Nachrichten der Bundesanstalt für Arbeit, verschiedene Jahrgänge

662. Anordnung des Verwaltungsrates der Bundesanstalt für Arbeit über die individuelle Förderung der beruflichen Fortbildung und Umschulung vom 23. März 1976 in der Fassung der 13. Änderungsanordnung vom 28. Januar 1986

Arbeitsbeschaffung. Keine Kontinuität, in: Wirtschaftswoche, Nr. 18 vom 29.4.1983, S. 21-24

Arbeitsförderungsgesetz vom 25. Juni 1969, zuletzt geändert durch Siebtes Gesetz zur Änderung des Arbeitsförderungsgesetzes vom 2o. Dezember 1985

Arbeitsmarktpolitisches Programm der Bundesregierung für Regionen mit besonderen Beschäftigungsproblemen vom 16. Mai 1979. Zusammenfassung der Ergebnisse der Begleitforschung, zusammengestellt vom Referat II a 2 des Bundesministeriums für Arbeit und Sozialordnung, o.O., Februar 1984

Auer, Peter/Maier, Hans E.:
Strategien der Arbeitsbeschaffung in der Bundesrepublik Deutschland und im Ausland: Erfahrungen aus fünf Ländern, in: Mitteilungen aus der Arbeitsmarkt- und Berufsforschung 2/1984, S. 158-167

Autorengemeinschaft:
Der Arbeitsmarkt in der Bundesrepublik Deutschland in den Jahren 1983 und 1984 - insgesamt und regional, in: Mitteilungen aus der Arbeitsmarkt- und Berufsforschung 4/1983, S. 325-344

Autorengemeinschaft:
Der Arbeitsmarkt in der Bundesrepublik Deutschland in den Jahren 1985 und 1986, in: Mitteilungen aus der Arbeitsmarkt- und Berufsforschung 4/1985, S. 4o9-415

Autorengemeinschaft:
Zum Problem der strukturellen Arbeitslosigkeit, in: Mitteilungen aus der Arbeitsmarkt- und Berufsforschung 1/1976, S. 7o-83

Barnofski, Ulrich:
Arbeitsförderungsgesetz. Weiterbildung heute, in: Bundesarbeitsblatt 1/1985, S. 12-18

Bartholomäi, Reinhart/Bodenbender, Wolfgang/Henkel, Hardo/ Hüttel, Renate (Hrsg.):
Sozialpolitik nach 1984. Geschichte und Analysen, Bonn-Bad Godesberg 1977

Bayer, Mechthild:
Formen innerbetrieblicher beruflicher Weiterbildung - ihre Auswirkungen und Konsequenzen für die Betroffenen sowie ihr Verhältnis zur öffentlichen beruflichen Weiterbildung, in: Zeitschrift für Berufs- und Wirtschaftspädagogik 76 (198o) 7, S. 5oo-513

Beck-Gernsheim, Elisabeth:
Der geschlechtsspezifische Arbeitsmarkt. Zur Ideologie und Realität von Frauenberufen, Frankfurt/Main 1981

Beck-Gernsheim, Elisabeth:
Frauen zurück in die Familie? Eine Diskussion der Leitlinien aktueller Familienpolitik in der Bundesrepublik Deutschland, in: WSI-Mitteilungen 1/1984, S. 23-32

Bericht der Bundesregierung nach § 239 des Arbeitsförderungsgesetzes (Arbeitsförderungsbericht), Bundestagsdrucksache 7/4o3 vom 23.3.1973

Bericht der Sachverständigenkommission zum Sechsten Jugendbericht "Verbesserung der Chancengleichheit von Mädchen in der Bundesrepublik Deutschland", Bundestagsdrucksache 1o/1oo7 vom 15.2.1984

Bieback, Karl-Jürgen:
Arbeitslosigkeit und Arbeitsvermittlung. Zur Kritik der Arbeitsmarktpolitik nach dem AFG, in: Jahrbuch für Sozialökonomie und Gesellschaftstheorie, Arbeitsmarktpolitik, Opladen 1978, S. 82-1o3

Bleicher, Siegfried:
Eine notwendige, aber keine hinreichende Maßnahme, in: Wirtschaftsdienst 1986, VII, S. 33o-332

Bosch, Gerhard:
Arbeitsmarktpolitik ohne Arbeitslose: Zur Entwicklung der Überschüsse bei der Bundesanstalt für Arbeit, in: WSI-Mitteilungen 1o/1984, S. 567-574

Bode, Elfriede:
Lebensperspektiven junger Frauen: Gedanken zum 6. Jugendbericht der Bundesregierung "Verbesserung der Chancengleichheit der Mädchen in der Bundesrepublik Deutschland", in: WSI-Mitteilungen 1/1984, S. 54-6o

Böhret, C./Jann, W./Kronewett, E.:
Handlungsspielräume und Steuerungspotential der regionalen Wirtschaftsförderung, in: Raumordnung und staatliche Steuerungsfähigkeit, Deutsche Vereinigung für Politische Wissenschaft (hrsg. von W. Bruder und Th. Ellwein), Opladen 198o, S. 76-11o

Brandenburg, A. Günter:
Weiterbildung und Arbeitsmarktpolitik, Göttingen 1975

Brandherm, Ruth:
Individuelle Förderung der beruflichen Fortbildung und Umschulung nach dem Arbeitsförderungsgesetz als Strategie gegen Arbeitslosigkeit, Diplomarbeit, Bielefeld 1979

Breuer, Wilhelm/Hellmich, Andrea:
Frauen in Arbeitsbeschaffungsmaßnahmen. Eine empirische Untersuchung der Arbeitsbeschaffungsmaßnahmen für Frauen in sieben Arbeitsamtsbezirken Nordrhein-Westfalens, Band 25 der Reihe "Arbeit und Beruf" des Ministers für Arbeit, Gesundheit und Soziales des Landes Nordrhein-Westfalen, Bonn/Karlsruhe 198o

Brinkmann, Christian:
Finanzielle und psycho-soziale Belastungen während der Arbeitslosigkeit, in: Mitteilungen aus der Arbeitsmarkt- und Berufsforschung 4/1976, S. 397-413

Brinkmann, Christian:
Veränderung des Arbeitsvolumenangebots bei Realisierung von Arbeitszeitwünschen: Befragungsergebnisse und Modellrechnungen, in: Probleme der Messung und Vorausschätzung des Frauenerwerbspotentials, hrsg. von Wolfgang Klauder und Gerhard Kühlewind, Beiträge zur Arbeitsmarktforschung 56, Nürnberg 1981, S. 147-168

Brinkmann, Christian:
Zum Erfolg von Eingliederungsbeihilfen (EB): Struktur und Verbleib der Geförderten, in: Mitteilungen aus der Arbeitsmarkt- und Berufsforschung 4/1985, S. 439-449

Brinkmann, Christian/Reyher, Lutz:
Erwerbspersonenpotential und Stille Reserve, in: Mitteilungen aus der Arbeitsmarkt- und Berufsforschung 1/1985, S. 4-1o

Brinkmann, Christian/Schober, Karen:
Methoden und erste Ergebnisse aus der Verlaufsuntersuchung des IAB bei Arbeitslosen (Zugänge November 1981), in: Mitteilungen aus der Arbeitsmarkt- und Berufsforschung 4/1982, S. 4o8-425

Brödel, Rainer:
Betriebliche Lehre und Weiterbildungserfahrungen von heutigen Industriearbeitern, in: Die deutsche Berufs- und Fachschule, Zeitschrift für Berufs- und Wirtschaftspädagogik, 74. Band, Heft 12/1978, S. 916-928

Büchtemann, Christoph F./Infratest Sozialforschung:
Die Bewältigung von Arbeitslosigkeit im zeitlichen Verlauf. Repräsentative Längsschnittuntersuchung bei Arbeitslosen und Beschäftigten 1978-1982, hrsg. vom Bundesminister für Arbeit und Sozialordnung, Bonn 1983

Bundesanstalt für Arbeit (Hrsg.):
Förderung der beruflichen Bildung. Ergebnisse der Teilnehmerstatistik über berufliche Fortbildung, Umschulung und Einarbeitung, verschiedene Jahrgänge

Bundesminister für Arbeit und Sozialordnung (Hrsg.):
Arbeitsmarktpolitisches Programm der Bundesregierung für Regionen mit besonderen Beschäftigungsproblemen, Bonn, Juli 1979

Bundesminister für Arbeit und Sozialordnung (Hrsg.):
Arbeits- und Sozialstatistik, Hauptergebnisse 1984

Bundesminister für Arbeit und Sozialordnung (Hrsg.):
Qualifizierungsoffensive. Berufliche Position sichern und verbessern, in: Sozialpolitische Informationen vom 29. Juli 1986

Bundesminister für Bildung und Wissenschaft (Hrsg.):
Grund- und Strukturdaten 1984/1984

Bundesminister für Bildung und Wissenschaft (Hrsg.):
Berufsbildungsbericht 1985, Bad Honnef 1985

Bundestagsdrucksache lo/871 vom 11.1.1984, Anfrage zum Thema Frauenarbeitslosigkeit

Bundesvereinigung der Deutschen Arbeitgeberverbände (Hrsg.):
Unternehmerische Personalpolitik. Analyse der Arbeitsbedingungen und personalpolitischen Schwerpunktaufgaben, Köln 1978

Cramer, Ulrich:
Multivariate Analyse von Arbeitslosenquoten, in: Mitteilungen aus der Arbeitsmarkt- und Berufsforschung 3/1984, S. 33o-335

Däubler-Gmelin, Herta:
Frauenarbeitslosigkeit oder Reserve zurück an den Herd!, Hamburg 1977

Deutsche Unesco-Kommission (Hrsg.):
Empfehlung über die Entwicklung der Weiterbildung, Bonn 1978

Deutscher Bundestag (Hrsg.):
Probleme der Frau in unserer Gesellschaft, Bonn 1984

Diekershoff, Sybille/Diekershoff, Karl-Heinz:
Weiterbildungsbereitschaft von Frauen bis zu 45 Jahren. Schriftenreihe des Bundesministers für Jugend, Familie und Gesundheit, Band 42, Stuttgart/Berlin/Köln/Mainz 1976

Diekershoff, Sybille unter Mitarbeit von Maria Büntgen und Rolf Simons:
Empfehlungen zur Gestaltung von Bildungsangeboten für Frauen, Schriftenreihe des Bundesministers für Jugend, Familie und Gesundheit, Band 128, Stuttgart/Berlin/Köln/Mainz 1982

Dobischat, Rolf:
Welche Arbeitslosen werden durch Lehrgangsangebote nach § 41a AFG gefördert? Ergebnisse einer Untersuchung, in: Berufsbildung in Wissenschaft und Praxis, 14 (1985) 6, S. 21o-215

Dobischat, Rolf:
Zum aktuellen Diskussionsstand der Weiterbildung von Arbeitslosen durch Maßnahmen nach § 41 a AFG, in: Berufsbildung in Wissenschaft und Praxis, 14 (1985) 4, S. 122-126

Düll, Klaus:
Gesellschaftliche Modernisierungspolitik durch neue "Produktionskonzepte", in: WSI-Mitteilungen 3/1985, S. 141-145

Eckey, Friedrich:
Grundlagen der regionalen Strukturpolitik. Eine problemorientierte Einführung, Köln 1978

Empfehlungen des Hauptausschusses des Bundesinstituts für Berufsbildung zur beruflichen Weiterbildung von Frauen vom 24. Mai 1985, in: Berugsbildung in Wissenschaft und Praxis 3/1985, S. 114-116

Engelbrech, Gerhard/Kraft, Hermine:
Besonderheiten bei der Ausbildungs- und Berufswahl weiblicher Jugendlicher, in: Mitteilungen aus der Arbeitsmarkt- und Berufsforschung 1/1983, S. 39-51

Engelen-Kefer, Ursula:
Arbeitslosenunterstützung oder Arbeitsförderung - was kann der "Zweite" Arbeitsmarkt leisten?, Vortrag auf dem SPD-Forum "Ausgrenzung in die neue Armut" am 5. Dezember 1984 in Bonn, in: SPD-Service Presse-Funk-TV vom 5. Dezember 1984

Fiedler, J.:
Generalprogramm: Beschäftigung von arbeitslosen Hochschulabsolventen, in: F.W. Scharpf, S. Gensior, J. Fiedler (Hrsg.):

Arbeitsmarktpolitik für Akademiker? Vorschläge und Einwände, Königstein/Ts. 1979

Fink, Gisela/Sauter, Edgar:
Stand und aktuelle Probleme der beruflichen Weiterbildung, Sonderveröffentlichung des Bundesinstituts für Berufsbildung, Berlin 198o

Foster, Helga:
Wiedereingliederung von Frauen in den Arbeitsmarkt durch neue Formen der Weiterbildung? Merkmale und Notwendigkeit von Veränderungen der Weiterbildung von Frauen, in: Berufsbildung in Wissenschaft und Praxis 4/1985, S. 13o-132

Frauen werden benachteiligt, Presse-Information Nr. 2/86 des Landesarbeitsamtes Nordbayern vom 28.2.1986

Frerichs, Petra/Goldmann, Monika/Richter, Gudrun:
Zum Problem von Frauenarbeitstätigkeit und neuen Technologien, in: Jahrbuch Arbeit und Technik in Nordrhein-Westfalen 1985, Bonn 1985, S. 97-115

Fricke, Else/Johannson, Kurt:
Aktuelle Tendenzen in der Berufsausbildung und betrieblichen Weiterbildung, in: Jahrbuch Arbeit und Technik in Nordrhein-Westfalen 1985, Bonn 1985, S. 29-47

Fricke, Werner/Johannson, Kurt/Krahn, Karl/Kruse, Wilfried/Peter, Gerd (Hrsg.):
Jahrbuch Arbeit und Technik in Nordrhein-Westfalen 1985, Bonn 1985

Garlichs, Dietrich:
Berufliche Qualifizierung als Instrument gezielter Arbeitsmarkt- und Beschäftigungspolitik, IIM/LMP 82-22, Berlin 1982

Gerhard, Ute/Metz, Rainer:
Gleichberechtigung und ökonomische Krise. Uber den kontinuierlichen Abbau von Frauenrechten im Arbeitsförderungsrecht, in: Vorgänge 69 (1984) 3, S. 71-82

Gleichberechtigung der Frau: Aufgaben und Schwierigkeiten. Eine Erörterung der Überlegungen über ein "Antidiskriminierungsgesetz". Sitzungsbericht zum 54. Deutschen Juristentag Nürnberg 1982, München 1982

Grau, Uwe/Hahn, Klaus-Dieter/Scheller, Hans-Joachim:
Ziele, Methoden und Ergebnisse von Maßnahmen nach § 41 a AFG, in: Berufsbildung in Wissenschaft und Praxis 4/1985, S. 126-13o

Gross, Jürgen:
Aspekte zukünftiger Frauenerwerbstätigkeit, in: Probleme der Messung und Voraussetzung des Frauenerwerbspotentials, hrsg. von Wolfgang Klauder und Gerhard Kühlewind, Beiträge zur Arbeitsmarktforschung 56, Nürnberg 1981, S. 36-39

Grünewald, Uwe:
Neue Techniken und berufliche Bildung. Thesen zum gegenwärtigen Erkenntnisstand sowie Anregungen für staatliches Handeln, in: Berufliche Bildung in Wissenschaft und Praxis 5/1984

Hegelheimer, Barbara:
Berufsqualifikation und Berufschancen von Frauen in der Bundesrepublik Deutschland, Berlin 1977

Hellmich, Andrea:
Arbeitsbeschaffungsmaßnahmen zur Verbesserung der sozialen Dienste und der sozialen Infrastruktur. Ergebnisse der Begleitforschung zum Schwerpunkt 3 des Arbeitsmarktpolitischen Programms der Bundesregierung für Regionen mit besonderen Beschäftigungsproblemen (Projektleitung: Wilhelm Breuer), hrsg. vom Bundesminister für Arbeit und Sozialordnung, Bonn 1983

Hellmich, Andrea:
Arbeitsmarkt- und sozialpolitische Effekte von Arbeitsbeschaffungsmaßnahmen. Ein Beitrag zur aktuellen Kontroverse um ABM, in: WSI-Mitteilungen 2/1982, S. 113-123

Hille, B.
Berufs- und Lebenspläne sechzehnjähriger Schülerinnen in der Bundesrepublik Deutschland, Bonn/Frankfurt a.M./München 1976

Himmelreich, Fritz Heinrich:
Die Qualifizierungsoffensive ist notwendig, in: Wirtschaftsdienst 1986, VII, S. 327-33o

Hochgürtel, Gerhard/Meuter, Gisela:
Berufsausbildung Erwachsener in Nordrhein-Westfalen, Forschungsbericht im Auftrag des Ministers für Arbeit, Gesundheit und Soziales des Landes Nordrhein-Westfalen, Düsseldorf 1975

Hofbauer, Hans:
Berufliche Weiterbildung für arbeitslose Jungakademiker, in: Mitteilungen aus der Arbeitsmarkt- und Berufsforschung 3/1985, S. 3o7-314

Hofbauer, Hans:
Die Untersuchung des IAB über Berufsverläufe bei Frauen, in: Mitteilungen aus der Arbeitsmarkt- und Berufsforschung 2/1978, S. 131-147

Hofbauer, Hans:
Teilnehmer an beruflichen Bildungsmaßnahmen und ihre Beschäftigungschancen, in: Mitteilungen aus der Arbeitsmarkt- und Berufsforschung 4/1977, S. 469-484

Hofbauer, Hans:
Untersuchungen des IAB über die Wirksamkeit der beruflichen Weiterbildung, in: Mitteilungen aus der Arbeitsmarkt- und Berufsforschung 3/1981, S. 246-262

Hofbauer, Hans/Dadzio, Werner:
Berufliche Weiterbildung für Arbeitslose, in: Mitteilungen aus der Arbeitsmarkt- und Berufsforschung 2/1984, S. 183-2oo

Hofbauer, Hans/Dadzio, Werner:
Die Wirksamkeit von Maßnahmen zur Verbesserung der Vermittlungsaussichten für Arbeitslose nach § 41 a AFG, in: Mitteilungen aus der Arbeitsmarkt- und Berufsforschung 4/1982, S. 426-433

Hoff, Andreas/Strümpel, Burkhard:
Qualität des Arbeitsplatzes, Lohnniveau und Beschäftigung oder: Wie teuer ist Arbeitsbeschaffung, in: Mitteilungen aus der Arbeitsmarkt- und Berufsforschung 3/1978, S. 3o3-3o7

Hoppe, Werner:
Die Auswirkungen des Haushaltsstrukturgesetzes auf Arbeitslosenversicherung und berufliche Bildungsförderung, in: Der Betrieb 1o/1976, S. 483-488

Hoppe, Werner:
Seit zehn Jahren Unterhaltsgeld für Bildungswillige. Rechtsentwicklung und BSG-Rechtsprechung im vergangenen Jahrzehnt, in: Zentralblatt für Sozialversicherung, Sozialhilfe und Versorgung 32 (1978) 1/2, S. 1-13

IAB-Kurzbericht vom 22.1o.1984:
Gesamtfiskalische Kosten von ABM und Arbeitslosigkeit 1984 im Vergleich

IAB-Kurzbericht vom 27.11.1984:
Arbeitslosigkeit nach Abschluß der betrieblichen Berufsausbildung

IAB-Kurzbericht vom 17.1o.1985:
Abbau individueller Arbeitslosigkeit durch berufliche Weiterbildung

IAB-Kurzbericht vom 24.3.1986:
Die Zukunft der Arbeitslandschaft, Teil 4: Der Arbeitskräftebedarf bis zum Jahre 2ooo nach Qualifikationsebenen

IAB-Kurzbericht vom 5.6.1986:
Informationen zur Förderung der beruflichen Weiterbildung für Arbeitslose in den einzelnen Arbeitsamtsbezirken

IAB-Kurzbericht vom 29.9.1986:
Hat sich durch die Verstärkung der beruflichen Weiterbildung für Arbeitslose die Teilnehmerstruktur geändert?

Institut für Arbeitsmarkt- und Berufsforschung (Hrsg.):
Berufliche Eingliederung nach der Umschulung, in: Materialien aus der Arbeitsmarkt- und Berufsforschung 4/198o

Institut für Arbeitsmarkt- und Berufsforschung (Hrsg.):
Über ABM zurück ins Arbeitsleben?, in: Materialien aktuell 1/1985, S. 3-4

Janssen-Jurreit, Marielouise (Hrsg.):
Frauenprogramm - gegen Diskriminierung. Gesetzgebung - Aktionspläne - Selbsthilfe. Ein Handbuch, Hamburg 1979

Kasiske, Rolf:
"Zweiter Arbeitsmarkt" - Ein notwendiger Schritt zur Einlösung des Rechts auf Arbeit, in: Die Neue Gesellschaft 6/1983, S. 52o-528

Katzer, Hans:
Das Arbeitsförderungsgesetz - die Grundlage einer zukunftsweisenden Arbeitsmarkt- und Beschäftigungspolitik, in: Bundesarbeitsblatt 6/1969, S. 325-327

Kaufmann, Franz-Xaver/Strohmeier, Klaus Peter u.a.:
Familienentwicklung in Nordrhein-Westfalen. Generatives Verhalten im sozialen und regionalen Kontext, Heft 47 der Schriftenreihe des Ministerpräsidenten von Nordrhein-Westfalen, Düsseldorf 1985

Klemmer, Paul:
Abgrenzung regionaler Arbeitsmärkte in der Bundesrepublik Deutschland für die Zwecke der Gemeinschaftsaufgabe "Verbesserung der regionalen Wirtschaftsstruktur", Bochum 1973

Klippenstein, Eva (verantwortl.)/Landesarbeitsamt Nordrhein-Westfalen (Hrsg.):
Wirtschaftszweige in den Arbeitsämtern 1984, Düsseldorf 1986

Klippenstein, Eva/Müller, Ursula/Weg, Marianne:
Die geteilte Berufswelt: Erwerbstätigkeit und Ausbildungsmarktsituation von Frauen in Nordrhein-Westfalen, in: Jahrbuch Arbeit und Technik in Nordrhein-Westfalen 1985, Bonn 1985, S. 183-2o2

Köhler, Christoph/Maase, Mira/Mendius, Hans Gerhard/Nuber, Christoph/Sengenberger, Werner:
Weiterbildungsstrategien bei öffentlicher Qualifizierungsförderung, in: Das Mitbestimmungsgespräch 11/1981, S. 381-384

Kolwe-Jung, Gabi/Nuissl, Ekkehard/Schenk, Peter/Sutter, Hannelore:
Modellversuche in der Weiterbildung, Heidelberg 198o

Krebsbach-Gnath, Camilla u.a.:
Technik und Frauenarbeitsplätze - Vorstudie. Forschungsauftrag des Bundesministers für Forschung und Technologie, Manuskript, o.O., 1982

Kühl, Jürgen:
Das Arbeitsförderungsgesetz (AFG) von 1969. Grundzüge seiner arbeitsmarkt- und beschäftigungspolitischen Konzeption, in: Mitteilungen aus der Arbeitsmarkt- und Berufsforschung 3/1982, S. 251-26o

Kühl, J./Paul, A.G./Blunk, D. (Bundesanstalt für Arbeit):
Überlegungen II zu einer vorausschauenden Arbeitsmarktpolitik, Nürnberg 1978

Landesarbeitsamt Nordrhein-Westfalen (Hrsg.):
Arbeitsmarktbericht 1979

Langer, Ingrid:
Die neu entdeckten Frauen - zwischen Arbeitslosigkeit und Wendepolitik, in: WSI-Mitteilungen 2/1986, S. 1o3-111

Langkau, Jochem:
Bestimmungsgründe regionaler Unterschiede in der Frauenarbeit und Ansätze für eine regionale Förderung. Ein Beitrag zur Regionalisierung der Sozialpolitik, Schriftenreihe des Forschungsinstituts der Friedrich-Ebert-Stiftung, Band 133, Bonn-Bad Godesberg 1977

Langkau, Jochem:
Lohn- und Gehaltsdiskriminierung von Arbeitnehmerinnen in der Bundesrepublik Deutschland. Bestimmung und Analyse des geschlechtsspezifischen Einkommensabstands 196o-1976, Bonn 1979

Langkau, Jochem/Langkau-Herrmann, Monika:
Bundesrepublik Deutschland, in: Alice M. Yohalem (Hrsg.): Die Rückkehr von Frauen in den Beruf. Maßnahmen und Entwicklung in fünf Ländern, Reihe "Struktur- und Entwicklungspolitik" des Forschungsinstituts der Friedrich-Ebert-Stiftung, Band 6, Bonn 1982

Lenhardt, Gero:
Berufliche Weiterbildung und Arbeitsteilung in der Industrieproduktion, Frankfurt am Main 1974

Maier, Friederike:
Wiedereingliederung und Qualifizierung ungelernter und längerfristig Arbeitsloser, in: Fritz W. Scharpf (Hrsg.): Implementation des Sonderprogramms auf der Lokalen und Regionalen Ebene, Zwischenbericht, Berlin 1981, S. 2o1-316

Maier, Hans E.:
Arbeitsbeschaffungsmaßnahmen als Instrument offensiver Arbeitsmarktpolitik, IIM/LMP 82-31, Berlin 1982

Mendius, Hans Gerhard/Sengenberger, Werner/Köhler, Christoph/ Maase, Mira:
Qualifizierung im Betrieb als Instrument der öffentlichen Arbeitsmarktpolitik. Begleitforschung zum Schwerpunkt 1 des Arbeitsmarktpolitischen Programms der Bundesregierung für Regionen mit besonderen Beschäftigungsproblemen. Endbericht des Instituts für Sozialwissenschaftliche Forschung e.V. München, hrsg. vom Bundesminister für Arbeit und Sozialordnung, München 1983

Mendner, Jürgen, H.:
Produktivkraftentwicklung und Qualifikation - Thesen, in: IG Chemie-Papier-Keramik (Hrsg.): Produktion und Qualifikation - Materialien, Hannover 1978, S. 33-57

Mennel, Angelika:
Diskriminierung im Steuerrecht. Die Bevorzugung der Hausfrauenehe und die Mehrfachbelastungen erwerbstätiger Mütter und Ehefrauen, in: Marielouise Janssen-Jurreit (Hrsg.): Frauenprogramm - gegen Diskriminierung. Gesetzgebung - Aktionspläne - Selbsthilfe. Ein Handbuch, Hamburg 1979, S. 175-181

Mertens, Dieter/Reyher, Lutz/Kühl, Jürgen:
Ziele und Möglichkeiten von Wirkungs-Analysen (Einschließlich Überblick über bisherige Arbeiten des IAB), in: Mitteilungen aus der Arbeitsmarkt- und Berufsforschung 3/1981, S. 2o9-223

Ministerium für Arbeit, Gesundheit und Soziales Baden-Württemberg (Hrsg.):
Die Situation der Frau in Baden-Württemberg. Eine Repräsentativuntersuchung unter Frauen, ihren Partnern und Kindern über die Situation der Frau im Spannungsfeld von Beruf und Familie, durchgeführt vom Institut für Demoskopie Allensbach, Stuttgart 1983

Minister für Arbeit, Gesundheit und Soziales des Landes Nordrhein-Westfalen (Hrsg.):
Frauenbericht, Bericht der Landesregierung Nordrhein-Westfalen, Düsseldorf 1982

Minister für Arbeit, Gesundheit und Soziales des Landes Nordrhein-Westfalen (Hrsg.):
Lebenslanges Lernen. Berufliche Weiterbildung der Arbeitnehmer als gesellschaftspolitische Aufgabe, Arbeit und Beruf, Band 27, Karlsruhe/Bonn 1981

Mohr, Wilma:
Überlegungen zur gegenwärtigen Qualifikationsdebatte, ihrer gewerkschaftlichen Relevanz, ihrer theoretischen und empirischen Begründung, in: IG Chemie-Papier-Keramik (Hrsg.): Produktion und Qualifikation - Materialien, Hannover 1978, S. 58-94

Nave-Herz, Rosemarie:
Ausgewählte Probleme der beruflichen Reaktivierung bei Frauen, in: Engpässe in der beruflichen Weiterbildung, hrsg. von Werner Sarges und Friedrich Haeberlin, München 1984, S. 145-16o

Neumann, Hannelore:
Strukturelle regionale Arbeitslosigkeit unter besonderer Berücksichtigung der Ruhrgebietsregionen, Ruhr-Forschungsinstitut für Innovations- und Strukturpolitik e.V. (RUFIS), Nr. 4/1985, Bochum 1985

Neumann, Hannelore/Vesper, Joachim:
Berücksichtigung strukturschwacher Verdichtungsgebiete in der regionalen Wirtschaftsförderung, Opladen 1983

Neumann, Hannelore/Frank Weimer, Achim Weimer (EDV):
Strukturelle Arbeitslosigkeit und Probleme ihrer Messung, Bonn 1984

Neumann, Hannelore/Weimer, Karl-Hans:
Innerbetriebliche Weiterbildung für Frauen als arbeitsmarktpolitisches Instrument. Ergebnisse einer Untersuchung von Industriebetrieben des Ruhrgebiets, Bonn-Bad Godesberg 1984

Obal, Dietmar:
Förderung der interberuflichen Mobilität der Arbeitskräfte durch staatliche Umschulungsmaßnahmen, Dissertation, Berlin 1975

o.V.:
Beschäftigungswirkungen von Förderprogrammen, in: WZB-Mitteilungen, Juli 1983

Peters, Aribert B./Schmid, Günther:
Aggregierte Wirkungsanalyse des Arbeitsmarktpolitischen Programms der Bundesregierung für Regionen mit besonderen Beschäftigungsproblemen, Zwischenbericht, IIM/LMP 82-1, Berlin, Januar 1982

Peters, Aribert B./Schmid, Günther:
Aggregierte Wirkungsanalyse des Arbeitsmarktpolitischen Programms der Bundesregierung für Regionen mit besonderen Be-

schäftigungsproblemen: Analyse der Beschäftigungswirkungen, IIM/LMP 82-32, Berlin, Dezember 1982

Politik für Familienfrauen. 6-Punkte-Informationspapier zum beruflichen Wiedereinstieg, in: Sozialpolitische Umschau vom 25.8.1986

Pollmeyer, Bernhard/Spies, Bernhard-Georg:
Zum Problem der Wiedereingliederung von Arbeitslosen. Integration oder Marginalisierung, in: WSI-Mitteilungen 2/1982, S. 95-1o4

Presse- und Informationsamt der Bundesregierung (Hrsg.):
Sozialpolitische Umschau vom 13. Dezember 1985

Presse- und Informationsamt der Bundesregierung (Hrsg.):
Sozialpolitische Umschau vom 2o. Dezember 1985

Pusse, Leo/Ruppert, Wolfgang:
Mittelfristige Entwicklung von Beschäftigung und Arbeitsproduktivität im Verarbeitenden Gewerbe: Tendenzen und betriebliche Maßnahmen, in: Mitteilungen aus der Arbeitsmarkt- und Berufsforschung 3/1985, S. 328-339

Reichert, Petra/Wenzel, Anne:
Alternativrolle Hausfrau? Eine Analyse von Ursachen und Auswirkungen der Frauenarbeitslosigkeit vor dem Hintergrund veränderter Lebensverhältnisse, in: WSI-Mitteilungen 1/1984, S. 6-14

Sandmann, Georg:
Arbeitsvermittlung, Arbeitsberatung und berufliche Anpassung nach dem Arbeitsförderungsgesetz, in: Bundesarbeitsblatt 6/1969, S. 328-332

Saterdag, Hermann:
Zielsetzungen und Ergebnisse im Bereich der beruflichen Weiterbildung, in: Engpässe in der beruflichen Weiterbildung, Wirklichkeit und Chancen der beruflichen Fortbildung, Neuorientierung und Wiedereingliederung, hrsg. von Werner Sarges und Friedrich Haeberlin, München 1984, S. 9-23

Saterdag, Hermann/Dadzio, Werner:
Die aufstiegsbezogene berufliche Fortbildung. Teil I: Struktur der Teilnehmer, Teilnehmermotivation und Fortbildungsergebnis, in: Mitteilungen aus der Arbeitsmarkt- und Berufsforschung 3/1977, S. 399-425

Saterdag, Hermann/Dadzio, Werner:
Die aufstiegsbezogene berufliche Fortbildung. Teil 2: Faktoren des Fortbildungserfolges, in: Mitteilungen aus der Arbeitsmarkt- und Berufsforschung 1/1978, S. 75-93

Sauter, Edgar:
Berufliche Weiterbildung und Arbeitsmarkt: Zur Förderung betrieblicher Qualifizierung im Rahmen des Arbeitsmarktpolitischen Programms der Bundesregierung für Regionen mit besonderen Beschäftigungsproblemen (AMP), in: Berufliche Weiterbildung und Arbeitsmarkt, BWP 1982 (1), S. 1-6

Sauter, Edgar:
Wird die Teilnahme an der beruflichen Weiterbildung ausreichend gefördert? Entwicklung der individuellen Förderung nach dem AFG, Auswirkungen auf das Weiterbildungsverhalten und Forderungen für die künftige Gestaltung, in: Berufsbildung in Wissenschaft und Praxis 4/1985, S. 117-122

Sauter, Edgar/Walden, Günter/von Bardeleben, Richard/Krüger, Heinrich/Podeszfa, Helena/von Simons, Andrea/Sowade, Brigitte:
Berufliche Weiterbildung und Arbeitslosigkeit. Bildungsmaßnahmen im Auftrag der Arbeitsämter, Materialien und statistische Analysen zur beruflichen Bildung, Bundesinstitut für Berufsbildung (Hrsg.), Heft 47, Berlin 1984

Schäfer, Claus:
Auch bei Wachstum bleibt die Bekämpfung der Arbeitslosigkeit bis zum Jahr 2ooo eine politische Aufgabe. Szenarien zur Entwicklung des Arbeitsmarktes bis 2ooo, in: WSI-Mitteilungen 3/1986, S. 145-163

Scharpf, Fritz W.:
Chancen einer aktiven Arbeitsmarktpolitik in der Bundesrepublik Deutschland: Hinweise aus einem Sonderprogramm, IIM/LMP 81-5, Berlin 1981

Scharpf, Fritz W./Gensior, S./Fiedler, J. (Hrsg.):
Arbeitsmarktpolitik für Akademiker? Vorschläge und Einwände, Königstein/Ts. 1979

Scharpf, Fritz W./Schmid, Günther:
Forschungsprogramm "Arbeitsmarktpolitik" am Wissenschaftszentrum Berlin: Ansätze zur vergleichenden Wirkungsanalyse, in: Mitteilungen aus der Arbeitsmarkt- und Berufsforschung 3/1981, S. 224-236

Schefer, G./Wilpütz, R.:
Strategien gegen Frauenerwerbslosigkeit. Projektbericht zu Untersuchungen arbeitsloser Frauen in § 41 a-Maßnahmen, unveröffentlichtes Manuskript, Berlin 1983

Schmidt, Robert:
Arbeitsbeschaffungsmaßnahmen. Verfehlte Förderung?, in: Bundesarbeitsblatt 3/1983, S. 18-2o

Schmidtchen, Gerhard:
Die Situation der Frau. Trendbeobachtungen über Rollen- und Bewußtseinsveränderungen der Frauen in der Bundesrepublik Deutschland, Berlin 1984

Schmitz, Enno:
Leistung und Loyalität. Berufliche Weiterbildung und Personalpolitik in Industrieunternehmen, Stuttgart 1978

Seifert, Hartmut:
Öffentliche Arbeitsmarktpolitik in der Bundesrepublik Deutschland, Köln 1984

Semlinger, Klaus/Lücker, Karin:
Lohnkostensubventionen zur Wiedereingliederung von ungelernten und längerfristig Arbeitslosen. Eine Untersuchung der betrieblichen Akzeptanz der Vermittlungsförderung im Schwerpunkt 2 des Sonderprogramms vom 16. Mai 1979. Projekt im Rahmen der Begleitforschung des arbeitsmarktpolitischen Programms der Bundesregierung für Regionen mit besonderen Beschäftigungsproblemen (Projektleitung: Günther Schmid), IIM/LMP 83-8, Wissenschaftszentrum Berlin, Berlin 1983

Sengenberger, Werner:
Die gegenwärtige Arbeitslosigkeit - auch ein Strukturproblem des Arbeitsmarkts, Frankfurt/Main 1978

Soltwedel, Rüdiger/Spinanger, Dean:
Zur Erklärung der Beschäftigungsprobleme in ausgewählten Industriestaaten. Bericht über ein Forschungsprojekt, in: Mitteilungen aus der Arbeitsmarkt- und Berufsforschung 2/1976, S. 118-135

Spitznagel, Eugen:
Globale und strukturelle Auswirkungen von Allgemeinen Maßnahmen zur Arbeitsbeschaffung (ABM), Beiträge zur Arbeitsmarkt- und Berufsforschung Nr. 45, Nürnberg 198o

Statistische Berichte des Landesamtes für Datenverarbeitung und Statistik Nordrhein-Westfalen, verschiedene Jahrgänge

Statistisches Jahrbuch für die Bundesrepublik Deutschland, verschiedene Jahrgänge

Statistisches Jahrbuch Nordrhein-Westfalen, verschiedene Jahrgänge

Steppke, Gisela:
Geschlechtszugehörigkeit und Interessenlage, Dissertation, Berlin 198o

Stiegler, Barbara:
Frauen in Männerberufen: Anpassung oder Innovation, in: Marianne Weg, Angela Jurinek-Stinner (Hrsg.): Frauenemanzipa-

tion und berufliche Bildung, Programme - Bildungskonzepte - Erfahrungsberichte, München 1982, S. 81-91

Stingl, Josef:
Einführung zum 1. Arbeitsförderungsgesetz vom 25. Juni 1969, München 1969

Stingl, Josef:
Vom Gesetz über Arbeitsvermittlung und Arbeitslosenversicherung (AVAVG) zum Arbeitsförderungsgesetz (AFG), in: Reinhart Bartholomäi, Wolfgang Bodenbender, Hardo Henkel, Renate Hüttel (Hrsg.): Sozialpolitik nach 1945. Geschichte und Analysen, Bonn-Bad Godesberg 1977, S. 349-359

Stödter, Helga:
Frauen als Führungskräfte in der Wirtschaft. Ergebnisse einer Meinungsumfrage der FIDA (Gesellschaft zur Förderung der wissenschaftlichen Erforschung der Lage der Frau in internationaler Zusammenarbeit), Hamburg 1982

Technik und Frauenarbeitsplätze, Ifo-Schnelldienst 8/83, S. 17-25

Thon, Manfred:
Neuberechnung des Erwerbspersonenpotentials für den Zeitraum 197o-1982, in: Mitteilungen aus der Arbeitsmarkt- und Berufsforschung 4/1984, S. 441-452

Vesper, Joachim:
Prognose der regionalen Arbeitsplatznachfrage 1985 und regionaler Arbeitsmarktbilanzen für die Neuabgrenzung der Fördergebiete im Rahmen der Gemeinschaftsaufgabe "Verbesserung der regionalen Wirtschaftsstruktur", Bonn-Bad Godesberg 1981

Vierzehnter Rahmenplan der Gemeinschaftsaufgabe "Verbesserung der regionalen Wirtschaftsstruktur" für den Zeitraum 1985-1988 (1989), Bundestagsdrucksache 1o/3561 vom 25.6.1985

Webber, Douglas:
Zwischen programmatischem Anspruch und politischer Praxis: Die Entwicklung der Arbeitsmarktpolitik in der Bundesrepublik Deutschland von 1974 bis 1982, in: Mitteilungen aus der Arbeitsmarkt- und Berufsforschung 3/1982, S. 261-275

Weg, Marianne/Jurinek-Stinner, Angela (Hrsg.):
Frauenemanzipation und berufliche Bildung. Programme - Bildungskonzepte - Erfahrungsberichte, München 1982

Weitzel, Renate:
Berufliche Bildung nach dem Arbeitsförderungsgesetz, IIM/LMP 83-12, Berlin 1983

Weitzel, Renate unter Mitarbeit von Peter Kasperek und Holger Riemer:
Auftragsmaßnahmen der Arbeitsverwaltung. Von der Ausnahme zur Regel, IIM/LMP 84-14, Berlin 1984

Weltz, Friedrich/Schmidt, Gerd/Krings, Inge:
Facharbeiter und berufliche Weiterbildung. Überlegungen zu einer explorativen Studie, Schriften zur Berufsbildungsforschung, Band lo, Hannover 1973

Zeppernick, Ralf:
Arbeitsbeschaffungsmaßnahmen - zu welchem Preis?, in: Frankfurter Allgemeine Zeitung vom 7.4.1981

Zeppernick, Ralf:
Kein Patentrezept für den Arbeitsmarkt, in: Handelsblatt vom 7.12.1982

FORSCHUNGSBERICHTE
des Landes Nordrhein-Westfalen

Herausgegeben
vom Minister für Wissenschaft und Forschung

Die „Forschungsberichte des Landes Nordrhein-Westfalen" sind in zwölf Fachgruppen gegliedert:

Geisteswissenschaften
Wirtschafts- und Sozialwissenschaften
Mathematik / Informatik
Physik / Chemie / Biologie
Medizin
Umwelt / Verkehr
Bau / Steine / Erden
Bergbau / Energie
Elektrotechnik / Optik
Maschinenbau / Verfahrenstechnik
Hüttenwesen / Werkstoffkunde
Textilforschung

WESTDEUTSCHER VERLAG
5090 Leverkusen 3 · Postfach 30 06 20